U0920557

北京门头沟年鉴

BEIJING MENTOUGOU NIANJIAN

2023

北京市门头沟区地方志编纂委员会
北京市门头沟区档案史志馆 编

图书在版编目（CIP）数据

2023北京门头沟年鉴 / 门头沟区地方志编纂委员会，门头沟区档案史志馆编 . -- 北京 : 团结出版社，2023.12

ISBN 978-7-5234-0605-2

Ⅰ . ①2… Ⅱ . ①门… ②门… Ⅲ . ①门头沟区－2023－年鉴 Ⅳ . ①Z521.3

中国国家版本馆CIP数据核字（2023）第207284号

书　名：2023北京门头沟年鉴

出　版：团结出版社
（北京市东城区东皇城根南街84号　邮编：100006）
电　话：（010）65228880　65244790
网　址：http://www.tjpress.com
E-mail：65244790@163.com
经　销：全国新华书店
印　刷：北京市鑫山源印刷有限公司
装　订：北京华彩益立印刷设计有限公司

开　本：185mm×260mm　16开
字　数：940千字
印　张：32.5印张
版　次：2023年12月第1版
印　次：2023年12月第1次印刷

书　号：978-7-5234-0605-2
定　价：118.00元

北京市门头沟区地方志编纂委员会

《北京门头沟年鉴》编辑部

《北京门头沟年鉴》评审专家

（按姓氏笔画排序）

编 辑 说 明

一、《北京门头沟年鉴》是一部综合性资料性工具书，在中共门头沟区委和区人民政府的领导下，由北京市门头沟区地方志编纂委员会、门头沟区档案史志馆主办，《北京门头沟年鉴》编辑部编纂。

二、本卷年鉴以马克思列宁主义、毛泽东思想、邓小平理论、“三个代表”重要思想、科学发展观、习近平新时代中国特色社会主义思想为指导，遵循实事求是的原则，科学、客观地反映实际情况。

三、本年鉴从 2002 年开始，逐年编纂出版，本卷为第 22 卷。当年出版的年鉴全面记述上一年度门头沟区在各条战线、各个方面发展的重要事件和新的情况，为领导决策提供可靠的参考信息，为各行各业提供有价值的资料，为各方面人士了解门头沟、研究门头沟提供最新的信息。

四、本年鉴以出版年份为卷次名称。本卷反映的是 2022 年 1 月 1 日至 12 月 31 日期间的情况，此期间事项一般直书月、日，不再书写年份。

五、本年鉴采用文章和条目两种体裁，以条目体为主。本年度分为区情概况、特载、专文、大事记、中国共产党门头沟区委员会、门头沟区人民代表大会、门头沟区人民政府、中国人民政治协商会议北京市门头沟区委员会、纪检监察、民主党派、人民团体、法治、军事、经济管理、农业农村、工业 信息化、商贸 服务业、金融、应急管理、交通 邮电、旅游、生态环境、城乡规划与建设、城乡管理、科技、教育、文化、卫生健康、体育、社会建设、社会生活、人物 荣誉、街道 镇、统计资料和附录 35 个栏目。

六、本年鉴辑录的特载、专文均以文件形成年份为准。

七、本卷年鉴收有门头沟区党、政、军、各民主党派、团体、街道、镇、部分企业负责人名录，以及驻区部分单位负责人名录。所列均以 2022 年内任职为限，其中有任免情况的分别予以注明。

八、庆祝中国共产党成立 100 周年活动，简称“庆祝建党 100 周年活动”“庆祝建党百年活动”。

九、本年鉴所选文章和条目，均由各部门、各单位确定专人负责撰写或提供，并经主要负责人审核，统计资料由区统计局提供。照片由各单位、区融媒体中心等提供。

十、本年鉴配有双重检索系统：书前刊有详细目录，书后附有索引。

北京市门头沟区行政区划图

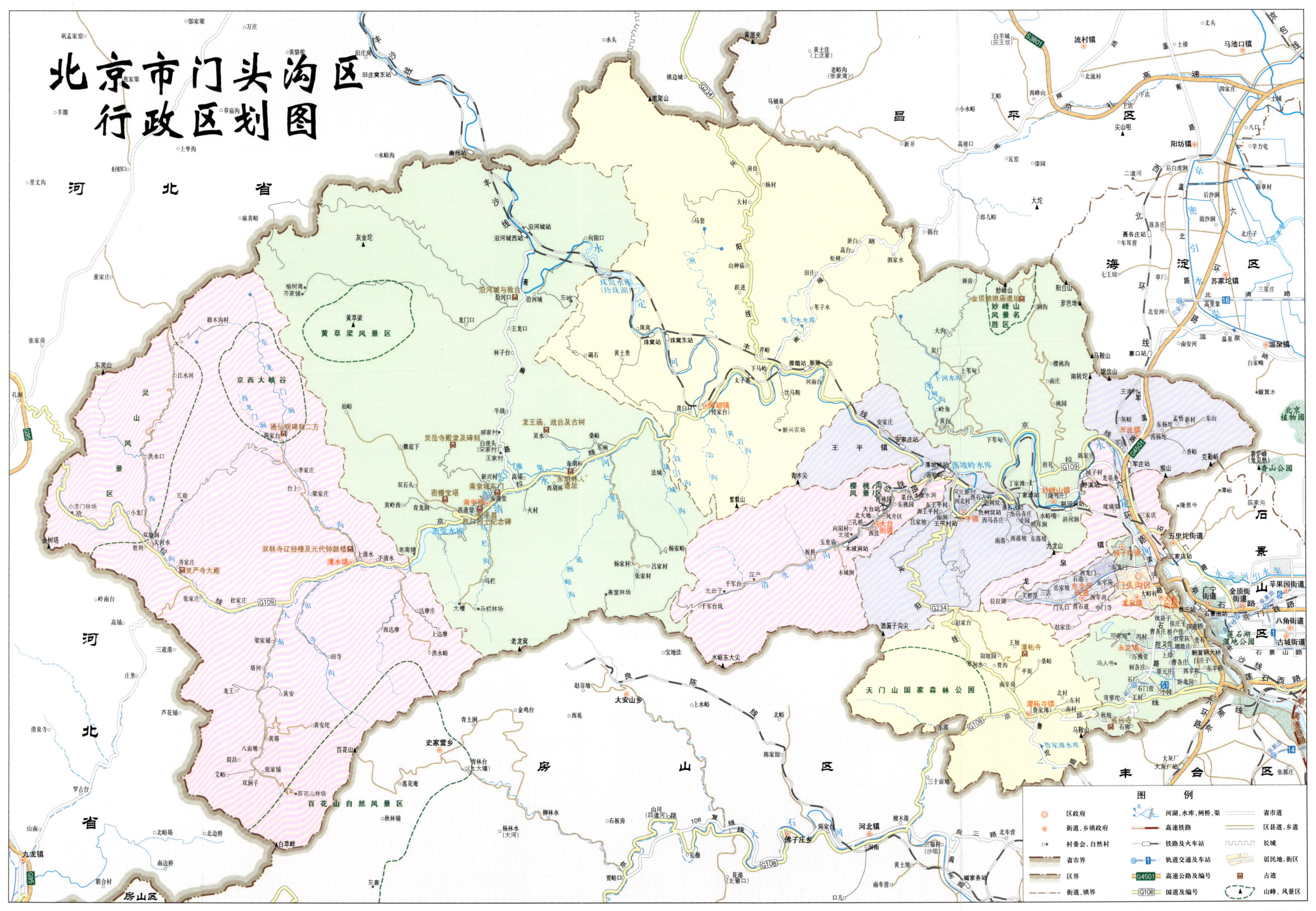

审图号：京S（2021）033号

资料截至日期：2019　北京市测绘设计研究院

“数字门头沟”一览年度发展

辖区土地面积 1447.85 平方公里。

全区辖 9 个镇、4 个街道，含 178 个村民委员会、122 个社区居委会。

年末全区常住人口 39.6 万人，其中常住外来人口 11.5 万人。

地区生产总值 272.2 亿元，按不变价计算同比增长 1%。

其中：第一产业增加值 1.6 亿元，下降 4.5%。

第二产业增加值 73.2 亿元，增长 0.3%。

第三产业增加值 197.4 亿元，增长 1.2%。

公共财政预算收入 32 亿元，同比增长 3.1%。

公共财政预算支出 95.4 亿元，同比下降 5.3%。

社会消费品零售额（产业在地口径）108.8 亿元，同比下降 3.7%。

全区城乡居民人均可支配收入 61323 元，同比增长 3.3%。

学习宣传贯彻党的二十大精神

10月16日，门头沟法院干警收看中国共产党第二十次全国代表大会开幕会（区法院　供图）

10月26日，区委召开学习贯彻党的二十大精神暨全区重要会议服务保障工作总结会（区融媒体中心　供图）

9月，斋堂镇柏峪村喜迎二十大景观（《京西时报》 供图）

9月27日，首届门头沟区“绿水青山杯”职业技能大赛中选手雕刻的“喜迎二十大”作品（《京西时报》 供图）

“红色门头沟”党建

4 月，门头沟区人民检察院第五检察部获“全国工人先锋号”（区人民检察院　供图）

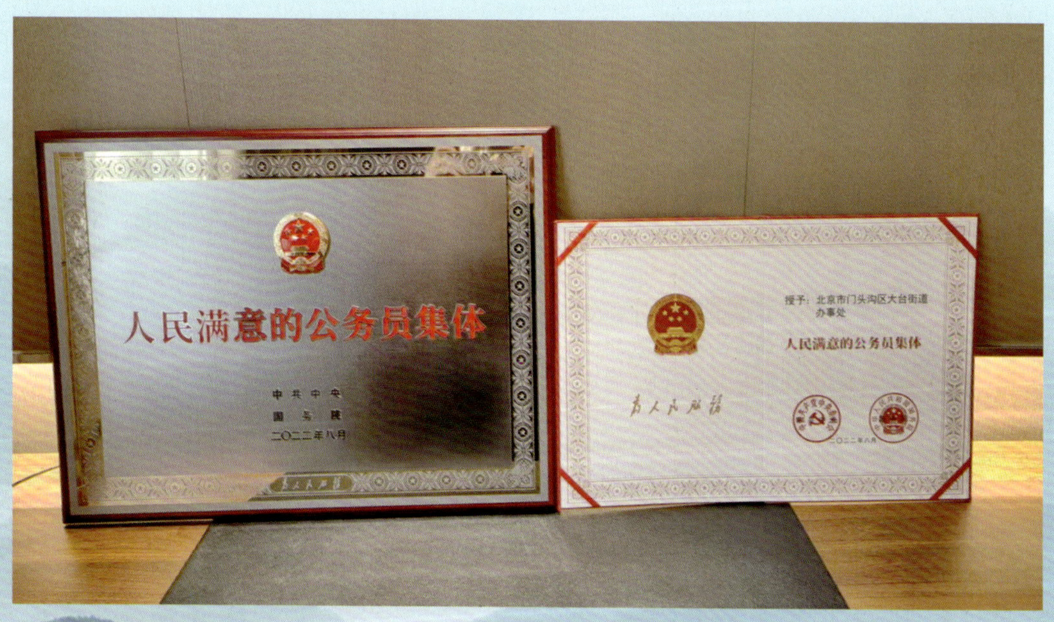

8月30日，大台街道办事处荣获全国“人民满意的公务员集体”称号（大台街道办事处　供图）

6月7日，区融媒体中心机关党支部2022年预备党员转正大会召开（区融媒体中心　供图）

6月8日，区直机关系统举行迎“七一”主题党日活动（区直机关工委　供图）

4月26日，清水镇团委在江水河村开展美丽乡村植树增绿志愿活动（清水镇政府　供图）

5月18日，永定镇西长安壹号实施封控管控后成立抗疫临时党支部。图为党员重温入党誓词（《京西时报》供图）

2月2日，北京2022年冬奥会火炬接力启动，门头沟区6名火炬手参加。图为公安民警代表王宗桃在传递火炬（区融媒体中心　供图）

3月4日，门头沟区2名代表参加北京冬残奥会火炬传递（区融媒体中心　供图）

2022年，门头沟区在5个点位布置冬奥景观。图为西山晴雪冬奥主题景观（《京西时报》　供图）

服务保障北京冬奥会、冬残奥会

1 月 14 日，门头沟区冬奥会和冬残奥会服务保障工作专题会召开（区委政法委　供图）

1 月 31 日，公安民警在滨河路执行巡逻勤务（区公安分局　供图）

1 月 22 日，位于永定镇长安天街的室内城市志愿服务站正式运行。图为服务站志愿者开展服务（区税务局　供图）

2 月，门头沟区剪纸非遗传人进行冬奥主题创作（区融媒体中心　供图）

服务保障北京冬奥会、冬残奥会

2月21日，全区中小学、幼儿园正式开学。图为育园小学举办“圆梦冬奥会，一起向未来”开学第一课（《京西时报》 供图）

3月4日，门头沟区残联举办“迎双奥 展风采 一起向未来”活动（区残联 供图）

3月15日至18日，全区3.8万名师生员工全员参加核酸检测（区融媒体中心　供图）

4月，门头沟区以老年人为重点持续推进新冠疫苗接种工作。图为城子街道蓝龙家园社区一位96岁老人接种第一剂新冠疫苗（《京西时报》供图）

5月10日9时，大峪街道含晖苑A区正式解除封闭管控，居民在解封后需落实7天健康监测管理措施（区融媒体中心　供图）

新冠肺炎疫情防控

12月6日，门头沟区根据全市统一要求调整核酸检测查验措施。图为客流逐步恢复中的北京长安天街商场（《京西时报》 供图）

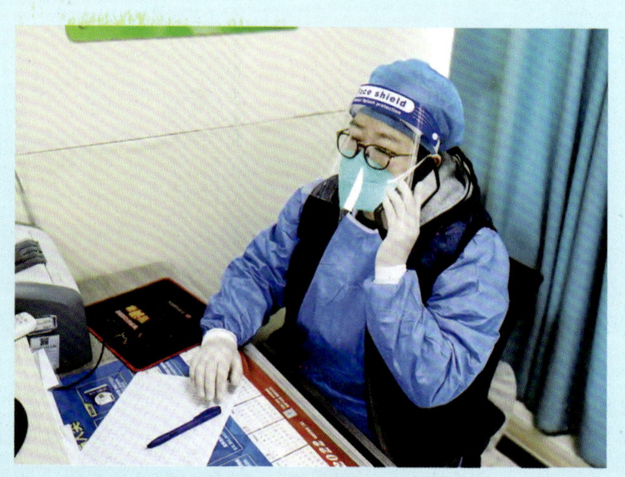

12月12日，区卫生健康委员会公布全区社区卫生服务机构家医服务团队信息。图为家庭医生在电话解答群众健康问题（《京西时报》 供图）

12月，北京双吉制药有限公司开足马力生产被纳入《新冠病毒感染者用药目录（第一版）》的氯芬黄敏片（《京西时报》 供图）

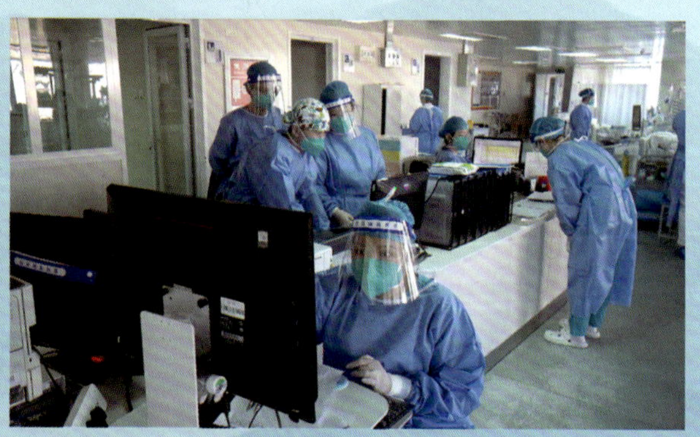

12月，门头沟区防疫工作从防感染向防治危重症转变。图为区医院医护人员在工作（《京西时报》 供图）

1 月 29 日，葡萄园社区背街小巷、高家园路口背街小巷荣膺 2021 年度首都文明街巷称号。图为东辛房街道新东山小区（原葡萄园社区）背街小巷（《京西时报》 供图）

2022 年，门头沟区更换公益广告宣传画，为创建全国文明城区营造良好环境。图为石担路旁的“文明门头沟”宣传栏（《京西时报》 供图）

《 创建全国文明城区

4 月 22 日，雁翅镇在田庄村开展贯彻落实《北京市生活垃圾管理条例》实施两周年宣传活动（雁翅镇政府　供图）

8 月，区文明促进中心在全区商贸综合体和交通重点区域开展《北京市文明行为促进条例》户外宣传。图为志愿者在新桥车站公园宣传文明养犬（《京西时报》 供图）

11 月，门头沟区持续巩固创建全国文明城区成果。图为志愿者在侯庄子公交站引导文明出行（《京西时报》 供图）

国道 109 新线高速公路工程

2月，第十一工区小龙门隧道施工现场（《京西时报》 供图）

2月，第四工区安家庄特大桥施工现场（《京西时报》 供图）

3月，第七工区在塔岭沟隧道左线施工通过1000米大关（《京西时报》 供图）

国道 109 新线高速公路工程

4 月，第一工区军庄互通立交主线桥施工现场（区融媒体中心　供图）

9 月，第六工区黄岩沟 2 号隧道双线贯通（《京西时报》 供图）

2022 年，门头沟区获得“国家森林城市”称号。图为绿植环抱的清水镇江水河村（《京西时报》 供图）

2022年，永定河山峡段历时三年的综合治理与生态修复工程完工（《京西时报》 供图）

5 月 22 日，门头沟区启动“迎豹回家”计划（区融媒体中心　供图）

2022 年，门头沟区鸟类种类和数量不断增加。图为黑鹳、秋沙鸭、绿头鸭等野生动物在永定河安家庄段栖息（《京西时报》 供图）

2022年，妙峰山镇炭厂村入选2022年中国美丽休闲乡村。图为炭厂村全景（《京西时报》 供图）

2022年，斋堂镇柏峪村入选北京市京郊美丽休闲乡村。图为柏峪院里民宿（区融媒体中心 供图）

8月27日，2022首届京西山水嘉年华文旅消费季活动在潭柘寺镇檀谷慢闪公园开幕（区融媒体中心　供图）

10月，金隅琉璃文化创意产业园对外开放。图为已有759年历史的皇家琉璃官窑厂旧址（《京西时报》　供图）

3 月 29 日，斋堂镇桑峪村举办第六届“三月三”民俗文化节（《京西时报》 供图）

8 月，雁翅镇淤白村打造“田园综合体”主题帐篷营地项目。图为市民在营地度假（《京西时报》供图）

8月31日，2022年中国国际服务贸易交易会开幕。图为设在首钢园区的门头沟展区（《京西时报》 供图）

9月9日，门头沟2022年中秋晚会在中关村门头沟园阳光大厦广场举办（区融媒体中心 供图）

2022 年 9 月，《北京市门头沟区地名志》出版（区档案史志馆　供图）

2022 年，门头沟区“北京市传统村落志”《燕家台村志》《张家庄村志》出版见书（区档案史志馆　供图）

2022年，门头沟区大力推动实体书店产业发展。图为读者在区内新华书店阅读（《京西时报》 供图）

4月15日，门头沟区首届中关村（京西）人工智能会客厅在中关村科技园门头沟园举办（区融媒体中心　供图）

12月，北京精雕科技集团有限公司获“中国工业大奖表彰奖”（区融媒体中心　供图）

7 月，石龙科创智能中心在中关村门头沟科技园 5 座楼的楼顶建成 2500 平方米光伏发电设备（《京西时报》 供图）

2022 年，位于中关村门头沟科技园创新大厦的他山科技有限公司自主研发出 AI 触觉感知芯片。图为搭载该芯片的机械臂（《京西时报》 供图）

8月22日，2022年北京科技周暨门头沟区科技活动周开幕。图为市民在体验高科技互动展品（《京西时报》 供图）

8月，门头沟区20名中小学生参加2022世界机器人大赛锦标赛。图为北京市第八中学京西附属小学学生参加BoxBot机器人格斗设计赛（《京西时报》 供图）

目　　录

区情概述

特　载

专　文

大事记

中国共产党门头沟区委员会

重要会议和活动

组织工作

宣传工作

统战工作

政策研究

机构编制

综合考评工作

老干部工作

直属机关党建

党校教育

党史研究

门头沟区人民代表大会

重要会议

依法监督

代表活动

专门委员会

门头沟区人民政府

重要会议和活动

综合政务管理

外事及港澳事务

政府信息公开

政务服务

信　访

市民热线

支援合作

机关事务服务

中国人民政治协商会议北京市门头沟区委员会

重要会议与活动

协商议政

专门委员会

纪检监察

重要会议

监督检查

执纪审查

队伍建设

民主党派

中国国民党革命委员会北京市门头沟区支部

中国民主同盟北京市门头沟区工作委员会

中国民主建国会北京市门头沟区工作委员会

中国民主促进会北京市门头沟区工作委员会

中国农工民主党北京市门头沟区工作委员会

中国致公党北京市门头沟区支部委员会

九三学社北京市门头沟支社

人民团体

门头沟区总工会

共青团门头沟区委

门头沟区妇女联合会

门头沟区科学技术协会

门头沟区工商业联合会

法 治

政法委与综治

法治政府建设

公 安

检　察

法　院

司法行政

军　事

人民武装部

人民防空

经济管理

综合调控

财　政

税　务

审　计

统　计

市场监督管理

国有资产监督管理

农业农村

农　业

种殖业

养殖业

美丽乡村建设

农村经济收入

农村经济管理

工业　信息化

工　业

网络安全与信息化

中关村科技园区门头沟园

商贸　服务业

商　业

服务业

对外经贸

投资促进

企业简介

金　融

综　述

银　行

保　险

应急管理

应急救援

防灾减灾

安全生产

消　防

交通　邮电

道路建设

运输管理

邮　政

通　信

旅　游

生态环境

城乡规划与建设

工程建设

住房保障

房屋管理

城乡管理

市政管理

城管执法

园林绿化

水　务

供　电

供　水

供　热

供　气

环境卫生

气　象

科　技

管理与实施

科技活动

科　普

教　育

综　述

学前教育

基础教育

职业教育

特殊教育

社区与成人教育

督导评估

文　化

文学艺术

文化活动

文化市场管理

公共文化设施建设

非遗保护与传承

文物保护与利用

融媒体建设

档　案

地方志

卫生健康

疾病预防

医疗服务

基层卫生

精神卫生

卫生监督

妇幼保健

老龄健康

医疗机构

体　育

综　述

竞技体育

群众体育

社会建设

综　述

精神文明建设

社区建设与管理

社会生活

人民生活

人力资源

社会保障

民　政

民族宗教事务

退役军人事务

残疾人事业

红十字会事业

人物　荣誉

街道　镇

大峪街道

城子街道

东辛房街道

大台街道

潭柘寺镇

永定镇

龙泉镇

军庄镇

雁翅镇

斋堂镇

清水镇

妙峰山镇

王平镇

统计资料

附 录

索 引

区情概述

基本地情

门头沟区地处北京西部，是具有悠久历史文化和优良革命传统的老区。约距今一万年前后，新石器时代早期的“东胡林人”就在此繁衍生息。同期，在沿河城地区的小东宫村和斋堂镇的柏峪村，也发现了这个历史时期人类生活所留下的石斧、石凿等新石器的遗迹。表明当时在区境内已有一定数量的人类群落居住。燕昭王二十九年（公元前283年）设上谷、渔阳、右北平、辽西、辽东五郡，今区境分属上谷、渔阳二郡。此后，区境的隶属行政建制屡经变迁，直到1948年12月14日，门城地区解放，至此门头沟区全境解放。1949年1月，定名为门头沟区。门头沟区现辖9个镇、4个街道办事处。9个镇分别是：潭柘寺镇、永定镇、龙泉镇、军庄镇、雁翅镇、斋堂镇、清水镇、妙峰山镇、王平镇。4个街道办事处分别是：大峪街道办事处、东辛房街道办事处、大台街道办事处、城子街道办事处。全区共有村民委员会178个，社区居委会122个。

门头沟区位于北京城区正西偏南，东经115° 25′00″～116° 10′07″，北纬39° 48′34″～40° 10′37″之间。东西长约62千米，南北宽约34千米，总面积1447.85平方千米。其东部与海淀区、石景山区为邻，南部与房山区、丰台区相连，西部与河北省涿鹿县、涞水县交界，北部与昌平区、河北省怀来县接壤。属太行山余脉，地势险要“东望都邑，西走塞上而通大漠”，自古为兵家必争之地。

门头沟新城位于长安街西延长线上，总规划面积114.63平方千米。新城有北京首条中低速磁浮线路S1线以及快速公交4号线、336路、941路等近30条公交线路，交通四通八达。

门头沟区地处华北平原向蒙古高原过渡地带，地势西北高，东南低。地形骨架形成于中生代的燕山运动。西部山地是北京西山的核心部分，山体高大，层峦叠嶂，海拔1500米左右的山峰160余座。境内北京市最高峰东灵山海拔2303米，有“京都第一峰”之称，次高峰百花山，海拔1991米。另有髽鬏山、妙峰山等山峰。东部山地位于北京西山，山体较小，山势渐缓，其东南部的兔儿庄海拔仅73米，为境内最低点。区内3条主要岭脊均呈东北向平行排列，自西北至东南依次为：东灵山—黄草梁—棋盘山复背斜；百花山—清水尖—妙峰山复向斜；铁坨山—九龙山—香峪梁复向斜。由于山地切割严重，各岭脊之间形成大小沟谷300余条。平缓的山地与陡峭的山坡交替出现，地形呈锯齿状、阶梯状上升。流经境内的河流分属3个水系，其中属海河水系的永定河流域面积最大，为1368.03平方千米；属大清河水系的白沟河流域的面积次之，为73.2平方千米；属北运河水系的流域面积最小，仅为13.82平方千米。永定河是全区最大的过境河流，河道长100余千米。清水河是永定河官厅山峡最大支流，为境内第二大河，河道全长28千米。

门头沟区属中纬度大陆性季风气候，春季干旱多风，夏季炎热多雨，秋季凉爽湿润，冬季寒冷干燥。西部山区与东部平原气候呈明显差异。2022年，门头沟区平均气温为13.2℃，接近常年平均值（12.9℃）。年极端最高气温为39.7℃，出现在6月25日，年极端最低气温为-12.0℃，出现在2月16日。年度降水总量为530.5毫米，接近常年降水量（568.6毫米），降水主要集中在6月至8月，降水量为417.1毫米。年度一日最大降水量为61.9毫米，出现在7月27日。年日照总量为2524.6小时，比常年（2236.9小时）偏多287.7小时。年出现大风21次、霾73天、扬沙4天、大雾6天、轻雾58天。年度平均气温偏高于常年平均值0.3℃，时间分布特点为：5月、8月平均气温与常年持平，2月、10月、12月平均气温较常年偏低，其余各月平均气温较常年值均有不同程度的偏高。其中偏高最多的是11月，其平均气温高于常年值1.9℃。年降水总量比常年偏少约6.7%，主汛期（6月至8月）的降水量为417.1毫米，比常年（399.8毫米）偏多约4.3%。年内，气温和降水均接近常年，日照较常年偏多1成。

门头沟区的土壤属地带性褐土，分为山地草甸、山地棕壤、褐土等3大类，8个亚类，93个土种，其中分布面积较广的有山地棕壤、山地淋溶褐土、碳酸盐褐土。

门头沟区境内植被属于暖温带落叶、阔叶林类型，仅在深山区有残存的次生桦、杨林，一般林地均为灌木林或杂木混交林，森林覆盖率在40%—60%之间。灵山、黄草梁等山顶地区，因气候寒冷，多为草坡，以白草为主。

门头沟区地层主要由震旦亚界的蓟县系和青白口系，下古生界的寒武系、石炭系、二迭系，上古生界的侏罗系和第四纪的马栏组、百花山冰期堆积所构成。经过漫长的地质变迁，境内形成了多种类型的矿床，现已探明的有：煤炭、石灰岩、玄武岩、辉绿岩、陶粒页岩、耐水粘土、大理石、花岗石、叶腊石、白云岩、硅石、白花玉、紫页岩、石棉、冰洲石、天然石板、铜、锌、铝、铁、金、银等等。其中，以煤、石灰石储量大，分布广。

2022年，全区常住人口39.6万人，其中常住外来人口11.5万人。户籍人口总户数125718户、259413人，其中农业人口40372人、非农业人口219041人。户籍人口自然增长率2.4‰。

门头沟区是北京市文物大区，文物资源丰富，种类全、价值大。全区登记在册不可移动文物共556项，占全市14.5%，数量位列全市第一。其中全国重点文物保护单位5项，市级文物保护单位15项，区级文物保护单位65项。门头沟区传统村落数量较多、保护较为完好，门头沟区共有中国传统村落12个，占北京市总数的54.5%，包括龙泉镇琉璃渠村、三家店村，斋堂镇川底下村、黄岭西村、灵水村、马栏村、沿河城村、西胡林村，大台街道千军台村，雁翅镇碣石村、苇子水村，王平镇东石古岩村。其中，中国历史文化名村3个，占全市总数的60%，包括斋堂镇川底下村、灵水村和龙泉镇琉璃渠村；共有市级传统村落14个，占全市总数的31.8%，包括12个中国传统村落以及清水镇张家庄村、燕家台村2个村。传统村落拥有丰富的历史遗存，其中全国重点文保单位2处、市级文保单位5处、区级文物保护单位13处以及未核定为文物保护单位的不可移动文物90处，文物数量约占全区总量的20%。

永定河是北京的母亲河，横贯门头沟全境，孕育了历史悠久、底蕴深厚的永定河文化。古村古道文化、民间民俗文化、宗教寺庙文化、红色历史文化、生态山水文化、京西煤业文化，构成门头沟丰富的文化宝藏，成为西山永定河文化带的重要组成部分。作为门头沟地区丰厚文化遗产的重要组成部分，非物质文化遗产呈现出种类丰富、地域特色鲜明的特点。门头沟区共计拥有非物质文化遗产项目75项，其中包含国家级非遗5项（京西太平鼓、琉璃烧制技艺、妙峰山庙会、千军台庄户幡会、潭柘紫石砚雕刻技艺），市级非遗10项（龙泉务童子大鼓会、京西幡乐、柏峪燕歌戏、苇子水秧歌戏、西斋堂梆子戏、淤白蹦蹦戏、潭柘寺传说、京西黄芩茶加工技艺、裴氏正筋术、孟氏刺络疗法），区级非遗60项（爨底下酱肉制作技艺、京白梨栽培技术、样式雷烫样技艺等），涉及民间文学、传统舞蹈、传统音乐、曲艺、传统戏剧、传统技艺、传统医药、民俗等门类。共有国家级非遗项目代表性传承人2人，市级7人，区级59人。

2022年经济和社会发展情况

2022年，按照“疫情要防住、经济要稳住、发展要安全”工作要求，坚持稳中求进的总基调，主动融入首都发展大局，深入实施“生态立区、文化兴区、科技强区”发展战略，全面统筹疫情常态化防控下经济社会发展各项工作，全区经济稳步恢复，生态功能持续夯实，发展韧性不断增强，民生保障体系更加完善，质量效益进一步提高，基本完成年初确定的任务指标，顺利开启绿色转型发展新篇章。

经济稳中向好的态势更为明显。2022年，全区实现地区生产总值（GDP）272.2亿元，同比增长1.9%。其中，第一产业实现增加值1.6亿元，同比下降8.0%；第二产业增加值73.2亿元，同比增长2.0%；第三产业增加值197.4亿元，同比增长 1.9%。全区完成公共财政预算收入 32 亿元，同比增长 3.1%。税收收入 28.6 亿元，同比增长 33.8%。其中，增值税 6.6 亿元，同比下降 32.1%；企业所得税 3.5 亿元，同比增长 48.7%。非税收入完成 3.4 亿元，同比下降 64.9%。区级政府性基金预算收入 31.1 亿元，同比增长 5.8%。完成公共财政预算支出 95.4 亿元，同比下降 5.3%。其中，一般公共服务支出 15.6 亿元，同比增长 9.4%；社会保障和就业支出 12.8 亿元，同比下降 10.6%；教育支出 20.7 亿元，同比增长 8.2%；城乡社区支出 9.7 亿元，同比增长 18.4%；文化旅游体育与传媒支出 2.5 亿元，同比下降 65.8%。全区规模以上工业企业实现产值 571612 万元，同比增长 4.2%。都市型工业产值 1.1 亿元，同比下降 14.1%。现代制造业产值 39.7 亿元，同比下降 8.3%。高新技术产业产值 546131 万元，同比增长 6.9%。规模以上工业企业实现现价销售产值 571612 万元，同比增长 4.2%。完成全社会固定资产投资（不含农户）172 亿元，同比增长 6.7%。完成城镇投资 169.4 亿元，同比增长 9.3%。其中，房地产开发投资 84.4 亿元，同比增长 11.6%。金融机构存款余额达 953 亿元，同比增长 12.5%。其中，对公存款 342.52 亿元，同比增长 4.9%；个人存款 610.4 亿元，同比增长 17.2%。金融机构贷款余额 296.1 亿元，同比增长 6.7%。其中，短期贷款 79.7 亿元，同比增长 16.8%；中长期贷款 216.4 亿元，同比增长 3.5%。对公贷款 197.1 亿元，同比增长 11.1%；个人贷款 98.9 亿元，同比下降 1%。全区有资质的建筑业企业实现建筑业总产值 166.4 亿元，同比增长 20.4%。其中，建筑工程产值 160 亿元，同比增长 19.8%；安装工程产值 6.3 亿元，同比增长 39.9%。房屋建筑施工面积 795.3 万平方米，同比增长 80.9%；竣工面积 80.6 万平方米，同比下降 15.1%。实现社会消费品零售额（产业在地口径）108.8 亿元，同比下降 3.7%。按限额标准分，限额以上企业及个体实现零售额 71 亿元，同比下降 2%；限额以下企业及个体零售额 37.8 亿元，同比下降 6.8%。按行业分，商品零售实现零售额 100.5 亿元，同比下降 3.1%；餐饮收入零售额 8.3 亿元，同比下降 11%。

生态文明建设更具成效。年内，四项主要污染物浓度实现历史同期最低水平；全区空气优良天数达到 281 天，全市排名第一，污染防治成效考核连续三年“优秀”。获“国家森林城市”“中国天然氧吧”称号，永定河一级支流中门寺沟入围“2022 北京优美河湖评定”，北京百花山国家级自然保护区百花山管理站入围中国生态文明奖进入最后一轮复审，南涧沟小流域治理工程被水利部评为全国水土保持示范工程。择优命名洪水口村、梁家庄村等 8 个村为新一批门头沟区“两山”理论实践样板；斋堂镇、炭厂村分别入选全国重点旅游乡镇、村。开展特定地域单元生态产品价值核算与应用，试点成果编入国家发改委《〈关于建立健全生态产品价值实现机制的意见〉辅导读本》。全年完成人工造林面积 503.5 公顷。森林覆盖率在 40% 至 60% 之间；绿化覆盖率达到 51.5%，同比提高 0.8 个百分点。公园绿地 500 米服务半径覆盖率达到 92.9%，与 2021 年持平；人均公园绿地面积 26.8 平方米。

创新驱动发展更为强劲。高精尖企业蓬勃发展，遨博科技入选工信部制造业单项冠军企业名单，精雕科技入选全市首批“隐形冠军”名单，恒合信业成为北京地区首家在北交所上市的企业。园区国家高新技术企业 317 家，中关村高新技术企业 302 家，其中专精特新企业 65 家，国家级专精特新“小巨人”企业从 3 家增至 4 家，市级专精特新“小巨人”企业从 6 家增至 22 家、排名生态涵养区第一，创新动能持续增强。

民生福祉获得更大提升。全区“七有”（幼有所育、学有所教、劳有所得、病有所医、老有所养、住有所居、弱有所扶。）“五性”（便利性、宜居性、安全性、公正性、多样性）总评价指数进入 90 序列，排名上升至全市第七；服务供给领域指数位居全市第二。城乡居民人均可支配收入 61323 元，同比增长 3.3%；人均消费支出 33854 元，同比下降 4.4%。其中，城镇居民人均可支配收入 65981 元，同比增长 3.2%；城镇居民人均消费支出 35667 元，同比下降 4.9%。全区城镇登记失业率为 2.93%，为历史同期最低水平；城镇登记失业人员就业率为 64.82%，完成市级指标 63% 的 103%，同比提高 1.8 个百分点全区 CPI 同比增长 1.6%，低于全市价格上涨水平，居民消费价格运行总体平稳。

全力推进生态治理保护。坚持山水林田湖草沙一体化保护和系统治理，在环境污染防治上久久为功。一是持续打好污染防治三大攻坚战（分别是蓝天保卫战、碧水保卫战、净土保卫战），全区 PM2.5 累计浓度为 29 微克 / 立方米，同比下降 9.4%；4 个市级考核断面和集中式生活饮用水水质稳定达标；土壤环境质量类别达到优先保护类耕地，污染地块安全利用率达 100%。二是有序开展生物多样性保护，在全市率先发布区级生物多样性保护行动计划，启动“迎豹回家”专项行动，生态系统质量和稳定性稳步提高。三是不断改善人居环境，治理违法建设 4 万平方米，桥下空间治理 9 处，揭网见绿 102.9 公顷，清理临时建筑 7 处，创建市级垃圾分类示范小区、村 78 个。

全面落实“双碳”（即“碳达峰”“碳中和”）行动。坚持先立后破，有计划、分步骤实施碳达峰行动。一是推动生态提质扩容，划定“三区三线”（是根据城镇空间、农业空间、生态空间三种类型的空间，分别对应划定的城镇开发边界、永久基本农田保护红线、生态保护红线三条控制线），确保生态空间只增不减，全区森林覆盖率达到 48.26%；建立北京首个“公益诉讼生态修复基地”；完成山峡段修复治理，主河道面积、植被生态质量大幅提高，地下水位上升 11.9 米，永定河碧水长流。二是加快新型能源体系规划建设，深入推进能源革命，完成 2022 年 7400 户农村煤改清洁能源工作；研究推进陈家庄压缩空气储能等重大新能源项目建设，推动向新型绿色能源中心迈进。三是强化节能减碳目标管理，以“双碳”促产业结构调整，协同推进降碳、减污、扩绿、增长，实施龙泉镇琉璃文化产业园“零碳园区”试点，全年能耗强度下降预计超过 1%。

探索生态产品价值实现路径。完成《门头沟区建立健全生态产品价值实现机制实施方案》，明确“一核心、两平台、三路径、四支撑”（以特定地域单元生态产品价值核算及应用为核心，以区生态公司和生态文明研究院两大平台建设为抓手，以打造“绿水青山门头沟”生态大 IP、推动生态资源权益交易、完善生态保护补偿为路径，加强调查监测、价值核算、绿色金融和实施保障四大支撑）的总体思路。一是组建平台支撑价值转化，成立京西生态公司，完成“北京生态文明研究院”组建，为生态产品价值实现探索提供融资和融智服务；建设北京市生态文明实践基地，打造生态文明成果展示中心和生态产业孵化基地。二是初步探索市场化路径，以西王平村京西古道沉浸式生态小镇项目为试点，探索特定地域单元生态产品价值实现市场化路径，项目逻辑链条基本稳定并已提炼上报，实操细节逐步落实，项目建设有序推进。

强化经济运行精准调度。完善综合经济监测机制，长、短期调度措施协同发力，稳住经济大盘。建立经济指标动态分解调度机制，将重点经济指标和增长支撑不足指标分解到重点项目、重点企业，动态提出调度建议，层层压实调度责任。抢抓机遇扩大有效投资支撑，争取年度债券资金 74.64 亿元，保障重大工程项目建设；推动百洋医疗“加速器研发及产业化”项目获得中长期贷款支持；争取市级专项前期费 1000 万元，谋划重大项目 83 项，总投资超过 400 亿元。以“两区”（即国家服务业扩大开放综合示范区、中国（北京）自由贸易试验区）建设促外贸保稳提质，招引项目入库 226 个，落地 185 个，涉及投资 100.8 亿元。

高效推进财源建设。强化稳存量、促增量双线工作，持续强化税源建设。稳存量成效明显，申报财源储备项目 141 个，落地 33 个，实现地方级收入 4.05 亿元，同比增长 74.6%；强化外迁企业“先兆”预警，无一户企业自区内迁出北京。育增量成果丰厚，持续加力开展京外企业招引，京外迁入企业 58 户，是 2021 年的 2.5 倍。防风险措施到位，积极开展债务管理，加强政府债务偿还、新增债务发行、债务风险等级测算，化解债务 145.98 亿元，完成隐性债“清零”任务。

持续优化营商环境。以“营商环境建设年”为抓手，落实营商环境 5.0 和助企纾困政策，激发市场主体活力。统筹推进营商环境创新试点改革，制定服务企业“十个必上门十个不打扰”（“十个必上门”即各部门除依法履职事项外不打扰、除工作推进需要外不打扰、除企业需要服务外不打扰、除自愿参加活动外不打扰、除主动邀请入企外不打扰、除掌握隐患线索外不打扰、除依法收集数据外不打扰、除宣传对口政策外不打扰，各属地除上级专项要求外不打扰，区领导除切实解决难题外不打扰。“十个不打扰”即各部门除依法履职事项外不打扰、除工作推进需要外不打扰、除企业需要服务外不打扰、除自愿参加活动外不打扰、除主动邀请入企外不打扰、除掌握隐患线索外不打扰、除依法收集数据外不打扰、除宣传对口政策外不打扰，各属地除上级专项要求外不打扰，区领导除切实解决难题外不打扰）工作准则，聘请 16 位特约监督员加强社会监督治理；健全服务包机制，开展企业走访 860

家次，协调解决企业诉求160个，兑现“2021年度区域招商奖励”3.73亿元，惠及企业365家。全力助企纾困解难，形成“1＋1＋N”（即一个实施方案落实指引，一个区级任务清单，若干个落实细则）纾困政策落实体系，区属国有企业为843家中小微企业减免房租3711万元；完成2562户企业留抵退税，退税金额14.64亿元，新增减税降费4.77亿元；建立“金融超市”四个一工作机制，累计发放贷款3.88亿元，惠及企业94家。

聚力打造专精特新产业集群。以中关村门头沟园为核心，持续做强三大产业领域细分。人工智能领域：中关村人工智能创新中心开工建设，北京昇腾人工智能计算中心暨生态创新中心完成揭牌；搭建算力＋算法＋数据人工智能产业基础平台；主办昇腾AI创新大赛、中关村人工智能会客厅等活动，新引入人工智能企业61家。医疗器械领域：阜外医院二期工程开工；百洋医药集团首个人原代心肌细胞转化项目“百洋智心”等8家子公司、7家华润医疗旗下企业、4家互联网医疗头部企业成果落地；奥咨达医械成果转化中心项目稳步推进。数字视听领域：央广总台“5G+8K”超高清示范园项目顺利开工，央广传媒四大板块业务及银河互联网、央广电视购物、央广新媒体等头部传媒公司在门头沟区落户，国家级数字视听产业基地加速构建。

着力提升城市内在发展活力。紧抓京西产业转型升级示范区、新首钢综合服务区机遇，推动新城地区全面融入中心城区发展。深入落实“京西行动计划”（即《深入打造新时代首都城市复兴新地标 加快推动京西地区转型发展行动计划（2022-2025年）》），与石景山区、首钢集团、京能集团联合举办首届“京西发展论坛”，18项重点任务和20个重点项目纳入行动计划。全面推进服务业扩大开放，加快新首钢滨河服务区、棚改七平方、上岸地区和滨水地区等高端商务和生活服务业布局，推动中骏城市综合体项目完工，开展京西山水嘉年华、消费季活动等170余场，引入北京近郊奢华酒店、亚洲顶级“数字高尔夫”科技馆等，打造首都西部消费新核心。持续扩大总部聚集效应，27家央企子公司落户，是2021年的5.4倍，中国长江三峡集团、中国南水北调集团等一批大型央企在门头沟区设立子公司。

全力推进永定河文旅融合发展带建设。依托“两带”（即西山永定河文化带和长城文化带）文化金名片，以山区为主阵地促进文旅产业融合发展。积极融入全国文化中心建设，梳理西山永定河文化带、长城文化带市区级重点项目8类39项，完成15项；西山永定河博物馆确定选址，沿河城长城陈列馆选址。全力打造京西特色文旅大IP，“一线四矿”（“一线”即市郊铁路门大线；“四矿”是指王平村矿、大台矿、千军台矿、木城涧矿）

先导项目——王平地中海俱乐部综合实施方案获批；重启斋堂华侨城项目；启动“两寺一峰”AAAAA级景区规划建设。推动潭柘寺获评全市6个微度假品牌之一；“妙峰山线路”获评全国乡村旅游精品线路。持续擦亮“门头沟小院”品牌，累计覆盖55个村，盘活闲置农宅347余处。

加快协作共赢步伐。着力推进京津冀协同和支援、协作工作。强化落实京津冀协同任务，实施生态治理、防火防汛联防联控，推进疏解非首都功能，11项任务的全年量化目标均完成。深入开展结对协作，全面落实“结对协作2022年重点实事”，与西城区在乡村振兴、公共服务、产业合作、就业帮扶等领域深入合作，推动园林绿化废弃物处理中心、救助福利设施重点项目落地。高效实施支援合作，拨付资金610万元，支持受援地区实施产业合作、劳务协作、乡村振兴领域重点项目13个，拉动就业1400余人，培训受援地区干部人才1100余人次，帮助销售农畜牧产品1600余万元。在2021年度支援合作成效考核中，门头沟区考核评价结果继续为“好”。

全力落实乡村振兴战略。聚焦做好三农工作，促进农业高质高效、乡村宜居宜业、农民富裕富足。大力推进美丽乡村建设，成立全市首家乡村振兴实验室，率先开展村庄渐进式有机更新专项规划研究，柏峪村等4村获评北京市美丽休闲乡村；强化传统村落保护发展，成功入选财政部、住建部“2022年传统村落集中连片保护利用示范县”。提高绿色农产品供给水平，启动农产品质量安全网格化监管；动员规模化主体申报“三品一标”（即无公害农产品、绿色食品、有机农产品和农产品地理标志）认证，“妙峰玫瑰”列入“北京优农”品牌目录。发展壮大农村集体经济，统筹资金3680万元，发展26个产业项目，促进农民增收，55个农村集体经济薄弱村提前完成“消薄”任务。

持续加强基础设施供给。坚持规划引领，聚焦“强弱项、补短板”，有序提升农村地区人居环境。区、镇、村三级规划体系进一步深化，编制全市首个分区规划实施三年行动计划，27个街区控规、8个镇街空间国土规划和138个村庄规划实现“应编尽编”。持续提升村庄整体风貌，启动3镇9村新一轮山区农民搬迁工作，实施“三线入地”（指供电、通信、有线电视等线路，从以往架在空中的方式改为全部埋入地下的方式）专项行动，持续改善农村风貌。有序推进重点建设项目，国道109新线高速项目快速推进，109综合检查站、军庄供水干线完成立项手续，斋堂110千伏输变电站建成投产，清水110千伏、220千伏梁桥输变电站实现开工。

坚决筑牢疫情安全防线。因时因势调整防控策略，为人民生命健康保驾护航。持续开展抗击疫情阻击战，成立8小时流调溯源工作专班，累计完成入户核酸采样18万余人次，疫情防控转运专班派车7359车次，安全转运16840人次。扎实推进疫苗接种，截至12月11日，全区累计接种疫苗969876剂，全程接种率超过100%，加强免疫接种265626人，完成率87.98%。加大供给保障力度，全区最大核酸检测能力达到7万管/日；完成大台方舱医院、京西健康驿站建设，新建负压病房8间、负压手术室2间；区妇幼保健院晋升三级医院，完成120急救分中心标准化改造，医疗急救呼叫满足率居全市前列。

民生保障水平稳步提升。紧扣“七有”目标和“五性”需求，全面提质公共服务水平。推动教育优质均衡，新城幼儿园具备开工条件，育园小学完成旧楼拆除，景山学校门头沟校区中学部全部完工。完善“3+1+N”（“3”指“三张床”，即养老机构提供的长期照料床位、社区养老服务驿站提供的短期托养床位和居家照护机构提供的家庭照护床位；“1”指为老年人规划好“一张餐桌”；“N”指N项养老服务联合体建设）养老服务体系，发放老年人优待资金2.76亿元，建成老年餐桌7所；推进“物业+养老”“庭院+养老”、异地养老模式，改善养老服务水平。加强就业兜底帮扶，实施“八个一批”（涉农实体招用一批，转移就业安置一批，灵活就业促进一批，自主创业带动一批，公益性岗位托底一批，延缴保险推动一批，技能培训提升一批，援企稳岗保障一批）就业举措，推动867名农村劳动力实现就业参保，推动4922人实现就业；高校毕业生实现就业1538人，就业率达96.3%。强化社会帮扶救助，发放社会救助资金1.33亿元；开展跨省异地门诊慢特病试点，惠及4200余人，完成大病医疗保险二次报销1175人次，防止因病返贫。

有序推进城市精细化治理。以创建全国文明城区为抓手，提升城市治理水平。全力打赢创城攻坚战，筹集1.4亿元专项资金补基础设施短板，在首都文明办测评中始终位居全市前列。紧盯重点民生诉求，推动“接诉即办”向“未诉先办”转变，开展物业管理突出问题治理，2个小区入选全国“加强物业管理共建美好家园”项目。强化价格监测，加强重要民生商品保供稳价。持续完善应急管理体系，完成冬奥会冬残奥会、全国“两会”、党的二十大等重大活动、会议服务保障；社会面治安管控不断深化，八类危害严重案件立案数同比下降56.8%，降幅全市第一，破案率同比增幅全市第一。

特载

全面贯彻党的二十大精神 奋力谱写社会主义现代化国家北京篇章的靓丽章节

——在区委十三届五次全体会议上的报告

区委书记 金 晖

这次全会是在全区深入学习贯彻党的二十大精神，凝心聚力奋战新征程、迎接新挑战、书写新辉煌的关键时刻，召开的一次重要会议。大会的主要任务是，坚持以习近平新时代中国特色社会主义思想为指导，牢记新时代新征程中国共产党的使命任务，全面贯彻党的二十大战略部署和中央经济工作会议精神，落实市委十三届二次全会要求，总结全区2022年工作，谋划部署明年的目标任务。

下面，我受区委常委会委托，向全会报告工作。

一、团结奋斗、改革创新，开创新一届区委工作新局面

2022年是十三届区委届首之年，也是极不平凡的一年。年初以来，区委坚持以习近平新时代中国特色社会主义思想为指导，深入贯彻中央、市委决策部署，以“迎接党的二十大”为主线，以学习宣传贯彻党的二十大精神为首要政治任务，以新时代首都发展为统领，按照“疫情要防住、经济要稳住、发展要安全”的要求，统筹疫情防控与稳经济增长，统筹生态保护与绿色发展，统筹城乡治理与民生保障，统筹深化改革与制度建设，团结带领全区广大党员干部群众，圆满完成全年各项目标任务，为迈向新征程奠定了坚实基础。

一是深入践行“两山”理论，努力将生态保护和绿色发展做成一篇文章。从讲政治的高度认识规划的引领作用，把落实新版北京城市总规作为保生态、促转型的前提，结合落实生态涵养区生态保护和绿色发展条例，推出“分区规划实施三年行动计划”，加快编制新城控规和镇域国土空间规划，完成全市首个生态复合街区规划编制。持续扩大绿色空间，完成9300亩造林绿化、10.3万亩林木抚育，实施废弃矿山生态治理33公顷，国家森林城市、中国天然氧吧成为地区新名片。强化生态治理，永定河山峡段综合治理与生态修复工程基本完工，生态补水持续推进，地下水位进一步回升；扎实开展扬尘精细管控、机动车排放监管、挥发性有机物专项治理，有序推进7400户煤改清洁能源工程，全区PM2.5累计浓度29微克/立方米，同比下降9.4%。率先发布区级生物多样性保护行动计划，启动“迎豹回家”华北豹保护工程，探索以旗舰物种保护为牵引、带动“极小种群”集群化保护的“一大多小”生物多样性保护模式，为北京建设“生物多样性之都”贡献力量。强化生态产品价值核算成果运用，开展特定地域单元生态产品价值实现机制试点，组建“两山”学院高端智库，搭建生态产品资源收储整合平台，建设北京生态文明实践基地，“两山”理论实践持续走深走实。

二是坚持城乡融合发展，为绿色转型蓄能增势。与石景山区共同举办“京西发展论坛”，推动两区在落实“京西行动计划”中务实合作。巩固中关村门头沟园科技创新主阵地作用，人工智能、心血管领域医疗器械、超高清数字视听“三大细分产业”核心项目完成布局，中关村（京西）人工智能科技园、北京昇腾人工智能计算中心开工在即，阜外医院西山园区二期工程“国家医学中心”开工建设，央广总台“5G+8K”超高清示范园项目完成供地准备。成功引入百洋医药、央广传媒等领军企业落户，吸引中国长江三峡集团、中国南水北调集团等一批央企在门头沟区设立子公司，全年新增“专精特新”企业47家，累计达70家。山区重点文旅项目取得突破性进展，“一线四矿”概念设计方案完成审批，先导项目地中海酒店具备开工条件，金隅琉璃文化创意产业园项目二期建设完工，“两寺一峰”地区整体提升方案及重点项目完成编制。成功举办“2022年北京西山永定河文化节暨首届京西山水嘉年华”系列活动，一批网红打卡地、微度假目的地、乡村旅游精品线路和重点镇村成为精准对接文旅消费需求新载体。出台新版精品民宿标准与评定程序，“门头沟小院”吸引力进一步增强。着力打造美丽乡村，新农房建设试点加快推进，“一水系八沟，古道联百村”的传统村落集中连片保护利用格局加快构建，门头沟区荣登财政部、住建部“2022年传统村落集中连片保护利用示范县（市、区）”名单；持续推动农村人居环境整治，前三季度综合成绩位列全市第一。国道109新线高速公路、体育文化中心、门城水厂等重大基础设施项目加快建设，地区发展承载力持续增强。

三是坚持以人民为中心，老区人民获得感、幸福感、安全感更加充实。聚焦“七有”要求和“五性”需求，加大公共服务供给力度，持续深化教育综合改革，认真落实教育“双减”任务，景山学校实现招生；组建区医院管理中心，院前急救、社区卫生服务体系不断完善；坚持以保就业筑牢民生之本，全区城镇登记失业率控制在2.93%；建好镇街文化中心，推广公共文化“点单式”服务，文化惠民工程深入推进；着力推动新城配套养老设施建设及公建民营改革，全区养老服务水平进一步提升。坚持以接诉即办回应民生诉求，创新“每季一题”机制和“网格＋热线”模式，推广“接诉驿站”“流动驿站”经验做法，接诉即办成绩稳步提升。保持全国文明城区创建力度，持续打响“门头沟热心人”等品牌，在去年取得全国第二、全市第一成绩的基础上，今年继续走在全市前列。

四是深化改革创新，治理体系和治理能力建设迈上新台阶。坚持以“制度建设年”为抓手，聚焦重点领域和关键环节，以改革破除体制性障碍、打通机制性梗阻，为加快地区发展增添动力。围绕产业转型促改革，制定加快构建现代化产业发展体系的实施意见，组建重大建设项目协调推进领导小组和财源建设专班，推进中关村门头沟园体制机制改革，实施国企改革新三年行动计划，建立营商环境特约监督员机制，试点开展“双承诺”执法新场景，增强产业发展动能。坚持农业农村优先发展，印发《门头沟区全面落实粮食安全责任制实施方案》，规范农村“三资”管理，完善执行和监管机制，出台乡村振兴集体产业用地使用管理指导意见，健全“村地区管”机制，提升农村集体资产使用效能。完善区委全国文化中心建设工作体制，明确重点文化项目协调推进机制，以“两寺一峰”管理体制改革为突破，形成政府统一规划、平台企业整合资源、运营主体提升服务的景区管理新模式。全力维护地区和谐稳定，圆满完成党的二十大、冬奥会冬残奥会等重大活动服务保障任务，持续开展矛盾纠纷排查化解，加强民族宗教事务管理，推动反邪教斗争取得新成果，强化各领域安全管理，未发生较大及以上生产安全事故。

五是扛牢管党治党职责，党建引领保障作用不断增强。深刻领悟“两个确立”的决定性意义，持续掀起党的二十大精神学习热潮，增强“四个意识”、坚定“四个自信”、做到“两个维护”，切实把“看北京首先要从政治上看”落实到具体行动中。全面贯彻习近平新时代中国特色社会主义思想，巩固党史学习教育成果，认真落实各级理论中心组学习制度，持续擦亮马克思主义读书会品牌，坚持意识形态风险月度研判制度，筑牢意识形态安全阵地。统筹推进各领域基层党建创新，发挥农村、社区基层党组织在实施乡村建设行动、深化基层治理中的战斗堡垒作用，炭厂村、田庄村获评北京市抓党建促乡村振兴示范村；强化机关干部作风建设，推动党建工作融入医院治理、教育教学各环节，出台党建引领国企改革发展实施意见及全区“两新”组织党建工作的若干措施，基层基础不断夯实。严格落实好干部标准，树牢正确选人用人导向，实施年轻干部梯次培养工程，调整一批干部充实到一线。深化“京西聚智计划”，出台高层次人才支持办法，“科创中国”创新基地成为推动地区创新发展的新载体。锲而不舍落实中央八项规定精神，持续纠治形式主义、官僚主义，切实为基层减负；加大对重点领域和关键环节的反腐力度，反腐败斗争压倒性胜利进一步巩固发展。

即将过去的2022年，是抗击新冠疫情三年来最艰苦、最关键的一年，我们经受住了多轮次来势汹汹的疫情冲击，守住了人民群众的健康底线。我们坚决落实中央、市委决策部署，牢记人民至上、生命至上，建立健全各级防控工作领导体制、8小时应急处置机制，优化落地封控、流调溯源、转运隔离等工作流程，提升隔离场所、核酸检测、发热门诊、紧急救治等能力储备，以快制快、因时因势调整优化防控策略；开展社区服务，第一时间解决群众涉疫诉求，加大对老弱病残孕等特殊群体的关心关爱力度，全力保障社会正常的生产生活秩序，最大程度保护了人民生命安全和身体健康，最大限度减少了疫情对经济社会发展的影响。抗疫斗争中，最值得我们铭记的，是全体党员干部和群众团结一心、敢于斗争的拼搏精神，是广大医护人员挺身而出、忘我工作的无私奉献，是社区干部群众邻里关爱、守望相助的真挚情怀，这些宝贵的精神财富，必将激励我们在新征程上不畏艰难、勇往直前。

即将过去的2022年，是全区同心同向、砥砺前行的一年。区委积极发挥总揽全局、协调各方作用，加强对区人大、区人民政府、区政协工作的统筹，支持区法院、区检察院依法履职，强化区委常委会自身建设，严格执行向市委请示报告重大事项制度，出台加强政治建设的意见、区委工作规则等一系列制度，建强区委议事协调机构、党建工作委员会等工作平台，支持统战工作“8+1”行动在乡村振兴、生态建设、文化遗产保护等方面发挥独特优势，支持工青妇等群团组织发挥更大作用，为地区发展凝心聚力；发挥专家智库作用，推动城乡融合发展、乡村振兴实施策略等一批理论实践成果落地开花，干部能力素养得到有效提升，地区发展软实力不断增强。

过去一年的成绩来之不易，离不开习近平新时代中国特色社会主义思想的科学指引，离不开市委的坚强领导和历届区委打下的良好基础，离不开区四套班子的通力协作，离不开社会各界的广泛参与，离不开全区广大党员干部群众的锐意进取。在此，我代表区委，向全区广大党员干部群众，向各民主党派、人民团体、社会各界和驻区部队，向此时此刻仍然奋战在抗疫一线的全体医护人员、基层干部、志愿者，向所有关心、支持、参与门头沟区发展的同志们、朋友们，表示衷心的感谢和崇高的敬意！

在肯定成绩的同时，我们也要清醒认识到，前进道路不会一帆风顺，地区发展还面临不少问题和挑战：一是发展观念和方式的转型还需进一步深化，一些历史遗留问题仍是制约地区发展的障碍，生态保护与绿色发展协同共进之路仍需深化实践探索；二是城乡发展不平衡不充分问题依然较为突出，广大山区在产业培育、公共服务、基层治理、民生保障等方面还有不少短板；三是科技创新引领高质量发展的基础还不牢固，文商旅农融合发展的体制机制还要进一步完善，文化大区、文物大区优势还未有效转化为地区发展优势；四是全面从严治党还需久久为功，不敢腐、不能腐、不想腐的体制机制需要进一步深化，干部队伍的综合素质有待进一步提高。对这些问题，我们要发扬自我革命的精神，逐个采取措施予以破解。

二、坚持以党的二十大精神为指引，开启“绿水青山门头沟”现代化建设新征程

学习宣传贯彻党的二十大精神，是当前和今后一个时期全党全国的首要政治任务。党的二十大，是在全党全国各族人民迈上全面建设社会主义现代化国家新征程、向第二个百年奋斗目标进军的关键时刻，召开的一次十分重要的大会。习近平总书记代表十九届中央委员会所作的工作报告，深刻阐述了开辟马克思主义中国化时代化新境界、中国式现代化的中国特色和本质要求等重大问题，对全面建设社会主义现代化国家、全面推进中华民族伟大复兴进行了战略谋划，对统筹推进“五位一体”总体布局、协调推进“四个全面”战略布局做出了全面部署，明确宣誓了党在新征程上举什么旗、走什么路、以什么样的精神状态、朝着什么样的目标继续前进，为我们奋进新时代、开启新征程、砥砺新作为指明了前进方向、确立了行动指南。围绕学习宣传贯彻党的二十大精神，市委做出一系列重要部署，强调“北京作为首都，要带头落实好党的二十大各项部署要求，努力在以中国式现代化推进民族复兴的新征程上走在前列”，这些都为门头沟区做好下一步工作勾勒了重点、明确了标准、提供了遵循。

面对新时代新使命新任务，全区要高举中国特色社会主义伟大旗帜，坚持以习近平新时代中国特色社会主义思想为指导，认真学习宣传贯彻党的二十大精神，坚持以新时代首都发展为统领，坚持“生态立区、文化兴区、科技强区”的发展战略，传承红色基因，弘扬斗争精神，砥砺实干品格，坚持稳中求进，推动“绿水青山门头沟”高质量发展取得新突破、实现新跃升，不断满足老区人民对美好生活的向往，奋力谱写社会主义现代化国家北京篇章的靓丽章节。

前景光明，任务艰巨；惟其艰巨，更显荣光。全区要坚决落实中央、市委决策部署，凡事从政治上考量、在大局下行事，牢牢把握推动地区现代化建设必须遵循的基本方向。

我们要坚持“人与自然和谐共生现代化”的发展方向。“人与自然和谐共生”是中国式现代化的本质要求和特征之一。作为生态涵养区，我们推动现代化建设，就要深入贯彻习近平生态文明思想，扛牢生态文明大旗，坚持尊重自然、顺应自然、保护自然，绝不走破坏生态、大拆大建的老路，坚定走生产发展、生活富裕、生态良好的文明发展道路，努力当好“两山”理论守护人。

我们要坚持以更强定力、更大担当融入新时代首都发展大局。新时代首都发展，全部要义就是加强“四个中心”功能建设，提高“四个服务”水平，更好服务党和国家工作大局，更好满足人民群众对美好生活的需要。我们要牢记“看北京首先要从政治上看”，强化首都意识，立足职责使命，全力筑牢首都西部生态屏障，守好首都西大门；借“紫气东来”之势，开辟发展新领域、塑造发展新优势、培育发展新动能，让老区人民过上好日子。

我们要坚持构建具有区域特点的城乡融合发展新格局。走“大城市带动大京郊、大京郊服务大城市”的城乡融合发展之路，是市委立足首都特点提出的明确要求。我们要把握其内涵，结合区域实际深化实践探索，统筹城乡发展空间，合理划定开发边界，强化城区、园区、山区一体联动协调发展；促进城乡发展要素融合，搭建要素资源流动平台，深化与中心城区的协同合作，开放共享山地场景；优化公共服务，完善基础设施，加快强弱项、补短板，朝着共同富裕目标坚定迈进。

我们要坚持走“绿水青山门头沟”高质量发展的新路径。党的二十大提出，高质量发展是全面建设社会主义现代化国家的首要任务。我们要深刻领会、认真落实，坚持将生态建设作为高质量发展的前提，打造绿色转型发展的典型范例；坚持把文化建设作为高质量发展的支点，积极参与中华文明探源工程，争创全国文明城区；坚持把科技创新作为高质量发展的引擎，紧抓京西地区转型发展机遇，打造首都西部新的经济增长极。

同志们，“绿水青山门头沟”现代化建设的新征程已全面开启，奋斗正当其时。全区党员干部群众要一起拼搏、一起担当、一起实干，共同在京西大地创造属于我们这一代人的新业绩。

三、自信自强、敢于斗争，推动中国式现代化在京西大地形成生动实践

2023 年是全面贯彻落实党的二十大精神的开局之年。全区各级党组织和广大党员干部要坚定政治站位，自觉服从服务于新时代首都发展，立足生态涵养区功能定位，紧扣地区发展实际，统筹谋划、协调推进各项工作，以实际行动展现新作为新担当。

（一）坚持生态保护与绿色发展协同共进，加快绿色转型步伐

保持战略定力和历史耐心，树牢系统观念和辩证思维，坚持在保护中发展、在发展中保护，

不断扩大生态环境容量，提高生态环境质量，保障生态资源安全，深化发展方式转变，打造人与自然和谐共生的典范。

一是高标准推进生态环境品质持续提升。强化规划引领和刚性约束，有序推动“分区规划实施三年行动计划”落地落实，做好新城控规和镇域国土空间规划编制报审、区域国土空间生态修复规划编制等工作，持续构建生态友好型国土空间规划体系。抓好治理修复，统筹推进永定河综合治理、永定河生态补水、废弃矿山修复等重要生态工程。坚持科学治污，完善精准监测、管控体系，科学有序推进煤改清洁能源工作，确保PM2.5治理成效始终走在全市前列。巩固国家森林城市创建成果，坚持扩大生态容量、提升造林质量、增强碳汇能力并重，统筹抓好荒山造林、城市绿化、林木抚育、生态林管护，厚植绿色资源本底。深化“迎豹回家”华北豹保护工程，鼓励镇村主动探索“一大多小”生物多样性保护模式，积极建设珍稀野生动植物栖息地、生态廊道，完善智能化监测体系，提升生态系统多样性、稳定性、持续性。

二是高质量推进生态文明制度供给。积极参与全市生态产品总值系统性核算，推动特定地域单元生态产品价值实现机制试点成果落地，聚焦生态产品的价值标准、交易机制，深化生态金融产品创新。培育合格市场主体，建立准入和激励机制，吸引社会资本参与生态修复和生态产品价值开发。发挥生态资源收储整合平台作用，强化镇村资源资产整合，探索激活乡村沉淀资产的有效路径。紧跟产业变革和市场需求，探索构建碳排放统计核算机制，推进新能源项目试点，提升经济社会发展“含绿量”，降低“含碳量”。

三是高水平推进生态治理能力现代化。提升“两山”学院智库平台效能，抓好北京生态文明实践基地建设，构建乡村振兴实验室、京西绿色高质量发展研究中心、“水之清”多校协同发展实验室、京西精品旅游研究中心等研究型载体矩阵，提升决策咨询服务水平。聚焦绿色发展需求，研究制定绿色人才三年行动计划，为构建绿色职业教育、绿色人才培养体系奠定基础。立足山水资源优势，强化生态文化培育，倡导生态文明理念，推动形成崇尚生态文明的社会新风尚。

（二）集聚优质要素资源，推动城乡融合发展

紧扣高质量发展主题，着力提振发展信心，坚持向东借力谋发展、集聚资源促转型，强化科技、人才、资金等要素支撑，加快培育绿色转型发展新动能。

一是聚焦“五子”联动加快培育高精尖产业。深入落实市委推动“五子”联动发展的部署要求，着眼打造京西产业转型升级示范区新高地，加快“三大细分产业”培育，加速中关村（京西）人工智能科技园、央广总台“5G+8K”超高清示范园等重大项目建设，推动北京昇腾人工智能计算中心投入运营，促进人工智能技术多领域应用场景创新，在集聚超高清数字视听、医疗器械等上下游产业上取得更多实质性成果，为建设京西智谷、国家数字视听产业基地、国际心血管领域医疗器械高地夯实基础。进一步丰富产业政策和金融政策工具箱，支持更多“专精特新”企业上市。

二是聚焦场景创新促进城乡产业融合发展。主动融入北京市应用场景“十百千”工程，围绕“城”的需求，强化“乡”的供给侧改革，加快推动文商旅农融合发展，着力搭建自然生境、户外运动、历史文化等创新场景，形成“一沟域一特色，一村庄一场景”场景机会清单，以爨柏沟、大村沟等沟域为示范，探索推出一批特色鲜明、供需对接的场景承接平台。注重科技赋能场景服务，推动“三大细分产业”发展与智慧旅游、智慧体验、智慧康养、智慧安全互融互促，带动消费场景创新，提升城乡产业融合度。聚焦打造西山永定河文旅体验产业带、擦亮“紫气东来”区域文旅高端品牌，高标准实施“旅游产业发展三年行动计划”；成立“潭戒景区管委会”，推进潭柘生态文化旅游区5A级创建，抓好百花山、妙峰山等景区品质提升；办好第二届京西山水嘉年华活动，完善“门头沟小院”发展模式，推动一批特色农产品申报国家级农业文化遗产，推进109高速沿线积极探索“路衍经济”等发展新模式，不断提升文旅产业发展能级。

三是聚焦要素流动完善城乡融合发展机制。进一步在理顺“三农”工作机制上下功夫，提升涉农政策资金集成效能，鼓励各镇探索创新，推出一批重点沟域、重点场景示范项目。积极探索农村宅基地所有权、资格权、使用权“三权分置”改革，鼓励依法依规盘活利用闲置宅基地和闲置房屋。深化点状供地改革成果运用，推动集体产业用地集中布局向灵活分散布局转变，助力乡村

产业振兴。完善城乡融合发展金融支持政策，撬动社会资金为乡村“造血”。充分利用首都科技教育人才资源优势，探索建立科技成果入乡转化机制和新产业新业态培育机制。巩固集体经济薄弱村“消薄”成果，完善长效巩固提升机制。持续深化与西城区结对协作、与石景山区联动发展，加强与京能集团、中关村发展集团、首钢集团的区企合作，强化与河北等省地的生态联防、道路联通、要素联结，努力为京津冀协同发展贡献更大力量。

（三）提升文化软实力，塑造发展新优势

坚持物质文明与精神文明相协调，更好发挥文化大区、文物大区优势，自觉融入首都全国文化中心建设大局，着力推动文化自信自强，以文化软实力提升城市竞争力。

一是以实施重点项目为牵引，推动文化保护传承。加快建设西山永定河博物馆、沿河城长城陈列馆，为西山永定河、长城文化带建设搭建价值展示平台。高水平推动传统村落集中连片保护示范，强化非遗传承人才和乡村工匠培育，探索传统文化活态传承实践路径，推动单一文化要素保护向历史文化、自然景观、民风民俗等多要素保护转变。在前期考古研究成果的基础上，启动东胡林人遗址申报国家文物保护单位工作，充分挖掘东胡林人遗址多重价值，探索“遗址+”活化利用新模式。强化数字手段、网络传播手段运用，继续推动中国传统村落数字博物馆入库，大力实施文物数字化保护与交互开发展示项目，深入推进非遗数字化保护工程，积极打造“京西物语”文物宣传展示IP。以金隅琉璃文化创意产业园为样板，着力拓展非遗衍生品、文创产品开发途径，带动非遗生产性保护。

二是以创建公共文化服务体系示范区为牵引，提升城市文化功能。满足人民日益增长的美好生活需要，文化是重要因素。着力补齐公共文化设施短板，提高文化设施使用效能，推进公共文化设施社会化运营；注重问需于民，持续完善“订单式”“预约式”“菜单式”公共文化配送机制，提升城市文化供给能力。积极借助首都多层次、高品质文化资源，推动城市文化形象再造，打造文化广场、非遗传承、博物馆、数字文化等特色文化功能区，实施精品文化引领、特色文化培育、优秀传统文化弘扬等精品文化工程，着力塑造彰显厚重文化底蕴、凸显生态文化特色、激发创新创造活力的高品质文化空间，形成“文在城中、以文化城、文城一体”的城市意向。

三是以全国文明城区创建为牵引，坚持在文明建设中走在前列。紧扣全国文明城区创建决胜之年目标任务，持续加大文明培育、文明实践、文明创建力度，全面强化教育引导、实践养成、制度保障，推动“我为人人、人人为我”在全区蔚然成风；针对老旧小区、城乡基础设施等硬件短板，继续加大投入力度，实现创城为民目标。立足革命老区独特优势，积极探索红色资源系统化保护利用新模式，深入开展社会主义核心价值观宣传教育，在全区弘扬劳动精神、奋斗精神、奉献精神、创造精神、勤俭节约精神，进一步凝聚绿色发展合力。

（四）紧扣群众所需所急所盼，扎实做好保障和改善民生工作

牢记让人民生活幸福是“国之大者”，始终心系民生冷暖，情牵万家灯火，切实将群众路线贯彻到惠民生、暖民心、办实事各领域各方面，尽力而为、量力而行，不断增强群众获得感、幸福感、安全感。

一是着力增强公共服务的均衡性，提升服务品质。深化教育综合改革，持续打响“山谷”等系列教育品牌，推动城乡教育发展联盟建设，提高教育教学质量。推动优质医疗资源扩容提质和均衡布局，完善分级诊疗服务，强化基层医疗卫生服务能力建设，加大文明健康生活方式宣传力度，引导群众当好个人健康第一责任人。完善养老服务体系，强化居家养老服务供给，提升老年人幸福指数。落实落细就业优先政策，强化重点群体就业支持，探索职业技能培训新模式，以高质量充分就业支撑高质量发展。

二是着力补齐城乡建设短板，提升运行保障能力。有序实施城市更新行动，持续推进“疏解整治促提升”，高质高效推动剩余棚改工程，助力中骏城市综合体等商业设施开业运营，不断提升水电气热等基础设施保障能力，稳步推进108国道三期、梁桥220千伏输变电站等重点工程，力争国道109新线高速公路2023年底竣工通车。着力实施乡村建设行动，充分对接市级政策，稳步开展山区农民搬迁与农房质量提升试点工程，深化探索村庄渐进式有机更新实施路径，加快填补农村供水短板，统筹提升道路、照明等农村基础设施建设水平，着力打造宜居宜业和美乡村。

三是着力夯实基层治理根基，提升服务理念和水平。更好发挥接诉即办抓手作用，推动“每月一题”与“每季一题”机制对接、工作衔接、体系连接，完善镇街“网格+热线”融合工作体系，推进城乡社区协商议事厅、“三无”小区服务管理、社区服务空间开放式建设等示范创建项目，着力推动诉求集中、群众满意率偏低的村（居）主动治理、整体提升。以实施“城市大脑”项目、搭建“门镜”系统平台为牵引，加快推动全域三维空间数据和社会治理数据的采集整合、动态更新和分析应用，着力提升城市管理和社会治理信息化水平。持续推动依法治区，深入实施“八五”普法规划，着力推动法治政府示范创建。落实党管武装要求，争创全国双拥模范城“五连冠”。

四是着力统筹发展与安全，提升风险防控能力。完整、准确、全面贯彻中央、市委关于疫情防控各项部署，坚定不移坚持人民至上、生命至上，根据疫情防控新形势新任务，科学精准、因时因势优化各项防控措施，最大程度保护人民生命安全和身体健康。坚持党政同责和政治引领，全面落实粮食安全责任制，牢牢把握粮食安全主动权。持续深化“平安门头沟”建设，树牢底线思维和风险意识，进一步健全维护安全稳定工作体系，提升平安建设能力水平，抓牢安全生产、防灾减灾、应急管理等工作，守好首都西大门。

（五）以自我革命深化全面从严治党，持续为地区现代化建设提供坚强保障

认真落实新时代党的建设总要求，推动党的建设全面推进、全面加强，管党治党常抓不懈、紧抓不放，持续为现代化建设提供坚强的政治、思想和组织保证。

一是旗帜鲜明讲政治，以实际行动捍卫“两个确立”。坚持把学习贯彻党的二十大精神作为坚持和捍卫“两个确立”的重要契机，发挥区委总揽全局、协调各方作用，强化政治监督，不折不扣落实党中央重大决策部署，不折不扣落实习近平总书记重要讲话指示批示精神，增强“四个意识”、坚定“四个自信”、做到“两个维护”。严肃党内政治生活，严明党的政治纪律和政治规矩，认真贯彻民主集中制，严格执行“三重一大”事项决策等工作规则。自觉从国家战略要求和新时代首都发展全局出发，践行好中央、市委赋予首都生态涵养区的职责使命，履行好守护首都生态安全的政治责任。

二是强化党的创新理论武装，不断巩固团结奋斗的思想根基。坚持不懈用习近平新时代中国特色社会主义思想凝心铸魂，切实将学习党的创新理论作为各级理论中心组、广大党员干部理论武装的中心内容，统筹各类渠道和载体，积极构建面向基层、面向群众的理论普及体系，推动党的创新理论飞入寻常百姓家；丰富“走出去”、共学共建等多种形式，持续擦亮马克思主义读书会品牌，开展马克思主义在京西地区早期传播溯源，留住红色记忆，激励担当作为。深化数字化融媒体宣传矩阵建设，巩固壮大奋进新时代、开启新篇章的主流思想舆论，全方位、多角度讲好老区人民传承红色基因、守护绿水青山的“门头沟故事”。全面落实意识形态工作责任制，坚决筑牢各类意识形态安全阵地，牢牢掌握党对意识形态工作领导权。

三是树牢大抓基层的鲜明导向，着力增强基层党组织政治功能和组织功能。紧盯形势任务新变化，积极引导基层党组织认真履行党章赋予的职责，在增强政治领导力、思想引领力、贯彻执行力、群众组织力、社会号召力和自身免疫力上下功夫。全面落实党建引领乡村振兴各项举措，加强社区区域化党建平台建设，不断提升党建引领基层治理能力；深化质量党建工程，统筹提升机关、国企、学校、医院党建工作质量，加强“两新”组织党的建设，高水平建设新就业群体综合性服务平台，不断增强基层党组织凝聚力。

四是坚持德才兼备、事业为上，持续打造堪当重任的高素质干部队伍。坚持“政治过硬、适应新时代要求、具备领导现代化建设能力”标准，树立“讲政治、重担当、凭实绩”的选人用人导向，注重在重大斗争一线培养锻炼干部。落实《推进领导干部能上能下规定》，完善激励干部担当作为机制，持续优化区委综合考评体系，加强对干部全方位管理和经常性监督，强化干部斗争精神和斗争本领培养。牢固树立“人才是第一资源”理念，制定重点产业发展人才引进支持若干措施，更好发挥人才引领驱动作用。

五是坚持严的主基调不动摇，锲而不舍推动全面从严治党。高质量推进区委巡察工作，巩固深化政治巡察，加强巡察整改和结果运用。持之以恒落实中央八项规定精神和市委实施意见，紧抓全区作风建设反复出现的问题深化整治，重点破除形式主义、官僚主义，坚定不移纠“四风”树新风。加大“三不”一体推进反腐败斗争力度，保持反对和惩治腐败的强大力量，紧盯新型腐败和隐形腐败，强化监督执纪问责和惩治震慑约束。加强廉洁文化建设，深入开展警示教育和好家风、好规矩教育，筑牢拒腐防变的思想防线。

新时代呼唤新担当，新征程要有新作为。让我们更加紧密地团结在以习近平同志为核心的党中央周围，高举中国特色社会主义伟大旗帜，在市委的坚强领导下，把使命铭记在心底，把奋斗写在征程上，为谱写社会主义现代化国家北京篇章的靓丽章节团结奋进！

专 文

门头沟区党史学习教育总结

门头沟区委宣传部

门头沟区深入贯彻习近平总书记关于党史学习教育的重要论述，坚决落实中央、市委决策部署，将党史学习教育作为重要政治任务，按照市委书记蔡奇同志“坚持首善标准扎实开展党史学习教育，以优异成绩庆祝建党一百周年”的指示精神，在市委第二指导组的精心指导下，牢牢把握学史明理、学史增信、学史崇德、学史力行目标要求，坚持高起点筹划、高标准推进、高质量落实，在学党史、悟思想、办实事、开新局上取得显著成效。

一、以学为基，在对标对表中感悟思想伟力

（一）夯实主体责任，强化政治担当。区委高度重视、精心谋划，第一时间成立由区委书记担任组长的党史学习教育领导小组，办公室设8个专项工作组，12个区委指导组，制发《关于在全区开展党史学习教育的实施方案》“1+5+N”系列规范文件，建立“周小结、月调度”的工作机制，全面动员部署、压紧压实责任，扎实组织推进，引导各级党组织和广大党员干部不断提高政治站位、强化政治担当、扛牢政治责任。区委常委会专题学习习近平总书记关于党史学习教育、建党百年“七一”重要讲话等系列重要论述，作为坚定正确党史观的重要遵循。定期召开工作推进会，对全区82家局处级单位真督实导，把握节点、突出重点、紧扣落点、精准发力，通过翻阅资料、实地调研、交流访谈、列席旁听等方式，全力指导1360个党组织书记高质量完成专题党课，1189个党支部高水准召开专题组织生活会，全区局处级领导班子高质量召开专题民主生活会。全区各级党委（党组）落实主体责任，扎实深入“学党史”，入脑入心“悟思想”，善作善成“办实事”，真抓实干“开新局”，以学习教育促进工作落实，用工作成效深化学习教育。

（二）加强理论武装，筑牢思想根基。制定《区委党史学习教育专题学习安排》，将提升党员干部能力素质有效融入党史学习教育，将提振干事创业精气神有效融入党史学习教育，将“四史”宣传教育有效融入党史学习教育。发挥“头雁”效应，区委书记带头讲授党史教育专题党课3次。区委理论学习中心组示范引领，以上率下开展专题学习20次，全区600余名处级干部，同步开展专题读书班2期，专题报告会2次，专题交流研讨3次。一是抓好“关键少数”，把党史学习教育作为党性教育基础课和党员干部必修课，推出《评说京西风云》、《回溯历史坚定信仰：马克思主义在门头沟的早期传播及其启示》等党史教育系列课程，开设党史知识“微课堂”、“红色历史大家谈”互动教学课程，举办培训班共8类

18期，培训学员8296人次，累计876学时。二是引领“绝大多数”，全区1360个党组织配发7本指定学习材料，开设线上党史知识课堂、线下红色文化课堂、基层流动宣讲课堂，结合“三会一课”、主题党日等，组织党员学习交流，提升学习效果。组织353名新一届村（社区）“两委”主要负责人专题培训集体上好“党史第一课”，千余名党员参加“学党史、铭初心、争做两山理论守护人”知识竞赛活动。在门城地区打造“移动式”流动党员驿站，通过送学上门、网络助学等形式普及党史知识，创新推出“小院读书班”“广场微党课”，确保261名流动党员全员参与、全面覆盖。依托我区被列入中宣部典型案例的“1+18+N”基层马克思主义读书会，开展“百名党员讲党史”等特色读书活动，与北京大学双向共建，溯源马克思主义在京西的早期传播。

（三）广泛宣讲宣传，凝聚奋进力量。成立党史学习教育区委宣讲团，打造“七大讲堂”（即“专家大讲堂”、“书记大讲堂”、“百姓大讲堂”、“实景大讲堂”、“校园大讲堂”、“云上大课堂”、“实践大讲堂”），开展理论宣讲百余场，特邀中央党校专家为全区2万余名干部群众作“七一”重要讲话精神专题辅导报告。承办北京市“党史学习教育”主题宣讲——“决战脱贫攻坚”百姓宣讲团首场报告会；组建“红色门头沟”“‘两山’理论守护人”百姓宣讲团，依托新时代文明站所等基层阵地，开展宣讲300余场，直接受众2万余人。召开全区“两优一先”表彰大会，为3193名“光荣在党50年”的老党员代表颁发纪念章；组织干部群众4300人次参观中国共产党历史展览馆，持续掀起党史学习教育热潮。强化宣传引导，营造浓厚氛围，刊发区级工作简报117期，采用基层信息700余条；向市委报送稿件127条，采用信息26条；在中央、市属媒体刊发“建党百年”报道30余篇，为民办实事报道百余篇，《北京青年报》刊发的“老区新章门头沟——绿水青山间的红色基因”系列报道，被市委宣传部评价为“堪称党史学习教育中靓丽的一笔”；推出原创Rap歌曲MV《老区新章！为门头沟打call》，被市委宣传部推荐在北京电视台等媒体平台全网推送；5集网络微视频纪录片《奋斗吧，红色门头沟》和《我是一名光荣的共产党员》系列短视频，累计阅读量超600万次，获网民跟评5000余条。

二、以史为鉴，在深学细悟中赓续红色血脉

（一）推出红色路线，打造党史学习教育实景课堂。让旧址遗迹成为党史“教室”，系统梳理分布在117个村（占全区138个村的85%）的1328处红色资源点位，围绕“红色电波·永不消逝”“平西抗战·先烈永恒”等主题推出18条红色线路、“红色马栏”百场沉浸式爱国主义教育实景剧演出，构建包括京西山区中共第一党支部、冀热察挺进军司令部旧址、平西情报联络站在内的党性教育基地体系。深挖红色文化资源，结合生态产业转型，打造“妙峰山全域一体化红色实践创新教育基地”、“‘两山’理论践行园”等红色教育阵地。

（二）推出文化文艺精品，讲述“门头沟故事”。让英烈模范成为党史“教师”，以蔡奇书记在全市专题党课中讲述的“京西第一个共产党员崔显芳‘一门四烈士、代代跟党走’的感人事迹”为原型，推出原创曲剧《跟党走》，在天桥艺术中心、中国评剧院等演出5场受众5000人。推出《平西颂》《紫气东来门头沟》等原创歌曲，开展《门头沟矿区：最早接受马克思学说的地区之一》等课题研究，挖掘推出建国前老党员口述史《斋堂川的九朵红花》。编印《中国共产党北京市门头沟区历史（1920-2012）》《中国共产党北京市门头沟区历史大事记》、《门头沟区志（第二轮）》等史志著作，出版《红旗漫卷西山——门头沟地区百年党建纪实》等百套具有区域特色的红色书刊，向首都图书馆捐赠红色书籍5种500册。推出“红色门头沟、永远跟党走”主题书画摄影展、“红色宛平 -- 庆祝中国共产党成立100周年”专题展，参观人数1500人次，网上展览点击量超过三万次。

（三）开展群众性主题宣传教育活动，厚植爱党情怀。让文物史料成为党史“教材”，征集《红枫如画》、《忠诚信仰革命一生》等珍贵党史资料及图书、实物档案355件，推出七大类51项“永远跟党走”群众性主题宣传教育活动，以群众喜闻乐见的形式，推动党史学习教育入脑入心。将建党100周年庆祝活动和2022年北京冬奥会、冬残奥会服务保障作为最生动最实际的党史学习教育，推出“唱支山歌给党听”红色教育基地打卡传唱活动，举办“童心向党，诵读永定河”读书、红色家书诵读和门头沟区烈士纪念日公祭等主题活动，开展“开天辟地跟党走，十四五蓝图绘就立志坚”清明节原创红色诗歌诵读和“传承红色基因 永葆军人本色”系列活动30余场。开播“京西老兵红色热线——学党史 讲奉献 续写军旅荣光”系列网络播报12期，参与人员5000余人次。抓好青少年党史学习教育，全区3.5万名师生1200个班级同上“学党史”开学第一课，开展“国旗下讲话”、主题班队会团队日、“红心向党”等主题读书和“红色通讯社”“校史中的党史”等一系列沉浸式、体验式活动，制作“红色印记斋堂川”系列微党课，持续展播百集党史慕课，打造“指尖上的大课堂”。培育爱国主义教育基地“小小讲解员”，开展志愿讲解活动，让青少年在亲身参与活动中坚定理想信念、勇担时代使命，把爱党爱国爱社会主义之情转化为砥砺奋进的自觉行动。

三、以民为本，在知行合一中坚守初心使命

（一）坚持首善标准，“双聚双百”解决急难愁盼问题。扎实推进党史学习教育“我为群众办实事”实践活动，以聚焦“红色党建”、聚力“绿色发展”为主线，以“解决百个民生重点问题、打造百个党建实践品牌 ”为载体，用好“接诉即办”这个主抓手和“创城攻坚”这个主牵引，组织基层党组织和广大党员积极担当奉献，为群众办实事、解难事、化愁事。突出创城为民惠民利民办实事，在市委27个具体问题的基础上，梳理出群众反映集中的物业服务、垃圾清运等6个方面突出诉求，并围绕构建绿色发展新格局、落实社区治理26条、“两个关键”小事等工作中亟待解决的痛点难点问题，形成“7个围绕”的重点任务清单，建立“27+6+X”的重点民生诉求台账，投资1.55亿元，实施完成212项区级重点为民办实事项目和677项镇街、局处级单位为民办实事项目，完成率100%。

（二）靶向精准发力，把实事办在群众心坎上。以接诉即办作为导向抓手，加强对群众反映“硬骨头”问题的收集整体、分析研判，找准问题症结所在，以小切口解决了一批民生痛点、堵点、难点问题。将老旧小区及棚改回迁小区108栋楼列入2021年房屋漏雨维修工程，修缮完成11.05万平米。开展根治欠薪专项行动，为224名劳动者追欠工资350万元，其中累计为187名农民工追欠工资262.27万元。借助区级停车管理平台，对路外停车资源进行统筹管理，增加车位1593个。针对新南城地区普惠幼儿园入园难问题，仅用110天的时间，完成门头沟区第八幼儿园新建园工程，新增普惠园学位360个。

（三）注重常态长效，让党旗在基层一线高高飘扬。聚焦“减量提质”目标，深化“接诉即办515工作法”，建立区级“每月一题”机制，区主要领导亲自部署、亲自督促、亲自落实，加大无证“房”“车”、劳务和消费纠纷、城市环境、小区管理、教育等12类民生热点诉求问题解决力度。建立“五个一”工作机制（1个项目、1名责任领导、1套工作班子、1个化解方案、1竿子插到底），采取“听、看、访、查、督、评”全程监督办实事项目推进情况，统筹推进项目高质量完成。将“红色门头沟”党建品牌作为破解“关键小事”的利刃，打造130余个“红色门头沟”党建实践品牌，设立3700余个党员先锋岗、示范窗口、责任区，推动机关和企事业单位党支部与村（社区）党支部结对共建，开展主题党日活动849次，教育引导党员积极参加疫情防控、环境整治、垃圾分类、社区治理等志愿服务活动9.6万人次，努力实现地区发展开新局、人民群众得实惠、党员干部受教育、党群同心聚合力、基层治理上台阶。

四、胸怀“国之大者”，在守正创新中开局建功

（一）以首都发展为统领，落实区域功能定位。各级党员领导干部带头学习贯彻党的十九六中全会精神和习近平总书记系列重要讲话精神，不断从党的百年伟大奋斗历程中汲取前进的智慧和力量。始终坚持以首都发展为统领，在践行“两山”理论、推动绿色高质量发展上精心谋划，在融入京津冀协同发展大局、下好“五子”联动先手棋中找准定位，不断以“四个一”的历史奉献为激励，把思想认识行动统一到党中央和市委的重大判断、部署要求上来，坚持守好绿色固本底，开放发展聚资源，努力形成“紫气东来门头沟”新态势，蹚出经济社会转型发展新路子。

（二）坚持绿色发展，奋力谱写“绿水青山门头沟”新篇章。坚持“生态立区、文化兴区、科技强区”发展理念，坚定扛牢“两山”理论守护人职责使命，推动绿水青山门头沟高质量发展。成功获评“绿水青山就是金山银山”实践创新基地和国家生态文明建设示范区。京西产业转型升级示范区范围扩大到22.9平方千米，获得国家发展改革委“2020年推进老工业基地调整改造和产业转型升级工作成效明显地市（区）”通报表扬，在2021年全国示范区年度评估中被评为“优秀”等级。打造5个全国“一村一品”示范村、5个中国美丽休闲乡村、3个全国乡村旅游重点村，创建15个市级“乡村振兴示范村”，第一批58个美丽乡村创建村通过市级考核验收。荣获首都级文明村镇、文明社区、文明单位、文明家庭、文明校园173家，全国级文明先进17家，2019年、2020年连续两年总成绩全市第一，实现首都文明示范区和全国文明城市提名城区“双达标”。

五、培根铸魂，巩固拓展党史学习教育成果

（一）总结经验强信心，走好新时代的赶考之路。区委认真总结党史学习教育的成功经验，始终把党的政治建设摆在首位，更加坚定地捍卫“两个确立”、做到“两个维护”；始终把学习贯彻习近平新时代中国特色社会主义思想作为首要政治任务，更加有力地武装头脑、指导实践、推动工作；始终把学习“四史”作为必修课常修课，更加自觉地传承红色基因、赓续红色血脉；始终把人民放在最高位置，更加务实地为百姓办实事做好事解难事；始终把增强历史主动作为崇高品格，更加昂扬地推动高质量发展。同时也存在一些不足，在发挥革命老区红色资源优势，创新学习教育形式、灵活开展特色学习教育和宣讲等方面谋划不深、设计不够；在推进学习成果转化，提升党员干部素质解民忧，以学促干破解“疑难杂症”，全面推动绿色高质量发展上需进一步加强。

（二）深学细悟强实践，全面贯彻党的十九届六中全会精神。建立常态化学习机制，创新线上线下学习载体，发挥全媒体矩阵和马克思主义读书会品牌作用，各级理论学习中心组邀请专家深入解读，各级领导干部带头宣讲、交流研讨，将十九届六中全会精神和习总书记最新重要讲话精神纳入区委党校各类主体班次培训内容，立足学深学透、全员覆盖，夯实“圆心”延伸“半径”。引导广大党员干部群众在学思悟践中，砥砺奋发奋进的斗志，练就善作善成的本领，自觉做“两个确立”的坚决拥护者和“两个维护”的坚定践行者，注重思想淬炼、政治历练、实践锻炼、专业训练，锻造忠诚干净担当的干部队伍，在踏上第二个百年奋斗目标的新征程中展现新气象新作为。

（三）红色资源强设计，发挥党史学习教育阵地作用。梳理马克思主义在我区早期传播的根脉，提升“1+18+N”基层马克思主义读书会阵地，推出沉浸式体验，情景式互动等“特色党课”，系统打造党史学习教育的实景课堂。强化红色资源教育功能，对全区红色资源再挖掘、再梳理、再设计，策划推出更多在全市有影响力的红色主题文化文艺作品和精品旅游线路，力争把红色资源用得更活，把场景体验做得更实，传承红色基因、赓续精神血脉，深入学习好、宣传好、阐释好、传播好伟大建党精神，传承红色精神谱系和光荣传统，增强奋进新征程的强大精神动力。持续抓实抓紧抓好广大青少年学习教育，探索开展体验式、情景式、分享式、研讨式的思政课程教学，推进中小学思政教学与实践教学深度融通，让红色基因、革命薪火代代传承。

（四）注重实践强时效，深化“我为群众办实事”实践活动。持续锤炼党性，牢记初心使命，厚植为民情怀，紧扣“七有”“五性”，深化接诉即办“515”工作法，建立健全“走千家近万户”、“访民情知民意”等未诉先办长效机制，更加精准地对接服务发展所需、基层所盼、民心所向，坚持从最困难的环节入手，从最突出的问题抓起，从最现实的利益出发，常态化推动解决房产证难办、老旧小区改造、教育领域“双减”、电动自行车充电桩安装难等群众关注的揪心事、烦心事，将党史学习教育成果持续转化为为民服务的能力和水平，让人民群众有更多、更直接、更实在的获得感、幸福感、安全感。

在市委第二指导组的有力指导下，通过党史学习教育，全区各级党组织的凝聚力、战斗力、创造力持续提升，广大党员干部受到了全面深刻的政治教育、思想淬炼和精神洗礼，全区形成了团结一心谋发展、聚精会神抓落实的良好态势。下一步，门头沟区将深入贯彻习近平新时代中国特色社会主义思想，坚决落实中央、市委部署，以史为鉴、开创未来，踔厉奋发、笃行不怠，把党史学习教育的成效持续转化为奋力谱写绿水青山门头沟高质量发展新篇章的强大动力，转化为奋进新征程、建功新时代的实际行动，以优异成绩迎接党的二十大胜利召开。

大事记

1月

4日　门头沟区完成977户二期回迁安置家庭的选房工作，共选定房源1493套。

11日　区领导金晖、喻华锋与市电力公司座谈，双方签署“煤改电”电网投资共建协议。

▲　门头沟区通信建设管理办公室正式成立并举行揭牌仪式。

18日　门头沟区与北京建筑大学签署战略合作协议，并成立北京乡村振兴实验室。

19日　门头沟区重点人群新冠病毒核酸检测工作部署会召开，传达市级疫情防控会议重要精神，部署《门头沟区重点人群新冠病毒核酸检测实施方案》。

20日　门头沟区党史学习教育总结会议召开，传达中央、市委党史学习教育总结会议精神，区委书记金晖作重要讲话。

22日至3月13日　永定镇长安天街开设室内城市志愿服务站，对北京冬奥会和冬残奥会、冰雪运动等相关知识进行普及。

29日　中国共产党北京市门头沟区第十三届委员会第二次全体会议召开，表决通过《中国共产党北京市门头沟区委员会工作规则（试行）》、中共门头沟区委推荐提名北京市出席党的二十大代表候选人推荐人选和《中国共产党北京市门头沟区第十三届委员会第二次全体会议决议》。

30日　全区领导干部大会暨创建全国文明城区工作部署会议召开，部署2022年门头沟区精神文明建设和创建全国文明城区工作、应急值守和区领导春节期间联系镇街及委办局包社区工作、城市运行工作以及春节和冬奥会期间烟花爆竹禁放看护值守工作。

1月　大峪街道增产路东区社区冬奥城市志愿服务队成立。志愿服务队的32名队员将分成7个小组，在小区主要路口进行治安巡逻，并主动参与服务社区居民、宣讲冬奥知识、推广冬奥项目、弘扬奥运精神等各项工作。

▲　北京银行门头沟绿色支行成立。该银行聚焦人工智能、超高清数字视听、心血管领域医疗器械三大细分产业领域发展需求，开展基于碳排放配额、核证自愿减排量（CCER）、碳汇质押的创新融资业务，开发“碳押贷”“碳汇贷”“光伏贷”“风能贷”“节能减排贷”“绿色建筑贷”等细分信贷类产品。

2月

10日　中国共产党北京市门头沟区全面从严治党大会暨第十三届纪律检查委员会第二次全体会议召开。区委副书记、区长喻华锋传达中央纪委、市纪委全会精神。金晖就推进全面从严治党、做好纪检监察工作提出要求。

11日　第十七届人民政府第一次全体（扩大）会议召开，通报区十七届人大一次会议和区政协十一届一次会议情况并传达市政府第五次全体会议精神，喻华锋部署2022年区人民政府重点工作。

14日　门头沟区年轻干部座谈会召开，围绕党风廉政建设对年轻干部进行廉政谈话，10名年轻干部代表结合思想和工作实际作交流发言。

▲　在中关村（京西）人工智能科技园·智能文创园举办门头沟区“上元月明 紫气东来”元宵节主题活动。活动现场有琉璃、紫石砚特色非遗项目文创集市及太平鼓、燕歌戏等传统项目文化演出。

15日　2021年度门头沟区镇（街道）、系统党（工）委、党组书记抓基层党建述职评议会召开。22名党（工）委、党组书记依次述职并表态发言，与会相关人员现场填写测评表。

16日　门头沟区召开2022年征兵工作会，传达北京市征兵工作会议精神；总结2021年征兵工作、部署2022年征兵工作；宣读 2021 年征兵工作先进单位和个人表彰。

17 日　区人民政府与中国农业银行北京市分行签署战略合作协议，并正式挂牌成立农行门头沟支行。

2 月　北京万荣亿康医药有限公司迁入门头沟区实址办公。该企业成立于 2000 年 3 月，主营业务涵盖批发中成药、化学药制剂、抗生素、生化药品、生物制品信息咨询等。

▲　北京凤凰联医供应链管理有限公司（华润健康（医疗）集团全资子公司）迁入门头沟区，为集团旗下医院及其供应商提供技术咨询、数据管理等服务。

3 月

2 日　门头沟区红十字会第七次会员代表大会召开，宣读《国际红十字与红新月运动基本原则》；听取第六届理事会工作报告及《门头沟区“十四五”时期红十字事业发展规划》的说明。

▲　门头沟区与中国农业发展银行北京市分行举行战略合作协议签约仪式。

4 日　门头沟区精神文明建设工作暨背街小巷环境精细化整治提升部署大会召开，传达中央、北京市精神文明建设工作暨背街小巷环境精细化整治提升部署会会议精神；总结 2021 年区精神文明建设及背街小巷环境精细化整治提升工作并部署 2022 年工作任务；通报关于首都精神文明建设和背街小巷环境提升先进典型以及 1-2 月“比学赶超”擂台赛考核成绩和 2 月文明社区、文明农村综合考评结果。

9 日　中共北京市门头沟区委生态文明建设委员会 2022 年度第一次全体召开，听取全区推动生态涵养区生态保护和绿色发展、生态产品价值时间试点工作情况的汇报，审议通过区委生态文明委组成人员名单、2021 年工作总结、2022 年工作要点以及第一批门头沟区“两山”理论实践样板候选名单，通报第一届首都生态文明建设先进集体和先进个人名单以及第一届门头沟区最美“两山”理论守护人名单，为专家咨询委员会专家代表颁发聘书，对门头沟区污染防治攻坚战 2022 年行动计划进行部署。

17 日　门头沟区委党建工作会议召开，金晖传达全国两会精神及全市领导干部会议精神；统筹部署 2022 年政法工作、组织工作、宣传思想文化工作及统战工作。

20 日　门头沟区 2022 年永定河春季生态补水工作启动。

24 日　区人武部党委（扩大）会暨党管武装述职会召开，作党委工作报告，宣读表彰通报，听取部分党（工）委书记作党管武装工作述职报告。区领导为受表彰单位和个人代表颁奖。

26 日　2022“We 购门头沟消费季”启动。

29 日　“桑峪桑蚕·中华国粹”斋堂镇桑峪村第六届“三月三”民俗文化节举办。

31 日　区人民政府与中关村发展集团举行“构建新型政企关系”全面合作协议签约仪式。区领导介绍双方合作有关情况并与中关村发展集团签署“构建新型政企关系”合作协议；中关村门头沟科技园管委会与中关村发展集团相关企业就中关村金种子管家服务体系、中关村产业研究院人工智能产业规划、中关村“生态雨林”等具体项目签署落地协议；区领导向中关村京西公司颁发门头沟区创新创业示范基地牌匾。

3 月　门头沟区 2021 年度农村集体产权制度改革年报工作完成。门头沟区共 178 个村级集体经济组织完成产权制度改革，成员股东 81778 人。共 47 个村实现股金分红，成员股东分红总额 9540 万元，享受分红股东 26401 人，股东人均分红由上一年的 3476 元增加至 3613.5 元，增加 4%。

▲　门头沟区生态环境局与北林大生态与自然保护学院合作签约仪式举行。

▲　北京益生永信医疗器械有限公司实址入驻中关村门头沟园利德衡大厦。该公司 2013 年 11 月成立，拥有医疗器械三类、二类、一类经营资质。

▲　公安门头沟分局、区检察院、区人民法院、区司法局四部门通力协作，将犯罪嫌疑人李某某因酒后驾车涉嫌危险驾驶罪被抓获，仅用 40 小时结案，办出门头沟区自认罪认罚从宽制度改革以来“第一速案”。

▲　华润医院管理咨询有限公司落户门头沟区。该公司成立于 2007 年 11 月，注册资本 5 亿元。

▲　区医疗保险事务管理中心启动医保基金重点领域专项整治工作，辖区 50 家定点医疗机构和 8 家定点零售药店完成自查，追回违规资金 1.43 万元。

▲　北京同仁堂健康药业电子商务有限公司迁入门头沟区。该公司成立于 2021 年 4 月，主要业务为利用线上平台店铺销售传统滋补品、中药材、医疗用品及医疗器械等。

▲　原京煤集团产权的一眼

水源井（位于王平镇河北村，井深1200米，日最大提供水量960立方米）移交至王平镇，纳入王平集中供水厂统一管理，提升地区供水能力，满足“一线四矿”建设需求。

▲ 门头沟区永定镇MC00-0605-0001、0003等地块R2二类居住用地（配建“保障性租赁住房”）项目取得全市社会投资房屋建筑工程规划许可“全程网办”后首张电子证照。

4月

1日起 门头沟区正式启动退役军人及其他优抚对象建档立卡和优待证制发工作。区退役军人局通过在全区各镇街设立优待证办理窗口或办理处，以及发动村居进行信息摸排登记等方式，集中为退役军人提供业务办理服务。

▲ 门头沟区与中国科学技术交流中心战略合作框架协议签署仪式举行。

2日 全区清明节运行保障和疫情防控工作会召开。区领导结合分管工作部署全区疫情防控工作并提出要求。区防控办汇报《关于突发新冠肺炎确诊病例疫情快速响应处置的工作机制（5.0版）》，并开展突发5例确诊病例桌面推演。

11日 共青团北京市门头沟区第十五次代表大会召开，听取共青团北京市门头沟区第十四届委员会工作报告。审议通过《坚守初心使命奉献青春力量在“绿水青山门头沟”高质量发展新征程中谱写时代华章》工作报告。选举第十五届委员会委员31名，候补委员11名，常务委员会委员17名，蔡丽君当选为共青团北京市门头沟区第十五届委员会书记。

15日 首届中关村（京西）人工智能会客厅在中关村科技园区门头沟园举办。30余家专注于人工智能与深度学习领域的科技企业参加，并就人工智能领域科技创新与产业发展进行探讨。

▲ 2022年全区旅游工作大会召开，总结2021年全区旅游工作，部署2022年旅游重点任务；王平镇、区委宣传部、京西山水文化旅游投资控股有限公司负责人进行交流发言。

18日 区人民政府与百洋医药集团签署战略合作框架协议，并揭牌成立百洋医药科研成果转化基地。

21日 区委宣传部、北京交通广播联合在京西古道景区举办“春识京西，声临古道”沉浸式诗歌文化体验活动。北京交通广播FM103.9《1039惠旅行》于28日推出专题访谈节目集中推介全区文旅资源。

▲《上清水村志》《下清水村志》编纂启动工作会召开。会上介绍《上清水村志》《下清水村志》编写方案；就编写村志所需资料的收集、挖掘、整理等相关工作作说明。

▲ 北京百花山国家级自然保护区联合北京林业大学生态与自然保护学院完成马来氏网布设，开展保护区昆虫多样性监测和研究，构建百花山昆虫条形码数据库。

24日 斋堂镇110千伏变电站建成使用。该变电站位于斋堂大街北侧，总用地面积5000平方米，建设为地下一层、地上两层，设有主厂房、泵房、消防水池等。站内安装有2台5万千伏安变压器，电源引自付家台110千伏变电站，路径全长约16千米，途经雁翅、斋堂两镇。

4月 雁翅镇等11个单位获得“北京市农村工作（2017-2021年）先进集体”称号,4人获得“北京市农村工作（20172021年）先进个人”称号。

▲ 北京华栎物资有限公司、北京云上匠人工程技术服务有限公司、北京创金维科信息科技有限公司落户门头沟区。

▲ 门头沟区设立全市首个公益诉讼生态修复基地。该基地位于王平镇，占地70亩左右，为集体林场管护用地，兼具惩治、普法、警示、修复等功能。

▲ 中油中铝（北京）石油化工有限公司成功落户门头沟区。中油中铝公司是中铝集团和中石油为实现资源共享、优势互补而组建的合资企业，为中铝集团内部63家企业供应成品油业务。

▲ 门头沟区启动门诊慢特病相关治疗费用跨省直接结算试点（京煤集团总医院、区医院）工作，将极大提升参保百姓跨省流动就医的可及性和便捷性。

5月

5日 中国共产党北京市门头沟区第十三届委员会第三次全体会议召开，投票确定门头沟区出席市第十三次党代会代表候选人预备人选，表决通过《中国共产党北京市门头沟区第十三届委员会第三次全体会议关于召开中国共产党北京市门头沟区代表会议的决议》。

18日 门头沟区疫情防控工作会议召开，传达全市疫情防控工作领导小组会议精神，听取全区疫情防控工作整体情况、市场保供稳价及封管控区物资保障、隔离点使用及储备、垃圾转运、封（管）控区管理等情况的汇报，通报监督组检查有关情况，部署《门头沟区关于开展“红色领航 同心抗疫”行动 广泛动员各方社会力量参与疫情防控的工作方案》和社区防控重点工作。

23日 中国共产党北京市门头沟区代表会议召开。选举产生门头沟区出席北京市第十三次党代表大会的代表。

27日 门头沟区联合石景山区、海淀区开展“百日千万”西部地区专场网络招聘会，累计推送24家企业776个岗位，总浏览量达1187人次。

31日 门头沟区召开2022年防汛动员大会，总结全区2021年防汛工作经验教训，部署2022年防汛工作。

5月 安擎算力（北京）数字科技有限公司（安擎（天津）计算机有限公司在北京投资设立的子公司）落户门头沟区。安擎是一家国产服务器生产厂商，聚焦于AI服务器等产品研发、生产与销售。

▲ 北京美的智慧家居有限公司（广东美的智慧家零售有限公司及美的智慧家科技有限公司共同出资）落户门头沟区，主要业务涵盖美的空调、小家电等家用电器的销售以及提供智慧家居整体解决方案。

▲ 京外（山东）企业元正科技有限公司（隶属于中焜集团，以新能源和创新科技为产业发展方向，有32家子公司遍布全国）落户门头沟区，主要负责集团面向新材料、高端材料和精密制造领域的产业投资。

6月

2日 门头沟区首笔国有土地使用权协议出让收入征缴入库。企业财务人员通过“北京市电子税务局”缴纳费款146.27万元，并自行打印《中央非税收入统一票据》，标志着国有土地使用权协议出让收入线上征缴工作在门头沟区平稳落地。

5日 门头沟区公布《北京市门头沟区生物多样性保护行动计划（2022年-2035年）》。

15日 门头沟区疫情防控工作会召开，传达近期市疫情防控工作领导小组会议精神，宣读《关于统筹做好社会面疫情风险排查工作的方案》，听取集中隔离点有关工作情况的汇报，通报市指导组监督检查情况和《关于进一步严明疫情防控有关纪律要求的通知》精神及门头沟区各组监督检查情况。区市场监管局等相关单位先后进行发言。与会区领导结合分管工作部署疫情防控工作。

22日 门头沟区反腐倡廉建设领导小组会议召开，审议通过《北京市门头沟区反腐倡廉建设领导小组工作规则（试行）》和五年工作总结及2022年全区党风廉政建设和反腐败形势分析、市委对区委2021年度全面从严治党考核和研判反馈意见的《整改方案》、全区考核研判情况和2022年度《考核研判方案》《关于进一步落实查办案件以上级纪委监委为主的工作意见》和粮食购销领域腐败问题专项整治阶段性工作报告。

23日 2022年门头沟区“营商环境建设年”工作启动大会召开，部署“营商环境建设年”总体工作，并为门头沟区营商环境特约监督员代表颁发聘书。

24日 门头沟区领导干部大会召开，传达近期全市疫情防控工作领导小组会议精神，听取全区8小时转运专班运转、市党代会期间门头沟区社会面维稳、全区疫情防控整体情况及中考筹备的汇报，部署市党代会期间安全稳定有关工作，观看卡口疫情防控专项检查视频短片。

30日 门头沟区启动历史建筑的挂牌保护工作，逐步为全区81座历史建筑进行挂牌保护。

6月 门头沟区推出以“踏寻革命足迹·传承红色基因”为主题的6条迎“七一”红色历史文化精品旅游主题线路，整合田庄村京西山区中共第一党支部纪念馆、马栏村冀热察挺进军司令部旧址、妙峰山平西情报联络站纪念馆等京西红色资源125处、红色文物25项、北京市经典红色景区名录9家。

7月

7日 王平镇韭园村、清水镇西达摩村、妙峰山镇涧沟村和斋堂镇柏峪村4个村被北京市农业农村局评为2022年北京市美丽休闲乡村。

12日 门头沟区召开全区创城迎检动员誓师大会，部署《2022年门头沟区创城迎检冲刺实施方案》和2022年门头沟区创城迎检工作，与会代表同志交流发言。

16日 区委书记专题会召开，研究深化国有企业改革发展及中关村门头沟园体制机制改革工作，听取区国资委、中关村门头沟园管委会相关工作情况的汇报，并围绕今后工作进行研讨。

19日 门头沟区委理论中心组学习（扩大）会暨学习宣传落实北京市第十三次党代会精神市委宣讲团门头沟区报告会召开。金晖围绕市第十三次党代会精神，紧密结合全区工作实际作专题宣讲报告，讲解市党代会基本情况、主要内容、重要部署、深刻内涵和精神实质，总结五年来门头沟区在全市工作中的定位、贡献，并对以后全区推动新时代首都发展、力争率先基本实现社会主义现代化作出全面部署。

23日 “北京门头沟”公众号正式上线。该公众号是将门头沟区融媒体中心原有的“京西门头沟”和“门头沟融媒”2个公众号合并升级后推出。

25日 门头沟区委全面依法治区委员会办公室（扩大）会议召开，审议通过《中共北京市门头沟区委全面依法治区委员会2022年工作要点》等文件，并就法治建设督察工作进行动员部署。

26日 中国共产党北京市门头沟区第十三届委员会第四次全体会议召开，审议《关于上半年经济社会发展情况和下半年工作安排的报告》，总结全区上半年工作，分析当前面临的形势任务，对下半年重点工作做出具体部署。

31日 喻华锋陪同联合国全球契约组织“一带一路”行动平台高级别指导委员会代表参观金隅琉璃文化创意产业园。

7月 区税务局、中关村门头沟园与园区企业签署税收共治三方合作协议，涵盖领取营业执照、公章和发票“一条龙”办理，税务Ukey免费领，预缴代开园内办等15条纳税服务举措。

▲ 常浩生物（全国仅有的2家专业从事体外培育牛黄核心原料产业化企业之一）迁入门头沟区。该公司成立于2021年6月，注册资本6000万元。

▲ 中央直管国有独资企业中国南水北调集团在门头沟区成立二级子公司南水北调生态环保有限公司。该企业注册资本20亿元，为生态环保行业综合性公司，以水生态、水环保产业为主，立足于南水北调后续工程和国家水网建设，面向全国市场，重点开拓水环境监测、河湖生态修复、水环境治理、环保技术设备、生态廊道建设等业务。

▲ “门头沟随手拍”微信小程序正式上线。区城市指挥中心统一分转、快速办理市民群众通过小程序上传的问题线索，实现未诉先办。

▲ 门头沟区启动全市首个“幸福家园”村社互助项目。与中华慈善总会合作，确定龙泉镇龙泉务村作为首个在“公益宝”平台（民政部指定的互联网募捐信息平台）认领助老项目的村社，设立可以独立筹款的村社互助基金，实现村、社区链接社会资源筹款。

8月

10日 门头沟区红色文化传承发展座谈会召开，首都哲学社会科学知名专家学者围绕门头沟区红色文化资源传承发展提出意见建议。

11日 门头沟区李禾田在北京市第十六届运动会（竞技组）田径女子丙组400米决赛项目中以59秒08分获冠军。门头沟代表团获5枚金牌、5枚银牌、4枚铜牌。其中，罗雨泽在男子乙组49公斤级、杨荞菲在女子乙组71公斤级、齐文煜在女子乙组76+公斤级、杨仕豪在男子乙组81公斤级、王士源男子乙组96+公斤级中夺得冠军

13日 南石洋大峡谷景区正式对外开放。景区位于雁翅镇马套村，规划总面积2123.8公顷，主峡谷全长20余千米，集自然风光、山水文化、辽金文化、宗教文化、红色文化、科普教育于一体。

18日 2022年全区村“两委”负责人培训班暨乡村振兴能力提升专题研修班开班，区委书记金晖授课。

▲ 门头沟区2022年营商环境年“双承诺”融合试点工作在中关村科技园区门头沟园启动。市、区领导为区“双承诺”融合试点单位揭牌，并向首批4家单位授牌。

22日 门头沟区台湖C7集中隔离医学观察点工作专班完成首轮轮换，首批29名工作人员闭环转运并开始集中隔离和居家隔离，第二批管理、医护团队按计划顺利进驻隔离点接力开展疫情防控工作。

24日至28日 第十届海峡两岸旅游观光研讨会暨民宿旅游发展高峰论坛在门头沟区举办。来自海峡两岸的各界领导、专家、师生及媒体代表百余人以线上线下相结合的方式参加论坛。此届研讨会，经两岸专家评审，共评选出优秀论文20篇。

25日 首届京西地区发展论坛在门头沟区举办。波士顿咨询公司、首钢集团、京能集团进行主旨演讲，门头沟区与石景山区围绕重点项目分别进行招商推介和融资对接，并举行战略合作协议签约仪式。

26日 创客北京·华鲲振宇·昇腾AI创新大赛决赛暨第二届中关村（京西）人工智能会客厅活动在门头沟区中关村（京西）人工智能科技园·智能文创园开幕。与会嘉宾、企业代表进行交流座谈，并推介门头沟区区位、产业定位、政策集成等方面优势。

27日 2022年北京西山永定河文化节暨首届京西山水嘉年华

文旅消费季活动在潭柘寺镇檀谷慢闪公园开幕。标志着 2022 年北京西山永定河文化节暨首届京西山水嘉年华文旅消费季正式开启。开幕式上，发布秋季精品旅游线路，门头沟小院”精品民宿政策；介绍“秋季畅游京西”联票项目；签约重点文旅品牌项目合作、门头沟小院村企合作。

8月　门头沟新城南部地区一横一纵骨干路网获市发展改革委立项批复。门头沟新城南部地区纵向西苑路按城市主干路标准、横向银盛路按城市次干路标准建设，随路实施桥梁、交通、照明、绿化、雨水、给水、再生水等工程，2 个项目总投资 4.58 亿元。

▲　城子街道被首都城市环境建设管理委员会评为首都城市环境建设管理样板单位。

▲　央企中新房（北京）城乡建设发展集团有限公司从山东省迁入门头沟区，工商、税务手续完成。该企业注册资金 2 亿元，业务领域涉及新型房屋投融建、建筑能源一体化、乡村振兴、大健康等。

▲　北京宏同堂制药有限公司迁入门头沟区，与区内企业形成医药产业链。该企业主营业务包括药品研发、生产、零售等。将与驻区企业常浩生物科技（北京）有限公司等医药企业形成上下游产业链。

▲　区人民法院成功调解全区首例非法采矿暨刑事附带民事公益诉讼案件，被告人对盗采点的修复生态环境费用和生态环境受到损害至修复完成期间服务功能丧失导致的损失共 80 万元履行赔偿责任，并自愿认罪服法。

▲　森田油气迁入门头沟区。该企业注册资金 1 亿元，主营业务为石油制品销售、储能及风力发电技术服务等。

9月

1日　景山学校京西实验学校借址三家店铁路中学开学，共开设一年级 3 个教学班。小学一年级招生工作，共招收学生 85 人。学校现有教师 28 人（共 27 名专任学科教师，包括博士研究生 1 人、硕士研究生 23 人），涉及小学、初中、高中 3 个学段的多个学科。

3日　第十三届北京国际山地徒步大会首站“京西星火”线路在雁翅镇田庄村正式开走，200 余名徒步爱好者参加。“京西星火”徒步线路穿越雁翅镇田庄村，是徒步大会的经典线路。赛道全长 10 千米，起终点设置在京西山区中共第一党支部，沿途经过英雄路、玫瑰园等景点。

9日　全区领导干部大会召开，传达近期市疫情防控工作领导小组会议精神，听取进一步从严从紧做好中秋、国庆假期及前后疫情防控工作的任务分解方案的汇报，对门头沟区新冠肺炎疫情防控、安全稳定、城市运行、接诉即办、应急值守、创城迎检等工作进行部署。

11日　“紫气润京西中秋月团员”——京西山水嘉年华暨北京门头沟 2022 年中秋晚会在中关村门头沟园阳光大厦广场举办。活动采取线上直播和线下活动相结合方式，现场进行乐队表演以及非遗文化、科技智能展示等。

16日　全区疫情防控工作会召开。观看卡口新冠肺炎疫情防控专项检查视频短片，传达近期全市疫情防控工作领导小组会议精神，听取区社区（村）、学校、隔离点、第 30 封鸡毛信涉及人员等相关疫情防控工作情况及创城迎检工作的汇报。

20日　全区农村集体“三资”管理工作专题会召开，听取全区农村集体“三资”管理有关情况、加强村居财政资金管理相关工作推进情况的汇报。

23日　“乡情京韵颂盛世凝心聚力促振兴”第五个中国农民丰收节、第三十三届北京农民艺术节暨首届休闲农业推介活动在斋堂镇柏峪村举办。活动设置秧歌、诗朗诵、口技、快板、合唱、民间舞蹈、京西太平鼓、燕歌戏鼓等表演。现场还通过产品推介，集中展示地区的特色农副产品。

26日　门头沟区 5 家企业在市工商联发布 2022 北京民营企业“1+4”榜单中入围北京民营企业百强榜单。光环新网、精雕科技、迪安帝、省广合众（北京）、利德衡五家企业分别入选民营企业百强（54 位）、科技创新百强（61 位）、科技创新百强（76 位）、文化产业百强（72 位）、中小百强（20 位）榜单。

27日　全区干部领导大会召开，传达全市领导干部会议精神，通报全区维稳安全稳定、城市运行保障、环境氛围布置、应急值班值守、安全生产、全区新冠肺炎疫情防控等相关工作情况，并对相关工作提出具体要求。

▲　门头沟区第一届“绿水青山杯”职业技能大赛成果展示发布会暨“京西精品旅游研究中心”成立仪式举行。各职业参赛优秀选手现场表演及优胜作品展示；市、区领导共同为职业技能竞赛各获奖单位及个人“俊鸟归巢·乡村文旅达人”颁奖，并为京西精品旅游研究中心揭牌。市文化旅游局、北京轻工技师学院、

市旅游行业协会等有关单位负责人参加。

▲ 门头沟区举办2022北京西山永定河文化节暨首届京西山水嘉年华"探秘寻宝"徒步游古道文化活动启动仪式。推出4条徒步线路和1条精品骑行线路，串联京西古道、牛角岭关城、韭园村马致远故居等点位；同步推出古道摄影、故事征集活动。

29日 团区委与北京建筑大学联合举办"喜迎二十大 永远跟党走 奋进新征程"校地联建活动并签订联建合作框架协议。

30日 门头沟区烈士纪念日公祭活动举行。区四套班子领导与军休干部、驻区部队官兵及少先队员代表，在田庄革命烈士纪念碑前集体瞻仰烈士纪念碑并向革命烈士鞠躬、默哀、敬献花篮。

9月 门头沟区档案馆新馆建设项目工程完成主体结构封顶。区档案馆新馆位于永定镇何各庄东街和泰安路相交路口的东南处，总建筑面积21180平方米，分为地上5层、地下2层。设有职工办公用房、档案库、展厅设备机房、车库等区域。

▲ 门头沟区启动"百人百日"打卡诵读《习近平谈治国理政》第四卷学习活动，筑牢团员思想根基。

▲ "苔花校园"公益共建项目在门头沟区落地。该项目由团区委、区教委与北京宜信公益基金会合作共建，将为妙峰山民族学校、清水学校2所试点学校提供10万元"苔花校园"建设与运营经费，用于改善山区学校教学环境，推动"红色长廊""绿水青山新居民"等主题教育项目，为50名优困生提供每人1000元助学金。

▲ 北京德道厚生投资管理有限公司迁入门头沟区，为在中国证券投资基金业协会登记的私募股权投资机构，以从事商务服务业为主。

▲ 潭柘寺上塔林修缮完工正式对外开放。潭柘寺塔林自2017年启动大修工程，为每座古塔制定数字编号，利用传统工艺和手段，"一塔一方案"进行针对性修缮，并重修塔林甬路和围墙，尽最大可能保留塔林原貌和遗存，延长墓塔寿命。

▲ 南水北调集团第三家二级子公司中国南水北调集团文旅发展有限公司在门头沟区成立，注册资本1000万元，以发展文化旅游建设运行业务为核心。

▲ 中油新能源（北京）有限公司迁入门头沟区。

▲ 宝昌隆（北京）商业管理有限公司完成从西城区迁入门头沟区。该企业成立于2018年5月10日，主要从事商务服务业。

▲ 门头沟区2022年第一批"煤改电"工程涉及潭柘寺镇、龙泉镇、军庄镇3个镇，涉及12个村6502户。

▲ 百花山国家级自然保护区设立无人值守的民用远程操控天文台，使用者可以通过电脑、手机等终端远程控制天文设施，在家即可实现天文观测及天体摄影。

▲ 北京舞蹈学院考级院京西校区入驻门头沟区。该办学项目由北京舞蹈学院与北京新发展教育科技集团有限公司共同实施，为北京市第二家直营校区，位于新发展艺术工厂，教学面积达1000平方米，可提供北京舞蹈学院"中国舞考级""芭蕾舞考级""国标舞考级"等各类课程培训。

10月

6日 百花山国家级自然保护区天文台首次参与收集与记录天文科学数据，成功协助美国麻省理工大学观测到"海卫一掩星"天文现象。

15日至11月24日 第六届门头沟文化创意大赛举办。此次大赛以"用AI创新 用新传承"为主题，设置智能文创（中关村人工智能科技园智能文创园）、非遗IP设计（金隅琉璃文化创意产业园）两大主题赛区，面向社会邀请文化科技融合、文化旅游融合、文化体育融合等8个类别项目参赛。吸引来自清华大学、北京航空航天大学、中央音乐学院、中央美术学院等高校及有关企业的112个创新创业团队参赛，数量为历届之最。

25日 全区森林防灭火工作会议召开，通过视频系统检查重点点位防火工作情况，听取门头沟区森林火灾应急预案、全区防灭火工作部署、消防安全法律法规汇总等有关情况汇报。

26日 全区学习贯彻党的二十大精神暨全区重要会议服务保障工作总结会召开，传达学习党的二十大精神，全面总结党的二十大期间全区服务保障工作，并就在全区迅速掀起学习宣传贯彻党的二十大精神热潮、全力推动"绿水青山门头沟"高质量发展再上新台阶做出具体部署。

29日 门头沟区疫情防控工作会暨创城迎检工作部署会召开，传达近期市疫情防控工作领导小组会议精神，通报全区疫情防控整体情况，听取区相关单位关于涉疫风险点位和风险人员落位管控情况的汇报，部署社区（村）疫情防控和创城相关工作。

10月 门头沟区与丰台区签订关于农村土地承包纠纷调解仲裁跨区域建设合作协议，创新推进农村土地承包仲裁工作。

▲ 门头沟区成功从浙江宁波引进北京匡合国际经贸有限公司。该企业致力于有效匹配回收领域上下游资源，为生产制造企业提供稳定的原料供给、采购等服务。

▲ 潭柘寺镇“门头沟小院的悠闲时光”入选市文旅局推出的首批北京微度假目的地品牌。

▲ 妙峰山镇炭厂村、斋堂镇入选第四批全国乡村旅游重点村名单和第二批全国乡村旅游重点镇（乡）名单。

▲ 永定河综合治理与生态修复工程线杆改移工作全部完成，涉及电信、歌华等7家产权单位，拆改线杆516根、新建53座电力井、改移线缆252.76千米。

▲ 区医院《基于精益管理的核酸检测门诊服务流程优化》《精益管理缩短门诊高峰时段抽血等候时间》项目获第七届亚州医疗质量改进与创新案例大奖。

▲ 中国卫星导航定位协会北斗与元宇宙融合应用专业委员会在门头沟区成立。该委员会主任单位北京九鼎图业科技有限公司为中关村门头沟园企业，致力于自然资源、应急、民政、气象、军队、文旅等领域的测绘、产品研发、技术服务，是元宇宙新基建服务型高新技术企业。

11月

3日 国家林草局公布的新一批26个“国家森林城市”名单中，门头沟区被授予“国家森林城市”称号。

4日 九三学社京西发展座谈会在门头沟区召开，以“生态文化驱动 助力京西发展”为主题，聚焦乡村振兴、非遗传承、历史文化发展、生态资源保护等方面，为京西地区发展建言献策。

9日 门头沟区召开学习贯彻党的二十大精神宣讲团动员会，部署《门头沟区关于做好学习宣传贯彻党的二十大精神宣讲工作方案》，与会代表表态发言。

10日至12日 门头沟区第十七届人民代表大会第二次会议在龙泉会堂召开。金晖传达中国共产党第二十次全国代表大会精神；通过《北京市门头沟区第十七届人民代表大会第二次会议选举办法》；审议《北京市门头沟区人民代表大会议事规则（修订草案）》。

24日 全区推进全国文化中心建设领导小组第二次全会召开，听取2022年重点任务进展汇报，研究审议2023年重点项目，以及公共文化服务体系示范区创建、“东胡林人”遗址全国重点文保单位申报、潭戒景区AAAAA创建等事宜。

11月 门头沟区与石景山区签署“战略合作框架协议（3.0版）”，将立足国家级京西产业转型升级示范区平台，进一步深化“两区＋两企”的京西转型模式，共同对接好市发改委新首钢办，积极协调和争取市级对京西地区转型发展的政策和资金支持，共同打造京西专精特新产业集群。

▲ 门头沟区家庭教育指导中心成立。门头沟区家庭教育指导中心旨在搭建家庭、学校、社会多方沟通平台，全面统筹社会资源、整合社会力量，构建覆盖全区的家庭教育指导服务体系，进一步提升家长依法教子、科学育儿能力。

▲ 北京朗科创新技术发展有限公司迁入门头沟区，为上市企业深圳朗科全资子公司，产品覆盖SSD固存、DDR内存、嵌入式存储和移动存储等领域。

▲ 大台街道为一名残疾人士完成两补跨省通办业务，这是自2021年5月跨省通办实施以来，门头沟区完成的首例跨省通办业务。

▲ 中拉青年汇“青年更有为·城市更美好”国际交流论坛在潭柘寺镇举办。通过活动，将潭柘寺镇檀谷生活区纳入首都国际青年汇。

▲ 央广传媒集团广告分公司在门头沟区正式注册落地。该公司为央广传媒集团（中央广播电视总台所属国有独资企业）下属子公司，也是该集团在门头沟区落户的首家企业。

▲ 门头沟区8个景区入选2022年北京市红色旅游景区（点）名单，分别为平西情报联络站、京西山区中共第一党支部旧址、马栏村、冀热察挺进军司令部旧址陈列馆、龙门涧憩英园景区、安家庄红色教育基地、川底下村和神泉峡景区。

12月

5日 门头沟区《涉地对外合作项目协议管理意见》出台后首个新协议签订。区经管站组织市农村产权交易中心、区农业农村局、清水镇政府、双涧子村，对涧子村与北京槐井石舍民宿公司拟签订的《精品民宿配套设施建设项目合作协议》开展联审，并最终成功促成合作。

12日 门头沟区推动文旅企业复工复产扩大文旅消费暨2022北京网红打卡地推荐榜单发布会

举行。活动发布2022新晋网红打卡地推荐榜单（100个）及最具人气网红打卡地推荐榜单（20个），门头沟区共有18个网红打卡地成功入选网红打卡地推荐榜单，总量在全市各区中排名第一。

▲ 门头沟区与宁夏固原市原州区人民政府签署《支持和发展民宿经济框架协议》。

26日　中国共产党北京市门头沟区第十三届委员会第五次全体会议召开。总结全区2022年工作，谋划部署2023年目标任务。金晖代表区委常委会作工作报告，并作讲话。书面审议全区经济社会发展工作报告和区委常委会2022年抓党建工作情况报告。

26日　区委理论中心组学习（扩大）会暨学习贯彻党的二十大精神宣讲报告会召开。金晖围绕学习贯彻党的二十大精神进行全面系统深入的宣讲。

27日至28日　政协门头沟区第十一届委员会第二次会议在龙泉会堂如召开。喻华锋作区政府工作报告。听取政协门头沟区第十一届委员会提案委员会关于十一届二次会议期间提案审查情况的报告，审议通过政协门头沟区第十一届二次会议关于常委会工作报告的决议（草案）和提案工作情况报告的决议（草案）、政协门头沟区第十一届二次会议政治决议（草案）。

12月　区医院负压病区开仓。病区建筑面积1300平方米，配备红绿区医务人员26人以及保洁、保安20人，可收治病人16名。

▲ 在区发展改革委加挂区金融工作办公室牌子，并单独设立区金融发展促进中心。

▲ 妙峰山镇炭厂村入选第四批全国乡村旅游重点村、斋堂镇入选第二批全国乡村旅游重点镇（乡）。

▲ 门头沟区与中关村视听产业技术创新联盟签署战略合作协议。

是年 区应急管理综合执法队更名为区应急管理综合执法大队，机构规格由正科级调整为副处级。

▲ 北京市门头沟区公共文化中心成立，挂北京市门头沟区文化旅游产业促进中心牌，为区人民政府直属公益一类事业单位，机构规格为正处级。

中国共产党门头沟区委员会

7月26日，中国共产党北京市门头沟区第十三届委员会第四次全体会议召开（区融媒体中心　供图）

◆ 3月18日，区委议事协调机构相关工作汇报会召开（区融媒体中心　供图）

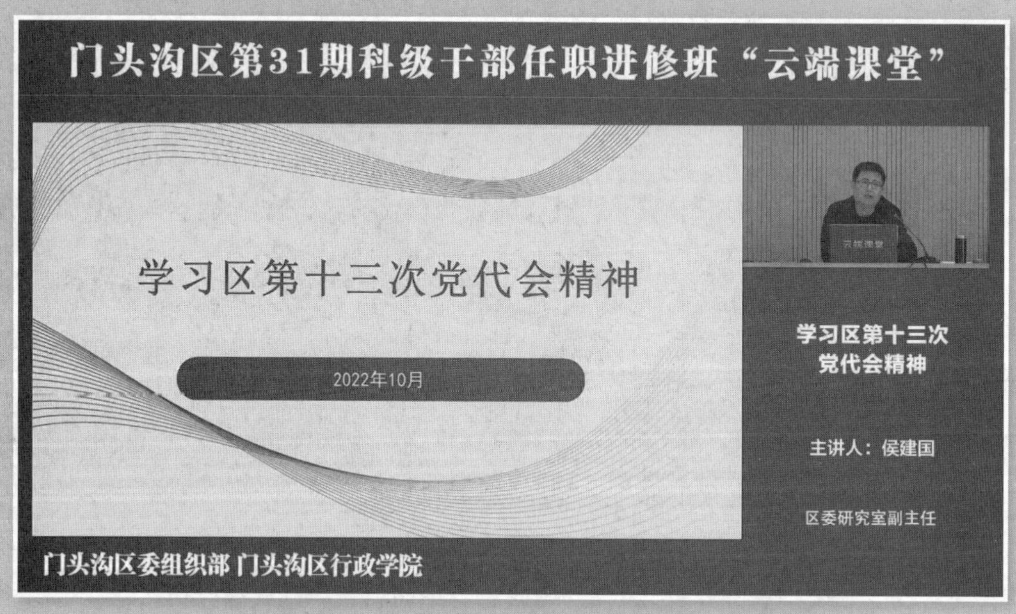

◆ 9月至10月，门头沟区第31期科级干部任职进修班以“云端课堂”形式举行（区委党校　供图）

综 述

2022年，中国共产党门头沟区委员会深入落实中央决策、市委部署，坚持以新时代首都发展为统领，落实生态涵养区功能定位，实施“生态兴区、文化立区、科技强区”发展战略，传承红色基因，强化党建引领，团结带领全区广大党员干部群众全力建设“绿水青山门头沟”。

政治建设。深刻领悟“两个确立”的决定性意义，掀起党的二十大精神学习热潮，增强“四个意识”、坚定“四个自信”、做到“两个维护”，把“看北京首先要从政治上看”落实到具体行动中；执行向市委请示报告重大事项制度，出台加强政治建设的意见、区委工作规则等制度，建强区委议事协调机构、党建工作委员会等工作平台。巩固党史学习教育成果，落实各级理论中心组学习制度，坚持意识形态风险月度研判制度，擦亮马克思主义读书会品牌，开展马克思主义在京西地区早期传播溯源。统筹推进各领域基层党建创新，炭厂村、田庄村获评北京市抓党建促乡村振兴示范村；强化机关干部作风建设，推动党建工作融入医院治理、教育教学各环节，出台党建引领国企改革发展实施意见及全区“两新”组织党建工作的若干措施。实施年轻干部梯次培养工程，调整一批干部充实到一线；深化“京西聚智计划”，出台高层次人才支持办法，“科创中国”创新基地成为推动地区创新发展的新载体。纠治形式主义、官僚主义，为基层减负；加大对重点领域和关键环节的反腐力度，加强对全区各镇街、各部门、各单位“一把手”的监督。发挥区委总揽全局、协调各方作用，加强对区人大、区人民政府、区政协工作的统筹，支持区人民法院、区检察院依法履职，支持统战工作“8+1”行动在乡村振兴、生态建设、文化遗产保护等方面发挥独特优势，支持工青妇等群团组织发挥更大作用，实现全国双拥模范城“五连冠”。

生态保护和绿色发展。推出“分区规划实施三年行动计划”，编制新城控规和镇域国土空间规划，完成全市首个生态复合街区规划编制。完成9300亩造林绿化、10.3万亩林木抚育，实施废弃矿山生态治理33公顷，创建国家森林城市、中国天然氧吧；新增公园绿地面积21.87公顷，全区人均绿地面积达55.87平方米，居北京市生态涵养区首位。永定河山峡段综合治理与生态修复工程基本完工，生态补水持续推进，地下水位进一步回升；开展扬尘精细管控、机动车排放监管、挥发性有机物专项治理，推进7400户煤改清洁能源工程，全区PM2.5累计浓度29微克/立方米，同比下降9.4%。率先发布区级生物多样性保护行动计划，启动“迎豹回家”华北豹保护工程，探索“一大多小”生物多样性保护模式。率先开展生态产品价值核算成果运用，试点特定地域单元生态产品价值实现机制，组建“两山”学院高端智库，搭建生态产品资源收储整合平台，建设北京生态文明实践基地。

深化改革 制定加快构建现代化产业发展体系的实施意见，推进中关村门头沟园体制机制改革，实施国企改革新三年行动计划，建立营商环境特约监督员机制。印发全面落实粮食安全责任制实施方案，规范农村“三资”管理，出台乡村振兴集体产业用地使用管理指导意见。明确重点文化项目协调推进机制，形成政府统一规划、平台企业整合资源、运营主体提升服务的景区管理新模式。深化与西城区在教育、医疗、文化创意产业发展、精品民宿培育等方面结对协作，与石景山区共同举办“京西发展论坛”，加强与京能集团、中关村发展集团、首钢集团的区企合作，强化与河北等省地的生态联防、道路联通、要素联结。

城乡融合发展。巩固中关村门头沟园科技创新主阵地作用，人工智能、心血管领域医疗器械、超高清数字视听“三大细分产业”核心项目完成布局，阜外医院西山园区二期工程“国家医学中心”开工建设，央广总台“5G+8K”超高清示范园项目完成供地准备；引入百洋医药、央广传媒等领军企业落户，吸引中国长江三峡集团、中国南水北调集团等一批央企在区内设立子公司，新增“专精特新”企业47家。“一线四矿”概念设计方案完成审批，金隅琉璃文化创意产业园项目二期建设完工，“两寺一峰”地区整体提升方案及重点项目完成编制；举办“2022年北京西山永定河文化节暨首届京西山水嘉年华”系列活动；出台新版精品民宿标准与评定程序；实施26个产业发展促集体经济增收项目，55个集体经济薄弱村完成“消薄”任务。建设国道109新线高速公路等重大基础设施项目，推进新农房建设试点工作，构建“一水系八沟，古道联百村”的传统村落集中连片保护利用格局，荣登“2022年传统村落集中连片保护利用示范县（市、区）”名单。

民生建设。落实教育“双减”任务，打造“山谷”“京西”系列教育品牌，景山学校实现招生，组建区医院管理中心，全区城镇登记失业率2.93%，推广公共文化“点单式”服务，推动新城配套养老设施建设及公建民营改革。以接诉即办回应民生诉求，创新“每季一题”机制和“网格+热线”模式，推广“接诉驿站”“流动驿站”经验做法；保持全国文明城区创建力度。

社会安全稳定建设。建立健全新冠肺炎疫情防控各级工作领导体制、8小时应急处置机制，优化落地封控、流调溯源、转运隔离等工作流程，提升隔离场所、核酸检测、发热门诊、紧急救治等能力储备，及时解决群众涉疫诉求，保障社会正常的生产生活秩序。完成党的二十大，北京冬奥会和冬残奥会等重大活动服务保障任务，开展矛盾纠纷排查化解，加强民族宗教事务管理，推动反邪教斗争取得新成果。全年全区未发生较大及以上生产安全事故。

（李　明）

重要会议和活动

【冬奥会和冬残奥会服务保障领导小组会】　1月4日，2022年冬奥会和冬残奥会门头沟区服务保障领导小组第一次会议召开，听取9个工作组工作方案的汇报。区领导金晖、喻华锋等，区相关单位、各镇街主要负责人参加。1月11日，门头沟区传达学习北京市“两会”精神暨服务保障冬奥会和冬残奥会誓师动员大会召开，金晖讲话，喻华锋主持会议并传达市“两会”精神及市长陈吉宁到门头沟区代表团参加审议时的讲话精神。区相关代表就扎实做好冬奥服务保障工作表态发言。区四套班子领导，区相关单位、区属国有企业负责人，各镇街班子成员、村（居）书记参加。1月29日，2022年冬奥会和冬残奥会门头沟区服务保障领导小组会议召开，听取春节和冬奥期间全区有关工作情况汇报。9个冬奥会和冬残奥会服务保障工作组汇报工作进展情况。

（邵立功）

【区委理论学习中心组学习】　1月4日，门头沟区委理论学习中心组学习——学习贯彻党的十九届六中全会精神宣讲报告会召开，金晖围绕学习贯彻党的十九届六中全会精神作宣讲报告。1月13日，区委理论学习中心组学习会召开，党史学习教育中央宣讲团成员、原中共中央党校副校长作专题民主生活会会前学习辅导。3月4日，区委理论学习中心组学习（扩大）会议召开，北京市规划和自然资源委员会党组成员、副主任围绕《总规引领下超大城市空间治理的实践与探索》作专题辅导报告。6月17日，门头沟区区委理论学习中心组学习（扩大）会议暨2022年门头沟区创建全国文明城区第三次“比学赶超”擂台赛召开，国际关系学院公共管理系教授、国家安全学创始人围绕《总体国家安全观学习纲要》作专题辅导报告。通报2022年4月至5月创城考核结果；对2022年新版测评体系指标变化情况进行说明；部署首都文明办测评工作；相关镇负责人发言。7月8日，区委理论学习中心组学习（扩大）会议召开，国台办海峡两岸关系研究中心特约研究员、全国台联台湾民情研究特邀专家于强围绕中央对台政策、当前台海形势以及台湾近期热点问题作专题辅导报告。区四套班子领导，全区各部门、各单位、各镇街主要负责人参加。7月15日，区委理论学习中心组学习（扩大）会议召开，中共中央党校经济学部副主任围绕习近平新时代中国特色社会主义经济思想作专题辅导报告。区四套班子领导，全区各部门、各单位、各镇街主要负责人参加。7月19日，门头沟区召开区委理论中心组学习（扩大）会暨学习宣传落实北京市第十三次党代会精神市委宣讲团门头沟区报告会，金晖围绕市第十三次党代会精神，紧密结合门头沟区工作实际作专题宣讲报告，深入讲解市党代会基本情况、主要内容、重要部署、深刻内涵和精神实质，总结五年来门头沟区在全市工作中的定位、贡献，并对以后门头沟区推动新时代首都发展、力争率先基本实现社会主义现代化作出全面部署。7月20日，区委理论学习中心组学习（扩大）会议召开，中国人民大学党委常委、副校长围绕习近平法治思想作专题辅导报告。8月23日，区委理论学习中心组学习（扩大）会议召开，中央纪委国家监委法规室政研处处长对《中国共产党纪律检查委员会工作条例》进行深入解读和分析。9月15日，区委理论学习中心组学习（扩大）会议召开，中共中央党校（国家行政学院）社会和生态文明教研部教授李宏伟就习近平生态文明思想作专题辅导报告。9月28日，区委理论学习中心组学习（扩大）会议召开，中央党校（国家行政学院）教授围绕《习近平谈治国理政》第四卷作专题辅导报告。10月12日，召开区委理论学习中心组学习（扩大）会议，清华大学环境系统分析教研所教授、环境规划与管理系主任围绕碳达峰碳中和作专题辅导报告。11月15日，金晖主持召开区委理论学习中心组学习贯彻党的二十大精神交流研讨会，就学习贯彻党的二十大精神进行交流发言。12月26日，区委理论中心组学习（扩大）会暨学习贯彻党的二十大精神宣讲报告会召开，金晖围绕学习贯彻党的二十大精神作宣讲报告。

（邵立功）

【区委班子民主生活会召开】 1月17日，区委班子民主生活会“把脉会诊”会召开，传达学习习近平总书记在中央政治局党史学习教育专题民主生活会上的重要讲话精神，对区委班子征求到的意见进行“把脉会诊”。区领导金晖、喻华锋等，区相关单位负责人参加。1月25日，区委班子民主生活会“把脉对区委班子党史学习教育专题民主生活会进行工作提示，对区委班子征求到的意见再次“把脉会诊”。会诊”会召开，金晖、喻华锋等，区相关单位负责人参加，

（邵立功）

【门头沟区与北京建筑大学战略合作签约】 1月18日，门头沟区与北京建筑大学战略合作签约暨共建乡村振兴实验室揭牌仪式举行。双方签署战略合作协议，揭牌成立乡村振兴实验室，发布北建大服务门头沟乡村振兴行动方案，授牌设立北京建筑大学乡村振兴研究与实践基地，揭牌仪式后，北京建筑大学2位教授作主旨报告。市规划自然资源委领导，市农业农村局领导，北京建筑大学领导，区领导金晖、喻华锋等，区相关单位、镇村负责人参加。

（田玉娇）

【生态产品价值实现路径研究座谈会召开】 1月19日，门头沟区生态产品价值实现路径研究座谈会召开，国家发展改革委基础司副司长，市发展改革委党组成员、副主任，区领导金晖、喻华锋等参加视频会议。国家发展改革委介绍永定河流域各省市试点考虑以及门头沟区拟重点突破方向、相关试点内容等；国家开发银行介绍特定地域单元生态产品价值评价及金融创新应用有关建议；北二外生态文明研究院介绍生态银行建设思路；与会人员围绕门头沟区建立永定河流域国家生态产品价值实现机制试点工作开展交流讨论。

（邵立功）

【新冠肺炎疫情防控工作会召开】 年内，全区新冠肺炎疫情防控工作会共召开44次。1月24日，全区疫情防控工作会召开，部署“电子围栏”派单风险人员管控工作并对社区（村）疫情防控工作提出要求，疫情防控相关工作；通报疫情防控指导组发现的问题，疫情防控监督组检查发现的问题，近期市场领域工作情况并部署冷链监管等重点市场领域工作；区卫生健康委汇报全区核酸检测整体布局及存在问题；永定镇、军庄镇、城子街道汇报“电子围栏”派单风险人员管控工作情况。1月26日，全区疫情防控工作会召开，部署社区疫情防控工作，疫情防控相关工作；各位区领导结合分管工作部署我区疫情防控工作并提出要求。1月28日，全区疫情防控工作会召开，部署区级领导联系有涉疫风险人员管控任务的社区（村）工作，社区风险清零专项行动，支援丰台区全员核酸检测，集中隔离点储备、管理、利用及疫情防控工作；各位区领导结合分管工作部署门头沟区疫情防控工作并提出要求。永定镇、大峪街道、城子街道简要汇报居家隔离人员管控存在问题。3月8日，全区疫情防控工作会召开，部署社区防控有关工作，新冠病毒疫苗接种、核酸检测、院感防控及疫情防控有关工作；各位区领导结合分管工作部署区疫情防控工作并提出要求。3月12日，全区疫情防控工作会议召开，就当前疫情形式部署社区防控有关工作，疫情防控有关工作；各位区领导结合分管工作部署区疫情防控工作并提出要求。3月14日，全区疫情防控工作会召开，部署区疫情防控有关工作，社区疫情防控有关工作，文娱场所、旅游景区疫情防控管理有关工作，校外培训机构疫情防控管控有关工作；通报疫情防控指导组检查情况，疫情防控监督组检查情况；各位区领导结合分管工作部署区疫情防控工作并提出要求；区疫情防控办通报全区疫情防控整体情况。3月16日，全区疫情防控工作会召开，部署社区疫情防控有关工作，学校疫情防控有关工作，区疫情防控有关工作；通报执法队伍检查工作情况，疫情防控指导组检查

情况，疫情防控监督组检查情况；各位区领导结合分管工作部署门头沟区疫情防控工作并提出要求。3月18日，全区疫情防控工作会召开，部署机关干部下沉及社区疫情防控有关工作，疫情防控社区网格信息化建设相关工作；通报区密接、次密接管控人员疫苗接种情况，疫情防控监督组检查情况，全区疫情防控有关情况及学校疫情防控管理工作；各位区领导结合分管工作部署区疫情防控工作并提出要求。3月21日，全区疫情防控及安全生产工作会召开，通报疫情防控监督组检查情况；汇报区内城乡结合部地区疫情防控管控工作，全区疫情防控整体情况及30例新冠肺炎疫情工作预案，“七小门店”疫情防控有关工作；各位区领导结合分管工作部署区疫情防控工作并提出要求。相关单位和镇围绕疫情防控工作进行发言。区应急管理局通报近期区生产安全事故及安全事件情况；部分单位作表态发言。3月24日，全区疫情防控及安全生产工作会召开，汇报社区疫情防控监督组检查情况，区内城乡结合部地区疫情防控管控工作，全区疫情防控整体情况；通报疫情防控监督组检查情况；各位区领导结合分管工作部署区疫情防控工作并提出要求。相关单位和镇围绕疫情防控工作进行发言。区应急管理局汇报3月12日以来发生四起生产安全事故分析复盘有关情况。4月12日，全区疫情防控工作会召开，听取区1＋10＋X工作方案推进落实情况的汇报，部署全区疫情防控、疫苗接种及核酸检测能力建设有关工作。龙泉镇、大峪街道、区体育局主要负责人汇报苗接种及疫情防控有关情况。4月18日，金晖主持召开全区疫情防控工作领导小组会议，研究门头沟区疫情防控工作领导体制和工作运行机制，审议通过进一步加强全区防控能力建设的相关工作方案。同日，金晖主持召开全区疫情防控工作会议，听取会议活动提级管控方案、能力建设、物资储备有关情况的汇报，通报5支检查队伍检查、指导组及监督组实地检查有关情况。4月25日，全区疫情防控工作会召开，听取市场保供、核酸检测、能力建设有关情况的汇报。4月25日，金晖主持召开全区疫情防控工作会，听取区零散工程疫情防控有关工作的汇报，部署社区疫情防控、近期疫情防控重点及保供和价格运行有关工作。4月27日，全区疫情防控工作会议召开，部署区域核酸检测、疫情防控及市场保供稳价工作；听取区相关部门疫情防控工作开展情况的汇报。5月5日，全区疫情防控工作会议召开，听取全区疫情防控、“五一”期间应急值守、旅游接待及接诉即办整体情况的汇报，永定河补水期间安全管理有关工作的汇报；通报疫情防控监督指导检查有关情况。5月8日，全区疫情防控工作会议召开，部署区级领导疫情应急状态“一病例一专班”工作分工和疫情封（管）控区及汛期联系镇街工作；通报全区核酸检测、疫苗接种总体情况，各监督组、指导组汇报疫情防控相关检查情况。5月9日，全区疫情防控工作会召开，听取封控管控区总体情况和隔离点总体情况的汇报，部署加强涉疫重点区域管控等相关工作。5月12日，全区疫情防控工作会议召开，全面部署社会面动态清零工作，传达近期全市疫情防控工作会议精神、市社区防控组第162次工作例会暨检疫检测组工作调度会议精神和市纪委疫情防控监督工作调度会议精神，并对相关工作进行部署。区流调溯源工作组、社区（村）防控组、转运工作专班、集中隔离工作组和清水镇、大峪街道依次发言。5月14日至15日，全区疫情防控工作会议召开，听取核酸检测10小时快检及检测点部署、疫情防控区8小时处置机制、重点风险人员排查、社区（村）及快递、外卖等行业疫情防控措施落实、疫苗接种及核酸检测、集中隔离点建设和指导组、监督组检查等情况的汇报，研究部署有关工作。区四套班子领导，市纪委监委监督组，京能集团驻区负责人，区相关单位及各镇街主要负责人参加。5月16日，全区疫情防控工作会议召开，听取全区疫情防控工作整体情况、保供稳价有关情况的汇报，部署岳各庄电子围栏人员社区（村）核查落位管控工作。5月17日，金晖主持召开全区疫情防控工作领导小组会议，研究通过《门头沟区关于开展“红色领航 同心抗疫”行动广泛动员各方社会力量参与疫情防控工作方案》《关于进一步加强城乡结合部地区疫情防控管控工作方案》《门头沟区重点区域、重点行业人员新冠病毒抗原检测实施方案》《门头沟区邮政快递行业疫情防控工作临时督查检查专班工作方案》以及租赁第三方车辆保障入户核酸检测工作有关事宜。5月25日，全区疫情防控工作会暨严格落实企业主体责任部署会召开，传达《关于对中铁十一局三公司刘春沂等人疫情传播扩散事件中属地责任调查和问责情况的通报》，听取区相关单位关于疫情防控五项措施落实及相关镇街关于社区（村）人口底数摸排台账、卡口封闭管理存在问题和整改情况汇报，通报疫情防控有关情况，部署有关工作。6月5日，全区疫情防控工作会召开，传达近期全市疫情防控工作领导小组会议精神，并就市级疫情防控工作最新政策要求进行部署。6月9日，全区疫情防控工作会召开，通报市级会议点评门头沟区疫情防控卡口值守和信息查验存在的问题，听取区涉疫风险人员摸排情况的汇报，与会区领导结合分管工作部署社区（村）疫情防控工作。6月10日至12日，全区疫情防控工作会议召开，听取全区疫情防控工作有关情况的汇报，通报市级曝光问题及区监督组监督检查情况，部署疫情防控有关工作。区相关单位、镇街分别就有关行业防控措施落实、封管（控）区管理、严格社区（村）防疫等工作发言。6月13日，全区疫情防控工作会议召开，听取全区疫情防控有关情况的汇报，通报市级曝光问题和区监督组监督检查情况，部署有关工作。区相关部门、镇街就疫情防控被通报问题进行表态发言。6月15日，全区疫情防控工作会召开，宣读《关于统筹做好社会面疫情风险排查工作的方案》，听取集中隔离点有关工作情况的汇报，通报市指导组监督检查情况和《关于进一步严明疫情防控有关纪律要求的通知》精神及我区各组监督检查情况。区市场监管局等相关单位先后进行发言。与会区领导结合分管工作部署疫情防控工作。6月19日，全区疫全区情防控工作会议召开，观看《门头沟区卡口疫情防控专项检查》视频短片；通报近期下沉干部参与疫情防控发挥作用情况和《关于进一步加强重点行业场所防疫管理的通知》并部署有关工作；听取全区疫情防控整体情况、疫苗接种情况及监督检查情况的汇报；与会区领导结合分管工作部署疫情防控工作。6月21日，全区疫情防控工作会召开，观看卡口疫情防控专项检查视频短片；听取8小时工作专班落实第17封鸡毛信、中考备用考场及隔离点筹备、疫苗接种有关情况的汇报；各区领导结合分管工作部署区疫情防控工作。7月10日，全区疫情防控工作会议召开，观看卡口疫情防控专项检查视频短片，通报国家疫情防控“九不准”有关要求，听取区老年人新冠病毒疫苗接种攻坚行动实施方案及全区疫情防控工作整体形势的汇报。7月20日，全区疫情防控工作会召开，观看卡口疫情防控专项检查视频短片，通报涉疫风险应急处置专班有关情况和全区疫情防控整体情况，部署社区（村）疫情防控相关工作。8月5日，全区疫情防控工作暨创建全国文明城区推进会召开，观看卡口疫情防控专项检查视频短片，听取涉疫风险人员落位管控情况汇报，部署安全稳定、社区（村）疫情防控及创城迎检有关工作。9月16日，全区疫情防控工作会召开，观看卡口疫情防控专项检查视频短片，听取门头沟区社区（村）、学校、隔离点、第30封鸡毛信涉及人员等相关疫情防控工作情况及创城迎检工作的汇报。9月23日，金晖主持召开全区疫情防控工作领导小组会，研究通过国庆假期及前后社区（村）疫情防控及核酸检测、流调溯源专项、集中隔离房源储备和转换等相关工作方案。9月24日，全区疫情防控、安全稳定及创城迎检工作会召开，观看卡口疫情防控专项检查视频短片；听取全区疫情防控工作、8小时转运专班、隔离点使用及储备、学校疫情防控等工作及创城迎检相关情况，部署安全稳定有关工作。10月10日，全区疫情防控工作会召开，听取八小时应急处置机制运转、社区（村）疫情防控、隔离点规范管理等相关工作情况的汇报。

（田玉娇）

【全区党史学习教育总结会议召开】 1月20日，全区党史学习教育总结会议召开，传达中央、市委党史学习教育总结会议精神，金晖作重要讲话，党史学习教育市委第二指导组成员，区四套班子领导，区法、检“两长”，区相关单位主要负责人，各镇街班子成员、村（居）书记在主会场和各分会场参加。

（邵立功）

【接诉接办改革专项小组会议】 1月24日，金晖主持召开区委全面深化改革委员会“接诉即办”改革专项小组会议，审议通过《门头沟区接诉即办综合考评实施办法》《2022年门头沟区“接诉即办”工作要点》《门头沟区2022年接诉即办“每月一题”推动解决重点民生诉求工作计划》。

（何蕙枫）

【全区领导干部大会召开】 1月30日，全区领导干部大会暨创建全国文明城区工作部署会议召开，部署2022年门头沟区精神文明建设和创建全国文明城区工作、应急值守和区领导春节期间联系镇街及委办局包社区工作、城市运行工作以及春节和冬奥会期间烟花爆竹禁放看护值守工作，对节日期间廉洁自律提出要求。4月29日，全区领导干部大会召开，传达近期全市疫情防控会议精神，部署假日安全稳定、社区（村）新冠肺炎疫情防控、干部下沉值守、城市运行、应急值守、接诉即办、社会面稳控及交通路网管控有关工作。6月24日，全区领导干部大会召开，观看卡口疫情防控专项检查视频短片，传达近期全市疫情防控工作领导小组会议精神，听取门头沟区8小时转运专班运转、市党代会期间门头沟区社会面维稳、全区新冠肺炎疫情防控整体情况及中考筹备的汇报，部署市党代会期间安全稳定有关工作。9月9日，全区领导干部大会召开，传达近期市新冠肺炎疫情防控工作领导小组会议精神，听取进一步从严从紧做好中秋、国庆假期及前后疫情防控工作的任务分解方案的汇报，对门头沟区新冠肺炎疫情防控、安全稳定、城市运行、接诉即办、应急值守、创城迎检等工作进行部署。12月31日，全区领导干部大会召开，传达《中共中央政治局关于加强和维护党中央集中统一领导的若干规定》《中共中央政治局贯彻落实中央八项规定实施细则》及市委相关文件精神，全国、全市新冠病毒感染“乙类乙管”会议精神及近期市疫情防控工作会议精神；听取城市运行、应急值守、安全生产以及“乙类乙管”政策出台后社区（村）服务管理保障、复工复产领域和市场领域措施落实等情况的汇报。区相关单位发言。

（邵立功）

【区委领导班子党史学习教育专题民主生活会召开】 1月29日，中共门头沟区委办公室（简称区委办公室）领导班子党史学习教育专题民主生活会，区委书记金晖参加。通报2020年度民主生活会及巡察反馈问题整改措施落实情况和此次民主生活会征求意见情况，并代表区委办公室领导班子作对照检查发言。区委办公室领导班子成员逐一进行对照检查，作自我批评，其他成员对其提出批评意见。区委党史学习教育第一巡回指导组、区纪委区监委第六联合派驻纪检监察组负责人参加。

（何蕙枫　田玉娇）

【门头沟区年轻干部座谈会召开】 2月14日，门头沟区年轻干部座谈会召开，围绕党风廉政建设对年轻干部进行廉政谈话，10名年轻干部代表结合思想和工作实际作交流发言。区领导金晖等，区委组织部、区委党校相关人，区第14期新任处级领导干部进修班学员等参加会议。

（邵立功）

【镇街党（工）委书记月度工作点评会】 2月15日，2021年度门头沟区镇（街道）、系统党（工）委、党组书记抓基层党建述职评议会召开。集中观看基层党建调研片，22位党（工）委、党组书记依次述职并表态发言，与会相关人员现场填写测评表。市委组织部，金晖等，区委党建工作领导小组成员，区相关单位、各镇街相关人，区“两代表一委员”代表，基层党员干部群众代表参加。3月2日，金晖主持召开区直部门党组（党委）书记、镇街党（工）委书记月度工作点评会，区四套班子领导，区相关单位领导，各镇街党政主要领导、班子成员，各村居党组织书记、主任在主会场和各分会场参加，区市场监管局、潭柘寺镇、大峪街道依次发言并接受金晖现场点评，龙泉镇城子村介绍经验、交流体会；通报考核期内接诉即办工作情况。4月19日，金晖主持召开区直部门党组（党委）书记、镇街党（工）委书记月度工作点评会，区住房城乡建设委、永定镇、城子街道依次发言并接受金晖现场点评。雁翅镇下马岭村介绍经验、交流体会；通报考核期内接诉即办工作情况。区四套班子领导，区相关单位负责人，各镇街班子成员，各村居党组织书记、主任在主会场和各分会场参加。

（邵立功）

【区委党建工作会议召开】 2月17日，区委党建工作会议召开，金晖传达全国两会精神及全市领导干部会议精神；统筹部署2022年政法工作、组织工作、宣传思想文化工作及统战工作。

（邵立功）

【生态文明建设委员会第一次全体会召开】 3月9日，门头沟区委生态文明建设委员会2022年度第一次全体会召开，金晖、喻华锋等，专家咨询委员会专家代表，区相关单位、各镇街负责人参加。听取门头沟区推动生态涵养区生态保护和绿色发展、生态产品价值时间试点工作情况的汇报，审议通过区委生态文明委组成人员名单、2021年工作总结、2022年工作要点以及第一批门头沟区“两山”理论实践样板候选名单，通报第一届首都生态文明建设先进集体和先进个人名单以及第一届门头沟区最美“两山”理论守护人名单，为专家咨询委员会专家代表颁发聘书，对门头沟区污染防治攻坚战2022年行动计划进行部署。

（邵立功）

【十三届区委巡察工作】 3月17日，十三届区委第一轮巡察工作动员部署会召开，金晖讲话。宣布十三届区委第一轮巡察授权任命及任务分工决定；部署十三届区委第一轮巡察工作安排。区委巡察工作领导小组成员，区委巡察办、区委巡察组、6家被巡察单位负责人参加。7月13日，十三届门头沟区委第二轮巡察工作动员部署会召开，金晖讲话。宣布十三届区委第二轮巡察授权任命及任务分工；部署十三届区委第二轮巡察工作安排。区委巡察工作领导小组成员，区委巡察办、区委巡察组、6家被巡察党组织主要负责人参加。

（韩梦辉）

【第十三届委员会第三次全体会议召开】 5月5日，中国共产党北京市门头沟区第十三届委员会第三次全体会议召开，就门头沟区出席市第十三次党代会代表候选人预备人选建议人选名单进行说明；投票确定门头沟区出席市第十三次党代会代表候选人预备人选，表决通过《中国共产党北京市门头沟区第十三届委员会第三次全体会议关于召开中国共产党北京市门头沟区代表会议的决议》。7月26日，中国共产党北京市门头沟区第十三届委员会第四次全体会议召开，金晖讲话，喻华锋作上半年经济社会发展情况和下半年工作安排的报告。表决通过《中国共产党北京市门头沟区第十三届委员会第四次全体会议决议》。11月26日，中国共产党北京市门头沟区第十三届委员会第五次全体会议召开，总结全区2022年工作，谋划部署2023年目标任务。金晖代表区委常委会作工作报告，并讲话。全会书面审议全区经济社会发展工作报告和区委常委会2022年抓党建工作情况报告。

（田玉娇）

【全区创城迎检动员誓师大会召开】 7月12日，门头沟区召开全区创城迎检动员誓师大会，部署《2022年门头沟区创城迎检冲刺实施方案》和2022年门头沟区创城迎检工作，与会代表人员交流发言。

（田玉娇）

【首届京西地区发展论坛举办】 8月25日，首届京西地区发展论坛在门头沟区举办。门头沟区与石景山区围绕重点项目分别进行招商推介和融资对接，并举行战略合作协议签约仪式；波士顿咨询公司、首钢集团、京能集团进行主旨演讲。市发改委副主任，石景山区领导，门头沟区领导金晖、喻华锋等，市、区相关单位负责人，京能集团、首钢集团等相关企业负责人出席活动。

（田玉娇）

【区领导接访工作】 9月7日，金晖到信访办接访，当面听取群众诉求；到信访接待大厅，详细了解近期门头沟区信访工作，看望慰问一线信访干部。金晖指出，信访工作是党和群众工作的重要组成部分，是了解社情民意的重要渠道，要始终把群众的事放在心上，倾听群众诉求、解决群众难题。

（何蕙枫）

【第一届职业技能大赛成果展示发布会举行】 9月27日，门头沟区举行第一届“绿水青山杯”职业技能大赛成果展示发布会暨“京西精品旅游研究中心”成立仪式，区领导金晖、喻华锋与市校领导现场观看各职业参赛优秀选手现场表演及优胜作品展示，共同为职业技能竞赛各获奖单位及个人“俊鸟归巢·乡村文旅达人”颁奖，并为京西精品旅游研究中心揭牌。

（田玉娇）

【烈士纪念日公祭活动举行】 9月30日，门头沟区举行烈士纪念日公祭活动，金晖、喻华锋等与军休干部、驻区部队官兵及少先队员代表，在田庄革命烈士纪念碑前集体瞻仰烈士纪念碑并向革命烈士鞠躬、默哀、敬献花篮。

（田玉娇）

【全区重要会议服务保障工作总结会召开】 10月26日，全区学习贯彻党的二十大精神暨全区重要会议服务保障工作总结会召开，传达学习党的二十大精神，全面总结党的二十大期间全区服务保障工作，并就在全区迅速掀起学习宣传贯彻党的二十大精神热潮、全力推动“绿水青山门头沟”高质量发展再上新台阶做具体部署。区四套班子领导，区法检“两长”，全区各部门、各单位、各镇街及区属国有企业主要负责人，各村（居）书记（主任）参加。

（邵立功）

表一 2022年门头沟区委书记主要调研检查一览表

日 期	调研检查主要内容
1月1日	金晖到潭柘寺、戒台寺调研检查景区管理等工作，实地查看潭柘寺、戒台寺景区新冠肺炎疫情防控、消防安全、环境秩序等工作，随后进行座谈交流。
1月16日	金晖“四不两直”检查门头沟区新冠肺炎疫情防控工作，先后到区中医医院、plus365商场、京煤集团总医院、区医院检查核酸检测、进口冷链食品溯源管理、疫情防控措施落实情况，并随机抽查从业人员核酸检测和疫苗接种情况。
1月21日	金晖调研检查新冠肺炎疫情防控工作，实地到长安天街、梨园地区、鑫源市场，检查商超、冷链、药店、城乡结合部等疫情防控工作情况。
1月25日	金晖带队检查新冠肺炎疫情防控工作，到永定镇和中关村门头沟园检查疫情防控措施落实情况。在石龙阳光大厦，实地检查疫情防控及核酸检测工作。随后到丽景长安一期，检查“电子围栏”派单风险人员管控及核酸检测工作开展情况。
1月29日	金晖开展春节、冬奥会前安全及新冠肺炎疫情防控检查，到大峪中学实地查看校园安全及新冠肺炎疫情防控工作，看望慰问新疆班学生，并观看学生们表演的文艺节目。到石龙供热站检查供热运行情况及今冬采暖供气保障工作。
1月30日	金晖带队到大峪派出所、京煤集团总医院、区消防救援支队（永定站）、永定镇西山燕庐小区，慰问一线警务人员、医务工作者、消防指战员及志愿者和下沉干部，送去慰问金，并致以节日的问候和新春的祝福。
1月31日	金晖实地检查冬奥安保相关工作。到永定冬奥公园查看火炬传递相关工作情况，到京浪岛集结点和区住房城乡建设委备用集结点查看开闭幕式和观赛组织集结工作情况。
2月2日	金晖到潭柘寺、戒台寺调研慰问，实地查看寺庙文物保护修缮等情况，看望慰问潭柘寺、戒台寺僧团，并向他们致以新春的问候和祝福。
2月8日	金晖到区教委调研，听取全区教育工作情况及合作办学、重点工程推进情况的汇报。
3月1日	金晖带队到清水镇黄安坨村实地调研红色旅游资源及精品民宿；到百花山管理处，调研保护区自然资源保护、管理和发展情况。
3月5日	金晖带队开展“一线四矿”专题调研，到千军台矿820平台调研听取精品主题度假酒店设计方案；到大台煤矿察看矿区危房现状；实地查看王平镇惠和新苑社区棚改安置房、河北村砖场转型项目以及京煤集团部分滞留户自建房；到王平村矿调研CLUBMED度假村选址，随后与京能集团召开座谈会，京能集团就“一线四矿”及周边区域协同发展项目推进过程中的问题进行了说明。区领导喻华锋、等，京能集团领导，区相关部门和镇街负责人参加。
3月11日	区领导紧急调度门头沟区疫情防控工作，金晖、喻华锋等到永定镇实地查看泷悦长安小区封控情况，在涉疫小区所在居委会听取区卫生健康委、永定镇相关工作情况的汇报；到区妇幼保健院现场部署环境消杀工作；召开座谈会，研究部署下一步防控工作。
3月22日	金晖走访调研区内重点企业，实地参观北京夏禾科技有限公司高标准研发和测试实验室、北京他山科技有限公司人工智能触感技术展品，考察新发展艺术工场创意文化产业园。
3月23日	金晖到龙泉镇琉璃渠村调研检查精品民宿和新冠肺炎疫情防控工作，实地调研琉璃渠村致公党党员民宿“宝顺宅院”并督导检查疫情防控措施落实情况。
3月23日	金晖实地调研检查区综合式方舱隔离点选址及核酸检测点疫情防控工作，先后到龙泉镇三家店核酸检测点、区医院实地查看地势地貌、周边环境以及可利用土地面积等情况。

续表

日　期	调研检查主要内容
3月27日	金晖带队实地查看天门山公园山野垃圾整治问题及新冠肺炎疫情防控工作，详细了解天门山公园管理权属等情况，并对下一步工作提出要求。
3月29日	金晖实地调研检查新冠肺炎疫情防控和创城工作，到大峪街道滨河西区东侧步行街、龙泉镇月季园路北侧人行步道，查看沿街商户进店扫码测温、员工新冠病毒核酸检测、新冠病毒疫苗接种以及“门前三包”各项措施落实情况。
4月27日	金晖带队到物美大卖场双峪环岛店，实地检查新冠肺炎疫情期间保供稳价、封控管控工作，详细查看米、面、油、肉、蛋等生活保障品销售情况，细致询问超市封控管控现状。
4月29日	金晖、喻华锋等现场调度初筛阳性人员管控相关工作，实地到含晖苑A区外，现场调度初筛阳性人员流调溯源、封控管控、新冠病毒核酸检测、环境消杀等工作。实地了解门头沟区初筛阳性人员隔离转运情况，并听取风险人员核酸检测、社区封控管控、物资调度储备、环境采样等工作的汇报。
5月1日	金晖到区疾病预防控制中心检查新冠肺炎疫情防控工作，看望坚守岗位一线干部职工，实地查看实验室建设进度情况，听取区疾病预防控制中心和区卫生健康委关于人员流调、风险点位排查、后勤服务保障等工作汇报，了解人员配备、流调、转运工作中存在的困难。
5月5日	金晖、喻华锋等现场调度外区确诊病例涉门头沟区轨迹风险排查管控相关工作，实地到石门营六区外，现场调度病例关联门头沟区风险人员流调溯源、封控管控、新冠病毒核酸检测、环境消杀等工作，听取关于病例共同居住人的核酸检测、社区封控管控、物资调度储备、环境采样等工作的汇报。
5月6日	金晖到区卫生健康委调研新冠肺炎疫情防控工作，听取关于外区确诊病例和门头沟区关联人员转运方案以及疫情防控工作职责分工的汇报，与会人员交流发言。
5月10日	金晖带队调研永定河生态补水和新冠肺炎疫情防控能力建设工作，在陈家庄大桥，详细了解永定河生态补水情况，听取相关工作汇报。到军庄水泥厂，实地查看集中隔离医学观察点项目建设进展情况。
5月11日	金晖带队到门头沟区异地集中隔离点检查指导疫情防控工作，同延庆区委书记实地到区异地集中隔离点检查“三区两通道”设置、隔离点专班运行、隔离人员服务保障等有关情况，看望慰问坚守在抗疫一线的医护人员、专班干部和物业人员，并送上防疫物资和慰问品。
5月12日	金晖带队到区医院调研座谈，看望慰问抗疫一线医务工作者，并听取医院管理、医疗救治及新冠肺炎疫情防控等工作的汇报。
5月12日	金晖到大峪中学检查高考组织工作，实地查看大峪中学国家教育考试考务指挥室，了解高考期间新冠肺炎疫情防控、考务准备、服务保障、突发事件应对等情况，听取高考考点准备工作汇报。
5月14日	金晖带队到公安门头沟分局调研座谈，看望慰问坚守抗疫一线的公安干警和涉疫风险人员8小时快速转运处置前沿指挥部干部，并送上防疫物资和慰问品。
5月18日	金晖带队实地检查社区（村）疫情防控工作。
5月24日	金晖带队检查新冠肺炎疫情防控工作，到潭柘寺镇紫昜山庄，看望慰问抗疫一线人员，详细询问封(管)控区工作情况。随后，到石门营粮库调研仓储物流项目，细致了解粮库运营情况。
5月31日	金晖带队调研门头沟区新冠肺炎疫情防控能力建设工作，到中小学素质教育基地和北京市城管委宣教中心，实地查看高考准备、隔离用房及医护宿舍建设等情况，并听取相关汇报。金晖到妙峰山镇检查指导疫情防控工作，看望慰问坚守防疫一线的村干部和志愿者。

续表

日 期	调研检查主要内容
6月1日	金晖到王平镇检查新冠肺炎疫情防控和防汛准备工作。
6月4日	金晖“四不两直”检查社区（村）新冠肺炎疫情防控工作，先后到东辛房街道惠泽家园、滨河楼小区、矿建街社区和大峪街道龙山家园 A4、A5 小区、葡东小区，实地检查社区（村）疫情防控各项措施落实情况，看望慰问冒着高温坚守防疫一线的社区工作人员、下沉干部及志愿者。
6月7日	金晖到雁翅镇调研山区农民搬迁工作，先后到高台村、芹峪村，详细了解险户情况、搬迁进展及村域发展等工作，细致询问驻村第一书记工作生活情况。
6月9日	金晖带队检查全区防汛工作，先后到戒台寺滑坡隐患点、卧龙岗村地质灾害隐患点、丽景长安周边道路和石担路 K7+200 处易积水点，实地查看地灾隐患点和易积水点等防汛重点点位排查治理工作，详细了解应急抢险、物资储备、防汛改造等工作落实情况。随后召开专题调度会，听取全区防汛工作情况汇报。
6月11日至12日	金晖调研检查全区新冠肺炎疫情防控工作，先后到城子街道九龙东苑 7 号地、大峪街道增产路东区社区和剧场东街社区、永定镇唱吧麦颂 KTV、龙泉镇三家店东坟、军庄镇集中隔离点，实地检查封（管）控区管理、公共娱乐场所疫情防控各项措施落实及集中隔离设施建设情况，详细了解封（管）控区划定、流调溯源、人员转运、新冠病毒核酸检测、服务保障等工作，看望慰问抗疫一线人员。
6月14日	金晖“四不两直”检查全区疫情防控和创城工作，先后到冯村新园一期、上悦嘉园社区、梧桐苑 8 号院，检查社区卡口测温、扫码、查证、查验核酸检测阴性证明等防疫措施落实情况，详细查看社区停车管理、环境卫生和“七小”门店落实“门前三包”等工作情况。
6月25日	金晖调研检查全区疫情防控及防汛工作，在军庄镇三温路军庄桥下，实地查看防汛重点点位排查治理工作，详细了解积水点治理、应急抢险等防汛措施落实情况，看望慰问防汛一线工作人员。随后，金晖步行到军庄村，检查各项防控措施落实情况。
7月2日	金晖到斋堂镇看望慰问老党员，先后到老党员于琴和艾永安家中，与他们亲切交谈，详细询问身体健康、生活居住等状况，并为他们颁发佩戴“光荣在党 50 年”纪念章、送上慰问金。到冀热察挺进军司令部旧址及马栏村龙王观音寺，实地检查革命文物及传统村落保护情况。
7月2日	金晖调研门头沟区生态保护及生物多样性建设情况，并实地检查永定河生态补水及防汛工作。
7月5日	金晖带队到公安门头沟分局调研座谈，看望慰问全区广大公安民警，详细了解公安门头沟分局具体工作，并听取区公安系统下一步工作的思路、想法及建议。
7月8日	金晖调研走访中关村门头沟科技园重点企业。
7月11日	金晖以“四不两直”方式检查新冠病毒疫苗接种及创城工作，在大峪街道文化中心，实地检查新冠病毒疫苗接种工作情况，看望慰问疫苗接种工作人员。
7月27日	金晖先后到战略支援部队某部和区消防救援支队，看望慰问驻区部队官兵、消防指战员，详细了解部队建设、硬件设施配备等情况，代表区四套班子感谢驻区部队官兵、消防指战员为地区安全稳定和经济社会发展作出的积极贡献，向他们致以节日的祝福和诚挚的问候，并送上慰问品。
8月5日	金晖到区医院检查门头沟区 2022 年夏秋季征兵体检工作，依次查看各个项目体检科室，详细了解门头沟区征兵体检工作开展情况及参加体检应征青年基本情况，并对医护人员的辛苦付出表示感谢。

续表

日 期	调研检查主要内容
8月13日	金晖、喻华锋“四不两直”检查创城工作，详细查看剧场东街、滨河公园、双峪农副产品批发市场、新桥大街等地的环境卫生和街容街貌情况，并对发现的问题提出整改要求。
8月17日	金晖实地调研创城和新冠肺炎疫情防控工作，先后到丽景长安商业街和永定镇小园一区社区检查疫情防控和创城工作，详细查看沿街商铺常态化疫情防控措施、垃圾分类和社区公共空间环境维护、车辆停放等情况，并参加白庄子村“我爱社区 守护家园”社区报到活动。
9月10日	金晖检查调度中秋假期全区城市运行服务保障工作，到公安门头沟分局视频指挥调度中心，视频调度水闸路口潮汐车道、潭柘寺景区及杜家庄检查站运行情况，听取全区交通路网整体运行及公园景区、商超市场周边秩序情况汇报，通过视频连线慰问一线警务人员。随后召开调度会，听取全区节假日旅游、新冠肺炎疫情防控、接诉即办等工作汇报。
9月28日	金晖检查国庆期间安全生产、新冠肺炎疫情防控等工作。
9月30日	金晖带队检查国庆节期间新冠肺炎疫情防控、安全生产等工作，到军庄镇惠通新苑小区社区燃气站，实地检查燃气供给安全情况并听取安全生产相关情况汇报；在军庄镇孟悟村，详细查看现代农业科技示范园新型可移动式保温膜结构日光温室和百家特色果园提升项目，了解京白梨农业科技创新和科技成果推广应用情况；到国道109新线高速一工区，实地检查在施工地安全生产情况并听取工程进展、安全生产有关情况汇报。随后到军庄镇综合指挥中心，通过视频系统查看网格化消防管理工作落实情况，听取重点点位森林防火及疫情防控工作情况汇报。
10月1日至7日	金晖实地检查节假日服务保障各项工作，先后到军庄镇惠通新苑小区社区燃气站、国道109新线高速公路工区、商超、妙峰山镇森林公园玫瑰谷、水闸路口等地，实地检查新冠肺炎疫情防控、安全生产、保供稳价、森林防火、大人流应对等工作。
10月10日	金晖到妙峰山镇检查新冠肺炎疫情防控及创城工作，实地查看水峪嘴村域环境维护、“七小”门店疫情防控措施及“门前三包”落实情况，并到妙峰山镇政务服务中心检查便民政务服务及优化营商环境等工作。
11月14日	金晖检查门头沟区疫情防控和创城工作，先后到龙泉镇中门家园社区、大峪街道龙山一区和东辛房街道石门营四区，实地检查疫情防控措施落实、高风险区管控和创城工作情况。同日，金晖到区8小时应急处置指挥部调研，听取门头沟区涉疫风险人员应急处置情况汇报，研究部署门头沟区疫情处置工作。
11月16日	金晖到涉疫风险人员8小时应急处置永定镇分指挥部调研，并主持召开新冠肺炎疫情防控工作座谈会，听取永定镇分指挥部组建情况、应急处置方案及永定镇疫情防控工作情况的汇报。
11月18日	金晖检查方舱医院筹备情况，实地查看大台方舱医院建设进度、空间布局、容纳能力、设施配备等工作，详细了解医护人员服务保障情况，现场协调相关问题。
11月26日	金晖检查门头沟区新冠肺炎疫情防控措施落实情况，先后到永定镇丽景长安二期、龙泉镇三家店西口和龙泉雾村，详细了解封管控等有关情况并慰问一线工作人员；在中骏世界城项目地块，实地检查工地疫情防控落实情况及医疗储备项目相关情况。
12月14日	金晖调研门头沟区社区（村）卫生服务工作，到大台街道木城涧煤矿职工医院和军庄镇军庄村，实地检查社区（村）卫生服务管理体系建设、公共卫生服务网格化等工作，详细询问发热门诊设置、就诊转诊流程、分级诊疗运行、防疫药品储备及供应等情况，听取相关工作汇报，并看望慰问一线医护工作人员。

组织工作

【概况】 2022年，门头沟区组织工作以迎接党的二十大胜利召开和学习宣传贯彻党的二十大精神为主线，严格落实市、区第十三次党代会要求，以市委巡视整改为契机，深入打造“红色门头沟”党建品牌，推动党的组织体系建设实现新提升、高素质干部队伍建设呈现新气象、高水平人才队伍建设取得新突破，不断提高全区组织工作质量，为高质量建设“绿水青山门头沟”提供坚强组织保证。年内，门头沟区党员代表金晖、邢卫兵当选党的二十大代表，选举产生门头沟区出席中国共产党北京市第十三次代表大会代表16名；大台街道办事处被评为全国“人民满意的公务员集体”，区园林绿化局王占恒被评为北京市“人民满意的公务员”；炭厂村、田庄村获评北京市抓党建促乡村振兴示范村。

截至2022年年底，门头沟区党员39377名，其中新增党员616名。党员中，女党员15911名，少数民族党员704名，35岁及以下青年党员4469名，离退休党员18812名，非公有制单位党员1421名。全区基层党组织1434个，其中党委105个，党总支75个，党支部1254个。全区机关党组织343个，事业单位党组织213个，国有经济控制党组织28个，集体经济控制党组织12个，非公企业党组织143个（覆盖企业422家），社会组织党组织42个。建立党组织的社区126个，建立党组织的行政村178个。

（张　磊　张传胜　罗　樱）

【全区国有企业党建工作座谈会召开】 1月18日，门头沟区国有企业党建工作座谈会召开，听取全区国企党建工作报告，研究《北京市门头沟区区管国有企业领导人员选拔任用管理办法》，部署《门头沟区国资系统进一步加强党建引领国有企业改革发展实施意见》。

（袁　雪　李　莎）

【冬奥会、冬残奥会火炬接力选手选拔】 2月，门头沟区选拔产生邢卫兵、王宗桃、曲邵东、曹彦彦、徐芝兰、李平等6名北京冬奥会火炬手，以及赵金明、张荫霞等2名北京冬残奥会火炬手，并参加冬奥与冬残奥会火炬传递工作。

（张传胜）

【“百家企业行”活动】 2月，区委组织部启动“百家企业行”活动，“一对一”为企业提供政策宣讲、业务指导等服务。年内，共组织政策宣讲会3次，累计走访企业50家，服务人才100余人次。

（熊国菊）

【全区党史学习教育专题民主生活会】 2月，门头沟区围绕“大力弘扬伟大建党精神，坚持和发展党的百年奋斗历史经验，坚定历史自信，践行时代使命，厚植为民情怀，勇于担当作为，团结带领人民群众走好新的赶考之路”主题，全区各处级单位、国有企业分别召开党史学习教育专题民主生活会。13个督导组完成对全区80家处级单位、9家国有企业领导班子党史学习教育专题民主生活会督导有关工作。

（解　洋　刘百成）

【干部培训】 7月7日至11月6日，门头沟区处级领导干部素质能力提升专题班举办，围绕“党建引领提升区域治理水平”“生态立区推动绿色发展”等专题模块开展，培训干部5100人次。9月2日至10月29日，分别举办“门头沟区第1期年轻干部能力提升专题培训班”和“门头沟区第2期年轻干部能力提升专题培训班”，60名正科级干部参加培训。9月26日至10月21日，举办“门头沟区第31期科级干部任职进修班”，全区219名科级公务员和174名科级事业单位人员通过“云端课堂”方式参加培训。9月28日，以“头雁领航促振兴 凝心聚力新征程”为主题，在雁翅镇淤白村举办全区第一书记培训座谈活动，围绕更好促进第一书记抓党建促乡村振兴进行专题辅导。9月底，完成基层干部教育培训工作，共培训基层干部8060人，其中区直属部门机关干部3536人，乡镇（街道）干部1182人，村（社区）干部（含驻村干部）、乡村集体经济组织中的党组织负责人1960人，区属国有企业和事业单位领导人员87人，非公有制经济组织和社会组织党组织负责人199人，公检法干部1096人。10月至12月，围绕学习贯彻党的二十大精神和新修订的党章，举办“奋进新征程 建功新时代”专题培训班，对镇街、村社区党组织书记进行全覆盖培训。

（张传胜　丁　爽）

【干部人才挂职、专项服务】 年内，门头沟区选派1名处级干部、

4名科级干部到西藏拉萨市堆龙德庆区挂职，选派19名专业技术人才到内蒙古武川县挂职；接收“人才京郊行”等15名中央单位、市级单位干部到门头沟区挂职，4名专家人才到门头沟区开展专项服务。

（熊国菊　王金焕）

【人才工作】　年内，门头沟区人才工作领导小组提档升级为区委人才工作领导小组，召开区委人才工作领导小组会议，审议通过《关于深化“京西聚智计划”打造高水平人才高地的实施意见》《门头沟区“京西聚智”高层次人才支持办法（试行）》等系列人才政策。推荐17名区内优秀人才参与国家级人才工程、青年北京学者、北京市有突出贡献人才等人才评选表彰。启动“百家企业行”活动，全年共组织集中政策宣讲会3次，服务企业人才100余家，办理外埠人才引进落户14人，留学人才引进落户4人，解决夫妻两地分居落户12人，《北京市工作居住证》757件，为39名延迟落户高校毕业生办理证件。为103名党政人才办理人才租赁住房续签，为138名党政人才新提供人才租赁住房。全年，走访慰问国务院特殊津贴获得者、北京市突出贡献人才、第二届门头沟区认定人才等共38人，发放慰问款3.8万元。

（熊国菊　郝　宇）

【干部队伍建设】　年内，门头沟区选任干部21批次、348人次，其中提拔47人次，进一步使用干部30人次，交流调整等77人次，晋升二级巡视员10人次，二级高级检察官1人次。选派11名优秀年轻科级干部到各街道、国有企业实训锻炼。完成对82个处级领导班子、663名处级领导干部2021年度民主测评和对90家有科级干部选任权限单位干部选拔任用“一报告两评议”现场测评。在党的二十大代表、市第十三次党代会代表、市人大代表及市政协委员选举工作中严肃纪律、加强风气监督，组织学习观看教育警示专题片300余人次、发放宣传材料390余份，组织18家职能部门对17名党代表初步人选考察对象和187名市人大代表、政协委员推荐人选进行资格联审，对12名党代表初步人选考察对象进行组织考察。

（张大伟　解　洋　刘百成）

【公务员管理】　年内，门头沟区制定《门头沟区公务员调任实施办法（试行）》《门头沟区公务员辞去公职后到互联网平台企业任职的实施方案》；完成2022年度上半年考试录用公务员、面向冬奥人员招录公务员、2022年度补充录用公务员和面向优秀社区、村党组织书记招录公务员工作，拟录用149人；统筹安排6名市级选调生、4名区级选调生到深山村任职；招录12名选培生，均为硕士研究生以上学历，安排到区级机关进行为期一年的实训锻炼；完成6名事业编制人员转制过渡及公务员登记；全区70家单位完成2021年度公务员年度考核奖励工作，共605人2021年度考核被评为优秀等次，714人获嘉奖奖励、177人获三等功奖励。

（罗　樱　古英娟　杨秀婷）

【干部监督】　年内，门头沟区686名区管干部完成2022年个人有关事项集中填报，查核一致率100%，在全市16区中排名第一。制定印发《关于门头沟区领导干部兼职的管理办法》，全区各单位开展领导干部在社会组织、企业以及高校、科研院所兼职的专项自查和清理规范。统筹整合各渠道干部监督信息，健全完善干部履职“负面清单”，新增干部履职负面信息57条。区委组织部根据工作中发现的问题，提醒29人，函询9人，诫勉1人，受理“12380”举报反映干部的举报9件次，收到由市委组织部举报中心转来的“12380”举报5件次，并对受理、转来的信访举报采取直接查核、转办等方式进行办理。

（解　洋　刘百成　黄海荣）

【基层党组织建设】　年内，全区1218个支部全部召开2021年度专题组织生活会并开展民主评议党员工作，其中党支部查找问题3457个，党支部书记查摆出问题3041个，31803名党员参加民主评议，其中9475名党员被评议为“优秀”，评为不合格党员3人；在雁翅镇试点基础上，全区8个镇对党的十八大以来镇党委发展的党员和转入的党员开展排查，共排查1689名党员，认定存在问题的党员72名，进行除名处置11人，取消预备党员资格2人，移交区纪委区监委依规依纪处理17人，重新履行相关程序或完善档案材料42人。在2022年政工职称专业考试与资格审核工作中，1人获高级政工师，12人获政工师，1人获助理政工师。印发《门头沟区党群服务中心认定标准（试行）》，首批认定区级党群服务中心、中关村门头沟园党群服务中心、各镇街党群服务中心等15个党群服务中心，并为其拨付运行经费共300万元。军庄镇西杨坨村党总支、妙峰山镇炭厂村党支部、大台街道大台社区党总支、千军台社区党支部、北京精雕科技集团党委等5个优秀党组织工作案例入选《党支部工作法——北京市优秀党支部工作案例选编》。

（黄海荣　袁　雪　梁文飞）

【党建引领新冠肺炎疫情防控】 年内，门头沟区坚持“红色门头沟”党建引领疫情防控工作，按照“选优配强、科学统筹、全面融入、发挥实效”的原则，构建起“定人定岗、条块结合、快速响应、精准高效”的疫情防控志愿服务工作格局，分三批次组建疫情防控志愿者应急服务梯队共3072人，并围绕不同岗位工作职责，组织开展3次5个岗位的针对性培训。4月底前，组织市级机关和全区67家机关事业单位干部到门城地区三街两镇下沉13万余人次。5月，开展“红色领航 同心抗疫”行动，动员近千名社会志愿者和上百家社会单位主动投身疫情防控第一线。10月，制定《门头沟区关于在疫情防控中加强网格化建设的实施意见》，明确将全区疫情防控管理网格划分为区、镇街（园区）、社区（村、商务楼宇）、楼门（院落）四级网格，解决疫情防控网格化建设中存在划分标准不一、内容要素不全、人员力量匮乏等问题。11月至12月，抽调干部参与疫情防控、追样采样、核酸检测等工作12批次250人，组织干部参与下沉值守296人。

（黄海荣　左岩彬　王梦娇）

【拨付专项经费支持社区（村）疫情防控工作】 年内，区委组织部联合区总工会、区红十字会、区慈善协会，共同向全区13个镇（街）和区卫生健康委、公安门头沟分局拨付专项经费472.82万元支持社区（村）新冠肺炎疫情防控工作，其中区管党费拨付382.82万元，区总工会、区红十字会、区慈善协会分别拨付30万元。

（黄海荣　徐　曼）

【党建引领推动基层治理】 年内，门头沟区制定《党建引领提升新建小区物业管理水平工作指引》等文件，深入挖掘群众诉求背后的问题根源，推动破解基层治理的深层次矛盾；编制《党建引领提升新建小区物业管理水平工作指引（试行）》，制定“门头沟区新建小区物业管理规范化工作流程图”，规范新建小区物业管理工作；建立党建引领基层治理“每季一题”机制，4月20日与9月2日，围绕学习借鉴大台街道“接诉即办”经验和提升物业管理水平等重点难点问题召开党建引领推动基层治理“每季一题”工作推进会。

（左岩彬　袁　雪　李　莎）

【党员慰问与救助】 年内，门头沟区在春节、“七一”等节点开展走访慰问生活困难党员、老党员、老干部等活动。其中，春节慰问拨付救助补贴慰问款319.284万元，“七一”拨付救助慰问款236.08万元。开展两批次市、区困难党员救助工作，为100名北京市生活困难党员每人给予一次性补助1万元，确定100名区级困难党员并每人给予一次性补助3000元。

（黄海荣　徐　曼）

【党建研究】 年内，门头沟区委党建工作领导小组成员单位、各镇街围绕打造“红色门头沟”党建品牌、高质量建设“绿水青山门头沟”，申报党建调研课题21项。18名区领导开展“包镇走村入户”调研走访活动，对全区9个镇、178个村进行全覆盖回访调研，聚焦乡村振兴重点、难点，与基层党员干部谈心谈话，帮助协调解决问题和困难。区委组织部与北京农学院合作开展《门头沟区乡村人才振兴实践路径》课题研究，走访6家委办局、9个乡镇、20余家优秀涉农企业，对地区乡村振兴绿色发展提出对策建议。区委组织部撰写的《生态涵养区绿色发展人才队伍建设研究》获北京市党的建设研究会2021年度自选课题一等奖；门头沟区获2021年度“郊区党建”征文活动组织奖，其中区委组织部撰写的《生态涵养区绿色发展人才队伍建设研究》获“郊区党建”征文活动一等奖。

（张　磊　张传胜　熊国菊）

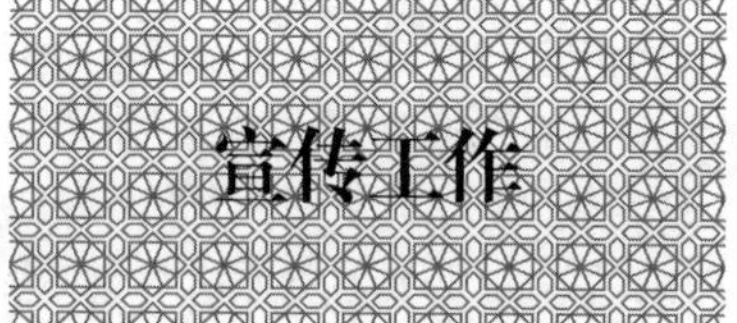

宣传工作

【概况】 2022年，门头沟区宣传思想文化战线深入宣传贯彻党的二十大精神、贯彻落实市区委决策部署，围绕“生态立区、文化兴区、科技强区”发展战略，稳中求进、守正创新，认真履行举旗帜、聚民心、育新人、兴文化、展形象职责，为“绿水青山门头沟”高质量发展提供坚强思想保证和强大精神力量。

年内，中共门头沟区委宣传部（简称区委宣传部）严格落实意识形态责任制，制定贯彻落实党委（党组）网络安全工作责任制若干措施等文件，完善网络舆情监测处置等12个专项应急预案，健全网络舆情双向通报机制，深化“剑网”行动，强化7×24小时网络巡查，构建良好网络生态。建立区级公共空间艺术品日常巡查维护机制，开展文娱领域综合治理和“扫黄打非”专项行动，深化涉党史等10个领域的专项整治，意识形态平稳可控。完成北京冬奥会、冬残奥会开闭幕式和“奋进新时代”大型主题成就展观众组织任务。结合区域文化资源特色，多维度打造“紫气东来，灵贯京西”区域品牌形象。策划推出京西古道短视频探访、“京西潮遇记”、门头沟声音博物馆、潭柘寺云上慢直播等新媒体产品。在市属央媒体推出《“迎豹回家”正当时》等报道300余篇，打造“百花深处”生物多样性网红打卡地。加强未成年人思想道德建设，开展“扣好人生第一粒扣子”等主题教育实践活动。加强家庭家教家风建设，开设“家庭文明建设”专题专栏，征集“传家训、立家规、扬家风”优秀作品143件。完善村规民约、积分制、红白理事会等“四会一制一公约”自治组织运行机制，推进移风易俗。强化“公筷公勺”“文明一米线”“周末环境清洁日”“V蓝北京”等主题实践活动。开展劳模工匠等先进事迹宣讲“六进”活动，强化劳动创造幸福主题宣传教育。开展“礼让斑马线”文明交通专项治理行动，8.7万名驾驶员签订文明交通承诺书。打造理论宣讲“六个讲堂”，开展党的十九届六中全会和党的二十大精神分众化宣传宣讲，推动党的创新理论“飞入寻常百姓家”。创新建立“创城＋热线＋网格＋大数据＋网络舆情”联动机制，推进新时代文明实践中心、融媒体中心、城指中心互融互促，开展新时代文明实践“八大行动，将文明实践向民宿、园区、商圈延伸，提高精准服务群众的能力。编制推进全国文化中心建设三年行动计划（2023-2025年），完成市区重点任务15项。完成北京西山永定河博物馆建设前期可行性研究和展陈研究。沿河城长城陈列馆完成选址和展陈研究。编制《北京长城文化带—沿河城重点组团详细规划》。开展马克思主义在京西地区早期传播溯源研究。持续推进潭戒两寺整体保护利用，推进非遗进景区、进校园、进社区，举办秋粥节、桑蚕节等民俗文化活动。举办北京西山永定河文化节暨首届京西山水嘉年华活动。建设北京市生态文明实践基地。推进实体书店“三进”，打造“书香诗韵门头沟”全民阅读品牌。原创话剧《人民挺进军》等一批文艺精品，音乐小品《炸酱面》获全市一等奖。围绕“我们的节日”，开展优秀传统文化进基层系列活动18630场。创建公共文化服务示范区，实施文化惠民工程。中关村（京西）人工智能科技园·智能文创园获评市级文化产业园区，金隅琉璃文化创意产业园“保护利用老旧厂房拓展文化空间”项目通过市级联合评审。组织参加2022年中国国际服务贸易交易会。推出“紫气东来·贷动文化”金融服务包，举办第六届门头沟文创大赛，112个创业团队参赛，AI手语数字人和光绘艺术点亮新夜游项目入区发展。

（闫　凯）

【**党史学习教育常态化长效化**】　3月30日，区委党史学习教育指导工作总结会召开，系统总结党史学习教育期间各指导组的宝贵经验，推动党史学习教育常态化长效化。6月，印发《门头沟区关于推动党史学习教育常态化长效化的实施意见》，推动党史经常学、长期学、跟进学。年内，利用全区红色资源，挖掘整理117个村1328处红色资源，以重大节日纪念日为契机，依托中共京西山区第一党支部、平西情报联络站等本区红色资源，组织群众开展党史主题活动600余场。

（李　倩）

【**支持全国文化中心建设**】　年内，门头沟区推进全国文化中心建设领导小组全体会议召开2次，增设区创建北京市公共文化服务体系示范区工作专班、“东胡林人”遗址保护利用工作专班，潭柘寺景区AAAAA创建及戒台寺景区提升专班，审议通过3个工作专班成员名单、职责分工和议事规则；梳理形成2022年区级重点项目11项，6项纳入市级折子工程；编制《推进全国文化中心建设三年行动计划（2023—2025年）》，建立重点项目库；编制《西山永定河博物馆建设可行性前期研究报告》，启动《北京长城文化带—沿河城重点组团详细规划》编制工作；推进潭柘寺、戒台寺整体保护利用，完成潭柘寺消防、戒台寺南宫院、上院、祈福殿及钟亭等文物保护工程；培育“书香诗韵门头沟”全民阅读品牌，以“一月一主题，月月都精彩”的模式推进全民阅读“七进”活动；擦亮“双诗歌之乡”文化品牌，组织京西古道沉浸式诗歌诵读、“诗画重阳”、清明朗诵会、七夕游园会等系列诗歌文化活动；开展马克思主义在京西地区早期传播溯源和深化当代中国马克思主义读书会品牌研究，取得《马克思主义在京西地区早期传播溯源》《当代中国马克思主义读书会在基层治理中的作用的调查与思考——以门头沟区为例》等成果，全区19家成员单位开展读书活动160余次；推进非遗活化利用，推动“文化”进景区、“非遗”进景区；实施琉璃文化创意产业园区建设二期项目，打造非遗传承基地、实体书店等特色文化空间。

（朱　培）

【理论学习】　年内，区委宣传部围绕习近平新时代中国特色社会主义思想，中央、市委重要会议精神，区域绿色高质量发展，形势政策等主题，以专题学习、交流研讨、参观调研等多种形式，开展中心组学习18次；区委书记以学习贯彻党的十九届六中全会精神、市委十三次党代会精神为主题，以专题党课的形式开展2次辅导报告；制发《北京市门头沟区党委（党组）理论学习中心组学习巡听旁听制度》，成立区党委（党组）理论学习中心组巡听旁听工作组，年内完成对12家单位的巡听旁听。

（耿　界）

【理论宣讲】　年内，区委宣传部印发《门头沟区关于推进新时代党的创新理论宣传工作的指导意见》《门头沟区委宣传部关于加强成就宣传和形势政策教育的通知》《关于认真组织学习〈习近平谈治国理政〉第四卷的通知》等重要文件；以习近平新时代中国特色社会主义思想、“四史”学习教育、马克思主义经典著作为重点，录制31节专题课程，丰富基层“云宣讲”内容；每月开展分众化、互动化理论宣讲“六进”活动，各单位收听收看宣讲课程600余次，覆盖干部群众4万余人次。

（耿　界）

【学习宣传贯彻党的二十大】　年内，区委宣传部围绕迎接党的二十大，组织开展“强国复兴有我”百姓故事汇宣讲活动30余场，组织惠民合唱思政课5场，实施“文艺演出进小院”“文艺演出进景区”活动50余场，开展主题文艺展演100余场，组织600余人次参加线上知识答题活动；区融媒体平台开设“强国复兴有我”专栏，推送习近平新时代中国特色社会主义思想及各类文明主题宣传内容296期。党的二十大胜利召开后，组建“门头沟区学习贯彻党的二十大精神宣讲团”，遴选政治素质好、理论水平高、宣讲能力强的党员领导干部、离退休老干部、党的二十大代表、党校骨干教师等开展集中宣讲。

（耿　界）

【思想政治和理论宣讲典型选树】　年内，区委宣传部印发《门头沟区关于新时代加强和改进思想政治工作的实施方案》；开展第十六届北京市思想政治工作优秀单位、优秀思想政治工作者评选表彰活动，推荐区融媒体中心机关党支部、军庄镇党委、区人民检察院第五检察部、王平镇安家庄村党支部等4家优秀单位，永定镇党委书记高建光，北京市第八中学京西附属小学党支部书记、校长刘亚丽、市公安局门头沟分局政治处副主任谭旭，大峪街道增产路东区社区党委书记、主任王霞等4名优秀思想政治工作者。推选“首都精神文明建设奖”候选人7人、市级“身边好人”24人、“北京榜样”34人、“首都道德模范”1人，推选4家单位和4人参评北京市思想政治工作“双优”先进，评选“门头沟榜样”34人。在区级媒体开设“学道德模范”专栏，展播事迹110余篇；开展模范宣讲、事迹展览18场，印发公益海报1万余张，媒体报道3000余条次。

（高　鹏）

【全国文明城区创建】　年内，门头沟区明确68家单位19类148项精神文明建设暨全国文明城区创建工作任务，重点打造龙湖天街商贸综合体、双峪路至新桥大街创城示范商业街等示范样板，在首都文明办月度考核中始终名列前茅。深化文明社区、文明农村“两考合一”和“周点评、月督导、双月擂台、季考评”考核机制，完善“七点行动”“四公示一台账”“四公示一门牌”“创城＋热线＋网格＋大数据”等机制，推进“一月一主题”专项行动。全区获评国家级文明村镇6个、首都级文明村镇49个；2个社区获评全国文明单位，38个社区获评首都文明单位；30家企业参评“北京市共铸诚信企业”；15家学校获评首都文明校园；选树“星级文明户”3714户；2户获评全国文明家庭、7户获评全国最美家庭，10户获评首都文明家庭、105户获评首都最美家庭、5219户获评区级最美家庭；选树“新时代好少年”100名。拍摄6个全国文明村镇巡礼短视频，其中斋堂马栏村短视频《家乡》作为北京市唯一代表在中央文明网刊播；“妙峰文明积分银行”被推荐为首都精神文明建设创新案例；向各级党组织、党员领导干部配发《习近平关于社会主义精神文明建设论述摘编》2200本；8.3万人次参与交通引导、路段巡查，10.8万人次参与新冠肺炎疫情防控。

（刘丽媛）

【新闻宣传】 年内，区委宣传部与央视共同策划《奋进新征程 建功新时代·走进老区看新貌·北京篇》系列报道，展现门头沟区坚定践行“两山”理论，推动区域绿色高质量转型发展的主要成就。在10余家中央、市级媒体刊播冬奥文化活动、火炬手传递火炬、文创园里闹元宵等相关宣传报道50余篇次。市、区“两会”、市委党代会期间，在《北京日报》刊发整版报道2版，组织20余家中央、市级媒体开展专题宣传报道，推出重点稿件70余篇。组织各级媒体集中采访全国“人民满意的公务员集体”大台街道办事处，乡村振兴实验室、首届京西地区发展论坛、2022年服贸会门头沟展区、首届门头沟区“绿水青山杯”职业技能大赛、“迎豹回家”计划与第十三届北京国际山地徒步大会活动等，以及门头沟区新冠肺炎疫情防控、文明城区创建、疏解整治促提升、营商环境建设年、打造专精特新产业集群、传统古村落活化利用、林花经济等专项工作。服务北京广播电视台完成《向前一步》节目拍摄3期。

（张 雯 赵 萌 李 响）

【区域品牌形象打造】 年内，门头沟区与主流媒体和专业团队合作，开展区域品牌传播推广活动和宣传报道活动30余次；与抖音平台合作，策划京西古道短视频探访、图虫影像征集大赛，“潭柘寺云上慢直播”等宣传活动和“门头沟星能人”培训计划；与北京日报社京报移动传媒合作打造“门头沟周末”品牌；与云听平台合作，打造专属于门头沟的声音博物馆；与新浪合作，推出“京西潮遇记”品牌焕新计划。

（张 雯）

【新闻出版电影管理】 年内，门头沟区200家各类出版物零售单位参加核验、换证，区委宣传部为符合要求的189家企业办理年度核验登记手续和换证，对不符合要求的11家企业分别予以缓期办理和注销，对未参加年度核验的31家单位进行缓期办理或注销处理。全年办理出版物零售单位审批60件，其中办理出版物零售企业设立事项18件，出版物零售企业变更事项17件，出版物零售企业分支机构备案事项5件，出版物零售企业注销20件。

（李 响）

统战工作

【概况】 2022年，门头沟区委员会统一战线工作部（简称区委统战部）协助各民主党派区委完成换届工作，协助市委统战部、市委组织部做好市政协委员、市人大代表换届党外人才的推荐工作；召开2022年“8+1”行动推进会，促进更多项目落实落地。

（曹春阳）

【党外知识分子工作】 3月1日，门头沟区党外知识分子联谊会（以下简称区知联会）为精雕集团赠送“百幅佳作庆百年”首都无党派人士庆祝中国共产党成立100周年主题创作联展中的精品书画。4月15日，在妙峰山镇涧沟村举办世界读书日活动，为妙峰书屋捐赠图书。4月中下旬至7月，举办“紫气东来 不负春光”网络摄影大赛，宣传门头沟美景。6月2日，与市知联会、北京农学院知联会、西城区工商联牛街商会共同举办“知书荟”科技兴农线上会议。11月4日，在房山区周口店镇黄山店村红色背篓教育基地开展“红色背篓精神传承”主题教育活动。

（曹春阳）

【“8+1”行动】 3月2日，民进北京市委邀请北京农学院2位农业专家会员，到雁翅镇松树村开展“8+1”春剪培训活动。4月下旬，中国疾控中心流行病学首席专家吴尊友等4位专家组成“8+1”行动防疫专家咨询组，为门头沟区解答新冠肺炎疫情防控中的疑难复杂问题。8月29日，2022年“8+1”行动推进会在门头沟区召开，区科信局、区教委、区卫生健康委、百花山管理处等4个部门围绕京白梨特色果品品质提升、教育及医疗领域重点项目、生物多样性保育等内容做“8+1”行动项目成果展示汇报；中关村门头沟科技园民主党派专家服务站项目正式启动，民盟北京市委、民进北京市委、九三学社北京市委分别就推进东胡林人遗址申报国家级文物保护单位、京西教育研究院、“生态立区、绿色兴业——京西绿色行动计划”等2023年重点项目推进作介绍。11月2日，“8+1”行动推进“东胡林人”遗址申报全国重点文物保护单位座谈会召开，副区长介绍“东胡林人”遗址申报全国重点文物保护单位工作推进情况；相关专家学者进行交流发言；市委统战部、市文旅局、市文物局相关领导就做好遗址申报工作提出意见和建议。

（曹春阳）

【思想政治引领】 4月22日，区委统战部联合区政协组织80余名党外人士、政协委员开展纪念“五一口号”发布74周年主题活动。6月30日，举办2022年党外代表人士培训班，各民主党派区级组织领导机构、统战社团领导班子成员及下设支部、工作组负责人、各镇街统战工作干部、区委统战部全体干部等200余人参加。9月27日，组织各民主党派、无党派、民营经济人士和新的社会阶层人士40人在延庆区开展“重温历史共识 回望冬奥创未来”主题教育活动。11月23日，区委书记金晖为全区统战系统宣讲中共二十大精神。年内，举办门头沟区2022年党外代表人士学习贯彻中共二十大精神专题培训班2期，组织民营企业人士、新的社会阶层人士300余人次收听“京华新声·助企纾困”专题讲座19期。

（曹春阳）

【新阶层人士统战工作】 7月14日，门头沟区新的社会阶层人士联谊会（以下简称区新联会）与市新联会开展“携手共迎二十大 同心奋进新征途——红色新足迹·开端”联动共建活动。7月22日，区委统战部与延庆区委统战部、区新联会开展“追寻红色记忆 弘扬冬奥精神”共建活动。年内，为区残联、区残疾人温馨家园、区养老服务驿站，清水镇张家庄村、雁翅镇太子墓村一线志愿群体送爱心物资；到大峪街道、城子街道、大台街道、永定镇、龙泉镇、雁翅镇等镇街及其社区（村）开展慰问困难群体活动。

（曹春阳）

政策研究

【概况】 2022年，中共门头沟区委研究室（简称区委研究室）围绕“生态立区、文化兴区、科技强区”发展战略，扎实做好调查研究、决策咨询、深化改革等重点工作，切实发挥以文辅政作用，为服务“绿水青山门头沟”现代化建设做出贡献。

（赵风荷）

【文稿起草工作】 年内，区委研究室协助区委高质量完成区委全会、全区领导干部大会、区政府全体会、党史学习教育总结大会等重要会议文稿起草，高标准完成各类专题会、座谈会以及疫情防控会等文稿起草，切实发挥以文辅政作用，全年累计起草区委重大文稿260余篇，80余万字。

（叶 瑶）

【调查研究工作】 年内，区委研究室围绕生态保护、产业转型、城乡建设、民生福祉、社会治理、深化改革、党的建设等重点任务，聚焦门头沟区“十四五”规划、结合全区中心工作、部门重点工作和民生热点问题等重要领域，组织协调各单位承办区级领导重点调研课题27个，区重点关注调研课题69个。承办完成《推动生态产品价值实现机制试点 探索绿色高质量发展新路径》等区级重点调研课题。从2021年全区调研成果中选取42篇优秀调研报告，编印《2021年门头沟区调研成果汇编》，为全区各单位破解难题、创新发展、总结经验提供学习平台。

（张进雁）

【深化改革工作】 年内，区委研究室组织召开区委全面深化改革委员会会议4次，审议修订“两规则一细则”，通过《关于调整区委全面深化改革委员会人员组成及机构设置的方案》《门头沟分区规划实施三年行动计划（2023年-2025年）》《关于实施门头沟区村庄渐进式有机更新的意见》等文件，听取建立生态产品价值实现机制进展情况、网格化管理体制机制改革工作情况、潭柘寺、戒台寺管理体制机制改革情况等内容，书面审议基层政法工作运行体制机制调研报告、创建国家森林城市工作情况的督察报告、优化营商环境改革的督察报告等内容。推动完成13个领域40项重点改革任务，形成“生态产品价值实现机制”“生态检察+”等改革案例，通过《决策参考》刊发5篇，通过《北京改革情况交流》刊发2篇，在《北京农村经济》、前线客户端等媒体刊发5篇，其中5篇获区委、区人民政府主要领导批示。

（李家琳 赵风荷）

【决策咨询服务】 年内，区委研究室引入振兴国际智库合作共建“京西绿色高质量发展研究中心”，编制《门头沟区“生态立区、文化兴区、科技强区”发展战略行动计划（2023—2025年）》和

《"绿水青山门头沟"高质量发展蓝皮书（2022年）》。制定《门头沟区决策咨询服务合作项目（平台）备案办法》，建立部分决策咨询服务平台及项目名录，对重点关注合作平台和项目实行台账式管理。同时，紧扣区委中心工作、民生热点问题等，开展专题调研，形成《决策参考》呈报区领导，为领导决策提供有益借鉴。年内，围绕"生物多样性保护""接诉即办""红色资源保护利用""专精特新企业发展"等主题开展调查研究，形成12篇《决策参考》，其中6期得到区委、区人民政府主要领导批示，3期被《北京调研》采用。创办《本周通讯》期刊，以"每周一题"方式，围绕城市文化建设、科技治理、营商环境建设、森林康养等主题编印29期，获区委、区人民政府主要领导批示11次。

（张进雁　叶　瑶）

机构编制

【概况】　2022年，中共门头沟区委机构编制委员会办公室（简称区委编办）着眼机构职能优化协同高效，统筹编制资源配置，优化全区机构设置，推进重点领域体制机制改革，创新机构编制管理。修订区委编委工作规则和区委编办工作细则，研究制定《关于规范门头沟区委区政府归口管理直属事业单位"三重一大"请示报告工作制度的意见》《机构编制管理考评细则》《选培生周转池制度》和《区委编办信息审核发布制度》《机构编制业务流程图》等制度，促进机构编制法定化、规范化，为"绿水青山门头沟"高质量发展提供机构编制保障。

（刘文弢）

【重点领域体制机制改革】　年内，区委编办完善区文化和旅游局机关机构设置，加强文物保护和文化旅游宣传工作力量；理顺区公共文化中心（区文化旅游发展促进中心）部门职能和内设机构，强化对公共文化体系建设和文化旅游产业发展的支持保障；规范宗教场所管理与保护，实现政府、企业和属地职能的有效衔接。通过收回沉淀事业编制、转变用工方式等措施，盘活农林水领域编制资源；优化区农业农村局（区乡村振兴局）机关和所属事业单位设置，提升农林水部门在"理水治山、增蓝护绿、乡村振兴"方面的能力；在区发展改革委加挂区金融工作办公室牌子，并单独设立区金融发展促进中心；区应急管理综合执法队更名为区应急管理综合执法大队，机构规格由正科级调整为副处级。调整集中行政复议职责，为区司法局补充专项编制，促进行政复议职能科室更好履职。成立领汇长安幼儿园；公办幼儿园实行人员额度管理，为教育系统核增额度指标75名，专项解决学前教育编制不足的问题。组建区医院管理中心，补齐社区卫生服务、院前急救、中心血库编制配备，增强公共卫生和基层社区卫生服务能力和水平。

（李　涛　张　硕　杨　行）

【议事协调机构管理】　年内，区委编办修订《门头沟区议事协调机构管理办法》，对议事协调机构工作规则、下设小组、总结计划实行备案管理。创新开展分组分类汇报工作的方式，督促全区议事协调机构履职。组建"两区"工作、重大建设项目协调推进、中关村科技园区门头沟园等领导小组，理顺财经和财源建设工作机制，增强区委、区人民政府对促进经济社会高质量快速发展的整体谋划和统筹协调作用。

（董淑贤）

【权力清单管理】　年内，区委编办印发《门头沟区新版行政检查事项清单》，统一规范权力事项清单、"双随机"抽查事项清单、"互联网＋监管"检查事项清单中各事项。落实《北京市权力清单动态管理办法》，动态调整区人力资源社会保障局等20余个部门权力清单。

（王泽宇）

【事业单位法人登记管理】　年内，区委编办指导、监督全区303家事业单位法人完成年度报告公示工作。完成事业单位法人登记工作109项。累计发放电子证照246张（次），领取率95%。持续清理僵尸事业单位，破解事业单位法人注销登记工作中存在的历史遗留问题，完成率81%，力求事业单位法人登记管理系统名实对应。

（杨　行）

【机构编制数据管理工作】　年内，区委编办完成全区机构编制年度统计工作，做到底数清，情况明。巩固实名制工作成果，定期做好实名制数据库更新优化。为全区各单位实名制数据库维护提供技术服务。

（杨　行）

综合考评工作

【概况】 2022年，中共门头沟区委综合考评委员会办公室（简称区委综合考评办）坚决落实市、区决策部署，着力完善“三考合一”综合考评体系，发挥综合考评指挥棒作用，激励干部担当作为，为门头沟区绿色高质量转型发展提供有效保障。

（徐文学）

【综合考评体系完善】 年内，区委综合考评委员会办公室对接市级综合性考核任务，完善考核指标体系，将市级督检考事项落实、区折子工程、区重点工程、为民办实事项目等全部纳入考评内容并逐一分解，并根据任务重要性和难易程度，开展“评星定级”，强化对核心任务的考核；将定量考核与定性评价权重调整为85:15，提高定量考核权重。

（徐文学）

【综合考评工作管理】 年内，区委综合考评委员会办公室持续优化任务考核、社会评价、述职评价互为补充的多元考评方式，定期梳理掌握全区各单位获上级荣誉表彰，以及在全面从严治党（党建）、市政府绩效、基层党建述职评议、“七有”“五性”监测评价、财源建设、接诉即办、乡村振兴实绩考核等市级专项考核排名情况，并纳入年终考核。组织开展季度调研评估和半年考核评分，现场评估292项重点任务，实地核验164个点位，针对考核评估发现问题，会同区委督查室、区政府督查室开展专项督查；组织实施2022年度镇街基层治理群众满意度专项调查和年度综合考评社会评价，年度参与调查群众1万余人次；组织全区各单位提交年度工作述职报告，邀请区四套班子领导、部分“两代表一委员”、镇街党政主要领导，采用线上线下相结合评价方式，对全区各单位年度整体履职情况进行评价打分。

（徐文学 赵佳慧 郑宇琦）

【综合考评结果通报】 年内，区委综合考评委员会办公室根据各方面情况综合确定全区各单位2021年度考评成绩及等次建议，经区委常委会议审议通过，在全区以适当形式通报，并作为绩效奖励、评先评优等方面的重要参考。

（徐文学）

老干部工作

【概况】 2022年，门头沟区离退休干部工作贯彻落实全国与全市老干部工作会议精神以及《关于加强新时代离退休干部党的建设工作的意见》《关于加强新时代关心下一代工作委员会工作的意见》等精神，开展离退休干部养老服务需求调查，增强“老有所养”服务的针对性和实效性。区委老干部局用心用情服务离退休干部，落实离休干部“一对一”精准服务、生活待遇等机制，坚持重要节日、重病住院等“四必访”，为离退休干部宣传防疫知识、发放防疫物资、组织健康体检；改进老干部（老年）大学教学工作，引进国家、北京市老年开放大学网络学习平台，开设智能手机线上课程，多元化满足离退休干部学习需求；依托“五老”力量，扎实做好新时代全区关心下一代工作；动员引导离退休干部在北京冬奥会、冬残奥会服务保障、党的二十大服务保障、新冠肺炎疫情防控、创建全国文明城区等工作中主动担当、积极作为。

（刘俊杰）

【老干部精神文化生活】 1月19日至20日，中共门头沟区委老干部局（简称区委老干部局）组织区老干部书画协会会员到三家店水闸西路社区、大峪街道德露苑社区开展“走进社区 助力冬奥”送春联活动，赠送新春对联800余幅。6月2日，举办离退休干部“浓情端午”云端益智游戏比赛活动，377名离退休干部参加。6月28日，开展“喜迎二十大 共筑中国梦”主题征文活动，收集征文40篇。7月20日，开展“诗歌颂党恩”主题诵读活动，诵读经典诗词或原创佳作，收集诗歌作品55篇。8月1日，举办“共筑强军梦 翰墨抒情怀”——庆祝建军95周年云端书画展，通过“门头沟老干部”微信公众号展出书法作品38幅、绘画作品15幅。9月19日至10月14日，以线上组织、线下完成的形式举办“喜迎二十大 我看家乡新变化”金秋健步行活动，活动期间要求累计健康行走两万步，上传4张家乡变化、退休生活等方面照片，300余名退休干部报名参加。9月28日，举办“喜迎二十大 奋进新征程”书画展，近百名离退休干部以书画艺术形式展现百余幅作品，推荐5幅书画作品到市委老干部局参展。10月15日，举办“喜迎二十大 诗歌颂党恩”线上诗诵会活动，10余名离退休干部参与录制。

（刘俊杰）

【离退休干部学习教育】 3月30日，区委老干部局通过“线上自学+各单位微信群讨论”方式，组织全区离退休干部学习全国“两会”精神。11月17日，举办“学习二十大 践行新思想”线上答题活动，287名离退休干部参加，答题小程序浏览量1500余次。年内，区老干部（老年）大学采取线上教学方式，引进国家、北京市老年开放大学等网络学习平台，推送优质课程，满足多样化、个性化的精神文化需求；开展“智慧助老”行动，开设老年心理健康、预防诈骗、智能手机应用、预防阿尔兹海默症等系列线上“暖心助老”课程；区级课堂利用“空中课堂”+微信群方式开设楷书入门、国画山水、古筝、太极拳、智能手机等11个专业、12个教学班，录播228课时，招收学员427人；推送《领航》专题片16集、党史知识4期、疫情防控小贴士和健康知识常识等各类学习信息200余条；在“门头沟老干部”微信公众号，开设“党课5分钟”“聚焦党的二十大”“线上展馆”“初心讲堂”“时事政治”等栏目，更新学习内容百余期。

（刘俊杰）

【离退休干部作用发挥】 5月12日，区委老干部局采用微信群研讨方式，开展“建言二十大”调研活动，离退休干部从坚持和加强党的全面领导、推动高质量发展、全面深化改革开放、保障和改善民生等4个方面，为党和国家发展建言献策。6月28日，开展“我看中国特色社会主义新时代”调研活动，采取微信群研讨、书面征集等方式，听取离退休老干部对党的十八大以来党和国家各项事业取得历史性成就、发生历史性变革的心声，收集心声感受35条。年内，区委老干部局组织区老干部宣讲团走进社区（村）、中小学校，围绕党的十九届六中全会精神、喜迎党的二十大、中国共产党人精神谱系等主题，宣传党的创新理论，宣传离退休干部老有所为，宣传健康养生等内容，共撰写宣讲稿件50余篇、举办线上线下宣讲16场，参加人数达1700余人次；全区43支老党员先锋队在创建全国文明城区、北京冬奥会与冬残奥会文明引导、安全保障服务、安保巡逻、卡口值守、垃圾分类等工作中，累计服务2100余人次。

（刘俊杰）

【关心下一代工作】 上半年，区关工委在东辛房小学、区特殊教育学校开展“冬残奥我知道”活动，引导青少年弘扬奥林匹克精神，传播北京冬奥会与冬残奥会知识，100余名师生参加；在全区中小学开展“中华魂”主题教育活动，召开以“中华好家风”为主题召开班会，选送3名优秀青少年参加市级线上宣讲展示评比。下半年，“首都关心下一代大讲堂门头沟分讲堂”平台向全区青少年推送8期线上课程，累计观看人数6000余人次；在全区中小学开展“老少同声颂党恩 携手喜迎二十大”主题教育实践活动，3件青少年宣讲作品参加市级评选；开展“我的家风故事”主题征文，收到70余篇征文；利用微信公众号开设“暑期学习”专栏，推送正确看待学习、如何开展自学、怎样面对压力等10期内容，青少年累计阅读1200余人次。年内，全区13个镇（街）关工委完成机构建设及领导班子配备工作，选配13名主任、24名常务副主任、27名驻会副主任；在第四届“关爱明天 普法先行”青少年法治宣传教育活动中，区法律援助中心、妙峰山镇司法所所长孔维、北京八中京西附小教师温婧分别获得全国青少年普法先进集体、先进工作者、优秀辅导员。

（刘俊杰）

【离退休干部政策落实】 年内，区委老干部局召开离退休干部党支部书记座谈会，学习中共中央办公厅《关于加强新时代离退休干部党的建设工作的意见》、北京市委办公厅《关于加强新时代离退休干部党的建设工作的实施意见》，征求对老干部工作的意见建议；落实离休干部“一对一”精准服务工作，动态更新离休干部社区家庭医生签约台账，离休干部生活待遇“三项机制”“两费一补贴”均发放到位；落实党内关怀机制，坚持重要节日、重病住院等“四必访”制度，在春节、妇女节等节点慰问离退休干部；开展离退休干部防疫知识宣传和疫苗接种动员、服务工作，组织全区846名离退休干部在门头沟区医院、北京京煤集团总医院健康体检；开展离退休干部居家养老服务需求调查，发放调查问卷601份，收回有效问卷500份，经过分析整理形成调研报告。

（刘俊杰）

直属机关党建

【概况】 2022年，中共门头沟区委区直属机关工作委员会（简称区直机关工委）以党的政治建设为统领，着力强化理论武装，着力夯实基层基础，着力推进正风肃纪，围绕发展抓党建，抓好党建促发展，团结引领区直机关各级党组织和广大党员干部在服务绿色发展中争当“三个表率”，建设模范机关。年内，区直机关工委完成党建调研课题，形成《机关进社区 党员进网格—关于参与基层社会治理的探索和思考》《以机关党建高质量发展引领模范机关建设研究》调研报告；获“第二届北京市‘人道奖’先进集体”，区直机关工委课题组获“北京市机关党的建设研究会2021年度优秀调研成果二等奖”。

（张 晶 王 育）

【机关党的政治建设】 年初，区直机关工委组织带领区直机关系统1500余名党员干部完成北京冬奥会、冬残奥会开闭幕式和观赛服务保障任务。3月21日，区直机关系统2022年党建工作大会以视频会议形式召开，印发《关于推进机关“四强”党支部标准化规范化建设的实施意见》《关于推动机关党建和业务工作深度融合的实施意见》等文件。7月，对照检查贯彻落实《中国共产党党和国家机关基层组织工作条例》和北京市若干措施情况，区直机关系统65家单位、19个机关党委，13个党总支和242个党支部完成自查，并形成自查报告。年内，区直机关工委围绕66家机关单位职能，调整区直机关系统党建联谊会分组；以6个党建联谊组为单位，围绕2022年党建重点工作、纪检组织设置及纪检委员履职尽责、党建工作与业务工作相融合等情况对系统内67家单位开展调研督导，并现场抽查支部手册、发展党员等材料；对14家重点单位开展调研督导“回头看”。

（王 育）

【党风廉政建设】 3月22日，《关于加强机关党的纪律检查委员会建设的通知》印发，对未成立机关纪委的机关党委开展督导工作。年内，推动19家机关党委单位全部设立机关纪委组织。10月，举办“系好廉洁从政第一粒扣子——我的廉政宣言”青年干部演讲比赛预赛活动，系统各单位48名青年干部参加。12月，形成纪检监察调研报告《关于加强区直机关系统机关纪委组织建设的思考》。

（张 晶）

【集体经济薄弱村帮扶】 3月至4月，区直机关工委开展农村集体经济薄弱村对接帮扶“回头查”，督促各帮扶单位制定帮扶计划78份，签订帮扶协议55份。年内，两次召开推进会，全区71家单位全部完成帮扶对接，开展对接帮扶活动447次，参与党员干部2903人次，投入帮扶资金503万余元。

（王 育）

【机关党的思想建设】 4月14日起，区直机关工委举办为期3天的“2022年区直机关系统党组织书记、党务干部线上培训班”，548名书记、党务干部及新任委员参训。6月7日至9日，举办为期3天的“2022年入党积极分子暨发展对象线上培训班”，194名入党积极分子、发展对象参训。8月18日与19日，组织85名发展对象暨新党员分2批次到妙峰山镇涧沟村平西情报联络站和炭厂村，开展“传承红色基因 推动绿色发展”党性教育现场教学活动。11月至12月，举办为期6天的“2022年区直机关系统党员线上培训班”，1549名党员参训。年内，举办“劳动创造幸福”主题宣讲活动5次、“奋斗正青春 强国复兴有我 百姓故事汇”主题宣讲活动6次；开展“党建领航、便民助企”主题实践活动200余次，党员志愿者2800余人次参与；实施青年干部理论提升工程，成立学习小组90个共1798人，组织开展各类学习研讨300余次。

（王 育 陈 永 张 晶）

【机关党组织和党员队伍状况】 年内，区直机关工委直接管理的区直单位机关党组织67个，管理的各级机关党组织277个，其中党委19个、总支14个、支部244个；管理党员4587名，其中在职党员4266名（机关事业单位4227名、非公有制单位39名）、离退休党员321名。年内，撤销党支部35个，新建党支部52个，96个党组织完成换届选举，审批成立临时党支部3个，242个党支部全部完成“体检”；发展党员84名，完成169名预备党员转正审批及备案，审批2名失联党员予以除名，1名预备党员取消预备党员资格，2名预备党员延长预备期，完成党组织关系转接1927人次。

（王 育）

【基层党组织建设】 年内，区直机关系统各单位完成组织生活会和开展民主评议党员工作，236个党支部召开2021年度基层党组织组织生活会，4072名党员参加民主评议，1287人评议结果为优秀。创建机关党建实践品牌56个，征集“机关党建与业务融合发展”“党支部工作法”“党建引领基层治理‘双报到’”等方面典型案例48个；印发《关于在疫情防控中进一步发挥机关基层党组织战斗堡垒和党员先锋模范作用的通知》《关于在“红色领航 同心抗疫”中进一步发挥党组织的战斗堡垒和党员先锋模范带头作用的通知》等系列文件；举办“红色领航显担当 同心抗疫聚合力”区直机关系统迎“七一”主题党日活动；持续号召和引导系统各级党组织和广大党员干部投身社区（村）新冠肺炎疫苗接种、大数据派单核查、新冠病毒核酸检测秩序维护、封（管）控区服务和卡口值守等疫情防控第一线，累计下沉机关干部7万余人次。为区直机关系统13名“光荣在党50年”党员发放纪念章；为69名困难党员及1名建国前老党员发放慰问金共16万余元；分3次慰问系统67家单位下沉机关党员干部，发放口罩29万余个、暖贴3800包；组织4404名党员干部参与“共产党员献爱心”捐款21.34万元；引导系统4849名党员干部群众在“博爱在京城”捐款活动中捐款17万余元。

（王 育 张 晶 陈 永）

【迎接学习宣传贯彻党的二十大精神】 年内，区直机关工委开展“建功新时代、喜迎二十大”主题宣讲活动，收集征文80余篇，遴选在抗疫一线和服务绿色发展中的先进典型共9个单位与个人，组织宣讲团在机关系统进行宣讲；以“喜迎二十大 奋力谱新篇”为主题，在机关系统开展“十个一”系列主题实践活动（开展一次新党员集中入党宣誓活动、组织一次“光荣在党50年”纪念章颁发活动、开展一次“七一”走访慰问活动、组织一次“共产党员献爱心”捐款活动、开展一批党建引领基层治理效能提升活动、上好一堂生动党课、组织一次主题党日活动、组织一次主题宣讲活动、编写一本红色先锋抗疫故事书和开展一次党员集中教育月活动）；组织系统520余名党员干部前往北京展览馆参观“奋进新时代”主题成就展；推动区直机关系统各级党组织和广大党员干部认真收听收看党的二十大开幕会，组织1100余名党员干部线上参加区直机关系统党的二十大精神宣讲报告会，为区直机关系统处级领导和党组织发放《党的二十大报告学习辅导百问》《二十大党章修正案学习问答》《党的二十大文件汇编》（口袋本）近900套。

（王 育 陈 永）

【志愿服务活动】 年内，区直机关工委结合创城工作持续引导系统各级党组织和广大党员干部积极参与“门头沟热心人”“门头沟点赞”“控烟示范单位”创建、烟花禁放、“垃圾分类”“文明礼仪进机关”系列活动，联合22家党组织开展“文明交通 机关先行”主题党日活动，系统66家单位5973名党员干部职工签署“文明交通 礼让行人”承诺书，6066人响应节约型机关创建。

（张 晶 王 育 陈 永）

【在职党员“双报到”】 年内，区直机关工委与区委组织部联合制发《关于开展“机关进社区、党员进网格”参与基层社会治理活动的实施意见》，并在大峪街道7个社区召开“党组织进社区、党员进网格”工作现场推进座谈会，开展“双进”试点工作。年内，引导机关系统277个党组织走进社区、3874名在职党员回社区报到，帮助社区解决实际问题174件。

（王 育）

党校教育

【概况】 2022年，中共门头沟区委员会党校（简称区委党校）深入贯彻落实中央、市委和区委关于加强和改进新形势下党校工作的意见，始终坚持党校姓党，因党兴校，围绕落实生态涵养区功能定位，立足“生态立区、文化兴区、科技强区”发展战略，完成区内、区外各级各类班次培训任务，在思想引领、理论建设、决策咨询职能取得新成效。

（徐梅童）

【党校培训】 年内，区委党校与区委组织部联合举办处级领导干部党建引领提升区域治理水平专题班、处级领导干部生态立区推动绿色发展专题班、处级领导干部文化兴区厚植人文底蕴专题班、科级干部任职进修班各1期，年轻干部能力提升专题培训班3期，累计培训388学时。围绕习近平新时代中国特色社会主义思想、党的十九届六中全会精神、社会主义核心价值观、党的百年奋斗重大成就和历史经验、市十三次党代会精神等内容，开展线上线下理论宣讲84场，受众5000余人次。

（徐梅童）

【党校科研】 年内，区委党校聚焦区委、区人民政府中心工作和重大决策部署、社会难点热点问题，围绕党史教育、人居环境整治、乡村振兴、红色文化、家风教育等多个方面开展课题研究，立项科研课题9项，其中市委党校重点调研课题2项、市委党校智库课题项目1项、与区委组织部合作市级课题1项、区级课题5项。创建《理政》内刊，开通“门头沟区委党校”微信公众平台，刊印2期《门头沟理论宣传》；参与拟制《弘扬伟大建党精神 奋力续写“红色门头沟”党建引领绿色发展新篇章》；在各级刊物发表文章11篇，其中《基层党员干部党史学习教育成效研究与启示——基于门头沟区的调研分析》获北京市党的建设研究会年度自选课题优秀成果三等奖，《发挥统一战线优势 推动首都疫情防控工作》获北京社会主义学院“共话百年统战”研讨会获优秀奖。

（徐梅童）

【教学管理】 年内，区委党校参加师资课程库建设工作，组织教师参加各类师资培训，提升教师开发课程、讲授课程的能力和水平；完成炭厂村现场教学点《生态为本促绿色发展 党建引领助乡村振兴》课程模块设计、讲稿撰写工作，课程在市委党校组织的全市乡镇书记、镇长轮训班上进行讲授；完成《生态立区 文化兴区 乡村振兴背景下门头沟区文旅融合发展的实践与探索》案例教学精品课，打造《学习习近平生态文明思想，当好“两山”理论守护人》《践行“两山”理论，推进门头沟高质量绿色发展》《学习宣传贯彻市十三次党代会精神 喜迎党的二十大》等5门讲授式课程。

（徐梅童）

【“教师讲门头沟红色故事”系列微视频课程】 年内，区委党校创新推出“教师讲门头沟红色故事”系列微视频，党校20名干部、教师探访20个红色山村，追忆、缅怀20个在平西根据地留下红色故事的革命先贤，并依靠自有电教拍摄团队，摄制编辑成每期4分钟的系列短视频，用于传播门头沟区红色历史。

（徐梅童）

党史研究

【概况】 2022年，门头沟区档案史志馆（简称区档案史志馆）围绕区委、区人民政府的中心工作，以党史资料为基础、以党史研究为重点、以党史宣传为契机、积极发挥党史资政育人的职能，完成全年工作。续写《中国共产党北京市门头沟区历史大事记2014--2021》；完成《中共北京市委执政纪事（2021）》门头沟区部分的资料征集工作；启动党史宣传“七进”活动；编辑完成《北京市门头沟区历史大事记2022》，面向社会征集党史资料等。

（高丽敏）

【门头沟区历史大事记2014—2021续写工作】 年初，区档案史志馆启动《中国共产党北京市门头沟区历史大事记2014——2021》大事记编写工作。为了形成地区党史大事100年的完整记录，在《中国共产党北京市门头沟区历史大事记1920-2000》和《中国共产党北京市门头沟区历史大事记2001-2013》的基础上，续编《中国共产党北京市门头沟区历史大事记2014--2021》，完成初审稿13余万字。

（高丽敏）

【北京执政纪事门头沟相关资料征集】 3月，区档案史志馆向全区有关单位部门征集《北京执政纪事》门头沟相关资料稿件。资料反映门头沟区重点、亮点工作。最终确定12家单位文字资料17份，2.2万字。

（朱晓梅）

【党史教育“七进”活动】 6月，区档案史志馆启动史志“七进”活动。向社区街道、武装部队赠送党史书籍；在《京西时报》、《门头沟档案》、门头沟融媒体等平台推出《走进档案馆》之红色遗址篇、《走进档案馆》之党史书籍篇及红色历史长篇小说《红枫如画》的连载12期4万余字。年内，联合北京电视台，完成邓华支队司令部旧址文案编写、采访、拍摄工作，推出《追寻红色“印记——邓华司令部旧址”》，党史中的清廉故事《任成龙与百花山下第一村》等短视频在北京电视台播放。

（高丽敏）

【党史编研】 年内，区档案史志馆甄选全区重大事件、重大活动和重要会议文件，编辑完成《北京市门头沟区党史大事记 2022》，共 3.5 万余字。编辑《理想的光辉照亮革命的一生——贾兰波革命回忆录》史料汇编，7 万余字。年内，完成《平西手枪队》《宛平县抗日民主政府》等史料编辑。

（朱晓梅）

【党史资料征集】 年内，区档案史志馆征集到《崔显芳烈士纪念馆》《京西山区第一党支部纪念馆》《冀热察挺进军司令部旧址》《平西情报联络站》《安家庄村史展》展陈资料等。

（朱晓梅）

【党史宣传】 年内，区档案史志馆与中国人民抗日纪念馆联合，打造三大主题片区之“抗日战争主题片区”，审核把关拍摄文案、参与栏目组实地考察拍摄。完成门头沟区遗址遗迹平西情报联络站、冀热察挺进军司令部旧址等共 13 处遗址遗迹纪念设施拍摄；中国人民抗日纪念馆编写的《北平抗日斗争历史丛书》收录《萧克与马栏的不解之缘》《第 001 号光荣证》《邓华挎包》《铝碗》《宛平县印》5 篇文章。

（高丽敏）

门头沟区人民代表大会

11 月 11 日，门头沟区第十七届人民代表大会第二次会议开幕（区融媒体中心　供图）

2月15日，门头沟区第十七届人大常委会第二次会议召开（区融媒体中心　供图）

8月16日，区人大“万名代表下基层”征求立法意见建议工作座谈会在王平镇召开（王平镇政府　供图）

综 述

门头沟区人民代表大会常务委员会（简称区人大常委会）以新时代首都发展为统领，按照“疫情要防住、经济要稳住、发展要安全”的要求，紧扣市委区委决策部署、紧扣人民美好生活需要、紧扣生态涵养区功能定位和生态环境建设、紧扣地区治理体系和治理能力现代化建设、紧扣门头沟区经济社会绿色高质量发展，积极融入构建绿色发展新格局，围绕中心、服务大局，依法认真履职，奋力开拓创新。区人大常委会强化履职保障，召开学习贯彻习近平总书记关于坚持和完善人民代表大会制度的重要思想交流会，围绕“深入学习贯彻习近平总书记关于坚持和完善人民代表大会制度的重要思想，全面践行全过程人民民主”主题进行交流发言，推动习近平总书记关于坚持和完善人民代表大会制度的重要思想在门头沟区形成生动实践。

2022 年，区人大常委会召开常委会会议 7 次、主任会议 15 次，听取专项工作报告 25 项，开展执法检查 4 次、专题询问 2 次，组织专题视察 6 次，制发审议意见书 6 件，作出决议、决定 13 项，任免国家机关工作人员 118 人次，完成 22 名门头沟区出席北京市第十六届人民代表大会代表的选举工作。

（杨　锋）

重要会议

【第十七届人大常委会第二次会议】　2 月 15 日，区第十七届人大常委会召开第二次会议，进行“第一议题”学习；传达北京市第十五届人民代表大会第五次会议精神；通报区第十七届人大常委会主任、副主任工作分工；审议通过《门头沟区人大常委会 2022 年工作要点》；听取 2021 年度法治政府建设情况的书面报告；审议和表决人事任免事项。

（杨　锋）

【第十七届人大常委会第三次会议】　4 月 26 日，区第十七届人大常委会召开第三次会议，进行“第一议题”学习；听取关于军庄镇、王平镇人大补选镇人大代表决定（草案）的说明，听取区人民法院关于“四统一 三规范”执行监督管理机制工作情况的报告；书面听取区政府关于公共卫生应急管理体系建设工作审议意见落实情况的报告；听取和审议区政府 2021 年环境状况和环境保护目标完成情况报告；听取区政府关于农产品质量安全及动植物防疫体系建设情况报告，关于区十七届人大一次会议代表建议、批评和意见交办情况的报告；审议《北京市门头沟区人大常委会组成人员联系区人大代表工作制度（试行）（草案）》；通报区人大执法检查组关于检查《北京市非机动车管理条例》实施情况的工作方案和关于检查《北京市非机动车管理条例》实施情况的报告，关于检查《北京市接诉即办工作条例》实施情况的工作方案，关于检查《中华人民共和国环境保护法》实施情况的工作方案，关于配合市人大常委会开展《北京历史文化名城保护条例》执法检查工作的安排；审议和表决人事任免事项。

（杨　锋）

【第十七届人大常委会第四次会议】　6 月 20 日，区第十七届人大常委会召开第四次会议，进行“第一议题”学习；听取和审议区政府关于门头沟区新增地方政府债务限额及本级预算调整（草案）的报告，门头沟区 2021 年财政决算（草案）的报告，门头沟区 2021 年度区级预算执行和其他财政收支审计工作情况的报告；听取区政府关于门头沟区“双减”工作进展情况报告，关于《中华人民共和国环境保护法》执法检查工作的报告，门头沟区医疗保障基金管理情况报告；审议和表决人事任免事项。

（杨　锋）

【第十七届人大常委会第五次会议】　7 月 22 日，区第十七届人大常委会召开第五次会议，进行“第一议题”学习；审议通过《北京市门头沟区人大常委会主任会议议事规则》《北京市门头沟区人民代表大会常务委员会规范性文件备案审查办法》；听取区政府关于门头沟区 2022 年国民经济和社会发展计划上半年执行情况报告以及区政府关于门头沟区 2022 年上半年预算执行情况的报告；听取和审议区政府关于门头沟区新增地方政府债务限额及本级预算调整（草案）的报告，关于门头沟区 2022 年上半年地方政府性债务管理情况的报告，并对政府债务相关工作进行专题询问；听取关于落实区人大常委会对区监委专项工作报告审议意见的书面报告；听取和审议区政府关于门头沟区贯彻落实《北京市接诉即办工作条例》情况的报告，并对“接诉即办”相关工作开展情况进行专题询问；听取和审议区人大执法检查组关于检查《北京市接诉即办工作条例》实施情况的报告；听取区政府关于门头沟区国有文物资源资产管理情况的书面报告；审议和表决人事任免事项。

（杨 锋）

【第十七届人大常委会第六次会议】 9月20日，区第十七届人大常委会召开第六次会议，进行“第一议题”学习；审议通过《北京市门头沟区人大常委会关于王平镇人大补选镇人大代表的决定》《北京市门头沟区人民代表大会常务委员会组成人员守则》；听取区检察院全面优化检察履职促进区域社会治理现代化工作情况报告；通报《门头沟区人大常委会关于进一步加强对政府债务审查监督的工作机制》；听取区政府关于“一线四矿”文旅康养休闲区建设总体推进情况报告，关于落实区人大对门头沟区农村“三资”管理情况报告审议意见的书面报告，关于落实区人大对门头沟区农村“三资”管理情况报告审议意见的书面报告；审议和表决人事任免事项。

（杨 锋）

【第十七届人大常委会第七次会议】 10月25日，区第十七届人大常委会召开第七次会议，进行“第一议题”学习；审议通过《北京市门头沟区人民代表大会常务委员会任免国家机关工作人员办法》《北京市门头沟区国家工作人员宪法宣誓组织办法》；听取和审议《门头沟区人民政府关于生态旅游发展情况的报告》《门头沟区2022年重点工程部分项目任务目标调整方案》《关于门头沟区2022年区级预算调整情况的报告》《关于门头沟区2021年度国有资产管理情况的综合报告》《〈门头沟分区规划（国土空间规划）（2017年—2035年）〉实施情况报告》；表决通过关于召开区十七届人大二次会议的决定、关于区十七届人大二次会议列席范围的决定，原则通过区十七届人大二次会议常务主席名单草案、执行主席分组名单草案、副秘书长名单草案；表决通过《北京市门头沟区人民代表大会议事规则（修订草案）》并提请区十七届人大二次会议审议；书面听取《门头沟区全域无隐性债务试点工作完成情况的报告》；审议和表决人事任免事项。

（杨 锋）

【第十七届人民代表大会第二次会议】 11月10日至12日，门头沟区第十七届人民代表大会第二次会议在龙泉会堂召开，完成22名门头沟区出席北京市第十六届人民代表大会代表的选举工作。

（杨 锋）

【第十七届人大常委会第八次会议】 12月16日，区第十七届人大常委会以视频会议形式召开第八次会议，进行“第一议题”学习；表决通过关于龙泉镇、雁翅镇人大补选镇人大代表的决定；审议通过《北京市门头沟区人民代表大会常务委员会议事规则》；听取2022年规范性文件备案审查工作情况报告，门头沟区2021年度区级预算执行和其他财政收支审计查出问题整改情况的报告；书面听取门头沟区政府落实人大常委会对《北京市生活垃圾管理条例》执法检查审议意见情况的报告；听取和审议关于区十七届人大一次会议代表建议、批评和意见办理情况的报告；听取门头沟区棚户区改造建设工作进展情况报告；表决通过关于召开区十七届人大三次会议的决定、关于区十七届人大三次会议列席范围的决定，原则通过区十七届人大三次会议常务主席名单草案、执行主席分组名单草案、副秘书长名单草案；讨论区人大常委会工作报告，决定将常委会工作报告草案印发代表会前活动时讨论，并提交区十七届人大三次会议审议；书面研究区人大常委会2022年六项调研报告；审议和表决人事任免事项。

（杨 锋）

【人大常委会主任会议】 年内，区人大常委会召开主任会议15次，研究区人大常委会的重要日常工作，通过《门头沟区人大常委会关于检查〈北京市非机动车管理条例〉实施情况的工作方案》《门头沟区人大常委会关于检查〈《北京市接诉即办工作条例〉实施情况的工作方案》《北京市门头沟区人大常委会主任会议成员联系各镇人大、人大街工委办法》。

（杨 锋）

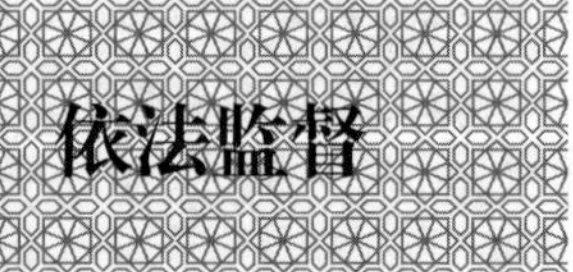

依法监督

【实施非机动车管理条例执法检查】 3月至4月，区人大常委会执法检查组对全区贯彻落实《北京市非机动车管理条例》(以下简称《条例》)情况进行检查。执法检查组到区交通支队、区交通局、区消防救援支队、区市场监管局开展座谈，到雅迪、新日等电动自行车销售门店、中门寺南坡等社区实地考察，调研《条例》落实情况。在全区9个镇、4个街道和京煤集团的代表联络站、代表之家开展群众问卷调查工作，针对反映出的问题开展实地检查：到双峪路口、熙旺大厦实地检查非机动车道路通行情况，到北京地铁S1线沿线站点、长安天街及周边商圈共享单车投放点实地检查共享单车停放情况，到顺丰快递营业点、物美大卖场查看商业和居民电动自行车充电设施建设情况。分析研究整理出问题清单于4月11日交区人民政府整改落实。4月21日，召开《条例》执法检查发现问题整改解决督办会，分析问题整改情况，对以后进一步落实好《条例》做安排部署。

（段　念）

【实施接诉即办工作条例执法检查】 4月至7月，区人大常委会执法检查组对全区贯彻落实《北京市接诉即办工作条例》(以下简称《条例》)情况进行检查。主要领导数次带领执法检查组，采取实地检查、听取报告和社会调查等多种方式，深入基层和部门检查《条例》实施情况，形成执法检查报告。针对门头沟区在《条例》贯彻实施中存在的基层工作体制机制需要进一步完善、“吹哨报到”成效需要进一步增强、工作合力需要进一步加强、重点疑难诉求化解能力需要进一步提升等问题，提出坚持党建引领，进一步完善接诉即办体制机制；认真履行职责，不断增强“吹哨报到”工作实效；加大工作合力，持续努力解决群众诉求；坚持多措并举，不断提升化解问题能力等四条建议。7月22日，十七届人大常委会第五次会议结合审议《条例》执法检查报告，听取和审议区政府贯彻落实《条例》情况的报告，并就群众关注的房产证办理、漏雨房屋维修、小区停车难等热点民生诉求问题开展专题询问。

（乔　庆）

【实施环境保护法实地检查】 5月10日，区人大常委会执法检查组对全区实施《中华人民共和国环境保护法》情况进行实地检查。区人大常委会执法检查组通过听取专题汇报、实地调研等方式，对《中华人民共和国环境保护法》贯彻落实情况进行检查，形成执法检查报告。针对门头沟区在《中华人民共和国环境保护法》贯彻实施过程中发现的社会环保意识有待提升、环境保护形势依然严峻、环境执法监管能力急需增强等问题，提出加大宣传力度，增强全社会环境保护意识。严格环境执法，着力解决突出环境问题。坚持齐抓共管，形成合力治污氛围。加强能力建设，提高环境监管水平等4条建议。

（张旭东）

【新冠肺炎疫情防控监督】 5月，区人大常委会成立区新冠肺炎疫情防控人大监督组，研究制定《区疫情防控人大监督工作方案》，明确职责分工。年内，区疫情防控人大监督组现场监督检查69次，涵盖新冠病毒核酸检测点、社区卡口、封控楼门、银行、社区卫生服务站、“七小门店”等各重要场所，重点检查疫情防控各项措施落实情况，推动新冠病毒疫苗接种，并慰问疫情防控值守人员。

（杨　锋）

代表活动

【议案建议办理】 2月23日，区人大召开区第十七届人大一次会议期间代表建议、批评和意见交办会，对83件代表建议进行全面交办，区农业农村局、区教委、区住房城乡建设委负责人和区政府办主要领导作表态发言。会议要求各办理单位按照3-6个月办理时限答复代表。同时，在2022年闭会期间，通过人大代表联系群众和选民等活动，区人大代表提出建议19件。因此，2022年区人民政府累计办理建议102件，办复率100%，代表表示满意和非常满意的共98件，满意率达到96%。其中，已经解决和正在解决的建议共52件，占建议总数的51%；受规划、政策等限制不能解决，需向代表作出解释说明的建议共18件，占建议总数的18%；纳入原则性参考的建议共32件，占建议总数的31%。在建议办理过程中，区人大常委会主任、各位副主任分别对6件代表建议进行重点督办，并通过现场调研、召开座谈会等形式，督促和推动重点难点问题顺利解决。

（刘晓燕）

【人大代表履职培训】 4月14日至15日，区人大常委会举办2022年区人大代表履职培训班，组织代表观看《门头沟分区规划（2017年—2035年）》视频，邀请北京市委党校、市人大理论制度研究会专家授课。代表一致认为，培训班内容丰富务实，指导性强，对于新一届人大代表认真学习和贯彻十九届六中全会精神，密切联系人民群众，深入开展调查研究，在实践中依法履行职责有着很好的指导和帮助作用。

（刘晓燕）

【代表视察活动】 8月9日，区人大常委会组织常委会组成人员和部分区人大代表在清水镇“清水花谷”实地察看特色农产品生产基地建设情况，听取相关负责人对“清水花谷”发展情况以及生产基地建设情况介绍，8月23日，视察永定河山峡段综合治理与生态修复工程，实地察看色树坟村13号桥、妙峰山斜河涧18号桥改建以及王平湿地扩建情况，听取相关负责人对3个点位整体治理情况的详细介绍。9月20日，视察科技创新和科技成果推广应用工作，实地察看石龙工业园区三期园地和孟悟现代农业科技示范园，听取相关负责人对全区科技创新和科技成果推广应用工作的介绍。

（刘晓燕）

【人大代表构成】 年内，门头沟区第十七届人民代表大会有代表192人，其中女性代表85名，占44.3%。人大代表中汉族182人，满族5人、回族3人、蒙古族1人，土家族1人。

（刘晓燕）

专门委员会

【概况】 区人大设法制委员会、财政经济委员会、教育科技文化卫生委员会、城市建设环境保护委员会、农村委员会、社会建设委员会等6个专门委员会。2022年，各专门委员会根据工作职责，强化专委会督办功能，将建议督办与议题调研、代表视察、执法检查相结合，提高建议督办针对性和专业性。

（杨 锋）

【法制委员会】 年内，法制委员会全年召开委员会会议7次，完成区人民代表大会、常委会和主任会议议题8项，开展执法检查1次，开展调研9次。2月14日，召开法制委员会第一次会议，研究通过区政府《2021年法治政府建设情况报告》。2月17日，召开法制委员会2022年工作议题交办会暨法制委员会第二次会议，通报2022年工作议题。3月10日，召开《北京市非机动车管理条例》（以下简称《条例》）执法检查组第一次会议暨法制委员会第三次会议。3月23日，组织区人大法制委员会委员到区人民法院实地调研“四统一 三规范”执行监督管理机制工作。起草法制委员会《关于区人民法院“四统一 三规范”执行监督管理机制工作情况报告的调研意见》并经法制委员会第四次会议研究通过。4月21日，召开法制委员会第五次会议，通报《条例》执法检查相关情况。5月至6月，起草《门头沟区人民代表大会常务委员会规范性文件备案审查办法（修订草案）》（以下简称《备案审查办法》）。7月7日，在镇人大主席工作例会上介绍《备案审查办法》，征求各镇人大意见建议。7月22日，《备案审查办法》经常委会会议研究通过。8月25日法制委员会到区检察院调研全面优化检察履职促进社会治理现代化工作。起草《区人大法制委员会关于区检察院全面优化检察履职促进社会治理现代化工作情况的调研意见》并经法制委员会第六次会议研究通过。9月至10月，对区民宗侨办2023年部门预算编制情况进行初步审查，与区司法局沟通开展“八五”普法决议落实及普法工作调研。10月31日，召开法制委员会第七次会议，重点培训《地方各级人民代表大会和地方各级人民政府组织法》；对全年规范性文件备案审查工作进行总结，于12月16日向常委会会议报告工作。常委会法制办（备案审查办公室）依法开展规范性文件备案审查工作，2022年共收到区人民政府向区人大常委会报备规范性文件6件，各专门委员会对文件内容深入研究，严格审查。在审查《门头沟区加强极端天气风险防范应对工作的若干措施》（以下简称《若干措施》）过程中，发现存在与上级文件相抵触情形，起草审查研究意见并提交主任会议，建议区人民政府及时对《若干措施》做进一步修改。

（段 念）

【财政经济委员会】 年内，财政经济委员会召开委员会会议6次，完成区人民代表大会、常委会和主任会议议题11项，督办常务会监督议题11项，开展视察调研7次。3月8日，财政经济委员会召开2022年财政经济监督议题交办会，介绍区人大2022年财经监督工作计划，重点说明各项监督议题的具体时间、内容、程序和要求，并组织学习财经委和财经代表小组工作职责。3月，组织开展门头沟区综合经济发展情况调查研究。4月，开展2021年决算编制情况调研。4月7日，召开财经委会议，听取和审议门头沟区新增地方政府债券及本级预算调整（草案）的报告。5月，调研本级预算执行和其他财政收支情况的审计结果，调研上年度审计反映的预算执行问题的整改情况。6月7日，召开财经委会议，听取2021年财政决算报告和审计工作报告，发改委关于门头沟区重大投资项目竣工决算及绩效情况的报告。7月5日，召开财经委会议，听取区政府2022年上半年计划和预算执行情况的报告，听取区财政局政府债务管理工作情况，听取和审议门头沟区新增地方政府债务及本级预算调整的报告。8月16日，开展加强地方人大部门预算审查监督的课题调研活动并撰写调研报告。9月13日，制定门头沟人大常委会关于进一步加强对政府债务审查监督的工作机制。9月29，召开财经委会议，听取和审议预算调整方案报告，听取和审议区财政局关于门头沟区国有资产管理情况的综合报告。9月，开展门头沟区国有资产管理情况实地调研。10月13日，协助代表联络室组织区人大代表视察我区“专精特新”企业。11月，调研计划和预算报告的编制情况，完成专题调研报告。12月2日，召开财经委会议，听取区政府关于审计查出问题整改落实情况报告，初步审查区发改委关于2022年国民经济和社会发展计划执行情况与2023年国民经济和社会发展计划草案的报告，审查计划和预算执行情况报告。

（曲世军）

【教育科技文化卫生委员会】 年内，教育科技文化卫生委员会全年召开委员会会议4次，完成区人民代表大会、常委会和主任会议议题4项，开展视察调研1次。2月24日，召开2022年新任委员培训会暨监督议题交办会，集体学习《门头沟区人民代表大会专门委员会工作规则》，通报《区人大常委会2022年工作要点》并讨论教科文卫委员会2022年工作计划。4月7日，组织委员代表对区第十六届人大常委会三十五次会议关于公共卫生应急管理体系建设审议意见书落实情况开展专题调研，实地考察区医院、区疾病预防控制中心、石门营社区卫生服务站、永定镇社区卫生服务中心北院区。6月，开展对落实“双减”工作情况的专题调研。7月，开展对文物资源资产管理情况的专题调研。9月20日，视察门头沟区科技创新和科技成果推广应用工作，实地察看石龙工业园区三期园地和孟悟现代农业科技示范园。9月22日，组织开展生态旅游发展情况专题调研，实地察看百花山景区、百花山社民宿、南石洋大峡谷和白瀑云景田园综合体等生态旅游项目，并组织区文化和旅游局、区农业农村局，以及6个镇进行座谈。11月，专题调研门头沟区公共卫生应急管理体系建设情况。12月，对区科学技术和信息化局2023年预算编制情况进行初步审查。

（高　洁）

【城市建设环境保护委员会】 年内，城市建设环境保护委员会全年召开委员会会议6次，完成区人民代表大会、常委会和主任会议议题7项，开展执法检查1次，督办常委会监督议题1项，开展视察调研4次。3月1日，城市建设环境保护委员会召开2022年议题交办会，通报城建环保委2022年工作计划，并对2022年城建环保监督工作作具体说明，组织委员围绕如何依法履职，积极发挥代表作用进行集体学习。3月24日，城建环保办按照年度工作计划，组织城市建设环境保护委员会委员专题听取区政府关于2021年环境状况和环境保护目标完成情况的报告。4月26日，城建环保办向第十七届人大常委会第三次会议通报《中华人民共和国环境保护法》执法检查组工作方案。4月27日，执法检查组对门头沟区环保监测、危险物品处置、废弃矿山修复等工作进行实地检查。4月28日，配合代表联络室组织区人大代表视察109高速路建设情况。5月16日，区人大常委会环保法执法检查组在前期听取汇报和实地检查的基础上，起草门头沟区人大常委会执法检查组关于检查《中华人民共和国环境保护法》实施情况的报告，并向市人大常委会进行报送。6月30日，配合代表联络室做好区人大代表视察“一线四矿”的组织工作，并提供“一线四矿”项目介绍的文字材料。7月14日，区人大”接诉即办“督导组组织召开专题督导会，对门头沟区“接诉即办”工作中反映较为突出的“办证难”问题，进行专题督导。8月18日，组织城建环保委听取“一线四矿”文旅康养休闲区建设情况报告。8月23日，组织区人大常委会委员及部分代表视察永定河山峡整治工程。8月26日，配合市人大执法检查组对门头沟区《北京历史名城保护条例》执行情况进行执法检查，实地检查文物保护和传统村落保护发展情况，并对区精品民宿经营情况进行调研。9月27日，组织专委会委员听取区政府“分区规划”落实执行情况报告。10月10日，配合市人大城建环保办完成市人大常委会领导视察永定河山峡整治工程的调研工作。11月1日，组织专委会听取区政府《北京市生活垃圾管理条例》执法检查审议意见报告和区政府关于棚户区改造建设工作进展情况报告。

（张旭东）

【农村委员会】 年内，农村委员会召开委员会会议3次，完成区人民代表大会、常委会和主任会议议题2项，督办常委会监督议题2项，开展视察调研1次。3月3日，农村委员会召开2022年工作交办会暨新一届农村委委员见面会，通报农村委2022年工作计划并将相关议题交办责任部门，并组织新一届农村委组成人员就强化履职能力、发挥代表作用进行集体学习。4月，协助常委会听取区政府关于农产品质量安全及动植物防疫体系建设情况的报告。组织委员深入基层一线开展调研，重点了解农产品质量安全及动植物防疫管理队伍的建设情况、强化农产品质量安全方面的突出举措以及动植物防疫方面所开展的工作，实地察看工作成效，提出调研意见。8月，协助常委会视察我区特色农产品生产基地。结合乡村振兴战略和门头沟区农村产业转型战略，深入农村生产一线，视察我区特色农产品生产经营情况，了解区“一村一品”建设进度。9月，跟踪农村“三资”管理工作整改落实情况。督促区人民政府相关部门按照审议意见书具体要求认真整改，解决农村“三资”管理工作中存在的问题，并形成审议意见落实情况报告提交区人大常委会。10月，与教科文卫委、财经委一起协助常委会审议区政府关于生态旅游发展情况的报告，与区人大教科文卫委、财经委配合，组织专委会成员深入农村基层，选取乡村振兴试点村庄和生态旅游示范村庄进行实地调研，了解真实情况、反映真实问题，为区政府推动农村生态旅游发展提出意见建议，推动“门头沟小院”持续健康发展。

（孙砚章）

【社会建设委员会】 年内，社会建设委员会召开委员会会议5次，完成区人民代表大会、常委会和主任会议议题5项，开展执法检查1次，开展调研22次。2月17日，社会建设委员会组织召开2022年工作议题交办会暨社会建设委员会第一次会议，通报2022年工作议题相关情况。3月18日，社会建设委员会召开第二次会议，研究通过《北京市接诉即办工作条例》执法检查工作方案，对执法检查工作进行部署和培训。4月至7月，接诉即办条例执法检查组多次开展实地检查调研和座谈。5月27日，社会建设委员会召开第三次会议，听取区医保局关于《医疗保障基金管理情况》的报告。6月17日，社会建设委员会召开第四次会议，通过对区政府贯彻落实接诉即办条例情况报告的初审意见和对接诉即办条例的执法检查报告。9月9日，到区城指中心调研促进网格化管理体制机制改革工作情况，并起草《深化网格化管理体制机制改革不断提升城市精细化管理水平和基层社会治理水平》调研报告。10月31日，与法制委员会共同召开2022年下半年培训工作会，重点培训《中华人民共和国地方各级人民代表大会和地方各级人民政府组织法》，介绍地方人大、地方政府的职权以及专门委员会自身职责，对法律修改内容进行梳理讲解。10月至11月，对区妇联2023年部门预算编制情况进行初步审查，提出意见建议。11月10日，社会建设委员会召开第五次会议，通过关于《深化网格化管理体制机制改革不断提升城市精细化管理水平和基层社会治理水平》及关于《深入贯彻落实，条例.积极推进接诉即办》的调研报告和《区人大社会建设委员会关于对区妇联2023年预算编制情况的意见和建议》。

（乔　庆）

门头沟区人民政府

2月11日，门头沟区第十七届人民政府第一次全体（扩大）会议召开（区融媒体中心　供图）

7 月，区城市管理指挥中心开发的“门头沟随手拍”微信小程序上线，成为群众反映民意诉求的新渠道（区融媒体中心　供图）

2022 年，区人民政府加强网上政策解读，提高政府信息公开效果。图为网站截屏（区政务服务局　供图）

2022年，门头沟区人民政府按照党中央提出的“疫情要防住、经济要稳住、发展要安全”要求，坚定以新时代首都发展为统领，坚持生态立区、文化兴区、科技强区发展战略，顶住新冠肺炎疫情冲击和经济下行双重压力，在极端困难的情况下，完成区第十七届人民代表大会第一次会议确定的主要目标任务。

坚持生态立区，首都西部绿色屏障愈加牢固。在全市率先建立健全生态产品价值实现机制，生态产品价值转化平台完成注册登记，以西王平村为试点创新构建VEP核算方法。率先发布生物多样性保护行动计划，启动“迎豹回家”计划，百花山国家级自然保护区发现新物种——北京步甲，国家一级保护动物褐马鸡种群频繁现身，成功扩繁成活百花山葡萄，地区生态系统稳定性和健康水平持续提升。PM2.5累计浓度为28.9微克/立方米，同比下降9.1%；空气质量优良天数达到294天，全市排名第一。永定河山峡段综合治理与生态修复项目顺利完工，生态补水成效明显。推进“百泉复涌”计划，地下水资源量达0.62亿立方米。建立北京首个“公益诉讼生态修复基地”。成功获评“国家森林城市”“中国天然氧吧”称号，在中国生态文明奖评选中闯入最后一轮复审。实施15条小流域、面积87平方千米生态治理，南涧沟小流域治理工程被水利部评为全国水土保持示范工程。新增公园绿地面积21.87公顷，人均绿地面积55.87平方米，居生态涵养区首位。

坚持文化兴区，永定河文旅体验产业带初步形成。融入全国文化中心建设，推进沿河城长城陈列馆建设，完善北京西山永定河博物馆规划，与中国移动研究院打造“数字长城——元宇宙体验平台”。创立京西非遗品牌，在妙峰山景区建立全市首个非遗小院，在洪水峪村建成全国首例“非遗（口技）+”民宿。实施保护传承历史文脉工程，完成10项重点文物保护修缮任务。被财政部、住建部评为全市唯一的“2022年传统村落集中连片保护利用示范区”。成立京西精品旅游研究中心，研究编制“两寺一峰”地区整体提升方案。推进一批停车场建设，旅游基础设施承载力不断提升。成功获评全国休闲农业重点县，在2个镇打造市级休闲农业精品线路节点，提升10个休闲农业园区。金隅琉璃文化创意产业园顺利完工，着力依托故宫博物院，打造集非遗文化国际交流及展览、非遗研学、文创办公等为一体的综合性场所。持续打响“门头沟小院”精品民宿品牌，“门头沟小院的悠闲时光”入选全市6个微度假目的地。以北京国际山地徒步大会品牌为牵引，成功举办“中国电信杯”雷越野京西古道超级越野赛（线上），打造山地运动新IP。

坚持科技强区，专精特新产业品牌初步确立。人工智能产业强势开局，搭建算力+算法+数据人工智能产业基础平台；中关村（京西）人工智能科技园启动建设，新引入人工智能企业39家。心血管领域医疗器械产业链不断完备，打造“百洋医药科研成果转化基地”；阜外医院西山园区二期项目正式开工，加速打造首个健康生活方式国家医学中心。超高清数字视听产业加快布局，中央广播电视总台“5G+8K”超高清示范园完成供地准备。“两区”建设入库项目237个，落地200个，新增项目数完成全年任务进度和落地率均居全市首位。实施“5+1”专项行动计划，提出“十个必上门、十个不打扰”要求，推出“双承诺”执法新场景，率先探索“一业一查”场景化综合监管，建立营商环境特约监督员机制。成立区人民政府产业引导基金，联合16家银行推出“金融超市”等服务品牌。服务包企业扩展至324家，走访企业860家次。

坚持共同富裕，城乡一体化建设全面提速。编制全市首个分区规划实施三年行动计划。国道109新线高速公路建设进展顺利。石龙路电力隧道工程完工，斋堂110千伏输变电站建成投产。新城20街区地块A61机构养老设施建设项目主体完工。殡仪馆和精神病专科医院迁建工程有序推进，政务服务中心主体工程通过验收，体育文化中心主体结构完工。三家店粮库项目主体结构完成，冯村南街、铁路货场项目主体结构封顶。成立全市首家乡村振兴实验室。在全市率先建立村庄渐进式有机更新实施机制，启动农房改造工作。推进北方地区冬季清洁取暖项目电力基础设施建设，完成7400户煤改清洁能源电价调整工作。农村人居环境综合考评持续保持全市第一。率先出台镇、村集体涉地对外合作项目协议管理意见，探索优化农村产权交易模式。

坚持以人民为中心，人民群

众获得感持续增强。实施“八个一批”就业举措和五种就业模式，城镇登记失业率为 2.88%，创历史同期最低。打造“3+1+N”养老服务体系，完成 4 所养老驿站挂牌备案，斋堂镇马栏村和王平镇西王平村被命名为“2022 年全国示范性老年友好型社区（村）”。筹集建设保障性租赁住房 1281 套，竣工保障性住房 936 套。完成 2 个老旧小区综合改造项目。完成 89 栋楼区属老旧小区及棚改回迁小区房屋漏雨专项维修。对频繁出现故障的 204 部住宅小区电梯进行维修。累计解决 12 个历史遗留项目、13904 套房屋“办证难”问题。打造“山谷”“京西”系列教育品牌，37 所中小学 400 余名干部教师交流轮岗，高考高分段比例位列生态涵养区首位，留区高分考生均分高于出区学生 23 分。区妇幼保健院晋升三级医院，完成 120 急救分中心标准化改造，院前急救中心、站点达 15 个，医疗急救呼叫满足率居全市前列。基本便民商业网点完成年度任务的 170%。创建 179 个市区级垃圾分类示范小区（村）。物业服务满意率由不足 60% 提升至 72.1%。

（李丹青）

重要会议和活动

【区领导宣讲十九届六中全会精神】　1 月 11 日，喻华锋到龙泉镇宣讲十九届六中全会精神并指导学习贯彻工作。喻华锋从深刻认识总结党的百年奋斗重大成就和历史经验的重大意义、深刻认识党的百年奋斗的初心使命和重大成就等 6 个方面，深入解读党的十九届六中全会精神。

（陈　程）

【民主生活会征求意见座谈会】　1 月 12 日，区政府党组党史学习教育专题民主生活会征求意见座谈会召开。与会代表结合此次民主生活会主题，对区政府党组班子及主要领导发表意见建议。

（陈　程）

【国道 109 新线高速公路建设】　1 月，国道 109 新线高速公路全线首座隧道顺利贯通。该隧道为西胡林隧道，最大埋深约 82 米，左线长 533 米，右线长 521 米，其中Ⅴ级围岩 837.5 米，占隧道的 79.5%。其余 15 座隧道进洞施工；全线桥梁 40 座，全部施工在建。

（陈　程）

【区政府全体会议】　2 月 11 日，门头沟区第十七届人民政府第一次全体（扩大）会议召开，通报区十七届人大一次会议和区政协十一届一次会议情况，传达市政府第五次全体会议精神，部署 2022 年区政府重点工作。

（张漪帆）

【人民健康系统工程机器人实验室揭牌仪式】　2 月 13 日，门头沟区与遨博公司共同举办“人民健康系统工程机器人实验室”揭牌仪式暨人民健康系统工程机器人论坛。喻华锋在发言中指出，近年来，门头沟区开启厚积薄发、重新起步、大有可为的“二次创业期”，勾画生态立区、文化兴区、科技强区的发展蓝图，在医药健康和科创智能产业培育方面取得了显著成效，为“人民健康系统工程机器人”项目落地奠定坚实基础。希望遨博公司与秀域集团充分发挥各自优势，不断提升自主创新能力，加快科技成果转化运用，为地区产业转型发展作出更大贡献。市科委、中关村管委会副主任，市经信局副局长，区领导喻华锋等，遨博公司董事长，中国工程院院士，英国皇家医学院院士等参加。

（陈　程）

【2022 年征兵领导小组会议】　2 月 16 日，门头沟区 2022 年征兵领导小组会议召开。审议征兵领导小组人员调整和 2021 年征兵工作先进单位和个人表彰方案，通报 2021 年征兵工作完成情况及 2022 年工作进展情况。区领导喻华锋等参加。喻华锋强调：提高思想站位，切实扛起政治责任。充分认清形势，大胆推动工作创新。增强责任意识，齐抓共管形成工作合力。

（陈　程）

【战略合作协议签约】　2 月 17 日，门头沟区与农业银行北京市分行举行战略合作协议签约暨农业银行门头沟支行揭牌仪式。区领导喻华锋，农业银行北京分行行长等参加。喻华锋在致辞中表示，希望双方进一步加强交流对接，在党建共建、智慧政务、乡村振兴、民生工程、重点项目、“专精特新”产业培育和城市建设等领域深化务实合作，探索建立生态产品价值实现机制和“生态银行”，为推动地区绿色高质量发展提供有力支撑。3 月 2 日，门头沟区与中国农业发展银行北京市分行举行战略合作协议签约仪式并进行座谈。喻华锋，农发行北京市分行行长等参加。喻华锋在座谈中希望农发行北京 市分行充分发挥农业政策性银行优势，积极参与门头沟区发展建设，在山区基础设施完善、镇村企业融资、农民创业就业、农业综合开发、文旅产业发展等方面加大支持力度，共同推动“绿水青山门头沟”建设取得更大成绩。4月1日，门头沟区与中国科学技术交流中心 举行战略合作框架协议签署仪式。金晖、喻华锋，中国科学技术交流中心领导等参加。金晖详细介绍门头沟区发展情况。希望双方以合作协议签署为新起点，进一步深化合作，共同推进平台建设、成果转化、创新创业、合作研究等工作取得新突破，推动地区经济高质量绿色发展。4月18日，门头沟区与百洋医药集团有限公司举行战略合作框架协议签约仪式。金晖、喻华锋，百洋医药集团领导等参加。金晖在致辞中指出，双方的深度合作，将有助于培育京西转型发展新动力，推进科研成果在门头沟区转化落地，打造出全球具有影响力的医药健康科研创新示范新区。3月31日，门头沟区与中关村发展集团 举行“构建新型政企关系”全面合作协议签约仪式。金晖，中关村发展集团领导，华为技术有限公司领导等参加。金晖指出，门头沟区作为首都的生态涵养区和实施京西产业转型计划的重要参与主体，坚持以首都发展为统领，积极融入全市“五子”联动发展大局，着力打造长安街西延线专精特新产业集群和永定河文旅体验产业带，积极培育绿色发展新动能。中关村发展集团、华为公司与门头沟区的深度合作，必将有助于三方在携手构建现代产业体系上探索出新路子，培育出京西转型发展新的动力源。希望通过密切合作，在重大项目导入、关键性共性技术平台建设等方面，结出更多创新发展成果，创出更多可复制、可推广的经验。12月12日，门头沟区与宁夏固原市原州区政府签署《支持和发展民宿经济框架协议》。合作框架协议的签订，将为促进两地文化交流、文旅产业发展提供契机，双方在抓好对接交流、聚焦产业协作、协同宣传推广等方面积极开展战略合作，持续讲好两地协作故事，共同推广和打响两地精品民宿品牌。

（陈　程）

【应急管理、安全生产及消防安全工作大会】 2月23日，门头沟区召开2022年应急管理、安全生产及消防安全工作大会。部署2022年消防安全、应急管理及安全生产重点工作任务，相关单位作表态发言。喻华锋要求：总结经验、正视不足，保持高度的警惕性和责任感。层层传导、压实责任，确保各项工作措施落实到位。聚焦重点、加强治理，全面深入排查整治风险隐患。精准防控、科学施策，突出抓好消防领域安全工作。健全机制、强化保障，推动全区应急处置工作再上新台阶。

（陈　程）

【加快推进北京国际消费中心城市培育建设领导小组会议】 3月15日，门头沟区加快推进北京国际消费中心城市培育建设领导小组会议召开。商务局汇报培育建设国际消费中心城市2021年工作情况及2022年工作安排，审议《门头沟区加快推进北京国际消费中心城市培育建设领导小组》配套文件，相关单位发言。喻华锋强调：提高思想认识，不断凝聚共识形成合力。多措并举，全面促进消费市场潜力释放。做好总结宣传，进一步提升促进消费工作质效和水平。

（陈　程）

【参加气候投融资试点申报答辩会】 4月12日，喻华锋参加气候投融资试点申报答辩会。通过视频形式向生态环境部、国家发改委等部门以及评审专家介绍门头沟区气候投融资试点申报情况，并围绕专家组提出的问题进行答辩。喻华锋分别介绍门头沟区开展气候投融资工作的区域概况与特色、迫切需求、工作基础和总体考虑。希望能够借助气候投融资这股“东风”，形成“紫气东来门头沟”新态势，走出一条具有门头沟特色的生态文明建设与经济发展协同共进的创新之路。门头沟区气候投融资试点工作坚持目标导向，从顶层设计、制度建设、政策环境、支持方向、创新应用、协同管理、试点示范等6方面，细化24项具体措施，将通过开展气候投融资先行先试，为应对气候变化、推进生态文明建设、实现高质量发展注入全新动力，树立以气候投融资撬动生态涵养区高质量发展、京西矿区绿色高质量转型、乡村振兴高标准推进的典型样本。

（陈　程）

【2022年旅游工作大会召开】 4月15日，门头沟区召开2022年旅游工作大会。市文化和旅游局一级巡视员，金晖、喻华锋等参加。总结2021年旅游工作、部署2022年旅游重点任务，相关单位发言。金晖强调：提升站位和

格局，把准全区文旅体验产业高质量发展方向。把稳节奏，把准重点，稳扎稳打做强产业和品牌。强化组织领导，切实为全区文旅体验产业发展提供坚强保障。

（陈　程）

【统筹控疫情和稳经济工作部署会召开】 6月6日，门头沟区召开统筹控疫情和稳经济工作部署会。金晖、喻华锋等参加。通报统筹控疫情和稳经济工作进展情况、部署下一步重点工作，相关部门发言。金晖同志强调：要充分认清形势，增强抓好控疫情、稳经济工作的责任感、紧迫感。要坚持科学发展理念，统筹推进经济发展各项任务落实。要强化履职担当，层层压实工作责任。喻华锋强调：全区各单位要切实把思想统一到中央、北京市和区委、区人民政府关于当前经济工作的部署上来，坚决扛起稳住经济大盘的政治责任，持续巩固来之不易的抗疫战果，做到控疫情和稳经济“两手抓、两手硬”。要认真对标国家和市级相关政策要求，细化出台各相关领域分方案，推动各项政策措施落实落细、落地见效。要集中力量做好兴产业、促消费、扩投资、惠民生、防风险等各项工作，推动全区经济社会平稳健康发展。

（陈　程）

【“营商环境建设年”工作启动大会召开】 6月23日，门头沟区召开“营商环境建设年”工作启动大会。金晖、喻华锋等参加。部署“营商环境建设年”总体工作，为门头沟区营商环境特约监督员代表颁发聘书，相关单位发言。金晖提出要求：深化认识，深刻把握抓好营商环境建设的重要意义。把握重点，统筹提升全区营商环境建设水平。主动担当，形成强大工作合力。喻华锋在部署门头沟区“营商环境建设年”总体工作时强调：要提高政治站位，高度重视优化营商环境工作，切实以企业需求为导向，做到“十个必上门”，实现“十个不打扰”。要聚焦关键环节，集中开展“5+1”专项行动和计划，促进“五减少一提升”见实效。要强化履职担当，加强督查督办，推进利企政策直达，确保各项措施落地见效，促进门头沟区经济社会高质量发展。

（陈　程）

【“两区”工作领导小组第一次全体会议】 7月4日，门头沟区召开“两区”工作领导小组2022年第一次全体会议。金晖、喻华锋等参加。传达市“两区”工作领导小组会议精神，通报并部署门头沟区2021年“两区”工作评价考核情况及2022年重点工作任务，听取成员单位代表的发言，审议通过领导小组及下设机构相关调整事项。

（陈　程）

【营商环境年“双承诺”融合试点工作启动仪式】 8月18日，门头沟区举办2022年营商环境年“双承诺”融合试点工作启动仪式。市市场监督管理局，喻华锋等参加。市、区领导为中关村京西建设发展有限公司、北京德山科技有限公司等4家首批“双承诺”试点单位授牌。喻华锋指出，“双承诺”融合试点工作是门头沟区“营商环境建设年”的重要组成部分，各相关单位要高度重视，持续提升监管能力，聚力打造一流的营商环境。要提升部门联合双随机监管工作效能，将优化监管和提高效率相结合，做到执法有力度、监管有温度。要构建科学高效的一体化综合监管体系，形成整体的政府监管模式、规范统一的监管协同，切实压实市场主体责任。要推动“双承诺”试点工作落实落细，广泛听取社会各界的意见建议，在探索实践中不断改进创新，持续推进门头沟区市场监管体系和监管能力现代化。

（陈　程）

【联合国全球契约组织到区参观】 8月31日，喻华锋陪同联合国全球契约组织“一带一路”行动平台高级别指导委员会代表参观金隅琉璃文化创意产业园。代表们详细了解琉璃烧制技艺。希望这项中国传统技艺能够一直传承下去，让更多人知道琉璃文化、真正欣赏到琉璃产品。喻华锋指出，门头沟区作为首都西部生态涵养区，一直以来深入践行“两山”理论，始终坚持绿色高质量发展，取得明显成效。希望代表们对门头沟区的生态环境、历史文化等留下深刻印象，积极宣传推介门头沟，让“一带一路”建设在京西门头沟留下深刻足迹，同时带动外国友人到门头沟区投资发展，门头沟区将以“两区”建设为契机，不断优化营商环境，加大对外交往力度，为国内外企业提供良好的发展环境。

（陈　程）

【全区重要会议服务保障工作会召开】 10月13日，门头沟区召开全区重要会议服务保障工作会。播放《门头沟区卡口疫情防控专项检查》视频短片，传达近期全市疫情防控工作领导小组会议精神，部署重要会议期间门头沟区安全稳定工作，《关于在疫情防控中加强网格化建设的意见》，社区（村）疫情防控工作，重要会议期间门头沟区城市运行保障、安全生产、应急值守工作，以及疫情防控和空气质量保障应急处置工作，部分单位作表态发言。

（陈 程）

【对接京蒙协作工作】 12月9日，喻华锋带队到内蒙古自治区呼和浩特市武川县对接京蒙协作工作。喻华锋在两地协作座谈会上指出，门头沟区与武川县结对以来，在双方共同努力下，完成中央和京蒙两地党委政府交付的协作帮扶任务。下一步，门头沟区将进一步提高政治站位，继续竭尽全力与武川县共同做好京蒙协作各项工作。

（陈 程）

【依法行政领导小组（扩大）会议召开】 12月28日，喻华锋主持召开依法行政领导小组（扩大）会议。喻华锋要求：提升法治建设水平。加强文件制定和监督管理。加大基层法治建设力度。

（陈 程）

【区政府常务会议】 年内，门头沟区政府常务会议召开26次。1月12日，门头沟区第十七届人民政府第3次常务会议召开，审议《北京市门头沟区城镇燃气安全排查整治工作方案》。1月19日，门头沟区第十七届人民政府第4次常务会议召开，研究《2021年区政府法治政府建设年度情况报告》，审议《门头沟区2022年接诉即办“每月一题”推动解决重点民生诉求工作计划》。2月11日，门头沟区第十七届人民政府第5次常务会议召开，研究并解读《门头沟区“十四五”时期人民防空建设发展规划》。3月3日，门头沟区第十七届人民政府第6次常务会议召开，学习《北京市无障碍环境建设条例》，审议《门头沟区深入打好污染防治攻坚战2022年行动计划》《北京市门头沟区“十四五”时期生态环境报会规划》。3月17日，门头沟区第十七届人民政府第7次常务会议召开，学习《北京市国土空间近期规划（2021年-2025年）》，研究新冠肺炎疫情防控、新冠病毒疫苗接种、大气污染防治、接诉即办、环境建设日常检查、垃圾分类等工作情况，审议《门头沟区突发事件总体应急预案（报审稿）》《门头沟区“十四五”时期应急管理发展规划》。3月30日，门头沟区第十七届人民政府第8次常务会议召开，审议《2022年度人大代表建议和政协提案办理工作方案》、2022年门头沟区农村工作会议方案、报告及相关配套文件、《门头沟区2022年未成年人思想道德建设工作实施方案》。4月20日，门头沟区第十七届人民政府第10次常务会议召开，学习《城市管理执法分类分级工作相关解读》，研究新冠肺炎疫情防控及新冠病毒疫苗接种、大气污染防治、接诉即办、环境建设日常检查、垃圾分类、“疏整促”一季度工作进展等工作情况，审议创建“中国天然氧吧”工作方案、《门头沟区全民健身实施计划（2021-2025年）》《门头沟区建设工程安全监管双报到制度暂行办法》。5月11日，门头沟区第十七届人民政府第11次常务会议召开，研究疏整促工作进展、第一季度消防工作情况及第二季度重点任务，审议《门头沟区2022年第一季度安全生产和应急管理工作报告》《门头沟区加快建设数字经济标杆城市的实施方案》及废止部分行政规范性文件等相关事宜。5月26日，门头沟区第十七届人民政府第12次常务会议召开，学习《北京市保守国家秘密条例》，研究2021年“七有”“五性”监测评价结果分析情况，审议《门头沟区2022年支援合作工作要点》《北京市门头沟区生物多样性保护行动计划（2022年-2035年）》。6月21日，门头沟区第十七届人民政府第14次常务会议召开，研究并解读《“门头沟小院”精品民宿扶持办法》，审议《门头沟区关于落实〈关于做好2022年全面推进乡村振兴率先基本实现农业农村现代化重点工作的实施方案〉的工作措施》《门头沟区关于做好2022年乡村振兴战略实绩考核工作实施方案》《关于推进“门头沟小院”精品民宿高质量发展的工作方案》。7月6日，门头沟区第十七届人民政府第15次常务会议召开，审议《门头沟区法治政府建设实施方案（2022-2025年）》《门头沟区政府关于〈北京市接诉即办工作条例〉贯彻落实情况的报告》《关于门头沟区2022年上半年预算执行情况的报告》《门头沟区招商引资工作管理办法（2022年修订版）》《北京市门头沟区林地保护利用规划（2021-2035年）》及区政府重大行政决策事项目录等相关事宜。7月19日，门头沟区第十七届人民政府第16次常务会议召开，审议《关于上半年经济社会发展情况和下半年工作安排的报告》《门头沟区2022年上半年安全生产工作报告》。7月27日，门头沟区第十七届人民政府第17次常务会议召开，学习《行政诉讼法》《北京市生态涵养区综合性生态保护补偿政策》，研究“营商环境建设年”、农村人居环境、疫苗接种、环境建设检查等工作情况，审议全区上半年消防工作情况及第三季度重点任务报告。8月10日，门头沟区第十七届人民政府第18次常务会议召开，学习《习近平法治思想学习纲要》，研究“营商环境建设年”接诉即办、2022年上半年“七有”“五性”监测评价结果分析预测等工作情况，审议《北京市门头沟区“十四五”时期休闲农业发展规划（2022年-2025年）》。9月7日，门头沟区第十七届人民政府第19次常务会议召开，学习《北京市安全生产条例》，研究城乡环境建设管理考核、接诉即办、“营商环境建设年”、2022年度治理违法建设等工作情况，审议《关于2022年财政预算支出总体情况的报告》《门头沟区加快推进气象事业高质量发展工作方案》《“一线四矿”文旅康养休闲区建设总体推进情况报告》《门头沟区关于促进“专精特新”中小企业高质量发展的若干措施》。9月21日，门头沟区第十七届人民政府第20次常务会议召开，研究城乡环境建设管理考核、2022年上半年“七有”“五性”监测评价结果等工作情况，研究《门头沟区关于实施“三大工程”进一步支持和服务高新技术企业发展的实施方案》《北京市门头沟区“十四五”时期信息化发展规划》《门头沟区新型智慧城市实施方案》。10月10日，门头沟区第十七届人民政府第22次常务会议召开，研究《门头沟区2022年节能目标分解方案》。10月20日，门头沟区第十七届人民政府第23次常务会议召开，研究《门头沟区森林火灾应急预案（2022年修订）》《门头沟区关于加强极端天气风险防范应对工作的若干措施（报审稿）》《门头沟区生态旅游发展情况报告》。11月16日，门头沟区第十七届人民政府第24次常务会议召开，研究城乡环境建设管理考核、“营商环境建设年”、接诉即办、深入打好污染防治攻坚战2022年行动计划三季度工作进展等工作情况，审议《门头沟区十七届人大一次会议代表建议、批评和意见办理工作情况的报告》《门头沟区园林绿化专项规划（2020-2035）》。11月22日，门头沟区第十七届人民政府第25次常务会议召开，审议《门头沟区高标准农田建设规划（2021-2030）》《2022年度门头沟区食品药品安全监管工作情况报告》。11月30日，门头沟区第十七届人民政府第26次常务会议召开，研究《门头沟区规模疫情条件下自然灾害和事故灾难应急预案（报审稿）》《门头沟区“十四五”时期消防事业发展建设规划》《门头沟区镇（街道）财政体制改革方案（试行）》《门头沟区2021年度区级预算执行和其他财政收支审计查出问题整改情况报告（送审稿）》《门头沟区储备粮管理办法》。12月14日，门头沟区第十七届人民政府第27次常务会议召开，研究2022年为民办实事项目完成情况及2023年为民办实事项目编制情况，审议《北京市门头沟区生态损害赔偿资金管理办法（报审稿）》《政府工作报告》《关于全区经济社会发展工作的报告》《关于门头沟区2022年预算执行情况和2023年预算（草案）的报告》。12月21日，门头沟区第十七届人民政府第28次常务会议召开，学习《北京市关于更加有效发挥统计监督职能作用的实施意见》《北京市防范和惩治统计造假、弄虚作假督察工作办法》，审议《门头沟区贯彻落实〈北京市关于更加有效发挥统计监督职能作用的实施意见〉工作方案》《门头沟区关于改革完善社会救助制度的实施意见》《2021年度门头沟区城市体检报告》《门头沟区关于推进北京市公共文化服务体系示范区建设的实施意见》。

（张漪帆）

表二　2022年门头沟区政府主要领导调研检查一览表

日 期	调研检查主要内容
1月3日	喻华锋到北京联和万方体育科技有限公司调研。
1月11日	喻华锋到石龙公司调研石龙公司汇报整体工作情况。
1月20日	喻华锋“四不两直”检查冷库、新冠肺炎疫情防控工作。到中昂时代广场达美乐餐厅、北京荣福盛业食品有限责任公司、双峪物美大卖场实地检查冷库、疫情防控工作情况。

续表

日 期	调研检查主要内容
1月22日	喻华锋带队到新首钢大桥、北京冬奥公园西门等点位，实地查看冬奥景观布置及周边环境维护、火炬传递路线安保、森林防火、人员密集场所新冠肺炎疫情防控等有关情况。
1月22日	喻华锋检查疫情防控工作。到琉璃渠村、梨园社区新冠病毒核酸检测点以及同仁堂药店新桥店等处，实地查看核酸检测、疫情防控和药品销售等情况。
1月30日	喻华锋先后到北京市交通委员会门头沟公路分局、倚山嘉园社区、门头沟区供电公司、北斗星宾馆和区医院，慰问一线干部职工、社区工作者、冬奥供电保障外省支援团队和医务工作者。
1月31日	喻华锋进行除夕夜检查慰问。先后到龙泉镇西前街社区、应急管理部森林消防局机动支队机动勤务中队查看节日期间社区值守、居家隔离人员服务保障、烟花爆竹禁放和森林防火等工作情况，并慰问社区值守人员和驻守官兵，向大家致以节日问候。
2月2日	喻华锋带队开展新冠肺炎疫情集中隔离点检查。到京西晨光饭店查看隔离点运行情况并慰问一线工作人员。
2月14日	喻华锋到中关村管委会门头沟园调研道路交通秩序情况。现场查看园区道路交通情况，并召开座谈会。
2月19日	喻华锋到潭柘寺镇调研。先后到慢闪公园、定都峰、八奇洞、天门山等景区查看旅游资源现状及重点工程建设情况，并召开座谈会。
2月27日	喻华锋检查新冠病毒疫苗接种工作。先后到龙泉镇三家店地区疫苗接种点、城子街道第一疫苗接种点查看现场情况，并慰问工作人员。
3月13日	喻华锋到龙泉宾馆调研集中隔离酒店疫情防控工作。
3月14日	喻华锋到北京七芯中创科技有限公司走访调研。听取七芯中创公司关于企业运营、研发投入、发展规划等情况的介绍，以及对园区发展的意见建议。
3月25日	喻华锋到王平镇调研。先后到西落坡村、南港村、西王平村、安家庄村等地察看村庄现状、文旅产业发展等情况，并在王平镇政府召开座谈会。
3月31日	喻华锋调研疫情防控和创城工作。对双峪大街主次干道创城指标落实、商户疫情防控和“门前三包”责任制落实、主要交通路口文明交通秩序落实等情况进行实地检查。
4月2日	喻华锋到北京景山学校门头沟校区新建项目现场检查。
4月8日	喻华锋到王平镇、大台街道调研疫情防控能力建设工作。
4月26日	喻华锋检查生活物资供应保障、疫情防控及安全生产工作。先后到“壹公里”承泽园店、紫金路新冠病毒核酸检测采样点、物美长安天街店、中骏世界城项目工地实地检查。
4月29日	喻华锋先后到大峪街道绿岛家园社区、区医院、城子街道龙门三区社区实地检查新冠病毒核酸检测采样点及医院、社区疫情防控情况进行检查。
5月3日	喻华锋检查新冠肺炎疫情防控工作。先后到区疾病预防控制中心改扩建核酸检测实验室现场、北斗星酒店集中隔离医学观察点、妙峰山镇268医院旧址核酸采样点查看相关情况。
5月4日	喻华锋到军庄镇新港水泥厂地块调研新冠肺炎疫情防控能力建设工作。
5月9日	喻华锋到龙泉宾馆、晨光饭店检查隔离点疫情防控工作并慰问一线工作人员。
5月11日	喻华锋到东辛房街道石门营新六区检查封控、管控社区管理情况。
5月12日	喻华锋先后到中医院、合景领汇长安项目、长安天街核酸采样点查看疫情防控情况。
5月15日	喻华锋先后到军庄应急方舱建设现场和大台盘龙山庄改造现场查看集中隔离医学观察点建设进展情况。
5月17日	喻华锋先后到永定镇西长安壹号北区、长安天街，东辛房街道紫金新园二区、石门营五区等处检查新冠肺炎疫情防控、新冠病毒核酸采样工作情况。

续表

日 期	调研检查主要内容
5 月 18 日	喻华锋“四不两直”检查新冠肺炎疫情防控工作。先后到龙泉镇京西兴顺市场、三家店村，军庄镇西杨坨村检查新冠病毒核酸采样和防控措施落实等情况。
5 月 20 日	喻华锋先后到清颐敬老院、琉璃渠村、区光荣院和德山大厦查看新冠肺炎疫情防控措施落实情况，并慰问一线工作人员。
5 月 22 日	喻华锋先后到档案馆新馆项目、永和新苑小区、中关村门头沟园锦绣江文创园、石龙高科大厦、中超保安公司检查施工工地、居民小区、园区企业等检查新冠肺炎疫情防控措施落实情况。
5 月 28 日	喻华锋调研新冠肺炎疫情防控能力建设工作。
5 月 29 日	喻华锋到三家店地区检查封管控区管理工作。
6 月 1 日	喻华锋到水务防汛物资库检查防汛工作。
6 月 2 日	喻华锋到龙山家园查看房屋漏雨专项维修工程进展情况。
6 月 3 日	喻华锋先后到王平镇西马各庄村观山雅舍民宿、永定镇北岭地区瓜草地景区、永定河妙峰山段检查新冠肺炎疫情防控、复工复产及防汛工作。
6 月 5 日	喻华锋先后到北京八中永定实验学校、新桥路中学查看高考准备和新冠肺炎疫情防控情况。
6 月 7 日	喻华锋调研高考考点服务保障工作。在教育考试指导中心参加北京市高考考务工作调度会，到大峪中学高考考点查看新冠肺炎疫情防控、考场布置、考务准备、应急处置等服务保障情况。
6 月 7 日	喻华锋“四不两直”检查社区新冠肺炎疫情防控工作。先后到城子街道、大峪街道、龙泉镇、永定镇部分社区查看卡口管理“四件套”等防控措施落实情况，看望慰问防疫一线工作人员。
6 月 11 日	喻华锋到军庄镇实地查看集中隔离点建设情况，随后召开新冠肺炎疫情防控工作调度会议。
6 月 12 日	喻华锋先后到永定镇冯村商业街、365plus 商场、梧桐苑栖凤园小区和大峪街道中昂时代广场查看防疫措施落实情况，并慰问一线工作人员。
6 月 13 日	喻华锋“四不两直”检查新冠肺炎疫情防控和创城工作情况。先后到龙泉镇、妙峰山镇、军庄镇实地检查各村卡口疫情防控措施落实情况和创城工作。
6 月 14 日	喻华锋调研新冠肺炎疫情防控能力建设工作。先后到丰台区丽维赛德酒店、通州区亚太花园酒店和顺义区汉庭酒店查看集中隔离点运转情况，慰问一线工作人员。
6 月 16 日	喻华锋检查集中隔离医学观察中心投入使用前的准备情况。
6 月 19 日	喻华锋到区转运工作专班慰问并指导工作。详细了解车辆运力、人员配备等情况，对一线工作人员的辛勤付出给予充分肯定。
6 月 20 日	喻华锋到北京大源非织造股份有限公司走访调研。与北京大源非织造股份有限公司总经理进行座谈，听取企业发展情况介绍。
7 月 2 日	喻华锋到潭柘寺镇调研。先后到潭柘寺镇厚院、得舍民俗、王坡村小塘坝、潭柘寺龙潭、悉昙酒店、G234 国道塌落点等处查看村庄现状、文旅产业发展及配套服务设施建设、地质灾害防治等情况。
7 月 8 日	喻华锋到北京利德衡环保工程有限公司走访调研。
7 月 9 日	喻华锋带队到斋堂镇开展重点文旅项目拉练调研。先后到法城村、白虎头村、沿河城村、柏峪村和灵岳寺等处查看养蜂产业、民宿项目、柏峪剧场和展馆、灵岳寺文物保护、集体林场林下经济等发展情况。
7 月 18 日	喻华锋先后到龙泉镇峪新社区、高家园新区社区实地查看检查创城指标落实和新冠肺炎疫情防控工作。

续表

日 期	调研检查主要内容
8月9日	喻华锋“四不两直”检查安全生产、创城、防汛和新冠肺炎疫情防控工作。先后到国道109新线高速公路工程三工区、军庄镇东山沟、龙泉镇三家店西口临街门店、三家店粮库棚改项目和液化气站检查工地安全生产、防汛隐患安全治理、疫情防控、燃气及消防安全等情况。
8月22日	喻华锋“四不两直”检查安全生产、新冠肺炎疫情防控及创城工作。先后到门头沟站货场铁路职工住房项目施工现场、龙泉镇梨园地区、永定镇永兴商城等处查看建筑工地安全生产、商户及出租房屋疫情防控、消防安全、创城指标落实等情况。
8月31日	喻华锋“四不两直”检查安全生产、创城和新冠肺炎疫情防控工作。先后到永定镇欢乐大都汇、长安麓府项目施工现场、环卫中心和公交集团客八分公司第八车队等处，查看疫情防控、安全生产和创城工作情况。
9月3日	喻华锋到延庆区调研休闲农业。先后到华海田园天文农庄、康庄镇火烧营村、世园会露营基地、八达岭镇里炮村和石峡村考察。
9月9日	喻华锋带队检查安全生产和疫情防控工作。到北京八中京西校区慰问教师队伍，到长安天街上岸店察看安全生产和疫情防控工作。
9月12日	喻华锋慰问调研城市运行保障相关部门。先后到区城市管理指挥中心、8小时应急处置指挥部、区消防救援支队等处实地查看节日期间“接诉即办”、疫情防控、消防安全等工作情况，并慰问坚守一线岗位的工作人员。
9月21日	喻华锋到城市管理委调研城市运行保障工作。听取区城市管理委、区环卫中心、区供电公司、华油燃气公司、华源热力公司、液化气公司关于城市运行保障相关工作情况的汇报。
9月24日	喻华锋到龙泉镇中门寺村和赵家洼村，实地察看创城工作和旅游产业发展情况，随后在龙泉镇政府召开座谈会。
10月12日	喻华锋带队开展创城及安全检查。先后到区文化馆、河滩新华书店、龙泉镇琉璃渠村实地检查疫情防控、消防安全和创城工作落实情况。
10月12日	喻华锋检查安全生产和新冠肺炎疫情防控工作。先后到中骏世界城、龙湖揽胜项目现场，实地检查安全生产和疫情防控工作情况。
10月15日	喻华锋带队开展重要会议服务保障、社会面防控检查。先后到滨河路过街天桥、滨河世纪广场公园、22003供电保障输电通道现场指挥部、永定镇侯庄子村、新首钢大桥景观布置点位，实地检查社会面防控、疫情防控、空气质量保障、重要线路保障、市容环境等工作情况。
10月15日	喻华锋“四不两直”检查重要会议服务保障、疫情防控和安全生产工作。实地查看大峪街道惠民家园社区、绿岛家园社区，京煤集团总医院，龙泉镇城子村，滨河路过街天桥等点位。
10月16日	喻华锋检查重要会议期间服务保障和新冠肺炎疫情防控工作。到大峪街道绿岛家园社区、承泽苑社区、滨河西区社区及周边“七小”门店、中国石化滨河路加油站、承泽苑超市发超市等地，检查重要会议服务保障和疫情防控工作。
10月17日	喻华锋到东辛房街道检查重要会议期间服务保障、社会面防控和创城工作。先后到紫金新园一区、融悦汇商业综合体、石龙南路过街天桥、北京地铁S1线石厂站等处实地检查，并在东辛房街道召开座谈会。
10月18日	喻华锋调研新冠肺炎疫情防控工作。实地查看8小时应急处置指挥部、龙泉镇三家店村、大峪街道龙山家园五区、永定镇惠康嘉园三区。
10月19日	喻华锋检查重要会议期间服务保障、社会面防控和创城工作。实地查看福鼎公园、城子街道桥东街社区和龙门新区五区、区医院、快4龙泉西公交场站等点位，随后在城子街道召开座谈会。

续表

日 期	调研检查主要内容
10月20日	喻华锋到大峪街道绮霞苑小区临时封控区域检查新冠肺炎疫情防控工作。
10月21日	喻华锋带队到龙泉镇开展重要会议期间服务保障、社会面防控检查。先后到大峪花园社区、坡头新村、龙门新区二区社区及沿街商铺检查。
10月22日	喻华锋到潭柘寺镇调研。先后到潭柘新区新冠病毒核酸检测点、潭柘新区4号院、潭柘寺加油站和潭柘寺景区等处，实地检查核酸检测、卡口管理、重点人员管控、安全生产等工作，并到檀谷商业街区、草甸水村潭柘书舍民宿调研文旅产业发展和重点项目建设情况。
10月23日	喻华锋到军庄镇调研。实地查看新村、香峪村、灰峪村、军庄镇综合指挥中心等。
10月24日	喻华锋到区体育局调研。区体育局汇报整体工作情况及下一步工作思路，雷越野公司介绍京西古道超级越野赛整体情况及执行方案。
10月25日	喻华锋开展新城地区水系联通工程现场调研。先后到城龙新闸及老闸、黑河沟、中门寺沟葡山公园、绿海公园、冯村大桥等处实地查看。
10月25日	喻华锋到北京市交通委员会门头沟公路分局调研座谈。听取北京市交通委员会门头沟公路分局关于门头沟区公路网规划及项目进展情况的汇报。喻华锋对北京市交通委员会门头沟公路分局在公路建设、养护、管理、服务等方面取得的成绩给予肯定。
10月30日	喻华锋带队到军庄健康驿站调研。实地检查工程建设进展情况。
11月7日	喻华锋带队调研2022-2023年采暖季试供热运行情况。先后到黑山供热厂、石门营热源厂、葡东小区锅炉房查看供热系统运行和“接诉即办”供热客服系统工作情况。
11月12日	喻华锋带队检查新冠肺炎疫情防控管理工作情况。先后到东辛房办事处紫金新园一区、二区、三区、石门营新区四区、永定镇贝斯特周转房小区、大峪办事处向阳东里社区、博物馆西南侧公共厕所等涉疫风险点位检查。
11月18日	喻华锋检查新冠肺炎疫情防控工作。先后到爱暮家老年养护中心、京煤集团总医院、龙泉镇中门寺南坡小区、梨园地区和龙泉务村检查。
11月21日	喻华锋先后到新河西路小区、华新建四局13排、龙泉宾馆集中隔离点等处实地检查新冠肺炎疫情防控工作。
11月24日	喻华锋到永定镇丽景长安一期、二期检查封控社区新冠肺炎疫情防控、保供等工作。
11月26日	喻华锋带队到区转运专班指挥部、军庄镇检查新冠肺炎疫情防控工作。
11月26日	喻华锋到三家店粮库调研粮食安全和供应保障工作。
11月27日	喻华锋先后到育新社区、西山艺境社区实地检查新冠肺炎疫情防控工作落实情况，随后在龙泉镇政府召开调度会。
11月29日	喻华锋调研新冠肺炎疫情防控能力建设工作。实地检查龙泉医院西侧负压病房项目。
12月7日	喻华锋带队开展复工复产检查。到双吉药业、意高公司、北京长安天街、中骏世界城、门头沟新城14街区棚户区改造项目施工工地检查。
12月15日	喻华锋带队检查复工复产及新冠肺炎疫情防控能力建设工作。先后到冯村商业街、北京长安天街、区医院永定院区、永定社区卫生服务中心北院区等处实地查看有关情况。
12月31日	喻华锋带队检查复工复产和节日服务保障工作。先后到北京长安天街、檀谷慢闪公园、潭柘寺景区等处开展实地检查。

（陈 程）

综合政务管理

【概况】 2022年，区政府办公室完成调查研究、信息编发、督办督查重点工作和重要民生实事、绩效管理、调研考察等各项日常工作。年内，完成310余篇文字材料，转办各类批示件1346件，受理公文5274件；编印《昨日区情》249期，获区领导批示193条，政务与舆情信息获市政府办公厅采纳350条；组织区政府常务会、专题会等会议237次，研究议题423个，会前学法6次；办理完成市级人大代表建议和政协委员提案31件，区级人大代表建议和政协委员提案280件，办复率100%；协助区领导处理突发事件199件，编发上报应急值班快报217期，处理紧急文电1557件，保障各类视频会议3202次。

（李丹青）

【督查督办】 年内，区政府办公室定期督办市、区两级重点督查督办事项，共制发区政府督查通知单150件，转发区领导重要批示964件、人民来信40余件，编制上报《督办专报》122期。年内，牵头拟定《门头沟区2022年政府目标管理任务书》（“蓝皮书”）重点工程任务87项和为民办实事项目25项。编制形成《门头沟区市级绩效考核日常履职工作手册》，建立日常履职月报告制度，定期督办协调推进，紧抓任务落实。完成市级绩效任务、市区折子工程、民生实事、首都城市环境建设管理、安全生产执法检查等大量重点工作推进任务。

（王萌萌）

【调查研究】 年内，区政府办公室组织检查调研147次，“四不两直”调研检查37次，迎接市级以上部门检查座谈37次。

（张漪帆）

外事及港澳事务

【概况】 2022年，门头沟区人民政府外事办公室（简称区政府外办）全力以赴做好涉外新冠肺炎疫情防控工作，梳理优化涉外接待资源，优化提升区域国际环境建设与服务水平，积极践行“外事为民”，严把因公出国（境）关口，对因公护照情况进行系统梳理，完善和修订护照管理制度。

（徐　博）

【外籍人员疫情防控措施】 年内，区政府外办严格落实北京新冠肺炎疫情防控工作领导小组有关部署，依托区、街镇、社区（村）三级疫情防控专项工作机制，将外籍人员纳入整体新冠肺炎疫情防控体系，加强政策解读和情况通报，及时关注舆情动态，全区涉外疫情防控工作平稳有序。

（徐　博）

【优化涉外接待资源】 年内，区政府外办为区内金隅琉璃文化创意产业园展厅制作中英双语文字介绍。开发琉璃文化主题非遗文创产品作为“储备国礼”，弘扬中国传统文化的同时满足外事礼品的需求。

（徐　博）

【优化提升区域语言环境建设】 年内，门头沟区提升区域国际化公共服务水平，高标准做好重点区域语言标识管理，积极营造无障碍国际语言环境。区政府外办建立门头沟区公共场所外文标识协作审核机制，同区城管执法局建立工作执法联动机制。聚焦国际语言标识设立的重点区域、重点行业领域以及重要涉外公共场所，开展行业主管部门自查及实地检查，进一步提升区域语言环境建设水平。

（徐　博）

【提升国际环境服务水平】 年内，区政府外办联合公安门头沟分局组织召开全区外籍人员管理服务工作座谈会，深入调研外籍人员在出入境、停居留、国际教育、国际医疗等方面障碍和需求，推动解决门头沟区国际化环境和服务相关难点、痛点、堵点。

（徐　博）

政府信息公开

【概况】 2022年，门头沟区各政府信息公开机构贯彻落实《政府信息公开条例》《北京市政府信息公开规定》，规范公开内容、创新公开形式，深化主动公开、规范依申请公开，强化监督保障，完善政府网站建设，提升公开质量和实效。全年，门头沟区人民政府网站公开信息共计14723余条，受理依申请政府信息公开

817 件，因政府信息公开依申请行政复议案件 10 件、提起行政诉讼 7 件。

（马若溪）

【主动公开】 年内，区政务服务局编制印发《北京市门头沟区人民政府公报》一期；区人民政府网站公开信息 14723 余条；优化政策性文件意见征集专栏，对政策性文件及其草案说明实行市、区两级同步意见征集工作，完成政策性文件预公开 32 件；完善解读以区政府名义发文的政策性文件 29 件。

（马若溪）

【依申请公开】 年内，全区各政府信息公开工作机构规范依申请公开工作，确保依申请公开渠道畅通，全年受理政府信息公开申请 817 件，其中区人民政府受理 244 件。4 月 15 日，门头沟区自《政府信息公开信息处理费管理办法》印发实施以来，首次收取政府信息公开信息处理费。

（马若溪）

【行政复议】 年内，门头沟区因政府信息公开依申请行政复议案件共 5 件。

（马若溪）

【行政诉讼】 年内，门头沟区因政府信息公开提起行政诉讼 7 件。其中，维持行政机关具体行政行为的 7 件。

（马若溪）

政务服务

【概况】 2022 年，门头沟区政务服务管理局（简称区政务服务局）以政务服务规范化、便利化、智能化改革作为抓手，不断优化营商环境，聘请首批 16 名营商环境特约监督员；严格落实市、区新冠肺炎疫情防控要求，保持政务服务大厅平稳运行，全区各级大厅累计服务 39.6 万人次；组织全区各审批单位认领行政许可事项 251 项并集中对外公开，组织各审批部门、各镇街开展“局科长走流程”实践行动 175 人次，发现并解决问题 64 个。

（安祎炜）

【政务服务大厅服务能力建设】 7 月 20 日，水、电、气、热、通讯、歌华有线等市政公用事项进驻区政务中心，采取线下帮办的方式服务企业群众。8 月 8 日，全区各级政务大厅更新外语标识，设置帮办窗口，配备翻译设备，提供代办服务，国际化服务能力进一步提升。

（安祎炜）

【“减证便民”行动】 年内，区政务服务局开展“减证便民”行动，取消加入农民专业合作社登记时的农民身份证明、申领或换领第二代居民身份证减免工本费的减免条件证明、申请住房公积金贷款时同意销售和解除抵押权证明等 3 项，保留证明 47 项，新纳入证明目录管理 3 项，即地方金融组织申请拟任自然人股东、董事、监事、高级管理人员审批事项的无犯罪记录证明；申请第一类非药品类易制毒化学品生产许可、第一类非药品类易制毒化学品经营许可时，需提交法定代表人或者主要负责人和技术、销售、管理人员无毒品犯罪记录证明；申请传统医学师承出师考核时，需提交指导老师执业的卫生行政（中医药）部门出具的核准其从事中医、民族医临床工作 15 年以上的证明材料。

（安祎炜）

【政务服务创新】 年内，区政务服务局开办“门头沟小院（精品民宿）”主题应用场景，实现民宿相关惠企政策精准推送、应享尽享、快速兑现，打造准入准营“一次告知、一表申请、一套材料、一窗受理、一网办理、证照同发”的服务模式；探索“一业一查”场景化综合监管措施，减少随意检查，引导市场主体加强自我管理、自我约束，有效降低民宿企业经营发展成本；在中关村门头沟科技园、城子街道、东辛房街道石门营新区七区等党群服务中心试点窗口＋自助方式为周边企业群众提供服务。

（安祎炜）

【村（社区）政务服务规范化】 年内，区政务服务局与区民政局、区农业农村局、区委编办联合印发《门头沟区进一步加强社区（村）政务服务规范化建设的工作方案》，通过明确工作职责、统一服务场所、统一事项标准、一门集中进驻、统一工作模式、强化人员管理、落实基本制度。各街道（镇）、区相关部门推动群众经常办理且基层能有效承接的政务服务事项以帮办代办等方式下沉至社区服务站（村政务服务站），以“一窗”式、自助办、代收代办等方式，实现政务服务“就近办、家门口办”，推动全区所有社区（村）政务服务规范化建设实现全覆盖。

（安祎炜）

信访

【概况】 2022年，全区信访工作坚持把党的领导作为最高原则和最大优势，发挥区信访联席会议机制统筹协调作用，推进“治理重复信访、化解信访积案”专项工作，改革信访制度，深化信访问题源头预防，完成重点时期信访保障等任务，推动全区信访工作高质量发展。年内，门头沟区信访办公室（简称区信访办）共受理群众来信来访1108批（件）1581人次，同比批次下降38.4%，人次下降30.2%。其中，受理群众来信840件1096人次，同比件次下降46.3%，人次下降36.9%；接待群众来访268批485人次，同比批次上升15%，人次下降8.5%。推进落实《门头沟区区级党政领导接待信访群众工作方案》，采取约访、下访、联合接访相结合方式，区领导接待来访群众73人次。全区信访形势稳中向好，群众信访趋于理性，信访秩序规范有序。

（刘兆奎）

【网上信访】 年内，区信访办强力推进网上信访，加大网上信访宣传力度。让群众了解网上信访的功能和作用，积极引导群众通过这一新形式提出信访事项，最大限度减少人员流动聚集；配强配齐网上信访工作人员，确保网上信访事事有着落，件件有回应；组织开展网上信访进接访场所工作。着力落实“最多访一次”的信访理念，重点开展就地宣传、现场引导、提供自助设备和开展“信访代理制”等四项工作。引导信访群众调整诉求表达渠道，达到网升访降、提升占比和源头化解的目的。

（刘兆奎）

【社会矛盾排查调处】 年内，区信访办围绕北京冬奥会、冬残奥会，全国“两会”、党的二十大、新冠肺炎疫情防控等重点时节与工作，开展常规排查2次、专项排查3次、动态排查49次，排查出区级重点矛盾27件，区级信访重点人90人。针对排查确定的重点信访矛盾和重点人逐一建立工作台账，逐案明确主责部门、包案领导、稳控措施和化解时限。组织督办78次，其中实地督办22次，电话督办56次。加强联合排查，密切会同政法、公安等部门对具有极端倾向人员、精神偏执人员及少数逢会必访的上访重点人和重点群体等进行反复摸排，实现无缝对接。全年，重点矛盾化解7件、信访重点人化解15人。

（刘兆奎）

【信访基础业务规范化建设】 年内，区信访办召开信访基础业务规范化培训会，督促承办单位落实首办首接负责制，重视初信初访，规范接待、登记、转办、评价各环节工作，实地指导各单位“三率”提升办法，促进信访基础业务全面规范。组织信访工作机构和基层责任单位探索“一站式”网上信访，对基层信访“三率”情况每周开展一次摸排，每月进行一次通报，推进信访工作责任落实，强化矛盾纠纷排查化解。

（刘兆奎）

【“治理重复信访、化解信访积案”专项工作】 年内，区信访办针对信访积案时间跨度长、处理难度大、办理次数多等特点，综合运用法律、政策、经济、行政等手段，采取领导包案、信访听证、专项资金救助、协商会办等方式方法，加大信访积案化解力度。全年分两批交办重复信访件104件，全部完成化解。

（刘兆奎）

【信访事项复查复核】 年内，区信访办共受理信访复查复核17件，全部按期办结。不存在被责令重新作出答复、超期提交证据材料、不落实终极答复意见、提供虚假或有意隐瞒证据材料等情形。

（刘兆奎）

市民热线

【概况】 2022年，门头沟区城市管理指挥中心（简称区城市管理指挥中心）始终站在让人民生活幸福是“国之大者”的高度，以“红色门头沟”党建为引领，推进接诉即办、吹哨报到、网格化管理、信息化建设等工作取得新进展，服务地区发展大局的能力不断增强，为民服务导向更加鲜明。年内，评选北京市接诉即办先进集体6个，先进个人10人。9月30日，市委组织部批复同意将区城市管理指挥中心列入参照《中华人民共和国公务员法》管理范围。

（陈 凯 谢宜珈）

【接诉即办】 年内，门头沟区共受理群众诉求事项111546件，涉及疫情诉求30650件，占比27.48%。其中，市12345热线直派镇街54991件，交办分中心转派63198件，接诉即办平均综合成绩位列全市排名前十，解决率、满意率同比上升。区城市管理指挥中心将接诉即办纳入区委综合考评和党组织书记抓基层党建述职评议考核，压实党建引领基层治理责任，制定《门头沟区"接诉即办"工作机制汇编》《门头沟区接诉即办派单目录》，建立覆盖受理、处置、回访、反馈、评价等各环节的工作标准，开发AI智能派单助手，增加自动派单功能，助力提升派单效率和精准度。设立镇街"接诉即办"保障资金，推动解决一批群众关切的"急难愁盼"问题。联合区住房城乡建设委建立全区物业企业接诉即办通报奖惩机制，通过月通报、季分析、年点评，提升全区物业企业管理服务水平。建立门头沟区急危重症救助热线，累计接线830件，其中非紧急诉求691件，调度转运危急重症139车次。发挥接诉即办"探针"作用，强化民生数据动态监测、综合分析、预测预警，定期为全区意识形态领域风险研判提供民生数据参考；围绕北京冬奥会、冬残奥会服务保障、党的二十大以及大城市病治理，开展群诉以及物业管理等专项分析；围绕夏、冬季高发诉求，开展房屋滴漏、噪音扰民、冬季供暖、煤改电等相对高发的民生问题专题分析；全年编印《疫情热线反映》日报365期，《市民热线反映》日报365期、周报43期、月报12期、专报31期，相关工作获区委、区人民政府领导批示158次。贯彻落实《北京市接诉即办工作条例》开展以"五个一"为主要内容的宣传贯彻季活动，开展3轮专题培训，将接诉即办纳入全区领导干部培训班次，掀起学习条例热潮。

（陈 莹 闫 欣 薛 鑫）

【主动治理】 年内，区城市管理指挥中心搭建网上"吹哨报到"平台，梳理"吹哨"目录，建立考评细则，推动诉求协同办理。梳理出48项区级民生实事项目，安排专项资金，推动解决一批民生热点问题。将落实"每月一题"机制，开展主动治理情况纳入区级"接诉即办"工作综合考评体系。全年,17类市级"每月一题"相关诉求全年整体降幅22.56%，18类区级特有问题诉求全年整体降幅36.79%。"暖冬""破冰"专项行动成果不断巩固深化，分级分类做好诉求化解。门头沟区万人诉求比降量效果显著，全市综合排名由年初第14位上升至第4位。

（薛 鑫）

【网格化管理】 年内，区城市管理指挥中心推进建设镇街级网格化城市管理工作体系，完善基层网格巡查员工作队伍，健全网格案件协调办理机制，推动形成权责到端的基层治理网，组织各镇街开展网格划分调整和边界认定，划分镇街二级网格13个、村居三级网格302个，实现辖区网格管理全覆盖。会同相关部门制定《门头沟区"创城+热线+网格"联动机制工作方案》，建立完善"创城"相关网格案件巡查、上报机制，推动市容环境、城市管理等问题及早发现、及早化解。全区全年各级网格工作队伍巡查上报网格案件19.21万件，立案、办结19.21万件，结案率100%；在首环办2月至10月开展各区考评成绩通报期间，门头沟区城市管理网格治理工作5次排名全市前二。

（石 鑫）

【信息化建设】 年内，门头沟区启动"城市大脑"项目建设，搭建"门境"系统平台，基本完成"门境"系统一期建设任务，通过建设三维数据地图、全息投影指挥调度平台、视频源AI智能分析等系统功能，推动形成可视化、智能化的城市运行指挥调度体系，着力实现"一屏指挥调度、一网统管全城"，为区领导现场指挥决策提供服务支持。开发微信小程序"门头沟随手拍"，拓宽公众参与渠道，引导居民群众随时拍摄上传各种环境类问题，推动问题早发现早治理，形成共建共治共享格局。开展城市部件基础数据普查、确权工作，根据数据来源和数据应用情况，分类建立数据更新机制，实现数据动态更新采集。

（马 达）

支援合作

【概况】 2022年，区委、区人民政府围绕支援合作召开区委常委会会议 2 次、区政府常务会议 1 次、区长办公会议 1 次、区支援合作工作领导小组召开 1 次会议，修订完善《门头沟区支援合作工作领导小组工作规则》《门头沟区支援合作项目资金管理办法》，研究部署支援合作工作。市、区两级财政安排援助资金 16109 万元，其中区级资金 705 万元，同比增长 4.9%；引导社会力量参与支援合作，累计捐款 681 万元，捐物折款 9 万元；完成市区支援合作项目 29 项，惠及当地群众 9.75 万人。年内，门头沟区承担与内蒙古自治区呼和浩特市武川县的东西部协作，与西藏自治区拉萨市堆龙德庆区的对口支援，以及与湖北省神农架林区的对口协作任务。门头沟区与西城区完成 2019—2022 年结对协作；与石景山区签署“两区合作发展框架协议 3.0 版”。

（赵　振　宗雪梅　李　琦）

【与石景山区合作发展框架协议 3.0 版签署】　4 月 22 日，门头沟区与石景山区签署“两区合作发展框架协议 3.0 版”。双方深耕特色产业细分领域，加强石景山区“1+3+1”高精尖产业体系建设与门头沟区“专精特新”产业培育的有机衔接，强化人工智能、数字视听等方面跨区域合作，打造西部经济增长极和产业集聚高地。发挥西山永定河文化带优势，共同办好永定河文化节，打造融合型京西文旅品牌。联动提升城市综合承载力，增强群众获得感。加强城市治理、城市更新、公共服务、山水绿链建设等方面的交流合作，延续合作发展的好经验好做法，共同加快推进京西产业转型升级示范区建设，续写“后冬奥”时代京西发展新篇章。

（李　琦）

【对口支援】　年内，区政府主要领导率团到湖北神农架林区和内蒙古武川县调研对接，内蒙古武川县委主要领导带队来访交流，共商协作帮扶工作。支持内蒙古武川县、西藏堆龙德庆区和湖北神农架林区实施支援合作项目 13 个，安排区级财政帮扶资金 705 万元，动员社会力量捐赠款物 690 万元；援派党政干部和专业技术人才 52 人，接收支援合作地区来京挂职干部和跟岗培训教师、医生 40 人；引导 3 家企业在支援合作地区投资兴业，共建 2 个农业产业园区；采购、销售支援合作地区农副产品 3300 余万元；帮助支援合作地区 1800 余名农村群众转移就业、就地就近就业；组织 13 个镇街、10 个村（社区）、10 所学校、4 所医院、7 家企业、11 家社会组织结对帮扶支援合作地区 15 个乡镇、20 个村、10 所学校、4 所医院，巩固拓展脱贫攻坚成果。

（赵　振）

【与西城区结对协作完成】　年内，门头沟区与西城区结对协作完成。西城区主要领导带队到门头沟区交流对接，全区 55 个薄弱村集体经营性收入全部超过 10 万元，实现全面“消薄”“灵山绿产”品牌走“近”西城社区，3 家西城区企业迁入门头沟区。西城区培训门头沟区教师 300 余人次，派驻医师共 483 人次，共接诊门、急诊患者 2145 人次，培训门头沟区医务人员 741 人次。首都医科大学附属复兴医院—门头沟区斋堂医院、北京中医药大学附属护国寺中医院—门头沟区潭柘寺镇卫生院建立结对关系。联合开展直播带岗和线上招聘会活动 2 场，发送日常岗位 3000 余个，涉及 84 家企业。

（宗雪梅）

机关事务服务

【概况】　2022 年，门头沟区机关事务管理服务中心（简称区机关事务管理服务中心）扎实推进“强党建、抗疫情、防风险、保稳定、促发展”各项工作，将各项工作要求融入机关事务改革发展，全面提升服务保障质量。全年共提供会议场次 3157 场，参会人数总计 61938 人次；完成派车任务 2130 车次。做好办公用房、公务用车管理；全年针对苍蝇、蚊子、蟑螂、老鼠等，在院内道路、绿地、垃圾设施、办公楼周边开展消杀 19 次，在食堂开展消杀 12 次；强化安全保卫工作；开展节约型机关创建“回头看”，推动机关绿化美化与节能降耗改造，完成 310 家单位 2021 年能耗统计工作并建立全区公共机构名录库。

（阴旭阳）

【办公用房管理】　年内，区机关事务管理服务中心完成区水务局（门头沟区双峪路 39-1 号）和大峪街道办事处（门头沟区增产路 46 号）2 家单位办公用房权属登记移交工作；在区人民政府大院应急楼与南楼中间安装电梯一部，院内改建淋浴间 10 间，新设理发室与洗衣房各一处；统计全区 69 家一级单位、117 家二级单位以及 9 镇的办公用房信息，形成《党政机关办公用房管理信息数据报送列表》10 套，并通过“北京市机关事务服务平台”上报市机关事务管理局。

（阴旭阳）

【公务用车管理】　年内，区机关事务管理服务中心完成全区364 家行政事业单位 1103 个公务用车（含执法车辆）的车辆编制核定，69 辆涉疫人员转运车改造；组织全区 83 家行政单位和直属事业单位开展违规配备和使用公务用车专项自查及年度报废更新工作，报废更新车辆 9 辆（不含一般执法执勤用车和特种专业技术用车），完成派车任务 2130 车次。

（阴旭阳）

【节约型机关创建】　年内，区机关事务管理服务中心在全区开展节约型机关创建“回头看”工作，第一批创建的 38 家单位经单位自评、核查抽查，均符合创建要求，区园林绿化局以 98 分的成绩通过国管局检查。对依托机关事务管理服务中心负责统一进行垃圾收集清运的院外及独立管理的 6 家单位召开协管单位会，签署生活垃圾分类管理协议；开展可回收物共清运 11 次，有毒有害共清运 4 次，清运厨余垃圾 87.12 吨。区委党校《生活垃圾分类示范案例》及区发展和改革委员会《绿色办公示范案例》入选北京市 2021-2022 年度公共机构节约能源资源工作示范案例，区委党校获评 2021-2022 年度全国公共机构能源资源节约“优秀示范案例”单位。

（阴旭阳）

【机关新冠肺炎疫情防控】　年内，区机关事务管理服务中心 3 次修改区人民政府大院疫情防控工作方案，每日对会议室桌椅、话筒设备、收发室进行消毒，每周对区人民政府大院全部垃圾桶统一消杀并对食堂冷库、冰箱进行统一消毒，定期对各会议室全面消杀。组织保障区人民政府大院内工作人员核酸检测任务。食堂采取错峰就餐管理制度，并制作餐桌隔板，服务保障 1000 余人工作用餐。

（阴旭阳）

【机关绿化美化】　年内，区机关事务管理服务中心对区人民政府大院各办公楼、地面进行维护维修，添补瓷砖 78 块，修补大院地砖 246 块，更换大院地砖 184 块，完成墙面抹灰、刮白、粉刷工程 1146 平方米。节日期间，在区人民政府大门口挂灯笼、彩旗、节日标语等，更换国旗，南北楼中间绿地上挂彩灯 2500 米。

（阴旭阳）

【机关安全保卫】　年内，区机关事务管理服务中心更换区人民政府大院消防器材拉钩 8 根，安全出口指示灯 15 个，消防应急照明灯 2 台；购置灭火器 60 箱，检验灭火器 252 个，更换灭火器 64 个；更新面部识别设备 3 台；新增车位 22 个，监控摄像机 2 台；组织保安员开展消防器材、反恐器材实操训练 5 次，完成节前安全检查 3 次。

（阴旭阳）

中国人民政治协商会议北京市门头沟区委员会

12 月 27 日，政协门头沟区第十一届委员会第二次会议召开（《京西时报》 供图）

8月1日，门头沟区委第六次政协工作会议召开（区融媒体中心　供图）

2022年，区政协潭戒两寺周边环境提升专题协商会召开（区融媒体中心　供图）

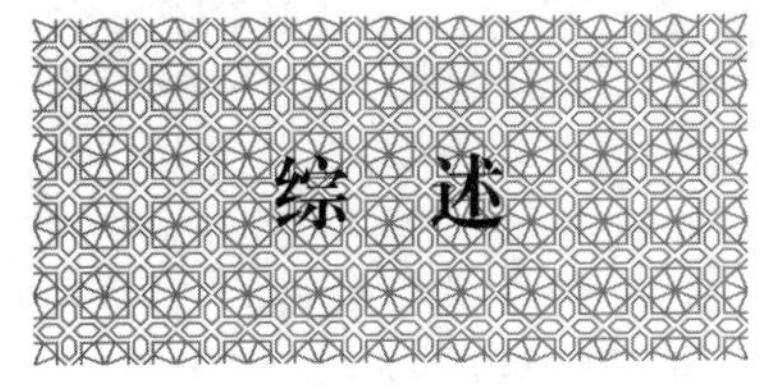

2022年，中国人民政治协商会议北京市门头沟区十一届委员会有15个界别、政协委员180名，其中中共界19名，民盟民建界11名，民进农工党界8名，无党派界8名，团委青联界9名，工会界8名，妇联界9名，工商联界21人，科技经济界21名，文体界13名，农业界9名，教育界9名，医药卫生界9名，民族宗教界8名，特邀界18名。

年内，中国人民政治协商会议北京市门头沟区委员会（简称区政协）累计提出政协提案200件，召开政协常委会会议3次，开展专题协商、对口协商、界别协商、提案办理协商、协同协商15项，组织视察考察50余次，形成调研报告4篇、大会发言10篇、征集社情民意110余篇，编发政协信息39期，领导指示批示20次。

年内，区政协常委会落实《政协2022年协商工作计划》，围绕“紧抓109高速开通新契机，加快破解沿线发展瓶颈”议题启动长线协商，同区人力资源社会保障局、区农业农村局、区文化和旅游局、市规划自然资源委门头沟分局等单位开展多轮座谈，到沿线各镇反复调研，提出打造“北京山地国际交往中心”、让109国道沿线成为“北京孩子们的研学大课堂”等5方面17项具体建议。围绕“潭戒两寺周边环境提升”“持续优化提升营商环境”“助力物业管理提升专项行动”“优化招商引资企业准入机制”等开展专题调研，召开专题协商座谈会，邀请与议题相关的部门与相关镇街到政协平台通报情况、听取意见，同委员面对面协商互动、共话发展、共谋良策，以政协信息、政协提案、协商报告等形式向区委、区人民政府反映协商成果，其中多项建议得到区委书记、区长等区领导批示。聚焦“让老区人民过上好日子”建言议政，就“壮大集体经济、促进农民增收、推动绿色发展”“村庄渐进式有机更新”“从文物大区迈进文物强区”“优化农村居住人员生活用气政策”“《北京市生活垃圾管理条例》落地实施情况”，文物保护公益诉讼，“八五”普法等主题开展视察调研、对口协商、民主监督，提出可行性意见建议，督促相关工作落实。

（李乐乐）

重要会议与活动

【政协委员读书活动】 4月15日，区政协多名委员到妙峰山镇涧沟村举办“4.23”世界读书日系列活动·妙峰书屋捐书活动，捐赠包括名著、小说、散文集等各类书籍200余册。7月15日，“政协悦读大讲堂”启动，年内以线下线上方式举办6期，内容包括政协委员进行阅读分享，政协文史参事讲述京西特色文化、有关部门的领导专家介绍区情阐释政策。举办方式为同时举行。8月9日，政协委员暑期读书班开班，读书班分为理论学习阶段和实地考察阶段，其中理论学习阶段，听取全区上半年经济社会发展情况和下半年工作安排，并进行参政议政发言；实地考察阶段，到延庆区奥林匹克园区和世博园进行参观调研，并通过委员履职微信群和召开座谈会等形式，交流学习体会，征集意见建议。

（李乐乐）

【政协委员工作室揭牌】 4月27日，门头沟区首个政协委员工作室——杨希望委员工作室揭牌，区政协委员、北京中创华拓科技发展有限公司总经理杨希望在座谈会上介绍企业发展、主要产品、垃圾分类、委员工作室建设等情况，该委员工作室结合自身特点，定位于垃圾分类和乡村发展服务，为地区高质量发展贡献力量。

（李乐乐）

【区政协第十一届委员会第二次会议】 12月27日至28日，区政协第十一届委员会第二次会议召开，听取并讨论区长喻华锋所作的政府工作报告，听取并审议区政协常务委员会工作报告、提案工作报告，通报优秀委员表彰决定、优秀提案名单和优秀办理提案名单，听取区属各民主党派、工商联和无党派人士代表大会发言，通过十一届二次会议期间政治决议、工作报告决议和提案审查情况报告。

（李乐乐）

【政协常委会会议】 年内，区政协召开政协常委会会议3次。1月17日，区政协十一届委员会第一次常委会会议召开，传达北京市“两会”精神，通报《区政协主席班子成员工作分工》情况，审议通过《区政协第十一届委员会各专门委员会主任、副主任、委员名单》《区政协第十一届委员会常务委员会关于任命副秘书长的决定》，通报《区政协第十一届委员会界别组长名单》《区政协各专门委员会联系委员界别组分工》《区政协 2022 年协商工作计划》，审议通过《区政协 2022 年工作要点》《区政协 2022 年协商工作安排》及《区政协第十一届委员会工作制度》。8 月 9 日，区政协十一届委员会第二次常委会会议召开，传达学习中共门头沟区委十三届四次全会精神和区委第六次政协工作会议精神；协商决定人事事项。12 月 16 日，区政协十一届委员会第三次常委会会议以视频方式召开，传达学习中共二十大精神，协商决定召开政协门头沟区第十一届委员会第二次会议，审议通过政协十一届二次会议预备会议议程（草案）、大会建议议程（草案）、建议日程（草案）、委员分组办法（草案）、召集人名单（草案）、联组讨论汇报人名单（草案）和委员编组名单（草案），审议通过区政协常委会工作报告（草案）和关于提案工作情况的报告（草案），通报政协十一届二次会议期间领导分工、2022 年度优秀委员表彰决定、优秀提案人员名单及优秀办理提案名单，听取政协各专门委员会向政协常委会所作的工作汇报，协商决定人事事项。

（李乐乐）

【主席会议】 年内，区政协召开主席会议 4 次，研究通过 25 项议题，重点包括《政协门头沟区第十一届委员会主席班子成员工作分工（草案）》《政协门头沟区第十一届委员会界别组长名单（草案）》《政协门头沟区第十一届委员会第二次会议期间领导分工（草案）》《政协门头沟区第十一届委员会关于表彰 2022 年度优秀政协委员的决定（草案）》《政协门头沟区第十一届委员会 2022 年度优秀提案名单（草案）和优秀办理提案名单（草案）》等。

（李乐乐）

【秘书长会议】 年内，区政协秘书长主持召开 5 次秘书长会议。2 月 21 日，第一次秘书长会议召开，与会人员参观区琉璃博物馆和“宝顺宅院”精品民宿；各民主党派、工商联介绍 2022 年度工作计划、协商议题工作安排、大会发言安排等工作，并对政协工作提出意见建议；区政协有关部门介绍提案工作安排、大会发言和社情民意信息工作安排、秘书长会议安排、对政协重要参加单位服务工作安排；通报 2022 年政协常委会工作要点。5 月 11 日，第二次秘书长会议采取线上线下相结合的方式召开，通报《共筑疫情防火墙，政协委员在行动——致全区广大政协委员的倡议书》落实情况以及下一步疫情防控安排。5 月 24 日，第三次秘书长会议以线上方式召开，沟通协商《门头沟区政协关于 2022 年优秀政协委员评选工作安排（草稿）》，同意评选工作安排，建议经政协主席办公会审议通过后实施。7 月 27 日，第四次秘书长会议召开，与会人员围绕政协日常提案、大会提案，大会发言及优秀委员评选等工作进行沟通协商。10 月 20 日，第五次秘书长会议召开，与会人员依次汇报十一届二次会议大会发言准备情况，研讨修改大会发言材料。

（李乐乐）

协商议政

【“让老区人民过上好日子”建言议政】 6 月 20 日，区政协围绕全区壮大集体经济，促进农民增收，推动绿色发展落实情况开展民主监督，配合市政协“聚焦共同富裕目标，多措并举促进农民增收”专题协商议题，组织市、区政协委员，部分中央和市属院校专家及市属企业负责人到妙峰山镇炭厂村实地考察，并与镇、村干部进行座谈交流。6 月 29 日，召开生活垃圾管理落实情况监督协商工作座谈会，区政协委员提出建立群众意见建议信息反馈收集平台等意见建议。7 月 14 日，到东辛房街道石门营 B4 回迁社区、永定镇何各庄村和京西嘉苑商品房社区，开展《北京市生活垃圾管理条例》实施情况专项民主监督协商视察活动。9 月 20 日，围绕“壮大集体经济、促进农民增收、推动绿色发展”监督性议题开展调研，参观简昌村林下经济“林花模式”生产示范基地，考察梁家庄村创意乡居精品民宿，与会人员针对经济增收途径单一、项目可持续性不强等问题，提出强化村级党建引领、丰富乡村产业业态、加强乡村文化建设等意见建议。9 月 21 日，召开“从文物大区迈进文物强区路径研究”对口协商会，政协委员提出将文物修复利用由“碎片化”粗放型模式向“体系化”精细型模式转变等协商意见。

（李乐乐）

【破解 109 高速沿线发展瓶颈协

商】　年内，区政协开展“建设京西文体旅融合产业发展带，推动新109沿线产业高质量发展”调研活动，到雁翅镇、斋堂镇、清水镇进行走访调研，听取国道109新线高速公路工程总承包部八工区和斋堂镇关于国道109新线高速出口建设情况的汇报，参观淤白村白瀑云景实地参观露营基地、京西山区中共第一党支部纪念馆，了解山区旅游发展情况。最终完成调研报告《区政协关于“紧抓109高速贯通新契机，加快破解沿线发展瓶颈”的专题协商意见的报告》，该报告围绕补齐高速沿线餐饮、交通、停车等配套设施短板，打造特色鲜明主题旅游线路，如何面对机遇挑战增强山区发展内在动力，如何壮大集体经济，促进农民增收致富等方面提出意见建议。

（李乐乐）

【潭戒两寺周边环境提升协商】　年内，区政协围绕潭戒两寺周边环境提升和文物保护等年度协商议题开展调研，先后实地考察永定镇石佛村、卢潭古道、戒台寺郊野公园、戒台寺景区、姚广孝墓、赵家台老村、天门山、桑峪村广慧寺、定都阁景区等，听取潭柘寺镇政府、市规划自然资源委门头沟分局、区文化和旅游局、戒台寺景区、北京京西山水文化旅游投资有限公司等单位汇报。形成调研报告《关于潭戒两寺周边环境提升的调查与研究》，该报告围绕全面提升潭戒两寺品质及周边环境，全力打造京西特色历史文化旅游休闲区，探索门头沟区绿色转型发展和城市未来发展新动能，发掘存在的问题并提出意见建议。

（李乐乐）

【持续优化提升营商环境协商】　年内，区政协围绕“持续优化营商环境，打造一流科技强区”主题，到中关村（京西）人工智能文创园内的高新科技企业实地考察调研，走访至格科技、元点未来等入驻企业，座谈听取管委会和企业工作情况；到区人力资源社会保障局调研人力社保工作，在民生大厦一层大厅了解优化营商环境、经办服务等工作情况；到区税务局调研网上办税、纳税服务工作，探讨扶持政策兑现连续性、引进企业后续跟踪服务机制落实、专业化服务提升和政府职能部门服务思维观念转化等问题。形成调研报告《持续优化提升我区营商环境》，该报告围绕健全营商环境工作机制、优化政务服务环境、激发市场主体活力几个方面，进行探讨和调研，找出门头沟区营商环境提升方面存在的问题和不足，有针对性的提出强化资源统筹整合力度、充分发挥“政策工具箱”效能、全面提升管理服务能力几项意见建议。

（李乐乐）

专门委员会

【概况】　年内，区政协设置提案委员会、经济科技委员会、学习与文史委员会、农业和农村委员会、社会法制与民族宗教委员会、教文卫体委员会、环境与人口资源委员会等7个专门委员会。

（李乐乐）

【提案委员会】　年内，区政协提案委员会收到提案200件，经审查立案200件，立案率100%。产业培育方面，结合“建设协作机器人产业园区，打造智能机器人创新产业链集群的提案”，举办“中关村昇腾人工智能产业分论坛”，助力引入人工智能类企业17家。吸纳“关于不断优化营商环境，打造地区服务联合体，推动我区民营企业发展的提案”，开展“营商环境建设年”工作，创新探索“双承诺”场景化综合执法监管服务试点，首创营商环境特约监督员机制。提升城市品质方面，结合“加快整体谋划推进城市更新的提案”，梳理城市更新计划11个，其中棚户区改造项目4个，老旧小区综合整治项目3个，老旧厂房更新改造项目3个，其他项目1个。增强民生福祉方面，吸纳“关于健全养老服务体系不断提高‘老有所养’保障水平的提案”，将养老服务纳入区委、区人民政府督查督办体系，因地制宜探索和创新具有门头沟特色的“3+1+N”养老服务模式。吸纳“设立基层便民服务帖的提案”，在11镇街的126个社区设立四类公示牌4944块，方便群众随时随地反映诉求，实现一般性诉求即刻解决。推进乡村振兴方面，吸纳“关于门头沟玉河古道保护和开发的提案”，完善“环北京旅游休闲廊道玉河谷风景区基础设施建设工程”项目实施内容。

（李乐乐）

【经济科技委员会】　年内，区政协经济科技委员会组织开展“持续优化提升营商环境”专题协商工作，召开2次筹备研讨会，1次开题培训会，组织2次视察活动，开展7次不同层次、不同形式的座谈会，听取民营企业家、企业中层管理者、金融业银行行长、科技园区管理方、民宿经营者、政府职能部门、国有企业管理者和纳税人的意见建议。通过调研座谈，收集整理各方意见建议，提出强化资源统筹整合力度、充分发挥“政策工具箱”效能、全面提升管理服务效能三方面协商意见，形成“区政协关于持续优化提升我区营商环境的专题协商意见报告”。开展《北京市生活垃圾管理条例》实施情况专项民主监督协商视察活动，提出《关于厨余垃圾就地处置利用，助力我区开展“无废城市”试点建设》的建议。

（李乐乐）

【学习与文史委员会】 年内，区政协学习与文史委员会研究制定《区政协文史资料工作规划2022—2027年》。创新“政协文史参事”制度。牵头组织“政协悦读大讲堂”活动，邀请政协委员进行阅读分享、政协文史参事讲述京西特色文化、有关部门领导专家介绍区情阐释政策。遴选政协委员和机关干部参加“和全国政协委员一起读书”活动。策划编辑《北京西山：中国地质学家的摇篮》及《京西古道》实用简本，探索新的发行方式。支持鼓励文史参事将文史研究与影视创作、专题节目、纪念会、短视频相结合，参与中央电视台《神州第一坛戒台寺》，北京电视台《京西古道》，北京广播电台《打开文化之门》，门头沟电视台《门头沟人讲门头沟的故事》等节目的制作。

（李乐乐）

【农业和农村委员会】 年内，区政协农业和农村委员会配合市政协农业农村委开展“聚焦共同富裕目标多措并举促进农民增收”调研活动；围绕《紧抓109高速贯通新契机，加快破解沿线发展瓶颈》《助力物业管理提升专项行动，提高物业管理服务水平》开展专题协商，形成调研报告；围绕“壮大集体经济、促进农民增收、推动绿色发展”完成《农村居住人员生活用气政策进一步优化》对口协商工作。

（李乐乐）

【社会法制与民族宗教委员会】 年内，社会法制与民族宗教委员会围绕《助力物业管理提升专项行动，提高物业管理服务水平》开展调研活动；“八五”普法“我区文物保护利用方面的公益诉讼”监督性议题进行持续监督；组织喜迎北京冬残奥会活动，邀请政协主席班子参加“北京冬残奥会，一起向未来”写春联送祝福活动；引导各界别活动突出特色，团委青联界开展政协委员和团员青年面对面座谈活动，组织委员到基层团组织调研走访；民族宗教界协同民宗部门广泛开展民族团结进步创建进机关、进企业、进街道社区等“九进”活动等。

（李乐乐）

【教文卫体委员会】 年内，区政协教文卫体委员会开展专题协商，围绕“从文物大区迈进文物强区路径研究”，组织课题组先后实地考察沿河城敌楼、灵岳寺等处文保单位，并提出10条意见建议，形成对口协商意见。推进委员平时提案提质增效，全年提交平时提案25篇。组织“喜庆二十大 聚焦新变化”政协委员摄影比赛、北京第36届卢沟桥醒狮越野跑活动。组织教文卫体专委会委员开展2022年北京市教育工作满意度调查等工作。

（李乐乐）

【环境与人口资源委员会】 年内，区政协环境与人口资源委员会开展专题协商，围绕“潭戒两寺周边环境提升”专题协商议题，按照“一议题一方案”要求，制定协商工作方案。课题组先后组织座谈、走访活动5次，聘请区内专家作指导，先后实地考察卢潭古道、戒台寺郊野公园、戒台寺景区、慢闪公园、姚广孝墓、赵家台老村、天门山景区、桑峪村广惠寺、定都阁景区等，组织召开专题协商会，形成相关调研报告提交政协党组。完成市政协调研“一线四矿”的接待工作。

（李乐乐）

纪检监察

2月10日，门头沟区全面从严治党大会暨第十三届纪律检查委员会第二次全体会议召开（区融媒体中心　供图）

◆ 4月14日，2022年门头沟区经济社会发展重点任务监督工作部署会召开（区纪委区监委机关　供图）

◆ 8月23日，区委理论学习中心组学习（扩大）会议专题学习《中国共产党纪律检查委员会工作条例》（区纪委区监委机关　供图）

综 述

2022年，全区各级纪检监察组织坚决扛起政治责任，坚定落实“三要”要求，立足首都城市战略定位和生态涵养区功能定位，认真履行协助职责和监督责任，为开启新征程奠定坚实基础。

年内，门头沟区纪律检查委员会门头沟区监察委员会（简称区纪委区监委机关）围绕落实“二十大”精神，强化政治监督。制定学习贯彻党的二十大精神的实施方案，区纪委常委会开展5次专题学习，将党的二十大精神转化为务实有效的工作思路、办法举措和具体行动。严格请示报告制度，全年共向市纪委市监委、区委请示报告事项19件。围绕北京冬奥会和冬残奥会举办全程监督，“生态立区、文化兴区、科技强区”战略实施、“两个文化带”建设、“一线四矿”等区重大任务精准监督，推进经济社会发展、优化营商环境等区重点工作开展专项监督等，共监督检查16223次，督改问题1734个。主动配合市委巡视工作，从落实党的方针路线、落实全面从严治党战略部署等5个方面，主动查找4个方面24项问题，自觉负担起巡视整改政治责任，提出整改措施148条，实行清单式管理，挂账督办解决，以巡视整改实效推动纪检监察工作高质量发展。

加强对“关键少数”的约谈提醒和对重点领域、重要岗位的监督检查。积极探索市区两级联动监督、监督监管衔接联动、监督检查与溯责问责同步互促、驻点监督等多种方式，总结形成“两级协作三级联络”工作机制经验，以监督实效保障疫情防控工作顺利开展。

强化一体推进“三不腐”的水平，认真做好信访举报受理办理工作。全年共接收信访举报4844件，接待群众来访234批323人次。深入开展安全生产、规自领域、领导干部违规在农村建豪宅问题等专项整治工作，深化农村“三资”、工程建设、粮食购销、国有企业、供销系统、市场监管、开发区等重点领域反腐败工作。推进全区积压问题线索专项清理工作，清理办结问题线索579件，处置问题线索482件，立案92件，同比增长1.1%；给予党纪政务处分66人，组织处理2人，留置4人，移送司法机关8人。针对工作作风不严不实、“四议一审两公开”制度执行不规范等问题，执纪问责制发纪检监察建议书共20份。查处违反中央八项规定精神案件5起、处分13人，通报曝光案件3起。立案查处“三资”处置过程中优亲厚友、以权谋私、侵占集体财产等违纪违法案件16件、16人。

加强廉洁文化建设，加大对重大案件的剖析和研究。深化以案为鉴，制作《“供”不起的胃口》警示教育片，发送廉洁提醒短信3000余条，通报曝光违纪违法案件25起。开展“清风传家 礼赞京西”等廉洁家风主题宣传教育活动，与北京电视台合作拍摄宣传片《任成龙与百花山下第一村的故事》并进行展播，引导党员干部自觉做到修身律己、廉洁齐家，以优良党风政风引领社风民风持续向好。

落实“三个聚焦”强化政治巡察。制定出台《关于建立健全区委巡察机构与区纪委区监委有关部门协作配合机制的意见》，组织开展十三届区委第一至第三轮巡察，完成对12家党组织的常规巡察，启动对7家镇街及所辖村、社区的同步巡察，共发现问题414个，提出意见建议40条，移交问题线索6个。

持续深化纪检监察体制改革，建立“两个统一”具体落实体系。以提高监督全覆盖质效为目标，持续深化派驻机构改革，确保充分发挥“派”的权威和“驻”的优势。整合监督力量，建立健全“一二级协作联动”监督机制，提升监督执纪执法协同性。开展《门头沟区关于推动监督向村居延伸的实施意见》调研评估工作，着力提升基层监督质效。

以严管严治锻造过硬铁军，加强全员、专题和年轻干部培训，打造“门城清风大讲堂”培训品牌。强化实战练兵、顶岗锻炼和基层轮训，选派29名干部到区委巡察、信访一线进行岗位实训。坚持刀刃向内，强化自我监督，完善自身权力运行机制和管理监督制约体系，加强科级实职以上领导干部廉政档案管理，加大严管严治、自我净化力度，持续防治“灯下黑”。全年共处理纪检监察干部问题线索11件次。

区纪委区监委机关强化责任意识和担当精神，不断深化政治思维、法治思维、系统思维、创新思维，推动案件审理工作实现纪法贯通、法法衔接的关口、出口和窗口作用。

（吴大春）

重要会议

【区纪委十三届二次全体会议召开】　2月10日，门头沟区全面从严治党大会暨第十三届纪律检察委员会二次全体会议召开，喻华锋传达中央纪委、市纪委全会精神。金晖在讲话中指出，全区各级党组织坚决贯彻落实中央、市委关于全面从严治党的决策要求，营造了风清气正的政治生态，为实现“十四五”良好开局提供了坚强保障。区委常委、区纪委书记、区监委主任曾铁军作题为《坚决服务保障“绿水青山门头沟”高质量发展以优异成绩迎接党的二十大胜利召开》的工作报告。区纪委委员代表交流发言；镇街纪工委书记、联合派驻纪检监察组组长代表向全会述责述廉；表决通过《中国共产党北京市门头沟区第十三届纪律检查委员会第二次全体会议工作报告》和《中国共产党北京市门头沟区第十三届纪律检查委员会第二次全体会议决议》。

（吴大春）

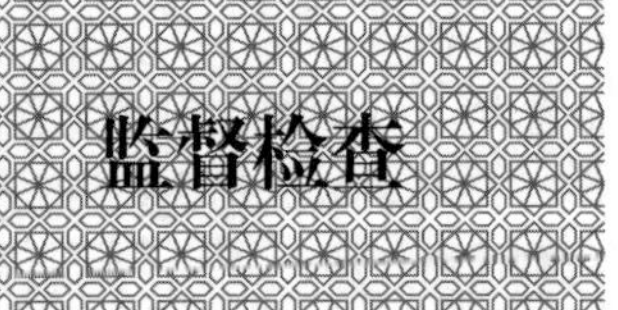

监督检查

【概况】　2022年，区纪委区监委机关紧盯责任落实强化监督，协助区委开展对87家二级班子2021年度全面从严治党（党建）工作考核、2022年度主体责任落实情况日常监督，累计督促整改问题394个。以市委年度考核为契机查缺补漏，统筹区委、区人民政府19个部门认领责任、逐条提出整改措施52条，研究制定整改方案及任务分工，向市反腐倡廉建设领导小组办公室报告；制定《门头沟区反腐倡廉建设领导小组工作规则》，在领导小组下设立反腐败工作协调、全面从严治党考核、廉洁文化建设3个专项协调小组。督促2021年度全区存在的5方面394个问题整改落实，协调14名区领导开展现场督查和约谈，违反中央八项规定精神问题情况、疫情防控、冬奥会等重点工作，强调“严禁”要求，划出负面清单。累计约谈提醒2325人次、检查1378次，深化运用监督执纪“四种形态”，批评教育和处理612人次，其中运用第一、二种形态占比96.24%；运用第三、四种形态占比3.76%。查处违反中央八项规定精神案件3起、处分6人，通报曝光违反中央八项规定精神案件1起。

（吴大春）

【重点点位专项检查】　1月24日，区委常委、区纪委书记、区监委主任带队到区内部分新冠病毒核酸采集点、新冠病毒疫苗接种点、户外冰场、农贸市场、城乡结合部地区等重点点位，围绕新冠肺炎疫情防控，北京冬奥会、冬残奥会服务保障工作落实情况，开展专项监督检查。在顺鑫农贸市场，查看入口处扫码测温、“一米线”、环境消杀等疫情防控措施落实情况，重点对冷链食品经营从业人员、货物来源和环境核酸检测进行检查，强调行业监管部门要加强对全区进口冷链、冷库的常态化巡查检查工作，确保冷链食品管控措施落实到位。区委常委、区纪委书记、区监委主任要求，通过“四不两直”等方式，按照职责分工，围绕风险人员摸排、邮件快递防疫管理、进口冷链食品监管、核酸检测、疫苗接种、院感防控等关键环节，对市场商超、旅游景区、诊所药店以及农村、社区等重点区域各项防控措施落实情况。

（吴大春）

【新冠疫情防控专项监督检查】　2月7日，区纪委区监委机关印发《关于开展疫情防控专项监督检查的工作安排》，聚焦发挥监督专责职能，持续在“实”上下功夫，采取“室＋组＋地”联动机制推动织密织紧疫情防控网。成立属地，冷链和药店，院感防控、新冠病毒核酸检测和新冠病毒疫苗接种3个专项监督检查工作组，下设9个小组，区纪委副书记任各专项工作组组长，其他领导班子成员及相关镇街纪工委书记、机关部室组负责人任小组长，确保监督力量下沉到镇街、社区，下沉到一线部位、点位实行扁平化监督。1月以来，监督检查发现疫情防控落实方面的问题91个，全部督促完成整改。5月7日，区纪委区监委机关“三线”发力：督帮一体织密监督防线，派出119名干部深入一线，开展疫情防控工作监督267次，做到“抗击疫情推进到哪里，监督保障就跟进到哪里”。全员奔赴抗疫前线，机关党委开展“三强化”行动，建立“1+1+1”定点联系机制，除监督检查室外的机关各部门分别与1个镇街和1个派驻纪检监察组结对联系，有效充实一线监督力量。深入基层拓展服务阵线，抽调72名青年干部组建疫情防控应急志愿服务队下沉到一线部位，协助镇党委和村（居）党组织完成核酸检测、大数据派单等工作，切实缓解基层压力。5月24日，区纪委区监委机关对辖区双峪、鑫源、兴顺3家农贸市场采取提级管控措施——市民进入市场除扫码、测温外，需持24小时核酸阴性证明。检查组重点检查市场扫码测温、消毒消杀、卡口管理、严禁堂食、24小时核酸阴性证明和商户佩戴N95口罩等工作落实情况，详细查阅市场人员管理、货品入库和出库3本台账，要求各市场负责人切实担起责任，不断完善各类台账和工作预案，严格落实“顾客、从业人员、环境卫生、场所管理”四个方面硬性措施，加强人员摸排和动态管理，让地区百姓放心买菜、安心吃菜，确保民生服务不断档。6月初，区纪委区监委检查组先后到区教委考试指导中心，北京市大峪中学、北京八中永定实验学校、雁翅教育基地等考点开展监督检查，重点对考试组织、指导培训、人员安排、各类预案、物资保障、安全保密、考场布置、隔离设施、个人防护、清洁消杀、饮食安全等考务和疫情防控工作落实情况进行全方位督导检查。

（吴大春）

【实地检查防汛工作】 6月25日，全市雷雨天气增多，进入关键期。市、区纪委区监委机关联动对区妙峰山镇落坡岭水库、斜河涧大桥、京源漫水桥进行实地检查，重点检查人员值守、水位监测、风险河段排查、应急预案设置等工作落实情况，并就地区水情监测、山洪预报预警、抗汛物资储备等工作向区水务局相关负责人详细了解情况。对检查中发现的问题，检查组现场指出并持续跟进督促整改，全力保障人民群众生命财产安全。加大对各分指挥部的指导力度，定期组织防汛会商，及时收集汇总雨情、水情、灾情、工情、险情，提出应急响应启动建议。

（吴大春）

【区委巡察】 年内，区纪委区监委机关制定《十三届北京市门头沟区委巡察工作规划（试行）》《关于建立健全区委巡察机构与区纪委区监委有关部门协作配合机制的意见》，加强巡察全过程协作、重点案件联动、整改监督配合，逐步构建贯通融合的监督体系。区委书记组织召开3次会议研究部署巡察工作。邀请市委巡视办领导及区委组织部、区委宣传部、区委研究室等有关部门人员组织开展巡察培训3次，授课指导15学时，努力拓宽工作思路，提高业务能力和水平，完成2轮对12家党组织的常规巡察。按照“三个聚焦”的要求，发现问题414个，提出意见建议40条，移交问题线索6个。

（吴大春）

【新冠肺炎疫情防控巡回监督】 年内，区纪委区监委机关先后选派18名干部对流调转运、应急指挥等重点领域开展驻点监督，选派15名干部组建驻封管控区内监督检查突击队开展巡回监督，针对卡口值守等重点环节开展5轮次专项检查，针对高考、中考防疫和服务保障以及秋季学期开学疫情防控等重点任务落实开展集中检查。在重要会议期间，配强8小时指挥部监督组工作力量，班子成员24小时带班值守机制，对8小时工作机制的全时段、全流程监督，对149批“鸡毛信”、642名人员的实际落位情况进行全程跟进。开展疫情防控监督10240次、纠改问题1594个，提醒谈话、约谈党员干部、公职人员28人次，确保疫情防控各项决策部署快严准实细地落地执行。

（吴大春）

【接诉即办专项监督】 年内，区纪委区监委机关制定《2022年接诉即办专项监督工作方案》《门头沟区纪委区监委2022年接诉即办“每月一题”监督方案》及接诉即办专项监督考评指标体系，明确监督重点，建立完善分级监督、驻点督导监督体系和定期调度、工作报告、考评通报等监督工作推进机制，强化日常筛单核查、难点问题督办、“每月一题”专项监督以及重点领域专项整治，切实督促解决群众身边的操心事、烦心事、揪心事。累计筛查群众诉求工单7309件，集中督办核查涉疫问题工单213件次，组织完成涉及301条低保人员信息的核查整改等工作，查核存在问题、推动整改落实49件。

（吴大春）

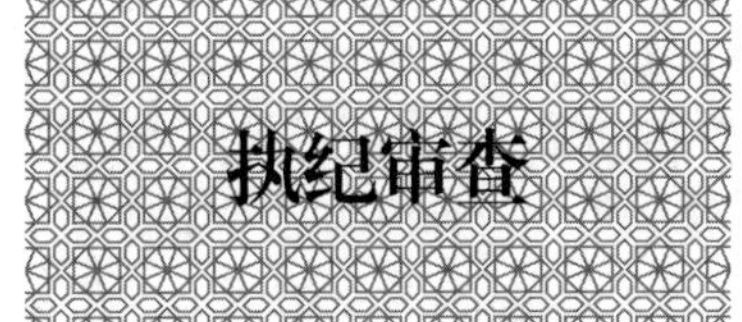

执纪审查

【概况】 2022年，区纪委区监委机关聚焦主责主业，通过完善体制机制，规范工作程序，筑牢安全底线等举措，扎实推动审查调查工作高质量发展。制定《门头沟区反腐倡廉建设领导小组反腐败协调专项组工作规则》，进一步发挥全区反腐败工作合力。制定《门头沟区纪委区监委关于进一步落实查办案件以上级纪委监委为主的工作规定》，进一步统一思想、明确举措，把工作要求贯穿到执纪审查调查工作的每一个细节中。制定《门头沟区纪委区监委关于进一步落实全市审查调查安全工作会议精神的工作方案》，引导督促办案人员时刻绷紧安全这根弦，严格按规章办事、按程序办案、按要求执行，确保办案安全零事故。全年处置问题线索482件。立案查处各类违纪违法案件92件，同比上升1.1%，查处职务犯罪案件10件，留置4人；查处党员领导干部92人，其中处级干部4人，科级干部14人，一般干部3人，村居干部28人，村居党员25人，企业人员17人，其他人员1人。

（吴大春）

【积压问题线索专项清理工作】 7月至9月，区纪委区纪委机关集中开展积压问题线索专项清理工作，形成案管部门统筹、线索交办部门督办、线索承办部门核查的协作联动格局，通过线索督查督办、进展通报、工作约谈等配套机制，确保线索清理工作高效完成。期间，共办结问题线索265件，其中超一年未办结问题线索177件，占比67%。同时制定《门头沟区纪委区监委关于进一步调整和规范执纪审查专题会议的工作规定》，将全区各级纪检监察组织承办问题线索审结、立案审查调查事项提交执纪审查专题会研究审议，在出口点位增加“检验阀门”，防止发生重“效率”轻“质量”的问题，进一步保证线索案件“质效并重”。

（吴大春）

【检举举报平台深化应用的工作意见印发】 年内，区纪委区监委机关积极推动信访举报工作高质量发展，印发《关于进一步加强检举举报平台深化应用的工作意见》，重点围绕信访举报受理、检举控告办理、检举举报平台应用等方面，明确25项具体工作措施，信访量达到4200件次，切实将技术优势转化为工作效能。

（吴大春）

队伍建设

【概况】 2022年，区纪委区监委机关强化责任意识和担当精神，不断深化政治思维、法治思维、系统思维、创新思维，推动案件审理工作实现纪法贯通、法法衔接的关口、出口和窗口作用：一是坚持“事实为上、证据为王”理念，准确把握“纪法罪”三类案件证据标准差异性。在个案审理过程中，既做到敢于说“不”，又做到善于说“行”，提出审理补证建议充分体现说理性、阐明必要性、提出可行性，力求实现监督制约和巩固审查调查成果相统一。加大审理提前介入力度，重视重大、疑难、复杂案件分析研判，再从审理角度详细指导审查部门进行证据收集，切实把好案件质量关口。二是根据个案处分档次和受处分人员类别，增加《处分决定执行告知函》，以“菜单”形式列明处分执行涉及的相关内容，督促有关部门依法依规做好受处分人员待遇调整、考核等次确定等工作。为了深化“后半篇文章”，制定《门头沟区纪委区监委对受处理处分党员监察对象回访教育实施办法（试行）》，督促相关单位和部门及时开展受处分人员回访教育，不断强化纪法约束、教育管理和组织关爱，帮助受处理处分党员、监察对象端正态度、改正错误、积极发挥作用，三是结合办案“二十四字”方针和一线工作实际，采取座谈、电话沟通、专题调研等形式，归纳梳理27项工作标准，对承办室、基层纪委进行业务指导，耐心解答各类问题，形成《案件质量标准》发放案件承办部门，结合中央纪委审理室、法规室等部门研究论述66篇，编发《纪检监察业务学习资料汇编》，有效提升执纪审查案件质量，助力审查调查工作规范化开展。

（吴大春）

【党的十九届六中全会精神宣讲】 1月10日，区委常委、区纪委书记、区监委主任到雁翅镇宣讲党的十九届六中全会精神。围绕全会的重大成果和重大意义，党的百年奋斗的历史意义和历史经验等方面，对党的十九届六中全会精神进行阐释和解读。同时，结合生态涵养功能定位，就如何将全会精神有机融入到“绿水青山门头沟”建设，进一步推动全面从严治党与雁翅镇党员干部进行深入的交流。

（吴大春）

【服务保障监督工作会召开】 1月19日，区纪委区监委机关召开北京冬奥会和冬残奥会服务保障监督工作会，压实政治责任，推动冬奥服务保障监督工作落实。区委常委、区纪委书记、区监委主任强调，强化政治站位和职责定位，压紧压实牵头责任。强化

“每日监督、每日反馈”机制，围绕监督重点，梳理监督任务，细化监督措施，用好监督清单，逐条推动落实。坚持疫情防控常态化监督，紧盯邮件快递防疫管理、进口冷链食品监管、“一老一小”疫苗接种、院感防控等关键环节，紧盯市场商超、旅游景区、诊所药店等重点场所，压紧压实“四方责任”，确保疫情防控不留死角。

（吴大春）

【党史学习教育专题民主生活会召开】 1月28日，区纪委区监委机关领导班子召开党史学习教育专题民主生活会。区委党史学习教育巡回指导组到会指导。通报区纪委区监委机关领导班子2020年度民主生活会整改措施落实情况和2021年度党史学习教育专题民主生活会准备情况。区纪委区监委机关班子成员逐一发言，认真查摆存在问题，严肃开展批评和自我批评。

（吴大春）

【对年轻干部开展集体廉政谈话】 3月10日，区委常委、区纪委书记、区监委主任围绕加强党风廉政建设，对年轻干部开展集体廉政谈话，深入剖析近年来门头沟区年轻干部违纪违法问题的类型特点及原因，并提出具体要求。

（吴大春）

【廉洁家风建设宣传教育】 5月，区纪委区监委机关牵头在全区开展“清风传家 礼赞京西”廉洁家风建设宣传教育活动。联合区委宣传部、区直机关工委、区妇联开展“传家训、立家规、扬家风”主题作品征集遴选。此次活动征集家训家规格言、诗歌、书画作品575件，评选出优秀作品143件，其中软笔书法作品36幅、硬笔书法作品22幅、绘画作品37幅，古体诗、现代诗、格言类共48件。

（吴大春）

【巡察工作培训班举办】 7月25日，区纪委区监委机关举办巡察工作培训班。区委常委、区纪委书记、区监委主任从政治上深入阐释巡察意义和内涵，从业务上精准指出学习方向和重点，从纪律上严肃强调工作原则和红线，为巡察干部作动员讲话。培训班邀请市委巡视办巡察指导处解读中央和市委巡视巡察有关精神和要求，传达《十三届区委巡察规划（试行）》以及区委有关精神，邀请区委研究室解读门头沟十三次党代会精神，并围绕如何提高巡察报告质量等核心业务知识进行深入浅出的讲解。

（吴大春）

【重点工作部署会召开】 8月30日，区纪委区监委机关召开“喜迎二十大、落实三个要”重点工作部署会，就落实“疫情要防住、经济要稳住、发展要安全”重要要求进行部署。区委常委、区纪委书记、区监委主任提出具体要求。

（吴大春）

民主党派

11月4日，九三京西发展座谈会在门头沟区召开（区融媒体中心　供图）

8月，民进门头沟区工委举办新老会员座谈会（中国民主促进会北京市门头沟区工作委员会　供图）

11月2日，“8+1”行动推进“东胡林人”遗址申报全国重点文物保护单位座谈会召开（区融媒体中心　供图）

中国国民党革命委员会北京市门头沟区支部

【概况】 2022年，中国国民党革命委员会北京市门头沟区支部（简称民革门头沟区支部）共有党员28人，党员中有门头沟区政协委员4人，区人大代表1人。年内，民革门头沟区支部以换届为主线，引领党员提升参政意识，积极履职，加强调研，依托区政协和统战平台，履职参政职能得到充分发挥。

（张水宁）

【民革门头沟区支部班子工作扩大会召开】 1月，民革门头沟区支部班子工作扩大会召开。支部班子成员以及骨干党员参加。支部主委传达1月12日中共门头沟区委书记金晖在统战系统宣讲十九届六中全会精神时，对民主党派提出的希望及要求，所有党员要深入学习，坚定政治信仰，做好中国共产党的好参谋、好帮手、好同事。支部同时立足工作实际，明确支部工作流程、理顺工作机制，对2022年工作从参政议政、民主监督、政治协商、组织建设和社会服务等方面进行统筹规划。

（张水宁）

【社会服务】 1月，民革门头沟区支部副主委带队，联合区慈善协会相关负责人员，到困难群众家中慰问智障儿童，向智障儿童捐赠2000元慰问金，并送去米、面、油等生活用品和新年祝福。5月，支部党员全面参与社区（村）新冠肺炎疫情防控工作。12月，民革党员企业昊霖集团总经理、支部委员带队向门头沟区城子街道和龙泉镇三家店3个居委会，龙泉务居委会捐赠一批防疫物资，包括N95口罩8000个、外科一次性口罩8000个，抗原试剂1560份。

（张水宁）

【组织建设】 8月，民革门头沟区支部开展“同心跟党走 喜迎二十大”暑期学习读书班活动。副主委组织带领全体党员到雁翅镇碣石村学习习近平总书记在中央统战工作会议上的讲话精神、中央统一战线工作条例、台湾问题与新时代中国统一事业白皮书等系列文件。还组织党员们实地调研区民宿建设、考察门头沟区乡村振兴情况。

（张水宁）

【参政议政】 12月，政协门头沟区第十一届委员会第二次会议在龙泉会堂召开。民革门头沟区支部委员代表作题为《加快5G新基建 夯实经济高质量发展“数字底座”》的发言，就5G建设中，政府发挥主导作用、推进央视5G+8K超高清示范基地建设、推进5G与各领域的深度融合提出切实可行的建议，向大会提交个人提案《关于加强三家店村消防安全治理工作的建议》。同时，被评为优秀政协委员。

（张水宁）

中国民主同盟北京市门头沟区工作委员会

【概况】 2022年，中国民主同盟北京市门头沟区工作委员会（简称民盟门头沟区工委）在册盟员139人。年内，组织发展新盟员5名，新盟员中教育工作者2名，机关单位工作1名，科技工作者2名。下设4各支部。新成立四部六委，民盟门头沟区工委强化思想政治引领，广泛凝聚思想政治共识。持续推进参政议政、民主监督、社会服务、组织发展。巩固成果创新形式，精准开展社会服务工作。扎实推进“8+1”行动，助力推进乡村振兴，服务全区发展大局。突出党派特色，发挥优势、讲求实效、持之以恒的原则，努力在社会服务中贡献力量。

（丁 莹）

【获得荣誉情况】 1月3日，4名盟员获2022“民盟畅步荣誉证书”。1月28日，盟员撰写报告《〈中国共产党统一战线工作条例〉政策落地研究》，获“民盟北京市委2022年度统战理论研究课题优秀奖”。撰写报告《新时代加强民盟基层组织建设有效路径研究》，获“民盟北京市委2022年度统战理论研究课题优秀奖”。12月16日，民盟门头沟区工委2名盟员获评“2022年政协门头沟区优秀委员奖”；1名盟员获评“2022年政协门头沟区优秀委员提名奖”；1名盟员撰写《关于设立基层便民服务站》的提案，获“2022年度政协门头沟区优秀提案”。

（丁 莹）

【慰问活动】 1月16日，民盟门头沟区工委走访慰问走访8位老盟员，听老盟员口述曾经的盟内经历。1月26日，民盟门头沟区工委携手盟员企业北京宏华电器有限公司，到雁翅镇大村、清水镇龙王村慰问，赠送200份慰问品。1月28日，民盟门头沟区工委与中共北京市委到潭柘寺镇南辛房村，开展“寒冬送暖”春节走访慰问活动，为百余户孤寡老人捐赠价值2万余元的慰问品。3月23日，聚焦重点帮扶困难社区（村），盟市委妇女委员会联合民盟门头沟区工委为门头沟山区捐赠图书500万册，为清水镇、雁翅镇河南台村等多个贫困村庄捐赠图书500万册。9月28日，民盟门头沟区工委主委带队开展“爱满重阳节，浓浓敬老情”重阳节走访慰问活动。

（丁 莹）

【参政议政】 3月14日，民盟门头沟区工委开展《关于建立我区招商引资企业筛查及清退机制启动》课题调研活动。6月1日，为庆祝“六一”国际儿童节，深化“8+1”行动，由民盟北京市委、北京市妇联指导，民盟北京市委妇委会主办，民盟西城区委、民盟门头沟区工委、民盟中科院委员会、民盟中国农科院委员会协办的“走近自然与生活中的科学”暑期科学营以视频会议方式开营。7月14日，与民盟市委主委、中共门头沟区委统战部部长、部分盟员召开座谈会，讲述东胡林人对中国文化史的贡献。8月16日，民盟门头沟区工委调整充实统战理论研究会人员，选出7名优秀盟员任会长、副会长和委员。加强研究力量，完成“《中国共产党统一战线工作条例》政策落地研究”和“新时代加强民盟基层组织建设有效路径研究”两项课题研究报告。8月18日，区政协、民盟门头沟区工委联合组织召开“招商引资企业准入机制协商议题”工作座谈会。8月20日，民盟门头沟区工委围绕“疫情下的精品民宿发展和农村集体经济”“门头沟小院＋的配套设施和服务质量”“农村地区教育双减”“迎豹回家”等问题组织70余名盟员到百花山社、妙峰山镇实地调研。年内，民盟门头沟区工委持续提升信息质量，在“门头沟统一战线”微信公众平台上刊登信息17篇。在政协平台积极履职，提交《关于珍贵地质遗迹的保护建议》等提案，完成《加强护工护理行业规范化管理》大会提案。加强社情民意信息工作，提交社情民意信息10余篇。

（丁 莹）

【社会服务】 5月14日，民盟门头沟区工委盟员魏巍通过市委统战部捐赠5万只价值7万余元的N95口罩。广大盟员就新冠病毒核酸采样、隔离工作等积极建言，参加社区下沉和大数据派单核查等工作，以不同方式为抗击新冠肺炎疫情贡献力量。5月至7月，强化党派责任担当，积极聚力抗击新冠肺炎疫情，争取市委价值15万元的防疫物资，有效保障全区17家医疗机构和6家隔离点一线物资供应。5月至7月，民盟门头沟区工委主委、副主委、委员、盟员等30余名医务工作者奋战在新冠肺炎抗疫一线。8月23日至25日，协助举办“走进自然与生活中的科学”民盟暑期科学营活动，主委就医疗健康为居家中小学生和家长进行“云上”公益讲座，开办义诊服务2期。8月29日，召开“8+1”行动推进“东胡林人遗址申报全国重点文物保护单位座谈会，市政协副主席、民盟市委主委程红、中共门头沟区委书记金晖出席。9月27日，深入推进“8+1”行动，盟员专家多领域、多维度支持门头沟区经济社会发展，就“京白梨品质提升”帮扶项目进行座谈。9月29日，第23个世界心脏日，民盟门头沟区工委组织医务人员到石门营社区义诊，为居民宣传医学科普知识，体验中医治疗项目，用实际行动为民办实事，让中医文化走进社区。10月20日，民盟北京市委秘书长带队到民盟门头沟区工委开展社会服务工作调研并召开座谈会。中共门头沟区委统战部副部长出席座谈会。10月21日，民盟门头沟区工委主委带队到雁翅镇河南台村开展“落实二十大 健康送到家”义诊活动。

（丁 莹）

【学习教育活动】 6月至9月。民盟门头沟区工委开展“矢志不渝跟党走 携手奋进新时代”政治交接主题教育，走访8位优秀老盟员“盟的故事”，策划《盟史讲述》活动，以微视频形式分集讲述民盟历史，录制“中国民主政团同盟成立宣言”和“中国民主政团同盟主席张澜致蒋介石书”2集。8月20日、27日，民盟门头沟区工委开展暑期学习班2期，学习宣传贯彻中央统战工作会议精神、民盟北京市第十三次代表大会会议精神和习近平总书记省部级主要领导干部专题研讨班等重要讲话精神。11 月 30 日至 12 月 7 日，组织全体盟员观看党的二十大开幕式，召开理论学习中心组（扩大）会议 2 次，学习贯彻中共二十大精神，工委班子成员和四部六委负责人员带头学习报告精神、带头进行交流研讨、带头撰写心得体会，推动工委持续提升“政治三力”。

（丁　莹）

【组织建设】　7 月 25 日，民盟门头沟区工委召开工委班子成员会议，传达民盟市委关于信息宣传工作的纪律和要求，明确“党派一把手负总则、宣传部长负分管责任、信息撰写人负具体责任”，健全完善三级审稿、信息保密、微信群管理等宣传工作制度。8 月 16 日，优化调整工委组织架构，成立“四部六委”，选出 50 名骨干优秀盟员组成组织部、宣传部、参政议政部、社会服务部，教育委员会、科级委员会、老龄工作委员会、经济工作委员会、青年工作委员会和统战理论研究会，发现培养使用青年盟员，整体活力和工作效能进一步增强。10 月 13 日，举办“张澜的家风往事”家庭文明建设宣讲活动，学习民盟主席张澜的廉洁自律、不懈奋斗的家风精神和家国情怀，30 余名盟员参加活动并交流讨论。10 月 18 日，坚持以党为师，推动思想政治宣传工作制度化建设，旗帜鲜明讲政治，坚决筑牢意识形态安全防线。

（丁　莹）

中国民主建国会北京市门头沟区工作委员会

【概况】　2022 年，中国民主建国会北京市门头沟区工作委员会（简称民建门头沟区工委）共有会员 255 人，下设 8 个支部、8 个专委会。会员中正高级职称 4 人，副高级职称 18 人，高级职称 22 人，中级职称 51 人，初级职称 14 人，博士学历 9 人，硕士研究生学历 46 人，本科学历 155 人，全国政协委员 1 名，北京市人大代表 2 名，区人大常委 1 名，区人大代表 1 名，区政协副主席 1 名，区政协常委 1 名，区政协委员 13 名，区工商联副主席 2 名，区商会副会长 2 名，区工商联常委 2 名，区工商联委员 16 名，区新联会副会长 4 名，区青联委员 11 名，区侨联委员 1 名。年内，工委坚持“围绕中心抓建设，团结会员促发展”的工作思路，不忘初心、求真务实、履职尽责、锐意进取，经过全区会员的共同努力，各项工作扎实开展、稳步推进、成效显著，得到民建北京市委、中共门头沟区委、区人民政府及门头沟区委统战部的好评。

（徐　炜　安　飞）

【新冠肺炎疫情帮扶工作】　年内，民建门头沟区工委分别对区内各个街道、社区、敬老院、及相关的医疗机构等捐款、捐物，并表示民建的会员企业就是要出现在最困难的地方，并充分发挥自己的资源优势，为基层工作者提供最大程度的帮助。其中，香港的民建会员对抗议工作做出积极的支持与帮助，门头沟区的会员企业对上海的新冠肺炎疫情重灾区做出医护人员的大力支持。

（徐　炜　安　飞）

【参政议政】　年内，民建门头沟区工委会员参加区政协第十一届二次会议。其中 6 名会内政协委员获“优秀委员奖”,1 名获“优秀委员提名奖”。民建门头沟区工委会员提交的《关于构建我区生态产品价值转化机制的建议》《关于深化区政府与高校合作多赢的建议》《关于壮大我区农村集体经济的建议》《关于加强全区志愿服务体系建设的建议》《关于门头沟玉河古道保护和开发的建议》《关于我区文物保护的几点建议》等 6 篇提案获“年度优秀提案”。

（徐　炜　安　飞）

【调研座谈活动】　年内，民建门头沟区工委举办“紫气东来门头沟，各界英才汇灵溪”调研座谈活动，邀请民建中央民建市委、北京海归协会及兄弟区民建会员参加此次活动，在领略“灵溪科普教育基地”的自然风光的同时，也倡议广大的民建会员企业家、有志之士到门头沟区投资发展，借东来紫气，助推门头沟区经济社会发展。

（徐　炜　安　飞）

中国民主促进会北京市门头沟区工作委员会

【概况】　2022 年，中国民主促

进会北京市门头沟区工作委员会（简称民进门头沟区工委）被评为民进北京市社会服务工作先进集体；3人被评为民进北京市社会服务工作先进个人。7月，郑华军当选为民进北京市第十六届委员会常委、刘淑蕊当选委员。

（郑华军）

【民主生活会召开】 1月14日，民进门头沟区工委领导班子召开民主生活会，领导班子成员逐一发言，围绕德能勤绩廉和自己在党派分管工作进行对照检查，开展批评与自我批评。主委组织学习中共门头沟区委书记金晖在区统战系统学习贯彻党的十九届六中全会精神宣讲报告会上的讲话精神；审议通过民进门头沟区工委2021年工作总结和会务、财务公开工作，讨论工委2022年的重点调研课题和重点活动安排。

（郑华军）

【慰问活动】 1月18日，民进门头沟区工委主委带队到区疾病预防控制中心送去民进区工委的书画家们书写的近百幅春联、福字和日历挂轴。农历新年到来之际，民进门头沟区工委主委、副主委带新会员对年龄较高或生活负担较重的会员上门走访慰问。对2021年身患重大疾病、生活困难的2位老会员送去慰问金各1000元。

（郑华军）

【主题微视频拍摄活动】 3月中旬到4月中旬，民进门头沟区工委特别策划制作《矢志不渝跟党走，携手奋进新时代》微视频短片拍摄活动。视频作品以朗诵和讲述为主要表现形式，突出表现中共百年奋斗重大成就、突出民进与中共的合作历史，凝聚团结奋斗的共识和力量。

（郑华军）

【植树添新绿 助力“8+1”】 4月3日，民进门头沟区工委为助力民进北京市委“8+1”行动项目推进，组织30余名会员到雁翅镇松树村休闲观光农业“8+1”项目所在地，帮助果农开展义务种植果树活动。共栽种100余棵优质苹果树苗。

（郑华军）

【同心抗疫捐赠防疫物资】 5月16日，民进门头沟区工委副主委带队，到潭柘寺镇政府捐赠新冠肺炎防疫物资。民进门头沟区工委利用会员捐款购买医用N95口罩1.05万个、医用外科口罩2万个以及瓶装矿泉水、方便面、火腿肠等120余箱物资，为一线防疫人员送去关心和慰问。潭柘寺镇党委书记、镇长代表潭柘寺镇接受捐赠，区委统战部常务副部长出席捐赠活动。

（郑华军）

【青年会员学习习近平总书记重要讲话】 5月以来，民进门头沟区工委青年工作委员会组织47名青年会员，通过线上方式，学习习近平总书记《在庆祝中国共产主义青年团成立100周年大会上的讲话》。青年会员们写下感受。

（郑华军）

【民主门头沟工委扩大会议召开】 7月22日，民进门头沟区工委扩大会议召开。与会人员认真学习市委主委代表民进北京市第十五届委员会所作的报告，通报2名会员当选民进北京市第十六届委员会委员。主委总结分析上半年区工委在自身建设、参政议政、民主监督、社会服务等各项工作的成绩和不足，并着重就下半年社会服务重点项目、集体提案、支部活动、大会发言等工作研讨并布置推进计划。

（郑华军）

【政策学习座谈会召开】 8月26日至27日，民进门头沟区工委召开政策学习与新老会员座谈会。重点学习中央统战工作会议精神、习近平在中央统战工作会议上的重要讲话和民进北京市委第十三次代表大会会议精神。与会会员共同回顾门头沟民进多年来的工作，对标对本，研讨门头沟民进在建设“五个民进”中应有的作为。

（郑华军）

【重阳节敬老走访慰问】 重阳节，民进门头沟区工委主委带队开展重阳节走访慰问活动。分别向5位70岁以上的老会员送去组织的关怀与温暖。

（郑华军）

【“路边的小精灵”立体彩绘活动】 10月13日，民进门头沟区工委在永定河文化公园举办“路边的小精灵”立体彩绘活动。民进组织中的书画家在永定河文化公园的适合场所绘制彩色立体画，给游客带去惊喜。编辑的短视频通过公众号、短视频平台等发布后。

（郑华军）

【《因为有你》抗疫原创歌曲】 11月初，由民进门头沟区工委会员作词、作曲并演唱的新冠肺炎抗疫原创歌曲《因为有你》在门头沟区融媒体播出并被推荐到学习强国，在社会上引起较大反响。

（郑华军）

【区人大、区政协会履职】 12月，区人代会和政协全会期间，民进门头沟区工委会员共提交政协集体提案1件，个人提案20件，人大建议案2件。民进门头沟区工委作《以文化城 突出地域文化特征 塑造城市新意象》的大会发言。4名会员获区政协2022年度优秀委员奖；2名会员获优秀委员提名奖。民进门头沟区工委提案“关于以文化城，突出地域文化特征，塑造城市新意向的建议”被评为优秀提案，“关于智能战“疫”，赋能核酸常态化”被评为优秀办理提案。

（郑华军）

【“喜迎二十大”快闪活动】 年内，民进门头沟区工委在长安天街商场举办“喜迎二十大”快闪活动。活动通过3名专业舞蹈演员以积极向上的快闪舞蹈表演为主要表现形式，突出表现中共百年奋斗重大成就和喜迎党的二十大召开的喜悦心情，把多党合作优良传统赓续下来，凝聚团结奋斗的共识和力量。

（郑华军）

中国农工民主党北京市门头沟区工作委员会

【概况】 2022年，中国农工民主党北京市门头沟区工作委员会（简称农工党门头沟区工委）围绕中共门头沟区委、区人民政府和农工北京市委的中心工作，抓牢常态化疫情防控，加强组织建设，组织社会调研、反映社情民意、开展社会服务，切实履行各项职能。工委下设支部3个，现有党员97人，委员17人、（包括主委1人、副主委6人）。工委始终立足界别特色，聚焦区域医药卫生改革、养老、人工智能等方面开展深入调研，形成有建设意义的集体提案《关于促进我区中医发展加快推进中医医院建设的建议》《关于推进紧密型医共体建设构建整合型医疗服务体系的提案》《关于推进门头沟区人工智能产业更好更快发展的建议》《关于加强吸引全国专精特新企业来我区设立研发型总部的提案》。8名党员获2021年度优秀党员，1名党员获2021年度组织工作先进个人，1名党员获2021年度宣传思想理论党史工作先进个人，1名党员获2021年度参政议政工作先进个人，3名党员获农工市委2021年度社会服务工作先进个人。

（师建熙）

【农工党门头沟区工委工作总结会召开】 1月26日，农工党门头沟区工委组织召开2021年工作总结会和2022年工作重点布置会，传达《农工中央关于学习贯彻中共十九届六中全会精神的通知》，组织党员学习《中共中央关于百年奋斗重大成就和历史经验的决议》，对奋战在抗疫第一线的党员朋友们表达崇高敬意和衷心的感谢，并布置2022年的重点工作。

（师建熙）

【慰问活动】 春节期间，农工党门头沟区工委班子成员看望和慰问退休的老领导、老党员，送去新春祝福。5月10日，农工党门头沟区工委主委、委员到大峪街道绿岛家园社区看望参与新冠肺炎疫情防控的社区工作者，送去工委委员捐赠的100份方便食品等生活物资；农工党门头沟区工委主委、副主委到雁翅镇青白口村慰问困难家庭和90岁以上老人30户，送去米、面、粮油及口罩等防疫物资和生活物资。

（师建熙）

【健康科普讲座】 6月5日，农工党门头沟区工委副主委为全区的统一战线成员和政协委员进行《保护你的“心”》健康科普讲座。

（师建熙）

【科技产业发展专题调研】 8月30日，农工党门头沟区工委到华为公司开展科技产业发展专题调研。门头沟区政协教文卫体委员会主任、农工党门头沟区工委主委、副主委参加调研。此次调研了解华为公司概况和ICT领域研发情况，与会人员就门头沟区人工智能、数字经济等领域的发展进行交流。

（师建熙）

【义诊活动】 9月17日，农工党门头沟区工委到清水镇黄塔村开展健康讲座及义诊活动，用实际行动为群众办实事、办好事，让村民在家门口享受优质的医疗服务。此次健康宣讲和义诊活动，服务群众200余人次，发放健康宣传手册50余份。

（师建熙）

【农工组织成立35周年大事记编写】 11月18日，农工党门头沟区工委完成《不忘初心·砥砺前行——纪念北京市门头沟区农工组织成立35周年》发展大事记编写工作。

（师建熙）

【参政议政】 12月25日至28日，政协门头沟区第十一届委员会第二次会议在龙泉宾馆召开，农工党门头沟区工委8名党员参加大会，提交党派集体提案1篇、7篇个人提案。

（师建熙）

中国致公党北京市门头沟区支部委员会

【概况】 2022年，中国致公党北京市门头沟区支部委员会（简称致公党门头沟区支部）现有在册党员75人。支部围绕中共门头沟区委、区人民政府、区政协和致公市委的中心工作，结合党史学习教育活动强化政治理论学习，建章立制抓规范精细管理促提升，动员党员积极投身疫情防控战疫发挥致公党支部的特殊作用，积极建言资政展现新作为为乡村振兴作出新贡献，参加“8+1”行动，开展志愿服务为主的社会服务工作，发挥致公党“侨”“海”特色，切实履行各项职能。

（王娅娜）

【市、区领导调研】 2月23日，全国人大常委会委员、环境与资源保护委员会副主任委员，致公党中央副主席率队到门头沟区川底下村、琉璃渠村围绕农村集体经济发展和乡风文明建设开展调研并召开座谈会。向村干部、集体经济组织负责人详细询问乡村如何发挥好历史资源禀赋、壮大集体经济的做法和经验，深入探讨集体经济发展和乡风文明建设方面存在的问题和破解思路等，并对近年来门头沟区落实乡村振兴各项政策，坚持生态优先、绿色发展，注重乡村文化振兴中取得的成绩表示赞赏。3月23日，中共门头沟区委书记金晖到琉璃渠村致公党区支部党员民宿“宝顺宅院”开展实地调研，区人大常委会副主任、龙泉镇党委书记，致公党区支部主委参加调研。金晖详细了解“宝顺宅院”精品民宿运行情况及未来发展规划并提出：一是要精心编制村庄规划，保护利用好非遗琉璃文化资源，合理布局公共服务设施，提升琉璃文化公园品质，推动村庄渐进式有机更新。二是精品民宿要聚焦“琉璃”主题，推出更多文创产品，吸引特定客户群体，促进精品民宿产业长远发展。9月20日至21日，致公党海淀区委到门头沟区梁家庄村进行调研活动。与会专家学者实地考察芦笋种植基地、特色民居、周边自然环境，根据本地情况和自身专业优势，集思广益，针对难点问题给出从营销方式、农事活动、手工制作、文创产品，农副产品销售等系列建议。致公党北京市委副主委、海淀区委主委，门头沟区政协副主席，清水镇党委领导，致公党北京市委社会服务与联络处四级调研员，海淀区委副主委及部分专家党员20余人参加调研。

（王娅娜）

【首都统一战线同心抗疫行动】 5月，致公党门头沟区支委积极参与“首都统一战线同心抗疫行动”，提供人力、物资和智力支持，助力门头沟区新冠肺炎疫情防控各项工作。53名党员为香港同胞捐款8650元；为门头沟区妇幼保健院等单位捐赠价值1万元的防疫物资；并响应市、区两级号召，下沉到街道做好服务和值守工作。

（王娅娜）

【公益便民活动】 9月，致公党门头沟区支委志愿者服务站联合京西杂谈、北派修脚、龙源堂中医馆志愿者们分别在水闸西路社区、城子村、西山艺境社区、琉璃渠社区开展4场公益便民活动，把健康和便捷的服务送到居民的家门口，共服务200余人，得到群众的好评。

（王娅娜）

九三学社北京市门头沟支社

【概况】 2022年，九三学社北京市门头沟支社（简称九三学社门头沟支社）共有88名社员，其中年新入社12名社员，转入1人，转出1人，有3名递交入社材料，2名填写正式入社申请表，3名递交申请书。成员中有6人担任门头沟区第十一届政协委员，1人担任北京市政协委员。

（吴宜夏）

【慰问老社员】 1月17日，九三学社门头沟支社主委、副主委及社员慰问退休多年的老社员，送上新春佳节的诚挚问候和美好祝福。

（李跃华）

【文旅小镇及京西古道文化调研座谈会】 3月30日，九三学社门头沟支社与中建文化旅游发展有限公司联合组织在王平镇文旅小镇及京西古道文化调研座谈会，深入挖掘京西古道周边的自然景观和文化资源，积极建言献策，助力推动京西文旅特色化、精品化发展。

（吴宜夏）

【筹备物资支持新冠肺炎疫情防控】 5月2日至3日，九三学社门头沟支社主委、副主委带领社员，筹备的牛奶、面包、矿泉水等爱心物资，分别送到王平镇、清水镇、区妇幼保健院、东辛房街道、上悦嘉园社区服务站、西山燕庐嘉园社区服务站等新冠肺炎疫情防控一线工作人员手中，送上暖心关怀。

（吴宜夏）

【幸福社区—嘉年华邻里节】 8月25日，九三学社门头沟支社与永定镇社会心理服务中心携手开展“幸福社区-嘉年华邻里节”活动。

（李跃华）

【京西资源环境座谈会召开】 8月，九三学社生态环境部支社、九三学社北京市自然资源委员会第一支社、九三学社门头沟支社联合召开九三学社京西资源环境座谈会。与会专家提出多条切实可行建议，为门头沟区发展建设和九三京西论坛选题打下坚实基础。

（吴宜夏）

【建设京西文体旅融合产业带专题调研】 9月，区政协、九三学社北京市委、九三学社门头沟支社课题组围绕“建设京西文体旅融合产业发展带，推动国道109新线高速路沿线产业高质量发展”先后开展多部门专题调研会。组织各领域专家50余人次进行实地调研，为建设京西文体旅融合产业带，助推国道109新线高速沿线产业高质量发展贡献智慧和力量。

（吴宜夏）

【“爱人爱己和谐互助”社会服务活动】 11月3日，九三学社门头沟支社到西山燕庐家园开展“爱人爱己和谐互助”社会服务活动，副主委与居民一起座谈，探讨新冠肺炎疫情给人们的生活带来的困绕，如何面对疫情培养积极向上、理性、平和社会心态。

（李跃华）

【承办九三京西发展座谈会】 11月4日，九三学社中央委员会，九三学社北京市委员会和中共门头沟区人民政府主办，中共门头沟区委统战部和九三学社门头沟支社承办，以“生态文化驱动力，助力京西发展”为主题的九三京西发展座谈会在门头沟区召开。

（吴宜夏）

【建立政协委员工作室】 年内，区政协授予位于上悦嘉园社区居委会的永定镇社会心理服务中心建立李跃华政协委员工作室，进一步深入社区居民，开展社情民意工作。

（李跃华）

人民团体

4月11日，共青团北京市门头沟区第十五次代表大会召开（区融媒体中心　供图）

3月3日，门头沟区召开庆“三八”各界妇女座谈会（区妇联 供图）

3月29日，区科协、区工商联在北京元点未来科技有限公司召开科技工作者及企业家交流座谈会（区科学技术协会 供图）

8月26日，区总工会举办党史学习教育常态化长效化专题学习（区总工会 供图）

门头沟区总工会

【概况】 2022年，门头沟区总工会机关（简称区总工会）充分发挥党联系职工群众的桥梁纽带作用，较好完成全年工作任务。年内，区总工会全力做好门头沟区新冠肺炎疫情防控工作，主动参与疫情防控志愿服务，开展“红色领航 同心抗疫”行动；召开第十届委员会第五次、第六次全体会议；开展“劳动创造幸福”主题宣传教育活动；召开2022年全国及首都劳动奖表彰座谈会；举办门头沟区第五届技能大赛。互助保障活动理赔共计209.47万元。通过12351职工服务平台开展普惠制服务职工活动40个，服务职工18.2万人次。年内，新建16家单独基层工会，全区建会率47.61%；建设完成26个暖心驿站、1个示范职工之家、3个公共区域职工之家、2个区级职工之家；评选8家单位为“全国最美工会户外劳动者服务站点”、11家单位为“北京市最美工会户外劳动者服务站点”。

（王　丹）

【区总工会职工文化艺术协会】 2月7日，在永定楼唱响《领航》开展学习强国视频网络宣传，用歌声致敬伟大的党、伟大的时代。7月30日，开展“同心筑梦喜迎二十大 鱼水情深共庆建军”庆“八一”拥军慰问演出。7月31日，开展“喜迎二十大 书画进军营”庆“八一”拥军慰问活动。9月29日，到区光荣院开展迎“重阳节”慰问演出活动。

（王　丹）

【新冠肺炎疫情防控】 4月26日，区总工会全体班子成员召开新冠肺炎疫情防控专题部署会，紧急传达相关会议精神，安排部署机关疫情防控工作。5月18日至20日，对区隔离点工作专班、隔离酒店等296名一线服务保障人员开展慰问活动，区总工会主要领导出席慰问。年内，动员广大职工积极参与“红色领航 同心抗疫”行动，开展疫情防控值守、创城文明引导等志愿服务，参加职工7415人次。

（王　丹）

【区总工会第十届委员会第五次全体会议】 6月22日，门头沟区总工会第十届委员会第五次全体会议召开，选举李伟为门头沟区总工会第十届委员会主席。9月23日，召开门头沟区总工会第十届委员会第六次全体会议，选举为门头沟区总工会第十届委员会副主席1名。

（王　丹）

【普法宣传】 8月23日，区总工会劳动争议调解中心以“知识产权保护”为主题，到企业开展知识产权法律宣传活动。9月7日，区总工会劳动争议调解中心以“美好生活 民法典相伴”为主题，到军庄镇新村开展民法典普法宣讲活动，区第五巡察组成员参加活动。活动以《中华人民共和国民法典》中的“继承篇”为主题，全面、深入地向到场村民介绍了法定继承、遗嘱继承的相关法律知识。

（王　丹）

【劳模先进人物工作】 9月22日，区总工会组织门头沟区在职劳模先进人物开展京内疗休养活动。年内，为204人次申请劳模慰问金23.1万元，为195名劳模和先进人物发放价值9.7万元慰问品；年内，共开展9场“致敬最美劳动者”劳动创造幸福主题劳模宣讲活动。

（王　丹）

【第五届技能大赛】 年内，区总工会举办第五届技能大赛，设置修正雕刻技术、数字化智造技术、民宿厨艺、园林养护4个比赛项目，共有210人参加比赛，获三等奖12名，二等奖8名，一等奖4名。

（王　丹）

【慰问活动】 年内，区总工会投入资金112.2万元“送温暖”“送清凉”，慰问一线职工4800人次；为600名新就业形态劳动者健康体检；投入30万元为1500名户外劳动者发放温暖包。

（王　丹）

共青团门头沟区委

【概况】 2022年，共青团北京市门头沟区委员会机关（简称团区委）扎实推进青少年思想政治引领，重点围绕“生态立区、文化兴区、科技强区”战略部署，团结带领全区广大团员青年坚定贯彻新发展理念，融入发展新格局，在主题教育、新冠肺炎疫情防控、创城攻坚、乡村振兴、志愿服务、组织建设、垃圾分类等方面挺膺担当，在助力“绿水青山门头沟”高质量发展中贡献青春力量。团区委《“青蔓乡间”

助力乡村振兴》项目、《凝聚青春力量同心聚力战“疫”》项目和区人民法院团委《“求是·青春”青年理论学习》项目被评为2022年北京市“团建百强”品牌项目。

（曲竞一　刘柯江）

【“五星志愿者”申报】　1月，团区委推荐25名志愿者成功申报成为第九批北京市“五星志愿者”。

（曲竞一　刘柯江）

【基层团组织述职】　1月至2月，团区委先后组织召开2次组织直属团建述职工作会，共涉及9镇4街及部分委办局。

（曲竞一　刘柯江）

【志愿服务工作】　1月至3月，团区委在长安天街城市志愿服务站点开展冬奥文化宣传推广活动30余场，累计服务市民8000余人次，相关活动获得市区级媒体报道19余次，1名志愿者获评2022年北京冬奥会和冬残奥会（北京市）先进个人，门头沟共青团冬奥会和冬残奥会青年突击队被命名为“北京市青年突击队。3月起，团区委在“蓝立方”志愿岗亭发起常态化志愿服务项目，主要提供特色宣传、旅游咨询、便民服务和志愿文化推广等志愿服务活动。3月，团区委组织12支志愿服务团队参加门头沟区“爱满京城”学雷锋志愿服务主题宣传实践活动，通过宣传展板、宣传折页、现场展示等方式进行志愿服务文化宣传推广，共有2名志愿者获评首都学雷锋志愿服务“5个100”“首都最美志愿者”，2家志愿服务组织获评“首都最佳志愿服务组织”，1个志愿服务项目获评“首都最佳志愿服务项目”。4月起，团区委组织开展“喜迎二十大”、文明礼让斑马线、周末卫生大扫除、保护母亲河、社区便民服务等志愿服务活动30余场，服务市民9000余人次。4月至6月，团区委动员150余名志愿者支援镇街大规模新冠病毒核酸检测志愿服务工作，连续服务40余天，共同构筑京西安全屏障。

（曲竞一　刘柯江）

【共青团北京市门头沟区第十五次代表大会】　4月11日，共青团北京市门头沟区第十五次代表大会召开，全面总结十四次团代会以来全区共青团工作，审议通过《坚守初心使命奉献青春力量在“绿水青山门头沟”高质量发展新征程中谱写时代华章》工作报告。选举产生第十五届委员会委员31名，候补委员11名，常务委员会委员17名，蔡丽君当选为共青团北京市门头沟区第十五届委员会书记。全区各行业、各系统196名团代表参加会议。

（曲竞一　刘柯江）

【首都校地联建活动】　4月12日，团区委联合首都师范大学团委、北京物资学院团委共同举办“深化校地合作携手共创未来”2022年“植此青绿树梦远航”首都校地联建活动。围绕“青创北京”2022年“挑战杯”首都大学生创业计划竞赛开幕式暨“青振京郊”门头沟区主场活动召开工作推进会，团市委副书记，门头沟区政府党组成员、副区长出席会议。9月29日，团区委与北京建筑大学团委在妙峰山镇涧沟村举办“喜迎二十大、永远跟党走、奋进新征程”校地联建主题活动，双方围绕“校地联建助力乡村振兴”充分交流，并签订校地团委联建合作框架协议，建设以学生实践基地为基础的共青团特色平台。

（曲竞一　刘柯江）

【赓续青春百年志 踔厉奋发向未来主题活动】　4月中旬，团区委启动“赓续青春百年志 踔厉奋发向未来”主题系列活动，线上线下组织开展竞赛、诵读、展览、培训、植树等活动，团聚青春，向党报到，团结引领全区广大青年全面投身“绿水青山门头沟”高质量发展建设。

（曲竞一　刘柯江）

【新冠肺炎疫情防控工作】　5月20日，团区委带领青联委员代表、爱心企业代表到区卫生健康委、区妇幼保健院、永定镇社区卫生服务中心和西长安一号封控区慰问新冠肺炎疫情防控医务工作者和一线工作人员。联合爱心企业、基金会向门头沟区封控区、管控区捐赠共3万余元的关爱物资。5月，由区青联委员及委员所在企业团员青年组成一支20余人的“青年突击队”，在“五一”期间全面参与大峪街道相关社区卡口值守、环境清扫、底商防疫、新冠病毒核酸检测引导等社区防控工作，同时捐赠防护服、N95口罩、医用手套、消毒水等防疫物资，以实际行动践行“五四”精神，献礼建团百年。

（曲竞一　刘柯江）

【绿色转型发展实践主题活动】　6月28日，团区委在斋堂镇灵水村开展“贯彻落实市十三次党代会精神 投身绿色转型发展实践”主题活动。举办斋堂镇2022年新团员入团仪式，书记班子带队慰问卡口值守人员、灵水村老党员，并结合北京市大学生挑战杯“青振京郊”金奖项目对灵水村村情实地调研走访，就共青团如何助力区域绿色转型和乡村振兴展开深入讨论。

（曲竞一　刘柯江）

【首都志愿服务项目大赛】　6月，团区委组织开展首都志愿服务项目大赛门头沟赛区评审推荐工作，推荐7个项目参加项目大赛复赛，其中1个项目获大赛铜奖，赛区获“优秀组织奖”。

（曲竞一　刘柯江）

【推动防疫工作智能化高效化】　6月，团区委牵头建设“社区防控数据综合处理平台”，开发“门头沟区核酸检测点实时信息查询系统”，指导全区301个村居根据辖区情况和政策口径制作“电子承诺书”，提炼“金点子”，《“青”支招——这样防疫更高效》被中国政协网等多个国家媒体宣传推广。

（曲竞一　刘柯江）

【征集“青年战役先锋”先进事迹】　6月，团区委面向全区征集“青年战役先锋”先进事迹，依托团属新媒体阵地对“伉俪夫妻”“抗疫奶爸”“六边形战士”“95后独行侠”等各类型37名“青年战疫先锋”事迹进行报道，总阅读量近3万次。

（曲竞一　刘柯江）

【募集抗疫物资】　6月至8月，团区委协调中国光华科技基金会、北京青基会，募集抗疫饮品、防暑降温用品、防护用品等4000余箱，总价值50.14万元，全部发放到医院、社区（村）等基层一线。

（曲竞一　刘柯江）

【共青团北京市门头沟区代表会议召开】　7月29日，共青团北京市门头沟区代表会议召开，全区各基层团组织推选的67名团代表参加会议，差额选举产生7名门头沟区出席共青团北京市第十五次代表大会代表。

（曲竞一　刘柯江）

【“云支教”结对帮扶活动】　7月至8月，团区委联合中国光华科技基金会引入优质教育资源，开展“一起云支教携手创未来”活动，满足青少年学习成长需求。

（曲竞一　刘柯江）

【2022年门头沟区青年工作联席会议召开】　8月3日，团区委组织召开2022年门头沟区青年工作联席会议第一次全体（扩大）会议。区青年联席会议召集人、区政府党组成员、副区长出席并讲话。传达习近平总书记在庆祝中国共产主义青年团成立100周年大会上的重要讲话精神和市青年工作联席会议精神，通报表彰全国五四红旗团支部、建团100周年北京市先进组织和先进个人及北京市青年文明号获奖单位和个人，并对门头沟区青年工作联席会议2022年下半年重点工作任务进行部署。区联席成员单位主管领导，各直属团组织负责人参加会议。

（曲竞一　刘柯江）

【“百人百日”诵读学习活动】　9月2日起，团区委组建《习近平谈治国理政第四卷》学习社群，开展“百人百日”诵读学习活动，百名“青马学员”和团员青年参与，日诵读率达95%。

（曲竞一　刘柯江）

【中拉青年对话会】　9月15日，团区委作为基层团青干部代表参加“喜迎二十大 青春心向党 建功新时代”中拉青年交流对话会。中拉优秀青年立足平凡岗位，结合自身工作经历，重温入党初心，讲述青春建功故事。

（曲竞一　刘柯江）

【“青马工程”培训班第一期专题研学座谈会】　9月20日，“青马工程”培训班第一期专题研学座谈会在区检察院举办，“青马”学员和区检察院青年代表等100余人以“线下＋线上”方式参加会议。

（曲竞一　刘柯江）

【“爱心电教室”建设】　9月，团区委联合区供电公司团组织为斋堂中学打造“爱心电教室”，帮助改善山区教育环境。

（曲竞一　刘柯江）

【“苔花”校园建设项目】　9月，团区委引入优质社会资源，打造“苔花”校园困境青少年帮扶品牌项目。在清水学校、妙峰山民族学校开展“苔花”校园试点工作，改造校园文化长廊、多媒体教室、图书室等，并为全区50名优困青少年提供帮扶，募集资金15万元。

（曲竞一　刘柯江）

【镇街、社区（村）少工委建设】　9月，团区委指导门头沟区13个镇街成立少工委，实现各镇街少工委全覆盖；推动全区25所小学所在社区（村）成立少工委，实现小学结对社区（村）全覆盖。

（曲竞一　刘柯江）

【新青年青春读书会活动】　10月9日至11日，门头沟区9家社区青年汇进机关、进基层、进企业，先后开展9场“新青年青春读书会——带你走进《习近平与大学生朋友们》”主题活动，共有200余名青年参与。

（曲竞一　刘柯江）

【青年交流会举办】　11月10日，中拉青春汇·2022暨“青年更有为城市更美好”门头沟区与阿根廷图库曼省青年交流会在门头沟区潭柘寺镇举办。来自门头沟区及图库曼省的青年代表汇聚云端开展分享与交流。

（曲竞一　刘柯江）

【“门先锋”青年突击队组建】　11月22日，团区委建立“1+2+N”共青团新冠肺炎疫情防控志愿服务体系，组建涵盖直属团组织团干部、区青联委员、青少年事务社工、青年汇社工、各企业青年、志愿服务队志愿等群体在内1600余人的“门先锋”青年突击队，全面补充基层一线防疫力量。

（曲竞一　刘柯江）

【“分小萌”垃圾分类示范引导站项目】　11月，门头沟区9家社区青年汇设立10个垃圾分类示范引导站，开展两期“分小萌”垃圾分类示范引导站项目，开展丰富多彩的垃圾分类宣传活动，并组织志愿者在倒垃圾早高峰时段守在社区垃圾桶旁进行桶前值守，指导社区居民正确垃圾分类。

（曲竞一　刘柯江）

门头沟区妇女联合会

【概况】　2022年，门头沟区妇女联合会（简称区妇联）坚持生态立区、文化兴区、科技强区发展战略，以“巾帼心向党·喜迎二十大”为主题，以打造“绿水青山巾帼红”妇联工作品牌为抓手，聚焦“红色妇联”“品牌妇联”“贴心妇联”“特色妇联”“铁军妇联”五大方面，全面深化妇联各项工作，找准团结引领、服务大局的切入点和着力点。年内，通过开展新冠肺炎疫情防控、创建全国文明城区、社区家长学校、成立门头沟区医院永定院区及龙泉院区管理工作专班等工作，为推进门头沟区高质量发展谱写巾帼新华章。

（于　丛）

【关爱女性活动】　元旦、春节期间，区妇联为老妇救会主任、困难家庭、两癌患者、新业态领域的妇女姐妹、退休干部等送去妇联组织的关心关爱，共度喜庆欢乐祥和的春节。5月9日，慰问抽调在延庆集中隔离点专班、下沉社区应急服务队工作人员及家属，向奋战在新冠肺炎疫情防控一线的工作人员表示感谢。5月20日，慰问奋战在新冠肺炎抗疫一线的环卫女工和快递“驿姐”，共送去N95口罩、物资包等价值11万余元的防疫物资。5月26日，慰问奋战在新冠肺炎抗疫一线的区妇幼保健院全体员工，共送去一次性医用外科口罩、酒精消毒液、滴露卫生湿巾、免洗手消毒凝胶、橡胶手套等5大类近2万件防疫物资。区妇联携手门头沟区蒙恩关爱家庭中心向北京妇女儿童发展基金会申请项目资金6万元，继续开展“呵护女性 绽放心灵 健康计划 暖流行动”，关爱帮扶辖区患“两癌”的姐妹康复。8月至11月，通过鼓圈音乐疗愈身心、巧手扮靓美好人生、金秋十月趣味运动“三步曲”的活动形式，组织姐妹们互动互助互爱，鼓励患病姐妹增强面对困难的勇气，树立追求美好健康生活的信念。

（蒋　玫）

【党史学习教育总结会议召开】　1月21日，区妇联党史学习教育总结会议召开，全面总结党史学习教育成效，巩固拓展党史学习教育成果。区妇联开展党史学习教育以来，按照“学史明理、学史增信、学史崇德、学史力行”的要求，着力创新载体、活跃形式，扎实开展“我为妇女群众办实事”实践活动，与妇联工作实际紧密结合，通过讲红色故事、党史知识竞赛、参观红色教育基地、庆祝建党100周年文艺汇演等形式推动党史学习教育走深走实、务求实效，全体党员干部理想信念进一步加固、理论素养进一步升华、党性修养进一步淬炼，达到了学党史、悟思想、办实事、开新局的目的。

（白　平）

【法治宣讲】　3月1日，区妇联开展“家庭教育 法治赋能”专题普法讲座，各镇街妇联主管领导、专职妇联主席、村居妇联干部及新业态、新就业群体代表150余人参加在线讲座。在第七个4·15全民国家安全教育日来临之际，区妇联通过上街宣传、普法讲座、LED电子屏滚动播放、广告宣传栏张贴海报以及微信公众号等形式，营造“线上线下”人人关注国家安全、人人维护国家安全的良好氛围。8月3日，区妇联联合区律协开展助力创城“巾帼喜迎二十大 维权送法进万家”法治宣传活动。重点宣讲《中华人民共和国民法典》婚姻家庭篇，向社区居民发放宣传材料1000余份。9月8日，市妇联“巾帼维权 送法到家”以案释法讲座走近大峪街道承泽苑社区。

（蒋　玫）

【庆“三八”各界妇女代表座谈会举办】 3月3日，区妇联举办以“强国复兴有我·巾帼助力冬奥”为主题的各界妇女代表座谈会。市、区妇女代表，奥运火炬传递女火炬手、女领导干部，妇联系统先进工作者、女能人，女企业家等各界优秀女性代表20余人欢聚一堂，同庆节日、共谋发展。

（白　平）

【非遗文化交流活动】 3月7日，区妇联组织开展“巧手匠心 传承有她”非遗文化交流活动，妇联干部和巧娘共50人参加活动。

（蒋　玫）

【“春风送暖农家女”活动】 3月8日，区妇联举办“线上”京科惠农大讲堂专题讲座。3月9日，举办“线下”春风送暖技术指导活动，召开现场“春风送暖基地发展”主题交流座谈会，市、区领导为20余名农家女代表赠送科普书籍，北京市农林科学院林业果树研究所专家深入田间地头对果农进行樱桃树、苹果树春季剪枝技术指导。

（蒋　玫）

【2022年度发展项目工作会召开】 3月14日，区妇联召开全区“2022年度北京农村妇女创新创业发展项目”工作会，通报全区荣获“2022年度北京农村妇女创新创业项目”的基地名单；各项目基地负责人分别汇报项目实施的前期准备情况；区妇联党组书记、主席分别与“妇字号”基地负责人签署《2022年度北京农村妇女创新创业项目资金使用协议书》。

（蒋　玫）

【十一届三次执委（扩大）会议召开】 3月25日，区妇联召开十一届三次执委（扩大）会，传达北京市妇联十四届五次执委会精神，并作《学党史 悟思想 办实事 为推进门头沟区高质量发展贡献巾帼力量》工作报告、《北京市基层妇联执委工作规则（试行）》，对新修订的《门头沟区妇联常委、执委互联互通工作制度》进行通报，并部署《关于在妇联系统打造“绿水青山巾帼红”工作品牌实施意见》工作。各镇街、委办局妇联主席、妇委会主任及妇联干部参加会议。

（白　平）

【手工作品征集展示活动】 4月开始，门头沟区巧娘手工艺发展服务中心开展“巧娘心向党 喜迎二十大”手工作品征集活动，相继征集到歌颂共产党、歌颂新中国、歌颂改革开放、歌颂人民美好生活的手工艺作品，陆续通过“门头沟女性”微信公众号分四期进行网上展示。

（蒋　玫）

【妇女法律救助工作站成立】 4月27日，区司法局携手区妇联，在辖区12家律师事务所率先全面建成律师行业妇女法律救助工作站并给予授牌，打通困难妇女法律权益服务保障的“最后一公里”。

（蒋　玫）

【社区家长学校】 4月27日，区妇联联合蒙恩关爱家庭服务中心、东辛房华久社会工作服务中心、北京智慧橙子文化艺术有限公司3家社会组织，采取“区妇联设置课程菜单—社区自主选课—社会组织上门送课”的教学模式，设计5类28讲家庭教育讲座和8类18项家庭教育实践活动，“双减后家长的责任清单”“合格家长怎样陪伴孩子走过青春”“父母的嘴决定孩子的路”“读不懂孩子的叛逆就成不了好父母”等课程为家长和孩子构建起良好的亲子关提供科学指导和帮助。全区121个社区累计开展教育讲座和家庭教育活动各484场，4500余名未成年人参与，受益家长1万余人次，社区覆盖率达100%。

（郑美娜）

【儿童之家调研】 4月、5月，区妇联联合区民政局对大峪等12个镇街的24个儿童之家进行调研，通过实地走访、查看资料、座谈交流的形式，提高村居儿童之家在设施配备、人员管理、活动组织、档案管理等方面的不足。同时建立儿童之家调研台账，规范儿童之家的建设、服务和管理，助力儿童之家考核。

（郑美娜）

【春蕾计划】 5月，区妇联申请“春蕾计划——梦想未来”门头沟区资助女童项目，对区内品学兼优家庭困难的初中女生130人、高中女生59人，共189人发放助学款15.47万元。8月，区妇联向全区社会各界发出“春蕾计划——梦想未来”捐款行动的倡议，得到广泛支持和积极参与。通过北京妇女儿童发展基金会全募捐平台，截至12月26日，全区集中募集捐赠累计达到26.27万元。

（郑美娜）

【巾帼志愿服务交流展示会】 6月9日，区妇联举办巾帼志愿服务交流展示会，门头沟热心人、巾帼志愿者、门头沟区京西志愿服务中心、背街小巷整治等多支志愿服务队的巾帼志愿者代表围绕助老助残、疫情防控、环境整治、垃圾分类、社区服务等志愿服务工作展开交流，分享参加服务活动的感悟和好的经验做法。

（白　平）

【家庭文明建设工作】 6月30日，区妇联发动大峪街道、城子街道、潭柘寺镇的85名爱心妈妈参加“恒爱行动”，用亲手编织的毛衣为北京与新疆和田地区各民族家庭之间架起交流交融的桥梁，为新疆和田地区的孤残儿童送上北京妈妈的关怀。8月4日，区妇联联合北京妇女儿童发展基金会与爱心企业明门（中国）幼童用品有限公司共同发起2021区级最美家庭儿童安全座椅发放活动，共发放安全座椅156台。通过该项活动的开展，礼遇关爱“最美家庭”，宣传儿童安全教育的重要性。9月14日至15日，区妇联组织首都最美家庭、门头沟区最美家庭、妇联干部家庭到大兴儿童友好红色农场开展“情满话中秋 共叙家国情”主题实践活动，50户家庭近百人参加。10月29日，区妇联联合区教委、区人民法院、区检察院在门头沟区教育研修学院举办门头沟区家庭教育指导中心揭牌仪式。开展寻找“门头沟区最美家庭”活动，选树“绿色家庭”“助廉家庭”“志愿家庭”“和谐家庭”四类家庭，引导妇女和家庭成员树立新时代家庭观。寻找到“门头沟区最美家庭”200户，门头沟区梦婕家庭、邢玉梅家庭等10户家庭被命名为“首都最美家庭”。门头沟区杨逸家庭获评第十三届全国五好家庭、王金贺家庭获评全国最美家庭。开展“绿色家庭创建行动”，助力创城攻坚，寻找到绿色家庭标兵17户，武雅娟家庭获评京津冀“最美绿色家庭”。开展“最美军嫂”评选活动，寻找到最美军嫂6人。

（郑美娜）

【巧娘素质提升培训班】 7月25日至29日，区巧娘手工艺发展服务中心在北斗星宾馆举办巧娘素质提升培训班。区妇联携手内蒙古呼和浩特市武川县妇联向北京妇女儿童发展基金会申请2022年门头沟区结对帮扶项目资金5万元，助力对口帮扶地区妇女实现灵活就业。8月起，开展为期15天草编工艺品、制作灯笼、毛线作品等手工技能培训班，当地适龄女性、低收入妇女、尤其是武川县城里的陪读妈妈为主体的40余名妇女参加活动。

（蒋　玫）

【婚姻家庭纠纷化解工作加强】 7月，区妇联联合区委政法委、公安门头沟分局、区人民法院、区检察院、区民政局、区司法局等及部门，制定印发《门头沟区关于加强婚姻家庭纠纷预防化解工作的实施方案》。8月，将婚姻家庭纠纷预防化解，保障妇女合法权益工作纳入2022年平安门头沟建设部门考核细则内容。

（蒋　玫）

【创城迎植倡议】 8月10日，区妇联为迎接创城迎检“大考”向全区广大家庭、妇女姐妹们发出倡议：一要争做创建文明城区的先行者，二要争做创建文明城区的主人翁，三要争做创建文明城区的主力军，让门头沟女性成为“绿水青山门头沟”实践中一道靓丽风景。12月19日，为引导广大妇女充分发挥在家庭生活和社会生活中的独特作用，带领家庭成员同心抗疫，当好个人健康的第一责任人，筑牢新冠肺炎疫情防控的最小单元和最强堡垒，区妇联向全区广大妇女和家庭发出倡议，切实履行个人防疫责任，保持心态健康，做好健康监测，在新形态下保护好自己和家人。

（白　平）

【群众性宣传教育活动】 9月21日，区妇联在龙泉镇水闸西路社区开展“巾帼心向党·喜迎二十大”群众性宣传教育活动。在新冠肺炎疫情防控、创城攻坚、社区建设一线的妇女同志、党员干部、社区工作者、志愿者40余人参加。活动展现妇女姐妹健康向上、团结协作的精神风貌，展示各行各业各界妇女姐妹努力拼搏、昂扬奋斗的巾帼豪情与风采。

（白　平）

【云端文艺汇演活动】 9月23日，区妇联在东辛房街道文化中心举办“巾帼心向党·喜迎二十大”云端文艺汇演活动。此次文艺汇演演员包括全国妇联系统劳动模范、全国最美家庭、首都最美巾帼奋斗者、北京市三八红旗手等各界优秀女性代表160余人。活动唱响时代主旋律，丰富妇女群众的文化生活。

（白　平）

【清华公管学院师生现场教学】　10月8日，清华公管学院《中国可持续发展》课程师生一行16人到清水镇开展现场教学，深入布韵传奇手工编织专业合作社、北京聚兰兴养殖专业合作社、梁家庄村特色民宿进行调查研究。来自中国、英国、俄罗斯、巴基斯坦等多个国家的学生就巩固脱贫攻坚成果，实施乡村振兴战略，扎实推进乡村可持续发展等问题展开调研学习。

（蒋　玫）

【新冠肺炎疫情防控运营管理工作专班】　11月25日，为加强新冠肺炎疫情防控应急处置能力，组建门头沟区医院永定院区及龙泉院区，成立由区妇联牵头的运营管理工作专班，由北京京门商业投资发展有限公司委托第三方北京京西健康管理有限公司做好后勤保障工作。12月2日，区医院龙泉院区正式投入运营。

（刘　静）

【消费帮扶】　截至11月底，区妇联、清水镇、雁翅镇、斋堂镇、妙峰山镇、潭柘寺镇、龙泉镇、永定镇、大峪街道、城子街道、东辛房街道、北京市门头沟区雁翅镇房良村股份经济合作社、北京市大村富民农业专业合作社、北京八亩堰笑笑客栈、北京布韵传奇手工编织专业合作社等“妇字号”基地共15个单位，消费扶贫采购累计达11.11万元。

（蒋　玫）

【公益法律服务合作框架协议签署】　年内，区妇联、区司法局、区律师协会积极沟通协商达成共识，鼓励辖区律师事务所积极参与妇女维权服务，为妇女群众办实事、解难事。4月25日，区妇联党组书记、主席与北京市京典律师事务所主任签署《公益法律服务项目合作框架协议》。

（蒋　玫）

【“驿姐驿家”工作站成立】　年内，区妇联在镇街党群服务中心成立“驿姐驿家”工作站，依托党建引领服务新业态、新就业群体，最大限度地把“两新”领域中的妇女群众和家庭团结到妇联组织中。

（白　平）

门头沟区科学技术协会

【概况】　2002年，门头沟区科学技术协会（简称区科协）以深入实施《北京市全民科学素质行动计划纲要》为核心，结合门头沟区“十四五”规划，以普及科学知识为切入点，按照年初制订的工作计划，各项工作进展顺利。年内，区科协下属区科普服务中心、区科技协作中心2个事业单位完成编制调整工作，并与区科协机关财务合并核算。调整后，门头沟区科普服务中心，核减事业编制1名，编制由原11名减至10名；门头沟区科技协作中心，核减事业编制1名，编制由原8名减至7名。

（高海翔）

【科技北京冬奥宣传活动】　1月，区科协充分利用科技馆冬奥主题展厅、科普画廊、张贴海报等形式，介绍各类北京冬奥冰雪知识。同时引导过往群众扫描海报二维码了解冬奥背后的科技力量，为群众提供了解冬奥知识的渠道，高效激发群众助力冬奥会的热情。

（李兆琳）

【2022年先进模范人物事迹专题展览】　2月，门头沟区科普服务中心在科技馆一层展厅举办2022年先进模范人物事迹专题展览。展览以图片和文字的形式展出第七届全国孝老爱亲模范田琴，第七届全国见义勇为模范李道洲以及第七届全国敬业奉献模范黄文秀，全国助人为乐模范、全国诚实守信模范等先进模范人物的先进事迹。累计接待机关干部及社会公众200余人参观。

（李兆琳）

【参加“爱满京城”学雷锋志愿服务活动】　3月5日，区科协参加“爱满京城”学雷锋志愿服务主题宣传实践活动，充分发挥志愿服务的作用，在活动现场区设立宣传服务台，向过往群众发放科普宣传材料。被授予“门头沟区新时代文明实践志愿服务总队-科学普及专业服务队”称号，

（张　雪）

【《科普法》专题培训举办】　3月30日，区科协为贯彻落实《中

华人民共和国科学技术普及法》，举办专题培训。区科协主席从《中华人民共和国科学技术普及法》的背景、立法时间、立法依据以及具体内容等方面进行讲解，强调大家要学会运用《中华人民共和国科学技术普及法》开展工作，为门头沟区科普事业的发展做出积极贡献。

（常艳红）

【科普之春活动开展】 3月至5月，区科协开展农村科普活动，推动农业科技创新，整合区域资源，发挥组织优势，根据门头沟区实际，深入基层农村开展农业科学技术培训3次，提高农民科技素质，助力都市型现代农业发展，促进农业增产、农民增收、农村发展。

（侯　越）

【帮助台上村制定整体发展规划】 3月至7月，区科协引入民建资源打造台上村“科技小院”，力邀专业设计团队就村庄的产业项目转型、民俗文化旅游、民俗接待、基础及公共服务设施工程、数字乡村工程等项目进行深入分析，提出改进建议，制定《门头沟台上村小院＋生态养生田园综合体项目规划设计方案》，重新整合村域资源配置，规划台上村的发展合理布局。

（侯　越）

【冰雪冬奥嘉年华科普活动】 4月，区科协为弘扬北京冬奥精神，提升公民及青少年的科学素质，到倚山家园、向阳东里等7个社区开展主题为“冰雪冬奥嘉年华”科普活动。活动现场摆放冬奥知识展板，设置模拟冬奥场景项目体验区，同时设置科普宣传服务台，开展线上冬奥知识有奖答题并发放科普宣传折页，让社区居民零距离感受冬奥魅力。

（常艳红）

【“冬奥我知道”科技活动进校园】 4月，区科普服务中心开展“冬奥我知道”宣传活动，东辛房小学的同学们通过观看照片、视频等形式进一步加深大家的理解。

（李兆琳）

【“提高生物多样性保护意识”展览举办】 5月22日是国际生物多样性日，区科协联合区生态环境局等有关部门在永定楼广场开展系列生物多样性知识宣传活动。区科协在活动现场摆放展板40块，由工作人员向群众讲解生物多样性的科普内容，让群众了解门头沟区生物多样性现状，提高生态意识，在全区营造公众共同参与生物多样性保护的良好氛围。

（李兆琳）

【科学技术协会科普基地揭牌仪式】 5月22日，门头沟区科学技术协会科普基地举行揭牌仪式。区委常委、宣传部长与副区长共同参加揭牌仪式并发表讲话。

（李兆琳）

【农技协摸排工作】 5月，区科协对区内7个农技协进行摸底，了解7个农技协现状，大力宣传智慧农技协平台，推进平台智库、学术、科普等栏目资源的下沉，解决日常农业领域政策、专家技术问题。

（侯　越）

【2022年疫情防控科普宣传活动】 6月10日，区科协到琉璃渠社区，通过手机网上新冠肺炎疫情健康知识有奖答题、摆放展板以及发放宣传材料等方式开展疫情防控科普宣传活动。通过线上与线下相结合的方式，使群众“听得进、学的会、用得上”，在提高自我防护能力的同时，也提升居民的健康素养。

（常艳红）

【4家楼宇科协成立】 6月21日，北京德山科技有限公司、北京利德衡环保工程有限公司、融创亿达科技发展（北京）有限公司、北京中关村京西建设发展有限公司4家楼宇科协成立，为广大科技工作者提供技术交流、技术创新的平台，为企业科技创新能力提升服务，为门头沟区全民科学素质提升工作服务。

（常艳红）

【种植技术培训】 6月29日，区科协邀请种植专家到清水镇台上村，对村民开展室内花卉培育及霍山石斛种植技术培训。专家从栽培模式、基地建设、种苗选择、栽培管理等方面为村民进行讲解。活动中村民和药农就种植问题与专家们开展互动交流。此次培训让村民对种植技术有更深入的了解，使科技下乡做到真正为提升村民生产生活水平服务。

（侯　越）

【“科普惠民乡村行”活动】 6月至10月，区科协联合科技公司，走进深山区，组织开展20场科普惠民乡村行活动。活动根据农民的实际需求，采取发放科普资料、DIY科普实验、趣味科学实验秀、科普展览等方式，开展贴近农民生活的科普宣传，让村民更深刻地认识科普、了解科普、重视科普，使科普更贴近百姓生活。

（常艳红）

【未成年人专场活动】 7月，区科普服务中心组织向阳社区放暑假的青少年到科技馆开展学雷锋志愿服务活动，擦拭展厅展板，布置展板、展品墙，清扫展厅地面卫生。让科技馆以干净整洁的环境，迎接社会公众的参观，同时锻炼小朋友的志愿服务能力，丰富同学们的暑期生活。

（李兆琳）

【“智慧科普社区行”活动开展】 7月至9月，区科协联合科技公司组织开展智慧科普社区行活动20场。活动充分利用智慧化技术手段，设置科普知识互动抢答、微信公众号宣传、沉浸式体验、科普展示等环节。通过活动有效提高居民科普意识，让社区居民树立科学理念，掌握前沿科学知识。

（常艳红）

【科技周进基层科普宣传活动】 8月，区科协围绕科技周主题“走进科技 你我同行”开展科技周进基层科普宣传活动。活动走进承泽苑社区、市场街社区、双峪社区、贵石村4个村居，向群众讲解节能、防疫、环保等科普知识，并发放各类科普宣传折页。

（常艳红）

【社会主义核心价值观主题宣传】 8月，区科普服务中心举办“身边的文明榜样——闲不下来的环保奶奶贺玉凤”为主题的社会主义核心价值观宣传活动。向阳社区20余名青少年参加活动。

（李兆琳）

【“全国科普日”科普共建活动】 9月2日，区科协、西城区科协联合举办“紫气东来门头沟 红墙绿水促发展”企业创新座谈会，共邀请10余家科技企业，涉及互联网金融、人工智能、信息技术、文化创意、医药健康等领域。参会人员围绕企业科技创新平台建设、企业科技人才团队建设、建设引智创新示范基地、转化重大科技成果等重点内容展开深入讨论，促进两区企业交流与合作。先后参观中关村科技园区门头沟园和中关村精雕智造科技创新中心，了解中关村门头沟园招商引资政策和数字化制造技术。同时，为助力企业营造科技创新氛围，两区科协在园区摆放宣传展台，向园区企业员工发放创建文明城区科普知识伴你行、安全生产、企业科协工作介绍等宣传材料，进一步提升企业员工的科普意识。

（常艳红）

【“全国科普日”宣传服务活动】 9月16日，区科协联合多家单位共同举办2022年“全国科普日”宣传服务活动。活动以“喜迎二十大，科普向未来，助力绿水青山门头沟”为主题，现场分为“宣传材料发放区”“健康义诊咨询区”“科技互动体验区”“公民科学素质大赛专项竞答区”“创城展览区”5个区域。向门头沟区群众传播科技创新的新理念，普及各类科普知识、健康知识等。9月19日，到德露苑社区，通过发放科学知识宣传册、扫描二维码参加线上科普知识答题等群众喜闻乐见的方式零距离普及科学知识，提高社区居民的参与热情。

（常艳红）

【爱国精神专场活动】 9月，区科普服务中心在科技馆举办以“中国科学家的爱国精神”为主题的社会主义核心价值观宣讲活动，剧场东街社区的10余名社区居民参加活动。

（李兆琳）

【科普报告进基层活动】 9月至10月，区科协特邀请专家组成科普报告团队，在全区范围内开展科普报告进基层活动36场。健康科普专家采用多媒体的形式，对群众进行图文并茂的展示讲解，同时为社区居民进行答疑解惑。

（常艳红）

【科技工作者站点调查工作开展】 9月至10月，区科协通过“科情调查”微信服务号对门头沟区各领域科技工作者开展第五次全国科技工作者状况，完成市科协年度科技工作者站点调查任务200份，以全面、客观的方式了解科技工作者的工作及思想状况，反映科技工作者的的意见和呼声。开展科技工作者对党的二十大反响情况快速调查，完成20份调查问卷，了解首都科技工作者对党的二十大精神学习、领会和反响情况，重点关注科技工作者对党的二十大精神的“知晓度”和“拥护度，高效率、高质量完成市科协交予的调查任务。

（侯 越）

【“公民科学素质大赛”活动】 9月至12月，区科协采取多种形式，加强“2022年公民科学素质大赛”活动宣传推广，在全区范围内组织开展大赛网上竞答活动。制定并下发《关于举办2022年门头沟区公民科学素质大赛的通知》给全区各机关单位，引导机关干部积极参与到大赛活动中来；利用门头沟融媒和京西杂谈对大赛活动进行宣传，助力大赛活动有效开展；开展大赛活动进社区，让更多老百姓参与到大赛中，提升大赛知晓率；举办门头沟区线下决赛，并带领门头沟代表队参加北京市复赛，获 2022 年京津冀公民科学素质大赛优秀组织奖。

（常艳红）

【公民科学素质普及志愿服务活动】 10 月 19 日，区科协到向阳东里社区，开展科学素质普及志愿服务活动。工作人员向社区居民介绍 2022 年公民科学素质大赛的活动主题和参与方式。进行科普知识现场互动竞答。

（常艳红）

【征集乡村振兴科技套餐服务需求】 10 月，区科协面向全区涉农乡镇征集乡村振兴科技套餐服务需求 3 项，分别为军庄镇人民政府京白梨种植技术培训、清水镇台上村五味子种植管理技术科普、王平镇南港村菌类种植技术培训。区科协经过整理根据各镇街需求分别完成市级项目申报，并积极与市科协完成对接。

（侯　越）

【首都科普基层行申报工作】 10 月至 12 月，区科协组织首都科普基层行项目申报工作，并严格把关，筹备落实。最终经过市科协评审，北京金恩润泽科技发展有限公司的《儿童科学（数学）素养培养和创新能力提升》项目获得资助，项目资金 20 万元。

（常艳红）

【“数字科学素养”普及活动】 11 月 9 日，区科协到双峪社区，开展“数字科学素养”普及活动。工作人员向社区居民介绍数字技术给人类生活带来的种种便利，指导社区居民参加“测测你的数字科学素养”答题活动。

（常艳红）

【社会主义核心价值观宣讲活动】 11 月，区科普服务中心在科技馆举办主题为“学习张桂梅爱岗敬业奉献精神”的社会主义核心价值观宣讲活动。宣讲活动采取网上视频会议的形式举行。

（李兆琳）

【青少年防灾减灾科普活动】 年内，区科协面向门头沟区青少年，围绕2022年“普及防灾减灾知识，提高青少年防护意识”主题，在全区中小学校开展防灾减灾系列科普实践活动。此活动贯穿全年，借助世界气象日、全国科普日等重要节点，依托防灾减灾科普馆、气象观测场所等设施，努力探索开展集知识性、科学性和趣味性于一体的实践课程及活动，让广大中小学生在研学中感受自然科学、人文科学的魅力，促进书本知识和生活经验的融合，从而全面提升青少年科学素质和自身防灾减灾能力。

（常艳红）

【院士专家工作站梳理核实】 年内，区科协对专家院士工作站有关政策进行梳理核实和上报。积极与有关科技企事业单位沟通协调，广泛动员宣传《门头沟区“京西聚智”高层次人才支持办法（试行）》相关内容，提高企业认识，明确建站重要性，进一步推动院士专家工作站建立。以推动企业解决关键技术难题，促进科技成果转化，培养创新人才队伍，促进企业自主创新能力和综合竞争力的提升。

（侯　越）

【招商引资】 年内，区科协与中关村科技园门头沟园积极对接，开展招商引资工作，成功吸引启明世济（北京）科技产业发展有限公司、天海世济（北京）科技有限公司、中安建科（北京）工程管理有限公司 3 家企业入驻，注册总资产 2200 万元。

（侯　越）

【区科协第四次代表大会召开】 年内，区科协第四次代表大会召开。经 2 次提请门头沟区委常委会审议，上级党组织资格审查，共推选正式代表 164 名。委员候选人 89 名，常委候选人 31 名。其中，主席 1 名，名誉主席 1 名，专职副主席人选 3 名，兼职副主席 5 名，共 9 名。

（高海翔）

门头沟区工商业联合会

【概况】 2022 年，门头沟区工商业联合会机关（简称区工商联）加强与中华工商时报、区融媒体中心的协作，宣传区民营企业取得的突出成绩；全年组织线上、线下主席会，常委会、执委会及各种活动 6 余次；引导广大民营经济人士勇于承担社会责任，参与“送温暖、献爱心”、对口帮扶和社会慈善事业。据不完全统计，截至 2022 年 12 月底会员企业累计捐款、捐物 140 万余元，参与消费扶贫超33万余元，捐助公益岗位6个。年内，发展新会员17家，会员总数642家，执委总数83人。向市工商联、区委、区人民政府、区委统战部报送动态信息83条，刊发51条。区工商联智库上报社情民意稿件33篇，被全国工商联采用16篇，1篇得到市主要领导批示。区政协工商联界别提案《关于不断优化营商环境，打造地区服务联合体，推动门头沟区民营企业发展的建议》被评为2022年度优秀提案。

（安　剑）

【座谈工作】　4月21日，区工商联召开民营经济人士思想状况调研座谈会，深入了解当前形势下民营经济人士思想状况和面临的实际问题。9月21日，区工商联与区人民法院召开“依托商会，成立法律服务站专题座谈会”。9月，区工商联同区人民法院在旅游商会建立法律协调室座谈会。10月24日，为深入了解会员企业“人工智能触觉创新基地”建设运行情况，工商联、科协与北京他山科技就基地相关工作事项进行座谈。

（安　剑）

【光彩事业】　6月2日，区工商联组织“众志成城抗疫情，爱心企业显担当”活动，亨美利嘉企业、东正公司向妙峰山镇捐赠防疫物资。年内，引导门头沟区民营企业以解决就业、产业投资、消费扶贫等方式，深入参与内蒙古武川帮扶工作。累计完成消费扶贫超33万元，捐助公益岗位6个。年内，据不完全统计，有46家会员企业向区卫生健康委、医疗机构、乡镇街道、环境卫生等一线部门捐助各项物资140万余元。

（安　剑）

【培训工作】　6月，区工商联组织新任执委、会员企业及宣传员105人开展主题为“学习十九届六中全会精神、汲取新时代奋进力量”的线上培训会。培训围绕落实十九届六中全会精神，结合北京“五子联动”发展思路，民营企业如何参与“两区”建设，融入北京和门头沟区发展大局进行辅导；区工商联联合中关村门头沟园区管委会，邀请区人力社保局，通过线上模式，举办“助企纾困促就业 三方联动稳发展”为主题的政策解读会。区工商联所属商协会、会员企业以及园区企业98家参加。为参会企业提供全面的政策讲解和业务指导培训，帮助企业理清政策内容，掌握申报流程，真招实措推动各项惠企政策落实落细。9月，区工商联、区红十字会联合举办“凝心聚力迎盛会 急救知识进企业”线上大讲堂暨直播平台推广活动，20家企业30人参加。培训中，红十字会应急救护培训老师利用多媒体与模拟人演示相结合的方式对心肺复苏、AED自动体外除颤仪使用方法、气道异物梗阻的处理方法进行讲解。

（安　剑）

【区工商联十一届二次常委会】　8月，门头沟区工商联十一届二次常委会召开，表决通过《关于向积极参与疫情防控、支援合作、乡村振兴、财源建设等重点工作的会员企业给予感谢的决定》《门头沟区工商联（商会）不驻会副主席、副会长述职办法（试行）》。

（安　剑）

【产权保护工作】　年内，区工商联组织28家会员企业，携手区人民法院线上召开“助力园区企业发展工作情况及典型案例”新闻发布会，介绍区人民法院驻园区“法官联络室”运行一周年工作情况；与区检察院对接，研究对民营企业的涉案企业合规改革的宣传落实。11月，区工商联和区检察院就企业合规性检查、民营企业产权保护等相关工作召开座谈会，对企业金融、知识产权、税务等双方共同关注的问题进行磋商，互相通报工作情况。

（安　剑）

法　治

1 月 30 日，公安门头沟分局交通支队成立首支远郊铁骑队（《京西时报》供图）

◆| 3月31日，2022年区委全面依法治区委员会工作会召开（区司法局　供图）

◆| 4月11日，公益诉讼生态修复基地在王平镇揭牌（区人民检察院　供图）

◆ 7 月 21 日，门头沟区法学会第二次会员代表大会暨第二届理事会第一次会议召开（区委政法委　供图）

◆ 9 月 16 日，区人民法院“党群司法服务站工作情况及典型案例”新闻通报会召开（区人民法院　供图）

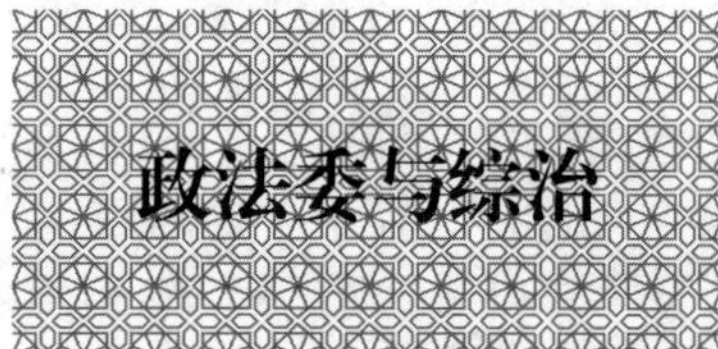

【概况】 2022年，门头沟区委政法委员会（简称区委政法委）立足政法工作主责主业，聚焦重大会议活动安全保障，围绕护航“绿水青山门头沟”高质量发展，完成北京冬奥会、冬残奥会，党的二十大等重大活动、重大会议安保工作；落实全民国家安全教育；推进平安门头沟建设、法治门头沟建设，平安门头沟建设领导小组成员单位扩大至64家；开展危安线索落地核查和可疑情况处置；做深邪教活动打防管控；化解重大社会风险防范，开展社会稳定风险评估，组织项目摸排3次，完成项目评估报告33份；全系统安排“我为群众办实事”折子工程70项；强化执法司法制约监督平台作用，深入开展执法司法监督，研究推动突出执法司法问题解决和重点涉法涉诉信访矛盾化解。

（孟　锋）

【烟花爆竹全域禁放全时看护值守】 元旦、春节（北京冬奥会火炬传递及开幕）期间，区委政法委组织全区机关干部、专群力量集中开展烟花爆竹全域禁放全时看护值守工作。涉及点位1357个，发动群防群治力量37万人次。公安机关在开展打击行动中行政拘留8人、刑事拘留1人、罚款6起，实现“零燃放”工作目标。期间，组织开展烟花爆竹收缴工作。全区设置烟花爆竹回收点位184个，镇街巡查收缴227.5千克，群众主动上缴3891.5千克。

（丁　伟）

【北京冬奥会、冬残奥会安保】 1月14日，区委政法委书记主持召开北京冬奥会和冬残奥会工作推进会，听取各有关单位安保维稳工作及烟花爆竹禁放工作开展情况汇报，对下一步工作提出要求。10月，启动安保维稳工作，区主要领导担任领导小组组长，组建“1+8+1”的战时安保指挥体系（1个领导小组办公室+8个分级指挥部+1个前沿指挥部），全区33家职能部门参战。期间，先后召开全区领导小组会、安保维稳工作部署会、前沿指挥部专题会及相关专题会议50余次。与石景山区建立双区联动作战平台，开展4次区级会商，多轮次调研指导和联合作战。自1月26日起至3月16日，适时启动社会面一级超常防控，民警、巡防队员、治安志愿者全员分时分段上岗值守，高峰时组织专群力量17329余人死看死守。组织开展社区安全防范、违法犯罪打击和制高点摸排监管等专项活动，强化对加油站、快递网点、宾馆酒店、危爆物品等行业单位监控检查，确保全程可控，实现“西部无战事”工作目标。

（任　文）

【区委政法委员会全体会议召开】 2月24日，门头沟区委政法委员会2022年第一次全体（扩大）会议召开。会上，观看《2021年门头沟区政法工作纪实》，开展镇街政法委员述职评议，部署加强智慧社区建设和社区警务室建设工作，传达《中共北京市委贯彻〈中共中央关于加强新时代检察机关法律监督工作的意见〉的实施意见》，7月8日，门头沟区委政法委员会2022年第二次全体（扩大）会议召开，总结2022年上半年全区政法工作，部署下半年工作。

（徐　彬）

【司法协调工作】 4月14日，《中共北京市门头沟区委全面依法治区委员会司法协调小组工作细则（试行）》《区委全面依法治区委员会司法协调小组2022年工作要点暨全区政法系统2022年法治改革工作要点》印发。年内，区委依法治区委员会司法协调小组召开专题会4次，研究执法司法及法治领域改革事项12项，研究并制定《中共北京市门头沟区委全面依法治区委员会司法协调小组工作细则（试行）》《区委全面依法治区委员会司法协调小组2022年工作要点暨全区政法系统2022年法治改革工作要点》《门头沟区关于进一步完善“府院联动”工作机制 加强法治政府建设的实施方案》等制度文件，深入贯彻落实“绿水青山门头沟”高质量发展理念，持续营造更加公正高效的法治环境。

（马　力）

【反邪教工作】 4月，区委政法委组织召开2022年度门头沟区反邪教工作部署会，制定《2022年门头沟区反邪教工作实施方案》。年内，召开反邪教工作部署会、专题会、推进会16次，推动解决基层实际困难与问题4件；开展反邪教宣传教育“六进”活动，举办反邪教宣讲、法治宣传、巡展村居行、小手拉大手校园行等活动138场，发放反邪教宣传材料2万余份，受教育群众5万余人次；加强新媒体渠道反邪教宣传报道，利用“京西卫士”微信公众号推送转发反邪教知识文章26篇，策划有奖答题活动1期，参与网民3.6万余人次；结合文明创建工作，组织开展反邪教宣传防范促文明活动8场次。

（李立国）

【打击养老诈骗专项行动】 5月13日至10月14日，门头沟区开展打击养老诈骗专项行动开展。专项行动期间，累计开展宣传活动1268场，覆盖人群128万余人次，检查涉老机构2599家次，隐患问题整改完成率100%；发布网络宣传作品5770条，制发各类宣传材料1.4万份；侦办养老诈骗类案件2起，抓获犯罪嫌疑人18人，完成退赃147万元。

（张金涛　丁　伟）

【扫黑除恶常态化工作】 6月14日，区委常委会专题研究门头沟区扫黑除恶常态化有关事宜，通过《2022年门头沟区常态化开展扫黑除恶斗争工作要点》《门头沟区扫黑除恶领导小组、办公室主要职责及组成人员名单》。8月22日，区扫黑办组织排查近三年门头沟区涉黑涉恶案件、经济类案件，未发现涉及情况。9月14日，全区扫黑除恶常态化推进会召开，推进教育、金融放贷、市场流通三大行业领域整治工作。会后，区教委、区发展改革委（区金融办）、区市场监管局制定单位内、系统内行业领域整治方案，斋堂镇被确定为扫黑除恶重点整治镇街，区扫黑办成立督导工作专班开展常态化督导。

（李根谛）

【区法学会第二次会员代表大会召开】 7月21日，门头沟区法学会召开第二次会员代表大会暨区法学会第二届理事会第一次会议，审议通过《门头沟区法学会第一届理事会工作报告》，报告从区法学会基本情况、职能定位、取得成绩等方面全面总结第一届理事会六年来（2016年12月至2022年7月）工作情况，特别是在政治建会、品牌创建、服务基层、学术研究和建章立制等方面取得的突出成就，并进一步分析存在问题，提出下一步工作安排。选举产生第二届理事会及其领导机构。

（唐晓瑛）

【党的二十大安保维稳工作】 9月27日，门头沟区启动党的二十大安保维稳工作区级每日会商。党的二十大召开前，区委常委会专题研究讨论并审议通过《门头沟区党的二十大安保维稳工作总体方案》，区委、区人民政府主要领导担任门头沟区党的二十大安保维稳总指挥部总指挥，组织、指导、监督全区党的二十大安保维稳工作，调度全区安全稳定工作进展情况。区委政法委充分发挥区委国安委领导体系和区委平安门头沟建设协调机制作用，研究制定《党的二十大安保实战阶段门头沟区社会面防控工作实施方案》《信访矛盾纠纷排查工作方案》《重点人员教育稳控工作方案》和《安保维稳督查方案》，压实各相关单位责任；制定《门头沟区防范化解党的二十大维稳安保突出风险问题及责任清单》，对全区涉及25项风险隐患逐一拉列问题清单和责任清单，推动落实化解；实行战时日会商和每日专报工作模式，每日调度疫情防控、情报信息、诉求办理、矛盾化解、应急处突等工作，成立工作专班，每日梳理归纳前24小时工作进展，为区委决策提供重要参考。期间，共报送《门头沟区党的二十大安保维稳工作专报》25期。紧盯征收安置、劳资纠纷、医患关系、城市运行、物业管理、经济金融等重点行业领域，组织开展矛盾纠纷大排查专项行动，领导包案推动化解。牵动相关职能部门，依法严厉打击严重侵害群众人身财产的违法犯罪，全区八类案件破案率100%，九类涉恶因素类案件破案率95.2%，盗抢骗案件破案率90.1%；强化重点行业领域安全监管，聚焦群众关心的生态环境、食品安全等问题，动态消除公共安全隐患；群防群治联动融合，民警、武警、辅警、民兵、保安员、治安志愿者等力量捆绑作战，做实京西外围防线查控。期间，杜家庄、芹峪口检查站和双大路、沿河城治安卡口累计检查车辆9万余辆、15万余人，处置红色预警人员935名；精准防控社会面点位，创新将文明引导员、环卫人员、公交人员、河湖管理员等“早起力量”纳入“门头沟热心人”工作体系，累计组织动员群防群治力量48万人次对排查梳理确定的796处社会面防控点位开展巡逻值守，实现有效管控、秩序良好。

（任　文）

【铁路沿线治安环境整治】 年内，区委政法委健全完善路地联防机制，建设市级标准护路工作站2座，推进“消隐促建”专项行动，妥善处置“3.16”货车停驶事件、“9.2”路外伤亡事件，消除重大安全隐患14项，制定解决方案5项，开展爱路护路宣传6次，安装固定宣传警示牌15块，劝阻行人1.45万余人次。

（丁　伟）

【雪亮工程和智慧平安小区建设】 年内，区委政法委组建“雪亮工程”国家重点支持区迎检专班，牵头公安门头沟分局、区发展改革委、区财政局和区科信局等成员单位做好迎检相关工作，并于10月通过中央国检组验收；开展专题调研、协调推进、实地督导以及争取市级资金支持，推进“智慧平安小区”建设，基本完成“全覆盖”建设任务。

（丁 伟）

【执法司法制约监督】 年内，门头沟区政法领域执法司法制约监督联席会召开15次会议，研究突出执法司法问题69件，推动化解一批历史疑难问题和突出事件；印发《关于建立健全门头沟区党政机关、基层组织民事案件涉诉风险预防化解的工作办法（试行）》，前端研判、防范化解涉诉风险，全年流转涉党政机关、基层组织民事案件（含行政案件）70件。

（马 力）

【群防群治工作】 年内，门头沟区志愿者协会多渠道广泛发展队伍力量，在册人员14940人，建立起上有指导、中有督促、下有落实的群防群治立体综合服务体系；开展群防群治业务骨干培训、治安大讲堂37场次，深度参与“环京护城河工程”、民兵看桥勤务和社会面防控工作，“红袖标”可见率不断提高，累计发动群防群治力量85万余人次，排查调解各类矛盾纠纷720余次，发放情报信息奖励近万元，完成北京冬奥会、冬残奥会和党的二十大等重点时期服务保障工作任务；斥资200余万元，为全体治安志愿者配发秋冬执勤服装和巡逻岗旗等执勤装备；“门头沟热心人”作为市域社会治理典型经验报送全国市域社会治理现代化交流座谈轮值主办单位（武汉市），相关工作经验先后被市区多家媒体报道。

（丁 伟）

【挂账重点地区整治】 年内，门头沟区对市级挂账社会治安重点地区城子地区（城子派出所管辖区域）开展综合整治行动，累计依法刑事拘留各类违法犯罪嫌疑人22人、治安拘留37人，盗窃类刑事案件同比下降66.7%、破案率100.0%，黄赌警情案件同比下降25%、处理人数35人、打击对称性同比上升517%。

（丁 伟）

【新冠肺炎疫情防控】 年内，区委政法委完成首都机场、北京南站、进京综合检查站等涉疫人员闭环转运工作，累计闭环转运进返京人员217人。3次启动晨光隔离点医学观察工作专班，累计完成935人次隔离观察任务；协助做好涉疫高风险犯罪人员隔离点设置工作。持续保持涉疫风险人员8小时应急处置指挥部“热启动”状态，累计核查各类人员数据15865人次，落位管控关联涉疫风险人员14526人；快查快办28起违反防疫政策案件，依法处理违法人员68人。

（丁 伟）

法治政府建设

【概况】 2022年，门头沟区全面统筹协调依法治区和依法行政工作，印发《门头沟区法治政府建设实施方案（2022—2025年）》《中共北京市门头沟区委依法治区委员会2022年工作要点》《门头沟区贯彻落实〈关于进一步加强市县法治建设的意见〉任务分工方案》，以及《门头沟区法治政府建设督察整改方案》及任务落实台账、《2022年门头沟区法治建设工作督察自查方案》《督察实地核验工作方案》；完善《2022年度依法行政考评细则》，加强区属部门和各镇街依法行政考核力度，推进市级考核指标落实；落实领导干部学法制度要求，组织开展政府常务会会前学法、依法行政专题研讨班、法治讲座等活动；印发《关于加强镇街间法治政府建设常态化帮扶工作的指导意见（试行）》；深化法治政府示范建设，协调相关部门完成法治政府示范项目和区人民政府重大决策案例参评工作。

（安 萌）

【区委全面依法治区委员会工作会议召开】 3月1日，区委全面依法治区委员会工作会议召开，听取区委依法治区办关于2021年度依法治区工作情况的汇报，审议通过2022年依法治区工作要点。

（安 萌）

【法治政府建设督察】 3月至4月，区委依法治区办组织全区开展法治政府建设督察整改。制定印发《门头沟区法治政府建设督察整改方案》和任务进度表，全面梳理市级督察整改方案规定的各项任务措施，形成51项整改任务，并逐一明确责任单位、完成时限和相关要求，推动整改任务落实落地。7月至8月，印发《2022年门头沟区法治建设工作督察自查方案》，组织全区开展法治建设工作自查活动，重点督查各部门、各镇街学习习近平法治思想纲要、“党政主要负责人履行推进法治建设第一责任人职责清单”逐项落实、基层法治队伍建设、执法信息公示等情况，并形成《2022年门头沟区法治建设督察自查报告》；区委依法治区办联合有关部门成立督导组，对区属各部门、各镇街开展法治建设实地核验工作，督导组在现场检查、网上督察后，及时汇总督察情况，反馈相关部门立即整改。

（安　萌）

【案卷评查质量抽验】 8月至9月，门头沟区开展2022年度处罚案卷自评，重点要求各执法单位对处罚案卷执法全过程记录和法制审核规范率等情况进行自查，督促各执法单位规范行政执法行为，提高行政执法案卷质量。11月至12月，随机抽取区城管执法局、区交通局等14个行政执法部门和13个镇街的行政处罚卷案53卷、评查人员25名，开展集中督查工作，评查结果合格卷51卷、不合格2卷。

（安　萌）

【区依法行政领导小组（扩大）会议召开】 12月28日，门头沟区依法行政领导小组（扩大）会议召开，区长喻华锋主持会议。学习《关于进一步加强市县法治建设的意见》，听取关于2022年行政规范性文件合法性审核工作专项报告，审议通过《关于加强镇街间法治政府建设常态化帮扶工作的指导意见（试行）》。

（安　萌）

【行政规范性文件合法性审查】 年内，区司法局组织开展合法性审核专题培训，协调区委、区人民政府法律顾问聘任、管理、考核相关工作，全区行政规范性文件合法性审核机制落实情况专项监督工作。审核区政府重大决策及规范性文件并出具法律意见64件、提出具体意见建议196条，向市政府备案行政规范性文件4件；反馈市级法规草案征求意见10件。12月22日，以线上培训形式组织全区法制机构人员开展行政规范性文件合法性审核工作研讨和交流，50余人参加培训。

（安　萌）

【行政执法监督】 年内，区司法局加强执法信息公示情况核查，累计公示行政执法信息1163条；落实执法案卷评查制度，组织开展镇街执法案卷季度评查和全区执法案卷评查质量抽验工作。加强日常执法监督和服务，完成全区执法证件统一换发、执法平台审核等工作，组织开展门头沟考区行政执法资格考试3次，累计62人参加考试，通过率88.7%；加强案例指导，组织开展执法案例征集及编纂工作。

（安　萌）

【行政复议】 年内，区人民政府共收到行政复议申请104件，受理103件，受理率99%。其中，申请人中法人或其他组织13件，自然人90件；被申请人中镇街13件，职能部门81件，政府部门派出机构9件。接待复议立案、咨询来访来电1000余人次，全年派发行政复议宣传材料500余册。

（王　雷）

【行政应诉】 年内，门头沟区共办理行政诉讼案件69件，其中一审案件54件、二审案件15件。一审案件中，区人民政府作为单独被告的32件、共同被告的22件。区人民政府作为共同被告的案件中，与区属委办局、镇街作为共同被告的18件，区人民政府与市政府为共同被告的4件。9月19日，区人民法院一审公开开庭审理赵某某请求撤销公安门头沟分局交通支队行政处罚决定及区人民政府行政复议决定一案，区人民政府副区长出庭应诉。

（王　雷）

【依法行政培训】 年内，门头沟区人民政府安排会前学法10次。5月17日至19日，9月20日至22日，围绕习近平法治思想组织依法行政网络专题研讨班2期，培训全区处级领导干部140余人次。

（安　萌）

【规范性文件管理】 年内，区司法局组织全区各部门对现行有效的行政规范性文件开展全面梳理，包括区人民政府规范性文件63件、各部门规范性文件193件。完成文件信息的收集、核查及录入工作，提出废止9件区人民政府行政规范性文件，并梳理出各部门不符合入库文件要求的文件159件。完成水能资源开发利用行政规范性文件专项清理；建立备案规范性文件审查意见书制度，对区人民政府部门4件规范性文件登记备案，发送建议函2件。

（安　萌）

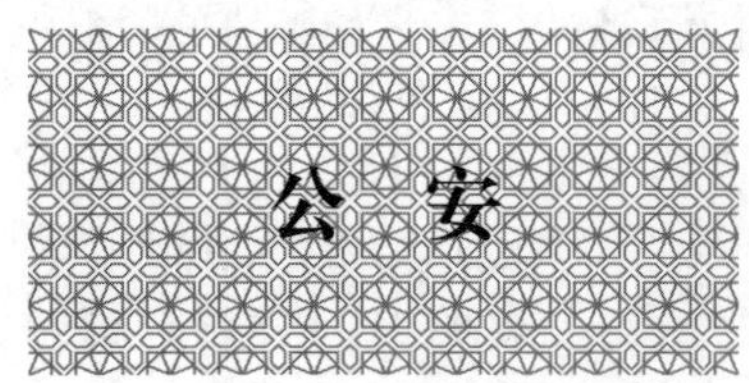

【概况】 2022年，北京市公安局门头沟分局（简称公安门头沟分局）围绕北京冬奥会和冬残奥会、党的二十大等重大安保任务，以抓基础、强规范、重执行为导向，统筹推进“防风险、战疫情、保安全、护稳定、惠民生”各项工作。取得入室盗窃、涉车盗窃、盗窃电动自行车等重点侵财案件破案率“6个100%”的好成绩，传统接触类案件同比上升64%，位居全市首位；抓获黄赌违法人员289人，捣毁黄赌窝点28处，同比前三年平均值分别上升46.7%和32%；查处危害重点保护植物、非法狩猎、占用农用地等案件12起；开展红线问题整治，逮捕起诉效能分别排名全局第一位和第二位，一线执法问题数量同比下降35.3%，重复信访案化解率100%。年内，公安门头沟分局4个集体、4名民警获北京市、公安部颁发的荣誉称号，18个集体、347人分别获一、二、三等功和嘉奖，收到群众锦旗、感谢信82件。

（赵秋来）

【人民警察节庆祝活动】 1月10日，公安门头沟分局召开会议，庆祝2022年中国人民警察节。集体重温公安机关人民警察誓词，宣读《关于给在“冰锋·2022平安冬奥”社会面专项攻坚行动中表现突出的集体及个人记功奖励的命令》，立功授奖集体和个人代表分别作表态发言。分局主要领导代表分局党委强调三点意见。分局全体党委成员，局属各单位主要领导以及各单位班子成员及民警代表分别在主会场、分会场参会。

（赵秋来）

【派出所年报统计验收】 1月12日至19日，门头沟分局采取推磨式互查和分局抽查的方法，组织开展户籍派出所年报统计验收工作。期间，共抽取派出所16个社区（村委），核对户口底票3944户、8740人，检查市外迁入、迁往市外、出生户口、死亡注销、参军注销等、主项变更等派出所户口登记2833人次，对检查中发现的个别单位社区人口数据不一致、组卷存档进度慢等问题，均当场责令整改。

（赵秋来）

【公安工作会议召开】 1月24日，公安门头沟分局召开2022年全区公安工作会议，宣读2021年度优秀岗位民警评选结果及表彰奖励决定；传达学习习近平总书记对政法工作的重要指示和2022年全市公安工作会议精神；播放分局2021年公安工作回顾多媒体片；分局主要领导代表分局党委作2022年工作报告。

（赵秋来）

【首例认罪认罚48小时全流程速裁案办结】 3月9日，公安门头沟分局执法办案管理中心通过前期充分准备，积极沟通协调，办结门头沟区首例认罪认罚48小时全流程速裁案件。3月7日22时许，交通支队查获一名涉嫌危险驾驶罪嫌疑人。经会商，该案符合启动认罪认罚48小时全流程速裁条件，并立即启动全流程速裁程序。3月8日，完成对嫌疑人刑事拘留、案件移送起诉。3月9日，区人民法院刑庭法官在执法办案管理中心速裁法庭内开庭审判案件，并当庭作出判决，从而为门头沟区落实认罪认罚从宽制度改革迈出“第一步”。

（赵秋来）

【高考中考等考试安保】 3月19日和26日，2022年度高考、学考第二次英语听说考试举行。门头沟区共涉及8个考点、37场次考试，涉考考生共2210人次。公安门头沟分局累计出动警力86人次、保安员46人次、保卫人员57人次，警车24辆次，全力维护考点及周边交通、治安秩序，确保安全。6月24日至26日，2022年度中考举行。门头沟区共设常规考点4个、封管控考点1个、临时启动备用考点1个，共有1500余名考生参加考试。公安门头沟分局累计出动警力84人次、协管114人次，发动文明引导员90人次，全力落实各项安保措施，确保中考考试顺利进行。

（赵秋来）

【清明节秩序维护】 3月26日至4月5日，公安门头沟分局围绕清明祭扫5个高峰日，累计出动警力500人次，全力维护清明祭扫期间道路沿线交通秩序。墓地治安秩序。其间，共接待祭扫人数62926人、车辆33797辆；清理陵园周边无照游商20余人、处罚2人。

（赵秋来）

【延庆区看守所在押人员回押】 4月6日，公安门头沟分局组织警保处、反特巡和交通支队、看守所、军庄派出所、驻所武警中队等部门密切配合，无缝衔接，全力做好被监管人员监室提解、押解路线警卫工作，确保乘坐延庆区看守所122名（按照市局冬奥安保总体部署，延庆区看守所在押人员于1月5日集中转运至门头沟区看守所羁押工作）被监管人员的押解车队安全驶离门头沟区管界。

（赵秋来）

【特色练兵专业工作室授牌】　6月6日，公安门头沟分局举办特色练兵专业工作室授牌仪式，通报以第一支队民警高建刚、反特巡支队民警王育新、治安支队民警刘玉福、法制支队民警冯钰哲分别命名的第一批特色练兵专业工作室相关情况，并组织交流发言。分局领导为第一批特色练兵专业工作室授牌并提出要求。

（赵秋来）

【无人机反制技术交流】　7月1日，公安门头沟分局反特巡支队联合市局反恐怖和特警总队、中国人民解放军战略支援某部中心开展无人机反制技术交流活动，组织民警实地观摩车载反制设备与图像回传功能演示，以及无人机操控技能展示，并开展单兵无人机反制“黑飞”无人机操作演练，进一步提升民警无人机反制工作理论知识和实践操作能力。

（赵秋来）

【烟草领域“公物仓”启动】　7月8日，公安门头沟分局与区烟草专卖局举行烟草领域涉案物品管理“公物仓”启动仪式，深入推进行政执法与刑事司法衔接工作，并就进一步深化推进两部门执法协作和涉案物品管理“公物仓”建设进行座谈交流。

（赵秋来）

【高危人员物品“见底行动”】　9月2日至6日，公安门头沟分局组织推进高危人员、物品“见底行动”，共刑事拘留1人，收缴柴油1740升；行政处罚危险物品从业单位1家，罚款金额9000元；累计销毁危险物品11种6.94千克；收缴枪支（简易土火枪）2支、管制刀具2把。

（赵秋来）

【非法狩猎野生鸟类案件】　9月20日，公安门头沟分局森林公安大队组织牵动西峰寺森林派出所破获1起使用地拍笼（拍网）非法狩猎野生鸟类案件，犯罪嫌疑人杨某落网，现场起获被捕获的国家二级重点保护动物野生鸟红喉歌鸲1只，狩猎工具地拍笼（拍网）7套、电子诱捕器3个。同时，从犯罪嫌疑人家中起获国家二级保护动物的画眉、红喉歌鸲、蓝喉歌鸲、红胁绣眼鸟等野生鸟类11只。

（赵秋来）

【非法存放危险化学品案件】　10月16日，公安门头沟分局联合区交通、市场等部门，在对石龙工业区龙园路2号厂房开展党的二十大安保滚动清查时，发现该厂房院内存放有290个分别装有氩气、氮气、二氧化碳、乙炔、丙烷、氦气等6种工业气体（均为应急管理部门列管的危险化学品）的压缩气罐。经工作，2名涉案嫌疑人被依法刑事拘留。

（赵秋来）

【重要时点与重大活动安保】　年内，公安门头沟分局构建整体布防、优势互补的门城核心、门城辐射、浅山区、深山区“四战区”组织架构，强化“三研判两会商”机制和“3+X”督导模式，实现北京冬奥和冬残奥会及党的二十大安保期间治安警情下降的目标。围绕重大赛事和重要会议安保，将重点行业的滚动排查、动态管控、清理整治贯穿工作始终，并按照“一图一表一方案”标准，持续加大监管力度，督促落实主体责任，严格落实30家危爆物品储存使用单位“四停一封”、760架低慢小航空器封存禁飞、64家物流寄递“三个百分百”和“二次安检”等超常规管控措施

（赵秋来）

【涉疫风险管理】　年内，公安门头沟分局牵头成立区涉疫风险人员8小时应急处置前沿指挥部，完善“平战结合、平急转换”机制，紧抓密接、同时空关联、放大器点位等潜在风险，同步推进“追阳、判密、转运、隔离”等环节，筛查比对各类人员数据50余万条、大数据派单55批次18.2万条，会同疾控部门完成流行病学调查900余人次、落地核查高风险人员4000余人次、样品采集2.5万件。累计快查快办违反防疫政策案件70起，依法处理违反防疫政策人员91人。

（赵秋来）

【反诈宣传】　年内，公安门头沟分局做专做强反诈劝阻中心，整合反诈宣传力量，开展全域性、无死角宣传，共累计发放反诈宣传材料2.12万余份，受教育群众25.1万余人，电信诈骗预警劝阻处置率达到100%，挽损金额1242.3万元，首次实现立案和案损数“双下降”。

（赵秋来）

【平安创建】　年内，公安门头

沟分局持续推进门头沟区平安社区、平安医院、平安校园创建。建成智慧平安小区402个，实现全区社区防范从“粗放型人防”向“数字化技防”转变，社区可防性案件同比下降63%；全区78家校园安全防范按照“4个100%”要求，落实“一校一警”措施，每月开展报警拉动演练，时刻保持应急力量“热启动”状态；5家二级以上医院推行院警室负责人兼任保卫部门党组织副书记，提升反哺医院安全管理能力，实现学校、医院等内部单位“零发案”。

（赵秋来）

【社会治安管理】　年内，公安门头沟分局围绕挂账治安重点地区、城乡结合部、警情高发派出所等重点部位，固化“小兵团、小区域、小专项”和大规模集中清整相结合工作模式，持续组织开展出租大院隐患“拔钉子”、足疗洗浴场所“清源治患”、三非外国人“扫楼排查”、夏夜治安巡查宣防、千车夜查夜巡等系列打整行动，累计查处各类治安案件7742起，治安拘留584人；开展规模性集中清整行动65次，清查出租房屋7.79万间次，检查行业场所2285家次，核查流动人口31.1万人次，发现整改重点出租房屋284处，新发现流动人口高危人员137人，查处“三非”外国人14人，处罚违规养犬行为550起，捣毁制假窝点7处，关停足疗洗浴49家，罚款29.8万余元，发现整改各类治安隐患5500余件，黄赌警情同比下降36.7%。

（赵秋来）

【维护社会稳定】　年内，公安门头沟分局建立与政府部门逐一对应的“四级”管控、“三级”响应责任体系，综合运用“三新”排摸管控、领导接访约访等措施，调处矛盾纠纷1.2万件。专门组建应急处置专业力量，明确“3、5分钟”处置区域和8处重点点位，健全规范维稳处置机制，累计开展处突演练20余次，稳妥应对群体维权事件19起。开展“打苗头、防风险、除隐患”“关注群体大摸排、再评估、严管控”专项行动，累计处置各类涉恐案件线索6件，列管、撤销关注群体125人次，适用反恐法行政处罚30起、罚款3.3万余元，开展网吧、旅馆背对背核查100次125人。持续深化“净网”“护网”专项行动，依托“415”机制，开展互联网7×24小时巡查处置，批评教育38人，拘留以上处理5人；对119件涉访线索及时预警布控，对689件敏感网络舆情及时发现流转，并启动分局6+X舆情应对机制稳妥处置涉警舆情42件。

（赵秋来）

【公安警务改革】　年内，公安门头沟分局深入推进110、122“两台合一”警种融合执法警务改革，做强做精集接布警、上传下达、警力调配、督导检查、盯办反馈为一体的分局指挥中心，着力打造指挥更权威、流程更规范、执法更集约的警务运行模式，以点对点、可移动、可视化指挥为载体，整合巡特警、交警、武警及派出所等多警种，全面提升全区社会治安掌控能力，共累计启动一级以上防控方案278天，依托15个7×24小时社区警务站，发动1.3万名平安志愿者力量，形成严管严控、群防群治的强大声势，全年全区刑事案件发案同比下降28.2%。持续深化“六减”改革，优化营商环境，推动70余个政务服务事项进驻区级中心，全部实现“一窗通办”；持续简化办事手续，实现户籍证明信、户口迁移、新生儿入户等6项高频户政事项“同事同标”“跨省通办”目标，极大节约企业和群众办事成本。

（赵秋来）

【交通事故处理】　年内，公安门头沟分局围绕群众反映强烈的突出交通问题，不断加大多警种融合执法整治，查处各类交通违法行为26万余起，同比上升14.7%，一般以上交通事故起数同比下降14.6%。紧盯群众出行堵点难点，围绕108国道、109国道“两条线”，采取“蓝黄红”三级预警、临时潮汐车道、单向循环车道等“短平快”措施，实现道路交通秩序“大改善”。

（赵秋来）

【公安科技建设】　年内，公安门头沟分局成立由分局主要领导和分管领导分别牵头的北京市公安局门头沟分局新一届科技信息化委员会（简称科信委）和科技信息化委员会办公室（简称科信办），进一步落实科技强警战略，加强科技信息化工作统筹，有序推进智慧警务建设。坚持升级优化雪亮工程配套设备功能，一类视频监控完好率保持在98%以上，在全市视图库考核中始终名列前茅；进一步健全完善视频专网和公安网全体系安全设备，区级公共安全视频共享平台实现中高危漏洞和弱口令“双清零”。

（赵秋来）

【督察专员机制建立】　年内，

公安门头沟分局坚持问题导向、紧抓末端执行，创新建立督察专员机制，选调退出现职正处级干部充实“3+X”联合督导专班，会同区属政法单位和执法部门，每日深入基层单位、重点行业开展“直击式”检查、“调研式”监督，对“项目化、节点化、指标化”任务，明确时限，全程跟控，共累计发现整改警力不到位、勤务不规范等问题483件，推动局属单位健全勤务规范19件，实现即发现即整改即落实。

（赵秋来）

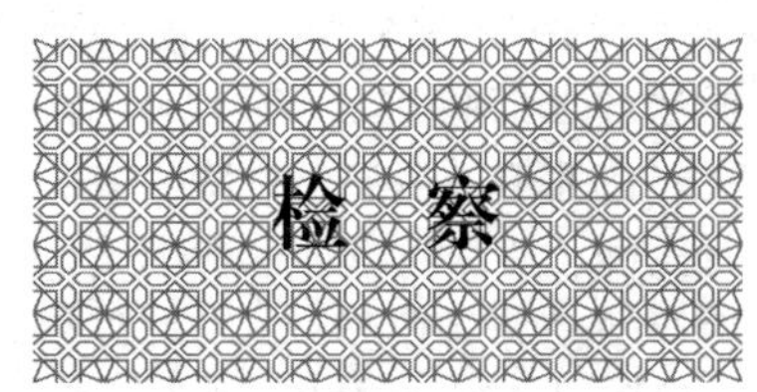

检 察

【概况】 年内，门头沟区检察院（简称区检察院）受理刑事、民事、行政、公益诉讼检察案件1472件，其案件结构比进一步优化为56 ∶ 23 ∶ 11 ∶ 10；贯彻少捕慎诉慎押刑事司法政策，认罪认罚适用率82.92%，依法不批捕79人，不起诉57人；全面加强法律监督，持续做亮公益诉讼；与中国政法大学联合申报2022年市级法学研究重点课题——《民事检察支持起诉制度机制研究》。年内，区检察院第五检察部被全国总工会授予“全国工人先锋号”称号；区检察院报送的刘某某诈骗罪声纹鉴定案获全市优秀检察技术案件，午某某交通肇事案《声像资料鉴定书》获评全市优秀检察技术案件和优秀检察技术文书评选活动优秀检察技术文书，“督促整治农村饮用水源井供水不规范问题行政公益诉讼案”在2020-2021年公益诉讼检察优秀案件和优秀检察建议文书评选活动中获评“公益诉讼检察优秀案件”；区检察院向区教育委员会制发的落实强制报告制度检察建议获评2020-2021年度北京市检察机关社会治理类优秀检察建议评选活动社会治理类优秀检察建议；区检察院办理的吴某某等21人诈骗、组织他人偷越国境、偷越国境案入选《北京市检察机关打击治理电信网络诈骗犯罪典型案例》；“生态检察+”文化品牌在北京市第二届优秀文化品牌征集评选活动中获评“优秀文化品牌”；违法从事公民代理民事诉讼活动大数据法律监督模型，获评北京市检察机关2021-2022年度大数据法律监督模型和数字检察“轻应用”典型案例评选三等奖。

（刘 鎏）

【施工现场安全管理漏洞检察建议】 1月6日，区检察院就施工现场安全管理漏洞等问题，向北京某新型建材有限公司制发检察建议，督促施工单位堵塞管理漏洞、健全制度机制。该单位收到检察建议后立即整改，全面加强现场管理，在施工现场配备值守人员，现场监督施工过程，筑牢人防安全防线；配齐围挡监控设施，采取围挡措施对现场隔离防护并安装监控摄像，通过加强物防保障施工场所财产安全、施工过程不受干扰；强化安全意识，开展施工人员安全教育，通过定期开展法治教育培训树立守法理念，切实提升员工安全防范意识。

（刘 鎏）

【北京首个公益诉讼生态修复基地揭牌】 4月11日，区检察院联合区园林绿化局、王平镇政府举行公益诉讼生态修复基地揭牌仪式。该基地是北京市首个公益诉讼生态修复基地，兼具惩治、普法、警示、修复等功能，是门头沟人民检察院深化“专业化监督＋恢复性司法＋社会化治理”生态检察模式，探索形成“行政＋司法”1+1>2保护合力，服务保障区域绿色发展的创新举措。

（刘 鎏）

【速裁模式审结案件】 7月6日至7日，区检察院联合公安门头沟分局、区人民法院、区司法局采用48小时全流程结案速裁模式审结6起轻微刑事案件，其中醉酒危险驾驶案件4件4人、盗窃案件2件2人，提出的量刑建议均获区人民法院采纳。

（刘 鎏）

【不公开检察听证】 9月1日，区检察院就一起刑事案件未成年被害人的监护监督问题召开不公开检察听证。通过听证，全面听取各方意见，以公开促公正，确保案件事实准确、办案用权廉洁、司法程序公正。

（刘 鎏）

【聘任首批特邀检察官助理】 9月16日，区检察院举行首批特邀检察官助理聘任仪式暨履职培训会，聘任11名来自区内行政机关的专业人员担任首批特邀检察官助理。通过把检察办案专业优势和特邀检察官助理的专业优势紧密融合，达到“1+1>2”的聚合效应，更好实现政治、社会、法律“三个效果”有机统一。

（刘 鎏）

【刑事检察案件】 年内，区检察院在受理刑事检察案件中，审查逮捕188件279人，审查起诉

304 件 433 人，案件质效数据指标在全市排名第 7 位。依法办理全区近年来涉案人数最多、犯罪金额最大的某某会馆组织卖淫案等重特大案件；引导公安机关抓捕隐匿境外从事电信网络诈骗的犯罪嫌疑人 25 人；严惩兜售虚假保健品、虚构投资理财项目骗取老年人养老金的犯罪团伙，追赃挽损 140 余万元。

（刘　鎏）

【民事行政检察案件】 年内，区检察院依法办理监委移送案件 11 件 11 人，办理涉未检察案件 90 件。开展“黑自流”大数据法律监督模型专项工作，依法查处非法买卖、运输、储存危化品案件 10 件 15 人，刑事立案 4 件 7 人，行政立案 6 件 8 人，打掉黑加油点 6 个，查获改装加油车 11 辆，起获柴油 13286 升、危险气罐 290 瓶。对 31 名应当给予行政处罚、行政处分的被不起诉人，依法提出检察意见，做好后半篇文章，切实防止不诉了之。

（刘　鎏）

【公益诉讼检察案件】 年内，区检察院推进“国有财产保护、国有土地使用权出让”“公益诉讼守护美好生活”等专项活动，围绕食药安全、税费征收、个人信息保护等领域，制发诉前检察建议 29 件，均获采纳；办理全市首例以调解结案的刑事附带民事公益诉讼案件，督促被告人依法缴纳生态损害赔偿金等费用 85 万余元；办理“非法采摘槭叶铁线莲”案；就办理成品油法律监督专项中发现的成品油企业管理漏洞问题，向涉案企业线上宣告送达检察建议。

（刘　鎏）

【检察监督】 年内，区检察院依法监督抓捕“另案处理”未到案人员 5 人，立案侦查司法工作人员渎职犯罪 1 件 1 人；开展刑事审判活动和生效裁判结果监督，提出刑事抗诉 2 件，提请上级院抗诉 1 件获支持；推进“减假暂”专项监督，开展看守所巡回检察，促进刑事执行活动更加严格规范；开展大标的额民商事案件审判专项监督，重点完善涉党政机关、基层组织民事案件监督机制，提出再审检察建议 9 件，均被采纳，向上级院提请抗诉 1 件获支持；开展民事支持起诉专项行动，围绕一起拒不支付劳动报酬案，会同公安机关、人社部门积极帮助 47 名员工讨回工资款 30 余万元，及时化解风险隐患；成立行政检察办公室，开展“全面深化行政检察监督，依法护航民生民利”专项行动，办理案件 167 件，提出检察建议 41 件，均获采纳；针对安全生产、财务管理、招商引资等活动中的不严格不规范现象，制发社会治理类检察建议 53 份，采纳率 100%；开展涉案企业合规改革，制发企业合规检察建议 2 份。

（刘　鎏）

【服务“绿水青山门头沟”高质量发展】 年内，门头沟区委印发《关于加强新时代检察工作服务“绿水青山门头沟”高质量发展的意见》以下简称《意见》。区检察院制定分工方案，将区委《意见》落地落实；与区委政法委联合印发《关于加强检察官与镇街政法委员常态化联络工作的意见》，选出 26 名检察官与镇街政法委员一对一联络，通过处理涉检事项、提供法律意见、协助化解矛盾等，深层次融入社会治理；积极参与区执法司法协调与议事平台，努力为党委执法司法监督提供检察专业化专门性支撑；打造“生态检察 +”特色品牌，以恢复性司法理念守护绿水青山。

（刘　鎏）

【“门检数峰”品牌建设】 年内，区检察院制定《“门检数峰”大数据监督专项工作实施方案》，完善科技赋能支撑机制，不断推进检察大数据战略深入实施；开展“门检数峰”大数据监督专项工作，统筹推进成品油、刑事下行案件、另案处理、追捕追诉、公民代理等“25+N+X”项大数据法律监督模型，探索“两卡”犯罪追捕追诉模型、税费欠缴监督模型、违法从事公民代理民事诉讼活动监督模型；利用大数据深挖犯罪、深化监督、促进治理，推动法律监督由个案办理向类案监督、系统治理叠变深化。

（刘　鎏）

【概况】 2022 年，门头沟区人民法院（简称区人民法院）围绕党的建设、审判质效、党风廉政、人才培养“四个支点”和服务大局、服务群众、服务干警“三条主线”，坚持“稳字为基、实字为要、细处着眼、严字为纲”工作要求，全面统筹疫情防控和审判执行工作，为辖区经济社会发展提供坚实的司法服务和保障。全年新收案件 11755 件，审结案件 11855 件，结案率 91.24%，结收比 100.85%。区人民法院坚持党建引领，探索“党组、机关党委、机关纪委、党支部、党小组”融通式全面从严治党责任体系，夯实管党治党责任链条；聚焦执法办案第一要务，依法审结刑事案件215件、审结各类民商事案件7026件、审结行政案件172件，执结案件4215件；全力推进历史遗留问题化解，支持保障法治政府建设，持续助力优化营商环境，深入参与基层社会治理；深化司法体制综合配套改革，完善“三维五向”重大敏感案件管控机制，优化“全员全域全程”民商事案件节点管理机制，深化“四统一三规范”执行权力制约机制，大力推进“多元调解+速裁”工作。年内，区人民法院获评第四届“北京市模范法院”、全国“为群众办实事示范法院”，立案庭（诉讼服务中心）获评北京人民法院先进集体，斋堂人民法庭获评北京市青年文明号，刑事审判庭获评北京市打击洗钱犯罪成绩突出集体，民事审判一庭获评2022—2023年门头沟区青年文明号。

（牛 哲）

【服务基层治理】 2月28日，区人民法院参加雁翅镇山区农民搬迁工作开工动员专题工作会，开展“涉‘险村搬迁’政策法律风险提示”专题讲座。3月10日，斋堂人民法庭联合雁翅镇党委，组织雁翅镇芹峪村、高台村、跃进村、淤白村党支部到清水镇黄塔村，跨镇交流“险村改造”先进经验。4月26日，与区城市管理指挥中心开展“群众热线 双号联通”座谈会，联系法官到位率、反映事项办结率和工单回访率均达100%。出台《关于为农村集体“三资”管理提供司法服务和保障的实施办法》，推动农村集体“三资”管理工作规范化、制度化。年内，创建“三个无讼”司法品牌，继续挂牌35个“无讼示范村居”、1个“无讼示范企业”和1个“无讼物业社区”。

（牛 哲）

【为群众办实事示范法院创建】 3月18日，区人民法院召开创建“为群众办实事示范法院”动员部署会，围绕“党建引领转作风 基层走访办实事”工作重点，开展“系牢党建红纽带 共绘发展同心圆”党建共建活动，常态对接各镇街。9月16日，召开“党群司法服务站工作情况及典型案例”新闻通报会，总结人民法庭党群司法服务站成立以来的工作情况及成效，并通报4起典型案例。12月28日，被最高人民法院命名为“为群众办实事示范法院”。年内，“一统领三嵌入”党建工作机制获评“全国法院党建创新优秀案例”。

（牛 哲）

【刑事审判】 年内，区人民法院依法审结刑事案件215件。主要有审结全区首例涉养老集资诈骗案，向区市场监管局发送司法建议，护好老区人民“钱袋子”。成功调解全区首例非法采矿暨刑事附带民事公益诉讼案件，被告人主动赔偿修复生态环境费用70余万元，守卫京西绿水青山。审结妙峰山飙车危险驾驶案，严惩竞速飙车违法犯罪行为。

（牛 哲）

【民商事审判】 年内，区人民法院依法审结各类民商事案件7026件。一起恶意转移财产离婚案件该案被评为北京法院弘扬社会主义核心价值观民事典型案例，“北京某旅游公司诉北京某村民委员会等合同纠纷案”分别入选第二批人民法院贯彻实施民法典典型案例、北京法院参阅案例。加强法治副校长品牌建设，到大峪一小、京师实验小学等学校开展预防校园暴力、《家庭教育促进法》等专题宣讲。

（牛 哲）

【行政审判】 年内，区人民法院依法审结各类行政案件183件。行政机关工作人员出庭率达100%，行政机关负责人出庭应诉38人次，出庭应诉率29.1%。受理30件非诉执行案件，准予执行率连续两年达100%。印发《2021年度行政案件司法审查白皮书》，在区人民政府常务会上通报涉诉行政案件情况；深化府院联动，与多家行政机关沟通探讨执法热点、难点问题，靠前指导10余次，助力提升行政机关依法行政能力水平，行政机关败诉率连续三年下降。

（牛 哲）

【执行工作】 年内，区人民法院执结案件4215件，执行到位金额6.87亿元，案款从收到发压缩至12.34天，全市基层法院用时最少。其中，执结涉民生案件196件，发放金额877.6万元。高压态势打击失信行为，将442名被执行人纳入失信名单，限制高消费1669人，让“老赖”寸步难行。创新运用预处罚工作机制，近七成预处罚被执行人按期自动履行法定义务。在一起腾退房屋强制执行案件中，法官多次向被执行人释法说理，发出《预处罚通知书》无果后，果断对被执行人罚款1万元，处罚后被执行人自动搬离房屋。

（牛　哲）

【案件审判质效提升】　年内，区人民法院完善“三维五向”重大敏感案件管控机制、民商事案件“全员全域全程”节点管理机制、“四统一三规范”执行权力制约机制，“全员全域全程”节点管理机制被评为第三届司法改革“微创新”优秀案例。平均审执天数、最后一次开庭至结案平均天数基层法院第一名，平均扣除审限天数、民商事案件平均审理天数基层法院第三名，“多元调解＋速裁”工作连续四年位列全市前茅，“3+1”核心指标与各项质效指标均位居全市法院前列，审执工作保持良性运转。

（牛　哲）

【助力优化营商法治环境】　年内，区人民法院立足中关村科技园门头沟园，积极延伸司法职能，开展多次优化营商环境座谈会。年内，组织召开“司法助力园区企业发展成果及典型案例”新闻发布会，介绍驻中关村科技园门头沟园“法官联络室”成立一周年来的工作情况，发布《中关村科技园门头沟园企业2021年涉诉情况大数据分析报告》和5起典型案例，制发石龙驻区企业专刊执行工作白皮书。4月28日，为北京京煤集团开展劳动争议法律知识讲座。5月25日，与斋堂镇政府召开优化营商环境流座谈会。6月1日，为中铁北京工程局集团物资工贸有限公司开展“建筑设备租赁法律风险及防范”京法巡回讲堂活动。

（牛　哲）

【司法宣传】　年内，区人民法院制作发布微动漫《加快案款发放速度 助力优化营商环境》；录制“门法公开课”19期，普法宣传服务队、法治副校长深入企业、社区、机关等开展巡回讲堂53场，惠及群众2000余人；组织8名法官参与录制北京广播电视台《民法典通解通读》节目8期，组织16名法官干警录制中央人民广播电台《中国之声》8期，组织2名法官录制CCTV13“法治在线”2期。

（牛　哲）

司法行政

【概况】　2022年，门头沟区司法局（简称区司法局）全面建成律师行业妇女法律救助工作站，为婚姻家庭矛盾调处、妇女维权提供服务；推动“八五”普法规划深入落实，开展多主题法治宣传活动；有序推进民主法治示范村（社区）创建工作，截至2022年年底，北京市民主法治示范村（社区）63个，其中国家级民主法治示范村2个；完成公共法律服务12348法律咨询新增热线工作，扩容法律咨询接待能力；完成重大活动、重要会议服务保障任务，严格启动社区矫正登记防控预案，提升管控等级；同时做好矛盾纠纷排查工作，全区各级人民调解组织共开展矛盾纠纷排查156次；严厉打击社区矫正对象违法违规行为，两名社区矫正对象因行政处罚被撤销缓刑收监执行。

（李美子）

【迎接冬奥法治主题宣传】　1月18日，区司法局联合区文联在大峪街道增产路东区社区开展“迎接冬奥·法治同行”主题宣传活动，向居民发放“法治春联”、法治宣传手提袋、臂包、各类宣传书籍、资料等100余份。1月26日，华夏公证处开展“助力冬奥·公证同行”法治宣传活动，通过现场讲解、播放宣传片、发放宣传材料的方式，向前来办证、咨询的市民普及民法典、公证法规、涉奥法规等。2月11日，区司法局联合北京市京典律师事务所在王平镇安家庄村开展“助力冬奥”走基层慰问活动，与安家庄村委会班子成员座谈，走访困难党员。2月14日，在潭柘寺镇南村开展“助力冬奥 法治同行”灯谜竞猜活动，灯谜竞猜将传统元宵节文化、冬奥元素、法治宣传相融合，现场设置法律咨询台，专业律师为群众讲解北京冬奥会和生活中常用的法律知识，解答群众法律咨询10人次。

（李美子）

【规范离婚协议公证办理】　2月，华夏公证处就规范办理离婚协议公证制定3项举措。主要有受理前重点审查双方民事行为能力、财产权属凭证、协议具体内容；受理后严格核实申请人户籍登记的婚姻状况及亲属关系情况，并向相关婚姻登记处核实其离婚协议内容；加强释明，重点告知申请人协议所涉及的财产权属变更的法律后果。

（袁丽平）

【第三届区人民调解协会会员代表大会召开】　4月11日，第三届北京市门头沟区人民调解协会会员代表大会召开，审议通过《第二届北京市门头沟区人民调解协会工作报告》《第二届北京市门头沟区人民调解协会财务收支决算报告》《北京市门头沟区人民调解协会章程（修订稿）》《第三届北京市门头沟区人民调解协会选举办法（草案）》，选举第三届区人民调解协会理事7人、第三届区人民调解协会监事3人。

（陈 琪）

【律师行业妇女法律救助工作站建成】 4月27日，区司法局联合区律师协会，在全区12家律所全面建成律师行业妇女法律救助工作站。推动律师公益服务工作和妇女权益保障工作有机结合，打通困难妇女法律权益服务保障的最后一公里。

（马晓雨）

【法治宣传】 7月12日，区司法局在北京京能地质工程有限公司开展“迎接二十大 送法进万家”主题宣传活动。解读《中华人民共和国劳动法》《中华人民共和国劳动合同法》及《中华人民共和国民法典》等相关法律法规，30人参加活动；发放宣传资料、法律读本200余份，宣传品200余份。7月22日，联合惠农公益法律服务中心、天元律师事务所，在妙峰山斜河涧村开展“迎接二十大 送法进万家”法治宣传活动。通过设立咨询台、发放普法宣传材料、法律咨询等形式，为村民讲解民法典、疫情防控、法律援助等相关法律法规知识。8月3日，联合区律协、区妇联开展助力创城“巾帼喜迎二十大 维权送法进万家”法治宣传活动。在城子街道新老宿舍社区、华新建社区、西宁路社区通过悬挂横幅，向居民发出《助力创城 法治宣传在您身边——致市民的一封信》。10月14日，联合区教委开展“迎接二十大 习近平法治思想进校园”活动暨门头沟区法治副校长工作培训会。200余人参加会议，培训内容包括《中小学法治副校长聘任与管理办法》《习近平法治思想》等。年内，区司法局以“谁执法谁普法”普法责任制落实为抓手，加强重点普法对象法治宣传教育工作，通过送法“进机关”“进校园”“进社区”“进农村”“进企业”“进网络”等形式开展“迎接冬奥·法治同行”“全民国家安全教育日”“美好生活·民法典相伴”“迎接二十大 送法进万家”“打击整治养老诈骗专项法治宣传”等主题宣传活动200余次，讲座130余场，发放各类宣传资料、宣传品1万余份。

（李美子 李国红）

【区社区矫正工作大会召开】 10月26日，门头沟区社区矫正工作大会召开，区司法局介绍社区矫正工作开展情况及下一阶段工作安排，区人民法院、永定镇、东辛房街道作交流发言。社区矫正委员会成员单位参加会议。

（陈 琪）

【第三届区第一次律师代表大会召开】 11月3日，第三届门头沟区第一次律师代表大会召开，选举第三届门头沟区律师协会理事、监事以及会长、副会长、监事长，其中理事11名、监事3名。第三届门头沟区律师协会新当选代表26人参加会议。

（马晓雨）

【公共法律服务】 年内，门头沟区共接待各类法律服务咨询28759人次，其中公共法律服务实体平台接待现场咨询13747人次、12348法律服务热线接听15012人次。受理法律援助申请324件，推行法律援助经济状况告知承诺制17人次。

（李国红）

【社区矫正】 年内，门头沟区管理社区矫正对象200人，接收社区矫正对象100人，解除社区矫正对象72人，开展矫前社会调查84件。安置帮教工作，核查入监所服刑人员人130次，刑满释放人员材料核实、转递124人次，指导司法所完成视频会见155例。

（陈 琪）

【人民调解工作】 年内，门头沟区共有人民调解委员会328个，调解员1890人。其中，村调委会180个、社区调委会122个、镇街调委会13个、物业调委会2个、企事业调委会2个、区级专调9个。年内，区司法局印发《关于基层人民调解组织积极参与保障农民工工资支付工作的通知》，要求加大对农民工工资争议案件的调解，开展涉及拖欠农民工工资案件的排查，扩大人民调解的影响力和知晓率。年内，区司法局转发《关于进一步做好涉疫情矛盾纠纷排查调解工作的通知》的通知，要求全面加强涉疫矛盾纠纷排查，做好涉疫矛盾纠纷调解工作，及时报送涉疫矛盾纠纷排查调解工作信息，突出工作举措，反映工作成效，推树工作典型。全年全区各级人民调解组织共调解纠纷3119件，调解成功3118件，成功率为99.9%，协议涉及金额61618万元；各级人民调解组织开展矛盾纠纷排查活动156次。

（陈　琪）

【法律服务监督管理】　年内，区司法局印发《门头沟区律师行业党组织参与决策管理工作实施方案》，指导区律协扎实推进“做党和人民满意的好律师、喜迎二十大”主题活动；创建律师服务公益品牌，探索形成公益法律服务新模式，在辖区律师事务所全面建成律师行业妇女法律救助工作站；做好做实村居公益法律顾问工作；精选律师组成“12348”热线律师值班队伍，提升12348热线服务水平；律所主动对接西老店菜市场、双峪菜市场等市场主体，为群众“量身定制”公益普法套餐。加强公职公司律师队伍建设，逐步推进公司公职律师制度在全区落地。

（马晓雨）

2023 BEI JING MEN TOU GOU NIAN JIAN
北京门头沟年鉴

军 事

7月28日，门头沟区领导“军事日”活动举办（区人民武装部　供图）

人民武装部

【概况】 2022年，中国人民解放军北京市门头沟区人民武装部（简称区人民武装部）落实党管武装要求，探索民兵预建党组织建设，完成国防动员、民兵整组、兵员征集、军事训练、军事设施保护、政治教育、战备执勤、抢险救灾等各项工作任务，深化军地合作，在应急保障专业比武中获得北京市单项科目第五名。

（门韶兴 温 博）

【民兵训练】 1月4日至9日，区人民武装部组织开展冬季适应性训练，其中1月4日至5日在营训练、1月6日至9日，在野外拉练，训练以有效履行使命任务为牵引，坚持紧贴实战、突出重点、从难从严、全面锻炼、立足实际、务求实效的原则，切实提高“走、打、供、修、救、管”等综合保障能力。7月18日至29日，协调抽组区民兵应急分队95人，在丰台区、房山区开展专业教练员暨分队集训。重点完成应急专业行动常识学习、防暴装备器材和抢险装备器材操作使用、巡逻执勤等课目的训练。11月1日至12日，组织民兵45人在丰台区民兵训练基地组织集训，通过理论学习、实操作业，提高民兵支援保障防空作战的军事技能。

（门韶兴）

【安保执勤】 2月至3月，区人民武装部组织清水镇、斋堂镇和雁翅镇3个镇民兵，担负北京冬奥会、冬残奥会以及全国“两会”期间安保执勤任务。其中，北京冬奥会期间协助民警检查27352辆车、42036人，北京冬残奥会与全国“两会”期间协助民警检查16873辆车辆、28861人。10月，区人民武装部组织党的二十大期间安保执勤工作，组织斋堂镇、雁翅镇和清水镇民兵做好进京检查站执勤等工作，每日有192人在21个点位执勤任务。

（门韶兴）

【民兵防汛】 4月27日，区人民武装部军事科牵头组织驻区部队到永定河沿线，勘察防汛重点部位，落实防汛责任，为做好夏季防汛做好准备。

（门韶兴）

【区领导赴部队过“军事日”】 7月28日，门头沟区领导到中国人民解放军仪仗司礼大队过“军事日”活动。其间，观看仪仗队列展示，深入班排体验军营生活，参观仪仗司礼大队军史长廊，并与军队领导座谈交流。

（温 博）

【群众性神枪手课目比武考核】 11月10日，区人民武装部在丰台区人民武装部靶场，组织13个街道、部分委办局民兵600余人，进行轻武器实弹射击，并开展第三届群众性练兵神枪手课目比武考核，潭柘寺镇获第一名。

（门韶兴）

人民防空

【概况】 2022年，门头沟区人民防空办公室（简称区人防办）坚持党建引领，聚焦人防主责主业，争取市级1180万元资金支持，推进落实19项重点工作，加快防护体系和指挥体系优化建设、加大人防平时服务和走进基层力度、稳步推进专业队伍和基层力量培养；完成人防工程建设标准审核17件、人防工程验收备案2.39万平方米、在建人防工程质量监督4.5万平方米，平时使用许可百余处，为全区新增533个车位；开展移动指挥平台、电台等科目及京津冀联合演练共72次，参与完成应急保障任务21次共504小时；安装完成84个社区人防宣传栏、8个公共应急避难场所人防宣传栏和1066个宣传地灯，组织社区人防宣传讲座28场、防空袭演练5场，开展大型宣传活动3次，发布人防宣传信息100余条。

（宋 健）

【人防工程安全检查】 3月1日，区人防办深入重点区域人防工程开展新冠肺炎疫情防控、消防安全督导检查，重点对人防工程有限空间作业、电动自行车违规停放充电、消防设备配备等方面进行排查。6月9日，对全区人防工程内有限空间作业安全情况进行全面排查，重点对规范设置有限空间安全警示标志、喷印警示语、建立健全有限空间作业安全管理规章制度工作流程和配备必要的安全设备设施等情况进行检查。9月8日，对全区人员密集区域的人防工程进行中秋节前安全检查，着重检查工程内重点部位防护、安防设备配备、应急处置预案及人员配置情况。

（张祎贤）

【民防宣传】 3月1日，区人防办开展以“民防和灾害转移安置人口，包括志愿者的作用和疫情管控”为主题的国际民防日宣传活动，为群众讲解防空防灾知识，发放宣传册和宣传袋。7月25日，邀请北京市人防浩天救援队讲师为石门营新区五区社区居民讲解防空防灾知识。8月5日，在城子街道燕保家园社区开展防空防灾知识宣传活动，宣讲有关法律法规，普及防空警报并现场教授讲解应急结绳和人防工程设备设施知识。9月2日，在大峪街道承泽苑社区开展人防进社区宣传活动。

（吕 莹）

【参与京津冀三地协同训练】 3月，区人防办参加京津冀三地人防无线通信协同训练。区人防办作为此次训练组长，分别与北京房山区、天津南开区、河北保定市及衡水市进行训练72次，内容包括卫星音、视频通信训练，检验通信设备工作状态，优化、磨合京津冀联合指挥通信工作机制等。

（刘燕新）

【人防行政执法】 4月26日，区人防办联合有关部门对全区人员密集区域的人防工程开展节前联合执法检查，重点排查人防工程消防设备设施是否完好、有无存放易燃易爆危险化学品、有无停放电动自行车及充电、使用单位是否落实人防工程各项安全管理制度、应急防范措施等情况。6月23日，联合有关部门对西长安壹号、西山燕庐及远洋新天地等社区开展地下空间安全联合执法，重点检查进出入管控、信息登记报送、环境消杀、违规住人、危险品存放情况，发现1处地下空间渗漏并督促使用单位完成整改。10月12日，联合有关部门开展执法检查，重点检查人防工程消防设备设施、存放易燃易爆危险化学品、电动自行车及充电情况。年内，检查工程331处次，整改30处，消除安全隐患14处，完成在用人防工程综合整治；行政处罚4件，罚款6.7万元。保持人防工程住人“动态清零”。

（艾建顺 周 彭）

【人防工程防汛演练和检查】 6月24日，区人防办组织区住房城乡建设委、各地下空间使用单位召开门头沟区地下空间防汛工作会暨地下空间防汛桌面推演，部署地下空间防汛工作。此次推演以地下车库主汛期发生雨水倒灌为背景，包括蓝色、黄色、橙色预警响应、企业先期处置、请求支援与控制、善后处置及预警解除7项内容，检验防汛设备操作的熟练程度和抢险过程中存在的问题，提高汛期突发事件的应对处置能力。8月18日，开展人防工程雨中防汛检查工作，重点检查各人防工程管理使用单位的人防工程防汛情况和防汛预案落实情况，值守人员、抢险队伍在岗在位情况和防倒灌沙袋、水泵等防汛物资准备情况。

（艾建顺 周 彭 张祎贤）

【防空警报试鸣活动】 9月17日，区人防办按照全市统一安排部署参与2022年防空警报试鸣活动。上午10时00分至10时23分，48台防空警报试同时鸣响，鸣响率100%。防空警报鸣响期间，大峪街道绿岛家园社区同步开展防空袭疏散演练，30余名社区居民迅速判断警报并立即响应，完成紧急疏散，就地掩蔽等演练程序。

（吕 莹 杨 艳）

【人防工程建设与利用】 年内，区人防办对全区10个共4.5万平方米的在建人防工程开展质量监督抽查，验收备案人防工程4处2.39万平方米。挖掘人防工程再利用潜力，公益化利用8处，社会化利用93处，审批安装新能源小客车自用充电设施58处，利用人防工程向社会提供533个新增车位。

（周 彭）

经济管理

8月18日，门头沟区举办2022年营商环境年“双承诺”融合试点工作启动仪式（区融媒体中心　供图）

◆| 2月 21 日，门头沟区财源建设专班开班动员大会召开（区财政局　供图）

◆| 3月 1 日，区市场监管局贯彻落实《中华人民共和国市场主体登记管理条例》，签发全区首张“经营范围规范化”营业执照（《京西时报》　供图）

综合调控

【概况】 2022年，门头沟区发展和改革委员会（简称区发展改革委）发挥统筹协调职能，统筹全区疫情防控和稳经济工作，推动全区经济平稳有序发展。全区完成固定资产投资172亿元，超额完成11.02亿元，同比增长6.7%，高于全市增速3.1个百分点，位于生态涵养区排名第1；全区完成建安投资105.92亿元，同比增长5.1%；地区资源依赖度持续下降，能源消耗总量初步核算为65.57万吨标准煤，单位地区生产总值能耗、用水量继续呈现总体下降态势。建立“1+2+N”生态产品价值实现工作框架，统筹市级任务，营商环境改善提升，疏整促专项行动稳步推进。举办首届京西地区发展论坛，与京能集团建立协同机制，推动“一线四矿”文旅休闲区建设。巩固脱贫成果，助力乡村振兴。推进发展支撑要素建设，推动重大项目落地。

（逄　悦）

【首届京西地区发展论坛举办】 8月25日，首届京西地区发展论坛暨门头沟区产业发展主旨论坛在门头沟区忠良书院举办。论坛以“推动新时代首都发展 共创京西美好未来”为主题，首次以“两区两企”的形式整体、全面展示京西地区全新形象。论坛汇聚百余位顶尖国际智库、各领域专家学者、头部企业、银行及投创机构代表，通过主旨演讲、招商推介、融资对接、项目签约等方式，拓展发展思路、创造发展机遇。论坛促成战略合作协议和框架协议签署12项，14个重大项目参加现场推介，为京西地区转型发展注入强劲动力。

（李　琦）

【重点工程与重大项目储备】 年内，区发展改革委安排区级重点工程80项。其中，生态环境建设领域7项，总投资额9.6亿元；基础设施建设领域29项，总投资额27亿元；社会民生保障领域28项，总投资额315.8亿元；产业转型发展领域16项，总投资额117.9亿元。申请市级专项谋划经费1000万元，围绕生态环境改善、绿色低碳发展、产业转型升级、基础设施建设、社会民生保障、城市有机更新7大领域共谋划生成83项重大项目，总投资额400亿元。

（黄家新）

【“1+2+N”生态产品价值实现框架】 年内，门头沟区构建“1+2+N”生态产品价值实现工作框架，依托1个特定地域单元生态产品价值实现案例（西王平村京西古道沉浸式生态小镇项目）、2个价值转化平台（北京京西生态资源管理公司和北京格睿生态文明研究院）以及多个专项工作（扩大VEP核算应用范围、开展EOD项目谋划、开展生态承载力研究），创新打通绿水青山转化为金山银山“最后一公里”。其中，VEP即Value Ecosystem Product，指特定地域单元生态产品；EOD即Ecology-Oriented Development，指生态环境导向的开发模式。

（于艺培）

【西王平村京西古道沉浸式生态小镇项目】 年内，西王平村京西古道沉浸式生态小镇项目，作为北京市首个VEP价值核算及市场化应用案例，通过在GEP（Gross Ecosystem Product）即生态系统生产总值核算体系之外构建VEP（Value Ecosystem Product）即特定地域单元核算方法，评估特定地域空间内以生态系统为主要依托的最优保护利用模式在未来开发期限内各类生态产品收益的市场价格也就是贴现值，让特定区域内的生态环境能够作为要素投入到适宜业态中参与融资和收益分配，通过市场化路径，创新破解生态产品价值实现“难度量、难抵押、难交易、难变现”的“四难”问题。案例首次计算出VEP价值，并获国开行、邮储银行授信认可，首次将VEP价值作为争取生态补偿转移支付、获取金融机构授信额度以及指导各方参与生态分红比例的重要依据和基础。案例被国家发改委《关于建立健全生态产品价值实现机制的意见（辅导读本）》收录，并向全国推广宣传。

（于艺培）

【2个价值转化平台建设】 年内，京西生态资源管理公司完成注册登记，通过发挥生态资源收储、流转、服务、运营、监管、交易和投融资等职能，推动“两山”转化，聚焦“五大产业”，探索林权碳汇交易和永定河水权交易、矿山修复利用、文旅资产盘活、古村落流转和绿色农业等，并研究通过REITs产品等绿色金融手段撬动产业发展。北京格睿生态文明研究院已完成审批手续，正加速推进融资融智工作，构建“两山理论与政策、生态产品价值实现、乡村振兴与城市融合、共

同富裕”四大领域研究体系。

（于艺培）

【“疏解整治促提升”专项行动】 年内，门头沟区开展新一轮“疏解整治促提升”，结合区域经济社会和产业转型步伐，严格落实主体责任，细化工作任务目标。年内，门头沟区在市级上账任务中涉及14项任务，便民服务网点建设超额完成任务，违法建设治理、疏解一般制造业、治理临时建筑等11项任务提前完成任务，铁路沿线环境整治、治理类街乡镇2项任务持续推进。

（王晓娜）

【优化营商环境】 年内，门头沟区召开“营商环境建设年”工作启动大会，发布“5+1”专项行动计划，开展营商环境创新试点、审批便利化改革、“双承诺”执法新场景落地、争当“企业服务员”和中关村门头沟科技园服务品质提升等5个专项行动，提出“十个必上门、十个不打扰”工作要求；印发《门头沟区培育和激发市场主体活力，落实营商环境创新试点工作方案》，开展营商环境创新试点专项行动，统筹推进营商环境5.0改革任务落地，在全市率先开展工程建设项目审批领域“特色＋集成”改革示范区创建，率先形成社会投资房屋建筑工程规划许可“全程网办”案例，率先探索“一业一查”场景化综合监管；加大助企纾困力度，建立“1＋1＋N”政策落实体系，推动复工复产达产；成立区人民政府产业引导基金，联合16家银行推出“金融超市”等服务品牌，累计向企业发放贷款3.88亿元。

（冯纯玉）

【“一线四矿”项目推进】 年内，门头沟区按照“全面支持、全面融合、全面服务、全面共赢”的工作原则，调整完善机制构架并下设实体化办公室，建立高位统筹协调、梯次调度、项目清单化管理、项目滚动接续、信息宣传报送机制，做到“每周一安排、每月一清单、每季一调度”，梳理形成“一线四矿”文旅康养休闲区“四清单一汇编一台账”。

（孙 地）

【统筹疫情防控和经济社会发展】 年内，门头沟区将稳经济、促转型与疫情防控统筹推进与北京市“中小微企业纾困18条”“稳经济45条”“促消费27条”和“先进制造业15条”等系列新政衔接与整合，统筹部署和推动全区稳经济各条主线工作。区发展改革委印发“中小微企业纾困18条”和“稳经济45条”两个落实指引，梳理明确区级部门分工，畅通政策在门头沟区落地的“最后一公里”，聚焦房租减免、留抵退税、社保缓缴、金融纾困、稳定产业链供应链出台精品民宿纾困等政策，保障全区社会基本面总体稳定，助推区域绿色转型之路。

（李 琦）

【服务包企业】 年内，区发展改革委统筹20个区级“服务管家”，动态优化调整“服务包”企业清单，并扩展至324家；重点围绕人才引进、毕业生落户、工作居住证办理等共性需求，建立工作台账，协调推动有关部门加快办理。全年“服务管家”累计走访企业1400余家次，办理企业诉求370余件，事项办结率100%，企业满意率100%。

（李 琦）

【“京西行动计划”完成】 年内，区发展改革委编制完成“京西行动计划”2022年“重点任务清单”和“重大项目清单”，推动18项重点任务和20个重点项目纳入“京西行动计划”（总投资约293.8亿元）。《深入打造新时代首都城市复兴新地标加快推动京西地区转型发展行动计划（2022—2025年）》正式印发后，每月对重点项目和重点任务进行调度。年内，“京西行动计划”完成固定资产投资109.9亿元。

（李 琦）

【价格监测】 年内，区发改委负责对区域内的蔬菜、肉、蛋、米、面等生活必需品的价格监测，价格基本稳定。年内，区发展改革委强化价格监测力量，扩大监测范围，在数据的采集、整理、汇总和上报过程中严把质量审核检验关，实行日报、旬报、月报制度，并将重要监测数据、分析报告及时上传市级平台和区人民政府网站。

（张 平）

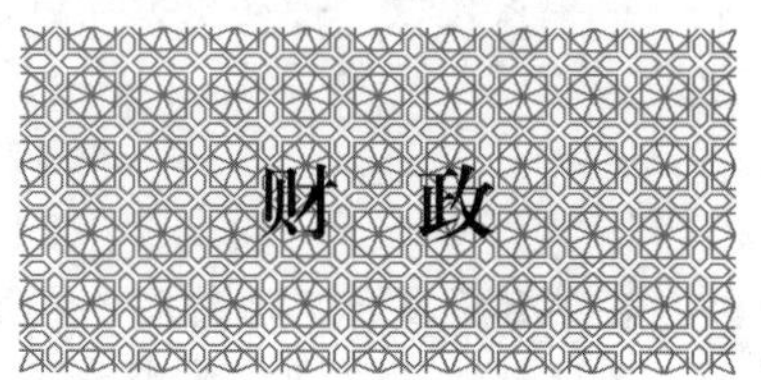

财 政

【概况】 2022年，门头沟区财政局（简称区财政局）认真落实区委重大决策和工作部署，在受到新一轮大规模退税及减税降费政策快速推进、国内新冠肺炎疫情反复、产业转型成果尚未显现等因素叠加影响下，主动作为、迎难而上、扎实做好财源开拓和财政资源整合，不断优化支出结构，统筹保障疫情防控和经济社会发展。年内，门头沟区级一般公共预算收入31.97亿元，同比增长3.1％，一般公共预算支出95.37亿元，同比下降5.3%。

（孙　庞）

【政府投资项目协税护税工作】　年内，门头沟区财源专班全方位保驾政府投资项目协税护税工作。完善机制，增强联动合力。统筹税务部门及各相关职能单位搭建税源信息监管平台，建立《门头沟区资源环境税财源建设协同共治工作机制》，强化重点职能部门的沟通协调，优化完善数据共享机制，推动各职能部门数据交换常态化、高效化；提升服务，扶持区属企业。充分发挥专班统筹协调作用，全面做好我区重点招投标项目信息的收集、汇总、推介工作，做实政府采购意向公开，引导各部门、各属地提升服务意识，鼓励门头沟区企业参与投标和承接政府投资项目，培育壮大区属企业发展；全程跟踪，规范项目管理。全程跟踪管理政府投资100万以上重点工程项目，准确掌握重点项目投资额、工程进度、资金拨付等情况，做细做实重点工程项目税源管理。

（王译霄）

【“四步走”提升产业建设精准支持】　年内，区财政局“四步走”提升产业建设精准支持。完善政策整体性。围绕1+6+N产业政策体系，协助行业主管部门制定出台《门头沟区关于促进“专精特新”中小企业高质量发展的若干措施》《门头沟区关于支持和服务高新技术企业发展若干措施》《门头沟区招商引资工作管理办法（2022年修订版）》《中关村门头沟园激励孵化器发展壮大若干措施》等政策，聚焦政策高效衔接，为高质量发展提供有效支撑；提高规划科学性。围绕增量空间开发和存量空间提质增效的目标，安排100万元资金支持中关村门头沟园区进行数字视听、心血管器械等细分领域规划发展编制，切实提升空间载体承接社会资本、社会资源的能力；创新招商灵活性。积极协助行业主管部门拓宽招引渠道。在安排99万元常规招商项目的基础上，安排100余万元支持区发改委组织京西论坛、区投促中心参与HICOOL创业者峰会、区科信局承办“创客北京2022”创新创业大赛等高质量招商推介活动。此外，积极鼓励区内企业参与行业顶尖赛事，展示企业风采、提升品牌价值，集聚产业链资源。在2022昇腾AI创新大赛总决赛中，区企业中科视语（北京）科技有限公司获应用赛道金奖；助企纾困多样性。积极落实市区各类援企扶企措施；拨付承租非国有科技型孵化器房租资金减免补贴132.15万元；拨付恒和信业、零点有数上市补贴600万元；拨付生活性服务业发展资金704.60万元。着力稳定区域经济发展基本盘，切实帮助市场主体度过疫情难关。

（姚　远）

【助力中小微企业健康发展】　年内，区财政局精准施策助力中小微企业健康发展。政策宣传先行，贯彻落实区委区人民政府关于统筹疫情防控和稳定经济增长若干措施的工作部署，并通过局内办公平台、预算一体化系统等多渠道及时转发市级对政府采购支持中小微企业相关文件，为措施落地营造了良好的社会氛围；服务保障再升级，积极有效发挥政府采购政策功能，开通专人、专线服务对政府采购支持中小微企业发展政策进行宣传、答疑及解读；采购人主体责任意识提升，在立项环节做好中小微企业预留份额填报工作，避免漏选、错选问题出现。年内，政府采购合同授予中小微企业的总采购额为147215.3万元，占总合同授予规模的85.35%。

（张　琪）

【加强资金盘活力度保障重点支出事项】　年内，区财政局加强资金盘活力度，用于保障重点支出事项。自8月起，门头沟区全面梳理各单位预算项目，分阶段对本年预计无法支出的当年资金予以收回，统筹用于必要性强、成熟度高、支出进度快的项目；按时点收回以前年度资金以及各单位实有账户结余资金；最大限度盘活存量资金，首次将单位往来科目沉淀资金列入统计范围，进一步对以前年度村居财政结余资金予以关注。

（徐　鹏）

【保障创建全国文明城区工作有序推进】　年内，区财政局全力保障创建全国文明城区工作有序推进，统筹整合市区两级资金，通过一般公共预算下达14071万元，同比增加606万元。其中，各委办局下达资金3686万元，主要用于精神文明创建、文明城区创建宣传、思想理论武装、志愿服务、文明家庭、文明引导和特色创建等活动；各镇街下达资金10385万元，主要用于推进镇街创城宣传、群众性精神文明创建文化活动、人居环境硬件设施提升等项目。

（黄　弘）

【统筹资金保就业精准施策促发展】 年内，区财政局统筹资金保就业，精准施策促发展。围绕保市场主体、保就业民生、保重点群体总目标，牢牢稳住全区就业基本盘。截至 2022 年 12 月，区财政下达促进就业补助资金 7053.83 万元，其中各项促进就业补贴政策项目安排预算资金 2843.81 万元，社会公益性就业组织补贴安排预算资金 4210.02 万元；从稳定就业存量、扩大就业增量、提高就业质量 3 个维度全面集中财力保障各项就业政策需求落地落实。

（张　丽）

【聚焦打造“健康门头沟”】 年内，区财政局聚焦打造“健康门头沟”，投入 15.72 亿元瞄准公共卫生应急体系短板，加强院前急救能力建设；重点做好方舱医院、京西驿站等集中隔离医学观察点建设，落实区域新冠病毒核酸检测、新冠病毒疫苗接种、设备购置等，完善新冠肺炎疫情应急保障防控体系建设；保持区医院、中医院等医疗机构建设投入强度，确保基本公共卫生服务有序推进；落实城乡居民基本医疗保险、城乡社会救助对象医疗救助等政策，减轻群众就医负担。

（李夏冰）

【助推文旅消费季新高潮】 年内，区财政局会同区委宣传部、区文化和旅游局等单位完成文旅消费季项目方案编制、审核、评审、资金拨付等工作，投入资金 474.83 万元，用于推出全区“嘉年华活动畅游新体系”、秋季精品旅游线路及“畅游京西”京西山水嘉年华景区联票等北京西山永定河文化节活动。推动门头沟小院精品民宿品牌效应大幅释放，促进文旅产业消费提档升级，有机融合多样性文旅优质资源，形成特色文旅产品 IP，展现门头沟区多元性、开发性、包容性的山水人文地区面貌，打造出一张崭新的门头沟文旅金名片。

（武倩楠）

【筹措资金支持区重点关注民生问题】 年内，区财政局积极筹措资金支持区重点关注民生问题。启动永定镇安置房小区地下车库人防消防改造工程。永定镇惠润嘉园 9 地块、惠润嘉园 2C、3B、7 号地块地下车库因为人防、消防工程未能取得正式专项验收手续，所以一直未能启用，周边道路车辆乱停乱放现象普遍，严重影响附近小区居民的居住品质。区财政局积极对接永定镇政府，了解项目需求、及时协调项目进入评审程序，开展项目成本核算。11 月底，先期安排 1824 万元用于启动项目，以实际行动贯彻落实区委、区人民政府“民生保障上持续用力，着力破解历史难题”的指示精神；完善区属产权老旧小区应急抢险保障机制。出资 500 万元设立区属产权老旧小区应急抢险资金，用于部分老旧小区应急抢修工作。并联合区住房城乡建设委印发《门头沟区区属产权老旧小区应急抢险资金使用办法》，明确资金申请使用流程及管理要求。使用抢险资金 67.32 万元用于永定镇、城子街道等小区应急抢险工作，切实保障区属产权老旧小区居民的日常生活。

（李　庚　詹建臻）

【致力打通百姓绿色出行“最后一公里”】 年内，区财政局致力打通百姓绿色出行“最后一公里”。区通过购买服务形式，委托北京公共交通控股（集团）有限公司第八客运分公司对区域内线路进行运营，区财政对区域内委托经营公交线路的经营亏损进行补贴。2017 年至 2022 年累计投入公交运营补贴资金 24727 万元，保障区域内公交线路有序运营。截至 2022 年初，区域内运营线路 81 条，每条线路日发车班次 44 次，全域内线网覆盖率 100%，建制村通车比例 100%，切实解决山区百姓出行困难问题，提高道路资源利用率，打通百姓绿色出行的“最后一公里”。

（李　青）

【支持“一线四矿”铁路沿线通道绿化建设】 年内，区财政局积极支持门头沟区“一线四矿”铁路沿线通道绿化建设，安排资金 1153.5 万元，项目总面积 90 公顷，其中平缓地造林 4 公顷，荒山造林 85 公顷。建设地点位于门头沟区“一线四矿”铁路沿线两侧及可视范围内的山体，涉及区龙泉镇、妙峰山镇、王平镇及大台街道办事处。在最大限度尊重自然资源的基础上，以平地造林和荒山造林两种形式进一步增加铁路沿线绿量，适当搭配铺装建设，丰富植物景观层次，提升绿化品质，改善铁路沿线景观效果，为京西“一线四矿”高质量发展奠定良好生态基础。

（刘益铭）

【落实教育优先发展战略】 年内，区财政局落实教育优先发展战略，投入 5.38 亿元，加快育园小学、景山学校京西实验学校等重点工程建设进度，提升教育承载力，保障辖区适龄儿童“学有所教”。足额保障课后服务经费，深入落实“双减”改革任务，切实提升学校教育教学质量和服务水平；持续推进与北京八中、清华附中、人大附小、景山学校等合作办学，发挥名校品牌和优质教育资源辐射效应；保障公办幼儿园“员额制”政策与民办普惠园房租补贴政策落实，促进学前教育事业普及普惠、安全优质发展。

（李夏冰）

【密切关注群众利益问题】 年内，区财政局密切关注群众利益问题。解决区属老旧小区及棚改回迁小区群众急难愁盼的房屋漏雨问题。积极配合区重大项目中心，及时安排资金1663万元推进维修漏雨工程，加快协调项目预算评审工作，确保5个镇街106栋住宅楼群众的房屋修缮完工；保障山区居民温暖过冬。为保障暂未煤改清洁能源山区居民的取暖需求，同时有效落实市委、市政府大气污染治理防治要求，积极与行业主管部门对接，参与拟定《门头沟区2022-2023年采暖季优质燃煤替代工程实施方案》，配合主管部门完成优质燃煤招标工作，保障优质燃煤项目资金4246万元。

（邵　丹　刘罗娜）

【概况】 2022年，门头沟区税务局（简称区税务局）坚持稳字当头、稳中求进，结合税收工作实际情况，以聚力抓组收、聚力促营商、聚力抓基础“三个聚力”和税收共治财源建设工程、税务铁军品牌建设工程、税务正风肃纪建设工程“三项工程”为发力点，统筹开展税收工作和疫情防控工作，高质量全面推动门头沟税收现代化建设。全年累计组织各项税费收入（不含社会保险费）88.85亿元。其中，税收收入完成77.09亿元；地方一般公共预算收入49.11亿元；区级一般公共预算收入32.25亿元。门头沟区税务局获“2020—2021年度北京市青年文明号”、市级交通安全先进单位。区税务局税务干部获北京2022年冬奥会和冬残奥会城市志愿者（北京市）指挥部颁发的优秀城市志愿者服务证书。

（方　洁）

【征管改革】 1月1日，区税务局完成国有土地使用权出让收入划转。3月2日，区税务局与第五稽查局建立党建促“征管查”深度融合六项工作机制。3月3日，区税务局成立制造业中小微企业延缓缴纳税费专项工作小组，制定《门头沟区税务局延续实施制造业中小微企业延缓缴纳部分税费专项工作方案》，响应延续实施缓缴工作。4月22日，区税务局完成个人所得税年度汇算工作。5月7日，区税务局多措并举推进车购税业务跑出便捷办税的“加速度”，通过在办税服务厅张贴网上办税流程“三步走”公示栏、设置专用电脑、现场演示讲解、一对一跟踪辅导、全流程协办等方式，确保纳税人听得明白、看得懂、易操作、便捷办。5月13日，区税务局完成北京市第一笔个人股权转让线上事前辅导业务。5月30日，区税务局提前两天完成研发费加计扣除绩效考核目标。5月31日，区税务局完成2021年度企业所得税汇算清缴工作。6月2日，区税务局首笔国有土地使用权协议出让收入征缴入库。6月6日，区税务局完成税收自动情报交换有力打击跨境避税行为。9月5日，区税务局征收划转后首笔矿产资源专项收入。9月26日，区税务局“三个到位”有效完成5万美元以下对外支付风险企业核查工作。9月28日，区税务局召开土地增值税清算审定会。10月26日，区税务局“三步走”促进研发费加计扣除新政“准点”落地，区局以科技型中小、高新技术、上年度享受企业为重点，逐户宣传，分类施策，多轮辅导，逐户落实，确保新政准点落地。

（方　洁）

【优化纳税服务】 1月11日，区税务局开出首份涉冬奥个人税收居民身份证明。区局为纳税人快速办理税收居民身份证明开通“绿色通道”，帮助纳税人实现减免西班牙个人所得税5000余元。3月28日，区税务局迅速落实增值税留抵退税工作“新四力”要求，保障增值税留抵退税专项工作平稳开展，从“广泛宣传＋精准辅导”的两个维度，烘托“快退”“早退”的舆论氛围，通过答题等方式，及时组织开展面向12366和办税服务厅的减税退税降费拓展培训，确保税务干部懂政策、会辅导、熟操作。3月30日，区税务局以“一定期 两开展 三加强”做好涉税专业服务机构管理。通过每月一次公告形成长效机制，开展调查辅导双线管理规范行为，加强审核、信用、服务三维推动发展。4月1日起，区税务局扎实稳妥推进增值税留抵退税政策落实。区局多次召开专题会议，制定分类分批分期引导实施方案，通过短信、微信群、统一工作平台等“点对点”推送信息，引导纳税人分类分批分期错峰办理，平稳有序推进增值税留抵退税新政落地落实。3月1日，区税务局进一步提升不动产登记智能网审优化便民服务，缩减办理时限，简化审批手续，切实提高不动产登记办事效率。6月1日，区税务局统筹做好个人租房发票代开及入学证件材料联合审核工作，顺利完成非京籍非京籍适龄儿童入学审核工作。9月21日，区税务局与区人力资源社会保障局、区残联开展“残疾人政策宣讲＋直播带岗”暖心直播活动。此次直播邀请4家爱心企业为残疾朋友带来50余个就业岗位，浏览量达1094人次，获赞1558人次。11月3日，区税务局“早、准、联、实”四字诀推进特殊人群城乡养老缴费服务工作。通过积极对接区残联、区人力资源社会保障局等相关部门，与各镇街社保所形成联动机制，建立特殊缴费数据动态交换共享台账，及时比对特殊人群入库信息，实时掌握未缴费特殊人群数据，开展后续辅导，确保“不漏一人”。11月11日，区税务局完成全区首笔居民换购住房个人所得税退税业务。12月1日，区税务局多措并举扎实推进城乡居民基本医疗保险征缴工作，联合区医保局、区教委面向门头沟区40余所学校、13个镇街社保所开展集中参保缴费工作培训，与区医保局联合发放宣传手册，通过门头沟税务微信公众号先后推送城乡医疗缴费提示信息，累计阅读达3.5万次。

（方 洁）

【优化营商环境】 2月14日，区税务局充分发挥“三位一体、多元解决、三线响应”“3+N+3”机制作用，积极推动接诉即办“向前一步”工作。2月28日，区税务局从“背景调查、税源引入、收入监控、跟踪问效、风险应对”5个维度完善财源建设专业支撑体系，不断提升财源建设工作质效。3月15日，区税务局召开接诉即办工作部署会，总结2021年接诉即办工作情况，介绍2022年“接诉即办”重点工作，部署《门头沟区税务局“未诉先办”每季一题工作方案》。6月8日，区税务局选送的《强化协同管理，提速数据核验，推动股转改革无感过度》案例获评北京市接诉即办工作优秀案例。6月17日，区税务局“机制＋队伍”双线创新推动接诉即办提质增效。7月12日，区税务局与中关村门头沟园及园区企业签署税收共治三方合作协议，就税务、园区、企业搭建交流平台，创新工作机制，不断健全和完善税企协调、宣传辅导、税企争议处理、政策执行反馈等机制方面达成协议。此次税收共治三方合作框架协议涵盖“套餐式”服务，领取营业执照、公章和发票“一条龙”办理，税务Ukey免费领，预缴代开园内办等15条纳税服务举措。服务园区企业高质量发展。7月11日，区税务局召开特约廉政监督员“走流程”暨座谈会。7月21日，区政协副主席到区税务局开展“持续优化提升营商环境”协商议政、同心创城视察活动。8月31日，区税务局组织召开2022年纳税人满意度工作部署会。9月15日，区税务局组织开展“门税在努力只为您满意”座谈会，邀请辖区20户企业参加座谈交流，充分听取企业的意见建议，持续提升纳税人满意度，接受纳税人监督，不断提升办税质效。9月19日，区税务局召开重点招引企业定向服务联席会议暨提升园区纳税人满意度座谈会。

（方 洁）

【税收宣传】 3月5日，区税务局青年志愿服务队在滨河文化广场开展“学雷锋 送春风”主题志愿服务活动。活动现场，税务干部积极向市民发放个人所得税、增值税等宣传手册，并就市民关心的个人所得税汇算、北京冬奥会及冬残奥会税收优惠政策等热点问题进行答疑解惑，活动通过“零距离”交流与沟通累计服务市民200余人次。3月30日，区税务局联合门头沟区人社中心，共同开展“社会保险费热点政策”直播。直播详细讲解企业社保费征缴时间、缴费渠道、社保费管理客户端操作流程及补缴相关业务，并通过直播互动环节，对日常咨询高频问题进行解答。此次直播活动持续35分钟，共有1200余人参与在线观看和互动参与。4月1日，区税务局、第五稽查局联合开展纳税人学堂“云直播”，7000户次纳税人在线观看并积极互动。4月19日，区税务局联合斋堂中心小学，开展“大手拉小手 税法润童心”青少年税法宣传和办税体验主题活动，活动邀请斋堂中心小学的20余名小学生到区税务局斋堂税务所，参加税法宣传和体验日活动，引导青少年学生牢固树立税收法治观念。4月20日，区税务局开展“走进京西新商圈 税费支持促发展”税收宣传活动。此次税法宣传活动向市民发放各类份税收宣传资料700余份，接受现场咨询税费问题超60人次，走访商户20余家。4月22日，区税务局、第五稽查局联合开展“税收助力红绿蓝，惠企利民促发展”活动，结合辖区18条红色主题精品旅游线路及相关民宿和文旅企业的发展特点，制定发布《北京市门头沟区税务局助力红色文旅和精品民宿产业专项纳税服务举措》，推出十二项服务举措，助力山区经济发展。6月6日，区税务局积极开展节能宣传周系列活动。通过在办公区、办税厅张贴宣传海报，进行节能宣传和提醒，发出倡议书、举办知识讲座、开展主题党日活动等，增强干部职工节约、环保和生态意识，营造崇尚生态文明、践行绿色发展的氛围。

（方　洁）

【教育培训】　3月9日，区税务局召开规范行政处罚工作培训会，对有关行政处罚问题的法律适用及相关政策法规依据进行梳理，针对行政处罚中两类典型违法问题梳理有关政策以及对有关处罚情形进行研判，并就相关程序和要求进行说明。3月28日，区税务局以“召开一次专题会、组织一次学习培训、开展一次保密检查”的“三个一”形式强化保密工作。3月29日，区税务局开展数字人事年度考核实施方案培训。3月31日，区税务局开展印花税法实施相关内容培训。4月28日、29日，区税务局开展深化征管体制改革专题教育培训会。7月6日，区税务局开展财产和行为税条线练兵比武选拔考试，28名业务骨干参加考试，最终选拔6名业务骨干参加市局比武。10月17日，区税务局召开“引路人”人才培养工程启动仪式，宣读区局“引路人”人才培养工程实施方案并总结上一期成果，宣布2022年新进人员指导老师结对名单，指导老师与新进人员现场签订培养协议。

（方　洁）

【新冠肺炎疫情防控】　4月24日，区税务局选派16名党员干部组成防疫志愿“先锋队”，星夜驰援朝阳朝阳区安贞街道，协助完成大规模核酸检测采样4.25万人次。4月28日至11月20日，区税务局组织党员干部成立防疫应急服务梯队，陆续协助永定镇7个社区开展核酸检测工作，支援永定镇大数据流调工作，累计派出8700余人次参加下沉防疫、大数据筛查，总服务时长超2万小时，拨打流调电话5000余通。在新冠肺炎疫情防控攻坚阶段，向党员干部发出《疫情就是命令，防控就是责任》的号召，牢牢抓住意识形态工作主动权。5月16日至26日，区税务局抽调干部24小时全天候支援西长安壹号32号院封控社区，开展新冠病毒核酸检测协助扫码、物资配送等。

（方　洁）

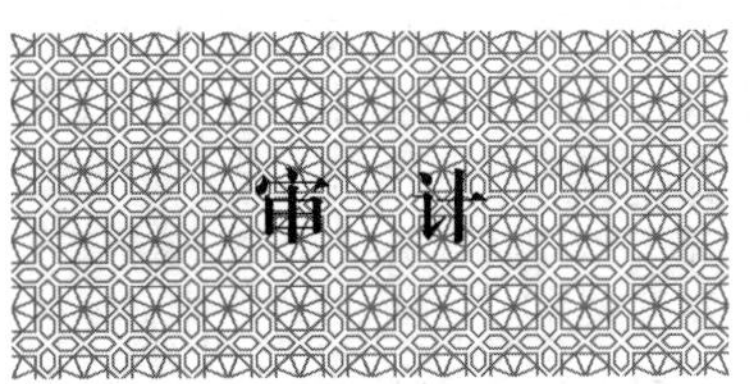

审　计

【概况】　2022年，门头沟区审计局（简称区审计局）安排审计项目30项，全部完成现场审计，审计报告发现问题846个，涉及问题金额28.63亿元，提出审计建议157条，投资审计审减节约财政资金0.24亿元。区审计局向区委审计委员会报送重大事项和重要文稿14篇，其中审计项目类报告6篇，包含区委审计委员会主任直接交办工作报告5篇，获得区委、区人民政府主要领导肯定性批示。在审计工作上，区审计局有序推进重点部门、重点领域轮审覆盖。围绕区域生态涵养区定位，开展斋堂镇等3个单位的领导干部自然资源资产审计、农村生活污水治理专项审计。围绕区域“民生福祉达到新水平”奋斗目标，结合“七有”“五性”要求，以“12345”民生热线反映的突出问题为切口，开展城乡环境建设专项审计、养老和救助保障资金绩效情况审计、“疏解整治促提升”市级治理类街乡镇补助专项资金跟踪审计。围绕区委、区人民政府关注重点领域，对公共卫生应急管理体系建设情况及资金使用情况、集中隔离医学观察点项目建设情况、斋堂综合商业街历史遗留问题、国道109新线高速公路工程弃渣综合利用情况、区域重点建设项目成本管控情况、村级资金资产管理使用情况、国有企业经营管理情况等重点领域开展专项调查，深入揭示各领域突出问题，为区委、区人民政府决策部署提供支持。围绕中央及市区重大决策部署，每季度开展重大政策措施落实情况跟踪审计，拟定《门头沟区审计局关于充分发挥审计职能作用 促进稳住经济一揽子政策措施落实落地审计工作方案》，持续关注减负降费、清欠中小企业账款、稳经济等重大政策落实情况。在志愿服务工作中，11名党员干部参与防疫转运，6名干部参与隔离点保障、流调、采样等工作，全局干部累计下沉381人次，参与转运70余人次，服务时长3000余小时，局内组织志愿服务44次，党员下沉社区服务56次。

（王珊婷）

【监督座谈会召开】 3月25日，区审计局与区统计局召开座谈会交流联合监督工作，双方就推动审计监督与统计监督相互贯通融合、协同配合展开交流讨论，并明确下一步联合监督的工作方向。探索建立监督联动长效机制。坚持计划共议、过程共商、结果共享，探索建立信息沟通、线索移送、措施配合、成果共享等工作机制，破除部门数据壁垒，形成专业互补，推动实现“1+1 > 2”的监督联动效应；加大研究型分析力度。围绕区委、区人民政府中心工作，选取监督过程中发现的门头沟区经济领域重大普遍性、倾向性问题，进行合作研究，分析经济运行规律、因果关系、潜在风险，为区委、区人民政府决策提供依据；加强人才合作培养。依托党团共建活动，加大年轻干部沟通交流，促进部门友谊，提升干部综合能力。

（吴云云）

【“专业能力提升年”动员部署会召开】 4月21日，区审计局召开“专业能力提升年”动员部署会，就区审计局“专业能力提升年”实施方案及工作任务分工方案进行专题部署。

（杜芯蕊）

【区委审计委员会第九次会议召开】 4月27日，区委书记、区委审计委员会主任金晖主持召开区委审计委员会第九次会议，听取2021年度门头沟区委审计委员会工作总结，研究部署2022年度全区审计工作，审议通过《关于加强中共北京市门头沟区委审计委员会建设的实施意见》。

（吴云云）

【集中隔离医学观察中心项目审查】 7月11日，区审计局到集中隔离医学观察中心项目施工现场审查。审计组听取建设单位、施工单位介绍集中隔离医学观察中心项目工程施工进展、合同管理、资金拨付等情况，全面深入掌握项目建设信息；就完工时间节点、工程手续履行、成本管控等关键问题进行详细询问，结合掌握的工程资料，确定项目实施过程中是否存在潜在风险点；与参建单位就项目推进过程中遇到的困难与问题展开交流，对其中可能存在的风险进行探讨，从不同角度分析问题，寻找解决方法；到集中隔离医学观察中心施工现场查看建设情况，审查项目推进过程中存在的问题，及时提出审计意见建议，督促立行立改。

（于晓童）

【2022年审计项目调研工作】 年内，区审计局坚持“在研究中谋事、在研究中干事、在研究中成事”理念，注重审计调查研究，做实研究型审计，统筹审计项目实施。注重基本情况研究。了解被审计单位的单位性质、部门特点、工作重点等要素，收集适用的法规、政策、制度等相关材料，掌握单位整体情况；注重财务数据研究。通过被审计单位的财政财务指标使用及国库支出情况，摸清被审计单位的重点工作项目、重点任务及重大资金使用情况，分析资金收支总体脉络；注重巡察、审计成果研究。充分利用巡察结果报告、被审计单位内部审计工作成果、以前年度审计报告及其整改情况等资料，查看问题多发点。

（王　帅）

【推进治理类街乡镇接诉即办工作】 年内，区审计局“三个重点关注”跟踪审计治理类街乡镇整治提升专项资金。重点关注项目管理情况。审查治理类街乡镇整治提升项目确定是否符合要求，是否为12345市民服务热线反映的高频问题和群众诉求，项目成本管控措施是否落实，促进提升项目及时回应人民群众急难愁盼问题；重点关注资金管理使用情况。审查专项资金使用手续是否齐全规范，支出列支依据是否充分，是否按照合同约定条款支付款项，是否存在超范围、超标准拨付资金的问题，是否存在为完成支出进度虚列、超额、提前支出情况，是否存在挤占挪用支出等问题，促进财政资金提质增效；重点关注资金使用效果情况。审查整治提升项目落地建设实施效果，项目绩效目标是否实现，是否达到预期效果，项目实施后是否仍存在12345市民服务热线的相关诉求件，促进解决好居民诉求问题，切实提升居民生活幸福指数。

（夏少华）

【农村生活污水治理专项审计】 年内，区审计局成立审计组开展农村生活污水治理专项审计工作，对门头沟辖区6个镇内83个乡村开展专项审计，重点聚焦污水管网建设管理、污水处理站落成运作、资金拨付使用等情况，助力美丽乡村建设。关注重大政策落实情况，持续关注市、区乡村生态建设总体规划任务完成情况；关注项目基本建设程序履行情况，关注项目是否按照规划对项目进行立项审批、概算批复等手续，是否存在未批先建等问题；关注农村污水处理工程的招标、投标履行情况，关注招标组织形式的合规性、合法性，招标程序及结果的真实性；关注竣工决算报告编制及交付资产情况，关注项目完工后是否及时编报竣工决算，是否及时移交资产，是否存在因移交不及时导致污水管网设施缺乏管理、污水处理站后续运行效率低下等情况。

（周　汇）

【重点工程建设审计】 年内，区审计局持续关注政府投资领域重点工程建设情况。聚焦基础设施建设，组织开展“十三五”期间城市路网重点工程建设专项审计和中小河道治理工程竣工决算审计，坚持做好常态化“经济体检”工作，对九龙路道路改造等40余项市政配套工程进行跟踪审计，严格落实“半月巡”与不定期巡查制度；聚焦社会民生保障，重点关注建设项目在立项审批、招投标制度落实、变更洽商、竣工验收等关键环节的执行情况，严格加强储备开发、棚改等10余项土地开发类项目以及学校、政务服务中心等40余项公共服务类项目的成本管控，有效防范重大风险；聚焦产业转型发展，着力加强石龙高新技术产业用地等产业发展类项目的跟踪审计，开展土地上市地块预估成本审核工作，努力拓展审计监督的深度和广度，通过审计助力落地一批能带动社会投资、持续产生效益的有效投资项目。

（张亚宁）

【领导干部自然资源资产离任审计】 年内，区审计局开展自然资源资产离任审计。结合大气污染、水污染、土壤污染三大污染防治攻坚战，重点审查固定污染源、移动污染源治理委托检测费，油烟监测能力建设专项资金，污水站水质自动监测站运维费等使用情况；重点关注国家生态文明示范区创建、“绿水青山就是金山银山”实践创新基地建设工作、生态红线勘界定标工作开展，监测检测能力建设及其运行管理情况，规范资金管理使用，提高财政资金使用效益；督促被审计单位在项目决策、资金支出、合同签订等环节严格执行相关规章制度，审计促使被审计单位针对3个方面出现的5个问题全部整改完毕。

（郭　冬）

【2022年预算执行审计工作】 年内，区审计局开展2022年预算执行审计工作，做好“常态化”经济体检。关注重大决策落实，紧扣区域“十四五”发展规划，充分发挥审计监督职能，推动区委、区人民政府决策部署有效落实；关注“生态立区”，加大对城乡环境、农村生活污水等领域重点资金、重点项目的审计力度，促进生态建设取得新成效；关注民生审计，聚焦教育、养老等方面民生领域重大政策、重点资金和项目，积极推动和改善民生；关注成本绩效，加大对财政资金绩效管理情况审计力度，促进提高财政资金配置效率。

（乔　河）

【区级预算执行和决算草案情况审计】 年内，区审计局结合区域工作重点，按期开展2021年度区级预算执行和决算草案情况审计。以研究型审计入手明确审计方向，注重从宏观层面对预算指标数据、国库集中支付数据等进行分析，促进财政资金在民生保障、生态环境、经济发展等领域的科学分配；围绕财政重点工作开展审计，重点关注中央直达资金管理、过“紧日子”要求执行情况及区域重点工程项目的资金保障情况，促进相关部门采取有效措施落实重大决策部署；将绩效理念贯穿审计全过程，重点查看成本预算绩效分析项目的选取标准和成果应用情况，关注事前绩效评估成果是否与预算安排挂钩，促进预算项目降本增效及绩效评价整改有效落实。

（范丹阳）

【加大对教育资金审计力度】 年内，区审计局将教育资金作为重点审计内容，开展2021年预算执行审计，重点关注教育资金管理使用情况，聚焦教育公共服务，关注免费教科书发放情况，保障惠民政策落实到位；聚焦教育信息化，关注项目建设运维，推动教育信息化项目提质增效；聚焦教育教学研究，关注专家授课费使用，促进提高教研资金使用成效。

（张雅萌）

【重点建设项目成本管控审计专项调查】 年内，区审计局通过“三个聚焦”对13家建设单位110余项重点建设项目进行审查，全面深入开展重点建设项目成本管控审计专项调查。聚焦工程成本，查清工程项目超概情况；聚焦项目管理，深查成本管控管理问题；聚焦超概原因，提出合理有效意见建议。

（张钊铭）

**【关注安全生产标准化项目绩效完

成情况】 年内，区审计局在部门2021年度预算执行审计中，重点关注安全生产标准化达标创建项目绩效完成情况。通过现场检查对已达标企业评审报告中涉及的问题进行复核，检查是否存在未整改或整改不到位的情况。

（王 宇）

【内部审计工作的指导意见印发】 年内，区审计局印发《关于2022年内部审计工作的指导意见》，要求各部门进一步强化责任担当，抓好贯彻落实，更好发挥内部审计在规范管理、完善内控、防范风险和提质增效等方面的重要作用，着力构建集中统一、全面覆盖、权威高效的审计监督体系。

（杜芯蕊）

【推进审计发现问题整改工作】 年内，区审计局强化“盯、查、理”三项措施，全面高效做好审计发现问题整改工作。“盯”，即紧盯整改销号台账。建立审计发现问题整改动态检查机制，审计项目组长作为问题整改的第一责任人，动态检查落实推进情况。对于已经整改的问题及时销号，对于暂时无法整改的问题，要求制定具体措施，明确整改时限。“查”，即实地检查整改成效。对于需要现场核实的整改问题，对照被审计单位的整改方案，通过现场实地检查项目情况、查阅整改相关证明材料等方式进行整改回访，对标核实、对账销号。“理”，即梳理未能整改原因。对于多次督促检查仍长期挂账未能销号的问题，对未能整改原因进行分析、归类，由审计组进行深入研究，逐个分析明确整改标准，并与被审计单位沟通，帮助提供整改思路，推动被审计单位加快整改。

（刘 帅）

【公共卫生应急管理专项审计调查】 年内，区审计局开展北京市公共卫生应急管理体系建设及资金使用情况专项审计调查工作，该项目共发现公共卫生应急管理体系建设资金筹集和管理使用、公共卫生应急管理相关政策落实、北京市三年行动计划任务完成情况、新冠病毒核酸检测等4个方面问题，并按期完成整改。

（丰 璐）

【美丽乡村建设情况审计整改专题会召开】 年内，区审计局组织召开美丽乡村建设情况审计问题整改专题会议，研究和部署审计整改工作，着力推动区域美丽乡村建设工作高质量发展。区审计局传达区领导关于审计整改工作的指示精神，通报美丽乡村建设情况审计尚未整改完毕问题，区财政局、区农业农村局及各镇主管领导分别就问题整改进展、存在困难及下一步整改措施展开讨论，并对照未整改问题确定整改方式、细化整改措施，确保整改落实到位。

（杜芯蕊）

【审计发现问题整改督促检查专项行动】 年内，区审计局开展审计发现问题整改督促检查专项行动。开展审计整改“回头看”，全面梳理2019年以来审计项目的整改落实情况，针对尚未整改到位的问题，再次开展实地督促检查。2019年以来共安排审计项目91项，发现问题1418个，1368个问题得到整改，整改率96.47%，累计促进29.25亿元问题金额得到落实，促进相关部门制定完善管理制度76项；开展审计整改专题研究，对剩余未整改问题，召开专题会议，结合整改存在的现实困难等实际情况，逐项研究提出可行的整改建议，切实推动问题有效整改。同时，对整改存在困难的文旅产业发展、美丽乡村建设、国有资产管理等方面涉及问题进行分类研究，探寻问题本身形成及整改推动困难背后的深层次原因，从规范全区管理，完善体制机制建设层面提出改进建议；推动审计整改制度建设，按照立行立改、分阶段整改、持续整改，分类提出有针对性、可操作的整改要求，研究完善分类整改标准。严格执行“三联单一台账”整改跟踪检查制度，建立审计整改组长负责制，将审计发现问题和整改情况进行台账式、闭环式管理。探索与纪检监察监督、巡视巡察监督在审计整改互促方面贯通协作的具体措施，推动区域监督工作取得更高成效。

（刘雪融）

【经济责任审计工作联席会议召开】 年内，门头沟区召开经济责任审计工作联席会议，学习《北京市经济责任审计结果运用办法》，通报2021年经济责任审计工作情况，征求各单位对2022年经济责任审计计划安排的意见建议。区纪委区监委机关、区委组织部等联席会议成员单位有关领导参加会议。

（朱 莎）

【《近年审计发现常见问题清单》编印】 年内，区委审计委员会办公室、区审计局系统梳理近五年150余个审计项目在财政财务管理、国有企业运行、自然资源资产管理、固定资产投资等领域查出的普遍性、典型性、倾向性问题，汇总形成《近年审计发现常见问题清单》，并制作成册向全区各单位印发。

（刘雪融）

【自然资源资产审计】 年内，区审计局开展妙峰山镇党政主要领导干部自然资源资产审计工作。一是聚焦法规制度，理清审计思路。二是聚焦指标数据，加强沟通协作。三是聚焦镇域特点，抓住审计重点。

（田　纯）

【聚焦公共卫生项目建设审计】 年内，区审计局聚焦公共卫生项目建设，开展应急医学观察中心、方舱核酸检测实验室等建设项目跟踪审计，助力提升疫情防控能力。此项目跟踪过程中审计采取出具问题清单、风险提示等多种方式，督促建设单位立行立改。共出具《跟踪审计发现问题清单》6份，涉及审计发现问题9个；出具《跟踪审计风险提示》5份，涉及风险点提示8个。经审计提出，发现的问题基本进行立行立改，风险点得到有效排查整治。

（张钊铭）

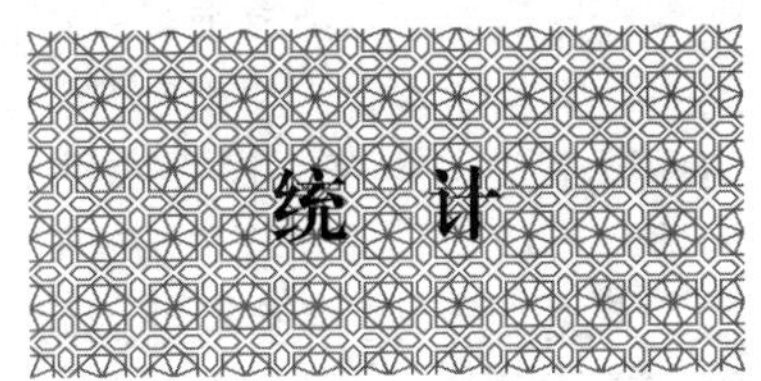

【概况】 2022年，门头沟区统计局（简称区统计局）、门头沟区经济社会调查队（简称区经济社会调查队）围绕统计数据质量、监测分析能力、统计改革成效、统计监督水平、基层基础建设“五个聚力提升”发展目标，着力打造一流数据质量、一流智囊高参、一流人才队伍，勇担使命、实干笃行，奋发有为推动统计事业发展，队伍综合实力和统计服务水平跃上新台阶，统计工作取得可喜成绩。局队获“区级综合考评优秀单位”荣誉称号，选派的代表队在第八届全国统计建模大赛中，获全国三等奖，连续三届获北京市选拔赛优胜奖，局队2人分别获“全国统计系统先进个人”和“北京市统计系统先进个人”荣誉称号。

（韩宇航）

【统计调查与研究】 1月11日，区统计局、区经济社会调查队开展2021年城镇居民居家养老现状及需求调查。此次调查围绕全国大背景，结合党的十九大以及“十四五”规划纲要确定的关于完善养老服务体系，应对人口老龄化国家战略要求，以及立足全区人口老龄化率十年间不断攀升，老龄化现象愈发突出，为服务区委、区人民政府针对老龄人口居住、生活、医疗、康养提供政策依据而开展的一次性调查。1月18日，门头沟局队完成网购专项调查。抽选双十一、双十二期间网购活跃的被访者，并邀请被选中被访者家庭网上购物最主要的决策者作为调查对象，接受此次网购调查，确保问卷数据来源更加真实有效。1月29日，门头沟局队开展北京居民过年新形式消费新模式新内容调研。从住户样本中筛查出年龄在16～41岁的成员户，通过住户成员基本情况信息再次从性别、职业、学历中进行分组，了解当前居民过节消费出现的新情况、新变化、新趋势，以及消费变化及对扩大内需、疫情防控等的影响。2月11日，门头沟局队开展个体工商户生产经营状况快速调研。全面了解疫情期间门头沟区个体工商户的生产经营状况情况，重点关注各项政策措施以及工作过程中出现的新情况、新问题，分析问题原因，探索政策突破口，及时反映基层和个体工商户的诉求与期盼。2月17日，门头沟局队开展人口与商业设施匹配度监测研究。立足全区商业现状，评价区域商业服务人口消费水平及助力北京市国际消费中心城市建设的能力，充分利用电子地图、人口密度热力图等技术对成因分析展开可视化解读，发挥统计咨询作用，主动服务区委、区人民政府。3月15日，门头沟局队开展新建商品住宅项目快速调研。快速成立“新建商品住宅项目”专项调研小组，根据新房网签比对审核工作和房地产开发企业常规调研情况，选取6家具有代表性的房地产企业作为调研对象，采取实地调研和电话调研的方式，从国内外形势、政策变化、市场行情、区域规划、区域关联等多角度对门头沟区新建商品住宅的去化特点进行分析，探究门头沟区新建商品住宅销售呈现“前增后降”特点的原因，提出促进房地产市场可持续发展的对策建议。4月20日，门头沟局队开展“门头沟小院”精品民宿景气状况调研。从摸清“门头沟小院”精品民宿的运营管理现状及存在问题入手，面向“小院”经营者开展调研，听取“小院”经营者对“小院”基本情况、营销渠道、发展规划以及存在的问题和需求等方面的介绍，实地随机拦访“小院”游客，征集公众对“门头沟小院”的知晓率和需求意向，进一步了解“门头沟小院”精品民宿的发展现状、存在的问题以及公众的感受和需求。6月10日，门头沟局队开展助企纾困政策落实情况调研。由专项科牵头，联合工交科、商调队、服务业科、科技和社会科等相关科室组成5个调研小组，围绕中小微企业对出台的政策措施尤其是门头沟纾困“18条”的知晓情况，计算中小微企业对各项政策的了解程度，深入分析市场主体获知政策的有效途径和渠道以及不知道相关政策措施的具体原因，进一步掌握各项纾困政策落实的进展情况，及时把调研结果通过信息分析等统计产品形式及时反馈报送，为有关部门制定和完善政策措施提供参考依据。7月19日，门头沟局队开展企业数字化转型现状调研。实地走访两家代表企业，详实了解企业在信息化和数字化方面的资金投入、人才投入、以及数字化平台建设和发展战略框架等方面内容，和企业在云计算、物联网、人工智能技术等方面的应用状况，明确企业实际经营中所采用的数字化转型模式，深入调研企业数字化现状，获取企业数字化赋能案例，及时反馈企业在数字化转型发展过程中遇到的困难和问题，以及对解决企业数字化转型发展问题的政策期盼或建议。9月7日，门头沟局队开展镇街统计专网安全调研。全面检查13个镇街统计专网安全情况，实施镇街统计专网与互联网的物理隔离，关闭统计专网计算机高危端口，为统计专网计算机设置高强度开机密码和屏幕保护密码，为个人业务系统和办公邮箱设置高强度密码，确保统计专网及终端设备安全。

（韩宇航）

【GEP核算工作稳步推进】 年内，区统计局、区经济社会调查队积极参与全市GEP核算工作，结合门头沟区实际情况制定《门头沟区生态产品总值（GEP）核算工作方案》，召开生态产品总值核算工作推进会，各部门分工责任明确，生态产品总值（GEP）核算工作梳理有序实施。强化民生领域统计监测。完成2023年至2027年住户调查周期的大样本轮换，确定进入调查650户样本，农村住户样本从50户提高至300户，为制定农村增收政策提供坚实的数据支撑。强化统计数据质量管理。修订《门头沟区统计质量全过程管理办法（2022年版）》，对分属市局和总队的各项业务进行全面规范，完善《年定报数据质量控制审核表》制度，对数据审核评估全过程记录，按月度召开经济形势分析暨数据质量评估会。推进统计技术现代化升级。加快大数据、遥感监测、采样自动分析数据等现代化技术在统计工作中的应用，分批开展蔬菜统计遥感监测试点，全区80%的蔬菜统计数据实现遥感调查方式报送。全面启动电子台账应用试点工作，选取25家试点企业，制定《门头沟区企业电子统计台账试点工作方案》，提高企业统计电算化水平，减轻企业统计工作负担。提早布局筹备门头沟区第五次全国经济普查工作。成立第五次全国经济普查筹备领导小组办公室，深入基层调研重点难点问题，为正式普查谋划思路、奠定基础。全面梳理历次普查经费，认真编制普查经费预算，为普查工作提供坚实的经费保障。

（韩宇航）

【重点领域监测评价工作】 年内，区统计局、区经济社会调查队围绕地区发展需要，找准全区高质量发展短板弱项，做好“七有”“五性”监测评价方法和结果分析解读。首次建立长安街西延线“专精特新”产业集群统计监测机制，区专精特新中小企业达70家。首创“门头沟小院”月度监测，建立《北京市门头沟区民宿统计报表制度》，增加农民就业及壮大集体经济指标，年内，“门头沟小院”数量达89家，实现收入5783.3万元。高位推进“两区”建设统计监测。完成两区建设企业动态监测台账，积极配合市、区相关部门做好国际消费中心城市建设监测和国际交往中心建设监测工作。构建“保供稳价”价格监测机制。建立完善《门头沟区价格监测应急预案》，对全区12种蔬菜及10余种重点食品价格开展每日监测，全面掌握居民生活必需品价格波动情况，向区人民政府反馈《关于门头沟区主要食品价格变动情况的函》300余份。

（韩宇航）

【统计分析服务与地区发展需求相适应】 年内，区统计局、区经济社会调查队积极回应地区发展热点话题，全面提升统计分析服务地区发展能力。新冠肺炎疫情期间，加大对市场主体调研力度，组织开展食品价格、投资项目、房地产市场等关键领域的快速调研，完成全区中小微企业纾困政策落实情况调研，经济形势分析会重点研究地区经济形势和下一步走势的分析研判。围绕“小院经济”开展“门头沟小院+”内涵拓展研究、“门头沟小院”景气状况调研、北京市居民对“门头沟小院”感知及需求意向调查。

根据政府工作安排，开展假日旅游监测部门合作，完成门头沟区与延庆区民宿发展比较分析研究。发挥统计专业能力，科学助力地区新冠肺炎疫情防控。开展门头沟区新冠病毒核酸检测与人口现状情况研究，完成全区快修保食洁人员情况、新冠病毒疫苗接种情况等多部门合作任务，参与新冠肺炎疫情防控区级大数据派单和统计数据分析。开展永定地区与回天地区对比研究。做好新冠肺炎疫情防控期间月度劳动力调查工作，定期发布调查失业率。全年，各类统计信息累计上报439余条，统计专报50期，对外发布统计数据1185笔，统计部门研提意见40次获区领导肯定性批示，统计信息采用量连续2年在全区保持第3名。

（韩宇航）

【统计监督的协同配合机制建立】 年内，区统计局、区经济社会调查队与区委巡察办就建立健全统计监督与巡察监督协作配合机制进行专题座谈，并围绕统计法律法规、统计执法案例等开展统计监督专项工作培训，进一步加强与区纪委区监委机关、区巡察办、区审计局等部门沟通协调，积极研究将统计监督与党管干部、纪检监察、追责问责结合起来的新方法，探索建立健全重大统计监督事项会商研判、统计违纪违法线索移送等机制。开展《中华人民共和国统计法》进党校专题活动，邀请统计专家对全区科级干部进行培训。专项整治出实效。加大违反统计法精神文件和做法的清理工作力度，组织开展清理专项纠正工作。召开门头沟区统计造假不收手不收敛问题专项纠治工作推进会，区委常委、常务副区长出席并提出工作要求，将专项纠治工作作为健全统计监督体系的重要保障。在新冠肺炎疫情防控背景下创新统计执法方式，首次开展非现场执法检查，切实发挥统计执法对统计数据质量的保障作用。积极参加国家统计执法和北京市行政执法考试，在2022年北京市行政执法考试通过率达100%。举办2021年度“统计诚信单位”授牌仪式，6家单位被评为门头沟区“统计诚信单位”。

（韩宇航）

【基层统计所工作规范化管理全面加强】 年内，区统计局、区经济社会调查队首次召开门头沟区人民政府统计基层基础工作会议，安排部署并全面落实20项统计基层基础重点工作任务。完善镇街统计业务巡查办法以及及领导包干调研机制，开展统计业务巡查与部门调研，成立5个调研组对区内5个部门和所有镇街统计业务进行调研，抓好统计业务日常指导和监督。扎实完成市局统计巡查“回头看”各项工作，坚持问题导向，举一反三整改落实，不断提高基层数据质量，进一步夯实基层基础工作。坚持区、镇街统计工作融合发展。建立区、镇街工作例会制度，开展基层统计人员到区统计局队实岗培训，对妙峰山镇、清水镇、龙泉镇、王平镇统计所累计完成4人次实岗培训任务。有效发挥镇街统计工作考评机制作用，修改完善《统计业务与数据质量考评细则》，按季度召开镇街绩效考核评估会，完成镇街统计工作季度考评工作。

（韩宇航）

【新冠肺炎疫情防控】 年内，区统计局、区经济社会调查队组建“门统先锋志愿服务队”下沉社区（村）参与新冠肺炎疫情防控工作累计1477人次、806小时。12名统计干部被抽调到区级疫情防控组，支援密接人员转运、大数据派单核查、新冠病毒疫苗接种和隔离点服务保障等工作。借助住户调查数据资源，开展住户家庭人员新冠感染情况统计分析调查，为区委、区人民政府精准研判新冠病毒传染进程提供有力数据支撑。

（韩宇航）

市场监督管理

【概况】 2022年，门头沟区市场监督管理局（简称区市场监管局）深入落实营商环境5.0相关政策，通过推进名称自主预查、登记告知承诺制、企业注销便利化改革、“证照联办”“证照分离”“一址多照”“一照多址”等工作，进一步优化办理手续、简化办事环节。区内实有市场主体64481户，同比增长11.59%；新设市场主体8849户，同比增长1.55%；推行柔性执法和包容审慎监管，减免辖区企业罚款500万余元。加强对“三品一械”即食品、药品、化妆品和医疗器械的监督检查，全年完成区级抽检1320批次，合格率98.79%；开展农资、建材、消费品等与民生相关的产品质量抽查101批次，合格率84.16%；严厉打击药品违法行为，强化与公安部门的行刑衔接，移送线索5起，接收案件5起。以民为本做好接诉即办相关工作，全年接收工单3497件，响应率、解决率、满意率分别为99.06%、91.43%、92.71%。牵头开展3·15问题食品排查、冬奥知识产权保护、新冠肺炎疫情期间价格检查、“必胜客”专项检查、药品安全专项整治等57项专项执法工作，保障地区市场秩序稳定。检查五类以外市场主体55092家次，发现问题2390家次，公示问题1751家次；督促指导药店登记四类药品信息198760人次；开展人、物、环境核酸采样2068788件，检测结果均为阴性。年内，区市场监管局获全国普法先进集体、“首都劳动奖状”、北京市节水型单位、区直机关十佳机关党建实践品牌等称号，知识产权服务中心获市级“体系建设之星”。区市场监管局被评为2021年度药品不良反应和医疗器械不良事件组织协调工作先进单位。

（刘淑伍 孙一伦）

【个体工商服务月】 9月，区市场监管局按照“全国个体工商户服务月”活动方案要求，以“送服务、办实事、促发展”为主题，积极推动各项纾困政策精准滴灌、直达快享，引导全社会关心关爱个体工商户，共同促进个体工商户健康发展。共出资1.5万余元，慰问帮扶对经营困难的个体户50户，核发食品经营许可证13件、小餐饮食品生产经营许可证54件，张贴海报1000余张，召开座谈会10余场，涉及个体工商户200余户。

（刘淑伍 孙一伦）

【战略合作备忘录签署】 12月22日，区市场监管局与美团签署《食品安全社会共治战略合作备忘录》，双方将从严格实施入网审查管理、推动落实“厉行节约 杜绝浪费”、参与食品经营示范建设、共建消费维权绿色通道、深化政企执法协作、共建应急联动机制、食品安全信息共享、聘请送餐骑手为食品安全社会监督员、共建网络治理监管培训基地、合力推广“食安封签”10个方面工作，遵照“信息互通、资源共享、明确责任、有效协作”的原则，搭建政府推动、部门牵头、平台协同、网店自律、社会监督的社会共治体系，推动互联网餐饮健康发展。

（刘淑伍 孙一伦）

【诚信企业评选活动】 年内，区市场监管局开展诚信企业评选活动，区1家企业获“2021年诚信服务承诺先进单位”称号，5家企业进入市级“诚信服务承诺单位”行列。组织开展各类主题宣传活动35场，发放宣传品2000余份。

（刘淑伍 孙一伦）

【北京冬奥会、冬残奥会保障工作】 年内，区市场监管局选派13名骨干人员支援延庆赛区，3人获市级通报表扬，完成北京冬奥会、冬残奥会保障工作。结合自身职责开展知识产权保护和北京冬奥特许商品专项检查，立案3件，罚款7万元。

（刘淑伍 孙一伦）

【“3·15”晚会曝光相关问题严查】 年内，区市场监管局针对“3·15”晚会曝光的酸菜、粉条等产品恶劣的加工生产环境，以及学校周边商店以卖玩具之名进行抽奖销售等情况主动出击，以主要大街、农贸市场、校园周边等地区为重点，针对食品经营主体、腌制商品销售主体、文具店等进行突击检查。共出动执法人员402人次，检查各类经营主体246户次、市场3家次，未发现有销售相关问题产品、以及以学生为对象的有奖销售等违法行为。

（刘淑伍 孙一伦）

【“双承诺”执法新场景概念提出】 年内，区市场监管局选取纳税贡献突出、信用良好、未发生过安全生产事故的4家楼宇申请纳入首批试点，涉及中小企业80家。统筹12家行政执法部门的274项抽查检查事项，建立事项清单，作为企业自管自查内容，企业承诺“自我管理”，由联席会议统筹各执法部门的年度检查计划和“双随机”抽查计划，执法检查“化零为整”按计划开展，执法部门承诺“无事不扰”。完成集中培训1次，各执法部门依职责开展的日常检查次数下降90%以上。

（刘淑伍 孙一伦）

【信用监管理念推行人性化】 年内，区市场监管局为符合要求企业提前停止行政处罚信息公示，做出准予行政处罚信息信用修复决定2件次；对因新冠肺炎疫情影响未按时申报2021年度年报的市场主体，免于相关行政处罚或不予列入企业经营异常名录，惠及124户。

（刘淑伍 孙一伦）

【各类专项执法工作】 年内，区市场监管局牵头开展3·15问题食品排查、冬奥知识产权保护、新冠肺炎疫情期间价格检查、“必胜客”专项检查、药品安全专项整治等57项专项执法工作，严厉打击各类违法违规行为，全年共办结案件1640件，罚没款359.85万元。

（刘淑伍　孙一伦）

【破解预付卡消费难题】　年内，区市场监管局联合区融媒中心拍摄“预付卡陷阱”“美容卡陷阱”“直播诈骗陷阱”等消费热点问题的警示短片，寓教于乐提示广大消费者理性消费。认真宣贯《北京单用途预付卡管理条例》，通过张贴宣传海报，发放合同行为指引等方式，引导企业“诚信发卡”“合规发卡”，并通过加大对违法格式条款行为的检查处理力度、推广制式合同等行政手段约束企业经营行为。全年共配合行业主管部门处理各类预付费退费工单20余单，挽回消费者损失8万余元。

（刘淑伍　孙一伦）

【重点领域监管工作】　年内，区市场监管局主要领导带队为辖区药店协调采购、调拨重点药品20余种14万余盒（瓶）、新冠肺炎抗原检测试剂6批次57万人份；协调相关药品生产、批发、零售企业搭建重点药械保供平台，全力保障区内布洛芬、对乙酰氨基酚、抗原试剂盒、体温计等重点药械供应；派专人入驻医院、药品批发企业、零售药店等重点单位，全力保障医疗机构医药物资需求，协助打通企业与零售药店间的联系渠道、指导药店做好服务。

（刘淑伍　孙一伦）

【药品使用环节专项检查】　年内，区市场监管局以“自查+检查”的方式，在全区范围内开展药品使用环节专项检查工作，共检查药品使用单位118家次，发现存在供货商资质未及时更新、中药饮片养护记录不规范等6个问题，整改完成。

（刘淑伍　孙一伦）

【食品药品抽检】　年内，区市场监管局共完成食品抽检1200批次，合格率98.7%，不合格12批次；完成药品（含医疗器械、化妆品）抽检236批，其中药品170批、合格率100%；医疗器械16批、合格率100%；化妆品50批、不合格4批、合格率92%。

（刘淑伍　孙一伦）

【化妆品专项行动】　年内，区市场监管局采取“线上线下”齐发力的模式同步开展化妆品专项检查，线上重点核查线上店铺是否标注正确主体信息、经营者是否建立并执行化妆品进货查验制度等情况，并开展化妆品网络抽检；线下重点清理整治未经注册或者未备案、标签违法宣传、存在质量安全风险的化妆品。同时以网络监测筛选清单为主要抓手，组织辖区40家化妆品网络经营者全面开展自查工作。专项行动累计检查化妆品网络经营主体98家次；责令整改12家次；约谈企业17家次；检查发现问题3个，抽检发现不合格产品1个，立案4起，做出处罚决定3起，罚没款项2.26万元。

（刘淑伍　孙一伦）

【餐饮环节食品抽检】　年内，区市场监管局开展食品安全监测工作，共完成区级食品抽检885批次，其中食用农产品102批次、食品安全监督抽检353批次、风险监测30批次、快速检测400批次，完成率100%，发现不合格产品2批次，依法立案查处。

（刘淑伍　孙一伦）

【天堂超市酒吧群体性疫情】　年内，天堂超市酒吧群体性新冠肺炎疫情爆发后，区社区防控组会同区市场防疫工作组制定《门头沟区社会面疫情风险排查工作方案》，并成立门头沟区社会面疫情风险排查工作专班。区市场监管局会同商务、城管、镇街摸清全区生活服务业主体台账并报送区主管领导，积极组织对接第七督查组对13个镇街开展督查督导工作。

（刘淑伍　孙一伦）

国有资产监督管理

【概况】　2022年，门头沟区人民政府国有资产监督管理委员会（简称区国资委），做好国企改革三年行动冲刺收官，统筹推进党建引领、国企改革、国资监管和新冠肺炎疫情防控各项工作。学习传达中央、市、区有关会议精神，召开国资委系统2021年党建暨国资国企工作会，总结2021年工作，部署2022年重点任务。制定区国资委2022年目标管理任务书，确定70项工作任务，其中重点工作30项。召开党委会27次，研究“三重一大”决策事项219个。

（李　建）

【国企改革发展】　年内，区国资委全面推进国企改革三年行动任务实施。40项重点工作任务全部完成，完成率100%；进一步优化产业布局。制定《门头沟区深化国有企业改革发展工作方案》，确定新三年改革目标和国有资本发展的“七大”板块，推动改革向纵深发展。研究加强和规范镇办企业监管的意见，参与乡村振兴。调查摸底各区园区内国企管理情况，上报石龙公司体制机制管理工作建议；加大企业结构调整力度。整合优化企业结构，完成门城投资公司与京西置地公司重组；组建北京京西生态资源经营有限公司，推进全区生态产品价值实现；进一步缩短管理链条，推进二级监管企业重组 2 家；深入推进僵尸企业处置工作，共清理注销企业 19 家。整合国有优势资源，沟通协调行政事业经营性国有资产集中统一监管工作，为组建投融资公司做好充足准备；继续推进完善中国特色现代企业制度改革。强化落实党组织讨论前置工作，进一步完善企业法人治理结构，修定公司章程 9 次，落实党组织前置讨论经营管理事项 445 项，职工董事、职工监事向职工大会汇报工作 8 次。

（李　建）

【国有产权管理】 年内，区国资委为 35 家国有企业办理产权登记。完成山水旅游公司和鑫融投资公司所涉资产评估项目核准工作 3 项。完成京门商投公司、保障房公司等资产处置审批工作 9 项。为门城投资公司等 4 家企业增加注册资本金共 8602 万元。完成 2022 年度国有资本收益收缴和项目资金支出工作，编制 2023 年国有资本经营预算。为 436 家服务业小微企业和个体工商户减免租金 3711 万元，工作推进效率在全市各区中排名第二。

（李　建）

【国有资产监督】 年内，区国资委对监管的 7 家一级企业进行 2021 年度财务决算审计和开展专项审计工作，审计项目 4 项监督资产 33.18 亿元。做好董事会和监事会工作，召开区国资委第六次董事会工作报告专题会议，调整及任免企业董事会、监事会成员 29 人次。落实京西利川公司审计监督问题整改。

（李　建）

【统计业绩考核】 年内，区国资委做好监管企业经济运行情况统计分析，2022 年监管企业资产总额 105.7 亿元，同比增长 7%。做好经营业绩考核目标完成情况动态监控，完成 2021 年企业负责人经营业绩考核和 2022 年企业负责人业绩考核任务书签订，完成 2021 年度企业负责人薪酬测算、上报、兑现及备案。落实事前控制，对监管企业 2022 年企业财务预算编制进行审核。

（李　建）

【国资系统新冠肺炎疫情防控】 年内，区国资委系统组建“疫情防控志愿者应急服务队”，支援朝阳区安贞街道和门头沟区石门营六区、三家店、梨园等 10 个社区，参与新冠肺炎病毒核酸检测、大数据派单核查、社区疫情防控 65 次。国资委系统 9 家机关企事业单位持续参与三家店 6 个社区疫情防控下沉工作。加强对国资监管企业常态化检查，班子成员分 6 个小组对监管联系企业进行实地检查，指导监管企业做好市场保供稳价、旅游景区、建筑工地防控和物业服务保障等工作，牵头抓好大台方舱医院组建运营，助力全区疫情防控。

（李　建）

【安保维稳和垃圾分类】 年内，区国资委妥善解决 60 个信访件和“12345”政府服务热线转办件 261 件。做好全国“两会”、北京冬奥会、冬残奥会及党的二十大等重点时期重点人维稳工作。做好国资系统垃圾分类、大气污染防治等综治环保工作，制定下发《国资委系统安全生产大检查工作方案》《国资系统内全年禁止燃放烟花爆竹工作实施方案》等。持续开展“安全生产月”及“安全生产进企业”等活动，成立专项工作检查小组，检查企业 194 次。对监管一级企业及包干 9 个小区进行垃圾分类检查。

（李　建）

【综合协调服务】 年内，区国资委指导京门商投公司和保障房投资公司开展对武川县和堆龙德庆区的对口帮扶与支援合作工作。修订完善《区国资委党委会关于“三重一大”事项集体决策的实施办法（试行）》《门头沟区国资委工作规则》《门头沟区国资委内部控制管理制度（试行）》等制度。细化向区委请示报告重大事项清单。加大区级 38 个重点督办事项和党委会决策事项的督办力度。办理 6 件政协提案。国资系统共招商引资企业 46 家。妥善解决历史遗留问题 25 项。

（李　建）

【国企重点工作】 年内，区国资委指导各企业完成重点工作任务。生态资源公司积极推进“两山学院”注册登记工作，生态银行已经初步拟定区生态资源收储管理和优化运营、数字资产和供应链金融、生态担保业务、生态产品交易 4 个发展方向。生态文明实践基地展厅建设完成项目总进度的 90% 以上。鑫融投资公司为石龙公司增加注册资本金1亿元，为门城投资公司集租房建设增加注册资本金5000万元，回购工业公司持有的石龙公司13.07%股权，对集租房一期、二期项目进行担保。石龙开发公司助力专精特新产业集群，京西创客工场16家专精特新企业，恒合股份、百洋智合、蓝卫通、绿京华等优质企业入驻京西创客工场，与中发展、华为合作建设100P算力中心。引进北京银行门头沟绿色支行、莲宫雅叙餐厅，立足科技强区建设“92活力社区”等配套设施。京门商投公司有序推进小白楼、华远、中骏三大重点项目；通过灵山绿产公司以线上直播、线下促销等方式销售帮扶产品905余万元；组织开发全区首个“智慧市场”小程序，做好市场物资储备、保价稳供工作。门城投资公司推进区人民政府蓝皮书市政项目共12项；文体中心项目整体工程进度完成71%；政务中心项目完成工程建设；租赁房一期、二期、三期项目均有序推进。京西置地公司有序推进三家店土地整理项目、石门营商办综合地块项目和国道109新线高速公路项目。山水旅游公司夯实“两寺一山”项目规范化管理，实现经营收入提升；构建区域“文旅+体育”产业多元化发展格局；积极推进“一线四矿”和“门头沟小院”项目；做好盘龙山庄疫情防控隔离点日常运维管理。保障房投资公司正式接收运营管理燕保家园项目；有序推进新城北部公共租赁住房项目；做好现持有2258套保障房房源的运营管理。京门国资中心全面落实公司制改革，推进历史遗留问题攻坚。康奇物业公司做好棚户区改造和老旧小区110万平方米物业管理服务，做好管辖15个小区的新冠肺炎疫情防控和应急抢险处置工作。

（李　建）

农业农村

2022 年，门头沟区农村人居环境整治考评结果综合排名全市第一。图为妙峰山镇岭角村的立体画（《京西时报》 供图）

4 月，龙泉镇西辛房村村民开展春耕。图为村民为菜地铺盖薄膜防止土地水分流失（区融媒体中心　供图）

2022 年，清水镇在门城地区开设“清水三农掌柜”农副产品销售网点（《京西时报》 供图）

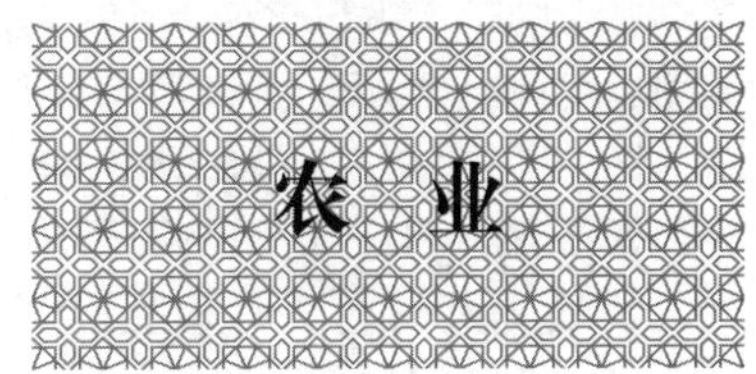

【概况】 2022年，门头沟区农业农村局（简称区农业农村局）围绕“生态立区、文化兴区、科技强区”发展战略，坚持农业农村优先发展，加快推进落实乡村振兴战略，奋力谱写“农村美、农民富、农业强”新篇章。年内，全区农村居民人均可支配收入实现32166元，同比增长4.3%，增速快于城镇居民1.1个百分点；农民人均所得27472元，同比同期的26368元增加1104元，同比增长4.2%；全区农村集体经济总收入11.4亿元，同比基本持平。全区农村人居环境整治在全市农村人居环境年度综合考评中排名第一。2022年，全区休闲农业与乡村旅游收入实现9594.5万元，同比增长17.88%，成功获评全国休闲农业重点县。被财政部、住建部评为全市唯一的“2022年传统村落集中连片保护利用示范区”。全区55个集体经济薄弱村实现全面“消薄”，集体经营性收入达到2308.5万元，同比增长78.6%。年内，炭厂村、田庄村获评北京市抓党建促乡村振兴示范村。

（康亚美）

【“中央一号文件”精神解读培训班举办】 3月11日，区农业农村局邀请中国人民大学农业与农村发展学院教授就2022年“中央一号文件”精神进行专题解读。区农业农村局、区园林绿化局、区水务局、区经管站、各镇镇长共80余人参加。

（康亚美）

【召开全区农村工作会】 3月31日，全区农村工作会议召开，提出，要坚持以首都发展为统领，在落实生态立区、文化兴区、科技强区战略中找准“三农”工作着力点，积极探索农业发展新机制、乡村建设新模式、农民增收新路径，为“绿水青山门头沟”高质量发展提供有力支撑。要坚持首善标准，努力走出一条具有门头沟特色的乡村振兴之路。要坚持底线思维，严格落实粮食安全党政同责和菜篮子责任制，坚决巩固好低收入精准帮扶取得的成果，夯实乡村振兴基础。要坚持规划引领，合理布局村庄宅基地空间、产业发展、基础设施和公共服务配置，促进山区高质量发展。要积极推动村庄渐进式有机更新，持续打造宜居宜游的优美环境，抓紧完善农村基础设施和公共服务，稳妥有序推进乡村建设。要坚持以党建引领乡村振兴，坚持和加强党对“三农”工作的全面领导，压实全面推进乡村振兴责任，坚持区、镇、村三级书记抓乡村振兴，着力构建党组织领导的自治、法治、德治相结合的乡村治理体系，切实构建更高水平的法治乡村、平安乡村。

（康亚美）

【丰收节相关活动举办】 9月22日，“乡情京韵颂盛世 凝心聚力促振兴”门头沟区第五届中国农民丰收节、第33届北京农民艺术节乡村大舞台、首届休闲农业推介活动在斋堂镇柏峪村举行。由第33届北京农民艺术节组织指导委员会主办，区委农工委、区农业农村局、区委宣传部、区文化和旅游局承办，斋堂镇党委、斋堂镇政府和区公共文化中心协办。活动集中展示门头沟区三农工作近些年取得的喜人成绩。

（康亚美）

【休闲农业】 年内，全区休闲农业与乡村旅游收入实现9594.5万元，同比增长17.88%。谷山村景区获评北京市十大农事体验园，苇子水村古梯田入选十大网红打卡地。年内，门头沟区获评全国休闲农业重点县。

（康亚美）

【区域品牌】 年内，区农业农村局发挥“灵山绿产”区域品牌带动作用，妙峰山玫瑰、拇指姑娘、灵之秀、泗家水、太子墓、妙峰咯吱、灵山绿产累计7个品牌入选“北京优农”品牌目录。苇子水村苦杏仁粥被评为北京市乡村特色美食，妙峰骑行小镇“醉红颜咯吱”被评为北京市乡村特色伴手礼。

（康亚美）

【农田建设】 年内，区农业农村局编制完成《门头沟区高标准农田建设规划（2021-2030年）》，有序推进雁翅镇大村18公顷高标准农田建设。完成3个镇12个村65块图斑永久基本农田质量调查。优化调整耕地和永久基本农田，划定空间499公顷，其中永久基本农田303公顷，永久基本农田储备区95公顷，耕地保有量100公顷。

（康亚美）

【政策性农业保险】 年内，区农业农村局完成政策性农业保险投保金额1.76亿元，同比增长52%，投保农户1920户次，同比增加704户次，农作物总投保面积2226.67公顷，同比增加

826.67 公顷。

（康亚美）

【农产品质量安全】 年内，门头沟区加强优质农产品认证管理，新增有机农产品认证企业（合作社）11 家，完成复证企业（合作社）5 家。完成农产品定性快速检测样品 1 万份，农产品定量检测样品 440 份，环境样品定量检测 60 份（土壤监测 30 份、灌溉水监测 30 份）。开展各类执法检查 6590 次（清水镇、斋堂镇、雁翅镇、王平镇、大台街道等 5 个镇街执法三分队和四分队共开展检查 3314 次），涉及执法出动执法人员 2 万余人次，出具各类检查文书 6500 余份，查办各类案件 107 件，罚没款 429516.85 元。

（康亚美）

【农民培训】 年内，区农业农村局累计开展农民培训 80 期，涉及 2341 人次，其中开展农村实用人才带头人培训 9 期，317 人次。

（康亚美）

种殖业

【概况】 2022 年，全区粮食作物播种 458 公顷，粮食生产总量 919.1 吨，其中玉米播种 338 公顷、大豆 46 公顷、谷子 21 公顷、绿豆 5 公顷、红小豆 10 公顷、薯类 21 公顷、其它作物 14 公顷。全区蔬菜播种总面积 257 公顷，产量 1711.8 吨。

（康亚美）

【特色种植】 年内，香椿种植面积 104 公顷，高山芦笋种植扩大到 29 公顷，两项产量合计 56.2 吨；玫瑰花 428 公顷，产量 10980 公斤。

（康亚美）

养殖业

【概况】 2022 年，门头沟区畜禽养殖以蛋鸡、肉羊和生猪为主。截至 12 月，蛋鸡存栏 17406 只，生猪 586 头，肉羊 3454 只，奶牛 22 头。

（康亚美）

【动物防疫】 年内，区农业农村局组织实施新城疫、禽流感、O 型口蹄疫等共 17 次，累计发放疫苗 67.2 万羽 / 只 / 头份，免疫各类畜禽 9.4 万羽 / 只 / 头份。累计发放犬狂犬病疫苗 9900 份，发放犬免疫标识 9900 个，完成犬狂犬病免疫 8709 条。共采集畜禽血清、咽肛双拭子、鼻拭子 3435 份，实验室监测禽流感、新城疫、布病和口蹄疫等疫病样本 7673 份次。开展“瘦肉精”等违禁药物检测 3508 次。年内共计处置 52 起畜禽不明原因死亡事件，出动 141 人次，排查疫情 52 起。

（康亚美）

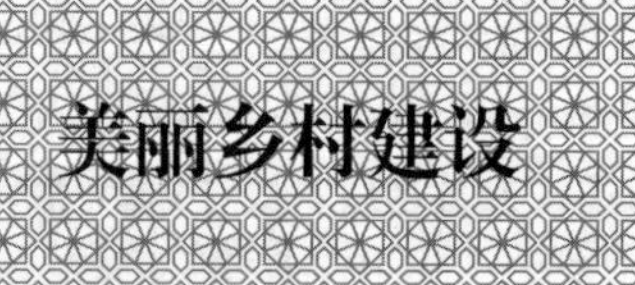

美丽乡村建设

【概况】 2022 年，门头沟区瞄准“一线四矿”、永定河周边重要节点，围绕一个村带动一条沟、引导一个镇、促进一个区域的思路，进一步探索“原址翻建 + 局部置换”村民自主实施的搬迁模式，渐进式实现村庄有机更新。启动斋堂镇杨家村、雁翅镇大村、芹峪村、跃进村、高台村、淤白村等 6 村山区农民搬迁工作。共选树“美丽庭院”50 个，全区“美丽庭院”达 100 个。有序推进北方地区冬季清洁取暖项目电力基础设施建设，完成 7400 户煤改清洁能源电价调整工作。

（康亚美）

【传统村落保护利用】 4 月 14 日，门头沟区被住房和城乡建设部、财政部确定为 2022 年传统村落集中连片保护利用示范区。7 月 20 日，门头沟区人民政府正式印发《北京市门头沟区传统村落集中连片保护利用规划》，旨在探索传统村落集中连片保护利用模式，构建“一水系八沟，古道联百村”的总体空间格局，建立共建共治共享的传统村落保护利用机制，探索区域统筹推进传统村落保护发展模式，创新传统建筑活化利用方式。

（康亚美）

【农村人居环境整治】 年内，区农业农村局持续开展村庄清洁行动，落实区级巡查、通报、督办、约谈、曝光、考核和奖惩等 7 项机制，每月开展文明农村人居环境整治综合考评，全年农村人居环境整治综合考评排名全市第一。

（康亚美）

【美丽乡村创建】 年内，区农业农村局对第三批 9 个（斋堂镇西斋堂村、灵水村、张家村、新兴村；龙泉镇三家店村、龙泉务村、大峪村、赵家洼村；军庄镇军庄村）美丽乡村创建村开展自查验收，全部达到市级验收标准。

（康亚美）

【美丽休闲乡村】 年内，妙峰山镇炭厂村获评中国美丽休闲乡村。王平镇韭园村、清水镇西达摩村、妙峰山镇涧沟村和斋堂镇柏峪村4个村被评为2022年北京市美丽休闲乡村。

（康亚美）

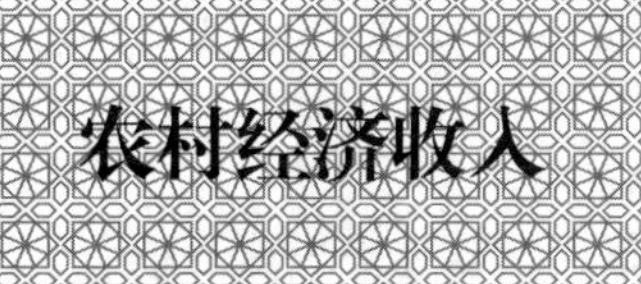

农村经济收入

【农林牧渔业产值】 年内，全区实现农林牧渔业总产值34367.9万元，同比下降7.9%。从内部结构看，全区实现农业产值5588.6万元，同比下降12.1%；林业产值27643.5万元，同比下降7.1%；牧业产值325.2万元，同比下降22.5%。

（康亚美）

【农村集体经济收入】 年内，全区农村集体经济总收入11.4亿元，同比基本持平，主要来源于村集体经济收入，

（康亚美）

【农村居民人均可支配收入】 年内，全区农村居民人均可支配收入实现32166元，同比增长4.3%，增速快于城镇居民1.1个百分点。

（康亚美）

【农民人均所得】 年内，农民人均所得实现27472元，同比增加1104元，同比增长4.2%。其中，深山、浅山、门城3个地区农民人均所得分别实现22259元、23346元和37008元，同比依次增长6.5%、5.2%、2.2%。

（康亚美）

【农村劳动力】 年内，全区农村劳动力50677人，从业劳动力45162人，就业率89.1%，所有指标同比持平，待业劳动力5515人。

（康亚美）

【发展壮大农村集体经济】 年内，全区55个集体经济薄弱村集体经营性收入均超过10万元，实现全面"消薄"。

（康亚美）

农村经济管理

【概况】 2022年，门头沟区农村合作经济经营管理站（简称区经管站）全面贯彻新农村建设"二十字"方针各项要求，围绕"生态立区、文明兴区、科技强区"的区域发展战略，认真落实中央、市区各项工作部署，努力推动各项工作有序开展。年内，全区农村集体经济总收入11.4亿元，同比基本持平，全区农民人均所得实现27472元，同比26368元增加1104元，同比增长4.2%。

（魏丽会）

【农村集体产权制度改革】 年内，区经管站不断规范集体经济组织收益分配，让集体经济组织成员享受改革红利。2021年47个村实现股金分红，成员股东分红总额9540万元，享受分红股东26401人，股东人均分红由2021年的3476元增加至2022年的3613.5元，增加比例4%。

（魏丽会）

【利益联结机制】 年内，区经管站积极构建符合门头沟区实际的惠农多赢共同体，推行含利益联结条款的合同模板，全年共有14个含利益联结条款项目实现交易。

（魏丽会）

【农村集体经济薄弱村增收】 年内，区经管站编制《"十四五"消除经济薄弱村计划增收表（2022）》，全覆盖走访薄弱村涉及镇，实地了解涉薄村状况。按照市区综合界定门头沟区2022年度农村集体经济薄弱村55个，截至12月底，55个村全部超过10万元认定标准，提前三年完成消薄任务。

（魏丽会）

【"三资"监管定期检查】 年内，区经管站完成9个镇91个村集体经济组织的农村集体"三资"监管定期检查工作，对农村集体"三资"管理制度落实执行情况、财务票据管理以及相关农村重大事项民主程序履行情况等方面进行重点检查，下发整改通知书，撰写检查报告，督促镇、村按要求完成整改。

（魏丽会）

【农村集体"三资"监管平台】 年内，区经管站加强信息化对"三资"运行流程的实时监控和预警作用，重点对9个镇181个村集体经济组织履行民主程序等情况进行实时监督并提醒。全年通过

"三资"监管平台累计查看224个村次，27019笔账目，发出预警81次，预警金额617.99万元。

（魏丽会）

【"村地区管"机制】 年内，区经管站联合区农业农村局制定印发《门头沟区镇、村集体涉地对外合作项目协议管理意见》，把涉地协议纳入监管范围，杜绝协议代替合同躲避监管现象。

（魏丽会）

【农村产权交易】 年内，区经管站共完成产权交易项目28项，涉及金额5467.21万元，其中，民宿类产权交易项目17项，盘活闲置农宅45处，涉及金额3637.04万元。

（魏丽会）

【农村村干部任期和离任经济责任审计】 年内，区经管站就农村经济责任完成等方面开展跟踪审计，共完成9个镇181个村集体经济组织的村干部任期和离任经济责任审计工作，有效预防村干部职务犯罪，促进基层廉政建设。

（魏丽会）

【村级财务公开】 年内，区经管站与相关部门组成联合检查组，对2022年度各镇村"四议一审两公开""三务公开"制度落实情况进行专项检查，检查共涉及9个镇40个村。

（魏丽会）

【合同联预审机制】 年内，区经管站依据《门头沟区涉地农村集体经济合同管理办法》《门头沟区农村产权交易管理办法》等相关法律法规，采取"市、区、镇、村"四级联合预审机制，提高合同审核效率，确保农村资金安全完整、资产保值增值、资源合理利用。年度内累计审理农村集体经济合同21份。

（魏丽会）

【农村涉地合同和集体资产资源核查】 年内，区经管站联合区农业农村局印发《门头沟区关于全面开展农村涉地合同和集体资产资源核查工作的实施方案》，完成涉地合同和集体资产资源基础信息和可视化信息录入，采集数据共16519条，其中资源性数据4814条，全部为土地类资源，包含林地、农用地、建设用地、其它用地；资产类数据2998条，包含房屋建筑物资产和其他场地、实物等资产；合同数据8707条，其中集体涉地经济合同2011条。

（魏丽会）

【农民专业合作社】 年内，区经管站制定《2022年门头沟区农民合作社建设规范提升项目支持实施方案》，将2022年项目支持资金向集体领办合作社或对村集体发展贡献较大合作社倾斜。年度内申报国家级示范社1家、申报市级示范社1家、监测市级示范社18家。

（魏丽会）

【农村土地仲裁】 年内，区经管站进一步健全农村土地承包经营权纠纷调解仲裁体系，打造由20名仲裁员组成的专业仲裁队伍，注重区域协作，与丰台区经管站签订土地承包仲裁合作协议，共同探索符合两区实际的农村土地承包仲裁体系，持续提升门头沟区农村土地仲裁效率和公信力。

（魏丽会）

【农村集体资产年度清查】 年内，区经管站组织开展2021年度农村集体资产年度清查工作，摸清农村集体资产底数，进一步健全农村集体资产管理体制，研制集体经济组织投资经营实体管理办法。据统计，2021年度清查核实资产总额154.2亿元，负债总额69.7亿元，所有者权益总额84.5亿元。2021年度集体土地总面积为12.06万公顷，其中农用地11.39万公顷，建设用地3066.7公顷，未利用地3666.7公顷。

（魏丽会）

工业　信息化

2022年，中关村门头沟科技园培育专精特新企业，构建首都西部发展新增长极。图为中关村门头沟园一隅（区融媒体中心　供图）

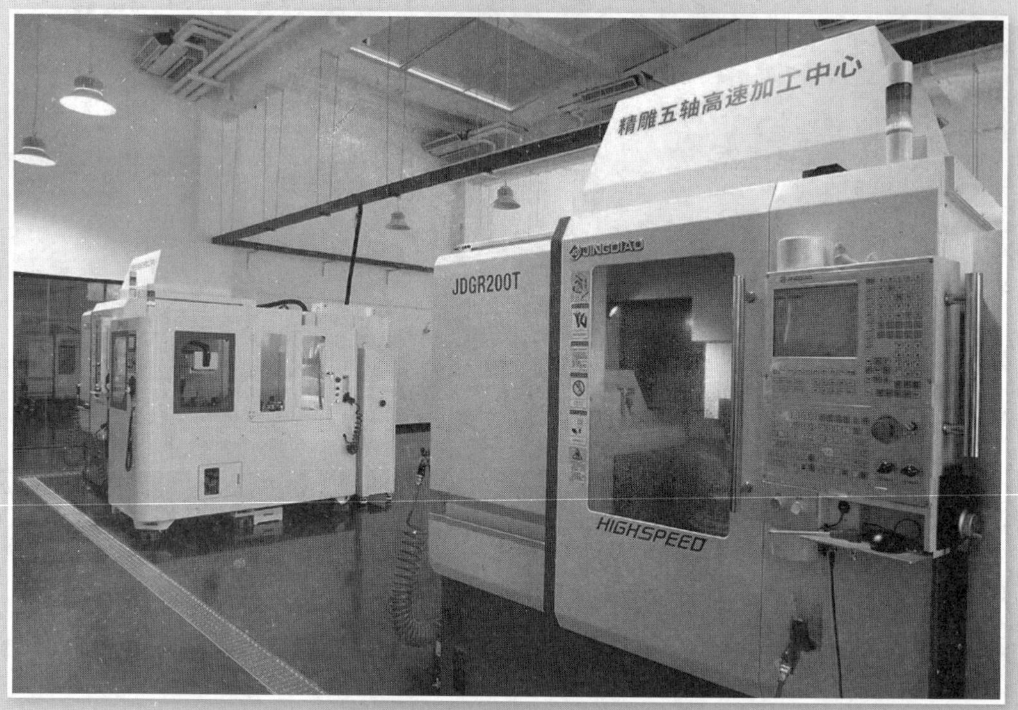

1 月，北京精雕科技集团有限公司上榜北京市第一批“隐形冠军”企业名单。图为精雕五轴高速加工中心（区融媒体中心　供图）

8 月 1 日，创客北京 2022 创新创业大赛门头沟赛区现场（区科学技术和信息化局　供图）

【概况】 2022年，门头沟区成立区委全面深化改革委员会信息化和大数据工作改革专项小组，负责全面统筹协调信息化建设相关改革工作，重点研究信息化建设中的疑难问题，牵头协调全区智慧城市相关工作。年内，门头沟区科学技术和信息化局（简称区科技和信息化局）建设5G基站125座，基站总量达到498座；累计办理北京市非政府投资工业和信息化固定资产投资项目备案21件，涉及总投资合计330912.79万元。完成《北京市门头沟区“十四五”时期信息化发展规划》和《门头沟区新型智慧城市实施方案》的颁布、备案；加快智慧城市新型“一张网”建设；持续推进大数据相关工作；强化信用体系建设；做好网站技术支持和“京办”推广工作；做好抗疫技术支撑工作；加强网络安全及建设；全年持续加大对各运营商督导工作力度；全力做好软件正版化相关工作。2022年，门头沟区拥有28家规模以上工业企业，累计完成工业总产值54亿元，同比下降4.3 %。拥有规模以上信息传输、软件和信息技术服务业企业10家，累计实现营业收入8.9亿元，同比下降43.3%。

（贾岩琦）

【网站技术支持和“京办”推广工作】 4月6日起，区科技和信息化局在全区党政机关、国有企事业单位以及村居“两委”等单位开展“京办”全面推广使用工作，以为新冠肺炎疫情期间数据的传输、隔离转运等工作提供安全平台。截至12月31日24时，全区共90家单位使用“京办”，累计注册用户数15228人，激活用户数15131人，激活率99.36%；工作日平均日活数4178.4，工作日平均日活率27.62%。年内，区科信局做好政府网站日常运行保障工作，包括集约化平台建设维护、权限设置、数字证书管理、优化搜索和移动端兼容性等。并与市级集约化平台实现对接互通。进一步完善市级互动平台智能问答功能。同时，做好重保期间的自查、整改工作。

（赵 新）

【强化智慧城市工作统筹机制】 年内，门头沟区成立区委全面深化改革委员会信息化和大数据工作改革专项小组，负责全面统筹协调信息化建设相关改革工作，重点研究信息化建设中的疑难问题，牵头协调全区智慧城市相关工作。同时，该专项小组下设区信息化项目资金评审组，负责政府投资信息化系统项目的立项审批、信息化项目日常的综合协调和监督管理、信息化项目预算资金使用和监督管理、信息化项目实施方案的技术审查，按照《门头沟区政府投资信息化项目管理办法》程序规定开展工作。《门头沟区政府投资信息化项目管理办法》正式颁布实施。

（赵 新）

【5G基站建设达到501座】 年内，区科技和信息化局在全区全年5G基站建设128座，完成市级下达任务。截至年底，全区5G基站总量达到501座，覆盖各镇街政府及周边、区内主要道路、重点商圈以及石龙工业园区、潭柘寺、戒台寺、妙峰山景区等重点园区及景点。

（赵 新）

【大数据相关工作持续推进】 年内，区科技和信息化局等为助力全区新冠肺炎疫情防控，完成区大数据平台升级核酸查验专题模块，分批次对各镇街上报的管理员进行线上培训；协助永定镇、大峪街道完成门头沟区内连续未测核酸人员数据筛查工作。与通讯企业、相关区进行沟通对接，结合全区实际制定新冠肺炎病毒核酸检测点配备扫码设备方案；与区统计局联合制定下发《2022年“快修保食洁”人员信息采集表》《2022年“快修保食洁”行业信息汇总表》等统一规范统计用表，要求各牵头单位做好行业人员动态管理台账，同时在人口基础信息汇聚平台开发“快修保食洁”服务保障人员模块，完成各牵头单位的汇总数据的导入工作；完成门头沟区2022年公共数据开放计划编制工作；《军庄镇经济活动规范化管理平台建设项目建设方案》《门头沟区数字档案馆项目》等建设需求评审；与市法人服务库信息接口的对接工作。

（赵 新）

【社会信用体系建设强化】 年内，区科技和信息化局持续推动全区社会信用体系建设工作。相继召开2022年门头沟区社会信用体系建设领导小组联席会，部署2022年重点工作任务；通报2021年全年及2022年5月底前门头沟区在北京市区域信用环境状况监测的评分情况、存在问题，印发《2022年门头沟区社会信用体系建设重点工作任务》；完成全区《优化营商环境城市信用监测指标月报》报送工作、门头沟区镇街政务诚信评价；开展信用修复、信用异议受理、信用宣传教育，门头沟区5类行政管理数据归集等工作；依法依规对重点关注名单对象加大监管力度，督促其主动修复失信行为，提高诚信经营意识；加大政务失信事件核查、督办力度，完成全区政务失信整改工作；完善全区信用修复机制，实行行政处罚信用修复告知制度，并纳入政务服务大厅综合窗口，开展企业信用修复受理、咨询和指导工作。截至年底，区科技和信息化局共完成信用修复初审225件，积极引导信用修复助力企业高质量发展；组织各成员单位开展诚信宣传活动450余次，发放诚信宣传手册6万份、张贴诚信宣传海报500份、发放诚信宣传品4万个、组织诚信知识培训2场，通过多种形式开展诚信宣传，以营造诚信良好氛围。

（赵　新）

【抗击新冠肺炎疫情提供技术支撑】 年内，区科技和信息化局配合团区委、区医保局等部门，开展门头沟区社区防控数据综合处理平台的部署和调试工作，相继完成包括政务云资源分配、IP地址及策略的新建调整、短信接口调试等工作。

（赵　新）

【网络安全及建设】 年内，区科技和信息化局开展通信隐患排查工作，对核心机房内设备、线路、电源等进行重点排查。完成UPS、空调、防水监测设备的维护工作，确保核心机房安全稳定运行。完成各相关业务系统的可用性、完整性监测；根据不同时期的要求完成各类网络安全设备（包括网络防火墙、应用防火墙、IDS、网络安全审计、流量控制、负载均衡、异常流量管理、漏洞扫描等设备）的接入、策略建立和更改进行调整；处理国家级、市级相关监测平台反馈的各类系统漏洞、网络攻击等。完成党的二十大期间网络安全保障方案。

（赵　新）

【对各运营商开展督导工作】 年内，区科技和信息化局多次对在区域中国联通、中国移动、中国电信和歌华有线4家运营商的11个营业厅进行新冠肺炎疫情防控工作检查。督促各通讯企业建立人员基础信息台账和重点人群台账，及时了解人员信息情况，并实现动态更新，做到底数清；指导和要求联通、电信、移动、歌华有线和铁塔公司做好清网排障、防汛隐患排查和防汛演练工作，明确各运营商防汛工作总负责人及各专业部门负责人，落实责任，最大程度消除安全隐患、堵塞安全漏洞；对各运营商进行创城工作检查。区科信局在双峪农副产品市场召开防疫“二合一设备”（即皮基站）安装现场会，协调门头沟联通和相关部门进行地勘、点位规划和方案制定等工作，完成全区130台“皮基站”安装工作。

（赵　新）

【软件正版化相关工作】 年内，区科技和信息化局向全区下发关于软件使用情况自查的通知。对各单位进行软件正版化材料审查工作，对区交通局，区发展改革委，区文联等单位进行实地走访检查和指导工作，核对全区材料上报情况并上报软件正版化检查系统，完成2022年软件正版化迎检工作。

（赵　新）

【“一般制造业退出”与“腾退再利用”任务】 年内，门头沟区结合市级“一般制造业退出”任务目标和“腾退再利用”项目任务目标，将涉及门头沟区的2项目标任务完成：具体是“一般制造业退出”任务1项（北京中门清泉矿泉水厂退出项目）和“腾退再利用”任务1项（中关村精雕智造创新中心）。至年底，2个项目完成区级验收和市级系统销账工作。

（贾岩琦）

【工业企业新冠肺炎疫情防控检查】 年内，区科技和信息化局全力做好工业企业新冠肺炎疫情防控工作，对制造业责任台账内的64家企业开展全覆盖走访指导工作，与企业沟通，完善新冠肺炎疫情防控预案，加强新冠肺炎疫情防控人员培训，配合企业做好疫情防控工作，确保新冠肺炎疫情防控和有序复工复产两手抓两不误。累计指导检查企业4682家次。

（贾岩琦）

【工业领域空气重污染应急预案监管】 年内，区科技和信息化局在空气重污染期间，履行监管职责，严格落实工业领域空气严重污染应急预案，督促停限产企业严格执行“一厂一策”工作方案，减少污染物排放，倡导重点涉气排放企业“错峰生产、错峰运输”。

（贾岩琦）

【“专精特新”企业达到70家】 年内，全区“专精特新”中小企业达70家，同比增长47家，提前超额完成“十四五”时期发展目标。其中北京市专精特新“小巨人”企业22家，国家级专精特新“小巨人”企业4家，长安街西延长线专精特新产业集群初具规模。开展对首次获得“专精特新”称号奖励兑现征集工作，涉及奖励金额2060万元。

（贾岩琦）

【争取企业发展资金2124万元】 年内，区科技和信息化局加大对区内工业和软件信息服务业企业的引导和支持力度，累计争取各类政策资金2124万元。其中，为北京芯盾时代科技有限公司、遨博（北京）智能科技有限公司2家企业争取国家专精特新“小巨人”企业高质量发展专项资金310万元。为北京精雕科技集团争取“高精尖产业发展资金”（融资租赁专项、融资贴息）1244万元。为北京泽声科技有限公司争取“高精尖产业发展资金”（集成电路涉及产品首轮流片专项）102万元。为北京夏禾科技有限公司争取“高精尖产业发展资金”（新材料首批次应用专项）228万元。为北京星网船电科技有限公司、北京鑫华源机械制造有限责任公司等4家企业争取“高精尖产业发展资金”（“做优做强高精尖企业”专项）240万元。

（贾岩琦）

【重点企业供应链畅通保障工作】 年内，区科技和信息化局为保障民生物资和重要生产物资运输畅通，最大限度缓解全区中小微企业受新冠肺炎疫情影响的运输压力，协调为有货车进出京需求的企业积极办理车辆转运证明，稳定企业生产及供应链。为区内工业及配套企业办理转运证明107件次，有效保障企业供应链受最小影响。

（贾岩琦）

【“创客北京2022”创新创业大赛】 年内，区科技和信息化局组织开展“创客北京2022”创新创业大赛，共征集涉及人工智能、智能制造、科技服务、文化创意、便民服务、文化创意等领域的80个优秀创业项目。此次大赛征集的优秀创业项目中，有20个项目入围市级决赛，3个项目进入北京市150强。在门头沟区组织的创新创业大赛中，参赛的北京夏禾科技有限公司（“夏禾科技OLED核心发光材料研发项目”）获企业组一等奖及龙头企业专项赛特等奖；北京至格科技有限公司（“增强现实（AR）衍射光波导及光学显示模组产业化”项目）获企业组二等奖；联合瑞升（北京）科技有限公司（“基于增汽机的热电厂汽轮机乏汽余热回收梯级利用系统”项目）获企业组三等奖；米塔科技团队（“元宇宙智能美术馆”项目）获创客赛三等奖。全区大赛获奖企业共获得奖励资金22万元。同时，北京夏禾科技有限公司和北京至格科技有限公司列入第七届创客中国创业大赛全国500强之内（北京市共11个项目）。

（贾岩琦）

网络安全与信息化

【概况】 2022年，中共门头沟区委网络安全和信息化办公室（简称区委网信办）坚持7×24小时网络舆情监控，持续完善网络舆情“日研判、月梳理”工作模式，制发《门头沟今日舆情》《舆情月报》《网络舆情风险研判》《舆情专报》，实现负面有害信息“早发现、早报告、早处置”。落实网民诉求“接诉即办”机制，派发舆情督查通知单至相关单位，妥善处置多起网民诉求。以“京西名片”为宣传主题，运用多种形式策划生产《宝藏门头沟》《光绘“琉璃重生”》等新媒体产品，以“京西潮遇记”网宣品牌促进文旅消费，举办2期新浪大V“读城”活动。建立由全区各单位网络发言人、网络评论员组成的网络评论引导队伍，在重要时间节点及热点舆情事件期间积极开展舆论引导，带动网络正能量声音占据主流。打造“一村一网红”品牌，组建门头沟“网红”队伍，指导团队围绕旅游休闲、运动健康、门头沟历史文化传播等话题生产传播产品，充分释放正向引导效能。严管区属新媒体，建立区属新媒体、互联网企业管理台账，排查处置涉党的二十大及“国庆”错误表述贴文，组织“门头沟政务新媒体矩阵”和“门头沟自媒体联盟”积极转发市区两级辟谣信息，营造向上向善的网络环境。指导全区做好网络安全防护工作，在重要时间节点对全区重要网站、信息系统进行实地检查和漏洞扫描，督促完成安全漏洞整改。通过培训形式增强全区网络安全员业务水平，保障全区网络设备和信息系统安全。

（康禹舜）

【网络安全检查】 北京冬奥会前夕，区委网信办协调技术力量对区内重要网站和信息系统从主机安全、应用安全、策略风险等方面进行检查，修复安全补丁9个，并启动应用防火墙、网页防篡改系统等保护措施，与相关责任人签订安全承诺书，保证使用安全。

（郭 峰）

【网络安全工作责任制印发】 3月1日，区委网信委召开全体会议，研究并通过《北京市门头沟区贯彻落实党委（党组）网络安全工作责任制若干措施》和《北京市门头沟区网络安全保障工作方案》。3月11日，正式印发。

（郭 峰）

【网络安全业务线上培训】 6月30日，区委网信办组织全区机关事业单位网络安全员160余人开展线上培训。培训邀请行业专家，解读《北京市门头沟区贯彻落实党委（党组）网络安全工作责任制若干措施》和《北京市门头沟区网络安全保障工作方案》，对网络安全常识、近期网络安全形势、网络安全防护工作技能进行专题培训。

（郭 峰）

【网络评论业务线上培训】 6月30日，区委网信办组织网评员开展线上培训，邀请核心网评员分享工作心得体会和技巧，全区200余名网评员参加此次培训。通过培训，让网评员在工作交流的同时分享工作经验，提升业务工作水平。

（郭 峰）

【线上宣传活动】 8月、10月，区委网信办联合新浪微博开展2期大V“读城”活动，各领域知名大V共同参与，活动累计阅读量达1亿，讨论量1.9万。

（韩慕子）

【第三季度网络安全工作会召开】 9月底，区委网信办组织召开党的二十大网络安全服务保障工作暨第三季度网络安全工作会议，对党的二十大网络安全服务保障工作进行部署，下发《党的二十大网络安全保障工作方案》。《党的二十大网络安全保障方案》中对各单位工作职责和任务进行明确分工，要求相关单位按职责做好自身工作，防止发生网络安全事件，确保重要时期，门头沟区网络安全。

（郭 峰）

【处置网络安全事件】 9月28日晚，区委网信办接市委网信办通报，门头沟区某公司存在网络安全漏洞。区委网信办连夜开展工作，第一时间与公司负责人联系，要求其立即修复安全漏洞。9月29日，到现场开展工作。10月19日，该公司将漏洞全部修复，并将整改报告上报区委、市委网信办。

（郭 峰）

【国家网络安全周宣传活动】 10月，“国家网络安全周”期间，区委网信办采取线上线下相结合的方式开展系列宣传活动。在农村、社区、学校、医院、商超等地张贴宣传海报800余张、发放宣传材料6000余份。

（郭 峰）

【网络安全应急演练】 年内，区委网信办组织区人力资源社会保障局、区教委、区科信局分别开展网络安全应急演练，模拟业务系统服务器断网、网站首页被恶意篡改、网络安全设备失效等情况，从预警监测、预警研判、事件处置到处置结束，完成应急断网、设备替换、安全判定、漏洞修复、数据恢复等操作，各单位均在规定时间内将系统恢复，完成演练任务。

（郭 峰）

【营造良好网络舆论氛围】 年内，区委网信办围绕党的二十大召开，组织区级网评员理性发声，及时评论转发党的二十大会议新闻等内容，正面引导网民共同关注国家大事，营造庆祝党的二十大胜利召开的网上舆论氛围和全民学习党的二十大报告的学习热潮。重点围绕党的二十大召开策划专题引导，组织50余个区级政务新媒体平台、70余名区级“网红”开展“金晖代表：筑牢首都西部生态屏障”专题宣传引导，持续营造党的二十大宣传氛围，及时有效的将党的声音在网上传播，带动正面积极声音占据主流。

（郭 峰）

中关村科技园区门头沟园

【概况】 2022年，中关村科技园区门头沟园规划面积1.89平方千米，2019年政策扩区至4.08平方千米，建土地面积1.2平方千米，建成区建筑面积107万平方米。中关村门头沟园领导小组成立，园区三年行动计划获批，园区建设与产业发展重点工作按序推进。2022 年，门头沟园规模以上高新技术企业实现总收入 566 亿元，同比增长 18.4%，其中技术收入 65 亿元，同比增长 2.7%；园区企业全年进出口总额 381 亿元，同比增长 28.2%。其中，出口总额 192 亿元，同比增长 28.6%。园区企业利润总额由负转正至 5.5 亿元，企业实缴税费 11 亿元，同比增长 28%。园区地均产出率为 299.5 亿元/平方千米，同比增长 18%；劳均产出率为 301 万元/人，同比增长 14%。2022 年，研究开发人员合计 4357 人，研究开发费用合计 13.1 亿元。专利申请数 646 件，专利授权数 490 件，其中发明专利申请数 314 件，发明专利授权数 100 件。园区期末拥有有效专利数 2452 件，其中期末有效发明专利数 576 件。

年内，园区内有国家高新技术企业 317 家，中关村高新技术企业 302 家，其中专精特新企业 65 家，国家级专精特新“小巨人”企业从 3 家增至 4 家，市级专精特新“小巨人”企业从 6 家增至 22 家、排名生态涵养区第一，创新动能持续增强。北京大源非织造股份有限公司获北京地区首份 RCEP 原产地证书，这是北京海关审核签发的首份 RCEP 原产地证书。RCEP 协定生效后，出口产品在 RCEP 成员国市场的通关成本进一步降低，产品竞争力提升。江泰保险经纪公司保险产品研发部获“工人先锋号”称号。至格科技公司获 2022 中关村国际前沿科技创新大赛“中关村银行杯”虚拟现实与元宇宙领域决赛第一名。中关村（京西）人工智能科技园智能文创园被认定北京市级文化产业园区，成为门头沟区首家市级文化产业园区。

（王福冬）

【8 家企业获“专精特新”中小企业称号】 1 月 10 日，北京市经济和信息化局官网发布关于对北京市 2022 年度第一批拟认定“专精特新”中小企业名单进行公示的通知。该通知认定，中关村科技园门头沟园区共有 6 家企业被列入认定名单，分别是：北京笔中展览展示有限公司、北京零点有数数据科技股份有限公司、北京金烨菲林文化传媒有限公司、北京大源非织造有限公司、北京赢识科技有限公司以及富奥通科技（北京）有限公司。8 月 25 日，北京市 2022 年度第四批“专精特新”中小企业名单公示。鲁班（北京）电子商务科技有限公司和北京隆科兴科技集团股份有限公司 2 家企业获得认定。鲁班（北京）电子商务科技公司是中国中铁三级子公司、中铁物贸集团全资子公司，北京市高新技术企业。公司融合互联网、大数据、人工智能等新技术，倾力打造的智能化、一体化、国际化、云应用化的电商平台，处于建筑行业领先地位，全面支撑中国中铁全品类全流程的大集采体系变革，平台年度交易规模超过 2000 亿元。北京隆科兴科技集团股份公司现拥有管网技术服务、工程咨询服务、设备仪器研发与生产、材料研发与生产、工程建设等子公司、分公司 10 家，是一家以城市地下管网全过程综合服务为核心业务的国家高新技术企业，也是中关村高新技术企业。

（王福冬）

【京西产学研创服务平台共建】 3 月 24 日，中关村石景山园、中关村门头沟园联合首钢工学院、首钢技师学院共建京西产学研创服务平台。该研创服务平台以“合作、开放、共赢，打造产学研创深度融合的技术创新体系”为宗旨，面向区域和中小微企业，提供技术开发、试验、推广和产品设计、加工、检测及技术咨询、培训等公共技术服务。年内，开展虚拟现实技术公共服务项目。

（王福冬）

【合作协议签署】 3 月 31 日，门头沟区人民政府与中关村发展集团举行“构建新型政企关系”全面合作协议签约仪式。区委书记金晖，中关村发展集团董事长，华为中国区副总裁、北京总经理出席签约仪式。中关村门头沟园管委会与中关村发展集团相关企业就中关村金种子管家服务体系、中关村产业研究院人工智能产业规划、中关村“生态雨林”等具体项目签署落地协议。同时继续开展城市更新项目升级，凝聚政、企、产、学、研、用等产业发展要素，建设专业的人工智能产业服务平台，持续提升门头沟区在人工智能领域核心竞争力。4 月 1 日，中国科学技术交流中心党委副书记、主任到门头沟区调研并与区委书记金晖、区长喻华锋座谈。代表双方签署战略合作框架协议。双方将在国际科技创新合作平台搭建、成果转化、创新创业、战略研究、党建联学等方面积极开展多形式多维度协同合作，探索优势互补、互利共赢的合作新路径，共促科技创新事业发展，共筑开放合作新桥梁。4 月 18 日，门头沟区人民政府与百洋医药集团举行战略合作框架协议签约仪式。区委书记金晖，区长喻华锋，百洋医药集团董事长和集团总裁出席签约仪式。签约仪式上，喻华锋，百洋医药集团总裁分别签署战略合作框架协议。金晖与百洋医药集团董事长共同为“百洋医药科研成果转化基地”揭牌。双方以“百洋医药科研成果转化基地”为起点，聚焦创新药、高端医疗器械、技术转化平台三大赛道，推动科技创新研究及科研成果转化落地。同时以优化医疗场景为导向，依托科技创新资源整合及孵化能力，不断培育具有自主知识产权的医疗健康产品和技术，为门头沟区医药健康创新发展加速助力。9月9日，中关村门头沟园管委会与北京新发展互联网文化创意产业管理有限公司签署合作协议。园区党工委书记、管委会主任、新发展公司董事长代表合作双方进行现场签约。根据协议，双方坚持“优势互补、资源共享、合作共赢、共同发展”的原则，依托数字经济新形势，强化“互联网+”思维，引进一批引领性、带动性强的文创项目，促进门头沟区文创全产业链集群快速发展。12月9日，“国际音视频产业峰会暨AVS二十周年年会”以线上线下结合互动的方式在深圳主会场举行。中关村门头沟园党工委书记、管委会主任代表门头沟区与中关村视听产业技术创新联盟（AVS产业联盟）在线上签署战略合作协议。此次战略合作签约，通过“联盟全球创新总部”的建设，在门头沟区建设国家自主视听标准的运营总部、超高清内容制作技术创新基地、北方智能算力枢纽中心，力争打造国家智能视听行业应用技术开发、科技成果转化、高新企业孵化、创新创业投资的一体化平台，建成一个高层次、综合性、开放式、国际化的“产、学、研、资”深度融合的技术创新基地，为门头沟区全面深化改革、探索科学发展模式、实现产业结构优化升级和创新驱动发展提供有力支撑。

（王福冬）

【园区强化新冠肺炎疫情防控检查】 4月11日，中关村门头沟园管委会主要领导带队到美团买菜上岸站、万辉双鹤药业等冷链冷库系统企业检查疫情防控工作，贯彻落实近期市场防疫领域排查整治重点工作，切实守好安全防线，确保园区安全稳定有序。

（王福冬）

【中关村（京西）人工智能会客厅】 4月15日，首届中关村（京西）人工智能会客厅在中关村科技园门头沟园举办。30余家专注于人工智能与深度学习领域的科技企业参加会议，并就人工智能领域科技创新与产业发展进行探讨。

（王福冬）

【法国里昂商学院企业家调研】 4月15日，中关村门头沟园管委会联合智源创芯硬科技孵化器邀请法国里昂商学院华北学生校友会到中关村门头沟园调研，并组织“区域创新合作与硬科技成果转化”座谈研讨。同时向企业家们推介中关村门头沟园产业布局、园区配套和规划、惠企政策，以及孵化器可以为企业提供的落地服务等。中国通信企业协会云数委秘书长，中关村人才协会元宇宙与数字融合产业人才专委会副主席兼秘书长以及北京康吉通信科技有限公司董事长，北京神州科鹰技术有限公司总经理等10余家企业家校友代表参加活动。

（王福冬）

【园区完成全员核酸检测】 4月29日，园区历时9个小时完成园区2417人的核酸检测任务。5月1日，园区开展第二轮全员核酸检测，累计完成3467人。

（王福冬）

【涉疫风险企业紧急排查】 5月13日晚22时至14日12时，针对房山区韵达快递长阳分部聚集性新冠肺炎疫情，中关村门头沟园管委会紧急协调公安、疾控、行业管理等部门对韵达快递门头沟公司（分拣点）及从业人员宿舍区进行连夜封控。期间，人员只进不出，共出动工作人员30人，环境采样110件、人员抗原及鼻拭子采样51人，结果均为阴性。5月15日，全面排查5月8日以来岳各庄相关人员及货物情况。排查所有园区企业食堂22家，无人员去过岳各庄市场。针对有在岳各庄市场采购过食材的企业，涉及取货人员3人，通知原地等待，分别建立台账，并报区卫生健康委。到韵达快递、顺丰快递等重点区域、重点场所检查，严把关键环节，坚持人物环境同防，坚决防止疫情输入、传播、外溢。

（王福冬）

【江泰保险捐赠1.5亿元保险保障】 5月24日，江泰保险经纪股份有限公司向门头沟区广大志愿者赠送“防疫综合保障保险”，为抗疫一线的志愿者群体的身体健康与生命安全保驾护航，用实际行动诠释企业责任担当。此份“防疫综合保障保险”，由江泰保险经纪股份有限公司定制，免费提供意外伤害、突发急性病身故、特定法定传染病身故、新型冠状病毒肺炎确诊津贴四类保障，总保额达1.5亿元人民币。

（王福冬）

【1家公司获国家级专精特新“小巨人”认定】 7月7日，北京中电永昌科技公司获国家级“专精特新”小巨人企业认定。北京中电永昌科技公司是一家具有自主知识产权的、集研发、设计、生产、安装调试、运行维护于一体的高新技术公司，拥有远距离前导式自动栓塞输送技术及其控制系统，智能落灰控制系统等多项发明专利及实用新型专利技术。其中前导式自动栓塞输送技术，自2017年投入市场以来，在节能节气、治堵防磨、系统可靠性等方面得到业内一致好评。

（王福冬）

【税收共治三方合作框架协议签订】 7月12日，区税务局、中关村门头沟园管委会与园区企业举行“春风税月暖人心、征纳互动传真情”税收共治三方合作签约仪式。税收共治三方合作框架协议的签订，将更好地支持惠企解读、延伸政府服务，优化便利举措，更好地服务园区1万余家企业行稳致远。

（王福冬）

【京西创客工场企业免费发放102万个口罩】 7月22日，石龙公司为京西创客工场现有企业免费发放102万个口罩。

（王福冬）

【“中关村银行杯”大数据与云计算领域TOP10出炉】 8月9日，2022年中关村国际前沿科技创新大赛“中关村银行杯”大数据与云计算领域决赛在北京市门头沟区中关村（京西）人工智能科技园·智能文创园举办。此次大赛由北京市科委、中关村管委会，门头沟区人民政府联合指导，中关村高科技产业促进中心、中关村科技园区门头沟园管理委员会、中关村前沿科技与产业服务联盟主办，北京中发展智源人工智能科技发展有限公司承办。此次是门头沟区第二次举办大数据与云计算赛道决赛。在中关村京西AI园比赛现场，15家参赛项目展现大数据与云计算赛道科技创新的“硬实力”。最终，北京思斐软件技术有限公司等10家硬科技企业入围2022年中关村国际前沿科技创新大赛大数据与云计算领域TOP10。

（王福冬）

【四方合作协议签署】 8月17日，2022首都前沿学术成果报告会暨首都生物医药学术成果与德山M-Lab产业对接会，在中关村门头沟园德山大厦举办。活动中，中关村门头沟科技园管委会与北京药学会、北京图象图形学学会、北京德山科技有限公司四方签署合作协议，将共同整合门头沟科技园区、专家智库、企业、专业服务等资源，共同赋能和推动门头沟生物医药产业向高质量发展。

（王福冬）

【4家“双承诺”融合试点单位落户园区】 8月18日，门头沟区2022年营商环境年“双承诺”融合试点工作在中关村门头沟园启动。北京市市场监管局副局长，区委副书记、区长喻华锋出席活动，为区“双承诺”融合试点单位揭牌，并向试点单位授牌。首批4家试点单位全部来自园区，分别是北京中关村京西建设发展有限公司、北京利德衡环保工程有限公司、北京德山科技有限公司、北京中关村精雕智造科技创新中心有限公司。

（王福冬）

【马克思主义读书会第100次读书会活动】 9月2日，中关村门头沟园当代中国马克思主义读书会第100次读书会活动。中国报业协会集报分会理事、李大钊研究学者受邀开展分享交流。中央团校青少年思想政治教育研究部副教授就《习近平谈治国理政》第四卷，进行理论辅导和脉络梳理，带领大家一同学习马克思主义中国化的最新成果。通过“线下观摩+线上直播”方式，来自园区56个基层党组织的286名马克思主义读书会会员和企业家代表及884名党员参加。

（王福冬）

【1家公司入选市企业技术中心名录】 9月22日，北京市经济和信息化局发布2022年度第一批北京市市级企业技术中心创建名单，北京元点未来科技有限公司成功入选。北京元点未来公司自成立以来始终专注于视觉艺术的科技与应用，经过多年深耕，逐步形成以“科技赋能、文旅融合、构建光影新体验、创造夜游新价值”的经营理念，携手国内顶级文创设计、播控系统、动作互动、体感追踪等专业的技术团队，通过声、光、电技术，融合当地历史文化、民俗特色，营造当地文化产业蓝海，重塑夜游经济发展新格局。

（王福冬）

【1家公司获全国和谐劳动关系创建示范企业】 10月12日，人

力资源社会保障部、中华全国总工会、中国企业联合会、中国企业家协会、中华全国工商业联合会联合印发《关于命名全国和谐劳动关系创建示范企业与工业园区的决定》，中关村门头沟园区企业——江泰保险经纪股份有限公司获全国和谐劳动关系创建示范企业称号，成为门头沟区首个获此称号的企业。江泰保险经纪股份有限公司2000年6月成立，是首批经原中国保监会批准设立并率先开业的全国性、综合性的专业保险经纪机构之一。公司全面实行劳动合同管理制度，明确企业和员工的权利义务，规范企业劳动用工行为，保障员工合法权益。

（王福冬）

【1家企业入选中国网络安全企业100强】 11月15日，国内知名网络安全媒体安全牛发布"中国网络安全企业100强（第十版）"，芯盾时代企业作为领先的零信任业务安全产品方案提供商，凭借在企业经营、技术创新、行业应用、信创能力等方面的优异表现，获专家评审的一致认可，连续入选"中国网络安全企业100强"，并被评选为"业务与应用安全"领域的代表性企业。

（王福冬）

【1家公司获元宇宙最具创新突破奖】 12月23日，《财经》新媒体发布2022"新奖"榜单，其中包括新洞察、新治理、新生态、新消费、元宇宙五大领域，以及特别人物奖"新影响力30人"，共16项大奖。经过专业评比，北京至格科技有限公司凭借极具行业领先性、颠覆性和创新性的AR衍射光波导产品，实力获"年度元宇宙最具创新突破奖"。北京至格科技有限公司是由清华大学精密仪器系孵化出的高新技术企业。公司核心团队包括教育部长江学者、国家杰出青年基金获得者、清华大学教授、博士以及前上市公司管理层和业务骨干。公司依托清华大学20余年的光栅领域科研成果进行产业转化，自主掌握"光栅设计、光栅母版加工、纳米压印生产"三大核心技术，拥有功能完备的光栅母版加工中心和衍射光波导产线，致力于AR衍射光波导光学显示模组及衍射光栅的研发、生产和销售。

（王福冬）

【北京精雕公司入选中国机械工业百强】 12月28日，2022年中国机械工业百强和汽车工业整车二十强、零部件三十强企业信息线上发布会上，北京精雕科技集团有限公司成功入选2022年中国机械工业百强榜。

（王福冬）

【绿创书屋优化营商环境开设】 年内，中关村科技园区门头沟园利德衡大厦内的"绿创书屋"，以多元化聚集为理念，不断创新服务功能，通过"城市书房＋红色阅读＋流动服务"的模式，深耕阅读文化建设，扎实推进全民阅读，为中关村科技园区门头沟园注入书香之气和发展之力。"绿创书屋"是利德衡大厦完善服务功能，优化营商环境的一项重要举措。书屋利用共享空间创建红色党建品牌，定期开展"马克思主义"读书会，通过交流分享、以书会友、品读经典等系列活动，推动红色教育，助力园区阅读文化蓬勃发展。

（王福冬）

【2家公司获市专精特新"小巨人"企业】 年内，北京利德衡环保工程公司、北京蓝卫通科技有限公司获评北京市专精特新"小巨人"企业称号。北京利德衡环保工程公司是经国家备案的高新技术企业，具有环境工程设计专项（大气污染防治工程）甲级、环保工程专业承包壹级资质，参与4项环保行业标准的制定。北京蓝卫通科技有限公司是专业从事远程医疗开发、建设与运营的高新技术企业，承建"全军远程医学信息网"和安徽、河北、海南、湖北、宁夏、山东、湖南、甘肃等8个省级远程医疗服务与监管平台，参与红十字基金会"博爱基层公卫援建计划"，通过数字医疗提升乡村两级医生的医疗服务能力。

（王福冬）

【1家公司获批设立博士后创新实践基地】 年内，东西分析公司获北京市人力资源和社会保障局批准，授予可设立博士后创新实践基地资格。博士后科研创新实践基地获批设立后，东西分析公司将聚焦高端质谱产品的研发及前沿产业如生物技术与生命科学领域应用等方向，为博士后配备高水平的研究团队和大型分析仪器设备等科研条件。

（王福冬）

商贸　服务业

3月26日，2022“We购门头沟”虎年消费季启动。图为潭柘寺镇慢闪公园消费季活动现场（区融媒体中心　供图）

3月，区商务局在京客隆超市新桥店开展诚信宣传（《京西时报》 供图）

4月，门头沟各大商超做好商品储备工作，确保米、面、粮、油、盐、蔬菜等生活必需品供应充足。图为物美超市双峪店（《京西时报》 供图）

◆| 11 月，门头沟区全力做好保供稳价工作。图为美团买菜葡山站分拣员分拣订单（《京西时报》 供图）

◆| 12 月 7 日，门头沟区餐饮企业恢复堂食服务（《京西时报》 供图）

商业

【概况】 2022年，门头沟区商务局（简称区商务局）稳步推进"疏整促"专项行动、区级折子工程和为民办实事任务，全力提升社零额增速，高标准推进"两区"和国际消费中心城市建设工作，高质量开展促消费、粮食储备、稳外资、稳外贸等重点工作，保障商务行业有序运行，市场发展充满活力。年内，建设和提升便民商业网点16个，完成年度任务的160%；开展便民服务进社区、进军营活动14次，完成年度任务的140%。完成全区社会消费品零售额108.8亿元，同比下降3.7%，位列全市第三名。扎实落实粮食安全责任制，严格做好粮食储备与调控等工作。达成"两区"入库项目237个，完成市级考核任务的430.91%。全年实际利用外资2919万美元，全区进出口额6.7亿美元，同比增长20.9%。

（陈雪珊）

【指导企业积极申请政策】 年内，区商务局共指导2家企业申报市级消费季政策，4家企业申报市级网络零售政策，3家企业申报疫情期间大型商场补贴，资金179.6万元；为区内商业综合体、市级首店共申请区级补助资金90万元。

（梁 艳）

【商务部信息监测报送工作】 年内，区商务局完成商务部商贸流通业统计监测系统报送工作。组织商贸统计企业完成2021年度年报、2022年度季报及月报，报送率达到100%。完成年度监测样本企业信息员补助发放。根据样本企业报送数据量、报送频率、贡献率等，组织门头沟区2022年度商贸流通业统计监测体系的28个优秀样本企业申请市级资金补助。

（梁 艳）

【社会粮油供需平衡情况调查工作】 年内，区商务局完成2021年度社会粮油供需平衡调查工作，调查结果显示：2021年度，门头沟区粮油消费总量略有增加。城乡居民的口粮消费有所差异，城镇居民的粮食供给略低于需求，乡村供给要高于需求。年内，修订并印发《门头沟区粮食供给应急预案（2022年修订）》，组织区内全部粮食应急供应网点负责人及各镇街粮食应急工作联络员开展年度粮食应急线上培训。

（王 欢）

【新冠肺炎疫情防控物资调拨出库】 年内，区商务局为区内机关单位、一线防疫人员、通州区入境防疫隔离点等重点岗位人员提供物资保障，完成物资调运506771件。其中，帐篷18顶、棉大衣220件、场地照明灯7台、口罩149395只、隔离衣2400件、一次性手套2485双、隔离面屏2485只、消毒液100桶、抗原试剂盒349661份。

（王 欢）

【行业促进提升服务水平】 年内，区商务局组织行业企业积极申报，推荐顶风针烘焙师参加"有突出贡献的高技能人才"评选。以赛代训提高服务水平，组织开展2022年"食在门头沟"之"匠心年夜饭京西地道菜"餐饮行业技能大赛、2022年"食在门头沟"之餐饮类特色小店评选活动，激发从业者学习新技能、钻研新技术、掌握新本领的积极性。结合行业实际，有序推进行业职能技能培训，年内，累计开展商务行业各类培训136期，受训人数2449人次，提前超额完成目标任务。

（杨 楠）

【国际消费中心城市建设工作稳步推进】 年内，门头沟区承接的数字高尔夫科技馆市级重点项目建成运行。新增北京首店10家，离境退税店年内新增6家。充分利用媒体通气会，通过公众号、报刊、电视、网络、融媒等新媒体平台，全方位展示门头沟消费品牌。

（梁 艳）

服务业

【便民商业网点建设】 年内，区商务局累计建设和提升八类基本商业便民网点16个，其中1个蔬菜零售，8个便利店，4个早餐，2个洗染，1个美容美发，完成年度目标任务的160%，城镇社区八项便民服务网点功能覆盖率达到100%。区商务局为解决新冠肺炎疫情期间社区居民购物不便和部分社区商业设施不足带来的暂时性购物不便问题，累计开展便民服务进社区、进军营活动14次，完成年度任务的140%。

（杨 楠）

【新冠肺炎疫情防控物资调拨出

库】 年内，区商务局为区内机关单位、一线防疫人员、通州区入境防疫隔离点等重点岗位人员提供物资保障，物资调运506771件。其中，帐篷18顶、棉大衣220件、场地照明灯7台、口罩149395只、隔离衣2400件、一次性手套2485双、隔离面屏2485只、消毒液100桶、抗原试剂盒349661份。

（王 欢）

【行业促进提升服务水平】 年内，区商务局组织行业企业积极申报，推荐顶风针烘焙师参加“有突出贡献的高技能人才”评选。以赛代训提高服务水平，组织开展2022年“食在门头沟”之“匠心年夜饭京西地道菜”餐饮行业技能大赛、2022年“食在门头沟”之餐饮类特色小店评选活动，激发从业者学习新技能、钻研新技术、掌握新本领的积极性。结合行业实际，有序推进行业职能技能培训，累计开展商务行业各类培训136期，受训人数2449人次，提前超额完成目标任务。

（杨 楠）

【消费帮扶】 年内，区商务局完成支援合作地区特色农副产品采购任务和预算单位30%采购份额。进一步拓宽农产品销售渠道，推动武川县特色农产品在京市场的流通，提高产品的知名度和市场认知度，推动消费帮扶工作取得良好成效。

（杨 楠）

【生活必需品供应保障】 年内，区商务局完成日常、节假日、重要会议、冬奥会和新冠肺炎疫情防控期间的生活必需品市场销售及供应数据的采集、汇总和分析，重点对蔬菜、肉蛋奶及粮油的价格、进货量、供应量、库存量等进行监测。制定《门头沟区生活必需品及日常生活物资应急供应保障工作预案》《门头沟区应对疫情及重大活动期间生活必需品市场供应保障应急预案》《门头沟区应对每百万人30例以上规模性新冠病毒疫情封控管控小区（村）生活必需品保障工作方案》《门头沟区封控管控小区（村）生活必需品保障工作方案》《门头沟区XX镇（街道）XX封（管）控区域生活必需品保障工作措施》模板、《门头沟区工作专班进驻农贸市场工作方案》《门头沟区生活必需品“网格化供应”应急保障工作预案》；召开商务行业冬奥会期间保供稳价工作部署会，号召企业推出5—10种保价菜；指导重点保供企业制定生活必需品及日常生活物资应急供应保障工作预案，并制定区内3家二级市场单独的防疫管理和保供方案，指导其细化“四个一”材料、完善“六本台账”；延续保供组织机构，组建区级工作专班进驻区内农贸市场，持续做好统筹协调工作；将区内重点保供企业列入白名单，免费提供抗原检测试剂；新冠肺炎疫情期间为重点企业办理运输通行证。

（杨 楠）

【推动配套商业优先用于便民网点建设】 年内，区商务局落实《门头沟区重点商业项目及配套商业服务设施业态布局工作方案》《门头沟区关于出售居住配套商业服务设施业态布局的工作方案》，按照“保基本”和“提品质”原则，推动配套商业优先用于便民网点建设工作，为“中昂时代广场”“欢乐大都汇”“华远裘马四季”“金融街融悦汇”等项目提出业态布局建议。全年召开重点商业项目业态布局工作专班会25次、出售居住配套商业服务设施业态布局工作专班会1次。

（杨 楠）

【消费季工作稳步推进】 年内，区商务局制定《2022“We购门头沟”主题消费季工作方案》，在落实相关行业防控指引，确保行业安全稳定前提下，统筹谋划做好全区促消费稳增长工作。共协调组织“春漫青山水消费季启动仪式”“消费季论坛”“绿水青山门头沟 金虎送福欢乐购”等活动5次，鼓励区内商业企业围绕10余个主题开展60余场促消费活动，举办直播、走播、探店10余场，累计收看人数近百万人次，发动20余家餐饮企业参与消费券发放工作，促消费活动成效明显。

（梁 艳）

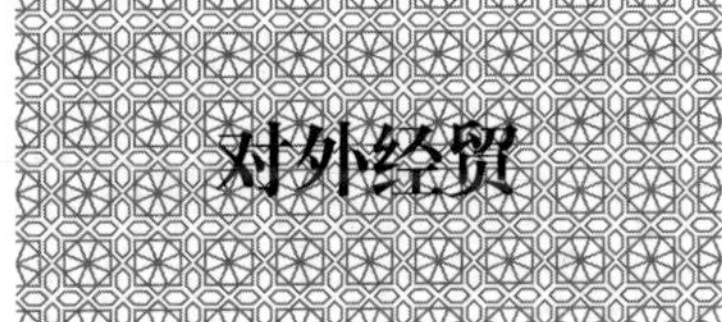

对外经贸

【稳步推进稳外资、稳外贸工作】 年内，门头沟区新增外商投资企业17家，同比下降26%。实际利用外资2919万美元，同比下降61.7%。全区进出口6.7亿美元，同比增长20.9%。其中，出口3.8亿美元，同比增长22%。进口2.9亿美元，同比增长19.5%。

（马 洁）

【首家审核签发RCEP原产地证书企业】 年内，门头沟区外贸企业——北京大源非织造股份有限公司成为北京地区《区域全面经济伙伴关系协定》（RCEP）正式生效后首家审核签发RCEP原产地证书的企业。

（王 维）

投资促进

【概况】 2022年，门头沟区投资促进服务中心（简称区投资促进服务中心）共新招引企业527家。其中，央企子公司27家，是去年的2.3倍。京外招引企业31家，是去年的6.2倍。新招引企业当年度形成税收3.05亿元，是去年同期2.61倍。

（范蒙蒙）

【长江三峡集团在门头沟区成立控股子公司】 1月24日，中国长江三峡集团有限公司在门头沟区成立三级控股子公司三峡京仪环保能源（北京）有限公司。该企业集团拥有强大的资金、技术、运维等能力支撑，专注于北京市清洁能源项目，是一家集投资、开发、建设、运营一体化全产业链的清洁能源综合服务商，开展“光伏产业+阳光教育”及“光伏产业+阳光医疗”等业务。

（范蒙蒙）

【区人民政府与百洋医药集团签署合作框架协议】 4月18日，门头沟区人民政府与百洋医药集团签署战略合作框架协议，并揭牌成立“百洋医药科研成果转化基地”。后期双方将通过集聚核心优势，科技创新资源整合，携手打造全球具有影响力的医药健康科研创新示范新区。百洋医药将以“百洋医药科研成果转化基地”为起点，完成首个落地转化的项目——百洋智心。该项目与国家心血管病中心、中国医学科学院阜外医院合作，打造心血管新型研究模式，促进药物心脏毒性安全性评价、心血管疾病早期预警及诊断试剂、创新药等科研成果转化落地。同时，百洋医药集团在门头沟区租用13472.38平方米的整栋楼宇，9家企业落户门头沟区。

（范蒙蒙）

【北京蓝卫通科技有限公司实体入驻区内】 5月，北京蓝卫通科技有限公司从海淀区实体入驻门头沟区。该企业拥有医疗器械经营许可证，具有国家高新技术、“专精特新中小企业”资质，是一家专业从事远程医疗开发、建设与运营的高新技术企业，获国家专利15项，软件著作权107项。该企业与首都医科大学宣武医院合作共同建立互联网医疗诊治技术国家工程实验室，拥有行业内唯一国家工程研究中心，搭建蓝卫通互联网医疗平台，入网医疗机构1.43万余家，其中三甲医院386余家。所经营的心血管领域医疗器械主要有十二导心电图机和十二导动态心电图机等，可应用于基层医疗机构实现心电信号的采集、上传，实现与上级医疗机构间的远程心血管疾病诊断应用。覆盖2000余家基层医疗机构用户。

（范蒙蒙）

【“金融超市”保护企业生命线】 6月，区投资促进服务中心打通金融服务“最后一公里”。组织业务骨干成立专门服务团队，通过定期举办融资对接会以及微信群、微信公众号等线上线下相结合方式，推进供需双方广覆盖。区投资提供多层次金融产品，联合16家驻区银行，推出50余种金融产品，推出优惠利率、免收账户年费、续贷、展期等措施，对经营困难企业给予支持。优化机制提高服务效能，建立“四个一”机制，即第一时间收集需求、第一时间分发信息、第一时间协调解决、第一时间反馈结果，保证各部门对企业不抽贷、不断贷、不压贷，履行好社会责任。2022年累计发放贷款3.88亿元，惠及企业94家。

（范蒙蒙）

【“回家行动”促使注册企业回区实体办公】 6月，“回家行动”成功将注册企业北京隆科兴科技集团股份有限公司实体从海淀区迁回门头沟区。该企业于2000年在门头沟区注册，前身为北京隆科兴非开挖工程股份有限公司，是一家以城市地下管网全过程综合服务为核心业务的国家高新技术企业，也是中关村高新技术企业，也是门头沟区重大贡献企业。

（范蒙蒙）

【门头沟区参加HICOOL 2022全球创业者峰会】 8月26日至28日，门头沟区参加HICOOL 2022全球创业者峰会，以“紫气东来门头沟”为展示主题在现场布展，集中展示在医药健康、科创智能、文旅体验领域的创新发展成果。其中，由百洋医药集团展示的“全磁悬浮人工心脏”，是一款完全由中国自主研发用于挽救终末期心衰患者的人工心脏产品，在现场引起广泛关注，得到中国新闻网重点报道。

（范蒙蒙）

【《“加强投资促进经济发展”实施方案》制定】 8月，区投资促进服务中心制定《门头沟区关于进一步加强投资促进工作推动经济高质量发展的实施方案》，主要内容为创新招商引资工作模式、加强投资促进协同联动、优化投资促进服务保障机制3个方面。

（范蒙蒙）

【中国兵器工业集团在区内成立子公司】 8月，国务院国资委直接监管的大型工程建设企业集团中国兵器工业集团有限公司在门头沟区成立三级子公司骏安供应链科技有限公司，为中国兵器工业集团有限公司控股二级子公司中国兵工物资集团有限公司全资设立。该公司设立主旨主要围绕贯彻国家战略、打造专业化优势力量，服务现代军事后勤保障、提高战时战备物资投送能力，致力于向国防科技工业和军队提供敏捷高效、安全可靠的供应链服务和科技服务保障。

（范蒙蒙）

【做客2022年服贸会“投资北京会客厅”】 9月2日，门头沟区做客2022年服贸会“投资北京会客厅”大型电视现场直播节目。颉换成副区长受邀做客“投资北京会客厅”，以“紫气东来门头沟”为主题，进行招商推介发言。其立足本区“生态立区、文化兴区、科技强区”发展战略，围绕“3+2”产业定位，从城区的位置、景区的环境、新区的机遇、郊区的成本、老区的热情五方面向社会各界企业家、投资者推介门头沟区在环境、交通、政策、服务等方面多样的投资机遇。该“投资北京会客厅”直播在北京时间、百度、抖音等6家媒体同步播出，总观看量达36万次。在“投资北京会客厅”的现场，设有门头沟区招商引资咨询台，为现场咨询企业提供门头沟区产业支持政策讲解，共接待企业40余家。

（范蒙蒙）

【央广传媒集团及广告分公司迁入区内】 11月，广播媒体行业龙头企业央广传媒集团有限公司从外区（丰台）迁入门头沟区。该公司是中央广播电视台全资子公司，为总台央广产业经营管控唯一平台，授权经营中央人民广播电台广告等全部可经营性资源，是中央人民广播电台对外加强市场开发的重要载体和唯一平台。同时，央广传媒集团有限公司广告分公司也在门头沟区正式注册落地。

（范蒙蒙）

【华润健康（医疗）集团7家公司入驻区内】 年内，华润健康（医疗）集团旗下7家公司入驻门头沟区并实址办公。华润健康专业从事健康产业的投资和运营管理，是华润集团重点打造的健康服务产业平台。

（范蒙蒙）

【中国南水北调集团在区内成立3家子公司】 年内，中国南水北调集团在门头沟区成立3家二级子公司。中国南水北调集团是经国务院批准，由中央直接管理的国有独资有限公司，是关系国家水资源安全和国民经济命脉的大型国有重点骨干企业。

（范蒙蒙）

京门良实

【概况】 年内，北京京门良实国有资产经营管理有限公司（简称京门良实公司）深化改革，加快实现工作再上新水平。在新组建的粮贸集团领导下，以整体布局调整为契机，狠抓领导班子建设，队伍建设和作风建设，用科学发展观总揽全公司工作。公司资产总额68626万元，实现营业收入11.99亿元，实现利润8053万元。储备粮存储总量27.9万吨，安全储粮率达到100%。

（刘莹莹）

【检测场厂区全面消杀】 1月8日，门头沟机动车检测场邀请北京门头沟蓝天救援队对场区进行全面消杀。救援队队员携带专业的消杀设备，免费对检测场业务大厅、检测车间、食堂，办公楼内会议室、洗漱间、楼道等公共区域进行全面消杀。

（刘莹莹）

【粮食储备监管检查】 2月11日，北京首农粮食储备监管检查组到京门良实公司斋堂粮库进行检查指导工作。主要从粮食储存的数量管理、质量管理、仓储管理、安全生产管理、隐患问题隐患排查、出粮现场等6个方面展开重点检查。同日，门头沟区粮食和物资储备局管理科一行3人到京门良实公司斋堂粮库进行检查指导工作。对库区内安全生产制度、安全生产应急预案、安全生产和新冠肺炎疫情防控工作部署等情况进行全面检查。

（刘莹莹）

【落实租金减免工作】 5月9日开始，京门良实公司所有涉及租金减免的单位开始落实租金减免工作。将租金减免政策传单、租金减免提交资料清单等发给各承租户；认真核查和审查相关各项资料；向主管领导汇报并由主管领导进行事项审批；审核完毕并审批后通知承租户审核结果；符合条件的可以签订减免协议的，安排履行签订协议流程。完成减免事项审批4项，涉及减免租金39.48万元。

（刘莹莹）

【普法活动】 6月22日、23日，京门良实公司及下属单位陆续开展"迎接二十大，送法进万家"主题普法宣传活动。通过宣传活动，进一步提升公司员工的法律意识和大局意识，养成知法学法懂法用法的习惯，推动形成依法办事，遇事找法，解决问题用法的法治环境。

（刘莹莹）

【门头沟军供站军粮业务退出工作】 6月23日，京门良实公司召开关于门头沟军供站军粮业务退出工作推进会，首农食品集团仓储与应急保障部部长、副部长，京门良实公司党总支书记、经理及西郊军供站长等人参会。按照北京市粮食和物质储备局要求，提交注销申请，2022年8月30日正式注销军粮供应站资格。

（刘莹莹）

【新冠肺炎疫情防控和安全生产检查】 10月12日，京粮粮贸集团副总经理、库存管理部4人以"四不两直"方式到京门良实公司三家店分库和杨坨分库检查新冠肺炎疫情防控和安全生产工作。对粮库防疫登记、扫码、核酸查验、测温记录以及库区现场、消防设施、仓储设施、监控设备、办公区等部位进行安全检查，并提出意见。公司全部落实整改到位。

（刘莹莹）

供销合作社

【概况】 2022年，门头沟区供销合作社（简称区供销合作社）是集体所有制合作经济组织，由1个基层联社和2个直属单位构成。全年完成营业总收入858.58万元，同比减少11.47万元，减幅1.32%，其中不动产租金收入793.53万元，同比减少31.54万元，减幅3.82%；实现非营业收支净额248.24万元，同比增加103.75万元，增幅71.8%。其中，世欣瑞达小额贷款公司股东分红款170.96万元，股本收益率6.58%。

（田　云）

【供销合作社制度建设】 年内，区供销合作社先后相继制定下发《门头沟区供销合作社领导干部谈心谈话制度》《门头沟区供销社关于受党纪政务处分的相关人员薪酬扣减实施办法（试行）》《门头沟区供销合作社领导干部请假报备制度》《门头沟区供销合作社员工招聘管理制度》《门头沟区供销社财务制度汇编》《门头沟区供销合作社关于职工供暖费报销、领取冬季取暖补贴暂行办法》《门头沟区供销合作社党委意识形态责任制实施办法（试行）》《门头沟区供销合作社关于落实党委意识形态责任制实施意见（试行）》，并重新修订《门头沟区供销合作社中层干部选拔任免办法（试行）》等制度。

（田　云）

【区供销合作社资产建档立卡】 年内，区供销合作社系统对所属房屋新旧程度、地理位置、土地利用价值进行综合评估，并对房屋资产、土地、设备等进行统一登记造册，建立台账，做到家底清楚，便于资产利用和处置。

（田　云）

金　融

3月14日，工商银行新桥大街储蓄所开展“信用北京查”之“你的征信守护”计划主题宣传（工商银行北京门头沟支行　供图）

综 述

【概况】 2022 年，门头沟登记注册银行、保险、证券类持牌金融机构 75 个，私募基金管理人 27 个、私募基金 18 个，小额贷款公司、典当行、融资租赁公司等地方金融机构 8 个，担保类公司 2 个。门头沟区金融业一直保持稳定发展，存贷款余额稳步增长，2022 年年末金融机构存款余额 935.9 亿元，同比增长 19.1%；贷款余额 322.8 亿元，同比增长 7.8%；金融业生产总值为 24.4 亿元，按可比价计算同比增长 10%。

（荣苗苗）

【金融宣教活动】 年内，区发展改革委印发《门头沟区 2022 年防范非法集资宣传月活动方案》。方案结合门头沟区实际，严格落实“七进”要求，聚焦重点区域、养老领域、重点人群，鼓励各单位拓宽宣传渠道和形式，确保实现社区宣传活动全覆盖。方案发至全区 9 镇 4 街、14 家金融机构、行业主管部门以及宣传、网信等部门。此次集中宣传活动中，区内各镇街、社区通过会议、张贴海报、户外发放宣传材料、微信发送宣传照片、播放公益宣传片、“村村响”、电子屏、发送短信等方式进行。共开展“七进”宣传活动 124 次，受众 4339 人次，发放宣传品 3832 份；网络宣传作品 8 个，点击量 23.9 万次，互动宣传覆盖人数 20.5 万余人次；使用户外广告、张贴海报 286 份，覆盖到全区大部分村居。网络媒体也是此次宣传活动的主阵地，镇街网站和公众号、区融媒体中心微信公众号发布多篇宣传文章。

（荣苗苗）

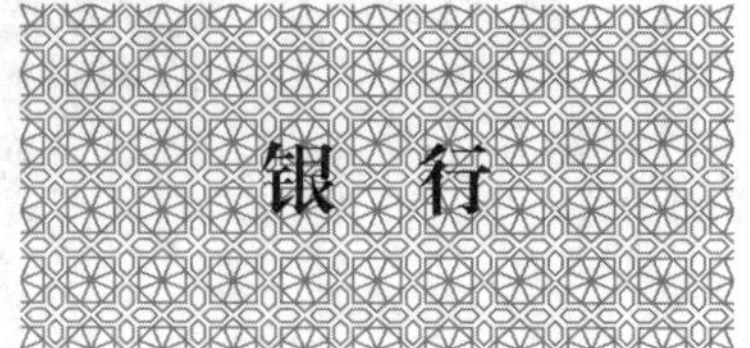

银 行

中国工商银行股份有限公司北京门头沟支行

【概况】 2022 年，中国工商银行股份有限公司北京门头沟支行（简称工商银行门头沟支行）发挥党建引领作用，把握好“稳”“进”“改”“实”“严”要求，坚持稳中求进总基调，奋力攻坚年度任务目标，激发队伍内在动力，推进经营可持续发展。全年实现拨前利润 3.06 亿元，中间业务收入 0.67 亿元，坚决落实中央政策及国家战略，全力做好制造业金融、科创金融、绿色金融、数字金融服务，全力支持个人消费升级。围绕门头沟区域新发展规划，积极寻找新定位，捕捉新机遇，谋求新发展。开展“制造业金融服务提质工程”，加大制造业中长期贷款、信用贷款投放力度。助力乡村振兴战略落地，做金融服务乡村振兴主力银行、乡村客户满意银行。持续深化“第一个人金融银行”战略和“首都外汇业务首选银行”落地。突出客户至上经营理念，聚焦客户基础、客群结构、服务渗透、金融资产等领域，持续推动关键指标提质进位。夯实管理基础，强化风险防控与安全运营效果。积极开展内控合规“价值提升年”主题活动，深入落实内控合规履责控险机制，常态化、智能化开展员工异常行为管理，抓早抓小、防微杜渐，确保全年零案件、零重大责任事故。抓实新冠肺炎疫情防控，严格落实“四方责任”，强化健康监测和员工关爱，提升应急管理，有效构筑全行免疫屏障。充分发挥支行党、团、工会作用，践行全心全意为人民服务宗旨，落实员工关爱，构筑工行文化氛围，推动支行高质量发展。

（宋庆伟）

【宣教活动】 3 月，工商银行门头沟支行开展“3.15”消费者权益保护日宣传活动、“你的征信守护计划”征信专题宣传活动及“学雷锋 树新风”活动。4 月，组织学习宣传《国家机关工作人员保密守则》。6 月，开展“安全生产月”活动。

（宋庆伟）

【公益活动】 4 月，工商银行门头沟支行组织义务植树活动。6 月，开展防范非法集资宣传活动。8 月，依托“工行驿站”便民服务区，为户外劳动工作者提供“歇歇脚、喝口水”便民服务。

（宋庆伟）

【员工培育】 4 月，工商银行门头沟支行开展投诉处理技巧提升培训班。9 月，开展内控合规课程讲解培训班。11 月，开展服务规范提升驻点培训班。12 月，开展深入学习贯彻党的二十大全会精神培训班。

（宋庆伟）

中国建设银行股份有限公司北京门头沟支行

【概况】　2022年，中国建设银行股份有限公司北京门头沟支行（简称建设银行门头沟支行）中长期劳动合同人员150人，平均年龄36.72岁，其中本科及以上学历人员124人，党员75人；下设9个部室（含营业部），5个营业中心，1个个人金融中心。本外币全口径存款时点余额169.69亿元；本外币各项贷款时点余额29.74亿元。年内，建设银行门头沟支行坚持以习近平新时代中国特色社会主义思想为引领，深入学习宣传贯彻党的二十大精神，扎实服务实体经济，助力区域发展。

（张　悦）

【乡村振兴金融助力】　1月11日，建设银行北京市分行党委书记、行长到水峪嘴村“裕农学堂”进行调研座谈。2月17日，建设银行北京市分行公司业务部（乡村振兴金融部）总经理带领分行乡村振兴推进专班与水峪嘴村两委班子成员开展工作调研及座谈。4月13日，建设银行门头沟支行成功为妙峰山镇水峪嘴村天平商店投放全市首笔“乡村便民贷”5万元。4月24日，建设银行门头沟支行参与的“北京市农村便民商业网点改造试点项目”落地，首家参与改造的小店在水峪嘴村建成，北京市商务局副局长、门头沟区副区长、建行北京分行副行长出席项目验收仪式。6月29日，建设银行门头沟支行与妙峰山镇政府在水峪嘴村“京喜便利店”共同举办“金智惠农——妙峰文明积分银行”权益实践活动，村民朋友使用“文明积分”兑换而来的“建行生活”消费满减券，选购心仪的商品。10月19日，建设银行门头沟支行与妙峰山镇人民政府在陈家庄村举办“金智惠农——妙峰文明积分银行”积分兑换活动，以流动售货车进村的方式开启开展“文明积分银行”3.0版本。11月15日，建设银行门头沟支行参与起草的北京市地方标准《特定地域单元生态产品价值评估及应用指南》于北京市发展和改革委员会网站进行公开征求意见，成为“生态产品价值实现试点工作”的重要成果。

（张　悦）

【“五进”服务做身边银行】　2月，建设银行门头沟支行构建社区服务网格，辖内7家营业网点与周边社区形成联系，为社区居民提供防范电信诈骗、反假货币等宣传服务。5月，建设银行门头沟支行在新冠肺炎疫情防控期间保障网点正常运营的前提下，先后抽调3个网点的11名员工，一周时间内四次上门服务，为国道109新线高速项目的139名农民工办理工资卡，保障农民工工资的正常发放．年内，建设银行门头沟支行为区域民众累计提供金融知识宣教服务69次，惠及5200余人。

（张　悦）

【普惠政策扶小微成长】　5月19日，建设银行门头沟支行联合区文化创意产业协会、中关村（京西）人工智能科技园—智能文创园共同举办“疫”起助力——文化金融服务线上分享会，延伸普惠服务半径，向50余家企业介绍建设银行门头沟支行首贷贴息政策。5月27日，建设银行门头沟支行再次与区工商联协作举办“援企纾困”线上银企沟通会，为包含区域大中型建筑企业、专精特新小巨人企业在内的近50家工商联会员企业介绍我行特色产品并对接企业需求；年内，建设银行门头沟支行累计办理普惠贷款延期166户、涉及金额1.32亿元，续贷161户，涉及金额1.19亿元。

（张　悦）

【资源聚焦助实体经济】　6月16日，建设银行门头沟支行与中关村科技园门头沟园产业促进部部长商谈园区企业金融服务事宜。10月25日，建设银行门头沟支行党委、团委联合北京精雕集团党委及团支部开展党团联学共建活动，共同研讨为“中国制造”提供坚实金融支持的有效路径。年内，建设银行门头沟支行为北京市“隐形冠军”企业精雕科技集团新增1.6亿元授信额度并实现全额支用，为其子公司办理300万元小微企业置业贷款，支持民营企业发展。

（张　悦）

【消费金融助经济复苏】　7月18日，北京市启动北京餐饮消费券发放，建设银行门头沟支行依托“建行生活”平台参与此次活动，成功为门头沟区20余家特色餐饮门店上架平台，活动期间还积极驻点相关商户，对商家进行核券指导、帮助就餐客户体验“建行生活”手机应用软件（App），方便消费者第一时间享受活动优惠，提振区域消费信心。8月15日至11月30日，建设银行门头沟支行为“灵山绿产”品牌门店上架建行生活平台，并积极协调行内资源，为“灵山绿产”2家消费扶贫馆提供“满100减30”的门头沟区消费扶贫专属券，发放数量1万张，打造“建行生活+消费扶贫”特色场景，为区域消费扶贫事业助力。

（张　悦）

【广泛宣传创文明城区】　8月，建设银行门头沟支行配合门头沟区委宣传部接受北京电视台、北京日报等媒体采访，宣传支行配合门头沟区文明城区建设，依托“建行生活”平台，创新开展文明积分权益实践活动，协助乡村基层治理的创新举措；年内，在北京日报、中国农村信用合作报等外部纸媒刊发信息2篇，宣传在区内开展乡村振兴实践事迹。

（张　悦）

【住房租赁促城市更新】　12月15日，建行门头沟支行与门头沟区保障性住房投资管理有限公司、建信基金管理有限责任公司签订《基础设施公募REITS框架合作协议》，将以此为抓手，协助门头沟区人民政府盘活资产，以满足重点项目建设资金需求。

（张　悦）

【夯实基础建平安建行】　年内，建设银行门头沟支行构建“横向到部门、纵向到岗位”的安全管理网格，持续开展专项检查，成功堵截电信诈骗4起，为群众挽回损失近百万元。蝉联银行业安全评估区域四行第一。

（张　悦）

北京农商银行门头沟支行

【概况】　2022年，北京农商银行门头沟支行实现各项存款余额172.20亿元，贷款余额51.61亿元，实现经济利润6115.65万元。门头沟支行对外营业网点14家，建立乡村便利店72家、投放ATM 55台，实现门头沟乡镇全覆盖。

（王　茉）

【乡村振兴领域金融服务专题座谈会】　年内，总行乡村振兴部、门头沟支行与区发展改革委、区农业农村局、市规划自然资源委门头沟分局、区文化和旅游局、区水务局、区经管站召开乡村振兴领域金融服务专题座谈会。双方围绕门头沟区重点生态项目情况、乡村振兴战略举措、三资管理平台建设、薄弱村扶持、灌溉工程实施、农产品稳产保供、精品民宿建设等方面的政策措施、发展现状、目标规划等逐项进行沟通交流。通过政府政策支持、金融产品创新等渠道初步探索建立有效机制，全面挖掘对接金融服务需求，力求在权益交易和绿色金融方面有所突破。

（王　茉）

【“爱满京城”学雷锋志愿服务主题宣传】　年内，门头沟区委举办“爱满京城”学雷锋志愿服务主题宣传活动和启动仪式，北京农商银行门头沟支行作为唯一一家金融机构受邀参加。门头沟支行志愿服务队现场开展金融反诈宣传、反假币知识宣讲和业务咨询等金融志愿服务。

（王　茉）

【督导调研工作】　年内，北京农商总行党委书记、董事长到北京农商银行门头沟支行督导调研。门头沟支行主要负责人就落实总行决策部署、深化改革创新、任期制契约化及厅堂一体化推进以及落实全面从严治党从严治行等情况进行汇报。到区内2家网点支行实地调研，同网点主要负责人和员工围绕党建引领经营发展、基层党支部工作开展、网点支行运营、柜面厅堂一体化、员工工作生活、客户服务体验等情况进行沟通。

（王　茉）

【加大中小微企业的金融支持】　年内，北京农商银行门头沟支行着力加大中小微企业的金融支持，特别是具有领先技术、优秀创新实力的企业，帮助“主营业务突出、竞争力强、专注于细分市场、技术以及市场”的企业获得“小巨人”认证，积极调整金融服务方案，在合理评判信用风险的基础上，优化产品结构，加快营销、拓展“专精特新”“小巨人”企业新合作机会，持续做好企业发展培育工作。

（王　茉）

【减费让利宣传活动】　年内，北京农商银行门头沟支行积极参与中国人民银行“支付降费，让利于民”主题宣传活动，以营业场所为阵地，利用电子媒体屏播放宣传标语，在网点张贴优惠公告，对前来网点办理业务的客户进行减费政策的讲解，电话对接小微企业及个体工商户，告知减费政策。推动政策落实落地，提升小微企业和个体工商户对减费政策的知悉度和满意度，促进首都经济发展。

（王 茉）

【“三信工程”送惠下乡活动】 年内，北京农商银行门头沟支行到乡村基层，开展信用户评定工作，积累农村信用数据，组织开展信用户申报工作，将更多的农业农村信贷、担保、信用等金融知识普及到村到户，将更多金融资源引村入户，全力为首都乡村振兴贡献力量。

（王 茉）

【助企纾困交流座谈活动】 年内，人行营业管理部与门头沟区委联合开展助企纾困交流座谈活动，北京农商银行就最新支持实体经济、助企纾困工作成效进行介绍与说明，并与区内各委、办局单位及区内企业代表进行交流。北京农商银行门头沟支行主要负责人就支行服务普惠小微企业、助力区域乡村振兴金融服务情况进行介绍，并表示将持续做好金融支持和助企纾困相关工作。

（王 茉）

北京银行股份有限公司门头沟支行

【概况】 2022年，北京银行股份有限公司门头沟支行（简称北京银行门头沟支行）共有干部员工73人，平均年龄31岁，其中本科及以上学历人员58人，党员20人。共设立4家支行，分别为门头沟支行、门头沟绿色支行、惠民家园支行、西长安街支行。本外币全口径存款时点余额76.34亿元；本外币各项贷款时点余额18.02亿元。年内，北京银行门头沟支行坚持以党的政治建设为统领，以争先创优为抓手，推进党组织建设，充分发挥党组织的核心领导和党员的先锋模范作用，推动支行党建工作，促进各项事业的全面发展。北京银行门头沟支行获“青年文明号”称号。

（王 芮）

【宣教科普活动】 3月，北京银行门头沟支行开展“3·15”消费者权益保护日系列宣传活动，以“共促消费公平，共享数字金融”为口号，通过4家网点分别走进梨园社区、丽景长安社区、惠民家园社区和梧桐苑社区。年内，北京银行门头沟支行陆续开展北京地区存款保险宣传月主题宣传活动、守住“钱袋子”和“金融知识万里行”活动、2022年国家网络安全宣传周活动，并开展“金融知识普及月 金融知识进万家 争做理性投资者 争做金融好网民”主题宣教活动。支行团队到社区，有针对性地开展金融知识宣教活动，帮助金融消费者树立电信诈骗防范意识，保护其合法权益，讲解涉及反假币、反洗钱、反恐怖融资等，内容丰富、形式多样，收获参与活动社区居民的广泛好评。

（王 芮）

【打造儿童银行】 6月开始，北京银行门头沟支行、西长安街支行对接总分行“京萤俱乐部”项目，到周边社区持续开展“小小银行家”系列职业体验活动，为到场参与的小朋友开立专属借记卡“小京卡”，并向小朋友们介绍货币起源，帮助孩子们学会如何管理自己的零花钱，推进财商教育，让孩子从小养成财富管理观念。年内，北京银行倾力打造全生命周期金融服务体系，推出专属儿童群体的借记卡品牌“小京卡”，并推出配套服务“京萤俱乐部”。

（王 芮）

【银政携手驱动区域发展】 6月末，北京银行总、分、支行多级协同联动，承接土地一级开发项目存款业务。10月，北京银行门头沟支行取得门头沟区国库集中支付代理行资格。年内，北京银行同门头沟区人民政府机关、政府委办局、国企、事业单位等开展多次业务合作，专业、贴心的服务获得客户高度认可。

（王 芮）

【助农惠民助力乡村振兴】 年内，北京银行门头沟支行高度关注区乡村振兴战略执行情况，与区农业农村局、区文化和旅游局等单位达成密切沟通和合作，做深做宽民宿贷、乡村振兴贷款等助农特色业务。截至2022年12月31日，支行存量涉农贷款共1.4亿元，民宿贷0.52亿元，乡村振兴贷款0.43亿元。门头沟支行深耕涉农业务，客户经理到门头沟山区乡村展业，急乡村农户之所急，发挥北京银行产品优势，解决大量村民在创业、民宿装修、乡村改造上的用款难题。支行专业的服务能力、贴心的服务态度收获涉农客户的一致好评。

（王 芮）

【绿色支行建设】 年内，门头沟区生态文明实践基地竣工。门头沟区生态文明实践基地，为未来北京银行同门头沟区生态文明建设在绿色金融领域的深度合作打下基础。

（王　芮）

【助力小微企业发展】　年内，北京银行门头沟支行利用京行数字化转型成果，开拓供应链金融创新业务模式，助力小微企业发展，积极触客、攻坚克难，在辖内积极推广并最终落成门头沟区首笔京信链业务。年内，门头沟支行为区内多个企业发放科企贷、银税贷，共1000万元，在区科信局举办的高新技术企业政策宣讲会上对北京银行中小企业融资产品作宣传展示。门头沟支行利用北京银行专为小微企业开发的银税贷、票e贷、科企贷、领航e贷等产品组合助力门头沟区本土小微企业发展，强化门头沟高新技术产业园区建设，促进门头沟区经济发展模式转型优化，实现北京银行数字化转型同门头沟区域发展的协同共进。

（王　芮）

【工会活动服务市民百姓】　年内，北京银行门头沟支行工会通过与区内企业工会对接，借助良好的工会合作平台，开展形式多样的工会送福利活动。走进企业、走进员工，讲解北京银行工会卡用卡安全、工会会员权益、市工会、区工会相关福利及活动，工会卡持卡客户专属京行产品，让广大会员真切享受到金融实惠。

（王　芮）

【开拓进取实现业务转型】　年内，北京银行门头沟支行开展北京银行“百万来客”、掌上银行家、财富系统等线上营销管理系统的培训和使用，从业务知识、专业水平、数据使用等多方面提升团队客户管理水平。借助分行“对公账户备案、个贷流程优化、普惠报表统计”3个场景应用，通过更加精细化的客户管理，便捷的业务办理方式。零售条线为突破复杂产品销售的短板，通过加强产品学习、加强话术支持、加强实战演练，网点零售团队专业能力得到显著提升，为服务好辖内市民百姓奠定坚实基础，也为北京银行“五大转型”的逐步推进积蓄充足动力。

（王　芮）

【新冠肺炎疫情防控】　年内，北京银行门头沟支行党支部加大对辖内网点新冠肺炎疫情防控监督检查工作力度，压实疫情防控“四方责任”，严格落实测温扫码、验码、一米线等要求。5月，党支部积极参加爱心捐赠活动，向门头沟区军庄镇、王平镇和月季园派出所捐赠防护服、KN95口罩、免洗洗手液、消毒液、矿泉水等防疫物资，以实际行动践行金融企业的社会责任与担当。门头沟支行获北京银行北京分行2022年上半年“疫情防控先进集体”称号。

（王　芮）

中国邮政储蓄银行股份有限公司北京门头沟区支行

【概况】　2022年，中国邮政储蓄银行股份有限公司北京门头沟区支行（简称邮政储蓄银行门头沟区支行）立足新时代首都发展定位，充分发挥党建聚力的作用，立足新发展阶段，坚定不移贯彻新发展理念，紧扣高质量发展主题，积极推进支行各项业务发展。坚决落实党中央战略部署、履行国有大行担当的政治责任，践行服务“三农”的初心使命，加大乡村振兴领域金融服务力度，以乡村振兴发展为契机，继续推动信用村体系建设，建立与涉农客户的综合授信合作，切实为农户解决资金需求。深入挖掘乡村振兴产业链上游供应商融资服务，并利用“信用村+YOU商街”模式，打造消费场景，帮助农民销售农副产品、文创特色产品等，实现批零联动、服务普惠的目标。持续紧抓内控案防，推动“三道防线”作用发挥，以“责任”为标尺提高内控案防意识，以“活动”为抓手加强内控案防管理。结合“内控合规管理建设年”及内控合规提质增效活动，积极开展制度学习、警示教育、知识竞赛等活动，常态化融入日常工作，加强员工操作风险、道德风险教育，强化各层级内控案防管理，持续夯实法规工作，严把底线严问责。支行工会按照支行党总支和工会工作精神，紧紧围绕生产经营和职工队伍建设，发挥工会优势，贴近基层，服务职工，丰富职工生活，为企业经营发展和团队建设发挥积极作用。

（苑　燕）

【3·15金融消费者权益日宣教活动】　年内，邮政储蓄银行门头沟区支行开展“3·15金融消费者权益日”，支行共邀请18位贵宾客户参加。活动采取有奖问答的形式进行，客户的积极性被充分调动起来，由“消费者权益保

护”及“民法典”的有奖问答引出如何规划理财讲解，用生活中的实实在在的案例从家财传承，重疾保障和风险保障等方面教授大家如何规避风险，并且针对不同年龄的客户群体合理规划理财，讲解过程穿插一些有奖提问，客户全程认真听课，频频点头，积极参与回答。

（苑 燕）

【融知识普及月宣教活动】 年内，邮政储蓄银行门头沟区支行开展“金融知识普及月 金融知识进万家 争做理性投资者 争做金融好网民”宣传活动。以3个自营网为阵地，开展宣传活动，利用养老金发放日，老年客户较集中的特点，在客户等待时，针对不同客户群体，以提高老年人防范电信诈骗及非法集资金融知识；引导客户合理选择与自身特点相适应的金融产品和服务，增强自身风险防范意识和责任意识，抑制盲目投资冲动和过度消费。

（苑 燕）

【员工培训】 5月，邮政储蓄银行门头沟区支行开展邮政金融安全管理培训。培训内容包括邮政安全评估释义、安全保卫制度解析。6月，开展2023年网络安全意识培训。课程内容包括设置密码的方式、钓鱼式网络欺诈手段、数据安全方面注意哪些方面等内容。7月，开展全行涉密人员专题培训。培训课程包括涉密载体管理、涉密人员管理、涉密会议管理等课程。

（苑 燕）

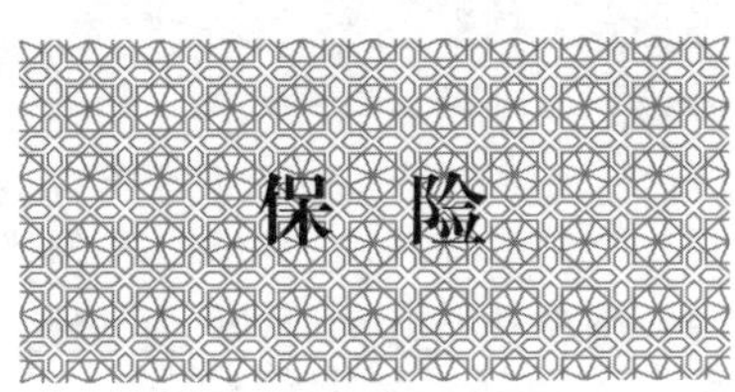

保 险

中国人民财产保险股份有限公司北京市门头沟分公司

【概况】 2022年，中国人民财产保险股份有限公司北京市门头沟分公司（简称人保财险门头沟支公司）主要涉及业务有车险及非车险，其中非车险包括财产险、农险、安责险、诉讼保全保险、船货险、IDI（工程质量潜在缺陷保险）等。公司设有总经理室、专家（高管）室、综合部、农险业务部、直销业务部、商团业务部、修理厂业务部、专兼代业务部、永定营销服务部。公司一直本着立足门头沟区，服务好门头沟区经济建设的原则，积极主动适应新模式、新变化，全面贯彻落实“六大战略服务”，扎实稳妥推进“三湾改编”，强化过程管控、狠抓工作落实，凝心聚力、协肩并战，取得全年预期业绩，实现整体发展目标。年内，实现保费收入10919.81万元，同比上一年10652.15万元，增量267.66万元，增速2.51%。年度内重点项目完成358.54万元，IDI类226.92万元。

（高 娜）

【贯彻落实六大服务战略】 年内，人保财险门头沟支公司贯彻落实“六大服务战略”，以“卓越保险战略”为指引，真抓实干、勇毅前行，夯实党建引领业务发展，以奋发有为的精神、舍我其谁的担当，续写公司高质量发展的崭新篇章。

（高 娜）

中国人寿保险股份有限公司北京市门头沟支公司

【概况】 2022年，中国人寿保险股份有限公司北京市门头沟支公司（简称人寿保险门头沟支公司）认真贯彻落实上级公司年度工作会议精神，围绕“稳增长、稳地位、稳收入、提质量、防风险”工作目标，以高质量党建引领高质量发展，坚持有效队伍驱动业务，科学统筹安全与发展，明确经营思路，积极推动落实自主经营。支公司全体员工及销售伙伴面对疫情，坚守一线，不畏难、不退缩，坚决做到防疫不松、业务不懈。各渠道通过对各项基础动作的精细化管理，坚持高质量发展道路不动摇。在全体同仁的共同努力下，齐心协力、共谋大计、上下联动、合规经营、创新思路、扎实奋进，努力完成各项预算目标，年度考核为B类。年内，营销渠道首年期交达成1607万元，达成率72.9%，标保达成486万元，达成率59%，十年期达成655万元，达成率70%，短期险达成237万元，达成率77%。队伍季均有效人力65人，达成率71%，月均举绩人力58人，成达率70%，月均星级19人，达成率80%，月均持证119人，达成率67%。收展渠道首年期交达成1491万元，达成率101%，标保达成381万元，达成率60%，十年期达成454万元，达成率57%，短期险达成204万元，达成率115%。队伍季均有效人力55人，达成率64%，月均举绩人力47人，成达率73%，月均星级19人，达成率106%，月均持证96人，达成率67%。标保、十年期、月均长举、季均有效等指标均排名全市前列。多元渠道团险短险保费完成397万，达成率71%；净创费完成73万，达成率63%，涉农保费完成185万，达成率99%。团险短期险保费442万元，达成率85%同比增长11%，涉农保险200万元，达成率102%，绿化保险达成率189%，战略性新兴产业达成率117%乡村振兴业务达成率662%。银保渠道首年期交达成460万元，达成率112%，首年标保达成39万元，达成率140%，5年期及以上期交业务达成183万元，达成率163%。

（刘　瑜）

【质效双高，持续推进中央巡视整改】 年内，人寿保险门头沟支公司始终把巡视整改作为重大政治任务，按照“五个强化”“四个融入”和“五项标准”，紧盯“三项清单”，开展“地毯式”整改，全面强化严的氛围，推进巡视整改常态化，将中央、上级公司和分公司党委关于做好持续整改工作的有关要求传达到每一位干部员工。

（刘　瑜）

【强化责任落实清单整改】 年内，人寿保险门头沟支公司下沉到支公司整改问题四大类36个问题，整改举措98条，其中涉及支公司整改问题36条，完成35条，问题完成率97%，整改举措97条，完成整改96条，整改完成率99%。

（刘　瑜）

【明确渠道定位，抢抓发展先机】 年内，中国人寿保险股份有限公司北京市门头沟支公司大个险种板块全面聚焦标保与十年期，加快推广常态销售体系，以季度、月度和周经营有效推动年度目标达成。持续丰富多元销售支持，用好资源优势补强“保险+”模式，以综合金融、增值服务、科技协同助力打造精品项目，落地“焕新计划”，稳步提升吸引客户、服务客户、拓展客户的能力。营销坚守“稳定规模和价值贡献主力军”的核心地位，做强做大做优；收展坚守“业务转型突破生力军”的核心定位，聚焦城区发展、业务能力和孤单经营突破，收展渠道达成首年期交保费目标，达成率101%、短险保费任务目标，达成率115%以及月均星级人力目标，达成率106%。

（刘　瑜）

【团险渠道实现效益优先的增长】 年内，人寿保险门头沟支公司团险部围绕创费、创利、创客，统筹法人、政保、中介、综拓业务，聚焦效益核心加大成本管控，年净创费106万元，达产率154%，综合成本率80%，同比降低16%。

（刘　瑜）

【深耕合作政保业务】 年内，人寿保险门头沟支公司团险部进一步巩固老年人意外险、计生系列保险业务，全区老年人意外险保费达到82万元，同比增长32%，其中政府出资业务1.7万人，保费21.49万元，自付费业务1.2万人，保费60.74万元。计生险业务累计达到208万元，其中计生家庭意外险保费54万元，两癌保险保费97万元。中标全区失独家庭护理保险相目，保费44万元。

（刘　瑜）

【银保渠道加大协同发展力度】 年内，人寿保险门头沟支公司持续开展和广发银行五棵松支行的合作，全年拓展法人客户5个，同比增长20%，保费规模46万元，同比增长12%。渠道坚持“银保姓银 价值与规模并重”，积极应对政策变化，以转型升级为抓手，做强渠道，做大队伍，年内达成首年期交保费、五年期及以上期交保费、首年标准保费三项核心指标，达成率分别是112%、163%、140%。

（刘　瑜）

【落实国家重大决策部署】 年内，人寿保险门头沟支公司团险部涉农保险保费达成200万元，达成率102%，绿色保险保费达成2万元，达成率190%，乡村振兴保险保费达成20万元，达产率660%，战略新兴保险保费达成1万元，达产率110%。

（刘　瑜）

【客户为脉 提升技能】 年内，人寿保险门头沟支公司银保渠道在广发五棵松支行召开Car-t专题网沙2场，参会客户25人，在工行及农商银行网点召开小型网沙6场，参与客户超过30人，为客户提供优质服务，同时进一步提高了销售人员的经营水平。

（刘　瑜）

应急管理

1月，门头沟区在落坡岭水库开展冰面救援培训暨实战演练（《京西时报》供图）

◆ 7月18日，区消防救援支队在北京首钢生物质能源科技有限公司开展灭火救援实战演练（区消防救援支队　供图）

◆ 11月，门头沟区加强森林防火。图为大台街道开展防火巡查（《京西时报》　供图）

综述

2022年，门头沟区应急管理局（简称区应急局）全面贯彻落实党中央、国务院及市、区两级党委和政府关于安全生产和应急管理工作的决策部署，不断压实安全生产责任，持续做好防灾减灾救灾工作，及时妥善处置突发事件，完成重要会议、重点时段安全服务保障任务，全年应急管理领域总体平稳有序，各项工作取得积极成效。安全生产监管方面：做好重要专题安全保障任务；压实安全生产监管责任；推进城市安全风险分级管控；狠抓重点行业领域专项治理；创新零散工程监管机制。自然灾害防治方面：坚持做好森林防灭火工作；全面做好汛期应对工作；继续强化灾情救助工作。突发事件应对方面：全方位做好应急预案；全联动守卫全区安全。

（马双娇）

应急救援

【概况】 2022年，区应急局全方位做好应急预案，制定《门头沟区2022年应急值守工作要点》《门头沟区2022年度应急值守工作综合评价方案》等文件，细化完善8类19项评价指标，定期开展值守工作督查检查，确保各类突出情况和突发事件应对处置有序有力；印发《门头沟区突发事件总体应急预案（2022年修订）》，修订完善46个区级专项应急预案和13个镇街级总体应急预案；制定《关于进一步加强门头沟区预警信息发布能力建设的指导意见》《门头沟区突发事件预警信息发布管理办法》，健全完善预警信息标准体系和发布制度；制定《关于进一步加强门头沟区应急志愿服务工作的指导意见》，组建区应急志愿服务支队及其下属的5支区大队和13支镇街大队，组织开展疫情防控、防汛防火、应急处置等志愿服务活动80余场次、参与1000余人次；制定《门头沟区2022年应急演练评估工作实施方案》等有关文件，开展全区首轮应急演练，共对全区6个演练项目完成评估。全联动守卫全区安全，全区各级领导深入一线、靠前指挥，共赶赴现场处置50余人次，在区应急指挥中心指挥调度140余场次；与公安、交管、消防、卫健、宣传等部门强化协同联动，固化“六必到”现场处置机制，处置各类突发事件190余起，其中杜家庄检查站游客滞留事件的妥善处置，在10月2日全市国庆期间服务保障调度会上得到市委书记蔡奇的表扬；汇总梳理全区安全服务保障工作信息，督促全区各单位落实24小时带班值班制度，编制并上报值班应急快报、应急值守工作简报等信息刊物310余期；强化公共安全风险评估与控制，开展北京冬奥会、党的二十大等重要时间节点风险形势分析，编制自然灾害风险形势分析报告17期和公共安全风险形势分析报告4期。

（马双娇）

【突发事件总体应急预案修订工作印发】 1月至3月，门头沟区组织开展区级突发事件总体应急预案修订工作。1月13日，市应急局预案处副处长到门头沟区指导区级总体应急预案修订工作，解读市级总体应急预案。1月20日，区应急办组织召开区级总体应急预案专家评审会，邀请国家行政学院5位专家对区级总体应急预案修订稿提出建设意见。2月下旬，预案经过6轮意见征询后，通过区委编办机构认定和区司法局合法性审查。3月2日，门头沟区组织召开区级总体应急预案修订工作专题调度会。区应急办汇报区级总体应急预案修订情况，各单位就区级总体应急预案修订稿进行讨论。3月4日，预案结合各方意见修订形成预案报审稿。报审稿经区人民政府常务会第7次会议和区委常委会第12次会议审议通过。3月29日，以区人民政府名义正式印发。

（曾庆正）

【应急预案宣贯培训会】 6月1日，门头沟区组织召开应急预案宣贯培训会。有关专家解读区级总体应急预案，对区级专项和镇街级总体应急预案制修订进行培训。区应急办主任对强化区级总体应急预案贯彻落实、推动各级各类应急预案制修订进行部署。

（曾庆正）

【应急志愿服务队伍授旗】 7月25日，门头沟区举行应急志愿服务队伍授旗仪式。区委副书记、区长喻华锋等区领导分别为区应急志愿服务一大队、军庄镇应急志愿服务大队和城子街道应急志愿服务大队授旗。门头沟区正式搭建区支队与5支区大队、13支镇街大队统分结合、协同联动的应急志愿队伍体系。

（曾庆正）

【应急救护知识宣讲】 年内，区应急局联合区红十字会到区内7个街镇开展应急救护知识宣讲，为居民现场讲授紧急情况下的应急救护知识，增强居民自救互救应急技能。完成14个社区、村的应急救护知识宣讲培训，红十字救援协会志愿者、社区工作者、居民群众等3000余人参加，现场为大家发放应急知识宣传品1万余份。

（原素芬）

【政府应急系统视频例会】 年内，门头沟区组织召开12次政府应急系统视频例会，通报全区上一阶段值班值守工作情况，对下一阶段应急管理重点工作提出具体要求。区政府办和区应急办分管负责人出席会议，区应急委各成员单位参加会议。

（曾庆正）

防灾减灾

【概况】 2022年，区应急局坚持做好森林防灭火工作，动员部署年度森林防灭火工作，持续推进林区输配电设施火灾隐患专项排查治理、野外火源治理和查处违规用火行为2个专项行动，坚决落实林长制，严格督导检查；全区4167名生态林管护员、176名护林员、637名巡查人员、537名半专业扑火队员全员上岗，强化联防联控；组织开展各级森林火灾应急综合演练73次，培训149次；稳步推进全国军庄镇森林防灭火工作规范化管理试点建设工作，以新型集体林场建设为依托，坚持“预防为主、防灭结合、统一指挥、安全补救”的方针，坚决做好极端情况下的森林火灾预防和应对工作，牢牢守住全区森林防灭火安全底线。全面做好汛期应对工作。强化领导推动，区领导先后31次督导检查防汛工作，35次专题部署、调度、指挥强降雨应对工作；强化预案演练，全区修订342防汛应急预案，13个突发地质灾害应急预案、43个极端强降雨应对方案，组织开展防汛培训248次、防汛演练145次；强化隐患排查，全区各部门排查消除600余处防汛隐患，推动65个“2021年汛后水毁修复工程和地质灾害隐患治理工程”建设，投资1.54亿元；强化预警调度，及时发布暴雨、地质及山洪风险预警23次，启动7次防汛蓝色（Ⅳ级）预警响应，确保全区66条河道、6座水库、63座塘坝均保持在警戒水位以下安全运行，提前组织各类媒体平台向社会发布防汛安全提示信息1352条，发送安全提示短信13.9万条；强化力量部署，各镇街提前安排干部驻村8次、参加人员1992人次，组织群众避险转移4次、涉及164户322人次；提前将5822人的抢险队预置在防汛重点部位，顺利应对8次强降雨过程，快速处置道路积水等突发汛情险情4起，保障全区顺利平安度汛。继续出资25万为全区户籍人口投保自然灾害公众责任险，将区自然灾害公众责任险保险受益人由常住区内的户籍人口扩大为区内常住人口，保障人数从26万扩增到33万；完成区级物资平台录入工作，全区有应急救灾物资储备库2个，储存救灾帐篷、床被、桌椅、应急照明等38类59586件救灾物资，总价值约1596万元，可保障一次性转移2000人，紧急状况下满足2万人的基本生活需求。

2022年，门头沟区防震减灾工作扎实做好地震风险防范应对各项准备工作，坚持以防为主，防抗救相结合，坚持常态减灾和非常态救灾相统一，在全市率先完成新建及加固工程抗震设防信息采集汇交及平台填报工作，通过地震灾害风险普查项目验收，开展周、月、加密会商共136期，向区应急办提交月度、季度自然灾害风险形势分析报告共16期，累计开展各类宣传活动30余场次，发放各类宣传材料5000余份，覆盖人群1万余人，不断提升区域地震监测预报、震害防御等工作水平。

（马双娇　杨　芸）

【森林防灭火工作检查】 1月18日，区森防办对军庄镇森林防灭火工作开展情况进行检查。在军庄镇集体林场，区森防办工作人员详细了解林场管护区域、队伍建设、设备管理和办公场所使用；在香峪村，区森防办工作人员检查生态林管护员上岗情况和森林防火宣传情况；在集体林场孟悟村作业区，区森防办工作人员检查林场职工值守情况和作业区林下可燃物清理情况。1月28日，市森防办第三联合检查组到门头沟区检查森林防灭火及林区输配电火灾隐患排查治理工作。检查组采取听取汇报、实地查看和翻阅资料等方式，先后对门头沟区潭柘寺镇、永定镇和林区输配电设施上账隐患整改情况进行检查。检查组对门头沟区森林防灭火工作给予肯定。3月22日，区森防办对妙峰山镇森林防灭火工作开展情况进行检查。在妙峰山镇集体林场作业区，区森防办工作人员对林场管护区域、队伍建设、办公场所使用及值守情况进行了解；在担礼村和丁家滩村，区森防办工作人员对生态林管护员上岗、森林防火宣传和清明祭扫管理情况进行全面检查。区森防办要求要提高政治站位、紧盯火源管控、强化应急值守，确保清明期间人民群众生命财产和森林资源安全。

（王学娟）

【森林防灭火工作联合检查】 3月4日，区森防办分三组通过联合巡查、电话提示和专项复检对全区森林防灭火工作开展情况全面检查。区森防办第一检查组联合区园林绿化局和公安门头沟分局分对潭柘寺镇等6个镇和华林中心等4个有林单位以及区应急救援大队一、二中队共36个点位进行联合巡查；区森防办第二检查组通过电话要求全区9镇和4个有林单位的森林防灭火工作主管负责人带队开展督导检查；区森防办第三检查组联合区园林绿化局和门头沟供电公司对前期上账并完成整改的55处林区输配电设施火灾隐患进行专项复检。针对部分检查站存在护林人员因返家用餐导致出现空岗等问题，检查人员联系相关负责人员，要求立即整改。

（王学娟）

【森林防灭火工作规范化试点建设研讨会】 3月10日，军庄镇召开森林防灭火工作规范化管理试点建设研讨会。北京林业大学刘晓东教授、市区两级森防办有关负责人参会。市森防办解读《乡镇森林草原防灭火工作规范化管理试点方案》，区森防办说明门头沟区试点建设方案，军庄镇汇报试点建设推进情况，详细介绍现阶段重点任务和下一步工作计划，参会人员共同交流现存的困难和问题。

（王学娟）

【森林防灭火和清明祭扫服务保障工作检查】 3月31日，北京市公安局森林公安分局副局长带队市森防办第二联合检查组到门头沟区督导检查森林防灭火和清明祭扫服务保障工作。检查组采取召开座谈、听取汇报和实地查看等方式，先后对妙峰山镇和军庄镇的森林防灭火工作开展情况进行督导检查。检查组听取区应急局等单位关于森林防灭火工作开展情况的汇报；在京西古道景区，检查组查看景区日常运行、森林防火、游客管控和值班备勤情况；在陈家庄村和西杨坨村森林防火值守点位，检查组检查生态林管护员上岗、灭火工具准备、散坟祭扫管控及森林防火码使用情况；在军庄集体林场，检查组详细了解军庄镇森林防灭火工作规范化管理试点建设及镇级综合应急救援队伍组建情况，检查林场的物资和装备的使用及管理；在天山陵园，检查组检查陵园清明节期间运行、人员和车辆管控、文明祭扫及森林防火情况。检查组强调，要进一步加强组织领导，做好动员部署，开展好联合检查，消除安全隐患，强化火源管理，杜绝野外用火。10月14日，北京市公安局森林公安分局局长带队市森防办第三联合检查组到门头沟区督导检查森林防灭火工作。检查组听取区森防办等部门关于党的二十大前全区森林防灭火工作开展、森林防火领域“百日行动”推进和森林防火责任落实等情况的汇报，现场查看区级森林防火监控系统建设、运转和人员值守情况。到西峰寺林场检查林场建设、视频监控和值班备勤情况；到永定镇王村森林防火检查点位检查人员值守、野外火源和进山人员管控情况；到区应急救援大队一中队驻地检查一中队队伍训练、机具使用、物资管理和值守备勤情况。

（王学娟）

【森林防灭火工作考察交流】 4月14日，区领导带领区应急局等单位主要负责人到平谷区考察交流森林防灭火工作。门头沟区考察组先后到南独乐河镇北寨村和区森林消防综合应急救援大队考察了解门头沟区森林防灭火“五个一”基础体系建设、森防大队规范化建设、无人机应用及森林火灾扑救系统建设等情况；到平谷区社会服务中心召开交流座谈会，区应急局、区园林绿化局分别就门头沟区森林防灭火工作开展情况、《森林防火应急处置工作手册》编制及系统化建设等工作进行介绍，双方就两区森林防灭火工作开展情况进行交流和探讨。

（王学娟）

【地震灾害风险普查工作】 4月19日，区地震局组织召开门头沟区地震灾害风险普查项目成果验收会，邀请北京市地震行业专家组对项目成果进行评审，并通过验收。项目实施单位根据专家组评审意见和区地震局指导意见对项目成果进一步进行完善。6月28日，筑福（北京）城市更新建设集团有限公司（项目实施单位）将项目成果电子版3份、纸质版3份提交至区地震局，双方核实无误后签字盖章。

（杨　芸）

【汛前提闸演练】 4月25日，区水务局联合区应急局在王平镇落坡岭水库举行汛前提闸演练，区应急管理事务中心和水库运行管理单位50余人参加。演练历时60分钟，通过正常供电启闭闸门、柴油发电机启闭闸门和人工手摇启闭闸门3个环节检验水库大坝电气设备和机械设备的动作可靠性以及防汛抢险队伍的实际操作水平和应对突发事件应变能力。

（王学娟）

【军地联动防汛工作】 4月27日，区防汛办组织区人民武装部、区水务局、区应急管理事务中心及辖区驻区部队召开军地联动防汛工作会，区防汛办传达市防汛办关于做好年内军地联合抗洪抢险工作的要求，区人民武装部就扎实做好汛前各项准备工作、强化军地联动等事宜进行动员部署。区防汛办组织驻区各部队实地查看全区9个永定河防汛堵口，明确每个堵口的职责分工；军地双方针对汛期快速调动兵力、物资装备保障和应急联动响应等事项进行现场交流，达成一致意见。

（王学娟）

【防灾减灾日宣教活动】 5月7日至13日，区应急局围绕“减轻灾害风险·守护美好家园”主题，组织开展防灾减灾日宣教活动。其中，区应急办组织开展的“云端科普·知识守护”线上科普讲座，累计观看人数达6.3万余人次；“你就是减灾达人”线上有奖竞答，累计参与人数达1.1万余人次；线上相关推文报道，累计阅读人数达3万余人次。

（曾庆正）

【灾害信息员培训】 5月23日，区应急局组织开展灾害信息员线上视频培训。培训内容涵盖灾害风险隐患排查和信息报送、灾害救助、灾情统计等方面的知识，旨在提高全区350名灾害信息员面对风险隐患和灾情救助的工作水平。

（原素芬）

【防汛动员大会】 5月31日，门头沟区防汛抗旱指挥部组织召开年内防汛工作动员大会，总结2021年防汛工作经验教训，部署2022年全区防汛工作，区防汛抗旱指挥部总指挥、区长喻华锋签发并宣布《门头沟区上汛令》。全区56个防汛成员单位主要领导、主管领导，以及306个村（社区）主要负责人通过视频会议系统参加会议。

（王学娟）

【防汛桌面推演举行】 6月10日，门头沟区举行防汛桌面推演。此次推演成功模拟突发强降雨后根据雨情适时启动分级预警响应的过程，通过道路积水排除、沿河工人转移、水库人工提闸放水调洪、山区地质灾害应对、道路断路抢险、营救落水群众和孤岛救援、永定河堵口紧急封堵和善后救灾等多个场景设置，具体推演区防汛指挥部与各专项分指、各镇街分指之间的信息互通、协调联动，规范分级指挥体系和应急工作流程，明确各专指、部门、属地的职责。

（王学娟）

【历史自然灾害评估结果审议工作会】 6月13日，门头沟区组织召开历史自然灾害评估结果审议工作会，区普查办会同自然灾害管理部门、历史灾害数据提供部门审议国家普查办反馈的《门头沟区年度自然灾害数据评估结果》，检验门头沟区历史自然灾害填报数据正确性。

（潘　峰）

【柏峪村险村防汛工作调研】 6月30日，区防汛班主任、区应急局局长带队到斋堂镇柏峪村调研险村防汛工作，实地查看柏峪村防汛工作准备、避险安置点设置及险村改造情况，听取柏峪村负责人关于防汛应急值守、应急物资储备和隐患整改等工作落实情况的汇报。

（王学娟）

【主汛期防汛部署动员会】 7月22日，门头沟区防汛抗旱指挥部组织召开年内主汛期防汛部署动员会，传达北京市年内主汛期防汛部署动员会议精神，总结全区入汛以来的防汛工作情况，就做好主汛期防汛工作进行部署。

（王学娟）

【防汛安全大培训】 7月，区防汛抗旱指挥部在全区范围组织开展防汛安全大培训，各防汛专项分指、镇街分指及成员单位根据疫情防控要求和实际情况通过视频在线培训、网络课程学习、集中授课、实操演练等方式开展培训。此次防汛安全大培训涵盖“防汛应急预案、极端强降雨天气应对、山洪及地质灾害防御、防汛抢险案例、值班值守规范、安全避险知识”等方面的知识内容。全区11个防汛专项分指、13个镇街分指及20余个成员单位5000余人参加培训。

（王学娟）

【水旱灾害防御】 汛期，门头

沟区共发布山洪灾害风险预警6次，转发气象预警34次，提示风险村加强防范，及时转移，协助开展属地险村险户转移164户322人。强化两个联动机制，对外联动，密切关注上游怀来县、涞水县、涿鹿县降雨动态，预警跨界联动87次；对内联动，与多部门建立联动机制，协同作战，部门互联125次，确保道路突发积水有效应对。紧盯3个重点部位。密切关注永定河洪水风险，保障永定河9处堵口和沿河村庄安全；重点盯防城市内涝隐患，制定易积滞水点“一图一表一册”应对方案；严防死守山洪灾害风险，加强监测感知能力建设，维护79处雨量遥测站及水位站，全面掌握山区洪水威胁情况，确保安全。落实水库等重点部位责任人120余人，出动防汛应急保障人员2000余人次，发布涉河涉水工地停工通知6次，电话抽查重点部位值守人员400余次。

（董　博）

【降雨应对工作复盘会】 8月10日，门头沟区组织召开近期降雨应对工作复盘会，复盘全区近期降雨应对情况，分析7月下旬以来出现的几次降雨应对过程中，存在的难点问题以及采取的针对性措施，听取区防汛办、部分防汛专项和镇街分指的工作汇报，对下一步防汛工作重点进行部署。

（王学娟）

【水域搜救应急演练】 8月11日，门头沟区在龙泉镇门城湖组织开展水域搜救应急演练。演练以“实兵实装操作＋视频网络直播”的全新形式，模拟遇有落水事件发生，公众有效自救、施救和专业救援队伍迅速响应、协同救援的过程。其直播栏目《水域搜救大演练！救援队员教您落水如何自救》在北京时间、微博、抖音等7家网站总观看量达72.3万余次。

（曾庆正）

【综合评估与区划指标权重打分工作】 8月12日，区普查办组织应急、水务、地震等管理类、行业技术类、研究技术类专家及专业人员参加市普查办综合评估与区划指标权重打分工作会议，并组织开展区级综合评估与区划指标权重打分工作。区级综合评估与区划指标指标权重打分最终结果正在征求意见阶段。

（潘　峰）

【国际减灾日主题宣传活动】 10月13日，区应急局结合国际减灾日“早预警，早行动”的主题宣传活动，牵头组织在大峪临镜苑社区、龙泉镇倚山嘉园社区开展极端灾害天气下的预警、自救工作，向居民朋友提示冬季取暖用火和用电安全方面的知识。活动共1000名居民群众参加，发放宣传品2000余份。

（原素芬）

【森林防灭火工作专题部署会】 10月24日，门头沟区组织相关委办局、各镇街主管领导参加全区森林防灭火工作紧急专题会议，通报怀柔延庆交界处和密云区2起森林火灾情况，并对近期全区森林防火工作进行部署。11月10日，门头沟区召开全区森林防灭火工作专题部署会。会议要求认真贯彻落实全国秋冬季森林草原防灭火工作电视电话会精神，深刻汲取北京市其他地区森林火情火灾教训，压紧压实各级责任，扎实做好森林防灭火各项工作，全力守好京西绿色屏障安全。

（王学娟）

【综合救援队伍规范化建设工作评估】 11月2日，市森防办对门头沟区森林消防综合救援队伍规范化建设工作开展评估。评估内容主要分为装备配备维护、队员体能、制度建设和应急响应能力4个方面。评估组实地检查第一、二中队营区训练设施建设和装备储存保养情况，查看人员档案、物资装备台账及检测维护记录、制度汇编、演练记录等文件材料，随机抽取队员进行理论知识和体能考核，并对各中队开展紧急拉动演练，评估演练班组灭火战术队形、战术运用和机具装备操作等科目。评估组对门头沟区森林消防救援队伍建设规范化建设给予充分肯定。

（王学娟）

【第一次全国自然灾害综合风险普查】 11月11日，区普查办组织召开门头沟区第一次全国自然灾害综合风险普查成果数据库和展示系统建设工作会议，区科信局和第三方技术支撑单位参加会议，探索普查数据和成果应用，为门头沟区自然灾害防治工作提供有力支撑。11月18日，区普查办组织召开区应急局第一次全国自然灾害综合风险普查项目验收会议，采取线上方式进行，邀请专家对该项目进行评审，并形成专家意见。专家组认真审阅各阶段材料和成果，开展质询交流，对门头沟区扎实高效的工作作风、详细完整的过程材料和高质量的数据成果给予肯定，专家组一致认为门头沟区各项工作满足风险普查相关技术规范及合同要求，同意该项目通过评审验收。

（潘 峰）

【森林防火宣传月系列活动】 11月，区森防办组织区森防指各有关成员单位开展全市森林防火宣传月活动，组织系列宣传、培训、座谈、交流和演练活动，旨在进一步做好全区森林防灭火工作，营造全民参与的森林防火氛围。

（王学娟）

【森林火灾应急综合演练】 12月，区森防办联合区有关部门在军庄镇东山村开展森林火灾应急综合演练。演练模拟生态林管护员巡逻时发现火情立即上报、军庄镇接报后向区森防办通报相关情况、专业救援队伍迅速开展火场扑救的应急过程。演练中，区应急救援大队、区应急局等部门相继抵达现场，成立区级现场指挥部，迅速开展抢救伤员等行动，专业救援人员对火场进行扑救。由于风力增强，火势持续蔓延，区森防办协调驻区机动勤务中队、区消防救援支队和区环卫中心赶赴现场支援。各部门通力协作，最终将山火扑灭。此次演练过火面积扩大至100余平方米，历时1小时。区内各镇和有林单位全程观摩此次演练。

（王学娟）

【强化灾情救助工作】 年内，区应急局制定《区级应急救灾物资储备保障工作方案》，新购100顶36平方米帐篷保障区级核酸检测大面积覆盖工作1日内完毕场景需求，储备10万只一次性医用防护口罩和10升的消毒水100桶，确保冬奥期间救灾物资储备充足，调拨顺畅。

（马双娇）

【防洪排涝工程治理】 年内，区水务局实施三家店、中门寺沟源头、石担路、西山艺境南坡截洪沟治理工程。改善三家店等5处易积滞水点积水情况和城子立交桥雨水井突发漫溢情况；构建西排、东挡、南蓄滞、环山截流功能完备的防洪排涝体系，完成涉及8个镇街的水毁修复工程和涉及9个镇街的防洪除险项目。

（董 博）

【6个社区村命名综合减灾示范社区】 年内，区应急局对基层参与创建及复评的社区村开展工作督战，主动下沉，实施“一对一”“手把手”定向辅导，全区2个街镇6个社区村通过创建及复评工作，被命名为“北京市综合减灾示范社区”。

（原素芬）

【灾害信息员意外伤害团体险投保】 年内，区应急局为全区350名灾害信息员按每人100元的标准投保意外伤害团体险。通过提供保险保障，增强灾害信息员查灾核灾中的人身保障，进一步提高灾害信息员工作的积极性和主动性。

（原素芬）

【房屋设施加固工程】 年内，区地震局向区应急局、区住房城乡建设委、区教委等相关职能部门发出《关于开展门头沟区房屋设施工程抗震设防信息采集工作的通知》。根据各单位反馈情况，区地震局及时向市级地震部门报送门头沟区房屋设施新、改、扩建、加固工程清单及信息采集表，在全市率先完成新建及加固工程抗震设防信息采集汇交及平台填报工作，共采集填报加固工程信息56条、新建工程信息65条。

（杨 芸）

【地震宏微观台站运行管理】 年内，区地震局新建1个宏观观测点，调整2个观测站的观测员人数，门头沟区现有地震宏观观测站点12个；全面加强地震宏观站点的运行管理工作，强化宏观观测站点的日观测、周报告、月报表、月查与半年查工作，各台站报告合格率达100%；建立台站观测员工作微信群，用于震情速报、异常零报告、业务培训与工作交流；全年进行1次培训，6次提示教育，对碣石、上苇甸、滨河等宏观观测站设施进行维修维护。

（杨 芸）

【地震异常处置和震情会商】 年内，门头沟区现有永定中学（压磁应力）、齐家庄（压磁应力）、沿河城（水氡）、气象局（气压地温）4个地震微观观测台，综合利用电话、微信、数字化传输等方式，每日由专人定时将各类观测数据上报至北京市地震预测研究中心，全年观测数据及时连续。同时，开展可能与地震有关异常现象的落实上报工作，收到各宏观观测站点零报告1110次、现场观测照片246张、月记录表126份，未发现和收到可能与地震有关异常现象的报告。严格执行《门头沟区地震局震情会商暂行规定》，认真收集整理测震、前兆观测等资料，结合宏观观测报告，依据北京市年度地震趋势会商结论加以分析研判，与区气象局等部门数据共享、联合会商。区地震局共开展周、月、加密会商共136期，会商意见均按时上报至北京市京津冀地震预测研究中心，同时，向区应急办提交月度、季度自然灾害风险形势分析报告共16期。

（杨　芸）

【强震预警台网维护管理】　年内，区地震局配合北京市地震局，做好区内地震预警终端的日常运行管理、安装维护等工作，安装地震预警终端监视系统1套，参加北京市地震预警系统区级地震部门联合调试1次。区内4处地震预警信息发布终端在线率均为100%，运行状况良好，受到市级地震部门肯定。

（杨　芸）

【地震韧性城市建设】　年内，区防震抗震工作领导小组办公室（区地震局）分批次组织召开2022年度门头沟区防震抗震工作会议，传达2022年北京市防震减灾和抗震救灾工作会会议精神，同时开展题为《韧性城市建设与建筑减隔震技术》的业务培训，向各成员单位及镇街防震减灾工作负责人宣介建筑减隔震技术基本原理及重要优势等，倡导在全区新改扩建工程项目中优先考虑采用建筑减隔震相关技术。同时，向全区各单位转发《北京市区域性地震安全性评价工作实施细则（暂行）》。上半年接到中铁建公司和京能集团关于项目地震安全性评价咨询2次，已答复。

（杨　芸）

【综合减灾示范社区创建工作】　年内，门头沟区有14个社区村参与综合减灾示范社区复评，新申报创建3家。大峪街道丽湾西园、向阳东里社区获评“北京市综合减灾示范社区”，大峪街道惠民家园社区、南路一社区、葡东社区、城子街道城子西街社区4家单位通过“北京市综合减灾示范社区”复审。大峪街道滨河西区社区获“全国综合减灾示范社区”称号。

（杨　芸）

【防震减灾科普宣传教育基地】　年内，区地震局委托专业技术公司每月定期做好门头沟区地震科普体验厅的维护工作，确保体验厅各项设备设施处于正常运行状态。结合新冠肺炎疫情防控情况，积极面向机关、社区等开放，共接待国家发改委、市地震局、市人防办等单位领导10余场参观调研。

（杨　芸）

【防震减灾科普“五进”活动】　年内，区地震局利用“5.12防灾减灾日”“7·28唐山大地震纪念日”和“国际减灾日”等重要时间节点，开展防震减灾科普宣传“五进”活动。“7·28唐山大地震纪念日”活动期间，联合城子、东辛房街道办事处，走进龙门新区六区、蓝龙家园、石门营四区、五区等开展科普宣传活动，发放宣教材料1000余份。“10·13国际减灾日”活动期间，到门头沟区防震减灾科普示范学校新桥路中学开展防震减灾宣传活动，发放各类宣传品600余份。全年累计开展各类宣传活动30余场次，发放各类宣传材料5000余份，覆盖人群1万余人。同时，借助区融媒体中心面向社会公众推送4篇科普宣教文章，社会反响良好。

（杨　芸）

【地震应急疏散及综合演练】　年内，门头沟区组织开展区级综合搜救演练1次，组织防震减灾科普示范学校开展地震应急疏散演练3场，指导村（居）、其他学校开展应急疏散演练百余场，极大提升各级单位的应急避险和指挥处置能力。区地震局根据地震应急预案开展桌面地震应急演练2次，模拟应对突发地震事件应急响应处置和震情服务保障。9月27日，区地震局参加北京市地震局组织的年度地震应急综合演练，充分磨合市区两级地震联动协调机制，提高地震应急处置能力。

（杨　芸）

【区内震情】　年内，门头沟区发生0级以上地震29次，最大为5月26日15时34分斋堂镇附近（北纬39.98度，东经115.71度）ML1.8级地震，无震感震害。4月19日7时10分在北纬39.92度，东经115.8度发生1.8级地震（非天然），及9月25日19时07分在北纬40.17度，东经115.77度发生1.6级地震，区地震局均迅速反应，主动协调区委宣传部门，主动发声，回应关切，多渠道、多手段收集各社区、民居、机关、学校等单位震情社情，及时向市地震局、区政府办、区应急办报送地震快报，妥善答复震情咨询。

（杨　芸）

安全生产

【概况】　2022年，区应急局围绕门头沟区落实国务院安委会安全生产15项硬措施配套出台的“15+36+42”工作模式（国务院安委会提出的15条、北京市提出的36条和门头沟区制定的42条），部署开展安全生产整治“百日行动”、冬奥会冬残奥会安全服务保障、党的二十大安全保障服务等专项任务，着力解决重要会议及活动期间安全生产责任落实不到位、隐患排查整改不扎实、违法违规行为打击不尽力等突出问题，切实保障重点时期全区安全生产形势平稳有序；认真落实“8·24安全生产专题会”精神，制定印发《门头沟区国道109新线高速公路工程安全服务保障措施》，进一步加强对国道109新线高速公路工程的安全服务保障工作，开展国道109新线高速公路工程安全生产执法检查，确保安全隐患早发现早排除，进一步提升安全生产工作水平。按照《北京市党政领导干部安全生产责任制实施细则》要求，明确区委书记和区长为全区安全生产工作党政第一责任人，明确分管区领导在全区安全生产工作中的职责；采取查阅资料、个别谈话、延伸督查等形式完成对11家部门和属地的督查工作，查阅被督查单位档案材料1.37万余份，延伸督查生产经营单位87家，发现各类问题和隐患310余项，并督促各单位发现问题立即整改，认真落实安全生产主体责任；落实《北京市生产经营单位安全生产主体责任规定》，督促企业建立安全生产管理机构和安全生产团队，强化安全生产红线意识，落实企业安全生产责任。联合区教委、区卫生健康委、区民政局，对全区87家教育、医疗和养老机构推动开展城市安全风险分级管控工作，编制风险评估报告，绘制区级安全风险电子地图；对各类企业开展安全风险评估工作，共完成3029家企业风险评估工作，辨识风险源13624项，其中重大风险源1项，较大风险源271项，一般风险源3031项，低风险源10321项；督促指导非小微企业落实风险信息动态更新制度，全区风险信息更新率居全市前列。依托安全生产专项整治三年行动和市级安全生产整治“百日行动”，对危险化学品、非煤矿山、燃气使用、交通运输、建筑施工、城市运行、地下空间、有限空间等领域开展安全生产专项整治，加强安全生产监管和消防安全治理工作；督促各单位对地区内、行业内领域和重点场所进行细致摸排，认真做好隐患问题排查挂账、落实整改、验收销账的闭环管理工作；全区全年共挂账隐患917项，销账隐患917项，动态销账率为100%；目标任务清单涉及213条，全部完成。建立建设工程安全监管“双报到”制度，重点解决部分建设工程信息不畅、责任不明、疏于监管等问题，明确施工期间各镇街、各行业部门和工程项目施工主体安全监管职责，打通行业建设项目和属地安全监管之间的壁垒，逐步建立行业部门和属地镇街之间互联互通、共治共享的监管机制；由安委办牵头，探索建立建设工程“双报到”信息平台，依托微信小程序和网页信息系统，采取信息化、智能化监管手段，对全区各类建设工程项目开展及时精准、科学有效的台账收录和安全监管。

（马双娇）

【工业企业安全生产和疫情防控督查】 1月19日，区应急局副局长带队到北京九发药业和北京林克曼数控技术股份有限公司工业机器人研发中心监督检查安全生产和新冠肺炎疫情防控情况，并积极宣传工业企业落实新冠肺炎疫情防控措施工作要求，加强企业对复工复产新冠肺炎疫情防控知识普及。经查，各单位能够严格落实安全生产和疫情防控相关工作。3月23日，区领导检查全区重点工程新冠肺炎疫情防控和安全生产工作。先后到国道109新线高速项目一工区项目部、区档案馆新馆项目、区体育文化中心项目现场，实地检查安全生产及工程进展情况。各项目部安全生产稳定有序。5月1日，区应急局副局长带队，对工业企业、商场超市等重点生产经营单位的安全责任制制定落实、作业人员安全培训、防疫管控措施落实、消防器材配备等情况开展检查。此次检查出动执法检查人员5人次，检查生产经营单位3家，查出各类安全隐患2项，更改完成。9月19日，区领导带队到国道109新线高速公路工程四工区、永定河山峡段生态修复工程等处实地检查安全生产及相关领域疫情防控工作，对各单位相关工作更明确要求。

（杨琦策　王学娟　林劲北）

【应急管理暨安全生产工作会】 2月23日，门头沟区召开年内第一季度应急管理暨安全生产工作会，通报河南郑州“7·20”特大暴雨灾害调查情况；就做好年内安全生产、防灾减灾、突发事件应急处置工作，以及电动自行车、城乡结合部火灾防控等消防工作进行专题部署和重点提示。参会人员集体观看典型火灾事故安全警示片。区城市管理委、龙泉镇、军庄镇和中铁京西公司等单位进行表态发言。5月10日，门头沟区召开第二季度应急管理暨安全生产工作会。传达习近平总书记、李克强总理近期关于安全生产工作重要指示和批示精神，全国自建房安全专项整治电视电话会议和北京市贯彻会议精神，通报全区应急管理和安全生产工作情况，部署下一步重点工作任务，就上一年全区市级安全生产考核结果、安全生产大检查工作方案，以及建设工程安全监管双报到制度进行说明解读。7月25日，门头沟区召开第三季度应急管理暨安全生产工作会。传达李克强总理对全国安全生产电视电话会议作出的重要批示。区安委会办公室通报上半年全区应急管理和安全生产工作总体情况，部署下一阶段安全防范重点任务。8月20日，门头沟区召开安全生产工作会，部署下阶段安全生产重点工作。区住房城乡建设委、区消防救援支队、区城市管理委、公安交通支队、区水务局、区园林绿化局和中铁京西公司就综合治理、排查整治等工作分别进行表态发言。10月14日，门头沟区召开第四季度应急管理暨安全生产工作会。区安委办通报全区前三季度应急管理暨安全生产工作情况，部署第四季度重点任务。区消防救援支队部署城市消防安全重点工作，区住房城乡建设委、区城市管理委、区园林绿化局、斋堂镇和中铁京西公司分别作表态发言。

（林劲北）

【燃气安全工作督导检查】 2月24日，市燃气安全隐患排查整治第二督导检查组到门头沟区督导检查。督导组通过听取工作情况汇报、与燃气工作专班座谈、现场查阅工作档案等方式，详细了解全区燃气安全隐患排查整治工作开展情况，先后到大峪街道、华油燃气（供气企业）、大中电器（灶具销售企业）和2家非居民燃气用户进行实地检查。督导组对我区燃气安全隐患排查整治工作给予肯定，强调要进一步健全完善工作台账，强化执法检查力度，抓实抓细隐患排查整治工作。

（林劲北）

【国道109新线高速工程安全生产工作会】 3月2日，区应急局召开国道109新线高速公路工程复工复产安全生产工作会，分析全区安全生产形势，通报近两年生产安全事故典型案例。各工区代表、监理单位及京西高速公司先后作表态发言，区消防救援支队、国道109新线高速指挥部分别就做好相关工作进行部署。

（林劲北）

【安全生产专题会议召开】 3月16日，区安委会组织召开全区安全生产专题会议，通报全区近期两起生产安全事故，以及房山区、怀柔区燃气事故情况，对近期安全生产监管工作进行部署。区住房城乡建设委、区城市管理委、区园林绿化局、市规划自然资源委门头沟分局、永定镇和妙峰山镇先后进行表态发言。3月21日，门头沟区召开专题会议部署安全生产工作。区应急局通报近期全区发生的几起生产安全事故及安全事件情况，区城市管理委、市规划自然资源委门头沟分局、雁翅镇和妙峰山镇等部门分别提出整改措施并作表态发言。8月24日，门头沟区召开安全生产工作专题会，听取国道109新线高速公路安全生产事故情况汇报和相关单位发言，强调国道109新线高速公路项目对京津冀协同发展的重要意义，要求各相关单位、企业、属地镇攻坚克难、管理规范、监督到位，安全有序推进工程总体进度。

（林劲北）

【安全生产月线上答题活动】 6月16日，区应急局以“遵守安全生产法 当好第一责任人”为主题，开展安全生产月线上答题活动，吸引1300余人参加。

（林劲北）

【有限空间作业安全生产专项整治行动】 6月17日，区安委办召开有限空间作业安全生产专题会。通报2021年以来全国及北京市有限空间作业生产安全事故和安全生产违法行为情况，听取市安委办相关重点工作部署。区安委办作交流发言，并在会后落实市级会议精神，部署全区有限空间作业安全监管工作。

（林劲北　杨琦策）

【自建房安全专项整治工作部署】 7月12日，门头沟区召开自建房安全专项整治工作部署暨2022年第二次消防工作联席会，对自建房安全专项整治工作作出重要部署，要求做好统筹协调和沟通配合，细致摸排，找全找准隐患，引导群众自觉发现隐患并及时整改到位。

（林劲北）

【挡墙风险隐患排查整治工作部署会】 7月15日，门头沟区召开挡墙风险隐患排查整治工作部署会。区住房城乡建设委、区城市管理委就挡墙风险隐患排查整治工作做出部署；区应急局、市规划自然资源委门头沟分局、北京市交通委员会门头沟公路分局分别结合工作职责进行发言；各镇街针对各自辖区挡墙风险隐患排查情况和治理工作安排进行汇报。

（林劲北）

【国道 109 新线工程安全生产工作检查】 8月27日，副区长带队检查国道109新线高速公路工程安全生产工作。在国道109新线高速二工区下苇甸隧道施工现场，召开警示教育会，副区长要求各参建单位认真分析事故原因，立即开展全员安全教育培训，全面排查整治各类安全隐患。在国道109新线高速三工区，副区长细致查看安全生产相关档案材料，对各类文件及时更新、目标任务书签订、隐患排查制度落实等情况进行检查。

（林劲北）

【有限空间作业“双防一推进”安全检查】 8月至10月，门头沟区开展有限空间作业“双防一推进”监督执法和安全检查专项行动。区安委会办公室制定印发《门头沟区开展有限空间执法检查专项行动工作方案》，明确“防止违规作业、防止盲目施救，推进企业落实主体责任”的工作重点；区应急局会同相关行业部门重点检查企业有限空间辨识管理台账、审批制度、安全教育培训、劳动防护用品配备、外包安全协议、应急处置等情况。此次专项执法检查行动共检查企业1127家次，检查覆盖率100%，下达限期整改文书116份，查处安全隐患327项，隐患整改率100%，督导检查14次，立案处罚3起，罚款金额1.3万元。

（杨琦策）

【有限空间作业安全管理情况调研】 9月27日，市安委办到门头沟区调研有限空间作业安全管理情况。详细查阅相关企业有限空间作业安全管理制度、作业人员培训档案、外包作业承发包合同、应急救援预案和演练记录等档案资料；实地查作业设备管理、有限空间警示标志设置等情况。

（杨琦策）

【风险监测与综合减灾业务线上培训】 10月8日，区普查办组织各镇街和各村、社区共319人参加全市风险监测与综合减灾业务线上培训。

（潘　峰）

【国道 109 新线工程相关工作措施宣贯会】 11月3日，区应急局在国道109新线高速公路工程六工区组织召开国道109新线高速公路工程森林防灭火工作暨安全服务保障措施宣贯会同，传达《门头沟区国道109新线高速公路工程安全服务保障措施》，区安委办部署近期安全生产重点工作，区森防办部署年度森林防灭火工作，区应急管理事务中心讲解森林火灾初期扑救过程及机具使用方法。

（王学娟）

【安全防范工作会议召开】 12月30日，门头沟区组织召开元旦春节期间安全风险防范工作会议。对全区元旦、春节期间安全风险防范工作作出部署。副区长，区各相关部门和有关单位、各镇街参加会议。

（曾庆正）

【国道 109 新线工程专项执法检查】 年内，区安委办印发《门头沟区国道109新线高速公路工程安全服务保障措施》。区应急局对国道109新线高速公路工程各工区开展执法检查98家次，下发责令改正指令书65份，查出各工区共存在隐患94项。对所有隐患进行复查，全部整改完毕。对存在安全隐患的工区依法给予行政处罚，共立案12起，罚款18万元。

（陈观刚）

【施工工地安全执法检查】 年内，区应急局共检查施工工地309家次，下发责令改正指令书105份，查出各企业共存在隐患287项。对所有隐患进行复查，全部整改完毕。对查出违反安全生产法和不符合行业安全标准的北京京源广业建筑装饰工程有限公司等17个生产经营单位的违法行为依法给予行政处罚，共立案17起，罚款23.2万元。

（陈观刚）

消　防

【概况】 2022年，门头沟区消防救援支队（区防火安全委员会办公室）（简称区消防救援支队）围绕“绿水青山门头沟”高质量发展目标，主动作为、不等不靠、积极探索，不断推进全区灭火救援、监督执法、应急处突、勤务安保等各项工作有序开展，完成以北京冬奥会和冬残奥会、党的二十大为中心的各项消防安保任务，全年社会面火灾形势持续平稳，未发生有影响的火灾事故，为全区经济社会发展和人民安居乐业打下坚实基础。年内，共接处警1261起，火警116起，抢险救援335起，社会救助590起，虚假警220起；出动车辆2684辆，出动警力1.6万人次，抢救被困人员194人，疏散被困人员15人；检查单位4366家，发现隐患5164处，查封118家、三停87家，罚款286起368.9677余万元。年内，全区实际成灾116起，直接财产损失38.6万元，未发生较大火灾事故，社会面火灾形势保持整体稳定。

（岑　达）

【北京冬奥会消防安保】 1月4日，区消防救援支队班子成员带队开展冬奥消防安保前置备勤力量调研工作，全面落实“强四联、提五速”基础工作，为2022年冬奥会和冬残奥会期间社会面灭火救援做好准备工作。1月5日，区消防救援支队党委班子成员联合永定镇镇政府对冬奥会首钢园场馆周边重点区域进行消防安全检查。1月19日，区消防救援支队组织在龙湖长安天街开展人员密集场所消防演练，模拟商场一层商铺电气线路故障引发火灾，商场启动应急预案进行初期火灾扑救，消防员深入商城内部搜救被困人员、拦截阻断火势。商场管理人员及各商户代表共200余人参加。2月2日，北京市消防救援总队总工程师到门头沟区调研指导冬奥安保社会面火灾防控工作。听取推动政府动员部署社会面火灾防控工作、群防群治力量网格化防控发动、“消防＋铁骑”快速处置模式、严管严控措施落实及“护航冬奥”十大专项行动等工作情况汇报；调研门头沟区近年火警火情、信访举报办理、执法质效水平、监督执法人员实力、社会单位消防管理水平、大型商业综合体达标建设等工作。3月2日，消防救援支队联合公安、住建、属地镇街等部门对西长安壹号、远洋新天地、七星长安等商住场所和日租房等区域开展集中夜查行动，确保冬残奥会及全国“两会”消防安保社会面火灾形势高度稳定。3月9日，区消防救援支队联合区文化和旅游局、区商务局、区应急局、区市场监管局、公安门头沟分局等部门对人员密集场所开展消防安全专项检查，推进“护航冬奥消防安全百日攻坚十大专项行动”加强对人员密集场所消防安全隐患排查整治，确保辖区火灾形势平稳。

（岑　达）

【应急救援实战演练】 1月6日，区消防救援支队邀请冰面救援专业教官对斋堂、三家店、龙泉消防救援站30余名业务骨干，在落坡岭水库开展应对处置低温雨雪冰冻灾害、冰面救援培训实战化演练。4月20日，区消防救援支队联合区应急局、区文化和旅游局、潭柘寺公安派出所等部门在潭柘寺景区组织景区职工、僧团开展处置文物古建火灾的消防演练，并进行“一警六员”考核培训。5月25日，区消防救援支队组织龙泉、三家店、永定消防救援站在永定河妙峰山镇丁家滩段开展水域救援实战拉动演练，支队所属水域救援分队2艘橡皮艇、4辆消防车、20余名消防救援人员参与演练。7月18日，区消防救援支队在潭柘寺镇北京首钢生物质能源科技有限公司开展灭火救援实战演练，模拟该单位油料库区办公区电线短路引发火灾，单位启动应急预案，潭柘寺、永定消防救援站6车36人到场处置全勤指挥部遂行出动，按照预案分工进行火势堵截、提升单位自防自救水平，确保辖区火灾形势安全稳定。为进一步提升支队灭火救援实战能力。9月16日，区消防救援支队联合区卫生健康委、区交通支队、属地街道、派出所到区医院开展灭火救援实战演练。支队共调派全勤指挥部和3个消防救援站8部车50余人参加演练。

（岑　达）

【消防安全专项检查】 3月18日，副区长带队对万佛华侨陵园进行清明节前消防安全检查，区消防救援支队、区民政局、区市场监管局主要负责人参加检查。6月27日，副区长带队对商场、电动自行车集中销售点、易燃易爆场所、景区民宿等开展消防安全专项检查。8月29日，副区长组织消防、市场监管、城管委、商务等部门对高层建筑、商业综合体、施工现场、地下空间、村民自建出租房等场所进行多部门联合消防安全夜查。确保服贸会期间全区火灾形势稳定。9月14日，副区长带队调研检查到区环卫中心LNG供应站、北京双吉制药有限公司、华润365plus购物中心消防安全。9月28日，区委常委、统战部部长带队，对门头沟区基督教堂、永定天主教堂进行消防安全检查。区委统战部、区应急局、区消防救援支队、公安门头沟分局国保支队、区文化综合执法大队、属地镇街等相关单位主管领导参与检查。9月28日，区委副书记、政法委书记、区委常委、宣传部部长带队到军庄加油站、军庄集体林场开展节前消防安全检查。区应急局、区园林绿化局、区市场监管局、区消防救援支队等主管领导及军庄镇主要领导参加。10月1日，副区长带队到到融悦汇、永辉超市、双峪市场等单位开展国庆节期间消防安全检查。10月5日至11月8日，副区长先后4次带队对农副产品批发市场、国庆节节庆活动场所、石龙商业大厦、中昂时代广场等人员密集场所开展消防安全夜查。11月12日至13日，区委常委、统战部部长、副区长分别带队到辖区京西健康驿站、盘龙山庄2处方舱医院开展消防安全检查，区消防救援支队、区卫生健康委、区医保局、区疾病预防控制中心、区医院等单位有关领导参加检查。

（岑　达）

【2022年消防宣传月活动】 11月1日，门头沟区召开消防宣传月活动启动会，部署全区2022年消防宣传月活动。区消防救援支队、各镇街负责人、区防火委成员单位参加会议。11月9日，消防救援支队在华润万象生活门头沟 Plus365 购物中心通过北京时间直播平台开展大型商业综合体消防安全在线直播活动。

（岑　达）

交通　邮电

1 月，北京市交通委员会门头沟公路分局在 108 国道苛萝坨隧道进出口路段安装隔音屏治理交通噪声污染（《京西时报》 供图）

◆| 3月，区交通运输执法大队强化冷链物流运输渠道监管（《京西时报》 供图）

◆| 5月23日，区交通局开展多项违法行为执法夜查行动（区交通局　供图）

7 月 22 日，中国邮政门头沟分公司石龙支局门头沟营业部邮递员将高考录取通知书送到考生家中（《京西时报》 供图）

2022 年，联通门头沟分公司开展“一警六员”专题培训演练 2 次。图为消防安全培训（联通门头沟分公司　供图）

道路建设

【概况】 北京市交通委员会门头沟公路分局，是北京市交通委员会在门头沟区的派出机构，负责行政区域内公路行业管理工作，拟订公路建设和养护的规划、计划并组织实施，负责公路建设、养护质量安全等的监督管理，承担公路应急处置等工作，完成市交通委交办的其他任务。截至2022年年底，辖区内公路总里程997.359千米，公路密度68.75公里/百平方千米。按行政等级分：国道里程178.862千米、省道73.133千米、县道272.659千米、乡道237.297千米、村道154.479千米、专用公路80.929千米；按技术等级分：一级公路36.383千米、二级公路232.873千米、三级公路307.723千米、四级公路401.55千米。分局管养公路桥梁157座（10888.72延米）。按行政等级分：国道桥梁62座（5216.98延米）、省道桥梁22座（1313.7延米）、县道桥梁73座（4358.04延米）；按技术状况评定分：一类桥梁3座（325.7延米）、二类桥梁139座（8874.42延米）、未评定等级桥梁15座（1688.6延米）。分局管养公路隧道11座（6034延米），按行政等级分：国道隧道6座（3393延米）、县道隧道5座（2641延米）。全年累计完成普通公路建设养护投资1.97亿元，其中京昆线（K18+600-K28+000）预防性养护工程1项、地灾防治工程1项、公路水毁恢复工程1项、治超专项工程1项、精细化提升工程1项、路面中修工程1项、桥梁中修工程1项等。乡村道路全年累计完成投资1556.48万元，其中大修2项/2.8千米，桥梁大中修4座/55延米，水毁修复1项。办理涉路工程许可21件，其中发放《公路掘占道施工许可证》15件，不予许可6件；办理大件运输许可申请439件，其中准予许可230件，不予许可16件、不予受理17件、自行撤销95件。

（黄鑫嫣）

【门头沟区G108京昆线预防性养护工程】 10月31日，门头沟区G108京昆线预防性养护工程开工，养护工程范围东起西六环，西至南村，全长9.4公里，道路技术等级为一级公路，设计速度60公里/小时，行政等级为国道。现况道路主要病害为龟裂、块状裂缝、车辙、龟裂伴沉陷等病害，同时伴有部分横、纵缝。为了防止病害进一步发展，提高路况水平，改善行车安全性及舒适性，对其进行预防性养护，主要工程内容包括病害处理、超薄罩面、交通工程、附属工程等，养护总面积21.4万平方米。设计单位北京市市政专业设计院股份公司，监理单位北京顺通公路交通技术咨询有限责任公司，施工单位北京路桥瑞通养护中心有限公司。工程金额2979万余元。受国庆、重大活动保障等影响，交管部门10月28日批复交通导改手续，全部夜间施工。至11月15日整体形象进度约70%，剩余全线2厘米超薄磨耗层沥青面层施工任务，受夜间气温低影响，无法确保摊铺碾压等工程质量和工程效果。G108国道是首都12条放射线之一，门头沟段东起西六环卧龙岗桥，西至区界，全长21.7千米。

（黄鑫嫣）

【普通公路路面中修工程】 11月21日，门头沟区G108京昆线（K18+600-K28+000）匝道中修工程开工，12月5日完工，12月26组织交工验收。此工程养护范围包含卧龙岗立交、小园立交、苛萝坨立交、南村一桥立交匝道范围，其中苛萝坨立交中包含一处苛萝坨匝道桥，总长度约3.33千米，设计速度30千米/小时。现况道路出现龟裂、块状裂缝、龟裂伴沉陷等病害，同时伴有部分横、纵缝，为防止病害进一步发展，提高路况水平，改善行车安全性及舒适性，对其进行中修。此次路面中修工程的主要内容包括病害处理后罩面、交通工程、附属工程等。工程金额508.1777万元。设计单位中国华西工程设计建设有限公司，监理单位北京顺通公路交通技术咨询有限责任公司，施工单位北京路桥瑞通养护中心有限公司，第三方检测单位北京正宏兴达试验检测科技有限公司、交科院检测技术（北京）有限公司。

（黄鑫嫣）

【普通公路地质灾害防治工程】 年内，北京市交通委员会门头沟公路分局按照“2022年现有国土台账治理任务全部清零”原则，确定实施2022年门头沟区普通公路地质灾害防治工程。此工程5月16日正式开工，9月25日完工，9月28日组织交工验收。包括门头沟区11条公路，共涉及点位83处。具体为G109国道2处，X209军红路4处，X009百花山路17处，X013灵山路10处，X010下安路16处，X017清千路 10 处，X021 G108 辅线 9 处，X211 潭王路旧线 5 处，X003 上苇甸路 5 处，X020 黄岭路 2 处，X016 南赵路 3 处。灾害类型大部分为落石崩塌，少量为不稳定斜坡。按照“一点一方案”的设计原则，因地制宜，采用主动绞索网、覆盖式帘式防护网等多种材料和工艺，多手段互相结合治理，从而达到治理方案可行、后期养护便捷的目的。工程金额 6541.11408 万元。设计单位北京市勘察设计研究院有限公司，监理单位铁科院（北京）工程咨询有限公司，第一标段施工单位北京路桥瑞通养护中心有限公司，第二标段施工单位湖南湘江工程建设有限公司，第三方检测单位北京正宏兴达试验检测科技有限公司。

（黄鑫嫣）

运输管理

【概况】 截至 2022 年年底，门头沟区共有地面公交运营企业 2 家（市公交集团第四客运分公司、第八客运分公司），从业人员 1981 人，涉及辖区运营线路 91 条，运营线路单程里程 2476.19 公里，运营车辆 954 辆，日均发车班次 4802 车次，日均运送乘客 28.23 万人次；公交场站 18 处，五星级客运站 34 处；巡游出租汽车企业 1 家，巡游出租汽车 57 辆（含个体出租汽车工商户车辆 19 辆），巡游出租汽车驾驶员 59 人（含个体出租汽车工商户驾驶员 19 人）；汽车租赁备案经营企业 14 家，备案车辆 271 辆。道路货运经营企业 303 家，车辆 933 辆，合计载重量 1.81 万吨；危险化学品运输企业 5 家，运输车辆 48 辆，从业人员 124 人。共有备案机动车维修经营企业 67 户，其中一类企业 7 户，二类企业 11 户，三类企业 44 户，二类摩托车维修企业 5 户，从业人员 360 人。通航水域水运游船项目 1 户，经营游船 45 艘。监管铁路平交道口 9 个，铁路道口监护员 72 人，全年安全接送列车 64340 车次，其中客车 4258 车次，货车 60082 车次。完成各类交通运输行政许可事项 2176 件。

（刘容伶）

【化危车执法行动】 1 月初，门头沟区交通局（简称区交通局）为保障北京冬奥会的顺利召开，每天到六环路石门营出口、军庄出口开展化危车辆检查执法行动，截至 1 月 28 日，共检查危险化学品运输车辆 30 余台次，对危化品车辆从业人员进行交通安全宣传教育 60 余人次，有效消除危化品车辆运输安全隐患，切实增强危险品车辆从业人员的交通安全意识，避免危化品车辆交通事故发生。

（刘容伶）

【抽调大型客车支援丰台区抗击疫情】 1 月 23 日，区交通局接到区委、区人民政府要求派车，驰援丰台区新冠肺炎疫情防控工作通知后，迅速调动应急保障人员及运输车辆，赴丰台区为其抗击新冠肺炎疫情工作提供运力保障。为运送驰援人员及新冠肺炎病毒核酸检测样本做好充分的人员、运力保障。截至 1 月 29 日，共抽调 45 车次车况良好的 45 座旅游版大型客车，出动运输保障人员 60 人次，出动转运检测样本车辆 30 车次。

（刘容伶）

【冷链运输企业检查】 1 月 28 日，区交通局党组书记、局长带队检查辖区冷链运输企业“郑顺斋（北京）食品有限公司”。此次主要针对企业的新冠肺炎疫情防控情况、人员及新冠肺炎病毒核酸检测情况以及运输环节的防控情况进行检查。要求企业提高防控等级，积极配合相关部门的各项检查，杜绝各项安全和疫情隐患的发生。此次检查企业 1 户次，出动执法人员 6 人次。

（刘容伶）

【交通执法检查】 1 月 31 日至 2 月 5 日，区交通局共出动执法人员 70 人次，检查企业 29 户次开展交通执法检查。其中检查客运场站 7 户次；检查货运企业 4 户次；检查汽车维修企业 5 户次；检查铁路道口 13 处次。通过交通执法检查，使服务于门头沟区的各常规公交线路、村村通公交线路均正常运营，运营线路 72 条，日投放运力 981 部车辆，日发车班次 5000 余班次。执行领导带班 24 小时值班制度，带班领导及值班人员在岗在位，通讯畅通，随时准备应对突发事件。

（刘容伶）

【“绿色出行创建行动”推进会召开】 4 月 12 日，区交通局牵头组织召开“绿色出行创建行动”专项工作推进会，传达区开展绿色生活创建行动实施方案，并就“绿色出行创建行动”各项任务逐一进行部署。会议要求，各成员单位要学习研究工作实施方案，制定实施工作措施，成立“绿色出行创建行动”工作专班，有序推进绿色出行创建行动。争取早日取得成绩。区文明办、区城市管理委、区交通支队、龙泉镇、大峪街道办、东辛房办事处和城子办事处相关负责人出席会议。

（刘容伶）

【重点领域安全检查】 4月1日至2日，区交通局在辖区重点领域开展安全生产大检查。重点检查公交场站、维修企业和货运企业。共出动执法人员18人次。检查公交场站2户次（大峪公交场站、河滩公交场站），重点检查车队清明节运营工作安排部署以及职工签署的责任书、保障书。检查企业7户次，其中汽车维修企业4户次，重点针对企业疫情防控工作、2022年清明节期间安全生产工作、安全生产专项整治等工作进行检查；货运企业3户次，主要针对企业车辆、人员资质（是否真实有效）、企业从业人员教育培训情况、企业各项规章、制度及档案、企业各项防疫措施的落实等工作情况进行检查。发现问题共5处次，企业整改完毕。

（刘容伶）

【全民参与文明交通创建工作部署会召开】 4月18日，区交通局召开全民参与文明交通创建工作部署会，传达区创城文明交通专题会会议精神和全民参与文明交通创建工作方案内容，并就工作方案进一步细化落实措施；与部分企业负责人代表现场签订《文明交通创建责任书》。会后要求“文明交通创建工作三个到位”：要宣传到位，责任到位，落实到位，将文明交通创建工作各项要求传达给每名从业人员，确保在日常工作和生活中，做文明交通的示范者和践行者。

（刘容伶）

【保密工作培训】 4月20日，区交通局特聘请区国家保密局人员为全体干部职工开展保密工作专题培训。交通局党组书记、局长提出具体要求。此次培训，共有69人参加，其中处级6人，科级31人，科级以下32人。

（刘容伶）

【专项治超执法夜查行动】 4月25日、26日，区交通局开展治超执法夜查行动。重点对108国道潭柘寺、六环路石门营出口等路段进行路检路查。共出动执法人员27人次，检查车辆20车次，暂扣违法车辆2辆。5月23日，区交通局为重点打击“百吨王”、高速入口货车闯卡逃检、货车非法改装和从事非法运输等各项违法行为，开展执法夜查行动。出动执法人员15人，重点对门城地区、六环路石门营出口及108国道潭柘寺段、109国道沿线等重点路段、重点节点进行路检路查。同时，区交通局联合区交通支队、执法总队九支队、环保等部门开展联合执法专项行动。共检查车辆16车次，暂扣超限超载违法车辆2辆，其中1辆为百吨王。8月16日晚，区交通局执法人员分为3组，根据日常巡查掌握的情况，在门城地区、108国道沿线及石门营地区进行巡查，并查扣2辆违法运输重型大货车。

（刘容伶）

【新冠肺炎疫情防控转运专用班车成立】 4月29日，区交通局牵头组建成立区级涉疫人员转运专用班车，后因专用班车在疫情防控中发挥作用突出，区交通局从一个临时机构举措转化为系统化的长效机制用车。全区47个部门征调97台公务用车和130余名司机，组建成立转运专用班车车队。至年底，该转运专车车队共转运1.2万余人次，共派出5000余车次，累计安全行驶15万余千米。

（刘容伶）

【行业监管检查工作】 4月29日，区交通局对交通运输企业开展“五一”节前检查工作。此次检查主要针对化学危险品运输企业和机动车维修企业。重点对企业疫情防控和安全生产两大方面工作进行检查，并提出要求，企业要继续落实新冠肺炎疫情防控各项工作措施，及时组织企业工作人员进行新冠肺炎病毒疫苗接种及核酸检测，对客户进行扫码登记；持续做好“五一”期间的安全生产工作，加强对企业内部的排查整治，及时消除各类安全隐患，确保不发生各类安全生产事故；督促企业加强对从业人员的宣传教育，遇有突发事件第一时间向行业主管部门上报。

（刘容伶）

【交通执法检查及运力保障工作】 4月30日至5月4日，区交通局共出动执法人员97人次，检查企业41户次，发现一般隐患9处，整改完毕，其中主要领导带队检查4户次。“五一”期间，服务于门头沟区的各常规公交线路、村村通公交线路均正常运营，运营线路72条（共90条线路，其中18条快速直达专线在节假日停驶），每日投放运力981部车辆，每日发车班次5000余班次。

（刘容伶）

【邮政快递行业执法检查】 5月20日，区交通局党组书记、局长带队对辖区内邮政快递行业24个点位进行督导检查，对查出的“人员登记、环境消杀、疫苗接种、口罩佩戴”等8处问题，责令5个相关企业立整立改，问题不过夜，从源头上有效杜绝新冠肺炎疫情扩散的风险隐患。

（刘容伶）

【转运内蒙古考生返乡高考】 5月21日，区交通局转运专班接到要转运内蒙古考生返乡高考的任务，该考生是一位内蒙古考生，因新冠肺炎疫情被管控在门头沟区西山燕庐小区，按政策需提前14日返回居家隔离方可参加高考。转运专班工作人员接令即行，立即与属地联系，将隔离考生人员“点对点”的安全送到，并与赤峰市天北社区居委会做好交接，严格做到无缝对接。

（刘容伶）

【查扣黑旅游】 9月16日，区交通局接到市民举报，称9月17日清晨5点50分有一辆京A牌照的大型客车到石门营981路公交总站附近承运40余名游客去密云区非法从事一日游活动。接到市民举报后，区交通运输综合执法大队立即组织7名执法人员前往涉嫌非法运营地段，将车辆截停，依法对大客车驾驶员和乘客作现场笔录。经查此次一日游行程由微信群发起，群主组织40余名群友从门头沟区到密云区出游，每人收取30元，其中包含车费20元，执法人员依法将车辆扣押至停车场。

（刘容伶）

【整治道路运输市场秩序突击行动】 9月28日，区交通局开展大规模集中整治道路运输市场秩序突击行动。此次专项行动，共出动执法人员53人次，分为9个执法行动小组，分别到雁翅镇、妙峰山镇、龙泉镇、军庄镇、永定镇、潭柘寺镇的既定点位，同时开展执法夜查行动，重点打击辖区内货运车辆非法改装，超限超载，化学危险品运输车辆及人员资质，公交车、出租车以及冷链运输车辆疫情防控等方面突出违法行为。此次行动共检查各类运输车辆280余辆，查扣涉嫌非法运输车辆5辆，罚款4.4万元；处罚超限超载车辆5辆，罚款7400元，同时驾驶证计扣25分。

（刘容伶）

【“十一”假期服务保障工作】 10月1日至7日，区交通局“十一”假期共出动执法人员212人次，检查企业19户次，检查铁路监护道口11处次，检查车辆1665辆，查处涉嫌违法车辆5辆，有力维护交通运输良好秩序。期间，服务于门头沟区的各常规公交线路、村村通公交线路均正常运营，运营线路72条，每日投放运力981部车辆，每日发车班次5000余班次，确保节日期间百姓出行安全便捷。

（刘容伶）

【国道109新线高速清水综检站项目】 年内，国道109新线高速清水综检站项目取得前期工作多项新进展，其中前期工作计划单计划单、“多规合一”协同平台初审意见、社会稳定风险分析报告备案意见、选址意见书及取得用地预审、项目建议书（代可行性研究报告）等批复并完成相关设计、勘察委托工作；项目洪水影响评价报告编制完成召开评审会；同步依据立项批复，项目使用林地可行性研究报告编制完成；与清水镇政府签订征占地拆迁委托协议，并按照国道109新线高速的补偿标准开展地上物补偿相关工作和涉及土地承包人与坟冢归属人的征拆、迁坟工作全部完成。

（刘容伶）

【12条公交线路优化调整】 年内，区交通局优化调整12条公交线路，为辖区群众方便出行提供交通保障。5月18日，M15和M33增设郝家村站，M30调整营业时间。6月8日，892路，M11，M29，M14，M21，M22增设高铺新村站。6月20日，调整M31和M34，增设门头沟西马各庄与双涧子村站。M17路增加运营班次。10月23日，为门头沟区永定镇西山梧桐小区开设公交线。

（刘容伶）

【交通综合治理工作】 年内，区交通局开展全区交通综合治理工作。成立门头沟区交通综合治理领导小组办公室，实施统一领导开展综合治理该小组办公室设在区交通局，修订《2022年门头沟区交通综合治理行动计划》。全年完成交通综合治理76项工作任务，其中行动计划重点工作任务65项，（包含主责任务32项，配合任务30项，门头沟亮点任务3项）；还完成市级会议议定事项涉及门头沟区具体任务11项。

（刘容伶）

【严查冷藏运输车辆专项行动】 年内，区交通局开展“严查冷藏运输车辆”专项行动，加强对冷藏运输车辆的管控，每日分时段、分小组在辖区内商超周边道路、高速路口等重点路段，开展冷藏运输车辆专项行动，并及时完善《冷链运输车辆专项执法行动台账》。同时加强对出租车、“两客一危”车辆的检查，严查车辆及从业人员手续是否手续齐全、资质是否合格，从业人员是否按照疫情防控要求做好防控工作。共检查冷藏运输车辆1030余车次，暂扣涉嫌违法车辆30辆，证件23个。检查化危车辆121余车次，暂扣涉嫌违法车辆12辆，证件9个，查扣黑客运1辆，检查出租车辆367车次。

（刘容伶）

【治超执法共检查货车65706辆】 年内，区交通局累计治超共出动联合执法人员2590人次，联合检查590次；治超共检查货车数65706辆，同比增长78.9%。其中，查处超限货车116辆，超限890吨，卸载116辆，卸载1120吨。交警处罚超限货车80辆，处罚9.28万元，驾驶证处罚80起，扣384分。

（刘容伶）

【科技治超上新台阶】 年内，区交通局在市治超办的支持下，在108国道卧龙岗路段安装非现场执法设备，为减少路面执法人员、有效打击大货车超限超载非法运输，提供科技保障，截至12月底，非现场处罚案件150起，罚款102.17万元。

（刘容伶）

【路检路查车辆5524车次】 年内，区交通局履行交通管理职责，共上路执法检查车辆交通486次，其中夜查143次，出动执法人员2757人次，检查车辆5524车次，暂扣涉嫌违法车辆118辆、证件33个，共处罚178起，同比增长19.5%，罚款161.5万元，同比增长43.3%。无一例投诉和行政复议情况发生。

（刘容伶）

【现场勘验共退出车辆26车次】 年内，区交通局主动为企业提供服务保障，解决困难，现场勘验退出车辆26车次，出动执法人员52人次，完成出租企业和个体更新出租车26辆，申请出租车燃油补贴9个月共145809元，发放燃油补贴111419元，办理出租帮手上下岗12人次。

（刘容伶）

【新冠肺炎疫情防控督查检查】 年内，区交通局在新冠肺炎疫情防控超紧形势下，督促所辖交通企业做好门卫进出口扫码、验码、登记、测温工作，对办公场所、维修车间、运营车辆做好消毒、通风工作；做好员工的体温检测和个人防护；时时关注公交满载率，督促公交企业根据满载率及时调整运营车辆、增减班次；劝导乘客佩戴口罩，维护乘车秩序，确保新冠肺炎疫情期间居民乘坐公共交通工具出行需求和行业安全运营。年内，共执法检查企业234户次，出动524人次，累计发现问题11个，整改完毕。

（刘容伶）

【邮政快递行业疫情防控检查专班成立】 年内，邮政门头沟区分公司协同市邮政管理局、区商务局，开展区邮政快递行业督查检查工作。专班设2个检查组，每个检查组由区交通局、区商务局各派1名检查人员参加，市邮政管理局特派检查员负责对检查组的检查工作进行指导。重点检查辖区内邮政快递网点新冠肺炎疫情防控管理制度、场所及物品消杀、场所封闭管理情况、人员新冠肺炎病毒疫苗接种与核酸检测、人员信息台账等方面进行检查，共检查176个网点，出动执法人员620人次，发现隐患75处，由市邮政管理局下达整改通知书2份。

（刘容伶）

【1952名从业人员完成疫苗接种工作】 年内，区交通局为全区服务公交行业从业人员共1952人完成新冠肺炎病毒疫苗第三剂接种，有1932人未接种第三剂，人员全部待岗。在汽车租赁行业有从业人员26人，其中第三剂接种24人，接种率达92.31%，剩下2人未到接种日期。在出租汽车行业共有从业人员70人，第三剂接种70人，接种率达100%。

（刘容伶）

【从业人员新冠肺炎病毒核酸检测】 年内，区交通局督促组织企业从业人员开展核酸检测工作。并按照区新冠肺炎疫情防控工作要求，组织全行业公交、出租、租赁2500余人开展新冠肺炎病毒核酸检测。落实重点人群48小时、24小时核酸检测任务；出租租赁从业人员共参加新冠肺炎病毒核酸检测4000余次；协调抗原检测试剂、督促企业落实抗原检测任务。协调区商务局领取抗原试剂4470盒，发放公交、出租从业人员抗原体检测试剂3550盒，公交车队2500个、建银公司690个、个体驾驶员360个，督促一线重点人员开展抗原体自检。

（刘容伶）

【9件人大、政协建议提案回复办理】 年内，区人民政府交办区交通局有关交通议题的人大、政协建议提案共9件，其中人大代表建议5件，政协委员提案4件，建议提案涉及公交线路优化调整和缓堵工作。区交通局1名副职领导负责办理建议提案落实工作，至年底建议提案全部办理完毕。

（刘容伶）

【接诉即办工作案件460件】 年内，区交通局高度重视由接诉即办收转来的案件工作，主要领导亲自抓，分管领导具体抓。共接收转办案件460件，大多数为公交线路、设站、发车间隔、驾校退费以及汽车租赁企业退押金等问题，至年底，全部按时办结。

（刘容伶）

【优化行业许可审批流程】 年内，区交通局不断优化审批许可流程，精简审批事项和环节，缩短办事时限，并推行实施“证照分离”等举措。办理的各项许可、备案、服务类文件事类共1286件，办结率为100%。其中，线下726件，线上560件。不予受理件360件，小客车摇号共办理755件，内有小客车摇号各项个人共3446件，企业单位各项共211件。电话咨询9000余件。

（刘容伶）

【助农助销帮扶】 年内，区交通局与清水镇张家庄村进行帮扶对接。春节前夕，该局机关党委书记带队到张家庄村进行对接，为贫困户送去米、面、油等慰问品。3月，局长带队到张家庄村调研，与清水镇书记和张家庄村干部座谈，就就业帮扶、产业项目帮扶等方面达成共识，推动帮扶工作取得实效。9月，区交通局在了解张家庄村蜂蜜滞销情况后，第一时间开启“带货”之路，鼓励局内党员、干部职工购买蜂蜜，解决村民的急难愁盼。共帮销蜂蜜630斤，收蜂蜜款9900元。

（刘容伶）

邮　政

【概况】 2022年，中国邮政集团有限公司北京市门头沟区分公司（简称邮政门头沟区分公司）机构设置为10个部门（综合办公室（安全保卫部）、党委党建工作部（纪委办公室）、财务部、运营管理部、市场营销部、金融业务部、集邮与文化传媒部、服务质量部（普遍服务部）、渠道平台部、寄递部）。下辖分支机构3个邮政支局15个邮政所。门头沟区分公司有职工384人，其中正式工190人，劳务用工114人，劳务承揽80人。全局设有投递道段80条，普邮道段38条（其中城区28条，农村地区10条），快递包裹专段42条。日投递总里程为1500千米。邮运趟车邮路6条，日里程为500千米。年内，门头沟区分公司扎实推进经营发展、改革创新、管理提升等重点工作，坚持稳增长与提质效并举，全力推进门头沟邮政高质量发展。

（王思雨）

【助推乡村经营创收】 年内，邮政门头沟区分公司助力农产品进城，协同洽谈东山村京白梨项目，销售京白梨1万余斤，成功打造门头沟区分公司第一个销售额超10万元的农产品项目；助力区内民宿产业推广，以服务乡村振兴，活跃地方经济为目标，协助雁翅镇田庄村红雁初心民宿成功上线。助力山区企业商品配送，了解到“北贡灵泉矿泉水”公司有矿泉水配送的需求，则通过为客户提供个性化产品仓储及寄递服务的方式方法使其成功获得需要客源。全年共计为客户配送45车次，270吨矿泉水。同时帮助该公司创收5.5万元。

（王思雨）

【多个支行营业所及网点建设服务升级】 年内，邮政门头沟区分公司与区人民政府接洽，接收2处统建配套用房；为提高客户体验，将龙泉支行、石龙支行打造成为门头沟区分公司的财富中心。同时，为促进经营发展，对军庄营业所、承泽苑营业所、石门营营业所理财室进行改造服务升级。

（王思雨）

【新冠肺炎疫情防控工作】 年内，邮政门头沟区分公司组建新冠肺炎疫情防控志愿者应急服务队、大数据核查突击队，共参与新冠肺炎病毒核酸检测、大数据核查85人次。门头沟区分公司调派1人到区委组织部参与全区大数据派单核查工作近2个月，其工作表现得到区委领导认可。另有门头沟区分公司3名党员被评为“门头沟区国资系统疫情防控突出个人”称号。门头沟区分公司承接“门头沟区应急防控药品调拨”运输任务，共抢运输送药品30万余盒，缓解全区医疗机构和药店药品紧缺状况和困难。

（王思雨）

【员工为企业献言献策和“出好点子”活动】 年内，邮政门头沟区分公司召开青年员工座谈会，围绕北京市分公司总经理提出的“七个坚持”，结合企业经营发展，要求参会青年员工献言献策，以此增强青年员工的使命感和责任感。搭建青年员工成长平台，开展“我为门邮做贡献”好点子征集活动，借此鼓励全员为企业的发展出谋划策，发挥主人翁精神，使企业员工事业心、责任感和归属感进一步增强。

（王思雨）

【安全管理工作常抓不懈】 年内，邮政门头沟区分公司严格落实新冠肺炎疫情防控、安全生产等工作要求，加强员工培训，签订安全责任书。领导带头进行夜查，各层级负责人加强监督检查，严格落实“第一责任人”职责，形成闭环管理，确保防疫安全等各项管理工作落实到位；加强安全培训增强安全意识。组织安全管理系统人员培训52次，防抢演练及各类消防演练活动共180余次，组织员工观看《邮政快递生产安全警示片》285人次。

（王思雨）

通信

【概况】 2022年，中国联合网络通信有限公司北京市门头沟区分公司（简称联通门头沟分公司）坚守“数字信息基础设施运营服务国家队、网络强国数字中国智慧社会建设主力军、数字技术融合创新排头兵”职责使命，坚持“强基固本、守正创新、融合开放”战略指引，锚定“大联接、大计算、大数据、大应用、大安全”五大主责主业，聚焦三千兆发展，以客户体验式营销为核心，创新激励机制，深化价值经营，精拓细分市场，确保实现高质量发展；秉承以人民为中心的发展理念，围绕“两坚持+两构建+一塑造”，持续强健网业服一体化协同的大服务体系运营，内塑文化、外塑口碑，实现高品质服务；强化人才培养，激发基层活力，构建和谐团队，实现高效率运营。

（李会娴）

【移动网络信号质量提升】 年内，联通门头沟分公司通过数字微分布技术，解决住宅小区地下空间信号覆盖问题。开工建设小区23个，完工开通小区21个；实施千兆网络预覆盖工程，完成4个批次、共计124个公众住宅小区千兆预覆盖建设，千兆设备端口占比达到44%以上，千兆楼宇覆盖率达到65.89%；聚焦出租写字楼，明确楼宇1/2日通覆盖标准，完成集团纳管楼宇1/2日通标准覆盖67栋，覆盖率95.71%；AB级楼宇13栋，全部完成1/2日通标准覆盖。

（李会娴）

【客户感知和企业形象双提升】 年内，联通门头沟分公司以内塑服务文化、外强品牌口碑为工作目标，强抓触点服务水平、专业线管控，推进服务前置，开展“全员服务在行动”“我让用户十分满意”“装维质量提升攻坚”等工作，2022年行业申诉率同比下降16.7%。

（李会娴）

【安全生产】 年内，联通门头沟分公司组织常规安全学12次、“一警六员”专题培训演练2次、开展消防安全和反恐防暴模拟演练4次，通过完善制度、落实培训、强化检查监督、落实隐患整改，确保生产安全零事故。

（李会娴）

旅 游

12 月 12 日，2022 北京网红打卡地推荐榜单发布，门头沟区共 18 个网红打卡地入选。图为入选新晋网红打卡地的南石洋大峡谷森林公园（《京西时报》 供图）

3月，王平镇东马各庄村将废弃多年的东马各庄小学改建为东马山家·木兰塾精品民宿（《京西时报》 供图）

4月，门头沟区清明假期旅游市场实现接待游客、旅游综合收入双增长。图为京门铁路丁家滩站遗址的游客（区融媒体中心　供图）

8月，第十届海峡两岸旅游观光研讨会暨民宿旅游发展高峰论坛在门头沟区举办。图为海峡两岸社团交流节活动（清水镇政府　供图）

11月，潭柘寺、戒台寺游人络绎不绝。图为游客在戒台寺“雌雄同株”古银杏树前拍照写生（《京西时报》　供图）

综 述

2022年，门头沟区文化和旅游局（简称区文化和旅游局）大力发展精品旅游，全力推进文旅融合发展。“妙峰山线路”获评文化和旅游部“稻花香里说丰年”全国乡村旅游精品线路，斋堂镇入选全国乡村旅游重点镇、妙峰山镇炭厂村入选全国乡村旅游重点村；推动“潭柘寺镇——门头沟小院的悠闲时光”入选为北京市6个微度假目的地品牌，10家以上网红打卡点入选2022北京新晋网红打卡地和最具人气网红打卡地品牌，“畅游京西 骑乐无穷”骑行线路入选北京市21条“漫步北京”文旅骑行线路，琉璃文化创意产业园区入选“北京市工业旅游示范基地”初审名单，潭柘寺镇、雁翅镇入选“北京市森林康养旅游示范基地”初审名单。

（解　霏）

旅游景点与活动

【6条红色历史文化精品旅游主题线路】　7月1日，区文化和旅游局以“踏寻革命足迹·传承红色基因”为主题策划推出6条红色历史文化精品旅游主题线路，包括红色历程·捷报频传；薪火相传·再创辉煌；平西抗战·先烈永恒；星星之火·燎原之势；红色印记·天地永恒；历史丰碑·革命足迹。8月17日，由区委宣传部、区文化和旅游局、雁翅镇人民政府共同主办的2022年北京西山永定河文化节暨首届京西山水嘉年华“感悟初心”红色基地打卡游活动启动仪式在田庄村红雁谷广场举办。活动推出4条红色旅游打卡线路，包括“‘峰’火传承妙峰山，追寻京西红色记忆”“漫步山河间，走古道感受京西历史文化”“寻觅古村落，探寻红色精神”“京西历史，徜徉花海中的红星”。推出“青峰绘西山”玩转山水间及4条精品旅游线路，包括自然探索——闯入百花秘境，探秘动画般的世界；峡谷秘境——回归山水田园风情，寻觅“醉”美京西；古道漫漫——古道盛世繁华仍犹存，胜利之声逐梦前行；京西山水——住山房游古寺，如画如诗。

（王　良）

【10条微度假主题旅游线路】　7月3日，区文化和旅游局以“今夏避暑游，生态门头沟”为主题，推出10条微度假主题旅游线路，包括“红色历史”“清凉消夏”“科普研学”“门头沟小院”四大板块内容，具体有门头沟区红色历史主题精品旅游线路3条、门头沟清凉消夏精品旅游线路3条、门头沟科普研学精品旅游线路2条、“门头沟小院”精品民宿旅游线路2条。线路有“红色电波 峥嵘岁月”红色历史一日游；“保家卫国 薪火田庄”红色历史一日游；“历史丰碑 革命足迹”红色主题一日游；京西探秘，在云山云海中，寻找夏日的清凉；纵享古韵长情 谱写快乐格调；青山妩媚 阳光烂漫 信步闲游山水古村；母亲河畔的农耕到自然，尽享欢愉时光；一路西行漫步古村古道 感受古韵之美；寻一方小院，与山水为伴，与时光对酌；宿“门头沟小院”放慢生活节奏，感受自然之美。微度假主题旅游线路为广大游客避暑纳凉，乐享田园乡间慢生活，提供更多选择空间。

（王　良）

【京西山水嘉年华文旅消费季开幕】　8月27日，2022北京西山永定河文化节暨首届京西山水嘉年华文旅消费季活动，在潭柘寺镇檀谷慢闪公园开幕。由市委宣传部指导，市文物局、市文化和旅游局、市商务局、门头沟区委、区人民政府主办，区委宣传部、区文化和旅游局承办。活动相继推出畅游山水、品味文化、红色旅游、激情户外、特色生态旅游、嗨购消费、京西山水文旅7大板块14项区级嘉年华和12个镇街嘉年华活动，形成全区“总分”结构的“嘉年华活动畅游体系”。

（杜茉凌）

【第三届西城区门头沟区徒步大会】　9月17日，第三届西城区门头沟区喜迎二十大徒步大会暨“2022北京西城全民健身徒步大会”在妙峰山镇神泉峡景区举行，来自西城区和门头沟区党政机关、企事业单位的300余名干部职工参加。

（杜茉凌）

【“探秘寻宝”徒步游古道文化活动】　9月27日，由市文化和旅游局指导，区委宣传部、区文化和旅游局、妙峰山镇人民政府、王平镇人民政府、斋堂镇人民政府共同主办的2022北京西山永定河文化节暨首届京西山水嘉年华“探秘寻宝”徒步游古道文化活动在京西古道景区启动。活动串联京西古道沿线美丽乡村、古村落、农产品、美食、非遗、民宿“小院”等文旅体验场景，弘扬京西古道文化，提升京西古道文化遗产价值，推动全区历史文化传承，持续打响“京西古道”文化品牌。

（王　良）

【8条网红打卡地精品旅游线路】 9月30日，区文化和旅游局以“欢度十一·玩转京西”为主题，围绕着檀谷慢闪公园、双龙峡景区等20余处网红打卡点和清水百花山的动植物多样性、妙峰山的京西古道、潭柘寺的休闲时光、川底下的千年古村落微度假旅游目的地等内容，推出8条网红打卡地精品旅游线路，包括“峡谷游行乐趣多，共享亲子好时光”“玫瑰美食京白梨，吃喝玩乐度十一”“邂逅秋日微光，流连山水之间”“探琉璃之乡，寻古村之迹”“在山水之间，享受田园好风光”“漫游古寺，寻禅意与色彩交织”“古寺，上岸，商圈，期待美好的一天”“从峡谷古村探静谧，于火车之上观自然”。网红打卡地精品旅游线路涵盖门头沟的美景、美食、小院、古村、古道等主要元素和生态山水、红色历史、民间民俗、寺庙禅修等系列文化，形成多元化、多空间的消费场景，让广大游客在“紫气东来、乐在山水”中领略历史沧桑，打卡拍照赏红叶，纵览永定河百里画廊。

（王　良）

【6条精品文旅体验游线路】 10月22日，区文化和旅游局以“邂逅醉美京西·寻觅醉美红叶”为主题，推出6条“赏红叶、住小院、观星空”精品文旅体验游线路，包括门头沟区秋赏红叶精品旅游线路3条、住“门头沟小院”夜观星空旅游线路3条，具体线路是“五彩斑斓妙峰山，京西秋色别样红”“赏京西盛景，看万山红遍层林尽染”“秋游潭柘寺，恰赏银杏黄”“探寻京西秘境里的乡野别院”“探幽千年古村，徜徉梦幻星空”“寻一处归宿，静享京西秋日好时光”。6条线路以打造永定河沿线文旅体验产业带为主线，突出109国道、潭王路、南雁路、妙峰山路等沿线红叶特色，围绕古村、生态山水、小院、非遗、美食等内容，满足广大自驾游、骑行爱好者个性化需求，为游客秋赏京西盛景，乐享京西秋日好时光提供更多选择空间。

（王　良）

【2条冬季冰雪精品线路】 12月30日，区文化和旅游局以“紫气东来 冰雪京西”为主题，紧抓冬季山地冰雪旅游区域特色，加强文旅农商体深度融合，全力整合谷山村、灵溪、神泉峡、瓜草地、慢闪公园、东马山家、白瀑云景等景区、民宿、田园综合体冰雪、冰瀑、冰雕、美食特色资源及活动，打造“鱼羊鲜火锅”“粮仓宴”等冬季暖身滋补养生美食，加大冬季旅游产品供给，策划推出2条冬季冰雪精品线路，具体线路是探访京西最美的冰雪时光；在冰天雪地中寻一处治愈之地。线路涵盖门头沟冬季冰雪、民宿、美食、民俗等文化旅游资源，吸引广大游客到门头沟区住小院、堆雪人、赏雪景、泡汤、观山、静心，感受“京西旅游过大年”的民俗风情，领略门头沟别样的大好河山。

（王　良）

【“门头沟小院”精品民宿】 年内，门头沟区新建成营业精品民宿24家，盘活闲置院落47套，营业“门头沟小院”精品民宿73家，盘活闲置院落347个，星级“门头沟小院”共36家。年内“门头沟小院”精品民宿，共接待游客12万人次，同比增长37.9%，实现收入5783.3万元，同比增长65.2%。

（邹兆莎）

【民宿旅游发展高峰论坛】 8月23日至25日，第十届海峡两岸旅游观光研讨会暨民宿旅游发展高峰论坛活动在区龙泉宾馆举办。论坛活动以“携手共建美丽乡村”为主题，共同探讨疫情后两岸乡村旅游及民宿发展领域的新议题和新趋势。

（邹兆莎）

【“门头沟小院——一瓢客栈”入选全国甲级民宿】 年内，经一瓢客栈民宿申请，区文化和旅游局推荐，全国旅游标准化技术委员会全国甲级、乙级旅游民宿评定专家现场检查核验，“门头沟小院”精品民宿——一瓢客栈被评为全国甲级民宿，是全市市仅有的2处甲级民宿之一。

（邹兆莎）

生态环境

6 月，《门头沟区生物多样性保护行动计划（2022–2035 年）》发布。图为北京市门头沟区森林生物多样性热点区域示意图（区生态环境局　供图）

9月，百花山国家级自然保护区天文台建成。图为天文台的天文仪器（《京西时报》 供图）

11月28日，百花山国家级自然保护区大木场长亭区域监控系统发现4只褐马鸡共同觅食（《京西时报》 供图）

11月，区生态环境局开展冬季扬尘专项执法行动。图为执法人员在石门营高速收费站开展重型柴油车尾气超标排放执法检查（《京西时报》 供图）

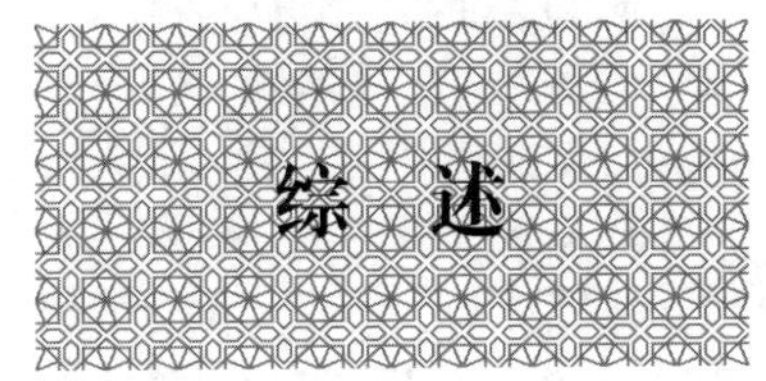

综述

【概况】 2022年，门头沟区PM2.5累计浓度29微克/立方米，同比下降9.4%，全市排名第5，连续三年达到国家二级标准，年均浓度首次实现20+。优良天数294天，同比增加13天，全市排名第1。重污染2天，实现PM2.5与重污染天“双降”，降尘量3.3吨/平方千米·月。地表水考核断面均达标，斋堂水库断面、三家店断面、黑河桥断面全年达到Ⅱ类水体要求；中门寺侯庄子断面全年达到Ⅲ类水体要求。无受污染耕地，土地安全利用率为100%，污染地块安全利用率100%。

2022年1月29日，门头沟区生态环境局（简称区生态环境局）12名职工组成第一梯队，星夜驰援丰台区，协助完成新冠肺炎疫情防控相关工作。7月29日，区生态环境综合执法大队举行制式服装换装仪式。11月10日，区生态环境局机关迁址到永定镇永安小区12号。12月21日至23日，区委组织部、区生态环境局联合举办门头沟区2022年生态文明建设专题培训班，区委生态文明委成员单位和各镇街的主管领导及科室负责人员共100余人参加培训。培训班围绕新时期生态文明建设工作实践要求、深入打好污染防治攻坚战、绿色低碳发展、生态产品价值实现以及生物多样性保护等内容开展学习，进一步涵养领导干部生态思维、提升实践本领，高质量建设“绿水青山门头沟”，持续筑牢首都西部生态屏障。年内，共青团门头沟区生态环境局支部被共青团北京市委员会、北京市人力资源和社会保障局授予五四红旗团支部称号。

（王 楠 赵 晖 邢 冰）

环境保护

【概况】 2022年，区生态环境局深入推进生态文明体制改革，优化建立区委生态文明委“1+11+1”工作体系。在全市率先发布区级生物多样性保护行动计划，开展生物多样性本底资源调查评估。巩固提升生态文明示范创建成果，推荐北京百花山国家级自然保护区百花山管理站入围中国生态文明奖候选，命名洪水口村等第一批门头沟区“两山”理论实践样板。强化重要生态空间生态监管，开展“绿盾”专项行动，构建全域生态保护红线监管网络。积极应对气候变化。加强碳排放企业管理，指导督促重点碳排放单位及一般报告单位有序完成报告、履约。

（王 楠）

【战略合作框架协议签署】 1月14日，区生态环境局领导带队到北京林业大学，同生态与自然保护学院（以下简称学院）党委书记、院长，以及学院教授讲师代表开展生态文明建设交流座谈。3月10日，区生态环境局和学院正式签署《战略合作框架协议》。根据协议内容，双方将发挥各自优势，在党建共建、人才培养、课题研究、文化传承等方面实现合作。

（王 晨）

【“生态环境进课堂”主题宣传活动】 3月22日，市生态环境保护宣传中心联合区生态环境局和北京市大峪中学共同开展“生态环境进课堂”主题宣传活动，通过向校方赠送《初识北京的自然与生态环境》系列书籍和开展地下水保护公开课的形式，向学生普及水环境保护知识。

（邓一鸣）

【突发环境事件应急演练】 6月27日，区生态环境局组织开展2022年突发环境事件应急演练。演练采取实地模拟与沙盘推演相结合方式，在保持原有演练项目前提下，提升情形复杂性、政企联动性和监测实用性3个方面内容。

（刘艳辉）

【3场主题宣传活动】 年内，区生态环境局开展新时代文明实践志愿服务活动。“门头沟热心人”志愿服务队的队员们分别走进大峪街道临镜苑社区、承泽苑社区、葡东公园等地，以新冠肺炎疫情防控、烟花爆竹禁燃禁放、文明过节为主题开展共3场宣传活动，宣讲普及相关法规政策。

（邓一鸣）

环境监测

【概况】 2022年，区生态环境局监测能力稳步提升，完成230项次的环境监测持证上岗考核。增设大气及用电监测设备259个，国道109新线高速公路建设工程沿线布设33个监控点位，完成251套油烟在线监测设备数据联通。集监测、监察、监管、治理、决策指挥调度为一体的生态环境大数据综合应用平台基本建成，优化整合热点网格、入河排口、餐饮油烟等动态管理平台数据资源，为全面提升生态环境监测和精细化治理提供可靠数据支撑。坚持三水统筹，完善地表水监测体系。完成区、镇、村三级集中式饮用水源环境状况评估和水质监测，实现“一源一档”动态管理。构建镇村断面监测评价体系。

（王 楠）

【区域环境和道路交通噪声监测】 年内，区生态环境监测站开展辖区103个区域环境噪声监测网格以及14个道路交通噪声监测路段的监测。

（王志垚）

【概况】 2022年，区生态环境局突出精准、科学、依法治污，深入打好污染防治攻坚战。制定《门头沟区深入打好污染防治攻坚战2022年行动计划》，统筹生态保护、污染治理、应对气候变化，推进生态环境质量持续改善。强化综合执法监管。制定《2022年门头沟区生态环境保护综合执法工作方案》，推动差异化执法监管。健全现代环境治理体系。印发《北京市门头沟区“十四五”时期生态环境保护规划》《中共北京市门头沟区委生态文明建设委员会2022年工作要点》《门头沟区关于构建现代环境治理体系2022年任务清单》等文件，明确任务目标，细化责任分工，为提升生态环境治理能力现代化水平提供强有力制度保障。

（王 楠）

【应对空气污染】 2月9日至11日，区生态环境局联合多部门全力应对新一轮空气污染过程，累计派发问题整改督办单2件；检查重型柴油车辆110辆，检出4辆，罚款800元；累计检查固定源点位51家次。发现移交涉气环境问题9件。

（赵 晖）

百花山国家级自然保护区

【概况】 2022年，北京百花山国家级自然保护区管理处（简称百花山管理处）遵循“生态立区、文化兴区、科技强区”发展战略，持续推进“绿水青山守护人”百花山党建实践品牌建设，围绕自然资源保护、科研监测、科普宣教与可持续发展等重点工作，驰而不息、久久为功，自然保护区建设和生物系统多样性、稳定性、持续性保护取得丰硕成果，为谱写“绿水青山门头沟”高质量发展新篇章贡献力量。

（杨镇萍）

【“绿盾”督察检查】 年内，百花山管理处落实“绿盾”点位核查工作，分批对保护区内国家级和市级的点位进行核查。9月，配合市、区生态环境局开展“绿盾”点位“回头看”检查工作，40个点位检查全部合格，不存在销号后反弹现象。12月，核查市生态环境局下发的6处国家级点位，区域内6个问题点位全部核查完毕。全年点位核查巡护650余次。

（杨镇萍）

【极小种群和重点植物调查保护】 年内，百花山管理处强化国家一级重点保护野生植物百花山葡萄的保育，与北京农学院进行合作，完成百花山葡萄扩繁，扦插成活6株且长势良好；开展极小种群调查，同林科院、林业大学专家通过样线及样地调查的方式，从植物的物种种群数量、空间分布信息、生长状况等方面对保护区内小桥至草甸珍惜濒危兰科植物、小阴地蕨、黄檗等极小种群植物进行重点调查；实施《北京百花山国家级自然保护区珍稀濒危野生动植物管护监测项目》，对大花杓兰进行就地保护和迁地保护，实现百花山珍稀物种的有效保育及科学研究。

（杨镇萍）

【病虫害防治工作】 年内，百花山管理处为保护辖区生态环境安全，在辖区内布设诱捕器及黑光灯、喷洒农药等方式控制林业有害生物数量，爆发的云杉小墨天牛控制在不成灾水平。

（杨镇萍）

【昆虫多样性调查】 年内，百花山管理处采用黑光灯、高压汞灯灯诱及野外样线网捕等方法调查辖区内昆虫多样性，发现14目100科（含亚科）452种昆虫。其中，鳞翅目Lepidoptera 341种占总种数的75.44%，鞘翅目

Coleoptera 31 种占 6.86%、半翅目 Hemiptera 25 种占 5.53%。

（杨镇萍）

【“迎豹回家”计划推进落实】 年内，年内，百花山管理处编制《迎豹回家—北京市门头沟区野生动植物栖息地保护与恢复行动计划（2022-2027 年）》；牵头组织保护区“迎豹回家”工作专班，每周梳理工作进展，总结保护区的生物多样性保护工作成效并定期向区领导进行汇报；组织“迎豹回家”计划启动仪式，建设以豹为主题的生物多样性科普教育基地，完成“迎豹回家”标识（logo）及吉祥物版权注册。

（杨镇萍）

【陆生野生动物疫源疫病监测】 年内，百花山管理处为强化疫源疫病主动监测预警，将监测关口前移，开展以采样、送检、自检为主的疫源疫病防控工作。共采集鸟类粪便样本 780 份，分别于 4 月、6 月、9 月、10 月，将 406 份样本送至中科院动物研究所野生动物疫病中心进行检测，用于北京市陆生野生动物疫源疫病的动态监测。

（杨镇萍）

【野生动物救护救助】 年内，百花山管理处共救助野生动物 4 种 5 只。其中，国家一级保护野生动物黑鹳 1 只，北京市一级保护野生动物狍 1 只，北京市二级保护野生动物棕头鸦雀 2 只，国家三有动物北红尾鸲 1 只。

（杨镇萍）

【血液样本基因库建立】 年内，百花山管理处收集并储存 10 种野生动物血液样本资源。建立血液样本基因库可以对采集到的血液样本进行研究，掌握野生动物的身体状况和各项机能指标，可进一步保持辖区内野生动物遗传资源多样性，为野生动物保护提供方向指引。

（杨镇萍）

【野生动物巡查巡护和种群监测】 年内，百花山管理处在保护区范围内设立褐马鸡监测样线 4 条，全长 25 千米。保护区范围内监测到野生动物 35 种。其中，国家一级重点保护野生动物 1 种：褐马鸡。国家二级重点保护野生动物6种：豹猫、中华斑羚、赤狐、勺鸡、灰林鸮、普通鵟。北京市一级保护动物 4 种：红嘴蓝鹊、果子狸、大斑啄木鸟、黄腹山雀。北京市二级保护动物 12 种：普通䴓、狍子、野猪、蒙古兔、狗獾、斑鸫、大山雀、环颈雉、猪獾、金翅雀、白头鹎、太平鸟。

（杨镇萍）

【专业技术交流培训举办】 4 月初，百花山管理处与北京师范大学生命科学学院老师就红外相机监测野生动物进行实地沟通与交流，与北京林业大学生态与自然保护学院合作开展百花山保护区昆虫多样性监测。6 月末，携手北京林业大学生态与自然保护学院开展植被固定样地复测。8 月末，联合北京师范大学生命科学学院师生开展红外相机布设与数据处理工作。9 月初，到北京进行市野生动物救护繁育中心学习与研讨。10 月中旬，与北京师范大学开展鸟类环志工作，与中国林科院共同开展百花山地区声景调查活动。

（杨镇萍）

【百花山国家级自然保护区天文台设立】 年内，百花山管理处设立百花山国家级自然保护区天文台，开展“月掩天王星观测”“天文基础知识科普”“彗星观测”等天文观测及科普活动吸引大众，打造“百花星空”IP（网络之间互连的协议）。

（杨镇萍）

【森林防火工作】 年内，百花山管理处结合《门头沟区森林防火应急预案》，修订《百花山管理处森林防火应急预案》，制发《百花山管理处关于做好 2022 年春节和冬奥会期间安全生产、森林防火工作的通知》《百花山管理处关于加强 2022 年冬残奥会和全国“两会”期间安全生产、森林防火工作的通知》等文件；签订森林防火责任书 6 份，与友邻单位签订联防联控协议书 6 份，各站与周边友邻村签订 21 份，与第三方签订防火责任书 4 份；通过发放宣传册、悬挂横幅标语、播放宣传片等形式对职工及游客进行森林防火宣传教育 8 次。开展日常督查检查 100 余次，巡护 4300 余千米，发现隐患 30 余条，全部整改完毕。

（杨镇萍）

【防汛工作】 年内，百花山管理处制发《2022 年百花山管理处防汛应急预案》，明确防汛应急管理中的组织构架、责任分工、应急响应、应急场所位置等信息。入汛以来，对各管理站、旅游服务有限公司用电安全管理、汛期宣传培训，防汛物资储备等情况进行督查检查 12 次，开展汛期应急演练 1 次，签订安全度汛责任书 6 份，转发各管理站、旅游服务有限公司大风、强降雨、雷电等极端天气气象预警信息 40 条，保护区安全度汛。

（杨镇萍）

【对外宣传平台建设】 年内，百花山管理处建设科普教育基地。维护宣传栏、LED 屏、科普展板、沙盘等宣传载体。开展电子屏宣传 30 余次、发放宣传折页 2000 余份，进行动植物解说活动 8 场，同时制作动、植物宣传展板 12 张以备后续活动宣传使用。深耕微信公众号平台建设，公众号发布内容计 108 篇，阅读量累计 3 万余次。与区级及区外媒体开展交流合作，相关报道及宣传片先后由门头沟融媒、北京市生态环境局官方宣传平台、北京电视台、北京日报、央视新闻直播间、新华网客户端等平台发布。其中，25 篇文章被门头沟融媒体采纳，总阅读量 5 万余次。

（杨镇萍）

【主题科普宣传活动】 4 月，百花山管理处开展“加强爱鸟意识，共享生态自然”爱鸟周主题宣传活动，让社区居民感受身边的丰富生物多样性资源，传播绿水青山保护理念。5 月，开展世界动物日“共享的地球”宣传活动。共发放宣传折页、文创纪念品、环保手提袋等 100 余份，宣传科普世界动物日的起源、设立的宗旨及意义，宣传保护区动植物资源、动植物保护法律法规。6 月，六五环境日开展线上公益有奖竞答宣教活动，纠正对环境保护知识的误区，弘扬生态环保理念。9 月，中秋之际开展天文科普活动，讲解天文摄影设备的组成和使用方法，在夜晚带领游客通过望远镜观测月球、木星、土星等天体，让前往保护区游览的游客能感受自然之美。10 月，开展社会主义核心价值观宣传活动。向访客发放百花山文明出游手册及文创手提袋，倡导访客不乱采乱摘，保护生态环境，文明旅游。

（杨镇萍）

城乡规划与建设

10月，永定镇曹各庄桥户营村共有产权住房项目竣工（区住房城乡建设委　供图）

1 月 4 日，潭柘寺镇定向安置房二期项目完成选房工作，977 户居民选定房源 1493 套。图为正在施工中的安置房（区融媒体中心 供图）

5 月，区属老旧小区及棚改回迁小区房屋漏雨专项维修工程全部完工（《京西时报》 供图）

◆ 9月，门头沟区档案史志馆新馆建设项目完成主体结构封顶（区融媒体中心　供图）

◆ 11 月 16 日，龙泉镇西山印嘉园共有产权房项目第二批申购登记结束。图为西山印嘉园 C 地块施工现场（《京西时报》供图）

国土空间规划和自然资源管理

【概况】 2022年，北京市规划和自然资源委员会门头沟分局（简称市规划自然资源委门头沟分局）扎实贯彻落实城市总体规划和分区规划，街区控规和镇（街）国土空间规划市级联审通过率均位于全市前列，2021年度城市体检按时完成。制定全市首个分区规划实施三年行动计划，完成《关于实施门头沟区村庄渐进式有机更新的意见》制定。创新开展王平矿生态环境承载力研究，启动新版“三区三线”划定成果分区规划修改工作。完成城乡建设减量0.1平方千米任务，推进耕地集中连片建设。推动首都西部生态涵养区山水林田湖草沙一体化保护和修复项目申报，完成南区项目入市交易和园区一期项目出让。成功创建工程建设项目审批领域“特色+集成”改革示范区，在全市率先形成“全程网办”、告知承诺制低风险工程和告知承诺制集体建设用地零星公共公益3项改革案例。高效组织完成央视高清示范园、华侨城、石龙五期项目设计方案。加快北京地铁S1线北支线规划研究，持续实施51个地质灾害治理项目，及时做好突发性地灾应急处置，实现安全度汛目标。解决13904套房屋不动产登记历史遗留项目问题。北京市规划和自然资源委员会门头沟分局坚决把党的政治建设摆在首位，持续推动党的组织优势转化为治理效能。

（聂燕杰）

【南区棚户区改造和环境整治项目】 11月28日，门头沟区永定镇南区棚户区改造和环境整治项目MC00-0015-6050地块R2二类居住用地在北京市土地交易市场挂牌成交。该宗地位于永定镇，建设用地面积为2.3公顷，建筑规模3.22万平方米。最终由中建方程投资发展集团有限公司和中建信和地产有限公司联合体以7.9亿元竞得。

（李春雪）

【门头沟区街区控制性详细规划审批】 12月27日，《北京门头沟区MC00-0604街区控制性详细规划（街区层面）（2020年—2035年）》获市政府批复。12月31日，《门头沟分区规划实施三年行动计划（2023年—2025年）》由区委办公室、区人民政府办公室印发执行。“一线四矿”地区概念设计国际方案征集、专家评审、方案整合优化工作完成，形成京西“一线四矿”及周边区域协同发展概念规划方案。王平矿更新改造项目作为先导项目，同步编制规划综合实施方案，该方案通过市政府专题会审议。

（文　倩）

【规划实施监督】 12月30日，《2021年度门头沟区城市体检报告》通过区委常委会审议，期间研究制作调查问卷广泛征求公众意见，充分了解人民群众实际诉求，有效评估北京新总规和分区规划实施的阶段性特征和重点问题。

（文　倩）

【城市设计】 年内，《中关村门头沟园区及生态街区整体品质提升研究》完成，该研究以提升新城南部中关村门头沟园区和生态复合街区的环境品质为出发点，综合考虑生态网络重塑、园区交通系统优化、慢行体系选线布局、重点公共空间风貌品质提升等工作内容，夯实做细各项工作任务，形成兼顾近远期的项目清单。

（文　倩）

【建设项目管理】 年内，市规划自然资源委门头沟分局通过综合窗口核发的行政许可、行政确认及技术服务类事项共158件，其中选址意见书及用地预审9件，房屋建筑类建设工程规划许可证（含临时）33件，市政类（建筑、线性）建设工程规划许可证34件，乡村建设规划许可证（一般建设项目）4件，社会投资简易低风险工程规划许可证6件，多规合一协同平台会商意见18件，规划验收（含核验备案）27件，地名及建筑物名称核准6件，国有建设用地使用权划拨决定书7件，国有建设用地使用权协议出让1件，出让合同变更2件，使用集体建设用地审批11件。提供“领办、导办、帮办、盯办”精细化服务，次日即核发央视超高清示范园项目选址意见书；应用技术图纸电子审查，办理全市首张“无纸化”“零上门”社会投资房建类电子证照；“三证齐发”，首次实现集中供地项目当日“交地即发证”，刷新门头沟区规划许可审批“新速度”，促进京西产业转型发展。

（崔　旭）

【自然资源调查监测】 年内，市规划自然资源委门头沟分局完成2022年地理国情监测（城市国土空间监测）工作，对城市宜居、市政基础、交通路网及设施、

表三 门头沟区 2022 年度国土变更调查地类结构表（一级地类）

工作分类	面积（公顷）	占总调查面积比例%
湿地（00）	8.22	0.01%
耕地（01）	669.96	0.46%
种植园用地（02）	4539.70	3.14%
林地（03）	129485.87	89.43%
草地（04）	1098.10	0.76%
商业服务业用地（05）	470.74	0.33%
工矿用地（06）	450.17	0.31%
住宅用地（07）	2131.36	1.47%
公共管理与公共服务用地（08）	685.00	0.47%
特殊用地（09）	408.11	0.28%
交通运输用地（10）	2434.40	1.68%
水域及水利设施用地（11）	1562.79	1.08%
其他土地（12）	841.31	0.58%

（卢文中）

水网系统和地表覆盖等基本情况进行分析，结合全区分区规划内容，对“浅山区”范围、生态保护红线范围内现状地类进行监测，全区共细化、补充城市空间信息845个；采集和更新道路要素，最终形成道路要素总长度2172.15千米；采集和更新水域要素，最终形成水域要素总长度574.90千米，总面积29.52平方千米；采集和更新地表覆盖数据，最终形成地表覆盖分类图斑约2.71万个。根据门头沟区2022年度国土变更调查数据（提交国家版，最终成果未下发），全区土地总面积现为144785.73公顷。

（卢文中）

【不动产登记办理】 年内，市规划自然资源委门头沟分局共受理登记业务15542件，发出不动产权证7544本，证明3581份。其中，办理网办业务1622件，“一网通办”业务890件，“全程网办”业务732件。完成权籍调查60件，非公证继承登记业务44件。共接待个人档案查询1848人次，查询3026卷次，公检法查询498批次，查询665卷次，公检法系统身份信息查询受理282件，查询4302人次。协助分局各科室查询复制文书、专业档案及不动产登记资料共66人次、163卷次。

（周美雪）

【自然资源资产管理】 年内，市规划自然资源委门头沟分局联合区园林绿化局、区水务局编制《2021年度门头沟区国有自然资源情况报告》，并按时向区人大常委会报告，主要内容包括：国有自然资源基本情况、国有自然资源管理工作与成效、自然资源有效监管情况、国有自然资源管理存在问题、加强自然资源资产管理的措施和建议等。

（胡奕东）

【自然资源开发利用】 年内，全区减量腾退用地20.43公顷，主要为各镇集体建设用地腾退减量。全区完成妙峰山镇丁家滩村集体产业建设项目农用地转用审批，涉及占用集体土地3.3842公顷。发布预公告3宗土地，总建设用地面积12.61公顷，总建筑规模17.29万平方米。

（赵苗琦）

【矿产资源管理】 年内，全区现有2家持有采矿许可证矿泉水企业，主要为中宝蓝涧矿泉水厂，2025年4月采矿证到期，在生产；双龙峡天合聚能饮料公司，2026年2月采矿证到期，未生产。

（屈晓霞）

【历史文化名城保护】 年内，北京建筑大学—门头沟区乡村振兴实验室成立，聚焦文化传承复兴、乡村有机更新、产业绿色发展三大领域，探索具有京西特色的历史文化名城保护与乡村振兴工作研究。按照市政府公布的历史建筑名录完成历史建筑挂牌73座，历史建筑挂牌率约90%，位居全市前列。全区会同有关专家形成《关于强化首都文化中心建设推动京西古道申报世界文化遗产的建议》，探索全区历史文化底蕴和遗产保护。

（王清舒）

【地名管理】 年内，市规划自然资源委门头沟分局对138个村的村庄公共服务设施和村庄文化旅游服务设施数量及地图显示情况开展摸底调查工作，梳理出各类地名1628个，完成上图工作714个，组织各镇收集重点推荐宣介的地名与特色资源词条包括旅游资源、特色农产品等共70条。

（崔　旭）

【执法·督察·违建治理】 年内，自然资源部、北京市卫片监测下发门头沟区变化图斑 792 个。按照卫片执法检查要求，市规划自然资源委门头沟分局通过外业核查和内业审核，查清全部图斑情况，其中违法图斑 167 个，按要求分类处置到位，依法履职到位率 100%，未发生因整改不力被市政府警示约谈问责。自然资源督察下发门头沟区例行督察图斑 36 个、历年挂账一般违法类图斑 58 个全部整改完成。

（李　霄）

【城建档案管理】　年内，市规划自然资源委门头沟分局完成 4000 卷日常档案整编著录及数字化，完成系统登图，实现线上查询。包括规划土地专业档案 558 卷、2015-2021 年度工程档案 3442 卷。接收专业档案 49 批次，总计 216 项。其中，规划管理类档案 37 批次，201 项；土地专业档案 2 批次，5 项；工程类档案 10 批次，10 项。提供档案查询服务共 210 人次、868 卷、复印档案 4763 张。

（王　娜）

【法治建设】　年内，市规划自然资源委门头沟分局制定《北京市规划和自然资源委员会门头沟分局开展法治宣传教育的第八个五年规划（2021 — 2025 年）》和《北京市规划和自然资源委员会门头沟分局 2022 年普法依法治理工作要点》。全年共评查行政审批案 152 卷，全部合格。全面落实行政执法公示制度、执法全过程记录制度、重大执法决定法制审核制度，完成执法检查结果和执法统计年报的网站公示工作，出具法制审核意见 7 份。

（韩静文）

【行政复议与行政诉讼】　年内，市规划自然资源委门头沟分局所涉行政诉讼案件 17 件均胜诉，主要领导出庭应诉 1 次，主管领导出庭应诉 1 次。行政复议案件 3 件，其中 2 件结案维持、1 件仍在复议进行中。

（韩静文）

【信息公开】　年内，市规划自然资源委门头沟分局办理依申请信息公开 249 件，同比增长 40%。从申请的信息内容来看，规划审批占比 50%、征地审批占比 25% 为主要方面，其他业务信息均涵盖。政府信息公开工作未引发行政复议和行政诉讼案。

（韩静文）

工程建设

【概况】　2022 年，门头沟区重大建设项目协调服务中心（简称区重大建设项目协调服务中心）承接区人民政府蓝皮书项目 8 项，其中重点工程任务 7 项（续建项目 5 项，开工项目 2 项），为民办实事任务 1 项；区人民政府折子工程 5 项；新冠肺炎疫情防控能力建设及其他项目 10 余项；继续推进门头沟区采空棚户区改造和环境整治 12 个地块项目上市工作。全力推进 15 个自建安置房项目前期手续办理和不动产登记工作。

（王志超）

【房屋漏雨专项维修工程】　5 月 5 日，区属老旧小区及棚改回迁小区房屋漏雨专项维修工程开工。工程涉及大峪街道，龙泉镇，城子街道，东辛房街道，永定镇等 5 个镇街 106 栋住宅楼。5 月底完工。

（王志超）

【安置房项目回购】　年内，区重大建设项目协调服务中心加快推进 3 个安置房回购项目（3498 套安置房）回购工作。三家店粮库棚改定向安置房项目集中建设安置房 1457 套，手续齐全，主体结构全部封顶，二次结构施工、外装修完成；铁路货场安置房项目配建安置房 286 套，手续齐全，主体结构全部封顶。龙泉镇大峪化工厂及周边地块棚户区改造及环境整治项目集中建设安置房 1755 套，工程处于主体结构施工阶段，其中 6 栋封顶。

（谭紫薇）

【安置房项目手续办理】　年内，区重大建设项目协调服务中心继续全力推进 15 个自建安置房项目前期手续办理和不动产登记工作。其中，曹各庄 A 地块、小园 3A 号地块和小园 4、5 号地块完成房屋初始登记工作。

（杨　洌）

【国道 109 新线高速清水公路综合检查站项目】　年内，国道 109 新线高速清水公路综合检查站工程取得项目建议书（代可行性研究报告）批复。该项目总建筑面积 2963 平方米，总投资 9891 万元。

（李国亮）

【北京景山学校门头沟校区新建工程】　年内，北京景山学校门头沟校区新建工程中学部主体工程完成，完成全部工程量的 85%。

该项目总建筑面积 79559 平方米，总投资 67254 万元。

（王志超）

【门头沟区档案馆新馆建设项目】 年内，门头沟区档案馆新馆建设项目主体结构施工完成。该项目总建筑面积 21252 平方米，总投资 17343 万元。

（王志超）

【育园小学新建工程】 年内，育园小学新建工程完成土地划拨、取得建设工程规划许可证并完成施工图设计；拆除工程完成。该项目总建筑面积 3.56 万平方米，建设规模为 48 个教学班，可提供 1920 个学位，总投资 24233 万元。

（魏祎明 连九锋）

【新建清水派出所工程】 年内，新建清水派出所工程取得“多规合一”协同平台规划综合实施方案审查意见和建设工程规划许可证。该项目总建筑面积 1503 平方米，总投资 811 万元。

（魏祎明）

【新冠肺炎疫情防控能力建设工作】 5 月至 10 月，完成新冠肺炎疫情防控能力建设工作，建设内容包括 8 间负压病房、2 间负压手术室、200 张床位、1040 间隔离用房、医护工作人员用房、配套设备用房及相关配套设施等，总投资约 1.4 亿元。

（连九锋）

【12 个地块上市】 年内，区采空棚户区改造和环境整治 12 个地块项目规划建设用地 218 公顷，代征用地 231 公顷。建设用地中，R2 类居住用地 65.06 公顷，建筑规模 91.45 万平方米；商服及多功能用地 92.54 公顷，建筑规模 116.55 万平方米。年内，门头沟新城 01 街区 MC00-0101-0030、0035、0072 地块用地预申请完成；10KV 龙泉路高压线、“三供一业”架空线路迁改工程施工完成；九龙驾校拆除工作完成；龙门片区自来水、弱电等线路迁改工作完成；11 个地块完成征地结案。

（杨 冽）

住房保障

【概况】 2022 年，门头沟区住房和城乡建设委员会（简称区住房城乡建设委）初审开发企业二级资质 14 家，在区内注册的房地产开发企业共 51 家；门头沟区有形建筑市场共受理入场招投标项目 14 项，建设规模 3.57 万平方米，道路及管线里程 32.32 千米。投资金额（合同金额）5.16 亿元。其中，政府投资 7 项，投资金额 3.34 亿元，建设规模 3.57 万平方米，道路及管线里程 14.82 千米；国有非政府投资项目 7 项，投资金额 1.82 亿元，道路及管线里程 17.5 千米；全区开复工面积 315.14 万平方米，在施工程面积 281.35 万平方米，同比减少 18.25%，竣工面积 65.39 万平方米，同比减少 21.95%；保障性住房开工建设 1623 套，竣工 930 套；保障性住房已备案家庭 602 户；市场租金补贴备案家庭 796 户；公租补贴备案 100 户；对符合条件的公租房、人才公租房和市场租赁住房三类补贴金共 10373.53 万元；房屋市场科共办理预售许可初审 9 件。全区存量房网签 1671 件，新建商品住房成交 1492 套，成交均价 48517 元 / 平方米。2022 年全委做出行政处罚 155 起；受理来信来访 251 件，信息公开 140 件次，全部办结为民服务中心转办案件 6499 件。

（陈 琢）

【工程公共建筑竣工备案】 1 月 11 日，北京市门头沟区永定镇 MC00-0016-0055、0056、0066 地块 A334 基础教育用地、F1 住宅混合公建用地、F2 公建混合住宅用地项目（6 号住宅楼等 3 项）竣工备案。该工程 2020 年 1 月 9 日开工，位于永定镇，工程合同价格 2925.133971 万元。此次竣备单体为：2 号地下车库，地下 2 层，地上 1 层，建筑面积 11137.71 平方米。北京瑜景房地产开发有限公司建设，北京京西建筑勘察设计院有限公司勘察，北京维拓时代建筑设计股份有限公司设计，江苏南通二建集团有限公司施工，北京中城建建设监理有限公司监理。1 月 26 日，门头沟区预防青少年犯罪法治教育基地工程竣工备案。该工程 2016 年 7 月 1 日开工，位于滨河路 21 号，工程合同价格 280.5788 万元。门头沟区预防青少年犯罪法治教育基地工程地上 1 层，建筑面积 438.9 平方米，钢结构。北京市门头沟区人民检察院建设，北京京西建筑勘察设计院有限公司勘察，北京市住宅建筑设计研究院有限公司设计，北京住总集团有限责任公司施工，北京赛瑞斯国际工程咨询有限公司监理。3 月 22 日，C8-01 号商业等 4 项（门头沟区潭柘寺 MC01-0003-0067 等地块 R2 二类居住用地、F1 住宅混合公建用地等用途用地（配建经济适用住房）（原门头沟区潭柘寺镇中心区 C 地块项目））竣工备案。该工程 2015 年 9 月 23 日开工，位于门头沟区潭柘寺镇，工程合同价格 6193.6927 万元。竣备单体为 C8-02 号商业，地下 1 层，地上 3 层，建筑面积 1513.02 平方米；C8-03 商务办公，地下 1 层，地上 3 层，建筑面积 2095.87 平方米；C8-A 号地库，地下 1 层，建筑面积 330.79 平方米，框剪结构。北京京投瀛德置业有限公司建设，中航勘察设计研究院有限公司勘察，北京新纪元建筑工程设计有限公司设计，北京住总集团有限责任公司施工，北京集东建设工程监理有限责任公司监理。3 月 30 日，C8-01 号商业等 4 项（门头沟区潭柘寺 MC01-0003-0067 等地块 R2 二类居住用地、F1 住宅混合公建用地等用途用地（配建经济适用住房）（原门头沟区潭柘寺镇中心区 C 地块项目）竣工备案。该工程 2015 年 9 月 23 日开工，位于潭柘寺镇，工程合同价格 6193.6927 万元。此次竣备单体为 C8-01 号商业，地下 2 层，地上 3 层，建筑面积 3697.42 平方米，框剪结构。北京京投瀛德置业有限公司建设，中航勘察设计研究院有限公司勘察，北京新纪元建筑工程设计有限公司设计，北京住总集团有限责任公司施工，北京集东建设工程监理有限责任公司监理。4 月 13 日，北京市门头沟永定镇 MCOO-0016-0055、0056、0066 地块 A334 基础教育用地、F1 住宅混合公建用地、F2 公建混合住宅用地项目（1 号住宅楼等 8 项）竣工备案。该工程 2019 年 11 月 22 日开工，位于永定镇，工程合同价格 11072.919951 万元。此次竣备单体为 5 号酒店，地下 2 层，地上 9 层，建筑面积 7054.14 平方米。北京瑜景房地产开发有限公司建设，建设综合勘察研究设计院有限公司勘察，北京维拓时代建筑设计股份有限公司设计，江苏南通二建集团有限公司施工，北京中城建建设监理有限公司监理。7 月 18 日，门头沟区政务服务业务用房及配套工程竣工备案。该工程 2018 年 11 月 8 日开工，位于永定镇，工程合同价格 20187.735376 万元。此次竣备单体为政务服务业务用房（门头沟区政务服务业务用房及配套工程），地下 2 层，地上 8 层，建筑面积 49998 平方米，框剪结构。北京市门头沟区投资促进局建设，建研地基基础工程有限责任公司勘察，北京维拓时代建筑设计股份有限公司设计，江苏省建筑工程集团有限公司施工，北京银建建设工程管理有限公司监理。11 月 25 日，门头沟区永定镇曹各庄桥户营村 MC00-0016-061 地块 R2 二类居住用地、MC16-041 地块 T6 区域综合交通枢用地、MC16-048 地块 S4 社会停车场用地项目（1 号公交枢纽业务及配套用房等 5 项）竣工备案。该工程 2020 年 5 月 1 日开工，位于永定镇曹各庄桥户营村，工程合同价格 41435.030618 万元。此次竣备单体为 3 号商业楼地上 5 层；4 号地下车库，地下 3 层，地上 1 层；框剪结构。北京骏辉房地产开发有限公司建设，北京中地大工程勘察设计研究院有限责任公司勘察，基准方中建筑设计股份有限公司设计，中铁建设集团有限公司施工，北京中建协工程咨询有限公司监理。12 月 2 日，1 号研发辅助用房等 2 项（扩建厂房、研发楼）竣工备案。该工程 2012 年 9 月 20 日开工，位于门头沟区美安路 5 号，工程合同价格 1822.6502 万元。此次竣备单体为：4 号研发楼，地下 1 层，地上 9 层；1 号研发辅助用房，地下 1 层，地上 4 层；建筑面积 10360.00 平方米，框架结构。北京巨擎国际贸易发展有限公司建设，北京市城乡建设勘察设计院勘察，北京市城乡建筑设计院设计，北京金世源建筑工程有限公司施工。

（朱晓霞）

【紫金路 20 号院 1 号楼室内装修工程】 1 月 14 日，紫金路 20 号院 1 号楼 4 层 F4-19B 号室内装修工程联合验收网上办结。该工程 2021 年 10 月 9 日开工，位于门头沟区紫金路 20 号院 1 号楼 4 层 F4-19B 号，工程合同价格 78 万元。此次竣备单体为门头沟区紫金路 20 号院 1 号楼 4 层 F4-19B 号室内装修工程，地上 1 层，建筑面积 836.0 平方米。福成肥牛餐饮管理有限公司门头沟分公司建设，浙江耀华规划建筑设计有限公司设计，北京亚恒世纪装饰工程有限公司施工，北京中城建建设监理有限公司监理。

（朱晓霞）

【建行门头沟支行外立面装饰改造工程】 1 月 24 日，中国建设银行股份有限公司北京门头沟支行外立面装饰改造工程联合验收网上办结。该工程 2017 年 7 月 16 日开工，位于门头沟双峪路 22 号，工程合同价格 342.099604 万元。此次竣备单体为中国建设银行股份有限公司北京市分行门头沟支行办公楼外立面改造，地上 5 层，建筑面积 4419.46 平方米。中国建设银行股份有限公司北京市分行建设，北京顺鑫建筑规划设计研究院有限公司设计，建峰建设集团股份有限公司施工，北京银建建设工程管理有限公司监理。

（朱晓霞）

【七星长安A栋综合室内装修工程】 2月18日，七星长安A栋综合室内装修工程联合验收网上办结。该工程2021年9月14日开工，位于门头沟区石龙北路3号院2号楼B2\B1\一层二层，工程合同价格96万元。本次竣备单体为：门头沟区石龙北路3号院2号楼-1层-120，地下1层，建筑面积144.33平方米；门头沟区石龙北路3号院2号楼2层（201～219），地上1层，建筑面积1013.54平方米；门头沟区石龙北路3号院2号楼1层（101～119），地上1层，建筑面积1033.98平方米；门头沟区石龙北路3号院2号楼-2层-211-210，地下1层，建筑面积144.33平方米。润泽通达（北京）酒店管理有限公司建设，天安云建设工程有限公司设计，英特迈往（北京）新型保温建材有限公司施工。

（朱晓霞）

【紫金路20号院内装饰装修工程】 3月14日，门头沟区紫金路20号院1号楼F4-01内装饰装修工程联合验收网上办结。该工程2021年10月22日开工，位于北京市门头沟区紫金路20号院1号楼F4-01，工程合同价格32万元。此次竣备单体为北京市门头沟区紫金路20号院1号楼F4-01，地上1层，建筑面积556.38平方米。北京好嫂子餐饮管理有限公司建设，浙江耀华规划建筑设计有限公司设计，金智鑫建设集团有限公司施工。

（朱晓霞）

【忠良书院6号楼2020年修缮装修施工项目】 3月18日，忠良书院6号楼2020年修缮装修施工项目联合验收网上办结。该工程2021年6月26日开工，位于门头沟区龙泉务张家坡135号25幢，工程合同价格353.3893万元。竣备单体为：6号楼，地上5层，建筑面积4252.62平方米。北京中粮龙泉山庄有限公司建设，北京筑工建设工程有限公司设计，北京丽雅建筑工程有限公司施工，北京远东工程项目管理有限公司监理。

（朱晓霞）

【龙泉务张家村135号内部装修工程】 3月18日，龙泉务张家村135号2幢内部修缮装修工程联合验收网上办结。该工程2021年8月24日开工，位于龙泉务张家村135号2幢，工程合同价格385.2329万元。此次竣备单体为1号楼，地上3层，建筑面积2337.3平方米。北京中粮龙泉山庄有限公司建设，北京筑工建设工程有限公司设计，北京丽雅建筑工程有限公司施工，北京远东工程项目管理有限公司监理。龙泉务张家村135号10幢内部修缮装修工程联合验收网上办结。该工程2021年10月26日开工，位于龙泉务张家村135号10幢，工程合同价格296.443万元。此次竣备单体为10幢，地上3层，建筑面积2840.2平方米。北京中粮龙泉山庄有限公司建设，北京筑工建设工程有限公司设计，北京丽雅建筑工程有限公司施工，北京远东工程项目管理有限公司监理。龙泉务张家村135号24幢内部修缮装修工程联合验收网上办结。该工程2021年10月3日开工，位于龙泉务张家村135号24幢，工程合同价格270.1875万元。此次竣备单体为24幢，地上5层，建筑面积2961.81平方米。北京中粮龙泉山庄有限公司建设，北京筑工建设工程有限公司设计，北京丽雅建筑工程有限公司施工，北京远东工程项目管理有限公司监理。

（朱晓霞）

【北京柏欧利诺实验室装修改造项目】 3月23日，北京柏欧利诺实验室装修改造项目联合验收网上办结。该工程2021年3月26日开工，位于北京市门头沟区美安路7号院1号楼3层302室，工程合同价格156万元。此次竣备单体为北京柏欧利诺实验室装修改造项目，地上1层，建筑面积675平方米。北京柏欧利诺生物科技有限公司建设，天安云建设工程有限公司设计，北京北恒净化工程技术有限公司施工。

（朱晓霞）

【北京羽苏生物科技办公室装修改造项目】 3月23日，北京羽苏生物科技办公室装修改造项目联合验收网上办结。该工程2021年3月26日开工，位于北京市门头沟区美安路7号院1号楼3层305室，工程合同价格115万元。此次竣备单体为北京羽苏生物科技办公室装修改造项目，地上1层，建筑面积409.0平方米。北京羽苏生物技术有限公司建设，天安云建设工程有限公司设计，北京北恒净化工程技术有限公司施工。

（朱晓霞）

【即刻健身北京门头沟融悦汇店装修工程】 3月29日，即刻健身北京门头沟融悦汇店装修工程联合验收网上办结。该工程2021年9年月8日开工，位于北京市门头沟区紫金路20号院1号楼4层F4-20号，工程合同价格30万元。此次竣备单体为即刻健身北京门头沟融悦汇店装修工程，地上1层，建筑面积726.5平方米。北京即刻运动发展有限责任公司建设，北京博越建筑装饰工程有限责任公司施工。

（朱晓霞）

【门头沟琉璃制品厂改造项目】 4月13日，门头沟琉璃制品厂改造项目联合验收网上办结。该工程2021年02月07日开工，位于门头沟区琉璃渠大街2号，工程合同价格360.134万元。此次竣备单体为门头沟琉璃制品厂改造项目（琉璃生产车间），地上1层，建筑面积1210.29平方米。北京金隅加气混凝土有限责任公司建设，建设综合勘察研究设计院有限公司勘察，北京建都设计研究院有限责任公司设计，北京市建筑装饰设计工程有限公司施工。

（朱晓霞）

【商品住宅项目竣工备案】 6月20日，永定镇岢罗坨、秋坡、石佛村MC00-0500-0009、0010、0013地块R2二类居住用地项目（10-01号住宅楼等14项）、永定镇岢罗坨、秋坡、石佛村MC00-0500-0009、0010、0013地块R2二类居住用地项目（10-08号住宅楼等7项）、永定镇岢罗坨、秋坡、石佛村MC00-0500-0009、0010、0013地块R2二类居住用地项目（10-22号地下车库）竣工备案。该工程2018年12月11日开工，位于永定镇岢罗坨、秋坡、石佛村，工程合同价格27368.0692万元。此次竣备单体为10-12号住宅楼地下2层，地上4层；10-09号住宅楼地下2层，地上4层；10-10号住宅楼地下2层，地上4层；10-05号住宅楼地下2层，地上4层；10-16号住宅楼地下2层，地上4层；10-13号住宅楼地下2层，地上4层；10-08号住宅楼地下2层，地上4层；10-11号住宅楼地下2层，地上4层；10-15号住宅楼地下2层，地上4层；10-14号住宅楼地下2层，地上4层；10-04号住宅楼地下2层，地上4层；10-21号居住公共服务设施用房地下1层；10-02号住宅楼地下3层，地上4层；10-03号住宅楼地下2层，地上4层；10-20号地上1层；10-06号住宅楼地下2层，地上4层；10-22号地下车库地下3层，地上1层；10-07号住宅楼地下2层，地上4层；10-01号住宅楼地下3层，地上4层；建筑面积64047平方米，剪力墙结构。北京西元祥泰房地产开发有限公司建设，中航勘察设计研究院有限公司勘察，北京维拓时代建筑设计股份有限公司设计，山西建筑工程集团有限公司施工，中国水利水电建设工程咨询北京有限公司监理。8月17日，永定镇岢罗坨、秋坡、石佛村MC00-0500-0009、0010、0013地块R2二类居住用地项目（10-01号住宅楼等14项）、永定镇岢罗坨、秋坡、石佛村MC00-0500-0009、0010、0013地块R2二类居住用地项目（10-08号住宅楼等7项）、永定镇岢罗坨、秋坡、石佛村MC00-0500-0009、0010、0013地块R2二类居住用地项目（10-22号地下车库）竣工备案。该工程2018年12月11日开工，位于永定镇岢罗坨、秋坡、石佛村，工程合同价格27368.0692万元。此次竣备单体为10-18号住宅楼地下2层，地上4层；10-17号住宅楼地下2层，地上4层；10-19号住宅楼地下2层，地上4层；建筑面积7021.84平方米，剪力墙结构。北京西元祥泰房地产开发有限公司建设，中航勘察设计研究院有限公司勘察，北京维拓时代建筑设计股份有限公司设计，山西建筑工程集团有限公司施工，中国水利水电建设工程咨询北京有限公司监理。9月22日，永定镇岢罗坨、秋坡、石佛村MC00-0500-0009、0010、0013地块R2二类居住用地项目（09-01号住宅楼等4项）、永定镇岢罗坨、秋坡、石佛村MC00-0500-0009、0010、0013地块R2二类居住用地项目（09-04号住宅楼等3项）、永定镇岢罗坨、秋坡、石佛村MC00-0500-0009、0010、0013地块R2二类居住用地项目（09-07号住宅楼等3项）竣工备案。该工程2018年10月29日开工，位于永定镇岢罗坨、秋坡、石佛村，工程合同价格21875.499053万元。此次竣备单体为09-03号住宅楼地下2层，地上8层；09-10号居住公共服务设施用房地下1层；建筑面积5042.9平方米，剪力墙结构。北京西元祥泰房地产开发有限公司建设，中航勘察设计研究院有限公司勘察，北京维拓时代建筑设计股份有限公司设计，中电建建筑集团有限公司施工，中国水利水电建设工程咨询北京有限公司监理。12月20日，永定镇曹各庄桥户营村MC00-0016-061地块R2二类居住用地、MC16-041地块T6区域综合交通枢纽用地、MC16-048地块S4社会停车场用地项目（1号住宅楼等6项）竣工备案。该工程2019年10月25

日开工，位于永定镇曹各庄桥户营村，工程合同价格28665.16497万元。此次竣备单体为：1号住宅楼地下2层，地上24层；2号住宅楼，地下2层，地上13层；6号住宅楼地下2层，地上26层；7号分界室，地上1层；建筑面积40040.07平方米，剪力墙结构。北京骏辉房地产开发有限公司建设，北京中地大工程勘察设计研究院有限责任公司勘察，基准方中建筑设计股份有限公司设计，中铁建设集团有限公司施工，北京炎黄联合国际工程设计有限公司监理。12月20日，永定镇曹各庄桥户营村MC00-0016-061地块R2二类居住用地、MC16-041地块T6区域综合交通枢纽用地、MC16-048地块S4社会停车场用地项目（1号住宅楼等6项）竣工备案。该工程2019年10月31日开工，位于永定镇曹各庄桥户营村，工程合同价格11663.54775万元。此次竣备单体为：3号住宅楼地下1层，地上13层；5号住宅楼，地下2层，地上26层；建筑面积15898.65平方米，剪力墙结构。北京骏辉房地产开发有限公司建设，北京中地大工程勘察设计研究院有限责任公司勘察，北京炎黄联合国际工程设计有限公司设计，中铁建设集团有限公司施工，北京中建协工程咨询有限公司监理。12月31日，潭柘寺MC01-0003-0067等地块R2二类居住用地、F1住宅混合公建用地等用途用地（配建经济适用住房）（原门头沟区潭柘寺镇中心区C地块项目）项目（C5-01号住宅楼等5项、C5-11号商业楼）竣工备案。该工程2019年10月15日开工，位于潭柘寺镇，工程合同价格31038.600005万元。此次竣备单体为C5-01号住宅楼地下1层，地上6层；C5-05号住宅楼，地下1层，地上6层；C5-06号住宅楼，地下1层，地上6层；C5-10号住宅楼，地下1层，地上6层；C5-A号地库，地下2层，地上1层；建筑面积29783.04平方米，剪力墙结构。北京京投瀛德置业有限公司建设，中航勘察设计研究院有限公司勘察，北京维拓时代建筑设计股份有限公司设计，中航天建设工程有限公司施工，北京集东建设工程监理有限责任公司监理。

（朱晓霞）

【平安银行北京门头沟支行装修工程】 7月11日，平安银行北京门头沟支行装修工程联合验收网上办结。该工程2022年4月5日开工，位于北京市门头沟区石龙南路1号骏洋国际大厦首层102、103号，工程合同价格168.446937万元。此次竣备单体为平安银行北京门头沟支行装修工程1号103，地上1层；平安银行北京门头沟支行装修工程1号102，地上1层，建筑面积598.15平方米。平安银行股份有限公司北京分行建设，北京中和建城建筑工程设计有限公司设计，北京北方世纪建筑装饰工程有限公司施工。

（朱晓霞）

【共有产权房工程项目竣工备案】 9月9日，永定镇曹各庄桥户营村MC00-0016-063地块F1住宅混合公建用地、MC00-0016-064地块R2二类居住用地项目竣工备案。该工程2018年7月15日开工，位于永定镇曹各庄桥户营村，工程合同价格43560.826965万元。此次竣备单体为：1号疏散口，地上1层；2号疏散口，地上1层；1号人防出口，地上1层；2号人防出口，地上1层；D1地下车库，地下3层；G2号配套楼，地上1层；G3号配套楼，地下1层，地上1层；3号疏散口，地上1层；4号疏散口，地上1层；5号疏散口，地上1层；6号疏散口，地上1层；3号人防出口，地上1层；4号人防出口，地上1层；D2地下车库，地下2层；1号住宅楼，地下3层，地上20层；G1号商业办公楼，地下3层，地上11层；3号住宅楼，地下3层，地上26层；4号住宅楼，地下3层，地上26层；5号住宅楼，地下3层，地上26层；建筑面积135476.16平方米，框剪结构。北京中铁诺德东兴置业有限公司建设，建研地基基础工程有限责任公司勘察，中国建筑设计研究院有限公司设计，中铁六局集团有限公司施工，河北中基华工程项目管理有限公司监理。9月27日。永定镇曹各庄桥户营村MC00-0016-063地块F1住宅混合公建用地、MC00-0016-064地块R2二类居住用地项目竣工备案。该工程2018年7月15日开工，位于永定镇曹各庄桥户营村，工程合同价格43560.826965万元。此次竣备单体为：2号住宅楼，地下3层，地上19层；建筑面积15263.72平方米，框剪结构。北京中铁诺德东兴置业有限公司建设，建研地基基础工程有限责任公司勘察，中国建筑设计研究院有限公司设计，中铁六局集团有限公司施工，河北中基华工程项目管理有限公司监理。

（朱晓霞）

【保障性住房使用监督管理】 截至年底，安居北京系统动态监管模块反馈的公租房家庭再购房等违规线索处理情况，收到系统反馈件共91件，受理91件，受理率达到100%；处理办结91件，处理率达到100%。达到双率落实两个百分百。区住房城乡建设委负责督促推进公租房项目安装技防设备并投入使用，区级持有项目全覆盖到位，在技防应用方面全覆盖并安装投入使用，信息采集工作基本采集完毕，调试逐步完善，人脸识别系统与门禁相关联，落实到位，管控到单元；实现监管方式由“人防”向“人防+技防”的转变。

（王　鹏）

【企业资质与人员注册管理】 年内，门头沟区建筑业企业资质审批604家；建筑业企业施工劳务备案1475家；建筑业企业资质证书变更2626家；受理二级建造师初始注册483人、注销注册592人、延续注册1235人，变更注册1580人、重新注册327人，合计4217人。

（魏英慧）

【工程安全质量监管】 年内，区住房城乡建设委实施拉网式监督检查，全区开复工工程85项，其中房建开复工面积340.29万平方米，道路开复工总里程8.18万米，全年开展安全质量检查686次，出动安全质量检查人员1402人次，查出隐患1213条，下发责令改正通知书24份，处罚共58起，罚款共253.265539万元。

（李　兵）

【建筑市场管理】 年内，门头沟区有形建筑市场共受理入场招投标项目14项，建设规模3.57万平方米，道路及管线里程32.32千米。投资金额（合同金额）共5.16亿元。其中，政府投资7项，投资金额3.34亿元，建设规模3.57万平方米，道路及管线里程14.82千米；国有非政府投资项目7项，投资金额1.82亿元，道路及管线里程17.5千米。截至2022年12月31日，建设领域负面清单在列管期限内涉及17家施工企业、1家监理企业以及35名工程管理人员。

（李　冰）

【保障性住房建设】 年内，门头沟区共筹集建设保障性租赁住房1623套。其中，永定镇MC00-0605-0004地块R2二类居住用地，MC00-0605-0008地块F3其他类多功能用地项目（配建“保障性租赁住房”）项目，建设主体为北京辰轩置业有限公司，建设71套保障性租赁住房，取得开工手续并开工建设，封顶；永定镇MC00-0605-0002，0005地块二类居住用地R2（配建“保障性租赁住房”）项目，建设主体为北京金水慧业房地产开发有限公司，建设94套保障性租赁住房，取得开工手续并开工建设，地上14层结构施工；永定镇MC00-0605-0001，0003地块二类居住用地R2（配建“保障性租赁住房”）项目，建设主体为北京慧茂置业有限公司，建设76套保障性租赁住房，取得开工手续并开工建设，进行7层结构施工；门头沟区集中隔离医学观察点项目，建设主体为门头沟区重大建设项目协调服务中心，共建设1040套，完工并投入使用；门头沟区新城北部公共租赁住房项目，建设主体为区保障性住房建设管理公司，总建筑规模（地上）70160平方米，建成1000套公租房。该项目完成“多规合一”初审、立项核准、权属审查、用地预审及选址工作，办理环保手续时，因地块内堆存有历史遗留的煤矸石，被要求完成鉴别工作。完成招标工作。上报市住房城乡建设委筹集342套安置房剩余房源用作公租房使用。年内，门头沟区共竣工保障性住房936套。诺德彩园共有产权房项目，建设共产房936套，项目完成竣工备案验收，10月22日开始交房。

（杜　凯）

【保障性住房审核分配】 年内，门头沟区保障性住房新申请655户，备案家602户；市场补贴新申请902户，备案家庭796户；公租补贴新申请131户，备案100户。保障性住房变更1236户，备案家庭948户；市场补贴变更711户，备案家庭543户；公租补贴变更287户，备案239户。保障性住房终止1196户，备案家庭1174户；市场补贴终止424户，备案家庭408户；公租补贴终止132户，备案127户。公租补贴年度复核家庭1618户。市场租房补贴年度复审2705户。

（王海燕）

【保障性住房资金管理】 年内，区住房城乡建设委依规定对符合条件的公租房、人才公租房和市场租赁住房三类申请人群发放补贴金，共发放货币补贴10373.53万元，其中公租房补贴16762户次，2311.77万元；人才公租房补贴4265户次，269.62万元；市场租房补贴37826户次，7792.14万元。

（王海燕）

【棚户区改造工作】 年内，市级下达门头沟区棚户区改造任务完成征拆签约5户，棚户区改造任务完成签约8户，完成率160%。

（陈　晨）

【配套设施管理】　年内，区住房城乡建设委共对4个新建居住项目公共服务设施配建进行规划指导；居住项目建设方案备案服务工作4项目次；推进3个项目配建公共服务设施移交至接收使用单位，由接收使用单位负责后续的监督使用管理。

（王文鹏）

【房屋交易市场】　年内，存量房网签2508套，受理投诉655件。出售新建商品住房2003套，均价46081元/平方米，新建商品住房销售（含预售商品房和现售商品房）价格同比下降8.7%。全年共开展房地产开发企业在售项目销售现场执法检查102次。未发生房地产开发企业行政处罚。

（李　萌）

【房屋安全检查】　年内，区住房城乡建设委完成2022年度门头沟区城镇房屋安全检查工作。全区共检查房屋1233.5万平方米，涉及9个镇、4个街道办事处、22个自管房单位、40个物业企业，其中楼房1718栋，1198.51万平方米；平房6354间，34.99万平方米。直管公房共检查楼房58栋、平房372间，11.07万平方米。查房率为100%。

（韩少伟）

【普通地下室安全检查】　年内，门头沟区在册地下室504处，面积1070879.41平方米，全部进行检查，区住房城乡建设委共累计检查普通地下室816处，出动执法人员1632人次，未发现普通地下室违规住人现象。

（韩少伟）

【老楼住宅加装电梯】　年内，门头沟区老楼加装电梯任务数量为不少于10部。通过宣传和努力确认3部准予开工，点位在大峪街道月季园东里小区（7号楼4单元、11号楼1单元、12号楼2单元），安装单位是北京房地天宇特种设备安装工程有限公司。已完工。

（韩少伟）

【物业企业及人员管理】　年内，门头沟区现有物业服务企业61家，住宅小区166个，建筑面积1219.88万平方米。其中有专业物业企业管理的小区153个，建筑面积1167.59万平方米；自管或其他物业服务人管理的小区13个，建筑面积52.29万平方米。非住宅项目25个，建筑面积169.79万平方米。对全区群众反映问题较多的项目进行现场检查154次，约谈物业企业23家次。

（谭　笑）

【建筑节能日常监管情况】　年内，门头沟区核发施工许可证的新开工工程12项，总建筑面积604431.71平方米，新开工装配式建筑工程9项，装配式建筑面积359066.57平方米，新建装配式建筑面积占新建建筑面积占比59.41%。采购信息填报工作填报在施工程104个，完结工程171个。

（史卫东）

【农村危房改造】　年内，门头沟区危房改造系统中2018-2020年通过其他方式解决安全住所的536户仍可按照政策进行改造享受补贴；2021年录入系统12户纳入保障范围，均通过其他方式解决安全住所；另有5户符合保障范围正在进行宅基地建房审批。共完成改造485户，另有548户通过其他方式解决安全住所，共拨付市级资金2279.5万元，区级资金1001.4万元。

（史卫东）

【房屋租赁市场】　年内，房地产经纪机构、住房租赁企业日常巡检138次；在北京市“疏解整治促提升”综合调度信息平台（群租房治理）累计审核销账共23处。住房租赁企业责令整改2起、行政处罚2起。

（郭　晶）

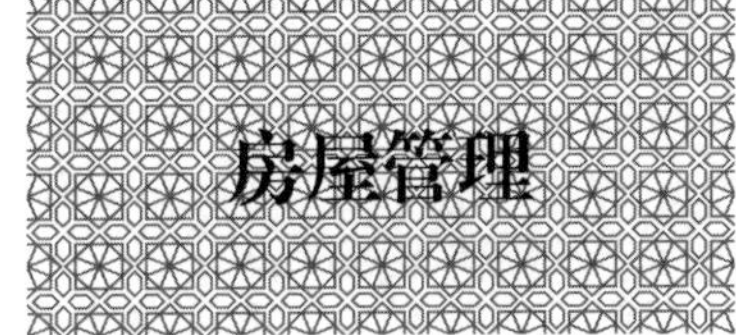

房屋管理

【概况】　2022年，门头沟区房屋征收事务中心（简称区房屋征收事务中心）受区房屋征收办的委托，负责落实全区房屋拆迁、安置及房产证办理推进工作，征收补偿资金测算、管理与发放，安置房源及周转房源的筹集、分配和管理工作，协助有关部门落实安置房小区相关工作。年内，向1829未安置居民（含棚户区项目及重点项目）按时发放周转补助费37851650元。

（刘燕文）

【房本注销工作】　年内，区房屋征收事务中心为切实解决门头沟区安置房“办证难”问题，档案小组与安置部，本着分工不分家的原则，协同推进房产证办理工作进度，下半年，档案小组按照房产证办理进度，重新整理征收补偿安置档案，开始进行原征收房屋产权证注销工作，通过与市规划自然资源委门头沟分局多次对接，梳理批量注销工作流程和相关手续，并按照相关要求，分批次完成233件房产证注销。同时，打通个人申请注销房产证通道，被征收人可根据自身需求，申请将原房屋产权证进行注销，疏解部分因房产证不能注销所造成的信访难题。配合被征收的相关单位完成非住宅土地证及房产证注销等工作。

（李雪松）

城乡管理

10月16日，国网北京市电力公司门头沟供电公司保障人员巡视重点输电线路（张文静　摄）

2月，门头沟区供暖单位提高热源锅炉负荷以应对降温天气。图为石门营热源厂工作人员在监控供热控制系统（《京西时报》 供图）

9月20日，区园林绿化局在雁翅镇青白口村湿地公园开展“北京湿地日”主题宣传。图为放归珍稀鸟类（《京西时报》 供图）

2022 年，门头沟区加强城市精细化治理。图为位于紫金南路的街巷长公示牌（《京西时报》 供图）

2022 年，门头沟区积极打通山城供水“最后一公里”。图为可实现 24 小时供水的王平镇集中供水厂（《京西时报》 供图）

市政管理

【概况】 2022年，门头沟区城市管理委员会（简称区城市管理委）挂门头沟区城乡环境建设管理委员会办公室，是负责门头沟区城乡环境建设、市政基础设施、市容环境卫生、能源日常运行等管理的区人民政府工作部门。负责对门头沟区城市管理工作的业务指导、组织协调、指挥调度、专项整治和检查评价。承担城市管理、城乡环境建设的综合协调、监督考核工作。承担门头沟区城乡环境建设管理委员会的日常工作。

年内，区城市管理委全面落实市区两级决策部署，各项工作落实平稳有序，“接诉即办”工作稳步提升。持续提升市政基础设施，承担区级重点工程任务20项，全力推进国道109新线高速工程、市区联络线工程、市郊铁路京门线建设工程等重点市政工程建设工作。积极解决停车难问题，优化百姓绿色出行环境。持续推动城市运行保障，全力做好北京冬奥会、冬残奥会、党的二十大等重大城市活动运行保障工作。推进斋堂110千伏变电站投运，开展电动自行车充电设施建设、安全型配件安装、非居民用户液化石油气替代、城市燃气设施老化更新改造等能源运行保障工作，积极推进区内垃圾分类、公厕达标改造和规范管理，开展渣土专项整治等工作。落实长效精细管理，持续优化城乡环境建设管理水平，不断强化环境建设管理监督和考核评价，加强户外广告安全管理、城市夜景照明管理等管理能力，开展空中飞线专项整治、铁路沿线开展环境整治、门前三包治理、背街小巷环境整治促提升等专项整治工作，推进精细化城市环境整治，助力创建全国文明城区建设。

（赵　鑫）

【接诉即办成绩稳步提升】 年内，区城市管理委接到群众诉求2937件，纳入市级考核1605件，响应率99.81%，解决率分别为97.68%，满意率分别为95.95%，三率成绩97.20。区城管委认真贯彻落实《北京市接诉即办工作条例》，压实各级领导责任，层层抓落实；坚持首接负责，健全督考制度，完善复议制度，合理运用“吹哨报到”机制；接诉即办专班坚持每月不少于3次业务培训和案例分析，推动解决难点问题，规范答复口径；坚持问题导向，结合“每月一题”重点工作新建电动自行车充电接口3712个。推进石门营供热厂增容改造项目，安装室温采集装置2.4万个。路侧停车二期共上线1809个泊位。获2022年度门头沟区接诉即办专项奖。

（穆　琳）

【西山梧桐公共停车场移交管理】 年内，西山梧桐公共停车场建设完成，并移交手续。西山梧桐公共停车场对外开放增加停车位149个，有效缓解西山梧桐、丽景长安等小区居民停车问题。

（周　辉）

【区城市地下管线防汛应急演练】 6月16日，区城市管理委组织养护单位恒溢源建设工程有限公司开展年度防汛应急演练。区城市地下管线防汛专项分指负责人现场观摩指导并参与演练，养护单位20余人参加演练。

（周　辉）

【拆除道路中央护栏】 年内，区城市管理委对区违停抓拍设施完善、现场执法相对成熟的道路的部分中央隔离护栏进行拆除，截至12月底，共拆除1300余片、4000米护栏的优化撤除工作。护栏拆除工作有助于减少隔离护栏带来的安全隐患，改善人民群众出行环境，进一步提升城市品质，打造整洁、有序、舒适的城市交通环境。

（周　辉）

【夜间停车错时共享】 年内，区城市管理委在百姓关注的停车管理问题上“想办法、下功夫、办实事”，结合小区周边情况，通过深度挖掘、盘活、整合停车资源，为居民拓展就近停车空间。年内，中昂时代广场、区中医医院等16个停车场的545个车位对外错时开放，有效缓解居民停车难题。

（周　辉）

【备案停车场动态数据接入市级平台】 年内，区城市管理委为加快推进智慧停车建设，抓紧落实公共停车场动静态数据汇集工作。通过科技领航、会议部署、日常调度、优化调整备案管理办法。10月，提前完成区80家备案经营性公共停车场16611个停车泊位动态数据与区级停车诱导系统平台接入工作，并与市停车资源平台数据对接。

（周　辉）

【共享单车运营管理】 年内，

哈啰共享单车陆续覆盖北京地铁S1线石厂站等6个站点及周边地区，共施划设定211个规范停车点位，报备车辆总数2000余辆，实际投放数量1900辆。通过共享单车解决通勤“最后一公里”问题，降低短途机动车出行数量，缓解地铁周边停车难问题。共享单车日均调度车辆数为180辆，车辆使用频次每日人均3.4次，日均受理网格件0.1件，平均完成时效27分钟，每日区域消杀320辆，完成应急、重大活动保障3次，每月为3176个用户提供服务。

（周　辉）

【市区联络线工程持续推进】 年内，区城市管理委持续推进莲石湖西路东延、石龙路东延及河滩路东延3条城市主干路前期工作，莲石湖西路东延完成道路规划条件编制，河滩路东延取得市发改委下发的前期工作单，确定公联公司为建设主体推进项目前期手续工作，开展石龙路东延道路设计方案研究。市区联络线是门头沟区与城区连接的重要交通通道。

（孟文静）

【国道109新线高速工程】 年内，门头沟区主责国道109新线高速工程征拆工作，区城市管理委作为征地拆迁牵头单位，工程协调科严格按照区委、区人民政府会议精神开展相关工作。主线拆迁情况，全线用地范围内全部完成清登调查工作，各镇签约率达到99%，面积244余公顷。其中，妙峰山陈家庄村、斋堂镇西胡林村、清水镇齐家庄村涉及住宅拆迁（腾退）工作的地块，此次拆迁（腾退）工作涉及8户，建筑面积共2977.04平方米，完成签约。临时用地拆迁，共接收“多规合一”及“绿色施工方案”临时占地61块，完成签约61块，签约率达100%。树木伐移工作涉及军庄镇、龙泉镇、妙峰山镇、王平镇、雁翅镇、斋堂镇、清水镇，全线各镇基本完成树木伐移工作。全线11个工区共涉及节点工程桥梁35座、隧道16个，全面进场施工，实现全面进地。

（张　帆）

【改善百姓出行环境】 年内，区城市管理委实施畅通工程，有路无灯，石门营河道安全防护栏修复工程，修缮城市主要道路连接线政法路东延1条，同时完善道路附属设施，解决乱停车等问题；109国道（公交站点）、杨东路（公交站点、学校路口）、新华路安装路灯设施，解决3个点位的有路无灯问题；修缮石门营河道安全防护栏1800余米，解决百姓反映城市环境的热点问题，消除道路通行安全隐患。

（张继征）

【生活垃圾处理能力提升】 年内，门头沟区生活垃圾清运量为93669.84吨，厨余垃圾清运量为19616.28吨，粪便清运量为102741.38吨，餐厨垃圾清运量为2661.22吨，无害化处理率100%；全区共有生活垃圾处理设施4座，其中垃圾转运站1座、焚烧厂1座、垃圾卫生填埋场2座。

（杨　博）

【公厕无障碍设施改造】 年内，区城市管理委开展公厕无障碍设施改造工作，共完成20座无障碍设施整改工作；按照公厕上地图有关工作要求，针对全区范围内的公厕开展信息采集、上传、审核工作，全区775座公厕实现上高德地图工作，同时，规范农村公厕管理工作，有序推进553座农村公厕接入环卫信息管理系统工作。

（李彦姣）

【垃圾分类示范片区工作】 年内，区城市管理委开展垃圾分类示范创建工作，同时不断自我加压，开展区级创建。共完成9批市级创建任务、6批区级创建任务，涉及市级示范小区、村78个，区级示范小区、村138个，创建比例达到市级要求。同时，积极开展示范商务楼宇、示范商业街区、示范单位创建工作，完成创建完成示范商务楼宇3个，全区党政机关、事业单位、国有企业完成示范单位创建工作。年内，区城市管理委制定《门头沟区生活垃圾日常运行管理检查考核办法》，明确48项任务清单。全区桶站由3447组减少至1033组，减量70%；推广“分类驿站＋流动收集”模式，城区完成198座分类驿站建设，共90个小区推行“分类驿站＋流动收集”模式，驿站覆盖率73%。在农村巩固“垃圾不落地上门收集”模式，平房村覆盖率100%；建成清水涧区级分拣中心，9处再生资源中转站投入回收企业基本实现全覆盖。

（董　谦）

【环境建设管理监督和考核评价强化】 年内，区城市管理委进一步完善各部门参与的联合检查机制，加大督导检查力度，进一步完善“月检查、月考评、月通报、月曝光”检查工作机制。建立环境问题曝光制度，每月在京西时报对环境脏乱点进行曝光。坚持从月专项检查、台账整改、迎检成果等方面每月进行考核排名，坚持每周在区政府常务会上通报考核结果，在区人民政府院内及京西时报进行公示，对连续排名靠后的属地主要负责人由区领导进行约谈；坚持将年度综合考核结果纳入区人民政府绩效考核.

（陈利英）

【城乡环境整治工作督办】 年内，全区市、区脏乱点上账 7972 处按时完成整治，其中 937 处市级台账全部按整改时限治理完毕并保持 100% 的整改率；区城市管理委下发督办单 87 个，整治环境脏乱区域 508 个。

（陈利英）

【北京冬奥会及春节景观布置】 年内，区城市管理委结合北京冬奥会、冬残奥会赛事特点、区域特色，在新首钢大桥、滨河世纪广场公园布置 2 处花坛景观，在大峪、城子、东辛房 3 个街道文化中心布置 3 处冬奥景观小品，同时为营造春节、元宵节 2 个传统节日的喜庆气氛，在区人民政府门口、幸福广场入口布置花坛和景观小品，在景观大道更换新灯笼进行亮化提升。期间安排专人对景观布置进行全时值守，出动维护人员 432 余人次，确保节日期间“灯亮、景美”。新首钢大桥点位的燕山美景之一“西山晴雪”景观小品在冬奥城市景观打卡活动暨第三届“市民群众最喜爱的春节及元宵节景观布置”评选活动获得 22 万票，名列总成绩第二名，景观小品类第一名。

（陈利英）

【环境整治专项工程】 年内，区城市管理委积极推进“一线四矿”铁路沿线环境整治工程进展，完成项目施工图设计、预算评审工作，组织开展施工监理招投标，完成施工进场工作。项目共涉及 4 个镇街，10 个村庄及 3 个社区的环境整治及细节提升。主要施工内容包含铁路沿线围栏更换、破损路面修补、架空乱线梳理、大型箱变遮挡美化、铁路沿线垃圾杂物清理、新增历史风貌展示墙、见缝插绿。完成铁路沿线清理 33 千米，见缝插绿 12 万平方米，整修道路 4000 平方米。

（王世喧）

【石龙经济开发区景观提升工程】 年内，区城市管理委积极推进石龙地区环境提升工程进展，石龙地区环境提升涉及泰安路企业围墙更换、西峰寺沟 2 座高压电器设备安装和 3 处绿化提升，绿化提升分别为谭园路（华悦大厦段）两侧、长安街角、利德衡大厦。该项目竣工完成企业围墙更换 600 米，高压电器设备安装 2 座，绿化面积 3900 余平方米。

（王世喧）

【门前三包治理】 年内，区城市管理委以市级环境考核方案为基础，制定门头沟区环境考核方案及细则，将门前三包纳入区级环境考核范围，坚持问题导向，采取日检查、周通报、月考核工作机制，不断夯实专项治理工作基础。由区城市管理委牵头开展“四公示一台账”工作，对 13 个镇街共 1150 家商户进行摸排登记，签订商户自治公约、商户承诺书签订 1093 家，垃圾收运协议签订 656 家，门前三包责任书 1143 家，街巷长、综合执法队巡查记录台账 1121 家，同时，街巷长公示牌全部设置完成。研究探索“以户督户、商户自查”门前三包连片管理模式，通过“注重宣传引导、商户自查互查、完善巡查管控、通畅民声渠道”四步走，增强群众对城市管理“共治、共享”参与积极性。

（姜　浩）

【加强城市夜景照明管理】 年内，区城市管理委以《门头沟区门城地区夜景照明控制性详细规划》为夜景照明方案审批的专业性评审依据，做好景观照明审批工作；有效的完成重要活动、重大节日期间城市照明保障工作，全区景观照明设施全部按照市级时间节点的要求开启。促进夜间经济，塑造城市夜间景观名片、提升城市地位、营造靓丽多彩的城市氛围、提升城市整体活力。

（王　洋）

【户外广告安全管理】 年内，区城市管理委组织开展户外广告安全排查工作，建立安全隐患台账，并完成整改工作；组织各镇街及相关部门对抽查不合格的户外广告进行督查整改，加强日常巡查工作，及时查处非法设置的户外广告，减少户外广告对人民群众生命和财产安全的威胁，配合做好户外广告突发应急事件的处置和有关事宜。完成区级台账 81 处整改任务。

（王　洋）

【背街小巷环境整治提升】 年内，区城市管理委完成门头沟区 2020 年至 2022 年 14 条精治类背街街小巷环境精细化整治提升任务。突出问题导向，强化精准发力。以突出背街小巷实用性的“治脏、治乱、治暗”为主，建立“两级主抓、部门协作、多方参与”

的工作体系，全力补短板、强弱项，结合接诉即办群众诉求，开展“未诉先办、主动治理”，开展综合执法3430次，解决背街小巷问题点位183处。修补墙面、路面3000余平方米，规范电动车机动车乱停放600余次。

（孙　璐）

【街（巷）长等管理机制】 年内，区城市管理委完善工作机制，坚持将动态治理和静态治理相协调，以“小巷管家—街巷长—网格派发—执法吹哨”的模式，落实“日巡、周查、月评、季点名”制度，解决城市问题，实现全流程快速管控，全年街巷长累计巡访1.3万小时，处理问题12.2万件，及时解决背街小巷环境问题。

（孙　璐）

城管执法

【概况】 2022年，门头沟区城市管理综合行政执法局（简称区城管执法局）为门头沟区城市管理委员会管理的副处级行政执法机构，是基层综合行政执法机构的行业主管部门，负责统筹指导和综合协调基层综合行政执法工作，以区城管执法局名义执法。年内，区城管执法局在坚决落实新冠肺炎疫情防控职责的同时，有序安排各项执法工作，完成北京冬奥会、冬残奥会、全国“两会”以及元旦、春节、清明等重大活动和节日期间的环境秩序执法保障任务。全区城管执法系统处罚案件5774起，罚款535.448万元。其中，一般程序案卷2514起，532.326万元，简易程序案卷3260起，罚款3.122万元。

（刘雪莹）

【新冠肺炎疫情常态化防控】 年内，区城管执法局统筹镇街综合行政执法队持续抓好新冠肺炎疫情常态化防控监督覆盖检查，聚焦超市、餐馆等涉冷场所、暂停堂食衍生问题等，强化各类执法手段。摸排全区“三类场所”1030家，开展执法检查60441家次，发现并指导问题整改4257处。

（刘雪莹）

【重大活动及创城攻坚执法保障】 年内，区城管执法局聚焦北京冬奥会、冬残奥会、全国“两会”、党的二十大等重点保障任务，围绕创城创建成果巩固提升，认真梳理分析热线投诉举报，明确易发和高发问题点位，固化证据材料，倒排工期，结合全系统“畅夏清风”部署及“门前三包”主题月专项执法行动等，积极联合公安部门开展“并肩行动”，加大对主要大街、重点商圈街区、涉重大活动区域及周边临近道路的执法检查力度。

（刘雪莹）

【生活垃圾分类执法行动】 年内，区城管执法局量化分析镇街综合行政执法队的执法量和处罚量，及时督办查办移送案件，持续推进“城管执法进社区”，指导督促属地落实执法监管责任，持续巩固生活垃圾分类成效。检查主体责任单位22393家次，累计处罚相关违法行为3508起，罚款35.41万元。

（刘雪莹）

【占道经营整治行动】 年内，区城管执法局依托协调督办机制对属地镇街开展日常督导检查，将专项行动落实情况纳入考核体系，督促镇街落实属地管理主体责任。针对109国道及潭王路沿线区域开展执法检查，做到及时发现及时治理，防止违法行为形成规模，坚持问题“动态清零”。全区受理占道经营核定举报689件，同比下降31.58%，处罚相关违法行为1100起，罚款30.531万元。

（刘雪莹）

【城市运行及园林绿化专项行动】 年内，区城管执法局组织开展燃气、电力及园林绿化等方面专项行动。燃气安全方面，全系统共对燃气供应企业和燃气餐饮类用户开展燃气安全检查16482家次，立案查处燃气类违法行为98起，罚款37.557万元。电力安全方面，全系统会同电力、管网等行业部门或企业单位组织开展电力专业知识培训14次，现场进行联合宣传及巡查24次，排查消除行业认定安全隐患问题12处，依法处罚相关违法行为11起，其中警告2起，罚款2.52万元。园林绿化方面，全系统会同区园林绿化、区公园管理中心处等部门组织开展专业知识培训学习15次，开展现场游园宣传及联合巡查22次，依据《北京市公园条例》等法规，结合实际行政案例情况总结分析形成书面材料19件，处罚相关违法行为127起，罚款9.413万元。

（刘雪莹）

【大气污染防治攻坚行动】 年内，区城管执法局全面提升区大气污染防治和气象总体管控工作水平，积极推进大气污染类违法行为治理精细化，严格按照重大活动期间空气质量保障任务要求，指导监督镇街综合行政执法队开展相关工作。全区城管执法系统大气类违法行为共处罚 576 起，罚款 412.976 万元。

（刘雪莹）

【“基本无违建区”创建成果巩固】 年内，区城管执法局持续推进违法建设治理工作，利用区各项空间数据，结合生态红线、河道蓝线等各项管控条件，套叠全区违法建设点位矢量数据，进一步细化区、镇街违法建设点位管理台账，确定“以拆为主、拆补结合”的工作思路，推动拆除与补办手续工作齐头并进。完成违法建设拆除销账 175 处，建筑面积 41652.92 平方米，腾退土地面积 41401.46 平方米；分别完成市级年度任务目标的 104% 和 103%。

（刘雪莹）

【强化督察监管责任落实】 年内，区城管执法局依托区城管执法协调办平台督促属地落实管理主体责任，组织相关职能部门对市级监管通知单问题点位进行整改，并建立长效巩固机制，确保治理一处管住一处，确实提高区监管通知单整改率。全区办理政府监管通知单 11 件，城管系统督办单 104 件，其他各类督办单 135 件。向相关属地镇街及委办局派发区级监管通知单 483 件，督办通知单 393 件；编发《督察通报》20 期。

（刘雪莹）

园林绿化

【概况】 截至 2022 年年底，门头沟区林地面积 12.9 万公顷，森林覆盖率为 48.65%。绿化覆盖面积 2161.51 公顷，园林绿地面积 2185.12 公顷；绿地率为 51.45%，绿化覆盖率为 50.87%，人均绿地面积为 55.2 平方米，人均公园绿地面积为 26.08 平方米。2022 年，区园林绿化局综合执法队共进行执法检查 1987 次，其中涉林检查 792 次，野生动物检查 423 次，防火检查 772 次，累计出动执法人员 3997 人次、执法车辆 1993 台次。牵头组织门头沟区“2022 清风行动”“2022 绿剑行动”、打击非法自发早市等 3 项联合执法检查行动，作为成员单位参加打击非法盗采、国道 109 新线高速联合执法检查等 4 项行动，累计出动执法人员 82 人次，检查车辆 43 台次。在国家林草局公布新一批 26 个“国家森林城市”名单中，门头沟获“国家森林城市”称号。

（杨 超）

【平原生态林养护专业技能培训会】 2 月 25 日，平原生态林养护专业技能培训会在永定镇养护地块现场举办，邀请林业专家培训主要内容为常见林业有害生物防控技术。全区各养护单位负责人及 60 名养护管理技术人员参加。

（杨 超）

【“2021 绿剑行动”联合执法】 2 月 27 日，区园林绿化局综合执法队联合区农业农村局、公安门头沟分局、区市场监管局、区城管执法局和大峪街道办事处，在区双峪路口东，开展“门头沟区 2021 绿剑行动”第二次联合执法检查。对与石景山区交界处溜鸟人员聚集，且存在非法交易隐患的自发流动鸟市进行联合执法检查，此次检查未发现相关违法活动。

（杨 超）

【“世界野生动植物日”主题宣传活动】 3 月 3 日，区园林绿化局联合区公园管理中心、公安门头沟分局在黑山公园，开展“世界野生动植物日”主题宣传活动。区园林绿化局副局长、公安门头沟分局森林公安大队大队长、区公园管理中心主任及相关科室人员参加活动。此次活动共发放环保手提袋、海报、帽子、宣传手册等各类宣传品 6000 余份，宣传受众达 1500 余人次。

（杨 超）

【义务植树宣传活动】 4 月 3 日，区园林绿化局在滨河世纪广场公园门口开展全民义务植树日宣传活动。区园林绿化局书记、局长带领局相关业务科室、区公园管理中心工作人员 40 余人向现场市民发放绿化美化宣传材料，向市民发放“义务植树宣传口号”“北京野生鸟类”图谱、“野生动物保护条例”“林木病虫害防治手册”“森林防火宣传材料”“国家和北京市野生动物名录”、绿色生态购物袋、宣传折页等 9 种 2.7 万份。

（杨 超）

【义务植树活动】 4 月 8 日，在京浪岛文化体育公园，区委书记金辉、区长喻华锋，带领区四大部门领导带领各驻区部队等100余人参加以“创建国家森林城市 履行义务植树责任”为主题的全民义务植树活动，共栽植白皮松、西府海棠、金枝国槐、樱花、碧桃等树木230余株。4月11日，区园林绿化局联合区人民检察院在王平镇联合举行“公益诉讼生态修复基地”揭牌仪式暨“检察园林携手共建 合力守护绿水青山”植树活动。区人民检察院检察长、区级林长，区园林绿化局局长、区林长制办公室主任，王平镇党委书记、镇级林长出席活动并为“公益诉讼生态修复基地”揭牌，王平镇等工作人员共100余人参加活动。共栽植法桐、云杉、碧桃、西府海棠等100余株。

（杨　超）

【美国白蛾防控工作】 5月17日，门头沟区美国白蛾防控专班组一行对七彩花田街心公园、雅安路与华园路交叉口的美国白蛾测报点进行巡查。在七彩花田街心公园发现白蛾后，防控专班迅即详细了解该区域历史发生情况，并提出要求：联合属地加强该区域虫情动态监测，维护生态安全进行绿色防控。因采取措施及时科学，有效防止美国白蛾灾情和舆情发生。

（杨　超）

【救助野生动——黑鹳】 6月15日，区园林绿化局和清水镇政府联合北京市野生动物救护中心，在清水镇田寺村内救助受伤野生动物—黑鹳（国家一级保护濒危鸟类，因数量稀少，被比喻为“鸟中大熊猫”）。其右翅及双腿疑似折断，腹部存在大量血迹，伤情严重。在专家远程指导下，救助人员为黑鹳安排饮水、并对场地进行降温消暑，受伤动物状况平稳，当日中午13时被北京市野生动物救护中心接走进行专业救治。

（杨　超）

【打击非法流动鸟市联合执法行动】 7月28日，区园林绿化局执法队联合公安门头沟分局、区市场监管局、区农业农村局、区城管执法局、大峪街道办事处、区公园管理中心，召开打击非法流动鸟市工作协调会，决定将连续集中组织联合执法行动，严厉打击非法流动鸟市。7月31日，相关职能部门开展第一次联合执法行动。共出动执法人员18人，执法车辆5台，未发现野生动物非法交易行为。

（杨　超）

【治理游商联合执法行动】 9月18日，区园林绿化局联合公安门头沟分局、区市场监管局、区城管执法局、大峪街道办事处、区农业农村局以及相关执法队，在滨河世纪广场公园南门开展治理游商联合执法行动，现场共劝阻摆摊人员20余人，清除游商10余处，清理垃圾4公斤。基本清除园内游商扰民、占道现象。

（杨　超）

【古树名木保护科普宣传周活动】 9月29日，区园林绿化局联合区公安分局森林公安大队、区城管执法局在黑山公园开展以“保护古树名木，共享绿水青山”为主题的古树名木保护科普宣传周活动。此次活动共发放宣传材料、宣传品4200余份，宣传受教人次3700余人次。

（杨　超）

【古树名木保护项目评审】 7月20日，区园林绿化局绿化科邀请古树3名专家对区“2022年古树名木保护项目设计”进行评审。主管副局长参与评审工作。古树专家、设计单位和区园林绿化局相关人员首先对“椒园寺古树主题公园”选址及古树情况进行实地勘察；对军庄镇、龙泉镇纳入复壮、修复计划的古树进行实地查看。现场对设计的复壮、修复措施进行审核，并提出宝贵意见。

（杨　超）

【湿地分级分类管理工作】 12月27日，区园林绿化局印发《门头沟区第一批区级湿地名录》，包括珠窝水库、落坡岭水库、永定河王平段湿地、三家店水闸湿地。依托世界湿地日、北京湿地日，开展湿地保护宣传活动。

（杨　超）

【“两田一园”田间设施升级改造补贴项目】 年内，区园林绿化局基本完成“两田一园”田间设施升级改造补贴项目建设主体。涉及潭柘寺镇桑峪村和妙峰山镇桃园村紫云山庄2个地块，面积共31公顷，种植作物以果树为主。铺设田间支管道、铺设毛管。项目总投资95.50万元，其中直接工程费85.39万元，其他费用10.11万元。

（杨　超）

【森林防火宣传】 年内，区园林绿化局与移动公司、联通公司合作，共发送森林防火提示短信250万条。向各镇下发森林防火宣传牌80块、宣传横幅60条，安装智能防火宣传语音杆60根。组织开展3次森林防火宣传活动，广泛宣传全民防火，发放各类宣传品及《致全区人民的一封信》3000余份。各林场、公园在重点林区、主要路口、明显位置，通过悬挂横幅、张贴标语营造良好的森林防火氛围。

（杨　超）

【创城工作】　年内，区园林绿化局在各个公园通过摆放宣传展板、喇叭广播等方式加强对游客的文明引导，其中摆放《文明游园倡议书》《公园游客守则》《不文明游园清单》展板15块，更新创城广告23处，精神文明宣传栏12个，垃圾分类展板1处，各类提示牌11处，更换灯体广告100余张，创城围挡喷绘布316.5平方米，喇叭扩音器10个，文明引导员袖标50个。共组织各类创城主题活动6次，参与人数百余人次。

（杨　超）

【行政审批工作】　年内，区园林绿化局共审批占用林地（1公顷及以下）2件，面积0.3698公顷，收取植被恢复费80.04万元；审批临时占用林地4件，面积6.8488公顷，收取植被恢复费1221.732万元；审批直接为林业生产服务7件，面积2.096公顷。审批林木采伐43件，采伐总株数9640株，总蓄积1277.39立方米；林木移植23件，移植总株数4534株；审核审批城市树木砍伐47件，砍伐树木312株；树木移植2件，移植树木5株。

（杨　超）

【林业有害生物工作】　年内，区园林绿化局完成病虫害监测面积16.54268万公顷，监测覆盖率100%。林保工作完成北京市园林绿化局下达的“四率”指标任务，门头沟区林业有害生物成灾率控制在1‰以下，测报准确率达到95%以上，种苗产地检疫率达100%，无公害防治率达到95%以上。全年累计投入防控资金450余万元，区级财政对各乡镇林业有害生物防控提供应急资金20余万元。

（杨　超）

水　务

【概况】　2022年，门头沟区坚持“集约化规范供水，单元化精准治污”原则，创新构建供排水一体化大安全大保护格局。率先完成永定河山峡段治理范围内的线杆改移、流转腾退及拆改工作，永定河治理工程基本完工。落实河长制“四防一查”及“八有”措施，重点点位实现有效“管”。全区水安全保障能力不断提升，城乡河湖面貌宜人。完成高效节水灌溉工程676.2公顷。门头沟区山城供水管理模式被水利部评选为典型案例在全国进行推广，永定河山峡段生态修复等经验做法多次被人民日报、北京日报等国家级、市级媒体宣传报道。门头沟区节约用水事务中心举办的“水之清——我家中的节水主题知识讲座”活动被评选为2022年“节水中国 你我同行”联合行动优秀活动。门头沟区水务局（简称区水务局）获评《公民节约用水行为规范》主题宣传活动优秀组织单位。

（董　博）

【水政权力清单】　年内，区水务局完善并制定《北京市门头沟区水务局2022版水行政权力清单》。权力清单职权436项，其中行政处罚职权为388项，行政许可职权7项，行政强制职权11项，行政确认职权5项，行政征收职权3项，行政裁决职权1项，行政给付职权2项，行政检查职权3项，其他类职权16项。

（董　博）

【水法律法规宣传】　年内，区水务局强化水法律法规宣传。以“3·22世界水日”“5·12防灾减灾日”“12·4国家宪法日”等宣传活动日为契机，以创建文明城区为立足点，组织成立多个宣传小组，全年共向广大市民发放宣传材料5000余份，普及市民3000余人次，进一步强化水法律法规宣传。

（董　博）

【水政执法检查】　年内，区水务局深化“双随机一公开”水行政执法监管机制 进一步加强水行政执法力度，将执法数据录入北京市行政执法信息平台。全年水政执法检查4523次，出动人数9000余人次，其中联合执法160次，出动人数400余人。查处违法行为54起。一般程序立案24起，结24起，罚款49.8万元。当场处罚简易程序30个，罚款0.87万元。

（董　博）

【水资源管理】　年内，区水务局强化地下水管理。地下水取水审批量1740.35万立方米，地下水实际取水量1797.96万立方米。建立完善机井管理和计量体系，开展地下水专项排查整治工作，涉及全区9镇3街，实现全区机井排查全覆盖。排查机井533眼，其中底账内531眼，底账外2眼；排查发现问题38处，全部整改完成；加快地下水源置换，加快自备井置换和老旧小区管网改造，着力推进地下水源置换工作，严格按照规范要求，处置置换后的机井，并完善登记、建档、监督等管理制度。完成1眼自备井置换；实施河湖生态补水，官厅水库累计补水4.9亿立方米，河湖生态明显向好，地下水得到有效补给，多处泉水复涌。

（董 博）

【农村供水管理】 年内，区水务局制定《农村供水及水费收缴工作规范化管理办法》，重点推进涉及9镇87个村的水费计量收缴工作，并实现“以水养水”新模式。完成斋堂联村水厂升级改造，打造“互联网+人饮”供水模式，进一步提升水厂供水能力和水平。门头沟区山城供水管理模式被水利部评选为典型案例在全国进行推广。制定《门头沟区农村供水设施运行管理监督检查工作方案》，并将农村安全用水指标纳入区级年度综合考评，农村供水监督管理力度、全区农村供水设施规范化运行管理水平不断提高；累计检查城区内自建设施供水单位14处、检查农村供水站95处。

（董 博）

【节水管理】 年内，区水务局实行计划管理总量控制，积极落实最严格水资源管理制度考核，全年严格实行单月预警，双月考核制度，实际用水量为4381.71立方米，其中农业用水188.66立方米、工业用水142.37万立方米、生活及公共服务用水3070.93万立方米、生态环境用水979.75万立方米，其中新水用量3664.84立方米，再生水用量716.87万立方米。开展节水创建和居民家庭高效节水器具换装工作，共完成节水型单位复测1家、创建节水型单位1家、创建节水型社区3个、创建节水型村庄5个。为2个单位完善水表三级计量、换装节水龙头、更换改造脚踏阀、节水型花洒换装、节水型小便感应器；完成3个社区及5个村庄的节水型器具换装。制作节水宣传文化墙、安装节水宣传LED电子屏等技术工作。累计换发节水器具7739件（套）、环保集雨樽设施1套。

（董 博）

【水利工程建设与管理】 年内，区水务局全方位构建水务“大安全”格局，创新七步闭环工作法，构建立体高效的水务安全防护体系。制定“双向”检查、“交叉互查”、防疫“六件套”等安全生产工作制度10余项，节假日、生态补水及重点时期专项工作方案25份、隐患台账49本。助力实施永定河山峡段综合治理与生态修复工程，在全市率先完成治理范围内的线杆改移、流转腾退及拆改工作，实现3个100%，其中清障工作作为典型经验做法被市水务局在全市范围内推广。

（董 博）

【水环境治理与水生态建设】 年内，区水务局共治理小流域15条，治理面积87平方千米，总投资4331万元。2021年京津风沙源小流域综合治理工程，工程治理任务30平方千米，涉及南村、东西马涧、七里沟、水玉嘴、韭园和水泉子沟6条小流域，总投资1950万元。该工程2021年11月29开工，2022年年底完工；2021年国家水土保持重点建设工程，工程治理任务24平方千米，涉及洪水口、罗班、上达摩、火村、军庄沟5条小流域，总投资1150万元。该工程2022年7月完工，完成竣工验收；2022年国家水土保持重点建设工程，工程治理任务33平方千米，涉及南沟、刘家峪、太子墓和桃园4条小流域，总投资1231万元。该工程2022年10月开工。年内，水利部组织第三方机构对2022年度国家水土保持示范申请进行评审，门头沟区南涧沟小流域治理工程获评2022年度国家水土保持示范工程。

（董 博）

【污水治理工作】 年内，门头沟区新建污水收集管线1.7千米，再生水管线1.4千米。在全市率先完成年度内“清管行动”，保障城市汛期排水通畅。完成14个农村污水处理设施改造升级，进一步提升污水治理效能。

（董 博）

【再生水利用】 年内，全区再生水用量716.8765万立方米，其中生态环境用水612.3039万立方米，环卫绿化及市政杂用38.949万立方米；工业及服务业利用65.6236万立方米。

（董 博）

【河湖垃圾清理整治专项行动】 年内，区水务局开展河湖垃圾清理整治专项行动，发现解决河湖环境问题1700余处，黑鹳、黑天鹅、鸥鸟等罕见鸟类频繁光临栖息。全面消除辖区内劣Ⅴ类水体，4个市级水质考核断面全部达标，中门寺侯庄子断面平均水质达到地表水Ⅲ类。

（董 博）

【河长制工作】 年内，区、镇（街道）、村（社区）三级河长累计巡河2.2万人次，6万余千米。年度6大类22项治水重点任务全面完成，辖区内河湖环境面貌得到根本性好转，群众的获得感幸福感安全感显著增强。制定《门头沟区2022年河长制提质增效工作方案》，优化通报机制，以“九率、一情况”（环境问题发现率、反弹率、整改率、河长履职占比率、违法行为处罚率、农村水费收缴率、机井数据汇聚率、机井取水计量率、地源热泵整改率和负面舆情曝光情况）为通报内容，定期上报区委、区人民政府，在区级媒体上刊登排名，督促属地落实责任，有效提升全区治水管水能力和水平。建立河湖管护“四防一查”工作机制，即通过加强人防力量、增设物防设施，运用技防手段、智慧巡河、加密巡防频次和强化督查检查等在永定河集中补水期间发挥保障作用。强化门城湖“八有”工作管理模式，即通过有组织领导机构、有规范管理机制、有分类疏堵措施、有视频监控系统、有水质监测设备、有专职工作人员、有协同联动机制、有督查考核办法等措施试点城市河湖规范化管理，研究水环境标准化管理模式。

（董 博）

【海绵城市建设】 年内，区水务局编制完成《门头沟区海绵城市专项规划》，提出“源头涵养-重点保护-系统缓冲-全面提升-功能改善”5个层次的梯级全区海绵总体格局，以及“一带、两片、五川”的新城海绵城市重点布局。以海绵城市联席会议制度为抓手，凝聚各方合力；以“水环境提升、水生态涵养、水资源严控和雨洪安全管理”为着力点，统筹推进全区海绵城市建设。建成区海绵城市建设现状达标面积达7.78平方千米，达标占比28.52%。

（董 博）

【水库移民后期扶持】 年内，区水务局完成2022年度大中型水库移民后期扶持人口核定及资金兑现工作。坚持培训前移、重心下移，通过线上会议、印发文件、下村接访、电话咨询等方式，强化区、镇（街道）、村（居）三级政策培训体系，严守移民人口核定政策界限，保持政策连续性、统一性。累计接受移民群众政策咨询230余人次；坚持依法依规、程序规范，按照“统一登记、分片公示、分级汇总”原则，加强对登记核定、张榜公示、资金发放等环节的组织领导和全过程管理，层层压实责任，建立健全与属地、公安部门、社保部门协调联动机制，累计核实户籍、社保缴费、领取退休费等各类信息450余人次；坚持刀刃向内、作风向上，紧盯资金使用等重点领域、资金发放等关键岗位，严肃工作纪律，规范资金使用与管理，强化资金发放的监督检查，全力确保水库移民事业安全、人员安全、资金安全。发放农业户籍水库移民后期扶持资金15.36万元，发放非农业户籍水库移民培训补贴资金11.536万元。同时，提前谋划2023年水库移民后期扶持储备项目前期工作，积极争取中央资金2000万余元，助力乡村振兴、产业发展、移民增收。

（董 博）

【政务服务】 年内，区水务局持续深化放管服工作，进一步深化水务营商环境和审批工作改革，提高服务企业及群众质量，为基层镇街和相关企业协调解决各类问题80余项；10个审批事项办理时限由原来的10个工作日和5个工作日等压缩至0.5个工作日；水影响评价联网会商率95%以上，共114个项目实现网上比选申报，取水许可电子证照转化率100%；为进一步减少群众的办事时间，累计召开线上线下综合联审会议11次，为项目尽快落地实施创造条件。2022年共完成行政审批169件。

（董 博）

【智慧体检】 年内，区水务局开展系列智慧体检，科技赋能。对供水管线、排水管线、河道水质“智慧体检”，查明管线漏水点位置，河道水质水量，为精准决策提供数据支撑，年度内管线检查整改60余处隐患问题。

（董 博）

供 电

【概况】 2022年，国网北京市电力公司门头沟供电公司（简称区供电公司）所属110千伏变电站10座，变压器20台，变电容量963兆伏安；35千伏变电站4座，变压器8台，变电容量120兆伏安。110千伏架空输电线路11条，共计106.97千米；35千伏架空输电线26条，128.29千米；10千伏配电线路共170条，长度1822.46千米。实现全年安全生产无事故目标，累计安全生产长周期6434天。连续12年保持“全国文明单位”称号，妙峰山供电所被授予“五星级乡镇供电所”称号，自动化信息通信运维室获“北京市青年安全生产示范岗”“门头沟区青年文明号”称号。

（姜冰倩）

【斋堂110千伏变电站竣工投产】 4月24日18时30分，斋堂110千伏变电站完成竣工投产。该工程对满足深山区“煤改电”、国道109新线高速项目负荷接入、提升山区电网供电可靠性、保障斋堂地区经济社会高质量发展。

（姜冰倩）

【供电保障】 年内，区供电公司昼夜奋战20余天，“1+10+3”保障体系不间断运转，重要输电通道始终平稳运行，城市运行保障有力有序，确保党的二十大保电万无一失。落实“冬奥有需要、我们有行动”，全体干部职工顽强拼搏、连续奋战，4场开闭幕式、13次观众集结、6条重要输电通道保障全部万无一失，完成制服和注册中心包保任务。坚持特事特办、开辟“绿色通道”，高效完成军庄集中隔离点、龙泉医院负压病房等5个防疫项目送电，“一户一策”保障定点医院等防疫重要客户可靠用电。科学安排电网运行方式，汛前完成5条防汛重点线路综合检修，稳妥应对4年来度夏最大负荷冲击及历次极端雷雨天气。提前发布电网风险预警信息8项，完成35千伏灵山站、韭园站解重载等4项度冬工程，完善“煤改电”“一线一案”“一村一案”128项，顶住七破历史最大负荷考验，度冬形势保持平稳。全年累计完成全国“两会”、服贸会等保电任务43项170天。

（姜冰倩）

【供电优质服务】 年内，区供电公司打造高低压占掘路“非禁免批”典型案例3项，首次打造市政基础设施接入“五联”服务典型案例，累计为3455户客户节省投资866.5万元。完成电动自行车集中充电点接入155处，新增充电接口3000个。优质服务不断深化。促成区城市管理委在全区范围内宣传推广“电力枫桥经验”，与军庄镇政府签订合作协议，共同服务乡村百姓用电。政企协同消除客户用电隐患，实现重要用户自备应急电源配置率100%。持续健全接诉即办服务机制，年度95598工单同比减少17.28%。

（姜冰倩）

供水

【概况】 2022年，北京市自来水集团有限责任公司门头沟分公司占地5.3万平方米，设计生产能力8.64万立方米/日，厂外补压井设计生产能力1.1万立方米/日，总供水能力9.74万立方米/日。采用树状独立管网，管网总长度470.49千米。“南水”作为主要水源，通过颐和园团城湖经三级泵站运输到分公司，三家店水库为备用水源。主要供水区域包括门城镇地区及石景山的广宁、麻峪、五里坨、黑石头地区。现有27座加压泵站，16眼补压井。分公司下设职能管理部、综合保障部、抢修维修部、营销部、配水车间、净水车间6个部门，职工179人。年内，总供水量2702.10万立方米。

（张雯珺）

【接诉即办工作】 年内，北京市自来水集团有限责任公司门头沟分公司落实接诉即办工作要求，接到接诉即办案件697件，其中集团权属案件153件，“三率”为100%。

（张雯珺）

供热

【概况】 2022年至2023年采暖季，门头沟区内共有14家供热单位，40座锅炉房，全部为燃气、燃电锅炉。年内，供热面积为1465万平方米，居民住宅供热面积为1122万平方米，居民住宅供热面积同比增加20万平方米。40座锅炉房全部点火运行，平稳有序，经区城市管理委检查，各锅炉房、热力站、管线均运行稳定正常。

（刘亚玮）

【供暖诉求接诉即办工作】 2022年至2023年采暖季，居民供暖保障工作稳定有序开展，根据区城市管理指挥中心数据显示，正式供暖以来（2022年11月13日0时至2023年1月11日12时），区城市管理委共接到区城市管理指挥中心供暖相关诉求874件，同比增加1.5%。形成有效回访874件。根据市城管委数据统计，2022年11月考核期及 2023 年 1 月考核期门头沟区供热接诉即办“三率”考核在全市 16 个区排名第一，综合成绩分别为 98.32 分、100 分，解决率分别为 97.95%、100%，满意率分别为 98.20%、100%。

（刘亚玮）

【供热应急抢险】 年内，区供热应急抢险队由北京市热力集团门头沟分公司承担应急保障任务，保障人员 15 人，保障车辆 5 辆，抢修设备 131 台。为全区居民供暖工作保驾护航。年内，发生小型供热抢修事件 209 起，其中管线漏水事件 150 起，设备设施抢修 59 起，累计产生抢修费用 180 万元。所有应急抢修工作，均在 4 小时内及时解决泄漏问题，保障用户供暖，得到用户的认可，未发生供热抢修舆论及事故，抢修工作有效、稳定、安全。

（刘亚玮）

【北京冬奥会及冬残奥会能源保障】 年内，区城市管理委为切实做好北京冬奥会、冬残奥会期间区城市能源运行保障工作，聚焦北京冬奥会及冬残奥会重大活动，围绕“安全、稳定、有序”总要求，按照属地管理原则，整合调度全区人力、物力资源，及时有效地做好各类应急事件处置，强化重大活动期间管理与保障力度，全面确保电、气、热行业各项设施安全运行。完成北京冬奥会、冬残奥会期间各项环境秩序保障任务。

（王东洋）

【电动自行车充电设施建设】 年内，门头沟区制定《门头沟区电动自行车全链条管控的实施方案》，通过摸排各镇街电动自行车数量，按照百分比分配建设任务。截至 2022 年年底，全区新建 3712 个充电设施，此次新增充电设施均符合各项安全标准，对比既有充电设施，新设备有效预防和减少电动自行车充电引起火灾等安全隐患，为居民提供更高效、便捷、安全的充电设施。

（罗德恕）

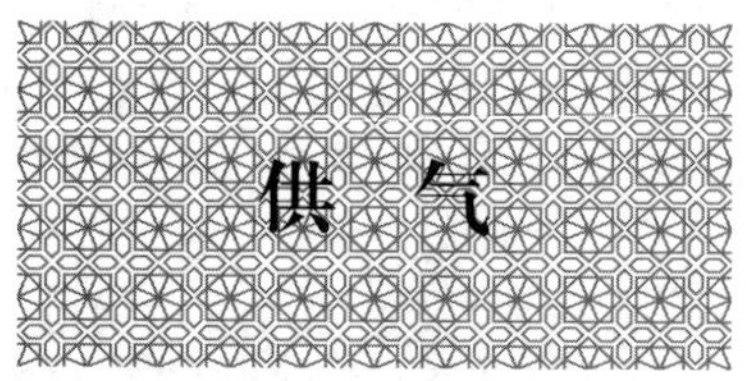

供　气

【概况】 北京市门头沟液化气站始建于 1985 年 6 月 10 日，占地面积 0.01 平方千米，建筑面积 1333 平方米。2021 年 7 月 16 日，由全民所有制事业单位转为公司制（北京市门头沟液化气有限公司）公司。公司属于民生保障类主要从事燃气经营；道路货物运输（含危险货物）；保障全区瓶装液化石油气用户用气保障工作。公司现有员工 33 名、各岗位均持证上岗，危险货物车辆配送保障车辆 22 辆，注册资金 1220.703268 万元。主要工作是给山区非居民户配送，给下乡山区各站以及中铁四局三家店四局站、京煤集团杨坨站、506 站配送瓶装液化气。

（吴建军）

【液化气配送】 年内，门头沟液化气有限公司共向给下乡山区各站每天 500 余瓶。中铁四局三家店四局站、京煤集团杨坨站、506 站配送瓶装液化气每周各 100 瓶。

（吴建军）

【燃气安全型配件安装】 年内，区城市管理委为规范和减少燃气使用安全事故，保障城乡居民家庭使用安全，大力推广区燃气安全型燃气配件替换工作，共完成 33961 户，其中安全型天然气配件安装完成 10337 户，液化气配件安装完成 26624 户。超额完成年度市级考核任务 18965 户。

（刘国新）

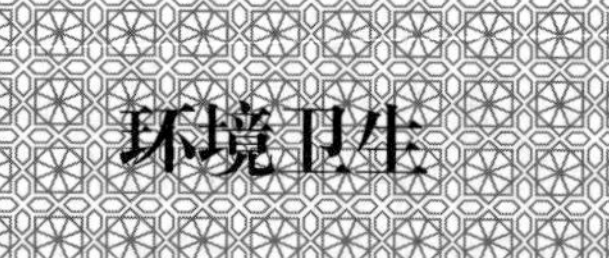

环境卫生

【概况】 2022 年，门头沟区环境卫生服务中心（简称区环卫中心）为区人民政府直属公益一类事业单位，主要职能是负责贯彻落实全区市容环境卫生发展规划和年度计划；根据区人民政府下达的环境卫生作业任务、指标和要求，承担作业范围内道路的清扫保洁工作，以及垃圾的收集、清运、转运工作，公厕的保洁和粪便的清运、消纳处理工作；负责区域内环境卫生相关服务性、技术性、事务性工作。年内，区环境卫生服务中心在编职工 107 人。下设办公室、综合业务部、基建装备部、财务部、党群人事部、安全监管部、考核评价部、调度指挥部、环卫一部、环卫二部、环卫三部、垃圾转运部、斋堂环卫部共 13 个部室。

（王佳星）

【安全检查】 1 月 1 日，区环卫中心开展安全业务大检查，重点对一线各出班点值班值守情况、充电柜等常见基础设施以及人工、车辆作业情况进行综合排查，要求各班组做好安全生产工作，为市民提供一个干净、整洁、平安、祥和的节日环境。4月19日，组织开展安全检查工作，做好隐患排查，强化重点环节的安全管理，检查食堂设备卫生、食品卫生、和用餐卫生。做好燃气安全管理工作，对燃气设备运转情况、锅炉运行状况、以及液化气瓶安全管理等进行检查。每日延长例会时间，强化对职工的安全教育并对院内车间、宿舍、灭火器材、等进行逐一检查。4月21日，对各部室安全生产工作进行督导检查。督导组现场查看、听取汇报，强调要严格落实安全生产主体责任，牢固树立安全生产理念，全力消除各类安全隐患，确保生产工作平稳有序；要进一步细化措施、压实责任、强化监管，建立健全事故隐患排查机制，统筹抓好常态化安全生产工作，坚决防止各类事故发生，确保安全生产形势稳定；要持续绷紧新冠肺炎疫情防控这根弦，严格落实环境消杀、人员排查管控等新冠肺炎疫情防控措施，确保新冠肺炎疫情防控落实到位。4月，组织职工学习下发安全文件，剖析生产工作中可能存在的安全隐患并提出解决措施。

（王佳星）

【节日市容环境卫生保障】 1月1日至3日，区环卫中心完成元旦期间市容环境卫生保障工作，共出动人员3846人次，清扫、保洁道路442.34万平方米，清运厨余垃圾51.42吨、其他垃圾489.11吨，转运垃圾495.76吨，清掏粪便860.94吨。1月31日至2月6日，区环卫中心完成春节期间市容环境卫生保障工作，共出动8526人次，清扫、保洁道路442.34万平方米，清运厨余垃圾111.08吨、其他垃圾1034.89吨，压缩转运垃圾1240.53吨，填埋处理垃圾100.94吨，清掏粪便1347.3吨。清明节期间区环卫中心完成市容环境卫生保障工作，共出动人员3656人次，清扫、保洁道路442.34万平方米，清运厨余垃圾44.62吨、其他垃圾543.64吨，压缩转运垃圾513.98吨，填埋处理垃圾81.12吨，清掏粪便755.7吨。寒衣节期间，区环卫中心开展清理焚烧灰烬专项行动，以各镇街回迁小区周边为重点。共清理焚烧残留灰烬790袋、重7吨。

（王佳星）

【吹哨报到】 1月7日，区环卫中心响应“街乡吹哨、部门报到”工作号召，协同永定镇有关部门针对108国道沿线垃圾遗撒问题开展联合执法，配合永定镇完成对108国道旧线道路污渍进行彻底清理。3月1日，区环卫中心配合大峪街道办事处月季园东里社区居委会，协调处理滨河西区垃圾楼在收转运作业中噪音扰民问题。3月7日，区环卫中心协同东辛房街道办事处、区生态环境局商讨解决东辛房老区部分路段道路积尘负荷监测数据偏高问题。

（王佳星）

【清理结冰道路】 1月19日，绮霞苑路道路结冰，为确保道路交通安全，环卫一部组织5名一线保洁员清理道路结冰，撒播融雪剂，第一时间保证居民出行安全。

（王佳星）

【应用降雪天气扫雪铲冰】 1月20日至22日，门头沟区出现降雪天气。区环卫中心第一时间启动扫雪铲冰应急预案，开展扫雪铲冰工作，清除责任道路、过街天桥积雪，累计出动3081人次、672车次，使用融雪剂635吨。为应对强降雪天气，环卫中心提前谋划，精心部署，将作业人员、车辆、设备落点、落图、落责，按照“先重点、后一般”“先主路、后辅路”的顺序开展扫雪铲冰作业，科学使用融雪剂。截至2月14日11时，区环卫中心共出动人员1749人次，出动作业车辆288车次，施洒融雪剂603吨、融雪液840吨。3月17日降雪，区环卫中心为应对降雪本着“提前预防、充分准备、周密部署、快速反应、协调联动、果断处置”的原则，对442.34平方千米、182条道路开展扫雪铲冰应急处置工作，保障雪中道路畅通，雪后按相关要求恢复城市市容环境。至22时雪停时，扫雪铲冰工作投入637人次、105车次，使用融雪剂92余吨。

（王佳星）

【轰水作业】 3月12日、30日，针对雨后积水，区环卫中心安排一线保洁人员对主要道路的积水点进行轰水作业，为人民群众营造干净、畅通的出行环境。共出动保洁员131人，清理积水点239处。

（王佳星）

【2项重点工程获审批】 3月22日，门头沟区生活垃圾转运站及环卫车辆中心工程为市、区两级重点工程项目，市发改委正式批复建议书。门头沟区生活垃圾转运站及环卫车辆中心工程自2014年起，项目地块经过4次调整。项目建设功能进行数十次调

整，项目建议书6次进行修改；2021年6月17日，取得区规自分局“多规合一”协同平台初审意见；2021年11月4日，召开项目专家评审会，并按照专家意见对项目意见书进行修改、完善，确定审定投资额。

（王佳星）

【道路降尘】 3月，区环卫中心启用高压冲洗车进行道路冲刷作业，对主要大街、站台、卫生死角等重点区域进行冲刷冲洗，降低道路积尘污染。出动人员1200余人次、高压冲洗车1360车次。4月，斋堂大街因施工点位增加、施工车辆增多，导致道路狭窄、扬尘弥漫。区环卫中心结合现阶段道路实际情况，在日常作业基础上，采取“以人为主、机械为辅”的方式，增加巡回保洁频次。对车站、学校等人流量密集处，加强人工保洁力度。出动作业人员221人次、作业车辆64车次，清理尘土、垃圾36吨。4月，针对柳絮到处飞扬特点，采取人工清扫与机械化作业相结合方式，确保路面干净整洁，减少对市民出行影响，采取“机械+人工”相结合的作业方式抑尘除尘，增加机械化作业洗扫频次。出动各类机械作业车辆236车次，为城市环境清洁保湿。年内，区环卫中心在全区范围内开展常态化道路清洗除尘和洒水降尘工作，利用高压冲洗车和洗扫车联合作业模式，对主次街路的路面进行全覆盖清洗除尘，重点加强道路挖掘及施工工地周边区域的清扫、保洁、清洗工作，努力将路面含尘量控制到最低。累计出动1150人次，车辆569车次，用水量6980吨。

（王佳星）

【果皮箱、地面污渍专项清理整治】 4月16日至22日，区环卫中心开展果皮箱、地面污渍专项清理整治行动，采取人工擦拭，并配合高压水枪冲洗，全面清除路面油污、顽渍。累计出动作业人员130余人次，高压冲洗车70余车次，冲刷地面油污240余处。

（王佳星）

【应对降雨天气道路清淤】 7月2日至3日，门头沟区迎来强降雨天气，区环卫中心多措并举，全力做好极端强降雨应对工作和做好城区道路清淤、扫水及垃圾清运等工作。降雨前道路人工清扫保洁员协助市政、水务等部门清理作业区域道路上的雨水篦子口，确保排水通畅；降雨中领导班子包片深入一线检查指导防汛及雨后恢复作业，确保各项防汛工作稳步开展；雨后及时开展雨后恢复作业，针对降雨中门寺沟路、紫金北路、小园路等8处砂石、淤泥污染严重路段制定雨后清理恢复作业方案，采取“人工机械相结合”“先铲、再扫、后冲”的作业模式，清除雨后路面淤泥和污渍，恢复道路本色。累计出动作业人员135人次，清淤车辆38车次，清理淤泥23.5吨，用水230吨。7月，区环卫中心开启防汛保障机制，提前部署，召开线上会议，根据可能出现的险情提出排险方案，强调工作重点和安全保障措施；开展专项作业，有序进行，将具体工作分布到位，确保作业设备、车辆状况良好，人员出勤保证；雨后恢复，加强道路冲刷，清理斋堂大街积水出动12人次，清理淤泥点位5处。

（王佳星）

【防汛蓝色预警启动】 7月3日全市启动防汛蓝色预警，区环卫中心“三到位”启动防汛工作预案。一是明确责任，确保人员到位。召开防汛工作部署会，明确人员分工，保证防汛措施开展有效。二是排查隐患，确保防范到位。在第一时间对厂区内部进行安全隐患排查，检查地磅、中控、压装机等作业设备，确保雨天业务正常开展。三是检查物资，确保储备到位。做好手电筒、沙袋、铁锹、苫布等防汛工具的前期准备工作。

（王佳星）

【消防演习活动】 7月5日，区环卫中心开展消防演习活动。各班组协作配合，准备细致，寻找不足。确保演习工作万无一失。演习结束后，对院内车间、宿舍、办公区域、食堂等灭火器材等进行统一更换。

（王佳星）

【助力区医院负压病区开仓前清运垃圾】 12月5日，区环卫中心助力区医院负压病区开仓前垃圾清运工作，启动垃圾清运保障突击队，出动人员2名，挤压车1部，清运其他垃圾1车，垃圾量6吨，协助做好垃圾点位、死角等深度清理工作，在医院启动新冠肺炎定点救治前，保障垃圾清运。

（王佳星）

【重大活动环境卫生保障】 年内，区环卫中心多措并举做好北京冬奥会、冬残奥会服务保障工作，强化重点区域，提升精细管理。围绕长安街西延、北京地铁S1线延线、门城主要大街、双峪车站等重点区域，加强清扫保洁、生活垃圾清运、垃圾分类及公厕保洁等工作，严格按照创城标准、超创城标准完成保障任务。其中，2月15日，区环卫中心完成北京冬奥会京浪岛集结点环境卫生保障工作，出动作业人员15人，融雪车6辆，多功能除雪车2辆，清除主要路段积雪，恢复交通。年内，区环卫中心统筹调度，完成重大活动保障工作。成立重大活动保障领导小组，统一部署安排，相关业务部室依照职责，调整各自业务作业时间，组建移动公厕、场地保洁应急队伍2支，27人。负责移动公厕保障保洁工作的15名职工，连续搬运16车次，工作近13小时，为京浪岛园区摆放移动公厕69座并做如厕后保洁工作。出动作业保洁人员12名，机械作业车3辆，到京浪岛清理场地垃圾3吨。为集结疏散点9214人次提供保洁、如厕服务。

（王佳星）

【清理道路遗撒】 年内，区环卫中心多措并举，加强道路遗撒清理。加强网格化管理模式，加大巡回检查力度，发现问题及时上报，及时清理。发现问题不等不靠，做到随有随清，保证道路及时通行。加强“冲、扫、洗、收”组合作业模式，针对重点道路、点位一路一策。开展人工、机械组合作业，高压清洗冲刷道路积尘、路面遗撒，清理卫生死角。1月20日，冯石环路突发交通事故导致油污外泄、护栏破损，影响过往车辆通行安全。接报后采取机械人工联合作业方式清理道路残留污渍。共出动作业人员5名，历时1.5小时，将道路恢复本色。4月22日至30日，累计出动一线保洁员300余人次，清理遗撒100余处。

（王佳星）

【生活垃圾移动收运】 年内，区环卫中心加强推动商业街商户生活垃圾移动收运机制，每日早晚2次固定时间收运，并加大清运频次，做到随产随运。4月13日至19日，增加沿街商铺10个。其中，5个商铺自卸至附近垃圾楼，5个商铺为上门清运。

（王佳星）

【“四化”管控守护美好环境】 年内，区环卫中心实施环卫“四化”管控守护美好环境。科学研判 精准化作业。上半年城市道路组合（新）工艺作业覆盖率达到95.58%。城乡一体，精细化提升。上半年，区环卫中心负责清扫的道路总面积442.34万平方米，日最大用水量1772吨。组织相关人员协助市政、水务部门进行可视雨水篦子上杂物清理和巡检工作，累计出动作业人员500余人次，清淤车辆50余车次，清理淤泥30吨，用水230吨。

（王佳星）

【复工复产】 年内，区环卫中心多措并举，有序复产复工。统筹好防护、消杀和业务生产工作，加强业务管理能力建设，做城市运行全流程精细化管理。抓安全生产工作，盯紧人、车、物、环境及环卫重点领域隐患排查工作。完成安全自查，发现问题已整改完成。做冬季大风天气及应急保障工作，修缮道路损坏果皮箱20余个，处理道路遗撒、城区道路及斋堂镇域因水管爆裂导致路面结冰等应急处置工作5例，撒播融雪剂，确保道路通畅，市民出行安全；摆放移动公厕2座，保障重要会议召开，延长保洁时间，加强保洁频次及周边卫生清理。

（王佳星）

【垃圾分类清运】 年内，区环卫中心整治沿街商户垃圾乱扔、杂物乱堆问题，提升城市公共空间精细化治理水平。全年清运厨余垃圾6094.64吨、其他垃圾69477.59吨，转运垃圾66203.14吨、填埋垃圾量5805.68吨。

（王佳星）

【公厕环境卫生改善】 年内，区环卫中心坚持以异味问题为导向，加大检查力度，督促问题整改落实，市民投诉率同比下降79.8%，全年清运粪便102741.38吨。年内，区环卫中心新增24辆垃圾清运车用于垃圾二次清运，运载能力提升45.8%。将永定地区4座公厕改造工作纳入“每月一题”重点任务，全部投入使用，覆盖14个社区，3.2万余人。修缮公厕43座，均投入使用。

（王佳星）

【创城工作】 年内，区环卫中心围绕创城测评标准，组织开展“道路深度保洁”“环卫设施维护”“规范文明作业”等专项行动。对照创城实地考察指标要素，梳理问题及短板，制定清除“三举措”、公厕除臭“五法”及环卫网格员制度等办法，日检查反馈、周总结分析。对标对表，发现问题1172处，均整改完成。年内，区环卫中心打造龙湖天街商贸综合体创城示范区，强化道路清扫保洁作业力度和质量，科学调配清扫车辆，对重点区域和主要道路进行循环作业。累计出动作业人员239人次，作业车辆179车次，用水913吨，清理小广告223条；清运垃圾59吨，对门前乱堆乱放，地面乱泼污水等不文明现象劝导37次。年内，区环卫中心多措并举做创文明城区迎检工作。明确责任，全力迎查。每周召开创城迎检问题分析专题会议，严格落实定人、定岗、定责包干检查，对照标准找问题、对照细则抓整改。截至8月1日，共建立滚动台账398个，其中静态指标204个，动态指标194个。严格规范标准，强化保洁质量。加强对主要路段、重点区域、背街小巷卫生保洁力度，清除卫生死角；做好夏季槐树花清扫保洁，规范沿街果皮箱管理，全区重点道路新增、更换果皮箱共128个。加强公厕管理，强化垃圾清运。加大公厕清洗保洁力度，增加保洁频次，保证内外环境干净整洁；垃圾清运车辆密闭运输，垃圾日产日清。梳理排查公厕导向牌，共更换、补充公厕导向牌60余个。严格监督，落实长效。发放整改督办单，跟踪落实整改情况，发放整改督办单30个，环卫作业问题300余个，均整改到位。

（王佳星）

【应对空气污染天气深度保洁】 年内，区环卫中心多举措应对空气污染天气。落实深度清扫保洁，确保街路整洁。对区内97条主次干道实施深度精细化保洁作业，每日出动一线保洁员390余人次、137车次，用水量为1200余吨，重点对道沿下、绿化带边、隔离栏下等21条重点道路、易积存尘土点位及工地周边等重点路段增加作业力量。加大机械作业，净化空气。区内主次干道洒水降尘作业频次由“一扫两保一洗”增加到“两扫两保一洗一刷”。同时按照计划，有序对道路中央隔离栏、方砖步道等设施进行冲刷，全力保持主次干道路面清洁湿润，减少扬尘污染。强化日常考核，提升作业质量。考核组对一线人员业务工作进行监督，加强日常考核工作，检查问题12处，均整改完毕，从严管理、从重处罚，确保空气重污染防治措施有效落实。

（王佳星）

【降温雨雪天气精准应对】 年内，区环卫中心积极谋划冬季扫雪铲冰应急工作。出台冬季扫雪铲冰应急预案，加大冬季扫雪铲冰应急处置能力。区环卫中心实行“全员参战”，采取“单兵作业、班组不接触、车组不接触”作业模式。对所有管辖范围内道路路段细化，将全体在岗人员、95台车辆及装备等要素落点、落图、落责，压实责任，传导压力。提前对全部融雪设施设备进行检修保养，对融雪车、推雪滚、雪铲、撒布机、水车等车辆设备重新调配，开展1次应急演练，时刻待命准备，确保降雪后机械设备第一时间拉得出、冲得上。储备液体、固体融雪剂436吨，保证安全、科学、高效清除182条道路积雪，加大冬季扫雪铲冰应急处置能力，做到“雪前准备”“雪中除雪”与“雪后迅速恢复市容环境整洁”并举。

（王佳星）

【公厕异味治理】 年内，区环卫中心治理公厕异味，助力全区创建全国文明城区。以公厕异味问题为导向，对照《门头沟区创建全国文明城区实地测评体系标准化手册》《公共厕所运行管理规范》研究制定《区环卫中心公厕异味治理工作方案》。组织各公共厕所保洁公司负责人开展现场培训，从严格落实行业标准、强化异味源头控制、加大通风消毒力度、增加物理除臭频次、加强监督检查力度等方面强化落实整改，提高公厕日常运行保洁作业质量。

（王佳星）

【采购项目精细管理】 年内，区环卫中心强化制度建设，加强规范管理。组建环卫中心采购平台，通过《区环卫中心政府采购项目管理制度（试行）》，实现采购管理制度“精装修”。通过整合同类项目，全年实施采购项目54个，同比减少64个，采购金额同比压减12%，实现提效率、控成本的目标。

（王佳星）

【“1+3+X”考核体系建立】 年内，区环卫中心结合区委“制度建设年”要求，创新构建“1+3+X”考核评价工作体系，实现共性指标和业务指标相结合的“个性化考核”。结合环境卫生作业质量不高、管理体制不顺等问题，提升一线作业人员工作质量和业务水平。

（王佳星）

【员工精准新冠肺炎疫情防控】 年内，区环卫中心成立新冠肺炎疫情防控专班，召开新冠肺炎疫情防控日会商会20次，加强研判精细化部署防疫工作。根据岗位职责，制定分批、梯次到岗和轮换工作方案，实施小单元化工作模式，做到班与班、组与组、班组之间不接触，确保重要岗位不空缺、不中断，确保环卫业务正常开展、不停摆，感染率在全市环卫行业内最低。全年累计下沉干部4000余人次，100余名党员干部“上一线、做贡献”，参与转运专班、核酸检测扫码、维持秩序、社区卡口值守、大数据筛查、搬运物资等工作。环卫中心开展“微倡议”。依托环卫职工“有言有阅”读书共享群、干部群、工作群，发起“互帮互助，同心抗议”号召，提倡环卫职工将个人富裕的防疫物资进行爱心传递。中心党组加强对一线职工的关怀关爱工作，为每名一线作业职工设置健康管理员。在特殊时期里，发放中心职工疫情防控手册、相关防护办法、措施和康复指引指导，加强环卫系统内职工同事之间的爱心关爱，每日在微信群中了解职工个人健康状况，对职工健康问题进行及时汇总上报，帮助环卫职工平稳度过疫情。

（王佳星）

【“2+3+4”部署新冠肺炎疫情防控】 年内，区环卫中心采取“2+3+4”部署新冠肺炎疫情防控工作。落实常态化“日报告、日会商”调度制度。每日15:00前上报系统内人员涉疫等相关情况，当日16:00召开线上日会商，听取汇报，围绕疫情应急处置、业务运载能力、作业人员饱和状态等方面，研判形势，拿出方案措施。实施“人员、车物、环境”同步检测追踪管理机制。执行内部人员“三级”管控标准，对社会人流重点场所228座公厕、22座垃圾楼、2个垃圾处理设施落实好防疫“四件套”，加大消杀频次，加强全流程规范管理。开展四类专业人员应急后备力量培训工作。对应急洗扫车、垃圾车、除雪车司机进行线上培训，确保各专业车型操作、驾驶全面掌握，提升岗位单兵作战能力；对新冠肺炎病毒核酸自采后备力量开展二级培训工作，穿脱防护服、规范操作、运送样本等环节细化指导，提升内部应急处突能力。

（王佳星）

【统筹新冠肺炎疫情防控和主责主业】 年内，区环卫中心统筹新冠肺炎疫情防控和主责主业“双面绣”。坚持党建引领，充分发挥党员干部亮身份做表率作用。建立党员干部“1对N”包干管理机制，将85名党员干部与953名一线职工进行分组配对，由党员直接对组内职工及家属疫情防控情况进行监督管理，对职工防疫措施、涉疫情况、个人及家属行动轨迹实施动态管理，落实到人、实名管理，做到底数清，情况明。设置“部室—大班组—A岗、B岗—3人～5人小组”四级网格。以最小网格开展职责内业务作业，确保相同岗位人员之间有替换，各小组人员上岗、换岗不接触、不碰面的分级分岗分时段业务工作模式。单位内部提级管控。提升管控标准，进行72小时前置流调，对与密接人员接触的职工及同住人及时上报涉疫情况并分析研判，按要求做好居家健康检测及3天3检新冠病毒核酸检测工作，确保环卫作业力量在“特殊时期”不受到减员影响。完善单位内部自采新冠肺炎病毒核酸能力建设。组建6支技术采样队伍，具备独立完成全员核酸检测工作能力，作为试点的斋堂部完成5天自采工作，共采集153名职工。采集过程规范高效、灵活机动，实现防疫工作在环卫内部全流程闭环运行。

（王佳星）

【环卫设施新冠肺炎疫情防控】 年内，区环卫中心压实责任，部署落实环卫设施新冠肺炎疫情防控工作。组织各部室、保洁公司召开部署会，根据《区环卫中心疫情防控预案》制定本部门、单位预案，评估风险预警值、干部、一线作业人员AB角替换等，加强环卫设施管理，垃圾楼、公厕重点设施要加强消杀频次，落实扫码、测温、登记等工作。加大检查力度，绩效考核部针对人员核酸情况、环卫设施消毒频次、个人防护等疫情措施进行重点检查，共检查门城地区17座垃圾楼、135座公厕，发现27处问题，全部整改完成。采取“人防＋技防”措施，依据环卫设施数量，采购语音播放器350个，加强人员进入公共厕所、垃圾楼等环卫设施后语音提示功能，提示市民主动扫码。对标第九版疫情防控方案及区“1+8+13+N”疫情防控方案体系，定期对各环节工作进行梳理排查，查缺补漏，筑牢防控屏障。清运封控小区涉疫垃圾、粪便时，做到二级防护，杜绝道路遗撒。清转运污染源垃圾、粪便时，听从统一调配、隔离作业。以安全生产整治“百日行动”为抓手，持续推进风险管控和隐患治理“双重预防”机制建设，深入开展隐患排查治理。加大道路交通管理力度，做好人、车、路管理台账。强化辖区环境维护、保洁清洁等工作，深入开展常态化巡查。坚持问题导向，落实“每日有督查、每日有反馈、整改不过夜”机制，在整改落实中强弱项、促提升。

（王佳星）

【接诉即办】 年内，区环卫中心未诉先办降量提质，主动出击打造“为民环卫”。广泛宣传业务监督电话，提升“环卫服务监督热线”知晓率和群众监管参与度。区环卫中心所管辖的224座公厕全部张贴“环卫服务监督热线”宣传标识。对每名一线工作人员进行岗位培训，建立“互检”制度，将经常拨打热线的群众组建成“环境卫生志愿者服务队”，形成城市治理共治共享新格局。建立上下联动、全时段响应的接诉即办工作机制，严格落实市民热线服务系统 7×24 小时值班制度，加强值班值守力量，确保诉求受理迅速响应，及时处置。针对恶劣天气的高频诉求，建立“环卫热心人台账”，主动给市民拨打电话，询问路面清理满意情况，嘱咐出行安全等，得到市民肯定与认可。五是明确从接诉即办向主动治理和未诉先办转型的工作思路，制定“一季一主题”的工作计划，明确主责部门和具体措施，积极推进未诉先办，1 月至 4 月共受理群众诉求 63 件，同比减少 68 件、降幅 51.9%，平均每月降幅 55.37%，其中 3 月响应率、解决率、满意率均为 100%。区环卫中心狠抓接诉即办落实情况。依托“1+N”议事协商体系（“1”即坚持党建引领，“N”即利用各班组班务会），建立专题台账，梳理案件过程，全程跟踪。围绕一线作业车社区扰民、早高峰堵路等市民集中反映问题，主动与大峪街道联系，在大峪社区试点实行距离居民区较远点位集中清运垃圾工作。开展“文明驾车 礼让行人”系列活动，提升职工自治水平和服务能力，及时发现、解决潜在问题。从接诉即办向未诉先办模式转变，以网格化管理打通基层治理“最后一米”，让群众满意。通过“快响应”接诉、“早治理”先办、“重研判”见效、“好举措”减量和“新思路”提质等措施，加大“接诉即办”工作治理力度。梳理受理诉求，聚焦市民普遍性诉求，制定“一季一主题”工作计划，将接诉即办向未诉先办转变。全年共受理群众诉求 214 件，同比减少 199 件、下降 48.1%。

（王佳星）

【“每月一题”项目工程推进】 年内，区环卫中心以为群众办实事为宗旨，积极推进“每月一题”项目工程。“每月一题” 4 座公厕完工、验收合格并开放使用，有效解决区域“如厕难”问题。坚持“生态立区、文化兴区、科技强区”发展战略，加大施工现场扬尘治理管控力度，围挡处设置创城标语，打造绿色文明施工场地。

（王佳星）

【新冠肺炎疫情期间清运垃圾工作】 年内，新冠肺炎疫情期间区环卫中心实施“1 方案 + 多片区”管理模式，组建闭环管理应急突击队，组织完成 25 次突击快速处置任务。粪便抽运工作日均清运量 45 车次、250 余吨。在保障大型活动、封管控区、医院、居民区公厕改造等 43 次工作任务中，累计出动人员 400 余人次，摆放公厕 219 座；垃圾清运司机 97 人、装卸工 95 人，承担清运 136 个小区的 530 个垃圾站点和 150 个社会单位、140 个商户及斋堂中心区域 15 个垃圾站点的垃圾任务，日均清运量 220 余吨。

（王佳星）

【精细化清洁行动】 年内，区环卫中心以辖区主要大街保洁为重点，实行 19 小时作业方式，重点区域动态巡回保洁。开展垃圾密闭收运作业，科学调整清转运时间，增加作业频次，做到车走桶净，避免道路遗撒，公厕服务高品质、规范化，对城区 181 座公厕开展清理行动，做到人走即清，保障市民干净如厕。

（王佳星）

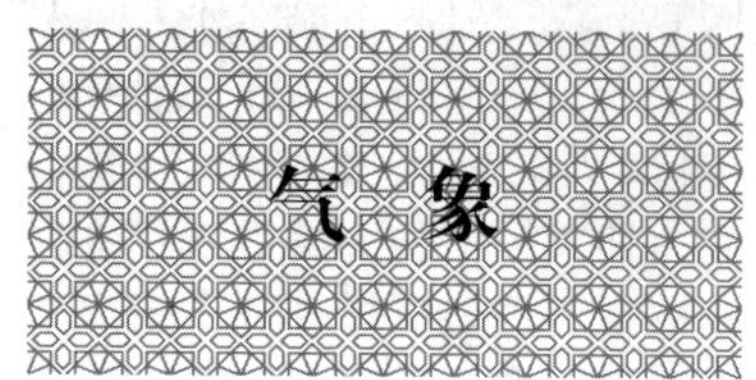

气 象

【概况】 2022 年，门头沟区气象局（简称区气象局）服务能力和工作质量明显提升，助力门头沟区提前一年创建“中国天然氧吧”；结合门头沟实际制定气象高质量发展实施方案，推进“气象赋能”发展，为全区绿色转型发展贡献气象智慧；推出《永定河生态补水成效分析报告》，获区委、区人民政府领导批示肯定，永定河生态补水成效分析数据纳入政府工作报告；全面融入探索气象赋能，在灵山建设气象景观站，助力打造“百花星空”“一山四季”等热门 IP；开展“基于热谱地图及多源数据融合的门头沟城区道路结冰监测预报模型研究”，为国道 109 新线高速全线贯通后的道路安全和节能增效先行先试；主动对接军庄镇全国森林防灭火工作规范化管理试点工作，将气象融入全区安全生产和社会稳定工作大局持续站网优化；与大峪中学、京西八中附小、京师实验小学、斋堂小学建立局校合作模式，开展进校园科普培训和气象沙龙活动，活动被中国气象报和人民日报刊载；融合气象、水务、路政、交通信息，建成门头沟区“智慧气象平台”，填补门头沟区该项空白；新建 2 个高海拔气象站，在 4 条重要山洪沟道建设 11 套雨情雨量监测站，建设 4 个农田气候站，为气象预警预报服务奠定基础。年内，区气象局3人成功申报市气象局青年基金、联合基金和创新专项，申请区级项目2个，发表文章3篇，其中核心刊物2篇；强化业务学习，2人参加全市观测竞赛决赛，1人获市气象局青年气象之星称号。

（李　然）

【3.23世界气象日宣传活动】 3月23日，区气象局开展3.23世界气象日线上科普宣讲活动，围绕“早预警、早行动”主题，面向公众介绍气象灾害预警信号、防御措施以及气象服务等知识。进一步提升人民群众的防灾减灾意识和能力，有效发挥气象科普作用。

（李　然）

【气象沙龙讲座】 3月30日，区气象局与大峪中学共同举行气象沙龙讲座活动。区气象局副局长主讲，围绕气象行业职能、重大活动服务保障、气象防灾减灾知识、预报服务及科研工作等方面进行研讨，双方就气象工作如何融入大峪中学的自然科学教学体系进行沟通，并围绕老师们感兴趣的高空探测、地温探测、地源热泵、碳中和等方面知识展开热烈交流。双方表示将进一步加强局校合作，定期开展专业分享，为学校自然科学教课提供更大帮助。全校30余名老师参加。

（李　然）

【国家安全教育日宣传活动】 4月15日，区气象局组织全体职工开展国家安全教育日学习培训活动，解读国家安全教育日由来、《中华人民共和国国家安全法》、保密常识等；并到滨河世纪广场公园开展现场宣传活动，发放各类宣传材料200余份。

（李　然）

【“中国天然氧吧”工作方案审议通过】 4月20日，区政府常务会审议并通过《北京市门头沟区创建“中国天然氧吧”工作方案》，以区人民政府名义印发执行。方案分为指导思想与工作目标、创建评价指标、组织机构、实施步骤、保障措施5部分。内容为依托门头沟区舒适的自然气候和优良的生态环境，积极开展“中国天然氧吧”创建工作，力争用1～2年时间创建成功，进一步提升门头沟区的“绿色”知名度，增进文旅产业发展动力，为“国际山地旅游目的地”“国际山地运动打卡地”“京津冀微度假首选地”发展赋能，助力“门头沟小院”等精品民宿和全域旅游的价值开发。

（李　然）

【行政执法检查】 4月29日，区气象局联合区应急局，开展2022年度重点防雷安全单位第一轮“双随机”执法检查和普法宣贯工作。执法行动围绕全区易燃易爆场所，采取现场检查和书面检查相结合方式，并现场宣传《北京市气象灾害防御条例》。

（李　然）

【中高考气象服务保障】 6月，区气象局启动2022年中高考气象保障服务工作，成立中高考气象预报服务专班，全力做好2022年中高考气象保障服务工作，制定中高考气象服务保障方案，明确方案负责人及职责，实施“一把手、主管领导、服务首席、业务人员”四级负责制，逐级落实相关责任，制定高影响天气应急保障预案，重点关注暴雨、雷电、高温、冰雹、短时大风等强对流天气对中考活动的影响及防御建议，主动对接区教委、区考试教育指导中心等部门，梳理服务需求，及时发布中高考服务专报、预警预报信息、气象服务提示信息等，完成服务保障工作。

（李　然）

【山地徒步活动气象服务保障】 8月31日至9月28日，门头沟区举办“华远杯”第13届国际山地徒步活动，区气象局为组委会提供气象服务专报，为徒步大会活动路线提供精细化服务专报15期，服务内容包括专报服务提示、气候条件预测分析、未来72小时天气预报、天气情况、活动日当天逐小时天气预报等。

（李　然）

【气象科普走近门头沟京师小学】 9月8日，区气象局进驻京师小学，研发防灾减灾科普课程，成立气象社团兴趣小组，开展青少年防灾减灾气象科普进校园活动，并开讲第一堂课《认识气象》。

（李　然）

【年度气候评价】 年内，门头沟区平均气温为13.2℃，接近常年平均值（12.9℃）。年极端最高气温为39.7℃，出现在6月25日，年极端最低气温为-12.0℃，出现在2月16日。年度降水总量为530.5毫米，接近常年降水量（568.6毫米），降水主要集中在6月至8月，降水量为417.1毫米。年度一日最大降水量为61.9毫米，出现在7月27日。年日照总量为2524.6小时，比常年（2236.9小时）偏多287.7小时。年出现大风21次、霾73天、扬沙4天、大雾6天、轻雾58天。年度平均气温偏高于常年平均值0.3℃，时间分布特点为：5月、8月平均气温与常年持平，2月、10月、12月平均气温较常年偏低，其余各月平均气温较常年值均有不同程度的偏高。其中偏高最多的是11月，其平均气温高于常年值1.9℃。年降水总量比常年偏少约6.7%，主汛期（6月至8月）的降水量为417.1毫米，比常年（399.8毫米）偏多约4.3%。年内，气温和降水均接近常年，日照较常年偏多1成。

（曹久才）

科　技

4月18日，区人民政府与百洋医药集团签署科研成果转化战略合作框架协议（《京西时报》 供图）

◆ 3 月 1 日，区科学技术和信息化局在清水镇下清水村培训藜麦种植技术（区科学技术和信息化局　供图）

◆ 5 月 27 日，区科学技术和信息化局举办灵溪地质科考线上科普宣讲活动，为观众讲解妙峰山镇岭角村灵溪地质公园山谷地质构造和岩石成因（《京西时报》 供图）

管理与实施

【概况】 2022年，门头沟区科技和信息化局（简称区科信局）共投入财政资金216.8万元，支持科技项目11个，并与课题承担单位签订科技项目立项任务书；继续在门头沟区引进示范种植“维纳斯黄金”苹果、寒雪红玲（龙丰果）、红香酥梨和玉露香梨、大樱桃、草莓、麻核桃、金耳食用菌、青稞、陕西午子茶、食用保健花卉等特色农产品的种类及新品种，开展盆栽特色果树新产品开发，利用引进示范种植的青稞、午子茶等产出品酿造青稞酒、开发出本地午子茶产品。年内，门头沟区共有435家高新技术企业，其中电子信息142家，占比32.64%；高技术服务122家，占比28.05%；先进制造与自动化57家，占比13.1%；资源与环境49家，占比11.26%；生物与新医药15家，占比3.45%；新能源与节能37家，占比8.51%；新材料8家，占比1.84%；航空航天3家，占比0.69%；人工智能2家，占比0.46%。新认定高新技术企业71家，同比增幅77.5%。门头沟区中关村园区外高新技术企业火炬统计调查应参统企业275家，实际参统企业253家，填报率92%。园区外高新技术企业参统企业营业收入191.1亿元，实际上缴税费总额4.4亿元，研究开发费用10.44亿元，营业收入超过2亿元以上企业17家。

（张 悦）

【羊肚菌引种示范项目】 3月23日，斋堂镇林子台村书记受邀到区科信局孟悟农业科技园实地考察林下羊肚菌种植项目，区科信局工作人员从品种选择、栽培环境需求、环境管理、投入和产出等方面详细介绍科技园羊肚菌引种示范项目进展情况并就林下小拱棚和日光温室2种羊肚菌栽培模式进行介绍。2021年年末，羊肚菌引种示范项目在孟悟农业科技园开始实施，科信局工作人员充分发挥孟悟科技园日光温室的优势，创新示范设施果树行间间作羊肚菌培育模式，经过4个多月的精细管理，林下羊肚菌种植项目打破羊肚菌在北京地区的亩产记录，亩产1000斤以上，效益6万元。

（张 悦）

【京白梨种植技术指导】 4月1日，区科信局邀请市农林科学院林业果树研究所研究员到军庄孟悟农业科技示范园现场指导京白梨种植技术，针对京白梨春季修剪、授粉、疏花等技术措施，进行讲解与示范，并与果农互动交流，通过实际操作指导解答管理中遇到的具体问题。

（张 悦）

【科技项目政策宣讲与培训交流会举办】 5月23日，区科信局通过线上形式举办门头沟区科技项目经费管理政策宣讲与培训交流会。共40余家企业、村合作社负责人及财务人员参会，通过政策宣讲、互动问答和交流沟通进一步增强门头沟区科技项目课题承担单位对相关政策的了解、熟悉与运用。

（张 悦）

【6项大额技术合同登记完成】 5月，门头沟区技术合同登记处首次完成大额技术合同登记6项，合计22.16亿元。年内，区技术合同登记处通过加强与门头沟区新增卖方沟通交流，了解企业基本情况以及后续预计登记情况，持续聚焦门头沟区重点大额企业，积极宣传技术合同登记可享受的优惠政策，鼓励创新主体进行技术合同登记。至年末，门头沟区登记技术合同153项，技术合同成交额24.7亿元。

（张 悦）

【对口支援合作项目资金支付】 6月28日，区科信局完成42万元财政资金拨付。资金用于提升改造西藏堆龙德庆区马镇岗吉村的高原特色乌骨羊养殖示范基地、和进一步扩大岗吉村乌骨羊纯种规模和扩繁乌骨羊特色养殖示范基地提升改造项目的。7月5日，完成武川县上秃亥乡白泥壕村委会马铃薯产业园配套项目100万元资金拨付。该项目资金用以购买马铃薯加工设备。

（张 悦）

【2023年度区科技项目储备库征集工作】 7月18日，区科信局通过从全区各相关单位公开征集，并经专家论证与课题经费预算评审等环节后，完成2023年度区科技项目征集入库工作。此次项目征集共17个课题，申请区财政科技经费608.80万元。

（张 悦）

【2022年22个课题项目的中期督导】 7月22日，区科信局组织技术专家、财务专家及本局纪检组成员共同对2022年门头沟区科技项目进行中期现场督导。此次中期督导共完成10个课题的

现场中期督导。8月24日，区科信局组织技术专家、财务专家及科信局纪检组成员对2022年门头沟区科普项目进行中期现场督导，此次中期督导共完成12个课题的现场中期督导。

（张 悦）

【科技项目验收】 10月7日，区科信局组织专家对2021年追加门头沟区科技项目5个课题进行验收。各课题全部完成任务书的工作内容及考核指标，专家一致同意通过验收。12月9日，区科信局组织专家对2021年追加门头沟区科技项目7个课题进行验收。各课题全部完成任务书的工作内容及考核指标，专家一致同意通过验收。12月9日，区科信局组织专家对年内门头沟区科技项目11个课题进行验收。各课题全部完成任务书的工作内容及考核指标，专家一致同意通过验收。12月12日，区科信局组织专家对2022年区11个科普项目进行验收。各项目全部完成任务书的工作内容及考核指标，专家一致同意通过验收。

（张 悦）

【科技类校外培训机构监查20余次】 年内，区科信局持续加大对全区科技类校外培训机构监督管理。严格贯彻落实市区双减专班及市科委相关要求，做好科技类校外培训机构监督管理工作，严格落实疫情防控相关要求。进一步整理完善科技类校外培训机构台账，完成市区要求的恶意涨价等各项摸底排查统计工作。督促各科技类培训机构严格遵守疫情防控要求。截至年底，共开展各类督查和联合检查20余次，有效提升科技类校外培训机构的日常安全管理水平，营造良好的学习环境。

（张 悦）

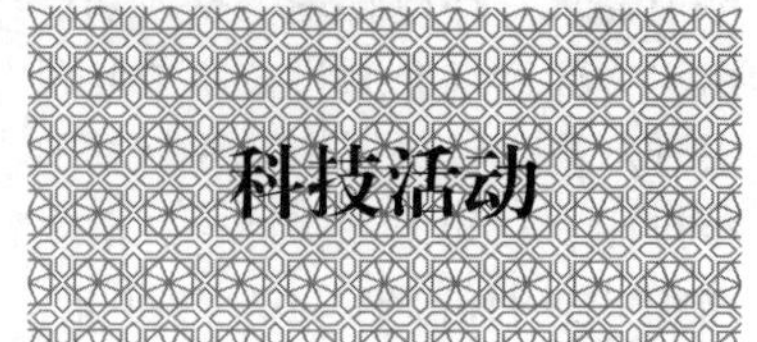

科技活动

【门头沟区可持续发展线上培训会举办】 6月28日，区科信局以“科技创新推动区域可持续发展”为主题组织召开门头沟区可持续发展线上培训会，特邀北京师范大学教授授课，全区共40余人参加培训。授课进一步提升全区干部的科技创新和可持续发展能力，为门头沟区国家可持续发展实验区建设提供了决策依据，为下一步国家可持续发展实验区绿色高质量发展指明方向。

（张 悦）

【门头沟科技活动周举办】 8月22日至27日，2022年北京科技周暨门头沟科技活动周，在门头沟区军庄镇孟悟现代农业科技示范园举办。2022年北京科技周暨门头沟科技活动周由门头沟区科学技术和信息化局主办，各科普联席会议成员单位、各相关企业共同参与，重点展示门头沟区科技创新成果，彰显门头沟区“科技强区”推动高质量发展新成效。举办30场科普宣传教育及科技志愿者服务活动，让门头沟人充分感受到科技的魅力，全域科普和科学素质建设的氛围愈加浓厚。通过此届活动周科普系列活动，进一步扩大科学技术的影响力、辐射力和带动力，激发了全区科技创新热情，营造出人人重视科技、支持科技、参与科技的良好社会氛围。

（张 悦）

【粮食安全宣传活动】 10月13日，区科信局与区商务局（粮食和物资储备局）联合到石门营五区社区，举办“粮食安全宣传”讲座。活动特邀中国农业科学院农业农村部食物与营养发展研究所博士、研究员，围绕食用植物油质量安全和营养健康，为社区百姓讲解常见食用油的制作工艺、油品选择与营养搭配，并现场解答居民关心的日常食用油使用储存等方面问题。最后，还向社区居民发放科普宣传材料，让居民学习到健康饮食，科学用油等科普知识，进一步加大科学用油知识及健康生活方式的普及。

（张 悦）

【3场科技下乡活动】 年内，区科信局共举办3场科技下乡活动。3月1日，响应清水镇下清水村科特派工作站技术服务需求，区科信局特邀市农业技术推广站、市植物保护站2名老师，在清水镇下清水村开展“科信局科技下乡——藜麦种植技术培训之走进下清水村”培训活动，村两委成员和直接从事藜麦种植生产劳动的村民共27人参加藜麦专题生产管理技术培训活动。4月2日，区科信局专业技术人员到斋堂镇西斋堂村，以现场讲解、田间指导、地头示范等方式，指导农户引进的农业新品种啤酒花种植技术问题。8月1日，区科信局组织科技特派员，到内蒙古自治区呼和浩特市武川县上秃亥乡白泥壕村，为当地农民开展农业生产技术现场培训，共22人参加培训。

（张 悦）

【6期社会主义核心价值观主题宣传活动】 年内，区科信局共举办6期社会主义核心价值观主题宣传活动。依托区科技馆和百花山科普教育基地为主要宣传阵地，为全区学生、社区居民、游客开展以"爱国""友善""文明""和谐"、全国道德模范先进事迹等为主题的宣讲活动，进一步提升大众学科学用科学，接受核心价值观教育，提高公众文明素质，以高度的政治自觉，切实抓好工作任务落实，把社会主义核心价值观融入到日常生活、工作中，转化为情感认同和行为习惯。

（张　悦）

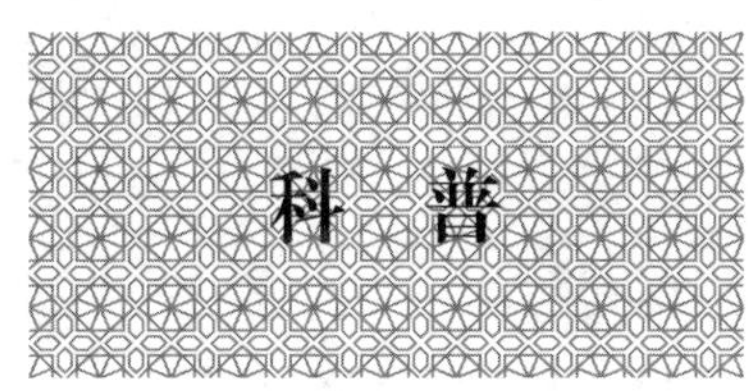

科　普

【科普基地管理办法出台】 5月17日，区科信局与区科协共同起草出台《北京市门头沟区科普基地管理办法（试行）》，办法共7章26条．主要内容包括总则、申报条件、命名程序、运行要求、管理措施、对科普基地的服务、附则等。该办法的出台使门头沟区科普工作有章可循，走向制度化规范化之路，为培育绿色发展新动能，谱写"绿水青山门头沟"高质量发展新篇章提供支撑。

（张　悦）

【门头沟区首批科普基地认定挂牌】 5月22日，区科信局和区科协依据《北京市门头沟区科普基地管理办法（试行）》，经过征集、申报和实地踏勘等评审环节，命名门头沟区科技馆和区百花山管理处2个单位为门头沟区首批区级科普基地。同日，2家区级科普基地挂牌。2家区级科普基地的挂牌，不仅为"迎豹回家"计划丰富地区科普教育项目，也为"双减"形势下引导优质科普资源进校园夯实工作基础。

（张　悦）

【"全国科普日"宣传服务活动】 9月16日，区科协、区科信局等12家单位在区科技馆门前，联合开展"全国科普日"宣传服务活动。活动以"喜迎二十大，科普向未来，助力绿水青山门头沟"为主题，以区科技馆门前宣传为科普宣传主阵地，设置"宣传材料发放区""健康义诊咨询区""科技互动体验区""公民科学素质大赛专项竞答区"和"创城展览区"5个区域。通过现场发放科普宣传手册、食物营养搭配科普画册、疫情科学防控小常识、创建文明城区科普伴你行折页、生活垃圾分类指导手册等多种宣传资料和科普宣传品的形式，向过往群众宣传科普知识。

（张　悦）

【"老年人防诈骗科普知识"宣传】 10月14日，区科信局在东辛房街道石门营五区社区开展以"老年人防诈骗科普知识"为主题的科普宣传活动。活动邀请区金融领域专家，现场讲解反诈宣传案例，揭露犯罪分子的常用骗术，并作出风险提示。同时，专家结合具体案例改编的小故事，围绕养老诈骗现状、常见形式、识骗防骗等内容，通过以案说法、咨询解惑和发放宣传手册的形式向社区老年人进行反诈防骗宣传。

（张　悦）

【12家区级科普基地公布命名】 12月27日，区科信局和区科协通过实地考察论证、专家评审、公示等，命名"王平科技开发试验基地""孟悟现代农业科技示范园""北京百花山国家级自然保护区科普教育基地""西胡林村农耕文化科普基地""清水花谷科普基地""门头沟区地震科普体验厅""瓜草地生态观光园""谷山村景区""北京益农缘生态农业科普基地""灵之秀黄岑茶园""聚兰兴科普基地""灵溪景区科普基地"等12家单位为门头沟区首批科技场馆类科普基地。科普基地命名有利于促进科技资源科普化、丰富科普教育内容、提升公民科学素养、营造国际科技创新中心建设创新文化氛围、助力"绿水青山门头沟"品牌建设。

（张　悦）

【全国科普统计调查工作】 年内，区科信局完成2021年度全国科普统计调查工作。调查内容涵盖科普人员、科普场地、科普经费、科普传媒、科普活动、科学教育等6大类一级指标、139个二级指标进行详细讲解，涉及全区44家科普工作联席会议成员单位，建立热线电话服务，安排专职人员随时提供业务指导并及时解决问题。督促各成员单位认真填报，严格审核，及时修正问题，确保数据真实性、准确性、完整性，切实达到科普统计调查目的。

（张　悦）

教 育

10月8日，妙峰山民族学校开展“民族团结一家亲 同心筑梦跟党走”主题教育实践活动（《京西时报》供图）

6月7日，门头沟区843名考生参加高考。图为考生进入大峪中学考点(《京西时报》 供图)

6月13日，非涉疫初三年级学生结束居家学习。图为北京八中永定实验学校初三师生重返课堂(《京西时报》 供图)

7月，门头沟区2022年全国青少年校园足球“满天星”训练营营员遴选活动在大峪中学举办（《京西时报》 供图）

9月2日，斋堂中学组织全体师生开展校园拔草活动（《京西时报》 供图）

综述

2022年，门头沟区教育委员会（简称区教委）辖属教育单位92个，其中小学21所，初中9所，完全中学4所，九年一贯制2所，十二年一贯制2所，门头沟中等职业学校、区特殊教育学校、区工读学校各1所，幼儿园24所，学校附设幼儿班16个，直属单位11个。在校学生33941人，其中幼儿园10962人，小学14895人，初中4830人，高中3099人，中职73人，特教82人。教职工4448人，其中专任教师3201人，干部1247人。全区教职工研究生及以上学历543人，本科学历3033人。有特级校长2人，特级教师（在职）17人，市级学科带头人6人，市级骨干教师45人，市级骨干班主任8人。教育系统共有基层党组织124个。其中，党委1个，党总支13个，党支部110个（含党委、党总支下属党支部57个）。党员2070人，预备党员35人。

年内，门头沟区教育系统推进中小学校党组织领导的校长负责制，6所公办学校“一把手”实现区委提级管理，选优配强领导班子。坚持党务业务协同发展，促进党务公开工作规范化，深入学习宣传贯彻党的二十大精神。创立《党建微刊》专栏，积极打造党建园地。建立党建共建“2+1”工作机制，推动“两新”组织强党建促发展。发挥党组织战斗堡垒作用，分7批次抽调342名干部、教师参与新冠肺炎疫情防控工作。培养选拔党性观念强、专业素质强的党员干部，深化“双带头”“双培养”机制，近3年骨干教师占新发展党员数超40%。开展教育系统基层干部考察调研，摸清干部人才队伍储备情况，为建设高素质复合型领导班子提供支撑。落实立德树人根本任务，以区域“红色”“绿色”资源为主线，以“讲京西、游京西、建京西、爱京西”为主题，开展一体化德育特色课程和综合实践活动。结合“创城创卫”工作重点，统筹落实“十个一”项目及青少年主题教育活动，引导师生共同上好“大思政课”。依托生态教育、素质教育、革命传统、劳动艺术四大教育基地，打造京西“五育并举实践体验圈”。利用高校、委办局、镇街等资源，开发跨学科、跨学段的综合实践研学课程，培养有理想、有本领、有担当的“绿水青山新居民”。高考成绩再创历史新高，高分段比例位列生态涵养区首位，最高分683分（2人）。凝聚家校社协同育人合力。开发“微课程”指引家庭教育，利用微信公众号推广2个家教专栏，累计举办“好家长训练营”专题培训81期，惠及2万余个家庭。加强未成年人心理健康辅导站建设，开展中小学生阳光成长心理测评调研，完善学生心理危机干预三级联动机制。

稳步推进义务教育学校校长教师交流轮岗工作，37所中小学共400余名干部教师通过8种形式开展交流。通过“员额制”招聘幼儿园教师75人，返聘优秀退休教师23人，盘活教师编制资源，优化教师队伍结构。面向14所山区学校开展名师送教100余次，成立14个名师工作室。号召教师学做“半个专业工作者”，向研究者学研究、向实践者学实践，着力打造一支高素质、专业化、创新型师资队伍。优化资源配置带动协同提升。坚持资源引进与内涵发展双轮驱动，打造“山谷”“京西”“京师”系列教育品牌。景山学校京西实验学校借址开学，小学一年级招生85人。深化与北师大教育学部合作，7所学校签约首师大毕业生优质就业基地。研究制定《门头沟区城乡教育发展联盟实施方案（试行）》，以校际联盟共建协作为基本形式，建立“1+N”工作机制，同管理、同考核、同发展。扎实做好“双减”后半篇文章。持续巩固校外培训治理成果，压实6址有证学科类培训合规行为，建立116家非学科培训机构基础台账，联动相关行业部门实现归口监管。推动校内减负提质，以“每月一题”工作机制为抓手，制定场景化治理工作方案，按照“12355”工作思路，加强教育教学管理。发挥大数据平台赋能作用，实现“一生一策”定制个性化课后服务，“一班一课表”落实规范化排课选课。探索教育评价方式改革。新课标颁布以来，开展新课程方案校级培训88次、专题培训397次、课例研讨与展示794次。探索期末探究性开卷考试评价方式，深挖“绿水青山”教育资源，命制涵盖科学、人文、艺术、心理健康等“试题菜单”100余道，供学生根据兴趣自选一道考题，打破学校教育与生产劳动、社会实践之间的“高墙”。借助专业力量，开展区域幼儿园保育教育质量评估。

坚持守土尽责，强化教育服务保障功能。织密织牢校园疫情防控屏障。坚持第九版、落实二十条，对标对表、落实落细各项疫情防控措施，做好常态防控、风险研判、应急处置、服务保障，实现无校园聚集性疫情、无涉校外培训感染。抓严抓实各项组考防疫要求，完成平安高考、平安中考。确保重点时期校园平安稳定。依托区级学校安全联席会机制，开展安全整治百日行动，提前研判、全面排查、集中整改风险隐患，会同政法、公安、网信部门联合开展安全检查和舆情监测，保证北京冬奥会、冬残奥会、全国“两会”及党的二十大期间教育系统安全稳定。用心用情用力做好“接诉即办”。强化机制建设、政策保障，力求源头治理、未诉先办，解决好入园入学、教学管理、校外培训、后勤服务、代课教师补偿等民生实事。年内，区教育系统“接诉即办”市级考核成绩长期位居前列。

（李嘉耕）

【京西学子登上央视春晚舞台】 1月31日，大峪第一小学侯天硕、高子天2名学生参演戏曲节目《生生不息梨园情》登上中央广播电视总台春节联欢晚会。原创京剧《青核桃》登上首届全国校园戏曲春晚舞台，7所学校的9名同学参与演出。

（殷冉冉）

【冬奥宣传和服务保障工作】 2月，区教委积极对接区委宣传部和区委统战部，选派200余人次参加北京冬奥会开幕式及观赛活动，完成重大政治活动服务保障任务。依托教育系统新媒体宣传“矩阵”，围绕“一起向未来”等主题，宣传全区教育系统开展的迎冬奥系列活动，推出一批反响热烈的宣传作品。

（范 兵）

【中小学市区级先进评选】 3月，区教委组织全区38所中小学、门头沟中等职业学校开展2021-2022学年度中小学市区级“三好学生”“优秀学生部”“优秀学生”“先进班集体”评选工作。经区、校两级评选，共评选出市级三好生177人，市级优秀学生干部8人，市级优秀学生1人，市级先进班集体12个；区级三好生1751人，区级优秀学生干部115人，区级先进班集体294个。

（李亚晴）

【义务教育入学】 4月28日，区教委制定《门头沟区2022年义务教育阶段入学工作实施细则》《门头沟区2022年非本市户籍适龄儿童少年接受义务教育材料审核实施细则》。小学入学采取“就近登记+多校派位”方式，各小学按照基本顺位规则招生，接收有困难学生通过多校派位方式入学，非京籍学生首次采取全区派位方式入学，有效缓解入学压力，保障教育公平。小升初入学采取“就近登记+对口直升+多校派位”方式。规范《2022年门头沟区协调入学方案》《2022年门头沟区多校划片专项工作方案》等文件，使义教招生制度更加完善。年内，全区通过北京市义务教育平台登记新一年级学生2481人，其中非京籍545人。接待“12345”政府服务热线300余件，来访60人次，咨询电话4000余个。

（马 荧）

【18篇作品获立德树人研究成果奖】 4月，在北京市第三届中小学立德树人研究成果评选中，门头沟区教育系统共报送作品19篇，获奖作品18篇。其中，特等奖2篇，一等奖5篇，二等奖5篇，三等奖6篇。

（李亚晴）

【规范线上教学工作】 5月、11月，区教委多次召开中小学规范线上教学视频会。组织召开“聚智赋能 助力线上教学”—门头沟区线上教学专题交流会，总结经验，解决问题。制定并下发《门头沟区关于进一步规范中小学线上教学工作的通知》《门头沟区线上教学工作方案》，明确线上教学要求，规范线上教学工作。对全区中小学线上教学方案进行审查，落实三级线上巡查机制，确保网课教学质量。

（赵晓晨）

【核酸采样人员培训举办】 6月6日至7日，区教委在区卫生健康委的配合下，分批分组对各学校、幼儿园的校医和保健医及相关防疫人员222人进行新冠肺炎病毒核酸采样技能培训。围绕手卫生、穿脱防护用品、核酸采样流程及注意事项、送检程序、医疗废物处理等方面进行讲解、现场演练和考核。222人全部通过考核，并在新冠肺炎疫情期间发挥重要作用。

（陈润泽）

【义务教育质量监测结果分析研讨会】 7月4日，区教委召开国家义务教育质量监测结果分析研讨会。邀请北京师范大学副教授、教育部基础教育质量监测中心报告组副主任介绍2020年度国家义务教育质量监测概况，并对2020年义务教育质量监测结果进行解读，重点分析2020年度门头沟区监测结果。门头沟区委教育工委副书记、主持区教委工作的副主任结合近几年的国测结果，对门头沟区义务教育质量情况进行重点分析。

（张文生）

【暑期小学托管服务工作】 7月至8月，区教委开展暑期小学托管服务工作，来自10所学校的36名学生在3所承办校进行托管。其中，第1期黑山小学18人、人大附小京西分校9人，第2期大峪一小9人。全区参与保障暑期托管服务工作的教育教学师资力量、管理服务人员、后勤保障人员共220人次。

（王　燕）

【北京景山学校京西实验学校借址开学】 8月31日，北京景山学校京西实验学校在门头沟区三家店铁路中学借址开学，举办2022—2023学年度秋季学期“景山起航，点亮未来”主题开学典礼，迎来建校首批一年级新生85名。教育部、民进北京市委、门头沟区人民政府和区教委有关领导，景山学校领导及全体干部教师、学生和家长参加开学典礼。

（李嘉耕）

【推进义务教育新课程实施】 8月至9月，区教委召开研修员座谈会、一线教学干部和教师座谈会、教育基地座谈会，推进义务教育新课程实施办法和课程设置表研制工作。9月19日，印发《门头沟区义务教育课程实施办法（试行）》，面向全区中小学、教育基地、研修部门和教育行政部门，组织参加义务教育新课程国家级线上培训，同步启动门头沟区义务教育新课程系列培训，邀请市级专家和一线教育工作者，围绕新课程理念与精神、新课标落实、跨学科主题学习设计、劳动艺术课程资源开发等6大主题进行专题系列讲授。召开全区义务教育课程实施办法落实部署会，启动“义务教育新课程主题研修月”活动，组织中小学开展校本培训、学科组研修、干部听评课、教师课例展示与研讨等活动。

（张博文）

【第38个教师节庆祝大会举办】 9月9日，区委教育工委、区教委以视频直播形式，举办“长安街旁·永定河畔——学做‘半个’专业工作者”主题教师节庆祝大会。号召全区教师在做好专业教育工作者的同时，学做半个专业研究者和半个专业实践者。借助专业力量，把生态与文化作为教育教学的资源库、案例库、问题库、课题库，以专业精神推动门头沟区教育高质量发展。

（李嘉耕）

【健全法治副校长工作机制】 9月14日，区教委牵头团区委、区委社会工委区民政局、公安门头沟分局、区人民检察院、区人民法院和区司法局，召开学校法治副校长工作商谈会。为全区81所中小学、幼儿园配备61名法治副校长，组织统一岗前培训，并由学校为其颁发聘书。法治副校长为学校举办法治讲座80余场，提供法律咨询服务。

（王玉琳）

【党建微刊专栏创刊】 11月7日，区教委《党建微刊》专栏创刊，为半月刊，以“组织有力量、党员做先锋、教育为人民”为宗旨，定期展现基层党组织在深化教育改革、推进“双减”落实、打造“小学校·好教育”、服务全区大局中的典型经验和优秀做法，基层党组织推荐14名微刊团队成员，带动培养一批党建宣传员。

（邓　浩）

【探索考试评价新方式】 12月，区教委在中小学四、七年级探索学生居家期间考试评价实施新方式。以区域生态山水和历史人文资源为素材，鼓励学生走进绿水青山间，开展跨学科实践探究。区教委、区教育研修学院组建以研修员为核心，骨干教师为主体的60余人命题小组，精心编制50余道开放性、灵活性、应用性、创新性兼具的高质量探究型试题。试题内容涉及科学、人文、艺术、心理健康等领域，突出跨学科主题实践活动，引导学生开展小课题研究。学生在“试题菜单”中根据个人兴趣选择其中一道，利用一周时间完成。学生走进绿水青山间亲身实践，在自主合作探究中学习巩固知识、提升综合能力。

（裴　军）

【3个市学校思想政治工作研究课题立项】 年内，区教委依托《2022年度北京市学校思想政治工作研究课题申报》工作，向全区各中小学广泛征集，组织专家评选，最终北京大峪中学闻海东的《读马列著作对体验式教学影响对比研究》、汪秀琦的《利用红色资源开展大思政课研究》、北京八中京西校区尹旭的《党史教育融入中学思政课教学的实践路径研究》3个课题成功立项。

（李亚晴）

【推进中小学校领导体制改革】 年内，区委教育工委会同区委组织部等7部门联合印发

《门头沟区关于建立中小学校党组织领导的校长负责制的工作方案（试行）》。通过“月末大讲堂”等形式，面向基层单位开展相关培训，为推进改革工作做好思想准备。开展教育系统干部队伍情况调研，掌握教育系统基层班子发挥职能、干部岗位职责履行等情况，为试点工作做好组织准备。北京八中京西校区党总支、大峪二小党总支、龙泉小学党支部、三家店铁路中学党支部、区第一幼儿园党支部等5所试点校率先探索党组织发挥领导作用的渠道途径。

（邓 浩）

【“每月一题”推动解决重点民生诉求】 年内，区教委重点开展中小学教学管理问题有关工作。制定“每月一题”工作方案及三类清单，制定场景化治理工作方案，完成场景化项目进度表及总结，完成一单一表一图一问题；上交市教委24次“半月报”、12个月“12345”政府服务热线反馈具体情况解释，2次工作总结；完成区级阶段汇报3次，各项总结4次。促进提升中小学教学管理水平。

（赵晓晨）

【教育系统开展安全整治百日行动】 年内，区教委围绕“防风险、保安全、迎二十大”主线，加强学校安全管理，自6月起对全区所有中小学幼儿园开展全覆盖安全大检查，涵盖校舍建筑、消防、燃气、实验室安全及校园周边治理等十大项75小项内容，检查并消除隐患100处。聚焦重点领域，加强危化品专业管理，为全部11所有危化品的学校进行存储场所改造，并聘请专业评估公司进行安全评估。加强燃气安全管理，更换16所学校食堂到期的燃气报警器等设备。

（王冬冬）

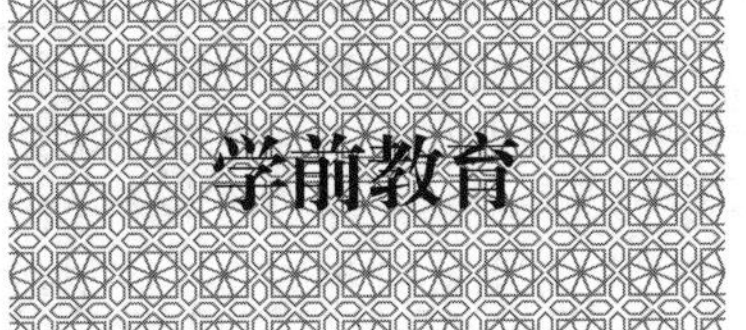

学前教育

【概况】 2022年，门头沟区学前教育聚焦“幼有所育”，以普及普惠、安全优质、内涵发展为核心，努力提升办园水平。开展区域学前教育保教质量评估，形成《区域学前教育质量评估报告》，为区级政策制定、教研赋能支持、园所发展提升提供理论支撑及实证依据。实施课程领导力项目，推进课程建设，更新干部教师课程理念，完善幼儿园课程体系；建立保教质量评价工作坊，指导幼儿园通过教研，完善质量规范，建立自评体系。上线门头沟幼儿入园招生服务系统，实现招生简章、招生计划、入园报名、入园管理、信息同步等招生入园全过程管理，提升幼儿园招生工作的信息化水平与规范化程度。中科幼教绿岛幼儿园终止办园，引进“大地”幼教品牌原址开办分园，9月1日，龙泉大地幼儿园绿岛分园开园。

（李 乾 范 千）

【5名教师在第三届“京教杯”活动中获奖】 1月，北京市举办中小幼第三届“京教杯”青年教师教学基本功培训和展示活动，门头沟区5名教师参赛，全部获一等奖，一等奖获奖率100%，位于全市第一。

（李 乾）

【科学设计“返园”系列教育活动】 7月4日，区教委组织各幼儿园以尊重、理解、支持、回应幼儿的社会情感需求为出发点，以“‘幼’见你，真好”为主题开展返园系列教育活动，上好返园“第一课”。7月4日返园率77.6%，7月5日达到79%，位列全市前列。

（李 乾）

【学前教育“河畔”课程论坛召开】 7月20日，区教委召开“自然生态与现代视野”——门头沟区学前教育“河畔”课程论坛。开展课程建设交流研讨，探索区域课程实践实施路径，为园所提供课程建设的参考与方向，展示幼儿园教育成果，更新干部教师课程理念，提升课程实践能力。

（李 乾）

【普惠性民办幼儿园租金补助】 9月，区教委、区财政局联合印发《门头沟区普惠性民办幼儿园租金补助管理使用办法（试行）》，明确门头沟区普惠性民办幼儿园租金补助对象及标准、申请拨付程序、绩效监管办法等，减轻普惠民办园运营压力，保证区域办园稳定，优化学前教育发展环境。2022年普惠性民办幼儿园租金补助共324.35万元。

（范 千）

【新建园联合视导开展】 9月，区教委学前科、教育研修学院学前研修中心到3所新建幼儿园（第七幼儿园、第八幼儿园、潭柘寺学校第一幼儿园）进行视导，聚焦园所发展规划、日常保教管理、一日生活常规建立、教师队伍建设等问题，诊断保教实践，提出改进建议，帮助新建园明确发展目标及路径。

（李 乾）

【幼儿园入学准备实施指导意见印发】 9月，区教委印发《门头沟区幼儿园入学准备活动实施指导意见（试行）》。从实施原则、发展目标、主要任务、活动实施等方面，引导幼儿园科学开展入学准备教育，防止幼儿园“小学化”倾向，帮助幼儿实现从幼儿园到小学的平稳过渡。

（李 乾）

基础教育

【概况】 2022年，门头沟区基础教育工作围绕“绿水青山新居民”培养目标，优化教育资源布局，持续规范义务教育入学秩序，提高教育质量，促进学生德智体美劳全面发展。景山学校京西实验学校借址开学，增加门城北部优质教育资源供给。在“双减”新形势下，区教委主动求变，制定《门头沟区中小学教材选用委员会工作方案》，成立门头沟区中小学教材选用委员会，完成小学英语、音乐、体育与健康、书法4科，初中数学、英语、地理、物理、化学、生物学、体育与健康、书法8科教材更换，结束教材版本连续10年未更换局面。

（裴福珍 张博文）

【“山谷冬韵”线上演唱会举办】 1月31日，大峪中学举办“山谷冬韵”为主题的线上专场音乐会，进行特殊时期的特殊的音乐会。金帆合唱团师生表演《雪花的快乐》《雨中即景》《阿里郎》等曲目，用歌声迎接冬奥。

（于君雅）

【“学做半个专业工作者”系列讲座】 3月9日，大峪中学举行“学做半个专业工作者”系列讲座之“生命共同体”理论支撑下的国土空间规划与生态修复技术、方法与实证影视沙龙。以北京市矿山地质环境问题总体特点与具体分布为依托，基于RS-GIS资源环境遥感动态监测评价技术体系的综合勘探技术，引用北京周口店、门头沟永定河道、上海深坑酒店等实例，从“煤—地管控”“水—地管控”“生—地管控”“土地综合整治与生态修复管控分区”“整治工程模式”“土地综合整治规划设计”等角度讲解资源环境组合下的生态修复，引导教师思考门头沟的矿、地、水、林生态修复新实践。

（于君雅）

【重点课题成功申报立项】 3月30日，斋堂中心小学成功申报并立项门头沟区“十四五”规划2022年度重点课题《山区小学教师教研能力提升的实践研究》开题论证会。研究重点内容包括：教师教研能力提升的保障、教师教研能力发展的举措等。交流轮岗组成员大峪二小、东辛房小学、军庄中心小学校长、教师代表及课题组成员参加会议。

（马 勇）

【作业管理减负增效】 4月，区教委召开《门头沟区中小学作业设计与实施指导意见》政策解读工作会。构建区校两级培训机制，促作业管理认识提升。召开“‘双减’落地 优化作业设计—门头沟区单元作业设计实践市级研讨会”，围绕“作业管理与设计”，多次开展区级研修活动以及案例征集活动。中小学广泛开展作业培训，建立平时与假期作业检查机制。

（赵晓晨）

【“回归”校园仪式，制作视频进行推送】 6月27日，门头沟区各中小学精心设计学生“回归”校园仪式，制作视频通过市区级媒体进行推送，营造返校良好氛围，挖掘坚持返校深层含义，上好返校第一课，培育学生的社会情感。

（王 燕）

【“一体化”德育活动】 6月，区教委以“赓续红色血脉 传承山水文化 做绿水青山新居民”为主线，依托西山永定河文化带中的红色革命文化和京西山水文化，建构“红色主线”“绿色主线”“一线四矿”和谐交融的“一体化”活动育人课程体系，形成一批德育精品课堂与德育精品活动课程。选取试点大峪第二小学、黑山小学、北京八中京西附属小学3所试点小学开展“讲京西，爱京西”活动课程；选取试点大峪中学、京师实验中学、三家店铁路中学3所初中开展“游京西，爱京西”活动课程；选取大峪中学为试点高中开展“建京西，爱京西”活动课程，引导学生宣传、热爱、建设家乡。

（李亚晴）

【中小学校园读物排查整改】 6月、8月，区教委开展读物排查工作，共排查63451种（学校存在重复读物）校园读物10万余册。

发现疑似问题读物771种（学校存在重复读物）1000余册，疑似问题读物全部封存在各校。

（赵晓晨）

【推荐6位教师参与优秀班主任评比】 7月，区教委组织全区中小学班主任教师开展北京市“紫禁杯”优秀班主任和北京市“学生喜爱的班主任”推荐评比工作，共推荐6位教师参与市级评选。

（李亚晴）

【入学适应教育开展】 年内，区教委制定并下发《门头沟区小学入学适应教育实施方案》。7月，召开小学入学适应教育工作会，解读方案、经验交流。8月、9月，通过小学教师入园培训，开学仪式启智明理，适应课程活动、游戏化，评价体系助习惯养成，新生入学手册指导，家长培训促家校合力等方式，帮助小学生尽快适应学校生活。

（赵晓晨）

【“京西中学生气象研学教育基地”授牌】 8月19日，大峪中学举行“京西中学生气象研学教育基地”授牌仪式，区气象局与大峪中学签订合作协议，双方将合力发挥气象、教育两部门的资源优势，在做好阵地建设、科普宣传、教育科研等方面进行探索。

（于君雅）

【2022世界机器人锦标赛中获奖】 8月22日，大峪中学创新人才发展中心在“2022世界机器人大赛锦标赛”中获得喜人成绩，其中胡铁林、李雪峰参赛队获世界机器人大赛锦标赛智胜风暴赛项亚军，梁钊源、曲纭灏、王千硕参赛队获大赛第四名。

（于君雅）

【中小学生心理预警和危机干预】 9月，区教委对五年级-九年级1万余名中小学生开展阳光成长心理测评，并为中小学生建立心理健康档案。通过测评预警信息集中汇总，批量导出，逐个处理，建立和完善危机干预三级联动机制。

（李亚晴）

【推进新课程方案及新课程标准落实】 年内，区教委出台《门头沟区义务教育课程实施办法》，开展义务教育新课程区级培训6次，围绕“研习新课标 践行新理念 赋能新课堂”主题，组织学校开展义务教育新课程主题研修月系列活动。主题研修月活动期间，开展校级新课程专题培训88次，学科组长（教研组长）围绕学科内课程标准累计开展专题培训397次，教师开展课例研讨与展示794次，区校合计播发微信公众号60余条。

（裴　军）

【高考成绩历史性突破】 年内，门头沟区高考考生633人。本科上线512人，本科上线率80.88%，特殊线上线人数251人，特殊线上线率39.65%，其中后三项指标均为历史最好水平。高分段考生表现突出，其中最高分683分（2人），600分以上高分考生70人。985、211、双一流学校（专业）录取学生相比2021年增加17人，首次破百达到109人。

（裴　军）

职业教育

【概况】 2022年，北京市门头沟中等职业学校（简称门头沟中等职业学校）占地面积22274.66平方米，产权校舍建筑面积20683.67平方米，运动场地面积5000平方米。全年教育经费投入4479.07万元。固定资产总值12727.54万元，其中教学、实习仪器设备资产值3871.33万元。图书馆藏有纸质图书18177册、电子图书18177册。拥有计算机805台（包括平板电脑121台），多媒体教室15间。校园网出口总带宽2000MB，上网课程10门，数字资源量900GB，信息技术课程2节/周。2022年12月，教职工110人，其中本科以上学历76人，高级职称41人，中级职称48人。包括专任教师77人，包括区级骨干教师12名，区级骨干班主任1名，专业课教师40人，其中双师型教师33人，双师比例82.5%。开设教学班21个，应届就业率100%，升学率53%。

年内，学校以“容融相映”的办学理念为引领，根据“头雁领翔，雁阵前行”的党组织建设思路，立学校党建品牌和“爱心雨”志愿服务队品牌，加强教师师德师风，党组织在新冠肺炎病毒疫苗接种、创城行动等方面发挥战斗堡垒作用，发挥党员先锋模范作用；打造动态育人环，开展“我和我的祖国”“学党史”系列活动和新冠肺炎疫情防控、绿色生活等主题教育，搭建德育队伍平台，带领教师“立德树人 全员育人”。学校通过下校宣传、融合媒体宣传、社会大课堂服务等途径扩大学校影响力，学校普通高中招生数，同比增加 60%；通过项目引领，结合新冠肺炎疫情防控形式，建立“到校培训”与“上门服务”相结合的课程输出方式，累计完成学生职业体验 2000 余人次，学生满意度 90% 以上。普及残疾学生高中阶段教育建设项目有序进行，利用“助创手工教室”，为区内学生和区残联适合适度残疾人员提供培训体验服务 500 余人次。

（冯丽伟）

【完善《学校专业人才培养改革方案》】 年内，门头沟中等职业学校完善《学校专业人才培养改革方案》，重点突出民族工艺传承、文化遗产保护、中级技能、服务类人才的培养定位，以学部 - 教研室 - 工作室带动学校促进专业建设。

（冯丽伟）

【加强双师教师队伍建设和专业技能培养】 年内，门头沟中等职业学校加强双师教师队伍建设和专业技能培养，组织各类培训 513 课时，组织参加市、区级培训 470 人次，申请市区级 10 项课题。

（冯丽伟）

【完善线上教学】 年内，门头沟中等职业学校完善线上教学，学校建立“领导小组 - 主管领导 - 各学部长 - 教师”扁平式教学管理工作组，落实“线上学习 + 结合疫情 + 专业实操”的方式，针对职业高中、成人中专、综合高中、单考单招补习四种类型制定针对性教学计划，完成线下线上教学的衔接。

（冯丽伟）

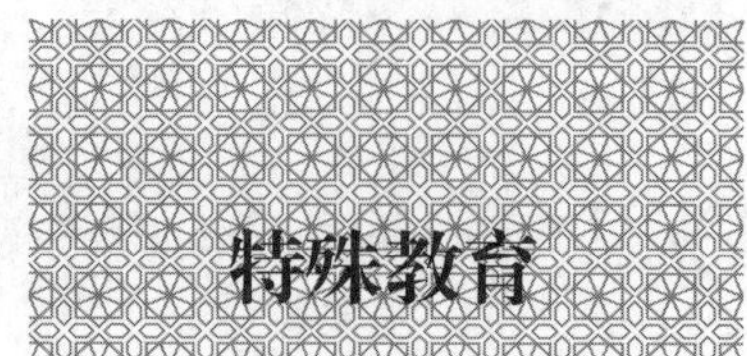

特殊教育

【概况】 2022 年，门头沟区特殊教育学校（简称区特殊教育学校）占地面积 3915.31 平方米，校舍建筑面积 3774.77 平方米，运动场地面积 2861 平方米。图书馆（室）藏书 7380 册，电子图书 1000 册。固定资产总值 1983.22 万元，全年教育经费投入 1187.87 万元。学校信息化经费投入 11.3 万元，拥有计算机 107 台，网络多媒体教室 17 个，校园网出口总带宽 2048Mbps，“信息技术”课程 4 课时 / 周。教职工 29 人，其中，高级职称 5 人、中级职称 15 人；专任教师 23 人；本科以上学历 26 人。开设教学班 9 个，其中小学阶段 6 个、初中阶段 3 个。毕业 16 人，其中小学阶段 10 人、初中阶段 6 人。招生 16 人，其中小学阶段 6 人、初中阶段 10 人。在校生 82 人，其中小学阶段 48 人、初中阶段 34 人，肢体残疾 1 人、智力残疾 33 人、精神残疾 15 人、多重残疾 33 人。

年内，学校以“立德树人、践行社会主义核心价值观”为根本任务，注重培养学生良好习惯，不断提高学生生活自理能力、社会适应能力。加强师德师风建设，努力提升教育教学质量。重视家校合作，发挥家长委员会作用。加强“海景门昌四校联盟”横向沟通，促进评价多元化、科学化，发挥多渠道、全方位、多空间的综合育人功能。推进普特融合，培养学生热爱生活、积极乐观、自信自强的优秀品质。严格执行垃圾分类，不断优化育人环境。学校严格落实新冠肺炎疫情防控各项要求，各部门通力合作，关注教师和学生的身体健康。根据学生特点，动态完善“十帐一图”。拍摄突发疫情应急演练的小视频。学校注重教科研工作，组织教师开展学科教学研究，整理、反思教学情况，做好过程性资料积累、提炼及阶段性成果的推广，开展特色教学研究活动。加强教师队伍建设，开展师德责任书签订和师德宣誓活动，激发教师们争做“四有好教师、崇尚师德、严谨治学”的大爱教师团队。组织教职工学习党的二十大报告精神。重视骨干教师培养，为骨干教师成才搭建舞台，给骨干教师提供展示、交流机会。组织教师以校本培训为主要方式，深入学习各科课程标准，领悟新课改精神和新课程理念。开展多种形式的教研活动，为教师专业成长搭建平台。定期召开班主任例会，了解学生情况。引导老师们围绕日常工作深入思考研究。参加区教委及“海景门昌四校联盟”主办的班主任基本功大赛及主题班会展示活动，为班主任专业发展助力。组建青年教师团队，鼓励青年教师积极参加各类学习和专业培训。

（魏宏亮）

【中医康复按摩培训送教上门】 3月，区特殊教育学校聘请中医康复按摩师送教上门，到学生家中，对家长进行康复按摩一对一培训。培训内容有中医的按摩手法、操作步骤、动作要领、力量的运用以及穴位、体位的选择，按摩的适应症、禁忌症等。

（刘天龙）

【家校协同教研】 7月6日，

区特殊教育家校协同教研团队在线上开展第一期教研活动。就“如何提升线上康复教学质量”主题，开展研讨，提升学生康复训练的实效，提升家校双方在学生培养、发展上的认识，双方互助，弥补各自短板。团队由区特殊教育学校牵头，由普校、区特教学校的家长、研修员、康复师三方力量组成。

（刘天龙）

【“情满中秋，佳节梦圆”融合教育活动】 9月8日，区特殊支持教育中心面向全区特殊需要学生开展“情满中秋，佳节梦圆”融合教育活动。活动由“赏月科普”“云端赏月”“绘画月饼”“云端赏灯”四部分组成，由区特殊教育学校4位老师分别主持，通过听、看、画、做，带学生感受中秋氛围，获家长好评。

（刘天龙）

【融合教育案例写作培训】 9月22日，区特殊支持教育中心为推进特殊教育教学研究工作，提升融合教育质量，邀请专家，从案例的结构、标题、叙事手法等方面对案例写作进行的讲解，全区共有110余名教师参与学习。

（刘天龙）

【特殊教育、融合教育案例评选活动】 9月，区特殊支持教育中心组织开展“门头沟区2022年特殊教育（融合教育）优秀案例评选活动”，共接收来自区特殊教育学校报送的案例6篇，接收来自20所普通学校报送的案例126篇，共132篇，收文同比增长率52%。

（刘天龙）

【融合教育优秀案例获奖】 9月，北京市教委组织开展融合教育优秀教育教学案例遴选活动，区特殊支持教育中心对3所相关学校进行工作部署，聘请3位市级专家对案例进行一对一专题指导。门头沟区推荐的3项案例，获一等奖1项，二等奖2项。

（刘天龙）

社区与成人教育

【概况】 2022年，门头沟区社区教育学院（简称区社区教育学院）占地面积2.23万平方米，产权校舍建筑面积1.91万平方米。全年教育经费投入2774.5128万元。固定资产净值207.85万元，拥有计算机220台。多媒体教室座位150个。学院信息化经费投入9.24万元，网络信息点220个，校园网出口总带宽1000Mbps。单位核定事业编制70人，在岗65人。其中，专任教师54人、教辅人员11人。专任教师中，具有研究生学历4人，本科及以上学历占教师总90.48%；高级专业技术职务8人、中级28人。聘请校外教师48人。开设教学班54个，其中开放教育开设教学班23个，包含专科9个，本科14个；奥鹏网络教育开设教学班31个，包含专科4个，本科27个。毕业446人，其中开放教育231人，包含专科150人，本科81人；奥鹏网络教育215人，包含专科66人，本科149人。开放教育招生270人，其中专科112人、本科158人；奥鹏网络教育招生15人，本科15人。开放教育在校（注册）生814人，包含开放教育专科344人，本科470人；奥鹏远程教育在校生322人，包含专科48人，本科274人。全年非学历教育培训1797人。

年内，学院开展党史学习教育，在学习中抓理论思想提升，在实践中为民办实事。推进面向农村地区的惠农学堂建设，与农业部门合作，面向农村地区特别是清水、斋堂、雁翅等镇的低收入村、户，开展农民实用技术培训，共举办14个培训班，服务1551人次。为推动地域旅游事业发展，在北京海拔最高的行政村江水河村开办郊区旅游服务专业中专班，注册新生50人，完成年度教学任务。与街道社区、区妇联、区文化和旅游局、区老干部局合作，推进五进社区工作。将党建课程、文化艺术、健康养生、双减政策、老年大学课程送进街道、社区。

（王晓民）

【老年开放大学区级课堂开设】 2022春学期，老年开放大学与区老干部局合作，重点开设区级课堂的课程，共开设楷书入门、楷隶研修、行草研修、国画山水、国画花鸟、古筝、太极拳、合唱、舞蹈、手工、智能手机等11个专业、12个教学班，共招收学员1797人。

（王晓民）

【“国家安全”教育专题活动】 4月15日，区社区教育学院组织全体教职工开展“国家安全”教育专题活动。传达《北京市落实大中小学国家安全教育指导纲要实施细则》通知精神，布置线上平台学习任务。老师们观看“国家安全”教育视频，完成知识答题。

（王晓民）

【专题党史培训】 10月12日，区社区教育学院受邀为大台街道双红社区全体党员做《新中国史》和《改革开放史》专题党课培训。40名党员参加培训。

（王晓民）

【新市民学堂云课堂】 年内，区社区教育学院先后启动“新市民学堂云课堂”暨新市民学堂第十四期、第十五期，2期云课堂分别开设书法、国画、朗诵、声乐、技能体验、摄影等课程，参与培训4800人次。

（王晓民）

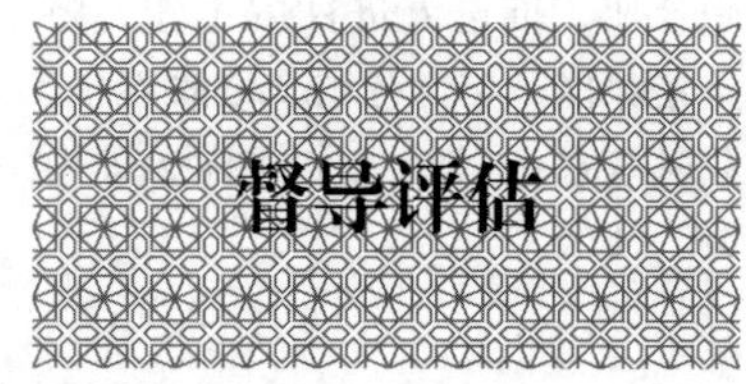

督导评估

【概况】 2022年，门头沟区研究制定《门头沟区门头沟区普通中小学校发展素质教育督导评估方案（试行）》《门头沟区普通中小学校劳动教育督导评估方案（试行）》《门头沟区普通中小学校体育工作督导评估方案（试行）》《门头沟区普通中小学校美育工作督导评估方案（试行）》，督导教育单位79所。其中，小学21所，初中9所，完全中学4所，九年一贯制2所，十二年一贯制学校1所，门头沟中等职业学校1所，区特殊教育学校1所，幼儿园40所。全年教育督导专项经费30.75万元。

（杜红霞）

【校外办学机构督导】 1月14日，门头沟区全体挂牌责任督学对全区53所校外办学机构进行实地检查，重点了解合规机构是否停止线下教学及其疫情防控工作和已压减机构、变相园、无证园是否按要求停止线下线上授课。

（杜红霞）

【春季开学工作专项督导】 2月21日至24日，区教委组织全体挂牌责任督学，对全区79所中小学校及幼儿园进行春季开学专项督导。15名挂牌责任督学实地深入学校、幼儿园，采取查阅资料、实地查看、个别访谈等方式开展督导检查。重点对全区中小学幼儿园2022年春季开学人员返校和疫情防控、校园安全、假期活动等工作进行专项督导。

（杜红霞）

【秋季开学工作专项督导】 8月30日至9月1日，区教委督导科组织全体挂牌责任督学开展全区中小学幼儿园2022年秋季开学工作专项督导。重点围绕秋季开学人员返校、新冠肺炎疫情防控、校园安全、规范办学等开展实地督导，关注中小学、幼儿园开学各项工作的过程性管理。各学校幼儿园依据督导报告单开展全面自查工作，做好问题整改。责任督学在规定时间内完成报告单的填报和相关图片资料拍摄上传工作。

（杜红霞）

文　化

8 月 27 日，妙峰山非遗文化月活动开启（《京西时报》 供图）

6月，东辛房街道文化中心依托抖音平台开展《嫦娥奔月》图书分享活动(《京西时报》 供图)

8月4日，区文联在大峪街道双峪社区开展传统文化普及暨民间手工艺制作点评活动（区文学艺术界联合会 供图）

9月8日，永定河文化博物馆在龙泉镇琉璃渠村开展传统文化直播宣传（永定河文化博物馆　供图）

11月，永定河文化博物馆举办“奋进新征程 建功新时代”书画展（《京西时报》 供图）

2022年，门头沟区文化和旅游局（简称区文化和旅游局）大力培育精品文化，全力树立文化大区形象。音乐作品《炸酱面》，获北京群众戏剧戏曲票友大赛一等奖；先后举办“我们的节日”主题系列“七夕山月满古村鹊桥缘”“喜迎二十大奋进新征程”等精品文化活动50余场；创建京西非遗品牌，加强非遗名录建设，将43个非遗项目纳入第八批区级非遗项目名录；推进完成潭柘寺消防、戒台寺南宫院、上院、祈福殿及钟亭等8项重点文物保护工程及2项抢险修缮工程；与首都博物馆合作开展馆藏瓷器文物修复工作，共修复辽金等各代瓷器文物500余件套；完成京西山区第一党支部等5项不可移动文物北京市第二批革命文物名录申报工作。音乐作品《炸酱面》在“喜庆二十大奋进新征程”戏聚北京群众戏剧戏曲票友大赛活动中获一等奖。

（解 霏）

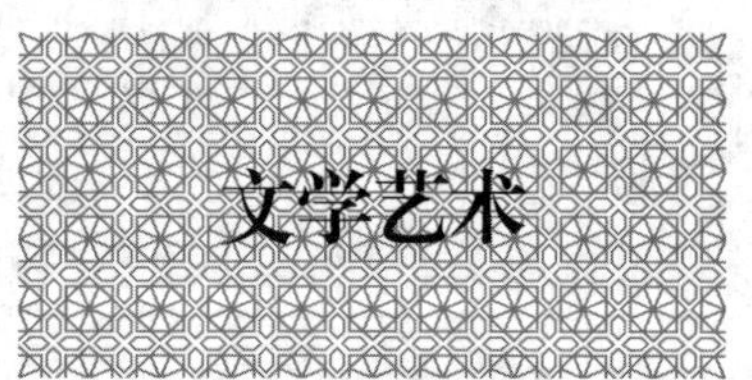

【概况】 2022年，门头沟区文学艺术界联合会（简称区文联）积极打造“红色门头沟”党建品牌、“绿水青山门头沟”城市品牌。围绕门头沟区争创全国文明城区工作，开展“福满京城 春贺神州”——“我们的中国梦”文化进万家写春联送祝福活动、传统节日主题文艺下基层展演活动、文艺志愿服务、文艺点评指导活动等。围绕门头沟区“六大文化”开展系列主题采风创作活动。有序推进文联全面深化改革。持续办好《百花山》文艺期刊编辑印刷工作。截至年底，门头沟区文联协会12个，各协会会员1000余人。

（曹 成）

【传统节日主题文艺系列活动】 春节期间，区文联组织区书法家协会、区民间艺术家开展“福满京城 春贺神州”“我们的中国梦”文化进万家写春联送祝福活动，区文联与艺术家代表到9镇4街中17个村居，为社区及村委会送春联2500余幅，福字4000余张，剪纸900余张，赠送文化图书1000余册。元宵节，组织区音乐家协会到高家园社区文化中心，开展“放歌冬奥会，欢乐元宵节”文艺下基层展演活动。组织区书法家协会、区美术家协会到大峪街道葡东社区，开展“激情冬奥会，欢乐元宵节”为主题的下基层笔会交流活动。组织区音乐家协会到城子街道市场街社区文化中心，开展“放歌冬奥会，欢乐元宵节”文艺下基层展演活动。清明节，组织区作家协会到城子街道蓝龙家园社区、市场街社区，开展“忆满京城 情思华夏”文艺下基层展演活动。组织区作家协会到市场街社区，开展“诗韵清明 礼赞生命”文艺下基层展演活动。端午节，区文联开展网络展演展示系列活动，共开展网络展演展示活动9场。“粽”志成城齐抗疫，万“粽”一心筑安康——2022门头沟区端午节线上文艺演出1场；“粽”情歌唱，“疫”往无前”——“艺”起抗疫迎端午网络展演2场；“画”说端午，情有独“粽”美术作品网络展演1场；“和满京城，奋进九州”喜迎端午，致敬时代英雄展演1场；区音乐家协会开展“艺”起抗疫迎端午活动展演4场。七夕节，区文联组织戏剧家协会到石门营四区社区，开展“爱在七夕·守护有你”文艺下基层展演活动。组织民间艺术家协会到双峪社区开展传统文化普及暨民间手工艺创作点评活动。中秋节，组织区音乐家协会到石门营七区社区，开展“月圆京城 情系中华”中秋展演活动。重阳节，组织区民间艺术家协会到剧场东街社区，开展重阳节传统手工制作创作点评活动。

（曹 成）

【文艺志愿服务活动】 年内，区文联组织区美术家协会7名艺术家到大峪村文体活动中心，开展“激情奥运 爱满京城”学雷锋志愿服务活动，艺术家们为大峪村及居民创作美术作品30余幅。区文联永定河文艺志愿服务队向大峪村赠送《百花山》文艺期刊书籍百余本；组织区音乐家协会到永定河公园文化广场，开展群众性主题宣传下基层展演活动；联合区退役军人局到某部队开展“军民鱼水 情洒京西”建军节文艺展演暨军地联谊会，为部队官兵赠送《百花山》《京西生态文化资料汇编》等文艺书籍百余本；组织区舞蹈家协会在中关村科技园门头沟园创新大厦演艺厅开展“强国复兴有我”舞蹈展演活动；组织区音乐家协会艺术家走进大峪街道新桥社区开展“强国复兴有我”文艺展演活动。

（曹 成）

【文艺点评指导培养文艺人才】 年内，区文联组织美术家协会在区委老干部局活动中心进行美术作品文艺评论创作活动。来自中国美术家协会、北京美术家协会等3名特邀专家，对区美术家协会参展的20余幅美术作品进行现场评审；组织作家协会楹联专委会在区委老干部局南楼一层会议室开展楹联作品评审活动。中国楹联学会3位专家，对120余幅楹联作品进行点评；组织硬笔书法家协会在区委老干部局南楼一层会议室开展硬笔书法评审活动，邀请中国书法家协会、北京书法家协会、区硬笔书法协会专家对40余幅作品进行现场评审。20幅优秀作品入选“喜迎二十大，礼赞新时代”展览；组织举办“喜迎二十大，礼赞新时代”—门头沟区书画摄影暨第十一届书法篆刻临帖展项目摄影作品评审活动。活动邀请中国摄影家协会、中国艺术摄影学会3位专家，对300余幅（组）投稿作品进行评审，35幅（组）摄影作品入选门头沟区书画摄影暨第十一届书法篆刻临帖展；区文联音乐家协会特邀著名歌唱家、声乐教育家、中国·东盟艺术学院院长、博士生导师郁钧剑到大峪街道新桥社区，为门头沟区音乐家协会会员及社区爱好者的7首展示歌曲进行声乐艺术讲座及艺术点评活动。

（曹 成）

【喜迎党的二十大文化系列活动】 年内，区文联组织区摄影家协会开展“喜迎二十大 建设美丽新家园”门头沟区文联生态成就摄影展。展览共展出100幅摄影作品，涵盖40余种鸟类，特别是国家一级保护濒危鸟类黑鹳成为门头沟区留鸟，在此筑巢繁衍；区文联、北京中宣盛世国际书画院联合主办的“喜迎二十大 永远跟党走”诗书画展在中关村科技园门头沟园开幕，共展出作品180幅，其中书法60幅、国画120幅；区委宣传部指导，区文联主办，永定河文化博物馆、区书法家协会、区美术家协会、区摄影家协会、区硬笔协会联合承办的“喜迎二十大，礼赞新时代”门头沟区书画摄影暨第十一届书法篆刻临帖展在永定河文化博物馆举办。展出书画摄影作品131幅，特邀6名书画名家创作并参展。

（曹 成）

【文艺助力冬残奥会】 年内，中国残疾人体育运动管理中心支持，区政协、区委宣传部、区文联联合举办的“北京冬残奥会 一起向未来”写春联送祝福活动在中关村人工智能文创园举办。活动为中国轮椅冰壶队、残奥冰球队的队员们创作40余幅春联。区作家协会楹联专委会老师专门为此次活动原创楹联作品20余幅；区委宣传部、区文联主办，区美术家协会、民间艺术家协会承办；北京光韵文化有限公司、中关村京西人工智能文创园、更读智慧书社联合协办的“福满京城 春贺神州”系列活动之‘筑梦冬奥’美术、民间艺术作品展在中关村京西人工智能文创园举办，展出美术、民间手工艺作品40余件。

（曹 成）

【文艺助力疫情防控】 年内，区文联向全区广大文艺工作者发出《倡议书》，号召严格落实市区新冠肺炎疫情防控各项要求，积极参与防疫志愿服务活动；倡导发挥自身优势，以文艺先锋队、文艺志愿者等形式，积极开展文艺创作，主动宣传引导群众，弘扬抗疫精神；区文联发起“艺”起抗疫的号召，各协会积极响应，20天内各协会创作出文学、美术、摄影、书画、曲艺、戏剧、民间艺术等各种文艺作品150余件；开展9期“共克时艰 同心抗疫”助力新冠肺炎疫情防控文艺作品网络展，展出各类文艺作品100余件；区文联党员干部及艺术家们积极参与社区值守、新冠肺炎病毒核酸检测等志愿服务活动200余人次。

（曹 成）

文化活动

【军地红色诵读系列活动】 1月至5月，区退役军人局、区文化和旅游局共同推出“京西老兵 红色之声”军地红色诵读系列活动。活动包括“红色家书诵读、红色故事互讲、我的军旅生涯、老兵永远跟党走、美文共赏”五大板块。该活动作为全区常态性军地红色教育载体，定期推出退役军人及现役军人的红色作品及红色活动资讯。

（杜茉凌）

【“上元月明紫气东来”元宵节主题活动】 2月14日，门头沟区“上元月明紫气东来”元宵节主题活动在中关村（京西）人工智能科技园·智能文创园举行。活动由市委宣传部指导，区委宣传部、区文化和旅游局主办，中关村科技园区门头沟园管理委员会、北京中关村京西建设发展有限公司和区融媒体中心协办，共吸引中关村门头沟园驻区企业负责人、员工及家属代表、“首都文明家庭”代表、非遗传承人等200余人参与，大家齐聚智能文创园，欢欢喜喜闹元宵。“上元月明 紫气东来”元宵节主题活动将北京冬奥和节日元素有机融合，现场设置穿汉服、投壶、猜灯谜、吃元宵等多种传统习俗体验项目。文化集市上，皇家琉璃雕刻技艺、潭柘紫石砚雕刻技艺、毛猴、风车、京绣、剪纸等非遗项目作品纷纷亮相。此外，京西太平鼓、皮影戏、蹦蹦戏等各类特色文艺节目进行表演。

（杜茉凌）

【“QQ阅读”与“懒人畅听”分享活动】 2月23日，区文化和旅游局举办“QQ阅读”与“懒人畅听”分享活动，包括微信公众号抽奖、“QQ阅读”“懒人畅听”等资源免费听读方法咨询等，读者们积极参与，现场气氛活跃。

（杜茉凌）

【第六届“三月三”民俗文化节】 3月29日，斋堂镇桑峪村以“桑峪桑蚕·中华国粹”为主题举办第六届“三月三”民俗文化节。“三月三”是中华民族传统的节庆日，京西地区有独特的“三月三”民俗活动传统，桑峪村通过举办文艺演出的形式，展现桑蚕文化，为村域旅游产业发展奠定基础。

（杜茉凌）

【第二届清明节诗歌朗诵会】 4月1日，由区委宣传部指导，区文化和旅游局、区文联、区退役军人局、斋堂镇人民政府联合主办的“英烈千古，国运昌隆”门头沟区第二届清明节诗歌朗诵会，在宛平抗日革命烈士纪念园举行。参加祭扫的领导嘉宾、各单位代表、村民代表和斋堂中心小学的学生们，以及区消防救援支队战士们到宛平抗日革命烈士纪念园，在烈士纪念碑前为革命先烈们敬献花篮并默哀。

（杜茉凌）

【第27个世界读书日主题活动】 4月21日，区文化和旅游局面向全区人民发起“我见证中国力量第二季——第27个世界读书日主题活动”，活动旨在呼吁大家为国家，为自己发声，用声音见证中国力量，坚持终身学习，让读书走深走实，团结动员亿万人民群众以实际行动喜迎党的二十大、为建成文化强国、建功新时代贡献更大力量。

（杜茉凌）

【线上文艺汇演活动】 7月13日，区文化和旅游局联合斋堂镇政府举办“喜迎二十大·奋进新征程”线上文艺汇演活动。此次线上文艺汇演旨在通过回顾党的光辉历程，弘扬中华优秀传统文化，通过独唱、合唱、诗朗诵、舞台剧、现代戏剧、曲艺、舞蹈等不同形式的节目。

（杜茉凌）

【第二十一届灵水举人秋粥文化节开幕】 8月7日，第二十一届灵水举人秋粥文化节开幕，活动以“弦歌不绝逾千年·诗书耕读举人村”为主题，包括开粥仪式、文艺演出、非遗体验、文化资源展示等多个板块，打卡互动、琴棋书画等多项互动体验活动。

（杜茉凌）

【“紫气润京西中秋月团圆”中秋晚会】 9月11日，“紫气润京西 中秋月团圆”——京西山水嘉年华暨北京门头沟2022年中秋晚会，在中关村门头沟园阳光大厦广场举办。活动围绕“沉浸体验、科技创新、传统时尚”的理念，彰显出门头沟区“绿水青山与现代科技”的融合创新。采取线上直播和线下活动相结合方式举办，现场进行舞台表演、乐队表演以及非遗文化、科技智能展示等。节目表演有新民乐、诗朗诵、音乐剧、古琴、太极等。在非遗文化和科技智能展示互动区域里，发光月亮、玉兔、巨型月饼等造型景观引人注目。

（杜茉凌）

【第五届农民丰收节】 9月22日，门头沟区第五届农民丰收节在斋堂镇柏峪村启动。此次活动以“乡情京韵颂盛世 凝心聚力促振兴”为主题，是门头沟区第五个中国农民丰收节、第33届北京农民艺术节暨门头沟区首届休闲农业推介活动，活动紧扣“庆丰收迎盛会”的宗旨，从节目演艺到农产品展示，皆体现喜迎党的二十大、乡村振兴发展、欢庆丰收节的元素。来自门头沟区各镇的农民代表、休闲农业经营主体参加。

（杜茉凌）

【京西合唱惠民行动启动】 9月23日，由区委宣传部、区文化和旅游局、区公共文化中心、区农业农村局、区直机关工委、区委社会工委、区民政局、区教委、区融媒体中心共同主办的“紫气东来、乐在山水”京西合唱惠民行动在门头沟影剧院启动，区委领导、项目组专家及门头沟群众代表共同参加项目启动仪式。全区各党政机关单位党员干部、各镇街宣传委员、文化骨干、群众合唱团6000余人通过线上方式共同观看音乐思政课。

（杜茉凌）

【门头沟群众歌咏比赛】 9月30日，2022年首都市民系列文化活动“喜迎二十大，奋进新征程”——歌唱门头沟群众歌咏比赛展演暨颁奖典礼在门头沟区影剧院举办。由区委宣传部、区文化和旅游局，区公共文化中心主办，区各乡镇、各街道办事处协办。

（杜茉凌）

【2022年重阳节文化活动举办】 10月4日，门头沟区2022年重阳节文化活动在区影剧院举办，活动以“山河永定 幸福重阳”为主题分为大型文艺演出和文化体验两部分。

（杜茉凌）

【“强国复兴有我”快闪短视频制作】 11月1日，区文化和旅游局、区公共文化中心以“强国复兴有我”为主题，通过快闪的形式，带领门头沟区群众代表歌唱《唱支山歌给党听》，抒发心中对党和祖国的热爱。

（杜茉凌）

【柏峪燕歌戏参演艺术节】 11月10日，素有“戏曲活化石”的柏峪燕歌戏参加第九届当代小剧场戏曲艺术节。此次演出是柏峪燕歌戏首次参加全国性的戏曲演出盛会，也是柏峪燕歌戏恢复传承后首次进京演出，让更多的戏曲专家和观众感受传统戏曲艺术的魅力和精髓。

（杜茉凌）

【“文化有约乐享京西”惠民服务配送】 年内，区文化和旅游局培育“文化有约 乐享京西”惠民服务品牌。统筹多方资源，遴选优质团队，聚焦品质服务，创新供给模式，实现高质量发展。“文化有约 乐享京西”门头沟区高质量公共文化服务配送活动（2022）分为：“强基计划”“文化魔方”“京西大讲堂”“京西剧场”四大板块。

（杜茉凌）

文化市场管理

【冬春防火安全检查】 3月至4月，区文化执法大队在辖区内开展覆盖检查，重点检查文物保护单位、民宿、景区，基本实现对国家级重点文物保护单位潭柘寺、戒台寺一季度一覆盖检查。通过检查梳理台帐，通过检查核实企业信息，通过检查发现问题。同时要求和督促各镇街对境内重点文物保护单位要定期对进行隐患排查，确保文物保护单位的安全性，同时要采取强有力的措施，要做到“不留死角、不留空挡”，努力将引发火灾的因素减至最少，有效预防火灾事故的发生。

（张　鹤）

【剧本杀娱乐场所检查】 7月19日，区文化执法大队对区境内4家剧本杀娱乐场所进行突击检查：北京自感文化娱乐有限公司准备注销正在清理屋内物品；双面人生剧本杀、小明桌游吧、北京呢喃而遇文化交流中心均是营业状态。执法人员要求3家正在营业的剧本杀娱乐场所即刻停业。叮嘱要继续暂停“剧本杀”“密室逃脱”等经营活动，恢复营业时间另行通知。并在4家剧本杀娱乐场所门口明显位置张贴《关于暂停全市“剧本杀”“密室逃脱”等剧本娱乐经营场所活动的通知》。

（张　鹤）

【预防未成年人网络沉迷宣传】 7月29日、8月17日、10月18日，区文化执法大队分别在区博物馆、乐海徜徉艺术培训机构和龙泉镇琉璃渠小学进行“预防未成年人网络沉迷”宣讲教育活动。宣讲通过真实典型的案例和生动有趣的互动，向在场学生普及预防网络沉迷的重要性，提高孩子们的分辨能力。活动还发放文明健康上网、“护苗”“净网”等主题宣传材料14种1.47万余份。为防止未成年人深陷网瘾“泥潭”，拧紧未成年人网络游戏的“安全阀”做出努力。

（张　鹤）

【查抄非法营业场所】 8月18日，区文化执法大队配合公安门头沟分局治安支队对华磊音乐欢聚餐厅等2家餐厅进行联合检查。检查中发现2家餐厅无娱乐经营许可证，私自在餐厅包房内设置卡拉OK设备，执法人员当即让餐厅负责人关停卡拉OK设备，并责令整改，自行拆除包房内的卡拉OK设备。8月22日至10月12日，区文化执法大队联合区市场监管局、公安门头沟分局对区内文旅场所进行“双随机”检查。共抽查400余家文旅单位。重点核查单位相关许可证信息是否有所更改，安全制度、措施是否健全到位并逐一排查安全隐患。

（张　鹤）

【临时旅游团体一日游专项检查】 10月1日至7日、10月25日，区文化执法大队分别联合区交通队、区交通局在妙峰山镇担礼路口、永定镇卧龙岗六环外开展临时到区内旅游团体非法一日游专项检查。

（张　鹤）

【文化市场领域执法检查】 年内，区文化执法大队以“日常检查+随机检查+联合检查”相融合，共出动执法人员3003人次，出动执法车辆625台次，共检查场所4122家次，超额完成市总队对执法检查数量的要求。其中网吧156家次，歌舞娱乐242家次，电影院120家次，演出单位27家次，艺术品市场13家次，校外培训机构300家次，出版物市场749家次，印刷复制企业18家次，卫星地面接收设施6家次，广播电视设施202家次，互联网文化47家次，景区214家次，星级酒店、住宿业675家次，旅行社146家次，宗教场所40家次，文物保护单位662家次，其他505家次。共接到“12345”政府服务热线举报30起，全部处理完成，积极配合镇街吹哨10次，联合执法检查20次。立案19起，办结18起，罚款人民币10.2万元，没收非法宗教类出版物36册。配合公安门头沟分局查缴图书2767册，张某某销售图书部分涉及有害政治信息，该案由公安门头沟分局刑事立案并在侦办之中。与区统战部、公安门头沟分局联合取缔2次非法传教活动。

（张　鹤）

【新冠肺炎疫情防控督查检查】 年内，区文化执法大队全年多轮次检查KTV、网吧、影院、景区、社会旅馆、教培机构等业态，确保在全市统一要求停业期间各类场所关闭。在场所恢复营业之前，配合区文化和旅游局行业管理科等相关部门开展检查，确保场所新冠肺炎防疫措施准备到位。在场所开业后加强检查，对存在的扫码测温疏漏、人员佩戴口罩不规范、日常通风消杀不到位等问题，多次进行指导，确保防疫工作不出现漏洞。

（张　鹤）

【学习座谈活动】 年内，区文化执法大队到石景山区文化市场综合执法大队开展学习座谈。双方就执法检查中容易出现的问题、执法办案经验、执法检查后勤保障、扫黄打非进基层工作、“护苗”行动计划开展等情况进行深入交流。石景山区介绍文化市场执法办案过程中案件线索、案由分析、典型案件办理的经验，更好地帮助我区学习执法办案方式方法，提升执法办案水平。

（张　鹤）

【全区性娱乐场所大检查】 年内，门头沟区成立全区娱乐场所大检查专项工作组，在全区范围内开展为期一周的娱乐场所大检查。成立由副区长为组长，公安门头沟分局、区商务局、区文化和旅游局、区卫生健康委、区市场监管局、区体育局以及各镇街为成员的全区娱乐场所大检查专项工作组，此次梳理出的90家娱乐场所，共同组成3个检查组开展联合检查，共开展4次研判会，开展联合检查、夜查、领导带队突击检查、“回头看”检查8次，出动检查人员98人次，共检查场所164家次，共查处问题23处。

（张　鹤）

公共文化设施建设

【镇街综合文化中心效能评估培训会】 3月30日，区文化和旅游局组织召开镇街综合文化中心效能评估培训会，针对北京市镇街综合文化服务中心效能评估指标进行解读，并对填报要求进行详细指导。区图书馆、区文化馆负责人及各镇街文化中心主任、工作人员参会。

（杜茉凌）

文化馆

【概况】 2022年，门头沟区文化活动部（区文化馆）完成与门头沟区公共文化中心的机构整合，工作有序开展。创作群星奖参赛作品3部，包括太平鼓舞蹈作品《悠悠颤颤影绰绰》、原创曲艺作品《绿水青山就是金山银山》、戏剧作品《炸酱面》。开展多种形式的主题专项演出活动，完成下基层辅导演出28场。举办“强军有我颂华章”“喜迎二十大、永远跟党走”“喜迎二十大，奋进新征程”等党的二十大主题系列活动。

组织开展2022年门头沟区原创作品征集活动，完成星火工程演出526场，周末大舞台26场。举办“抒怀冰雪情·唱响冬奥梦”门头沟区“庆冬奥”系列文化惠民演出。推出“同心抗疫·喜迎新春”合唱作品《送别》和舞蹈作品《炫舞民风》云上文艺辅导，共8期。举办“紫气东来、乐在山水”京西合唱惠民行动线上合唱辅导讲座。开展“福满京城 春贺神州”——“紫气东来贺新春”“和满京城、奋进九州”等传统节日系列活动。举办2022年度基层文化工作者培训班、广场舞培训班、合唱指挥培训班，开展各公园艺站服务活动、文明礼仪教育引导、核心价值观系列活动、文化志愿活动、行业规范培训，共计千余人参与。年内，区文化馆获2021年全民艺术普及工作“先进集体”称号。文化馆常态服务项目——“下基层辅导演出”获2021全民艺术普及工作“示范项目”称号。

（耿艳丽）

【线上新年合唱音乐会】 1月，区文化馆举办“传承经典 共奔小康”庆祝建党100周年暨喜迎冬奥——线上新年合唱音乐会，邀请市民共同欣赏传统文化魅力，迎祥和新年。2月1日，由区文化和旅游局主办，区文化馆、区和谐之声合唱团承办的践行社会主义核心价值观系列活动“欢乐过春节 喜迎冬奥会”2022线上新年合唱音乐会开幕。

（刘鸿鹤　张　赛）

【“同心抗疫 喜迎新春”云上文艺辅导】 2月2日至5日，区文化馆线上平台推出“同心抗疫 喜迎新春”合唱作品《送别》云上文艺辅导。此次辅导分4期，包括音准节奏基础训练、音色提高、情感表达、指挥法讲解等合唱表演要素。

（刘鸿鹤）

【2022贺新春文艺演出系列活动】 2月5日、15日，区文化馆在永定楼广场举办“福满京城 春贺神州”——“一起向未来为冬奥喝彩”门头沟区2022贺新春文艺演出活动和元宵节文艺演出活动。

（张　赛　刘鸿鹤）

【“庆冬奥”系列文化惠民演出】 2月10日，区文化馆组织开展践行社会主义核心价值观——抒怀冰雪情·唱响冬奥梦——门头沟区“迎冬奥”系列文化惠民活动暨文化馆下基层文化演出。

（张　赛）

【“紫气东来贺新春”门头沟区2022慰问演出】 2月7日、9日，区文化馆到大峪、王平开展2场“福满京城 春贺神州”——“紫气东来贺新春”门头沟区2022慰问演出活动。

（张　赛）

【“学雷锋志愿服务主题宣传实践活动】 3月5日，区文化志愿者分中心在永定河文化广场举办“学雷锋志愿服务主题宣传实践活动暨门头沟区新时代文明实践志愿服务总队志愿服务月启动仪式。区文化志愿者分中心以基层文化志愿者服务团队为抓手，以全区文化“艺站”为平台，在“3.5”学雷锋日活动当天，组织文化志愿者50余人，在永定河文化广场开展学雷锋志愿活动，用欢快的舞姿跳出家乡的情怀和节日的喜悦。

（蔺　珊）

【基层考察调研活动】 3月31日，区文化馆到妙峰山镇文化中心进行基层公共文化服务考察调研，与镇街文化干部共同探讨下基层辅导演出、文化骨干培训、文化志愿者服务和非遗项目保护等相关工作。区文化馆把送文化变成种文化，就如何把妙峰山地区的特色文化融入到基层群众文化工作中来，妙峰山镇全民艺术普及工作的开展，以及定期开展培训、讲座、非遗项目传承保护等进行研讨。

（徐　艺　耿艳丽）

【2022门头沟区清明节系列文化活动】 4月5日，区文化馆举办“首都市民系列文化活动‘忆满京城 情思华夏’——2022门头沟区清明节系列文化活动”，以线上文艺作品展演和云平台线上英烈祭扫这种特殊的方式，缅怀革命先烈和抗疫英雄。

（候　峥）

【线上文艺辅导鉴赏】 4月30日，门头沟区2022年“庆五一”线上文艺辅导鉴赏系列节目——大型组曲音乐会《追梦红楼》赏析在区文化馆微信平台上线播出。此次线上文艺辅导鉴赏活动共分4期。以“向经典致敬”为主题，对大型组曲音乐会《追梦红楼》进行讲解、赏析，让广大市民群众领略民族音乐内在美、品味民族文化精髓和意境，进一步继承和弘扬中华优秀传统文化。让观众通过鉴赏经典的艺术作品，了解并掌握民族音乐的精髓和基础的知识、技能，进一步提高自身文化修养和审美境界，陶冶自身的情操。线上观看人数达2万人。

（张　赛）

【群众精品文艺节目线上汇演】 5月1日，区文化和旅游局、区公共文化中心共同举办2022年“庆祝五一劳动节”群众精品文艺节目线上汇演。全场节目包括歌曲、舞蹈、朗诵、戏曲、器乐演奏等艺术形式的作品。有歌曲《誓言》、歌曲《誓言》、笛子独奏《军歌联奏》、燕歌戏《鼓》等节目，观看人数达1万人。

（刘鸿鹤）

【舞蹈作品《炫舞民风》线上文艺辅导】 5月4日至7日，区文化馆微信公众平台推出“庆五一”舞蹈作品《炫舞民风》线上文艺辅导。此次辅导共4期，包含动作要领、队形编排，服装道具应用等舞蹈表演要素。

（张　赛）

【门头沟云端诗会】 6月3日，区文化和旅游局、区公共文化中心联合举办以“和满京城、奋进九州”为主题的2022年门头沟区端午节云端诗歌朗诵会，活动在门头沟融媒、京西门头沟、文化京西、区文化馆等微信公众平台进行推送。

（侯　峥）

【“西山文创讲堂”第五讲线上直播分享活动】 7月18日，区文化馆文化活动部组织全部人员开展“西山文创讲堂”第五讲《文化IP在元宇宙中的数字藏品应用》线上直播分享活动，此次活动由区委宣传部指导，区文化创意产业协会主办。活动主要内容包括时下最热门的文化IP、元宇宙、数字藏品等。

（张　红）

【2022年门头沟区七夕汉服游园会活动】 8月4日，由中共门头沟区委宣传部、团区委、区文化和旅游局、区公共文化中心、斋堂镇人民政府联合主办，北京永定河文化研究会协办的“七夕山月满·古村鹊桥缘”2022年门头沟区七夕汉服游园会活动在爨柏景区川底下村举行。

（刘鸿鹤）

【第二届北京西山永定河文化节】 8月12日，门头沟区首届京西山水嘉年华——“暑期‘西’游季·山水人文行”2022年第二届北京西山永定河文化节暨文化进景区主题活动，在斋堂镇爨柏景区正式启动。以景区为媒介，宣传区域非物质文化遗产和传统文化，以非遗项目太平鼓为元素的舞蹈《鼓舞太平》，柏峪村传统文化结合新元素创新的鼓舞《燕歌戏·鼓》，斋堂镇特有的传统文化《小车会》进行沿街行进展示，突出门头沟区西山永定河文化的古老韵味。同时，以主题演出活动相结合，以丰富多样的节目展示着古山村文化的悠久、精品小院的特色以及山里人家的热情，节目涵盖相声、舞蹈、京剧、曲艺等形式。

（刘鸿鹤）

【“喜迎二十大、永远跟党走”主题文艺晚会】 8月23日，区委宣传部、区双拥办、区文化和旅游局、区公共文化中心与驻区部队携手，共同开展以“强军有我颂华章”——解放军驻区部队、区公共文化中心“喜迎二十大、永远跟党走”主题文艺晚会。通过区文化馆下基层辅导演出工作，深入驻区部队，与部队官兵一起共谱军民鱼水情。

（耿艳丽）

【清水镇第二届文化旅游节开幕】 8月29日，“紫气东来·山水京西”2022年北京西山永定河文化节暨首届京西山水嘉年华——门头沟区清水镇第二届文化旅游节开幕。“紫气东来·山水京西”是此次活动的主要核心部分，清水镇以游精品线路、品山里味道、观印象清水为重点，推出以“夏凉、秋收、冬赏”为主题的3条精品线路、以“山里味道”特色农产，优选清水豆腐、高山芦笋、奇异莓、红藜麦等10余种山中好物打造“山里味道”市集。打造“印象清水”文化品牌，推出系列文化产品和体验，形成展现清水生态、彰显清水文化、展示清水民俗的印象矩阵。

（朱玉儿）

【2022年门头沟区原创文艺作品征集活动】 9月16日，区文化和旅游局、区公共文化中心面向全区开展“喜迎二十大，奋进新征程”原创文艺作品征集活动。10月21日，召开征集活动评审会，综合专家的意见和评分，最终评选出优秀作品8部。

（朱玉儿）

【京西合唱惠民行动启动】 9月23日，由区委宣传部、区文化和旅游局、区公共文化中心、区农业农村局、区直机关工委、区委社会工委、区民政局、区教委、区融媒体中心共同主办的“紫气东来、乐在山水”京西合唱惠民行动在门头沟影剧院启动。区委领导、项目组专家及门头沟群众代表共同参加项目启动仪式。各党政机关单位主要负责人、区内各镇街负责人、合唱团队代表69人参加现场活动，并组织全区各党政机关单位党员干部、各镇街宣传委员、文化骨干、群众合唱团6000余人通过线上方式共同观看音乐思政课。思政课上，北京市大峪中学音乐教师徐欣然、北京市门头沟区少年宫教师吴段、门头沟区育园小学音乐教师吴琼作为门头沟区青年文化工作者代表分别以《再唱山歌给党听》《伟大新时代，奋斗有我》《青春告白祖国 书写强国画卷》进行思政主题宣讲。此次音乐思政课是区委宣传部、区文化和旅游局、区公共文化中心等相关人员通过多次调研、论证为门头沟区打造的擦亮红色门头沟党建品牌，是践行社会主义核心价值观的具体表现。结合“强国复兴有我”群众性主题宣传教育活动，将“《唱支山歌给党听》-门头沟区合唱惠民音乐思政课”作为门头沟区大思政教育品牌、亮点项目。

（刘鸿鹤）

【京西合唱惠民行动线上合唱辅导讲座】 9月30日，区文化馆举办“紫气东来、乐在山水”京西合唱惠民行动线上合唱辅导讲座，为期8天（共8期）。辅导内容有《合唱声音训练与作品呈现》《歌唱发声原理与声音技术运用》《走进合唱与指挥艺术》《正确歌唱是合唱艺术的前提》等。

（刘鸿鹤）

【公益电影放映员“充电”】 10月9日至14日，区文化和旅游局、区公共文化中心（文化活动部）采取小班教学的方式分6批次组织全区公益电影放映员培训工作，全区公益电影放映员和各镇街公益电影工作管理人员参加培训。

（刘 安）

【音乐思政巡讲】 11月14日至18日，“紫气东来、乐在山水”京西合唱惠民行动邀请首都师范大学音乐学院副院长在线上开展《唱支山歌给党听》-门头沟区合唱惠民音乐思政巡讲，共5场。

（刘鸿鹤）

【门头沟区群众合唱比赛】 11月21日，区文化馆举办“紫气东来乐在山水——京西合唱惠民行动”群众合唱比赛。12月9日，“紫气东来乐在山水——京西合唱惠民行动”项目组在门头沟影剧院组织空场、封闭式结项汇报暨思政音乐会的录制。期间，7名专家教员共完成121人次，69团次，共计149课时辅导。项目组组织策划“京西合唱惠民行动”门头沟区群众合唱比赛。因为疫情的关系主要以录制、线上投票、评审进行，但丝毫没有影响的大家的热情。先后15万人次浏览欣赏参赛视频，10余万人次有效选票参与网络评选，最后结合评委的评审结果，评出永定镇贵石村“梦之音”合唱团获一等奖。大峪街道绿岛家园社区“绿叶情”合唱团，城子街道城子大街合唱团获二等奖。东辛房街道石门营七区合唱团，雁翅镇红雁先锋合唱团，大台街道大台文保协会合唱团，军庄镇绿水青山军庄红合唱团，王平镇心飞扬艺术团合唱团，斋堂镇川梦缘合唱团，妙峰山镇陈家庄村合唱团，龙泉镇中内寺南坡一区乐夕阳合唱团获三等奖。

（刘鸿鹤）

【音乐作品《炸酱面》获一等奖】 11月24日，由中共北京市委宣传部、北京市文化和旅游局、北京市文学艺术界联合会指导，北京市文化馆、北京戏剧家协会主办的“喜庆二十大 奋进新征程”戏聚北京群众戏剧戏曲票友大赛活动闭幕。门头沟区推荐选送的音乐作品《炸酱面》在全市15个报送作品中获大赛一等奖。

（刘鸿鹤）

【文化惠民线上系列活动】 12月30日，区文化馆举办“学习二十大 奋进新征程”——门头沟区公共文化中心文化惠民线上系列活动，活动共5场。分别为非遗舞蹈传承讲座、大型群众文化活动组织与策划实施的基础知识和方法讲座、诗歌朗诵会、广场舞展演、迎新年文艺演出专场。线上观看人数达50000人。

（刘鸿鹤）

永定河文化博物馆

【概况】 永定河文化博物馆是以收藏、研究、展示永定河流域内历史、革命史和民俗文物、自然标本，传播科学知识，介绍推广新技术、学术新发现等科学成果，服务社会和广大群众为主要内容的公益性文化教育机构。其前身为门头沟区博物馆，1984年9月正式建成开放接待观众，2011年8月正式更名为永定河文化博物馆。现馆址建筑面积10120平方米，占地面积5330平方米，展厅面积4000余平方米。2022年，永定河文化博物馆围绕爱国主义教育这一主旋律，抓住机遇，进一步提高展陈水平，创新展陈形式，优化公共服务，挖掘、弘扬门头沟区红色革命文化，发挥爱国主义教育基地的功能。全年共开展社会主义核心价值观活动12次，其中未成年人专场活动5次，未成年人参与人数1000人。

（贺 洋）

【探索北京中轴线展览举办】 1月16日至9月28日，永定河文化博物馆与首都博物馆联合举办《博物馆里“读城”记——探索北京中轴线》，共有2000余人参观。展览介绍围绕“溯·前世传奇”“探·大国意蕴”“话·今生新姿”3个篇章，介绍北京中轴线历史与现状。

（贺 洋）

【社会主义核心价值观清明诵诗会】 4月2日，永定河文化博物馆举办社会主义核心价值观清明诵诗会活动，通过朗诵经典诗词，缅怀革命先烈。10名诵读者精心选取了慎终追远、缅怀先辈的诗歌《可爱的中国》《清明情思——献给烈士》《继承先烈志 弘扬中国魂》等作品，分享朗诵经典，深切缅怀革命先烈。

（贺 洋）

【第十一届书法篆刻临帖作品展】 9月6日，永定河文化博物馆与区文联联合举办《喜迎二十大礼赞新时代——门头沟区书画摄影展第十一届书法篆刻临帖作品展》，展出书画摄影作品共131幅，艺术家们用笔墨歌颂新时代，用镜头记录门头沟发展建设新面貌，充分展现门头沟区经济社会发展取得的重大成果。

（贺 洋）

【社会主义核心价值观讲座举办】 9月8日，在琉璃渠村开展“弘扬传统文化厚植家国情怀”社会主义核心价值观讲座。琉璃文化专家以琉璃文化墙、三官阁过街楼为例，向公众科普琉璃文化历史，该场直播共300余人观看。

（贺 洋）

【“看中轴爱北京”社会主义核心价值观活动开展】 9月25日，永定河文化博物馆举办“看中轴爱北京”社会主义核心价值观活动，部分中小学生在芳华讲解员的带领下参观展览，感受北京中轴之美。

（贺 洋）

【韩济民绘画作品展】 11月18日，永定河文化博物馆举办《奋进新征程建功新时代》--- 抒胸臆丹青描绘绿水青山韩济民绘画作品展。此次展览共展出韩济民的精品山水画80余幅，描绘门头沟区山河日新月异、天翻地覆的新面貌。

（贺 洋）

【中国传统节日文化展进社区】 年内，永定河文化博物馆推出《中国传统节日文化展》巡展，该展览介绍春节、清明节、中秋节、端午节、重阳节等传统节日的释义和习俗，陆续走进新桥社区、桃园社区、月季园二区，2000余人参观。

（贺 洋）

【文物征集】 年内，永定河文化博物馆共征集文物15套、18件；资料室存档文物4份，其中作战图2份、手抄稿2份（《三下江南》《联合征兵令》），光盘资料24张。

（贺 洋）

图书馆

【概况】 2022年，门头沟区图书馆馆藏书籍130万册，声像资料2700余种，古籍1700余册；服务面积1200平方米，设有读者外借部、辅导部、采编部、办证处等读者服务部门。区图书馆为深入推进门头沟区2022年全民阅读工作，提升书香门头沟·阅读永定河阅读季品牌影响力，开展4·23世界读书日主题活动、社会主义核心价值观党史讲座、红领巾读书活动、亲子绘本阅读、线上传统文化展览、阅读分享会、文化志愿者宣传活动以及百姓讲堂等阅读推广活动。年内，区图书馆获市级红领巾读书活动优秀组织奖，亲子绘本活动被评为“一区一品”特色阅读活动。

（刘 佳）

【世界读书日主题活动】 4月23日，区图书馆邀请第二保修分公司四车间的工人们到馆参与“感悟国学经典·践行核心价值”主题活动。带领工人们了解馆内功能布局，展示书籍的上架、分类、整理，特别讲解新冠肺炎疫情期间馆内人员的管理、图书的消杀、流转流程，并邀请工人参与其中，以实践活动的形式加强对图书馆的认识。

（刘 佳 李 冰）

【主题党日活动暨图书捐赠仪式】 8月19日，区文化和旅游局、区公共文化中心到区消防救援支队开展“喜迎二十大，阅读新时代”主题党日活动暨图书捐赠仪式。区文化和旅游局、区退役军人局、区公共文化中心领导分别向3个基层队站赠书并与区消防救援支队的领导进行座谈，邀请到区委党校老师以“强国复兴有我”为主题开展讲座，从理论的高度、实践的深度对北京市第十三次党代会精神进行解读。

（刘 佳 李 冰）

【健康知识讲座】 9月13日、20日，区图书馆邀请京煤集团总医院药事部医生以及急诊科医生分别在滨河西区和月季园东里开展“文明始于心 健康始于行”健康知识讲座。两位医生通过普及常见职业病预防改善、生活中合理膳食、科学运动、控烟限酒、药物应用、急救知识等方面的安全健康知识，让群众进一步树立健康的思想观念，让“文明健康”的理念深入居民心中。

（刘 佳 李 冰）

【线上阅读分享会】 9月16日，区图书馆邀请《碎字小文》以及《点滴人生》的作者刘庆玲，通过线上直播的方式，以煤矿、煤矿工人、煤矿家属、煤矿发生的事情为主线，讲述门头沟区煤矿工人在平凡岗位上默默奋斗的故事。

（刘 佳 李 冰）

【亲子绘本活动】 年内，区图书馆举办亲子绘本活动12场，8个社区累计156余组家庭参与。其中，3场线上活动共41组家庭参与，线下9场活动共115组家庭参与。通过亲子绘本阅读激发儿童的爱国热情，培养孩子的阅读兴趣，形成一个家庭的固有阅读氛围。同时，活动深入街道社区及偏远山区，有效激活社区的文化基础设施，为建设书香社区，文化创城发挥积极作用。

（刘 佳 李 冰）

【红领巾读书系列活动】 年内，门头沟区红领巾读书活动办公室组织全区少先队员开展“奋进新时代 一起向未来”主题阅读活动。活动包括“我是小小追梦人”红领巾故事汇、“我的书屋·我的梦”农村少年儿童阅读实践、“北京的脊梁——中轴线”中小学生藏书票设计比赛、“读书小状元”评选。据不完全统计，全区共计15所学校千余人参与其中，红领巾读书活动把榜样的力量转化为少先队员的道德实践，在广大未成年人中掀起学习好少年、争当好少年的热潮。

（刘 佳 李 冰）

【志愿者活动】 年内，区图书馆动员馆内全体志愿服务者开展文化志愿服务，内容包括未成年人志愿服务活动、“线上沙龙”活动、“迎二十大，诵读庆七一”活动、新冠肺炎疫情防控志愿服务活动等共18场，参与活动志愿者113人次，总计服务时长325.5小时。多样的文化志愿服务就像桥梁一样连接着图书馆和读者，向社会传递温暖。

（刘 佳 李 冰）

【“阅北京读中国向未来”主题阅读活动】 年内，区图书馆组织开展冬奥知识线上展览、“贺新春迎冬奥”图书展、京津冀“讲中国故事展冬奥风采我是文化小使者”英文展示大赛、“网络书香.阅见美好”数字阅读推广活动、“同心抗疫 畅听春来”好书推荐活动、传统文化民俗展以及“践行核心价值观小图书馆员在行动”学雷锋主题活动，百余人参加。

（刘 佳 李 冰）

【党史主题讲座】 年内，区图书馆邀请市委党校教授、区委党校讲师以及大学讲师开展“喜迎二十大 强国复兴有我”系列党史讲座，共同追忆革命故事，传承红色基因。

（刘 佳 李 冰）

非遗保护与传承

【非遗进社区系列活动】 1月，区文化和旅游局开展“人民的非遗人民共享——非遗进社区”系列活动，课程包括太平鼓、毛猴、剪纸、京绣、泥塑、结绳等门头沟区特色非遗，让群众近距离体会文化遗产的魅力，进一步激发广大群众热爱传统文化的热情，增强保护文化遗产的自觉性，营造全社会关注、挖掘、保护和传承文化遗产的良好氛围，让非遗回归民间，在百姓中扎根。

（杜茉凌）

【“人民的非遗人民共享”主题活动】 4月23日，区文化和旅游局主办的“人民的非遗人民共享——门头沟区非遗进景区暨门头沟非遗小院开院”在妙峰山风景区举办。活动涉及“非遗进社区”“非遗进景区”“非遗旅游体验”“非遗文创”等“非遗+”领域渠道活动，此次非遗进景区活动持续2个月。

（杜茉凌）

【“云游门头沟非遗宴”系列活

动】 6月11日是“文化和自然遗产日”，区文化和旅游局、区公共文化中心开展“云游门头沟非遗宴”系列活动，特此推出“妙峰山玫瑰采摘加工技艺”“郑顺斋传统酱肉制作技艺”“京白梨栽培技术”“妙峰山咯吱制作技艺”等五大主题宣传片，带领大家了解门头沟区特色非遗美食，让门头沟区非遗美食从“纸上名录”中活起来，全面打造“非遗门头沟”的区域品牌形象，活动分为五期，邀大家共品非遗美食，记下独有的非遗味道。

（杜茉凌）

【“非遗进景区”系列活动】 6月10日至12日，门头沟区“非遗进景区”活动到谷山村景区，此次活动将门头沟区优秀的非遗项目带入景区，通过展演、展示、面对面讲解等打造展示门头沟文化、保护传承非遗的窗口。9月22日，区文化和旅游局、区公共文化中心联合主办的“连接现代生活·绽放迷人光彩”2022年门头沟区非遗进景区系列活动第六场在神泉峡景区举行。此次活动邀请毛猴制作技艺、风车制作技艺、琉璃烧制技艺、白茶加工技艺、葫芦雕刻技艺、传统制香技艺、花布染织技艺、妙峰山咯吱制作技艺、妙峰山玫瑰采摘加工技艺9个非遗项目参与。

（杜茉凌）

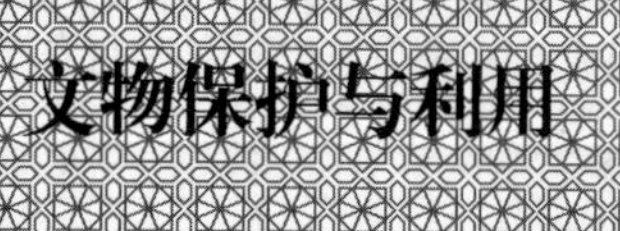

【长城文化带活化利用】 9月8日，区文化和旅游局与中国移动研究院签订“数字长城——元宇宙体验平台”合作协议。利用区块链技术串联文物资源、山水资源、非遗资源，创新文物数字藏品发售模式，探索现实与虚拟相互动的文旅发展新模式。

（张　楠）

【“数字文旅”战略合作伙伴协议签订】 9月8日，区文化和旅游局与中国移动研究院签约仪式暨“数字长城”预发布会开幕。活动宣布“数字长城”2022年12月正式发布，同时，区文化和旅游局与中国移动研究院签订“数字文旅”战略合作伙伴协议，双方将共同推进“数字长城”等项目的规划与建设，共同探索在元宇宙、人工智能、物联网、超高清、AR、VR、网络空间安全等方面的创新合作。

（王　良）

【第二批革命文物名录】 12月28日，《北京市第二批革命文物名录》正式公布。区文化和旅游局通过开展红色革命文物专项调查，将京西山区第一党支部等5项不可移动文物列入申报名单。丰沙线烈士纪念碑入选《北京市第二批革命文物名录》。

（张　楠）

【碑刻文物调查】 年内，区文化和旅游局对区内碑刻文物展开病害预防性调查，及时了解掌握文物信息，对碑刻文物进行信息采集、病害样本收集，提升碑刻文物预防病害能力。

（张　楠）

【文物保护修缮工程】 年内，区文化和旅游局申请市级文物保护专项资金2500余万元，启动实施潭柘寺消防、戒台寺南宫院、上院、祈福殿及钟亭等8项重点文物保护工程及2项抢险修缮工程，其中潭柘寺消防工程、戒台寺南宫院修缮工程等6项重点工程完工。

（张　楠）

融媒体建设

【概况】 2022年，门头沟区融媒体中心（简称区融媒体中心）始终坚持党管媒体原则不动摇，应势而动、顺势而为。积极探索服务地区经济社会发展的“党建+融媒”赋能新发展党建工作模式，打造宣传主力军，做强宣传主阵地，努力推动党建工作与业务工作双融合、双促进，锻造一支新时代红色融媒铁军队伍。围绕区十三次党代会精神贯彻落实、北京冬奥会和冬残奥会服务保障、新冠肺炎疫情防控和新冠肺炎病毒疫苗接种、接诉即办、创建全国文明城区等重点工作，策划推出专栏，报道成系列、有深度，为全区重点工作开展提供强有力的思想舆论支撑。门头沟电视台共采编播发电视新闻2105条；《京西时报》出刊98期392个版面；门头沟融媒APP推送图文及视频消息7472篇；“北京门头沟”公众号完成推文1230篇，浏览量376.7万次；“京西门头沟”微博阅读量8643.8万，粉丝708723。深入挖掘门头沟地域特色题材，精准对接中央及市级媒体，在电视、报纸等传统媒体平台做好报道内容的深度生产，在新媒体平台加强深度加工，探索外宣新思路，培养外宣立体格局，做大做强“门头沟融媒”宣传品牌。在北京广播电视台播出新闻83条；在中央广播电视总台播出新闻6条，其中新闻联播2条；在北京日报“北京号”发稿1072篇；在新华社新媒体推送新闻12条，并首次在新华社海外版推送新闻1条。在“学习强国”北京平台发稿109条，在“学习强国”主平台发稿11条。

（高艳蕊）

【广播电视作品获奖】 年内，《身边的故事——带头致富“新农人”》被评为由北京市广播电视局主办的2022年第三季度北京市广播电视创新创优节目。《冬奥项目小知识》在北京市广播电视局主办的2021年度北京市区级融媒体中心收听收看优秀作品评选中评为冬奥主题宣传优秀作品。《门头沟战“疫1680小时”》被评为由北京市广播电视局主办的2022年第三季度优秀融媒体新闻作品。《门头沟深山邮差王怀敬》获新华社2021全国县融中心优秀短视频策划奖。《话说红色门头沟》栏目被北京广播影视协会评为2021年度优秀广播电视节目。《办好群众身边事》获评第一季度北京市广播电视创新创优节目。原创作品《隐蔽战线上的女战士》参加由中央保密办（国家保密局）组织开展的“保密工作大家讲”微视频征集评选活动，入围全国最终评选。公益广告《守护西山文化》和《人民权利的宣言民法典》分别获2022年第一批北京市广播电视公益广告扶持项目三等奖。

（高艳蕊）

【宣传形式丰富】 年内，区融媒体中心在原有门头沟融媒视频号、抖音号、快手号基础上，申请开通小红书账号。注重内容及形式创新，坚持讲好新闻故事，用心用情打造精品力作。在门头沟融媒APP推送“记者vlog”系列报道，以第一人称视角亲身感受新冠肺炎疫情防控、欣赏地区美景、体验地区特色文体项目，带给观众身临其境的感觉，提高节目的整体观赏性，提升推送效果。

（高艳蕊）

【公益广告制作播出力度加大】 年内，区融媒体中心充分发挥公益广告在传播公德理念、弘扬社会文明的作用，专门设置公益广告时段，全年制作播出原创公益25条，同时及时从全国公益广告库中下载播出部分公益广告。注重打造精品公益广告，年初报送市局的公益广告《守护西山文化》和《人民权利的宣言民法典》分别获2022年第一批北京市广播电视公益广告扶持项目三等奖。

（高艳蕊）

【综合服务能力提升】 年内，区融媒体中心建设“服务型”媒体，做好区域社会治理的参与者、推动者。以“门头沟融媒”APP为平台，在全媒体平台开设《办好群众身边事》专栏。制作播发专栏5期、电视新闻38条、APP推送20篇。部分新闻稿件同步被新华社、北京日报、北京电视台等中央、市属媒体采用、刊发。

（高艳蕊）

【短视频宣传】 年内，区融媒体中心挖掘短视频选题，拓宽宣传载体，提升传播力，持续进行短视频内容创新。制作短视频2483条，门头沟短视频平台累计总播放量11704万，粉丝增长近2万、点赞35万，100万加短视频1条，10万加短视频7条。与区内多家单位联合制作《一起向未来》系列原创短视频21条，其中4条作品被“学习强国APP”北京学习平台采纳收录到“全民迎冬奥，一起向未来”专栏中展播，浏览量137万次。

（高艳蕊）

档案

【概况】 北京市门头沟区档案史志馆为区委直属事业单位。内设办公室、档案收集整理科、档案保管利用科、档案编研科、党史科、地方志科。履行全区档案、党史、地方志工作职能。年内，以门头沟区委办公室、区人民政府办公室名义印发《北京市门头沟区“十四五”时期档案史志事业发展规划》。档案史志工作写入《门头沟区2022年政府工作报告》。档案馆新馆建设纳入区重点工程、区折子工程，数字档案馆建设项目纳入区重点工程。年内，完成档案馆新馆建设总体工程量的55%。完成26家单位、99个重点工程项目档案的登记备案。持续强化新冠疫情防控、低收入帮扶、党史学习教育等档案管理的监督、指导。协助完成年度档案行政执法检查。以线上授课方式对全区70余家立档单位200余名专（兼）职档案员开展业务培训，对8家单位开展档案专业培训，258人次参加。业务上门指导33次，在线解答各类档案业务问题271人次。共接收30家立档单位移交的文书档案376卷、55167件，会计档案42卷，科技档案124卷，照片165张。截至2022年底馆藏档案92836卷、3.78万件，排架长度1475.95米。查阅大厅共接待2813人，调阅3951卷件，复印20829页，出具证明2035份。跨馆利用受理29人次、30件，跨馆协办89件。整理并上报北京市数字档案馆跨馆利用系统2012-2014年婚姻档案目录及原文13279件，招工档案目录19316条。完成1991至1995年120745件档案的开放审核工作，完成757件档案向社会公众开放，并在北京档案信息网公布档案文件目录；2021年度104家立档单位的档案统计年报工作并上报市局；1972年的129卷到期档案鉴定工作；完成馆藏7004卷、188941件档案的数字化扫描，生成数字化档案原文1166511页；2022年馆藏档案异地备份工作。举办“国际档案日”系列活动。编辑出版《门头沟档案》12期。库房环境清理、防震抗震自查和保密自查工作，全年开展安全检查23次。

（王　焕）

【档案接收（征集）工作】　1月6日，区档案史志馆下发《门头沟区档案史志馆关于开展2022年档案接收移交工作的通知》。年内，共接收30家立档单位移交的档案，其中文书档案376卷、55167件，会计档案42卷，科技档案124卷，照片165张。其中，计划外接收2012-2021年原老龄委421件文书档案、10卷会计档案、9卷实物档案；2018-2020年门头沟区扶贫和支援合作工作领导小组办公室69件文书档案；2016-2020年门头沟区低收入农户增收及低收入村发展工作领导小组办公室59件文书档案；接收门头沟区党史教育学习领导小组2020-2022年659件文书档案、3卷实物档案、3张光盘档案、165张照片；区新冠肺炎疫情防控办公室835件文书档案。年内，共征集门头沟区文物工作者捐赠的碑帖、报纸剪辑、电子照片等29件。

（果　蕾　高　莹）

【档案培训和指导工作】　2月23日、3月1日，区档案史志馆分别到清水镇和王平镇开展文书档案、会计档案、科技档案、基建档案业务上门培训，两镇科室负责人、镇、村档案员参加培训，累计71人次。11月22日至24日，区档案局、区档案史志馆联合举办2022年档案人员岗位培训班。通过线上授课方式面向全区开展专题培训，全区70家立档单位的200余名专（兼）职档案员参加培训。年内，对区财政局电子档案归档系统电子档案直接进行归档保存的情况进行调研，截至年底区财政局实现单位内电子档案归档2.595万件。对区市场监管局和归自委等档案数字化工作进行指导。对清水镇、王平镇、宣传部、机关后勤等8个单位开展业务培训，258人次参加。业务上门指导33次，在线解答各类档案业务问题271人次。

（赵　阳　陈文思）

【档案监督指导】　3月22日，制发《关于加强门头沟区政府投资建设项目档案管理登记的通知》，截至年底26家单位、99个重点工程项目档案完成登记备案，梳理全区104项重点工程项目，建立重点工程档案备案清单。年内，指导区体育局、国家电网门头沟供电公司、区京西生态文旅投资有限公司3项涉及市级重点工程网上填报工作。年内，持续强化新冠疫情防控、低收入帮扶、党史学习教育等档案管理的监督、指导。

（陈文思）

【档案信息化工作】　3月25日，区档案史志馆签订数字化信息合同，年度内档案数字化资金投入606268.8元，共完成7004卷、189348件、1166511页（折合成A4纸张大小）的档案数字化扫描工作。年内，门头沟区档案史志馆数字档案馆建设项目纳入区重点工程。6月，完成区科信局项目建设批复。年内，完成2022年度馆藏数字化副本的异地数据备份工作。

（高　莹）

【档案行政执法工作】　3月28日，区档案局、区档案史志馆联合下发《门头沟区2022年档案行政执法检查通知》，要求全面自查，共收取自查报告73份。截至年底，完成20家立档单位实地检查。其中17家单位初查合格，3家单位复查后合格，在市执法信息平台中录入20家单位的120张检查单。年内，同步开展档案安全检查和重点工程档案工作检查。发现安全隐患2处，当场提出整改意见及制发责令限期整改通知，截至年底完成整改。

（赵　阳）

【“两馆建设”进展情况督查】　4月8日、7月26日，市委办公厅（市档案局）档案监督指导二处到门头沟区督查“两馆建设”进展情况。区委办、区重大建设项目协调服务中心、区档案史志馆、项目施工、监理单位相关负责人参会。市档案局档案监督指导二处实地查看档案馆新馆建设情况，区重大建设项目协调服务中心汇报新馆建设整体进度和推进计划，区档案史志馆汇报数字档案馆建设现状和下一步工作安排。与会人员就档案行政管理、重点工作及重大工程档案整理、档案开放审核、档案三合一制度、档案收集档案范围细则等方面进行交流座谈。市档案局档案监督指导二处对区“两馆建设”取得的阶段性成果给予肯定，并提出意见建议区委办和区档案史志馆相关负责人对市档案局的检查指导表示感谢，并表态下一步将扎实推进“两馆建设”，保证新馆建设进度，同步推进数字档案馆建设，确保如期完成“两馆建设”工作任务。

（王 焕）

【“国际档案日”活动】 6月9日，区档案局、区档案史志馆以“喜迎二十大 档案颂辉煌”为主题开展门头沟区2022年“国际档案日”暨北京市第十四届“档案馆日”宣传活动。活动内容有线上专题讲座、普法培训、问卷调查、特色档案征集及主题征文、档案查阅体验服务以及档案日主题宣传等。共征集到门头沟区文物工作者捐赠的碑帖、报纸剪辑、电子照片等29件。开放16个全宗1991～1995年形成的档案757件。这些档案见证门头沟区在城市基础建设、精神文明建设、生态建设等方面的发展成就。全区各立档单位及社区（村）通过办公网络、公众号、对外办事大厅、电子屏、宣传栏、工作群等形式对档案馆日进行宣传。启动党史教育（红色书籍、红色宣讲、红色故事）“七进”活动（进机关、进社区、进农村、进学校、进企业、进军营、进媒体（网络）。重点以抓好党史宣传“进媒体（网络）”为带动，在《京西时报》《门头沟档案》、门头沟融媒体等平台推出“《走进档案馆》之红色遗址篇”“《走进档案馆》之党史书籍篇”“红色历史小说《红枫如画》连载”以及《萧克与马栏的不解之缘》《第001号光荣证》等党史专题宣传文章。利用馆藏资源，发挥网络传播优势，策划并录制系列短视频10余条，其中在“学习强国”播出的《毛主席电令保护门头沟矿区》单条播放超过25万次。在区电视台、区融媒体中心、馆内宣传阵地发布展览展陈短视频及活动宣传推文，期间线上线下超过1000人次参观展览。

（赵 阳 高 莹 史可华）

【档案法治宣传活动】 6月9日，区档案史志馆组织全区100余家单位的专兼职档案员在线观看北京市档案局举办的《加快构建新发展格局》讲座。6月10日开展《中华人民共和国档案法》修订情况专题在线讲座，全区64家单位和档案员参加。

（赵 阳）

【新版《走进档案馆》在区电视台播出】 6月9日至15日，区档案史志馆联合区融媒体中心，精心制作新版《走进档案馆》宣传片在门头沟区电视台进行播出。《走进档案馆》展示区档案史志馆日趋完善的硬件设施、持续丰富的馆藏资源、持续提升的服务能力以及档案编研、史志编修成果。

（史可华）

【档案史志事业发展规划印发】 6月30日，门头沟区委办、区人民政府办正式印发《北京市门头沟区“十四五”时期档案史志事业发展规划》（以下简称《规划》）。《规划》全面总结“十三五”时期门头沟区档案史志事业发展情况，分析“十四五”时期面临的形势与挑战，明确“十四五”时期门头沟区档案史志事业发展总体要求、主要任务、重点项目和保障措施，明确5项工作原则，至2025年和2035年发展目标，提出8类26项工作任务，同时确定两大重点项目建设，即十四五期间完成区档案馆新馆建设项目和数字档案馆建设项目。

（赵立冬）

【档案政务服务事项】 年内，梳理门头沟区5项档案政务服务事项。完成区档案行政执法检查信息网上公示内容的动态调整，完成档案行政服务事项标准化工作，涉及5个档案政务服务事项的申请条件、办理流程及申请材料和相对应的实操模板，填补北京市档案政务服务流程标准化的空白。截至年末未产生办件量。

（赵 阳）

【档案利用工作】 年内，区档案史志馆查阅大厅共接待2813人，调阅3951卷件，复印20829页，出具证明2035份。跨馆利用受理29人次、30件，跨馆协办89件。整理并上报北京市数字档案馆跨馆利用系统2012～2014年婚姻档案目录及原文13279件，招工档案目录19316条。截至年底实现婚姻档案（1952年至2014年）、招工档案、知青档案跨馆利用。

（果 蕾）

【档案开放审核工作】 年内，区档案史志馆完成1991～1995年120745件档案的审核工作。完成1991～1995年757件档案向社会公众开放，并在北京档案信息网公布档案文件目录。

（高 莹 果 蕾）

【到期档案鉴定工作】 年内，区档案史志馆完成1972年的129卷到期档案鉴定工作，建议销毁105卷，20卷改为永久保存，4卷延长5年。

（车 莹）

【档案安全工作】 年内，区档案史志馆制定《门头沟区档案史志馆网络安全工作责任制》，做好网络宣传、网络维护和安全工作。在档案开放、扫描等工作中加强保密管理，签订保密协议。严把查档的计算机专人专用并做到物理隔离，确保档案信息安全。档案史志馆进行全馆范围内安全检查7次，对库房及办公区域的安全检查16次。库房卫生清理2次，并做好登记工作。

（王 焕）

【档案编研】 年内，区档案史志馆编辑出版《门头沟档案》12期，刊登档案类文章91篇，信息剪辑172条，动态报道类文章59篇。围绕“喜迎二十大”主题，以门头沟区过去五年工作成果作为年度内主题和杂志封面；图文并茂地展现中国共产党历届党代会内容；重点宣传“北京市档案系统2021年度先进集体与先进个人”的优秀事迹。

（史可华）

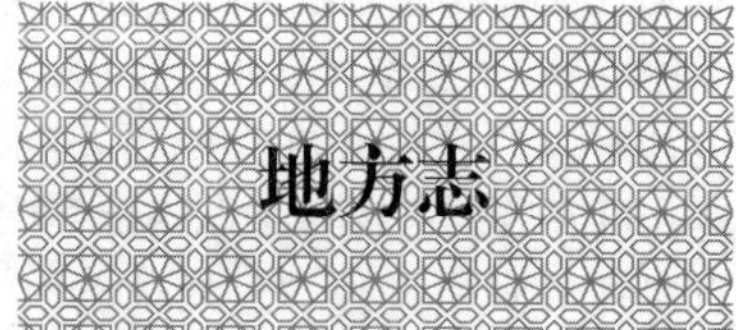

地方志

【概况】 2022年，《北京市门头沟区“十四五”时期档案史志事业发展规划》以区委办公室名义印发，要求“加强志鉴编修，推进地方志工作取得新成效”；区地方志编纂委员会办公室坚持规划引领，贯彻落实区委议事协调机构相关工作汇报会精神，印发《北京市门头沟区地方志编纂委员会议事规则（试行）》，在推动地区发展中发挥独特作用；12部门头沟区“中国传统村落志”全部出版见书，《北京门头沟年鉴（2022）》《北京市门头沟区地名志》《燕家台村志》《张家庄村志》出版，《斋堂镇志》完成复审评议，《香峪村志》《赵家台村志》完成初审评议，《上清水村志》《下清水村志》启动编纂，推动地方志资源建设利用。

（冯智逵）

【区地方志编纂委员会建设】 3月18日，区委议事协调机构相关工作汇报会召开，研究做好地方志编纂工作，通过区地方志编纂委员会2022年工作要点与组成人员和办公室领导成员名单。5月30日，区地方志编纂委员会办公室印发《北京市门头沟区地方志编纂委员会议事规则（试行）》，包括总则，机构设置与主要职责，会议制度，调查研究制度，督查、评估和反馈机制，政务服务事项，地方志档案资料管理，附则等8章26条规定。12月21日，在《京西时报》发表题为《弘扬历史主动精神 在推动门头沟区发展中发挥独特作用》专版，全面展示党的十九大以来全区地方志工作主要成果。

（冯智逵）

【志稿评议会】 3月31日与9月27日，区档案史志馆分别组织召开《斋堂镇志》初审稿、复审稿评议会。初审稿评议会主要对志稿篇目设置、章节标题命名和内容整合提出修改意见，并要求增加体现平西抗日根据地的历史，复审稿评议会进一步对志稿内容与语言提出修改意见。8月2日，《赵家台村志》《香峪村志》初审评议会召开，主要从调整篇章设置、突出村落特色、核实资料史实等方面提出修改建议。

（冯智逵）

【12部“中国传统村落志”出版见书】 6月，《东石古岩村志》《灵水村志》《西胡林村志》《马栏村志》《黄岭西村志》由北京出版社出版，标志12部门头沟区“中国传统村落志”全部出版见书。12部村志均上限追溯至村落发端，下限截至2018年年底，由市委党史研究室、市地方志编纂委员会办公室组织编纂。

（冯智逵）

【《北京市门头沟区地名志》出版】 9月，区地方志编纂委员会编纂的《北京市门头沟区地名志》由北京出版社出版。志书上限追溯事物发端，下限截至2014年12月31日。全书设自然地理实体、政区、聚落、名胜古迹、交通道路设施、企业建筑、公共服务设施、历史地名、地名管理等9篇28章111节，志首设概述、大事记，志末设附录，共93万字，244张图片、5张表格。《北

表四 门头沟区“中国传统村落志”基本情况一览表

村落所属镇、街道	书名	编纂启动年月	出版年月	章节数量		字数（万字）	图表数量（张）	
				章	节		图	表
龙泉镇	三家店村志	2017.7	2020.12	15	59	21	70	19
	琉璃渠村志	2017.7	2020.12	12	48	18	104	19
王平镇	东石古岩村志	2018.7	2022.6	14	46	17	58	6
大台街道	千军台村志	2017.7	2020.12	11	46	16	83	6
雁翅镇	苇子水村志	2017.6	2020.12	12	47	17	74	4
	碣石村志	2017.7	2020.12	12	47	20	47	2
斋堂镇	沿河城村志	2017.7	2020.12	15	53	18	44	11
	川底下村志	2017.7	2020.12	15	54	21	77	18
	灵水村志	2017.7	2022.6	14	53	16	51	2
	西胡林村志	2018.7	2022.6	13	52	20	78	18
	马栏村志	2017.7	2022.6	13	46	18	60	16
	黄岭西村志	2017.7	2022.6	13	42	15	71	14

京市门头沟区地名志》于2017年10月启动编纂，编纂委员会办公室包括市规划自然资源门头沟分局、区民政局、区档案史志馆等3家成员单位。《北京市门头沟区地名志》依托门头沟区第二次全国地名普查成果，实现对全区地名寻根溯源、系统梳理。

（冯智逵）

【《北京门头沟年鉴（2022）》出版】 12月，区地方志编纂委员会、区档案史志馆编纂的《北京门头沟年鉴（2022）》由团结出版社出版。全书设29个类目164个分目，共96万字，62张专题图片、103张随文图片、15张表格，跟踪记录2021年全区完成全面建成小康社会各项任务，开启高质量发展新征程的历史进程。

（冯智逵）

【《燕家台村志》《张家庄村志》出版见书】 年内，区地方志编纂委员会、区档案史志馆编纂的门头沟区“北京市传统村落志”《燕家台村志》《张家庄村志》由团结出版社出版并见书。两部志书于2019年4月启动编纂，上限追溯至村落事物发端，下限断于2018年年底。其中，《燕家台村志》20万字，64张图片、18张表格，设概述、大事记、附录以及14章53节；《张家庄村志》18万字，72张图片、5张表格，设概述、大事记、附录以及15章57节。

（冯智逵）

【地方志资源建设利用】 年内，区档案史志馆完成全区2021年度地方志资料收（征）集，向市委党史研究室、市地方志编纂委员会办公室报送429件（本）资料。根据有关部门需要提供王家山惨案遗址资料，京津风沙治理工程有关数据，田寺村20世纪50年代泥石流灾后水土保持资料，丰沙线铁路资料等。完成调研课题报告《进一步加强地方志资料档案管理研究》，包括档案史志事业开启新篇章、重新认识地方志资料工作、需要解决的新问题、地方志资料工作的新思路等4方面内容。

（冯智逵）

卫生健康

4月29日，北京京煤集体总医院举办核酸采集医疗队出征仪式（《京西时报》 供图）

◆| 3月8日，2022年门头沟区精防工作联席会召开（区卫生健康委　供图）

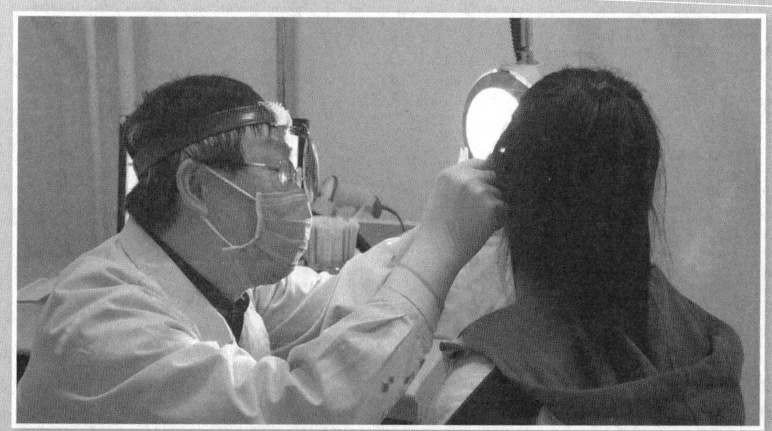

◆| 3月，门头沟区2307名中招、高招学生在区医院参加体检（区融媒体中心　供图）

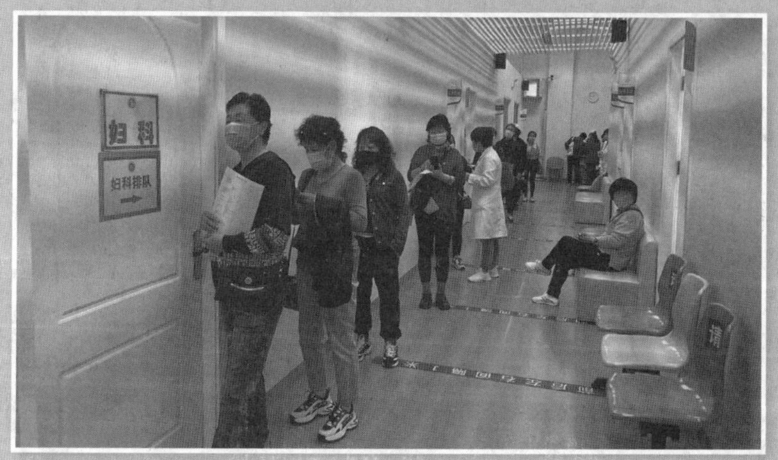

◆| 4月，适龄妇女在区妇幼保健院参加宫颈癌、乳腺癌免费筛查（《京西时报》 供图）

综 述

2022年，门头沟区卫生健康委员会（简称区卫生健康委）在“健康北京”战略目标指引下，立足区域功能定位和绿色高质量发展目标，努力构建质量更优、效率更高的卫生健康服务体系，持续打造符合区情的卫生健康事业发展新模式，努力回应人民群众对卫生健康工作的新期待。年内，新建军庄、潭柘寺和石门营急救工作站并通过市卫生健康委专家组现场验收，投入运行。新建区120急救分中心并通过市卫生健康委专家组现场验收，投入运行。截至2022年底，门头沟区完成1个分中心14个急救工作站的院前急救网络布局，设24小时运行救护车14辆。120分中心位于门头沟区医院院内，新址位于圈门（东辛房社区卫生服务中心西山站旧址）。其中，永定急救站、龙兴急救站、曹各庄急救站、门城急救站、东辛房急救站、城子急救站和石门营急救站7个位于门城地区；清水急救站、斋堂急救站、雁翅急救站、大台急救站、妙峰山急救站、军庄急救站和潭柘寺急救站7个位于山区。

（张 楠 韩立昂）

疾病预防

【概况】 2022年，门头沟区疾病预防控制中心（简称区疾病预防控制中心）围绕疾病预防控制工作和应急目标，全面履行工作职能，各项工作稳步推进。加强业务培训与督导检查，优化应急队伍管理，强化培训演练，充实应急装备，确保新冠肺炎疫情和公共卫生事件的应急处置工作防控有力、处置科学。加强流感等重点传染病疫情监测，完成大疫情网传染病报卡的审核。艾滋病防治工作持续深入，在各类场所宣传、讲座7次，直接受众2000余人次。完善食品安全风险监测评估，开展食品安全风险监测，食品样品监测16类270件。食源性疾病主动监测共监测粪便样本162件，检出致病菌28株，检出率为17.28%；对其中45件粪便标本开展诺如病毒检测，检出病毒阳性3件，检出率6.67%。在区食品药品安全委员会办公室的统一指挥协调下，9月22日参加2022年食品安全突发事件应急演练中心派出应急小分队参加。完成水痘、甲胎蛋白（AFP）、狂犬、流腮、病毒性肝炎等常规监测工作和信息报送。完成两期常规疫苗请领工作。开展大肠癌早诊早治筛查工作，大肠癌早诊早治问卷或便潜血初筛完成3000例，肠镜检查完成383例。肿瘤患者社区随访工作成功随访1114例，失访率为2.71%。组织开展北京市和区内成人慢性病及其危险因素监测工作，完成前三阶段抽样工作，调查3780人。开展“送烟＝送危害”主题宣传活动，到城子蓝龙社区，开展结核病防治健康教育课，制作碘缺乏日健康知识节目。录制疫情防控专题节目为各镇街、医疗机构配送控烟海报700套共1400张，发放控烟手册300本。

（周 璇）

【近视防控】 1月至6月，区疾病预防控制中心在全区小学三年级学生中开展小学生家庭自测视力活动，发放650份家庭自测视力图；在小学二年级学生中开展《我的健康管理日记》活动，发放“健康管理日记”625份。充分发挥专家团队优势，安排线上课程，开展专家进校园活动，就学生近视、肥胖等常见病问题开展卫生宣教；联合区爱眼协会开展“6·6全国爱眼日”有奖调研活动，发放泳镜、跳绳、坐姿矫正器等健身用品。面向门头沟区41所幼儿园小班、中班、大班共10695名在园幼儿开展视力筛查，发放视力自测表，并针对幼儿的视力情况给出专业的防控建议，帮助学校和家长了解孩子的视力状况，有针对性的采取措施防控近视，形成一份可为门头沟区普遍性、可实施性的分析报告。

（周桂荣）

【健康食堂创建】 年内，北京八中永定实验学校、京师实验中学、龙泉小学和八中附小创建健康食堂的学校。区疾病预防控制中心前期为4所学校配发宣传物资和材料。1月6日，在区疾病预防控制中心召开健康食堂创建标准解读准备会。1月13日至14日，区健康食堂创建工作办公室组织相关专家对4所申报学校进行初步评估，初评结果均合格，按要求将评估材料上报至市中小学校健康食堂创建工作办公室。

（周桂荣）

【推进乡村合理膳食调查】 3月至10月，区卫生健康委聚焦食品安全与营养，在王平镇、妙峰山镇开展合理膳食乡村示范推广工作，旨在提升乡村居民营养素养提供借鉴。

（张　博）

【新冠肺炎疫情防控】　4月18日，门头沟区成立新冠肺炎流调溯源工作专班。区疾病预防控制中心制定“6+14”条块结合管理运行模式，设立6支应急处置分队和14个专业保障组，设计具体详细的组织机构运行图和流调溯源技术路线图。5月18日，成立8小时应急处置专班，妥善处理新冠肺炎疫情应急处理工作。成立460人三级流调队伍，对骨干流调队员和后备流调队员实行“以干代训”实战模式，利用8小时流调溯源专班开展骨干流调队员和后备流调队员轮训工作，周期轮值，确保经过专班轮训的流调队员随时能够投入流调溯源工作。累计接收境外入境京、高风险及中风险无居家条件集中隔离856人。配合社区防控做好中高风险、境外返京居家隔离人员核酸检测工作。累计接待门城地区镇街入户采样申请31万余人次。开展涉进口冷链单位食品及外包装、生产经营环境常态化冷链监测，做好常态化新冠肺炎病毒核酸监测预警工作。全年累计采集进口冷链相关标本11万余件，相关单位岗位从业人员核酸检测3万余人次。累计采集相关生物样本47856件，相关环境样本33047件，管理密接9295例，转为二代病例401例，开展现场抗原检测9447人次。实验室累计开展新冠病毒核酸检测405255件次。累计派出762人次对考试及面试、活动保障及其它单位等开展卫生防疫技术指导，累计指导1237户次，其中宾馆酒店1户次、七小场所300户次、考试及面试219户次、会议及活动30户次、学校及托幼机构99户次、其它单位588户次。新冠疫苗接种以第三针加强针为主，针对老年人接种工作的出现的各种接种问题统计汇总并提出接种建议。年内，全区接种新冠病毒疫苗122827剂次（第1针27275剂次，第2针28097剂次，加强免疫67455剂次）。

（周　璇　于海朋　张　博）

【控烟工作】　4月27日，国家、北京市疾病预防控制中心控烟专家组对门头沟区控烟示范单位创建活动的督导验收，随机抽取区委党校和东辛房街道办事处2家单位开展市级评估工作，2家单位均通过市级评估，全区70家无烟党政机关建成率达到100%。7月初，区疾病预防控制中心作为戒烟APP访谈项目（北京市疾控与中国疾控共同开展）承接单位，区中医医院承担访谈对象招募，共招募29名吸烟及戒烟对象。7月底，通过深入访谈，协助中国疾控完成戒烟APP制作。9月19日，区卫生健康委、区疾病预防控制中心邀请市疾控健康教育所专家到区中医医院多功能厅开展全区控烟培训，主要培训内容为烟草危害、控烟策略、无烟法规及执法等内容，并就北京市戒烟服务体系进行介绍。全区各相关单位40余人参加培训。

（石　凡）

【传染病监测】　4月至10月，在雁翅、清水地区开展鼠疫监测，详细记录监测地点和面积，对样地周围进行景观描述、地貌描述和栖息地描述；开展小型兽类种类和密度监测，每个监测点在监测时间内采用夹夜法监测鼠种、鼠密度，并详细记录捕获小型兽类的种类、地点以及密度。4月至7月，清水镇山林及田地鼠密度大约在10%左右波动。8月，因洪水原因，鼠密度达到20%；捕获老鼠64只，取其心肺送市疾控，户数取血16只暂未送至市疾病预防控制中心。

（宋丽君）

【“万步有约”健走激励大赛】　5月至9月，门头沟区38家单位43支队伍522人参加“万步有约”健走激励大赛。大赛以增强群众身体免疫力、巩固疫情防控成果、扩大大赛影响力为目的，通过在职业人群中组建团队，队员之间互相监督和激励，达到每日健走一万步的目标，开展为期50天的健走比赛，指导帮助参赛人员养成“日行万步 科学健走”的健康生活习惯。

（林恒娜）

【学校卫生视导】　8月30日至31日，区疾病预防控制中心联合区教委、区中小学卫生保健所对全区中小学校进行开学前学校卫生视导工作，主要围绕学校新冠肺炎等传染病防治，营养不良、超重与肥胖防控、视力不良的防控工作以及分级预警、成人期疾病早期干预、教学环境检测结果反馈、饮用水及食品卫生等工作为重点视导内容。通过查看资料、调查问卷等方式进行考核，对存在问题的学校提出指导意见。

（周桂荣）

【全民健康宣传】　9月，区疾病预防控制中心开展全民健康生活方式月系列宣传活动。9月21日，区疾病预防控制中心联合区医院和潭柘寺镇卫生院在潭柘寺镇文化活动中心举办以“三减三健 健康相伴”为主题的大型健康科普宣传活动。通过摆放健康生活方式展板、悬挂横幅，发放“三减三健”宣传折页以及牙线、腰围尺等健康支持性工具，以及开展义诊咨询，为居民免费测量测压等活动，向广大居民宣传“减盐、减油、减糖、健康口腔、健康体重、健康骨骼”的知识和理念，参与活动的居民达100余人。

（林恒娜）

【专题培训会】　9月23日，区疾病预防控制中心联合区中小学卫生保健所及检测方（妇幼保健院）分别对中小学校及幼儿园监测点、检测人员开展2022年学生常见病和健康影响因素监测与干预工作相关业务培训。此次抽样监测的6所中小学校、2所幼儿园，区妇幼保健院承担检测任务。此次监测承接单位区妇幼保健院也对体检流程及院感防控等相关内容做培训。9月29日，举办学生营养与健康食堂创建工作培训会，区内中小学校校医及食堂管理负责人、医疗卫生机构相关人员60余人参加培训会。邀请北京市疾病预防控制中心营养与食品卫生所副主任医师授课。通过培训，使辖区中小学校进一步了解学生营养问题，关注学生营养与健康食堂创建，从而保证学生营养，膳食均衡，促进学生健康成长。10月13日，举办学生近视监测与防控培训会。区内中小学校校医及医疗卫生机构相关人员60余人参加培训会。

（周桂荣）

【首都市民卫生健康公约宣传】　9月至10月，区疾病预防控制中心组织全区各党政机关、企事业单位参与市爱卫办、市疾病预防控制中心开展的2022年健康“提素’——家庭健康知识竞答活动，全区累计注册人数21318人。9月21日，区疾病预防控制中心与市疾病预防控制中心健康教育所、健康教育协会在潭柘寺新区文化活动中心联合开展2022年健康“提素”推广宣传活动，北京广播电视台科普频道中心“健康北京”栏目等媒体对活动进行采访。

（石　凡）

【学生常见病和健康影响因素监测】　9月至10月，区疾病预防控制中心在6所学校（育园小学、大峪二小、京师实验中学、大峪中学分校、北京八中永定实验学校、门头沟中等职业学校）、2所幼儿园（大峪一小附属幼儿园、龙泉大地幼儿园）开展学生常见病和健康影响因素监测，共调查2300人。

（周桂荣）

【尘肺病患者救治救助行动】　9月至11月，区疾病预防控制中心依托军庄镇社区卫生服务中心、清水镇社区卫生服务中心推进尘肺病康复站建设，转移支付专项经费120万元，加强专业康复设备配备、人员培训，提供专业康复治疗服务，提升尘肺病患者生命质量。

（张　博）

【生活饮用水监测】　年内，区疾病预防控制中心加强生活饮用水卫生水质监测，监测各类型生活饮用水290件，合格290件，合格率为100.0%。其中，城市末梢水监测120件，城市二次供水监测80件，城市自建供水监测8件，农村饮用水监测82件。

（王　丽）

【食品安全风险监测】　年内，区疾病预防控制中心完善食品安全风险监测评估，开展食品安全风险监测，食品样品监测16类270件，监测异常结果为2件市售熟肉制品中检出单增李斯特菌。食源性疾病主动监测共监测粪便样本162件，检出致病菌28株，检出率为17.28%；对其中45件粪便标本开展诺如病毒检测，检出病毒阳性3件，检出率为6.67%。

（刘丹丹　王肖红）

【疫苗接种】　年内，门头沟区完成国家规划疫苗接种176878剂次（含新冠病毒疫苗122827剂次），非国家规划疫苗接种73783剂次。全区接种免费流感疫苗29626剂次（其中学生接种12949剂次，60周岁以上老年人接种15825剂次，保障人群、医务人员、中小学教师及其他人群接种961剂次）。全区38所托幼园所新入托儿童、25所小学一年级学生、14所中学初中一年级学生进行预防接种证查验及疫苗补种工作，应查7903人，实查7903人，调查率为100%。需要补种人数485人，完成补种人数485人；应补接种证8人，实补接种证8人，各类疫苗完成补种。

（聂　晶）

【结核病防治】　年内，全区共报告肺结核155例，报告发病率39.47/10万，追踪总体到位率97.1%，登记治疗患者133例，区级定点医院收治66.9%。登记管理率85.8%。2022年世界结核病日宣传月中，登录疾控中心的微信公众号发布防治知识10条；动漫小视频7次；现场讲座进社区1次；特邀市疾病预防控制中心结核研究所主任医师做客门头沟融媒，录制《门头沟视点》栏目1次，解读结核病防治要点；为辖区内医疗机构及学校配送宣传礼品和防治知识材料35373份。3月24日，联合中心结核病防治科到城子街道蓝龙社区举办题为"2022年世界防治结核病日宣传"健康知识讲座，数十名社区居民到场参加活动。8月至9月，完成结核病防治培训3次，内容包括结核病防治、卡介苗接种、社区结核病健康管理等。9月中旬，完成2022年学校新生的结核病筛查和学生结核病知晓率调查工作。11月，抽查一家社区卫生服务中心结核病健康管理工作。全年共迎检市级专家对全区结核病专科定点医院的结核病诊疗及检验质控检查各1次。

（邓雪松）

【病媒监测】 年内，区疾病预防控制中心完成居民户、重点行业鼠监测工作，共布放粘鼠板、鼠夹1800件，外环境132个点位；重点区域共布放粘蟑板3600张；成蚊监测共布放二氧化碳诱蚊灯360件，幼蚊监测共取360勺；苍蝇监测共布笼数72个。

（宋丽君）

【医疗机构消毒监测】 年内，区疾病预防控制中心完成医疗机构消毒监测877件，检测项目包括使用中的消毒剂、空气、物表、手、压力蒸汽灭菌、污水、医疗卫生用品，合格877件，合格率为100%。完成托幼机构消毒监测245件，检测项目包括物表、餐具、手、空气，合格245件，合格率为100%。

（宋丽君）

【慢性病监测】 年内，区疾病预防控制中心开展大肠癌早诊早治筛查工作，大肠癌早诊早治问卷或便潜血初筛完成3000例，肠镜检查完成383例。肿瘤患者社区随访工作成功随访1114例，失访率为2.71%。组织开展北京市和门头沟区成人慢性病及其危险因素监测工作，完成前三阶段抽样工作，调查3780人。

（林恒娜）

【健康小屋创建】 年内，门头沟区2家机构创建健康小屋，包括王平镇人民政府、雁翅镇人民政府。健康小屋属于健康支持性环境的一种，其内通常配有血压计、体重秤等自助检测设备和多种健康宣传材料。居民可随时进行健康监测，了解自身的身体指标、身体状态及变化趋势，获取健康知识，有助于逐步形成健康的生活方式，提高居民健康水平。

（林恒娜）

【艾滋病防治知识宣传】 年内，区疾病预防控制中心在建筑工地开展性病、艾滋病防治知识和禁毒及毒品危害宣传教育与高危行为干预活动6次，累计发放宣传材料5790余份、联系卡2000余张、安全套5600只、纪念品2000余份，悬挂横幅12幅次，展示海报、展板8张次，2000余名建筑工人参加活动。3月24日、29日，4月8日和10月27日，在桥户营村、龙泉镇精神文明实践基地、石门营新四区和龙门新区六区开展性病、艾滋病防控知识宣传活动，共发放宣传材料788份、联系卡254张、纪念品254份，254名社区居民参加活动。在社区、广场等场所开展宣传活动3次，共发放宣传材料1550份、联系卡450张、纪念品450份，悬挂横幅4幅次，展示海报、展板8张次，450名群众参加活动。8月，与斋堂医院合作，在5个行政村开展居民调查与梅毒、艾滋抗体检测工作，并同时开展性病艾滋病的普及性宣传教育，活动中发放宣传材料3种1000余份，宣传品330份。全年利用"北京市门头沟区疾病预防控制中心"公众号转发艾防动态、性病艾滋病防治知识等28条，自制核心宣传知识信息14条，活动信息5条。

（史秀丽）

【职业病报告】 年内，区疾病预防控制中心共审核职业病报告尘肺病例780例，其中包括新增尘肺67例，复诊病例636例，晋级77例，无其他职业病发生。

（田兴宽）

医疗服务

【概况】 2022年，门头沟区拥有医疗卫生机构271家，其中公立医疗卫生机构215家，民营医疗卫生机构56家。全年出院50772人次，病床使用率63.38%，平均住院10天（不含精神专科医院），全年住院手术11975人次。医护比0.81。

（黄　菲）

【负压病房建设】 2月9日，区卫生健康委申请在区医院建设10间负压病房，含2间负压重症监护病房。12月4日，10间负压病房全部开始收治病人。12月7日，区医院负压病区的医疗、护理、感控、检验、影像、超声、总务等专业人员组成精干医疗团队的顺利开仓。

（李　锦　肖丕霞）

【医院安全秩序】　3月3日，区卫生健康委召开《北京市医院安全秩序管理规定》工作推进会。联合公安门头沟分局治安支队、区反特巡支队，对各医疗机构落实《北京市医院安全秩序管理规定》工作任务情况进行督促和指导。4月至12月，开展医疗乱象专项治理工作，期间共开展医疗机构专业监督检查684户次，共发现违法行为6起。9月30日，推进二级以上医院警务室负责人任职党支部副书记，4名人员兼任4家二级医院治安保卫部门党组织副书记。12月16日，组织开展实验室危险化学品专项治理工作。

（王　杰）

【区级转运专班成立】　3月21日，区卫生健康委为应对门头沟区新冠肺炎疫情防控复杂严峻形势，成立区级转运专班，紧急调用各医疗卫生机构、镇街、委办局部分车辆和司机参与转运任务。

（李　锦）

【永定中心北院区建设启动】　6月17日，区卫生健康委申请利用西长安壹号完成建设的医疗用房建设永定镇社区卫生服务中心（北院区）。12月16日，为永定镇社区卫生服务中心（北院区）紧急购置医疗设备、办公设备等物资。

（李　锦）

【方舱医院正式启用】　11月27日，军庄方舱医院正式启用接诊新冠肺炎病毒感染阳性患者。11月29日，雁翅方舱医院正式启用接诊阳性患者。

（李　锦）

【重症救治科建设加强】　12月17日，区医院新增重症ICU床位16张，新增后全院ICU重症总数达85张。区妇幼保健院按照新生儿重症监护病床标准设置床位5张，必要时也可收治孕产妇。12月28日，区中医医院设置重症ICU病床6张。由区中医医院牵头采购24张重症ICU病床设备，增加部分核心重症救治设备（监护仪、呼吸机等），在全区范围内统筹使用，以应对重症救治高峰。

（李　锦）

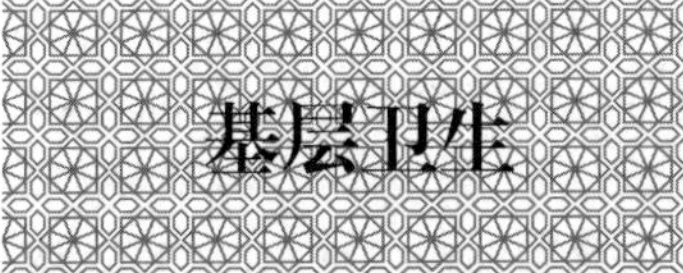

基层卫生

【概况】　2022年，门头沟区社区卫生服务中心11家，其中政府办9家、社会办2家；社区卫生服务站25家，其中政府办20家、社会办5家。卫生人员679人，其中医生257人、全科医生121人、护士233人。全年门诊1153644人次。家庭医生签约率42.22%。在册村卫生室148家，覆盖率100%，乡村医生133人，其中执业医师人数35人。全年诊疗87105人次。

（黄　菲　李　锦）

【社区卫生绩效管理】　4月、8月、12月，区卫生健康委组织专家对12家社区卫生服务机构进行三次现场绩效考核，考核内容包括家庭医生签约服务，社区中医药、社区康复、改善医疗服务，药械、返聘退休医务人员、“十百千”人才、家庭保健员管理，常规数据监测、信息宣传等社区卫生服务，及居民电子健康档案、高血压和糖尿病患者、老年人、中医药健康管理等基本公共卫生服务。按照考核成绩分配社区卫生绩效工资。遴选出第三方机构北京市社区卫生协会开展2022年门头沟区家庭医生签约服务专项绩效评价工作，评价结果显示社区签约居民综合满意度为85%。9月，组织专家采取“四不两直”方式，对全区9家政府办社区卫生服务机构院感防控工作进行现场督查。12月，对全区12家社区卫生服务机构开展新冠肺炎疫情防控新形势下专项督导检查。

（安建晴）

【居民健康档案管理】　年内，居民个人电子健康档案285811份，建档率72.80%，规范化电子健康档案覆盖率68.01%，使用率47.61%。继续推进电子健康档案向居民个人开放，全区12家社区卫生服务机构可开展居民健康档案在线查询、就诊用药查询和在线签约。签约居民可通过关注“健康门头沟”微信公众号或者下载“身边医生”APP，查询到个人健康档案。

（赵树勋）

【慢性病患者健康管理】　年内，全区高血压患者规范管理20741人，规范管理率74.34%；2型糖尿病患者规范管理10230人，规范管理率75.99%。全区有3家社区卫生服务中心经市级评审，确定为专病特色科室并授牌，包括高血压、2型糖尿病和脑卒中专病特色科室。通过开展专病特色科室建设，不断提升慢性病的管理能力，推动优质医疗资源下沉，为居民提供综合、连续、协同的基本医疗卫生服务。

（赵树勋）

【家庭医生签约服务】　年内，全区家庭医生签约167195人，总签约率42.22%；重点人群签约93452人，签约率95.09%；制定《北京市门头沟区卫生健康委员会关于做好医保基金支付家庭医生签约服务费工作的通知》，在做好医保基金结算管理、优化签约流程规范收费管理、严格履行约定服务保障医保基金安全以及严抓考核管理确保服务质量4个方面提出工作要求，通知中明确机构医保业务端增设家庭医生签约服务费结算功能，确定家庭医生签约服务费项目价格以及结算方法。

（梁春艳）

【优质服务基层行】　年内，全区共有3家中心达到服务能力推荐标准，6家中心达到服务能力基本标准。新增永定、大台2家中心达到服务能力推荐标准；新增潭柘寺、王平、雁翅、清水4家中心达到服务能力基本标准。

（王帅丽）

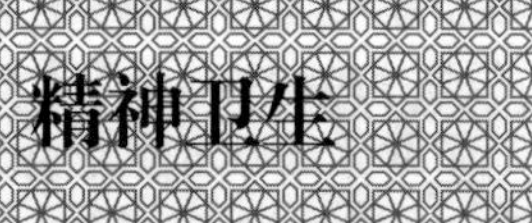

精神卫生

【精神卫生工作会召开】　2月25日，门头沟区精神卫生保健所组织召开2022年门头沟区精神卫生工作会，对考核指标进行数据分析，查找问题，督促整改。对2022年精防工作指标进行分解和部署，提出具体要求。

（张　娟）

【心理素养调查开展】　9月至11月，区卫生健康委为了解和掌握居民常见心理健康问题的患病及防治状况，随机抽样5个镇街，累计完成2000人调查，为门头沟区制定常见心理健康的相关政策、健全医疗救治体系、预防控制体系和信息网络体系等提供科学依据。

（张　博）

【精神卫生日活动】　10月10日是第三十一个世界精神卫生日，龙泉医院围绕“营造良好环境，共助心理健康”主题开展宣传活动，通过公众号、精防例会、党员下社区等途径，宣传精神卫生知识；与门头沟区科协联合开展心理健康知识进社区系列知识讲座；结合工会徒步活动，沿途进行流动宣传。

（张　娟）

卫生监督

【概况】　年内，区卫生健康监督所严格落实上级关于疫情防控的指示，严格依法履职，积极开展各项监督执法工作，全年未发生公共卫生安全事件，共完成监督检查1729户，覆盖率99.88%，监督3655户次，监督频次2.11，有效监督户次3361户，合格户次3146户，合格率93.60%。行政处罚240件，简易处罚185件，一般程序55件，处罚金额19.6万元，没收违法所得10元。投诉举报登记21件，医政专业14件，职业卫生1件，放射卫生1件，公共场所5件，投诉按时处理率为100%，均按时限要求完成。开展案卷稽查4次，共稽查案卷31卷，均能做到及时立案，合法有效的进行案件的调查处理和证据的收集工作。

（张雁飞）

【回迁社区办理卫生许可证督导】　1月，区卫生健康监督所主动联系城子街道辖区社区居委会，对13个未办理的卫生许可证的社区现场督导。年内，13个社区全部办理生活饮用水卫生许可证。

（王　勇）

【学校卫生及春季联合检查】　3月，区卫生健康监督所联合区教委、区疾病预防控制中心、区中小学保健所对辖区内中小学校及托幼机构的学校卫生工作进行督导检查，各学校符合要求，总体情况良好。

（李明珠）

【游泳场馆卫生专项检查】　7月至8月，区卫生健康监督所开展为期1个月的游泳场馆专项监督巡查。联合区疾病预防控制中心和第三方检测机构，对全区所有游泳场馆监督抽检。并对全区5家游泳场馆负责人进行卫生专题管理培训，进一步规范游泳场馆卫生环境。

（郎柏忠）

【职业健康管理】　7月至11月，依托疾病预防控制中心从职业性放射性疾病监测、医疗卫生机构医用辐射防护监测、非医疗机构放射性危害因素监测等方面开展全区放射卫生监测，了解门头沟区放射卫生现状，为下年度放射卫生工作提供重要依据。年内，开展医药、电子、化工行业、高温等专项监督检查，启动职业卫生双随机、全覆盖工作，职业卫生完成监督46户101户次，监督覆盖率100%。开展“一切为了劳动者健康”为主题的职业病防治宣传活动。共发放职业病防治宣传手册、尘肺病防治知识问答、职业病防治宣传画等材料5000余份。

（张　博　刘志军）

【生活饮用水管理】　9月至10月，区卫生健康监督所对全区农村无证供水单位进行摸底调查。针对未办理卫生许可证的情况，组织座谈会，帮助企业梳理问题，明确整改措施，保障农村饮用水供水卫生安全。10月，对深山区清水镇农村自备水源供水情况进行摸底排查，检查中下发监督意见书，作出简易警告处罚，要求及时整改。年内，要求村居及相关单位按卫生健康委要求完成情况上报工作；要求各镇街及相关部门督促辖区内、部门内应该办理但尚未办理卫生许可证的村居及单位及时完成办理工作。

（李明珠　管　鑫　王志刚）

【新冠肺炎疫情防控】　年内，区卫生健康监督所以建章立制为抓手推动新冠肺炎疫情防控监督检查工作提质增效，全年共完成疫情防控专项监督检查1803户次，对各级各类医疗机构开展多轮次高标准的专项检查，对集中隔离医学观察点实行驻点和高频监督，对重点小型医疗机构持续开展拉网式检查，同时兼顾病原微生物实验室、新冠病毒疫苗接种点、新冠病毒核酸采样点等疫情相关场所防控，全面防止问题反弹。开展百余次深度监督，面对面反馈专班人员，跟进问题整改，对于防护、消杀操作不规范等问题，各隔离点通过加强上岗前后培训、落实双查看双培训、加强隔离人员宣贯等方式进行整改落实，对于监控和选址等硬件问题，相应单位通过人防加技防、合理安排较低风险人员入住等方式进行弥补，守住隔离阵地，打好决胜局。熔断关停问题单位4家，约谈单位负责人14家，共做出传染病专业行政处罚72起。

（吴健楠）

【非法行医专项治理】　年内，区卫生健康监督所开展打击非法行医重点地区巡查37次；共参与市场管理、公安、镇街等多部门联合执法7次；接到并处理相关投诉举报28起；做出非法行医行政处罚3起，罚没款106010元。

（韦　晶）

【放射工作人员培训】　年内，区卫生健康监督所组织区内26家医疗机构250名放射工作人员在线报名学习培训工作。培训内容由北京市职业病防治研究院录制，主要涵盖放射诊断及治疗防护要求、放射诊疗许可和管理要求、放射物理基础、临床放射防护与质量控制等8个课程。

（郎柏忠）

【公共场所卫生重点检查工作】　年内，区卫生健康监督所制定方案、有序开展监督检查与抽检工作，确保国抽双随机工作顺利开展。抽检程序合法，结果及时准确可靠。共抽检47户单位203件样品。按照规定的时限完成抽检任务并及时将检查结果在线填报，同时做好审核工作。

（郎柏忠）

【卫生监督稽查】　年内，开展案卷稽查4次，共稽查案卷31卷，均能做到及时立案，合法有效的进行案件的调查处理和证据的收集工作。

（张　研）

妇幼保健

【概况】　2022年，门头沟区婚检率82.90%，疾病检出率0.68%；1373人参加区妇幼保健院孕前优生健康检查；新生儿（户籍人口）死亡1例、死亡率0.77‰，婴儿（户籍人口）死亡1例、死亡率0.77‰，5岁以下（户籍人口）儿童死亡2例、死亡率1.54‰。全区户籍围产儿出生缺陷发生率为11.59‰，主要出生缺陷病种包括先天性心脏病、外耳畸形。

年内，门头沟区妇幼保健院（以下简称妇幼保健院）在北京市妇幼保健机构绩效考核工作中获二级妇幼保健院机构第二名；被评为北京市母婴友好医院、北京市第二批人工流产后避孕服务规范化建设单位；通过北京市区域母婴安全保障筑基行动检查。发表普刊论文14篇，合作开展科研研究4项。完成新冠肺炎病毒核酸采样任务1898416人次。调派26名医护人员参加疾控中心流调溯源专班工作。调派75名医护人员到集中隔离医学观察点和方舱医院工作。

（刘艳莉　刘云希）

【区医院新生儿（病室）挂牌】 1月12日，区医院新生儿（病室）挂牌，开始收治新生患儿。

（刘艳莉）

【妇幼保健院等级审核】 2月22日，区妇幼保健院通过二级甲等市级复审。9月29日，经北京市卫健委研究并组织专家审核，依据《卫生部办公厅关于加强医疗机构类别和医院妇幼保健院级别审批管理的通知》和医疗机构基本标准，同意核定门头沟区妇幼保健院为三级妇幼保健院。

（刘艳莉）

【中医名医落户】 9月8日由北京市卫生健康委和北京市中医管理局评审同意的中医妇幼名医传承“柳静中医名医传承工作室”和“姜敏中医名医传承工作室”正式“落户”区妇幼保健院。

（刘云希）

【“人工流产后关爱”AA级单位】 11月16日，京煤集团总医院、妇幼保健院通过市级评审，确定为“人工流产后关爱”AA级单位。

（刘艳莉）

【妇儿保健规范化门诊验收】 11月29日，军庄社区卫生服务中心通过市级验收，获评“妇女保健和儿童保健规范化门诊（AA）”机构。

（刘艳莉）

【北京市托育服务示范单位验收】 12月6日，北京暖宝贝托育服务有限公司、北京门头沟爱乐祺托育服务有限公司两家机构通过市级验收，被确定为北京市托育服务示范单位（2022-2024年）。

（刘艳莉）

【医联体建设】 年内，区妇幼保健院与首都医科大学宣武医院对口帮扶医联体续签，进一步扩大合作范围，提高合作层次，探讨发展模式，有助于医院提升为辖区妇女儿童提供全方位、多角度的服务能力。

（刘云希）

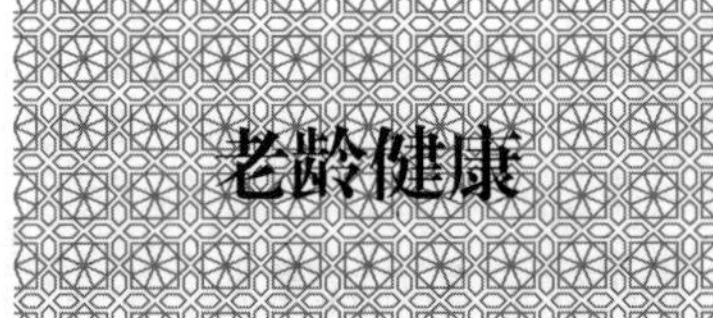

老龄健康

【概况】 2022年，门头沟区常住人口中60周岁及以上老年人口9.3万人，占常住人口总数的23.48%，65周岁及以上老年人口6.1万人，占常住人口总数的15.4%。全区老年人健康管理率60.08%。全区百岁老年人共18名，年龄最大的104岁。

（谷　萌）

【老年人健康管理】 9月6日，区卫生健康委为进一步提升社区卫生服务机构医务人员基本公共卫生服务能力，做好老年人健康管理工作，邀请东城区社区卫生服务管理中心副主任，对全区各社区卫生服务机构的工作人员50余人进行老年人健康管理工作专项培训。通过此次培训加深对老年人健康管理工作理解，解决工作中存在的疑点。9月至11月，在龙泉镇东南横街社区和永定镇侯庄子村开展老年人心理关爱项目，共311名老年人参与评估；在全区范围内开展失能失智预防项目试点工作，6025名老年人参与评估，其中为1703名老年人提供健康服务，服务率达100%；区妇幼保健院（区牙防所）、区医院、京煤集团总医院为老年人“口福”试点项目服务机构，共23名医护人员参与项目服务，共服务老年人407人。

（刘艳莉　赵　喆）

【老年人健康服务】 9月至11月，区卫生健康委在龙泉镇东南横街社区和永定镇侯庄子村开展老年人心理关爱项目，共311名老年人参与评估；在全区范围内开展失能失智预防项目试点工作，6025名老年人参与评估，其中为1703名老年人提供健康服务，服务率达100%；区妇幼保健院（区牙防所）、区医院、京煤集团总医院为老年人“口福”试点项目服务机构，共23名医护人员参与项目服务，共服务老年人407人。

（刘艳莉）

【2村命名“全国示范性老年友好型社区”】 10月19日，斋堂镇马栏村和王平镇西王平村通过验收，被命名为“2022年全国示范性老年友好型社区”。

（刘艳莉）

【老年友善医疗机构创建】 11月3日至5日，区医院、中医院通过“老年友善医疗机构”市级复验；清水镇社区卫生服务中心、王平镇社区卫生服务中心和永定镇社区卫生服务中心、京门医院和石龙医院5家机构顺利通过验收，被确定为“北京市2022年老年友善医疗机构”，门头沟区老年友善医疗机构创建率达100%。

（刘艳莉）

【社区老年健康服务规范化建设】 11月11日，清水镇社区卫生服务中心、王平镇社区卫生服务中心、永定镇社区卫生服务中心、雁翅镇社区卫生服务中心、潭柘寺镇社区卫生服务中心和斋堂镇社区卫生服务中心6家机构通过验收，成为“北京市2022年社区老年健康服务规范化建设”达标单位，门头沟区“社区老年健康服务规范化建设”达标单位覆盖率达100%。

（刘艳莉）

【离休老干部居家健康服务】 年内，区卫生健康委依托北京市现有社区卫生服务机构为离休干部定制的签约服务，根据每名老干部的不同需求，提供多样化的专业服务。门头沟区离休老干部61人，核实后死亡4人，实有57人，实际签约48人，签约率84.21%。

（赵 喆）

【老年人健康管理】 年内，区卫生健康委继续为65岁及以上常住老年人提供老年健康管理服务，截至年底，按照辖区内65岁及以上常住居民数6万人（七普数据）核算，全区65岁及以上老年人城乡社区规范健康管理服务人数36035人，老年人城乡社区规范健康服务率60.06%；全区65岁及以上老年人医养结合服务两次及以上人数51063人，老年人医养结合服务率85.11%；65岁及以上失能老年人健康服务人数1701人，失能老年人健康服务率100%。

（赵 喆）

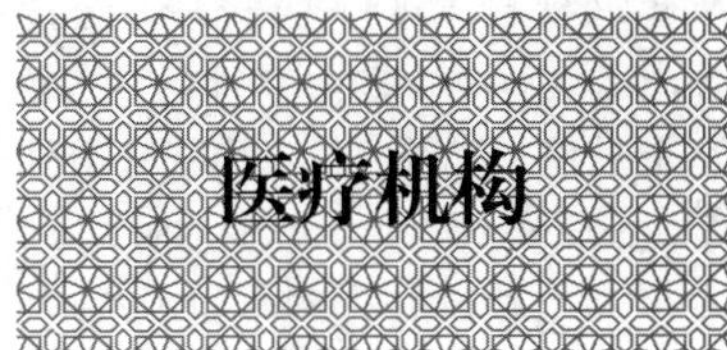

医疗机构

区医院

【概况】 2022年，门头沟区医院（简称区医院），召开院感委员会会议23次，医院督导小组定期开展院感防控及疫情工作督导检查298次。加强泌尿外科、骨科中心、肿瘤科3个优势学科建设，逐步培育形成普通外科、妇科专病中心、康复医学中心、消化内镜中心、慢病管理中心（MMC）等一批优势学科群。开展新技术新业务107项，4039例。卒中中心DNT中位数时间从2018年的49分钟缩短至32分钟。发表论文备案40篇，其中核心期刊论文20篇。《基于精益管理的核酸检测门诊服务流程优化》《精益管理缩短门诊高峰时段抽血等候时间》等14个项目在医院落实完成的同时参评华润健康最佳实践。参与院内外新冠病毒核酸采集、入户核酸采样、外区核酸支援、核酸检测、疫苗接种、隔离点保障、8小时流调专班、高风险人员转运、确诊患者分型、封管控区人员就医等疫情防控工作。核酸采集、检测11158999人次、1693728管，环境点位26248管，累计派出医护人员7484人次。派驻各隔离点、方舱医院、负压病房、发热门诊等医护人员499人，接收隔离人员20303人，开展培训6982人次，核酸采样12608人次，环境采样41530点位。

（肖丕霞）

【第11届学术节举办】 1月7日，区医院集团第11届学术节在九层报告厅举办，共收到论文149篇，大会交流15篇，最终评选出一等奖2篇，二等奖5篇，三等奖8篇。

（肖丕霞）

【功能治疗科更名】 8月10日，功能治疗科更名为康复医学科，下设疼痛病诊疗中心、颈肩腰腿痛诊疗中心。

（肖丕霞）

【大赛获奖】 9月，区医院在由浙江大学质量管理研究中心、中国医院品质管理联盟主办的2022第七届亚洲医疗质量改进与创新案例大赛获中获三等奖1个，优秀奖1个。11月，在由中国医院品质联盟、清华大学医院管理研究院主办的第十届全国医院品管圈（多维工具）大赛暨第三届国际医疗质量与安全高峰论坛大会中获二等奖1个，优秀奖1个。12月，在由国家卫生健康委医政医管局、健康界、健康县域传媒主办的2022第四届改善医疗服务行动全国县市医院擂台赛中获十大价值案例3个，优秀奖2个。

（肖丕霞）

【新冠肺炎定点医院】 11月28日，区医院成为新冠肺炎定点医院，完成全院三区两通道等各项改造，扩增至85张重症床位，新增监护仪114台。12月8日开始，收治新冠肺炎患者。截至12月31日，共收治新冠肺炎患者536人。

（肖丕霞）

【医联体建设】 年内，区医院与宣武医院、首都儿童研究所附属医院儿童医院续签医联体协议，并由北京市卫健委牵头，加入首都儿童研究所附属医院儿童医院紧密型医联体行列中。与门头沟区各社区卫生服务中心建立区域医联体，与6家开通远程心电系统，2家开通远程影像系统。远程心电共开展3118人次，远程影像共开展4125人次。

（肖丕霞）

【医疗保险DRG付费启动】 年内，区医院作为北京市医疗保险DRG（疾病诊断相关分组）实际付费改革的66家之一，启动全院DRG（疾病诊断相关分组）付费。3月15日至12月31日，结算4663份病历，占出院医保病历的53%，进入377个细分组，整体工作运行平稳。

（肖丕霞）

中医医院

【概况】 2022年，门头沟区中医医院（简称中医医院）先后派出96名医务人员驻守京西健康驿站，管理隔离人员3165名；8名医务人员参加北京冬奥会医疗保障344天，支援方舱医院16人，参加区疾控8小时工作专班32人，借调外区支援新冠肺炎疫情防控工作17人，参与新冠肺炎病毒疫苗接种任务569人次；全年各类新冠肺炎病毒核酸采集出动医务人员4438人次，采集160余万人次核酸、3万余件环境核酸，参加门头沟区大规模核酸采集任务34批次1305人次，支援其他区大规模核酸采集29批365人次；为门头沟区重点人群配置中药预防饮25万袋，检测核酸120万份。开通继续教育云课堂平台。先后派出5名医务人员到中国人民解放军总医院、北京按摩医院等医疗机构进修骨科、儿科、肺病科等多个专业。骨伤科获北京市中医管理局授予的“特色科室”和“首都中医榜样科室”称号。骨伤科、肛肠科成功申报北京市中医管理局首批“十四五”中医药重点专科赶超类科室。中医医院王京奇被评为2022年全国名老中医药专家传承工作室建设项目专家，并建成王京奇全国名老中医药专家传承工作室。中医医院手术麻醉科获“以患者为中心”医疗服务能力提升典型实践案例推荐奖。中医医院骨伤科获北京市中医管理局评选的“2022年首都中医榜样科室”。启动门头沟区中医医院南城院区改造建设工程。

（毛远鑫）

【首例肘关节镜微创手术】 1月8日，中医医院骨伤科成功开展首例肘关节镜微创手术。手术采用不足1厘米的小伤口，取出肘内游离体，手术成功，填补北京市门头沟区中医医院一项技术空白。

（毛远鑫）

【大型义诊活动周】 9月15日至22日，中医医院举办“服务百姓健康行动”大型义诊活动周。9月15日，名中医身边工程庞秀花团队2名专家到斋堂医院开展乡村医生中医非药物疗法培训工作，分别为乡村医生详细讲解《刮痧疗法》《常用保健穴位的灸法》《火罐的临床应用》《针刺的临床应用》等理论知识，并进行实际操作演练，参加培训的28名乡医通过考核，此次培训推进乡村中医非药物疗法的普及。9月16日，医院组织外科、骨伤科、脑病科、康复科、中医特色护理团队走进潭柘寺消防救援站，为大家提供中医义诊服务。9月19日，儿科、内分泌科医生在院内开展专题义诊活动，医务人员从日常护理、用药事项、饮食调理等方面，给出现场市民针对性的建议，同时进行健康指导，普及疫情防控知识，引导大家科学就医。

（毛远鑫）

【中医医院南城院区改造建设工程】 年内，门头沟区中医医院南城院区改造建设工程启动。对南城院区科室布局、楼宇标识、氧气和制冷系统、垃圾分类设施及无障碍设施等进行全方位改造。

（毛远鑫）

龙泉医院

【概况】 年内，门头沟区龙泉医院（简称龙泉医院）坚持新冠肺炎常态化疫情防控，及时完善制度流程保证责任落实。充分发挥精神专科医院领头作用，做好全区心理危机干预工作。根据普通居民、抗疫工作者、被隔离人员等不同人群，以电话、微信等线上干预和实地面对面交流等多种形式，开展心理危机干预。不断完善制度流程，继续坚持院科两级质控，参与《人工智能辅助决策系统在精神疾病全病程管理的应用研究项目》，与安定医院合作的《基于认知行为治疗的失眠自我管理技术社区应用和推广研究》课题正在稳步推进中。利用平台、视频、微信、电话等多种线上方式开展精防人员业务指导及监督考核动态监测系统各项指标，对预警指标分析研判。多渠道与精防医生和基层单位领导进行沟通加强督促，派出专家面对面、手把手教授精防专业知识，并现场示范解答疑难问题，提升随访评估能力，提高精防人员的业务水平。

（张　娟）

【老年健康宣传周活动】　7月25日至31日是全国第四个老年健康宣传周，龙泉医院老年科开展形式多样的宣传活动。在病区内开展健康大讲堂，宣传营养健康饮食知识，告诉老人们怎样吃的健康，帮助老人养成健康的饮食习惯。开展体育锻炼。针对老年人长期住院活动量不足的情况，组织老人跳起健身操，即锻炼全身肌肉又活动各部关节，优美的音乐对神经系统有良好作用。

（张　娟）

【新冠肺炎疫情防控】　年内，龙泉医院共派出4312人次参加支援外区县、隔离观察点值守、新冠肺炎病毒疫苗接种点值守、8小时专班、入户采样、商户环境采样、中高考保障、核酸检测、心理危及干预等公共卫生应急任务10项。

（张　娟）

妇幼保健院

【概况】　2022年，门头沟区妇幼保健院（简称区妇幼保健院）通过二级甲等复审，变更为三级妇幼保健院。北京市妇幼保健机构绩效考核工作中获二级妇幼保健院机构第二名；被评为北京市母婴友好医院、北京市第二批人工流产后避孕服务规范化建设单位；通过北京市区域母婴安全保障筑基行动检查。完成两癌筛查及妇女病普查、全区药具管理工作及牙防工作任务。发表普刊论文14篇，合作开展科研研究4项。完成新冠肺炎病毒核酸采样任务1898416人次。调派26名医护人员参加区疾病预防控制中心流调溯源专班工作。调派75名医护人员到集中隔离医学观察点和方舱医院工作。

（刘云希）

【中医名医落户】　9月8日由北京市卫生健康委和北京市中医管理局评审同意的中医妇幼名医传承“柳静中医名医传承工作室”和“姜敏中医名医传承工作室”正式“落户”区妇幼保健院。

（刘云希）

【医联体建设】　年内，区妇幼保健院与首都医科大学宣武医院对口帮扶医联体续签，进一步扩大合作范围，提高合作层次，探讨发展模式，有助于医院提升为辖区妇女儿童提供全方位、多角度的服务能力。

（刘云希）

体　育

2022 年，区体育局通过体教融合推动武术、摔跤等传统体育进校园。图为小学生在区体育馆练习武术（区融媒体中心　供图）

◆| 1月7日，军庄镇西杨坨大集举办冰雪嘉年华活动（《京西时报》 供图）

◆| 3月，北京八中永定实验学校学生参加旱地冰球运动（《京西时报》 供图）

【概况】　2022年，门头沟区体育局（简称区体育局）积极落实全民健身国家战略，构建全民健身服务体系，深化体教融合，促进青少年体育健康发展，细化落实安全责任，着力提升体育行业安全管理水平，体育事业取得新的成绩

（连　昊）

【区无线电协会、钓鱼协会座谈会】　1月13日，区体育局、体育总会组织区无线电协会、钓鱼协会召开座谈会。区体育局局长、体育总会主席、区体育总会秘书长等领导出席会议。无线电协会主席、钓鱼协会主席分别从各自协会的结构、管理、活动及效果进行交流。并表示在以后协会的工作中积极开展活动，服务公益事业，发挥协会爱好者应有的社会作用，努力开创协会新局面。

（连　昊）

【体教融合座谈会】　3月8日，区体育局局长带队到八中京西附小开展体教融合工作座谈。八中京西附小校长首先采用视频的形式介绍学校的地理位置、学生数量、工作理念等基本信息，学校“双减”后体育工作情况。足球、武术、曲棍球、游泳、柔道、高尔夫、羽毛球项目教练分别根据自身项目特点介绍在八中京西附小的训练情况。八中京西附小校长、区体育局副局长、区业余体校校长、八中京西附小副校长等参与此次座谈。3月9日，区教委副主任带队到区体育局开展体教融合工作座谈，通过青少体育概况、体教融合介绍、体教融合设想、北京市运动会4个方面展现门头沟区体教融合基本情况。区体育局副局长、区教委体卫艺科科长、区运动学校校长、区业余体校校长、区业余体校副校长，运动学校副校长、区少年宫等参与此次座谈。

（连　昊）

【全民健身场地建设项目实地督查】　3月15日至16日，区体育局副局长带队，到王平镇惠和新苑社区、色树坟社区、安家庄村和东辛房街道石门营六区社区对在施全民健身场地、步道建设项目进行实地督查，王平镇宣传委员及项目相关单位和部门参加此次督查工作。区体育局在现场就设施规划、施工进度、洽商事项与相关部门进行沟通。3月30日至4月7日，区体育局副局长带队到永定镇福幼公园、龙泉镇琉璃渠村和军庄镇孟悟村进行全民健身场地实地踏勘。

（连　昊）

【全民健身申报场地实地踏勘】　7月14日，区体育局副局长带队到龙泉镇大峪村，同龙泉镇副镇长、规划科科长、大峪村书记及相关工作人员对2023年全民健身申报场地进行实地踏勘。

（连　昊）

【全民健身室内外器材购置项目竣工验收】　9月8日，区体育局专班工作组陪同项目验收专家组，对验收材料进行审阅后，到项目实施现场对2022年门头沟区全民健身室内外器材购置项目进行竣工验收。项目包含的311件全民健身器材完成安装，经项目验收专家组审核，一致认为该项目涉及的健身设备交付、安装、时间、数量、地点符合合同要求，使用单位安装验收单签署完整，质量符合要求。

（连　昊）

【国民体质测试和体育锻炼标准测试工作】　9月19日至21日，区体育局在城子街道文化活动中心小剧场开展2022年城子街道过敏体质测试和国家体育锻炼标准测试工作，共有500余人参加测试活动。此次测试内容针对成年人和老年人包括身高、体重、腰围、臀围、体脂率、脉搏、血压、肺活量、握力、俯卧撑（男）、坐位体前屈等18个测试项目。区体育局根据受试者的测试数据给出个人评定报告及运动处方，可以使受试者全面了解身体情况，同时选择适合自己的运动项目和运动方法，从而提高自身身体素质，满足群众的科学健身需求。

（连　昊）

【水上救生技能应急演练活动】　9月22日至23日，区体育局开展2次“2022年门头沟区水上救生技能应急演练”活动，来自北京市职业技能鉴定中心的专家为门头沟区7家游泳场馆的40余名救生员进行救生专业技能应急演练培训，培训主要包括心肺复苏技能讲解、水中赴救技术等内容。培训结束后，现场救生员分批次入水，开展25米速游，20米潜泳，以及心肺复苏技能实操的现场技能考核。门头沟区各游泳场馆救生员在培训活动中认真学习、查漏补缺、总结提高，充分展示自身职业风采和专业技能水平。

（连　昊）

【门头沟区体育志愿服务协会成立】　11月1日，门头沟区体育志愿服务协会成立大会在区体育局会议室召开，区体育总会主席、区体育局局长及党组成员参加。宣读《门头沟区体育志愿服务协会筹备工作报告及章程》；选举协会第一届主席、常务副主席、副主席、秘书长、监事长。

（连　昊）

【体育项目经营单位安全检查】　11月23日，区体育局二级调研员带队，邀请安全生产专家采取“四不两直”方式对区内多家体育健身场所进行安全生产检查。此次检查工作特别围绕灭火器是否完好有效、消防设施器材配备是否齐全、电气线路敷设是否符合规定、安全出口疏散通道是否畅通等进行检查。重点要求经营单位要强化风险辨识管控和隐患排查治理以及全员安全宣传教育培训，严格落实安全生产企业主体责任。对发现的隐患，逐一进行梳理，下发检查记录单，并要求经营单位照单逐项整改到位。相关负责人表示，将根据检查反馈情况从严从实从细抓好整改，确保经营单位安全有序运行。

（连　昊）

【体育产业发展对接座谈】　年内，区体育局与中关村门头沟园积极对接座谈，全力推动体育产业发展。双方立足门头沟区功能定位和产业定位，结合各自资源、技术及需求，就后期合作达成初步共识。一是举办体育赛事，赋能营商环境。二是聚焦人工智能，发展数字体育。三是利用园区资源，拓宽产业链条。

（连　昊）

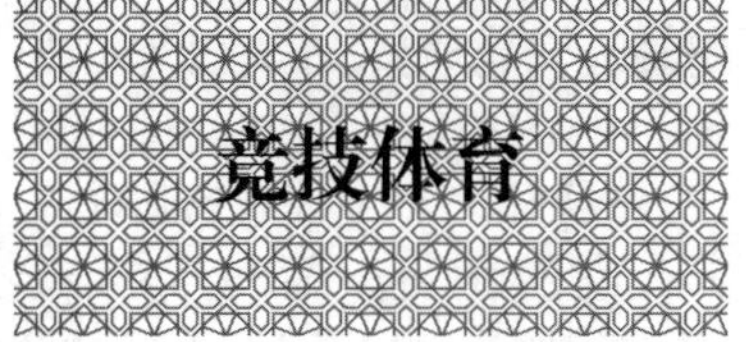

【参加市第二届农民乒乓球比赛】　7月22日，门头沟区率代表队参加在朝阳区东风乡中地天怡体育中心举办的北京市第二届农民乒乓球比赛。比赛以“爱体育 爱乡村 爱生活”为主题展示新时代京郊农民的精神面貌推动全民健身事业的发展。经过比赛，门头沟区获团体比赛二等奖。此次比赛由市农业农村局、市体育局指导市农业农村宣传中心、市农民体育协会主办朝阳区农业农村局、朝阳区体育局、朝阳区东风乡人民政府承办，朝阳区农民体育协会协办。

（连　昊）

【参加第十八届北京市民羽毛球挑战赛】　8月6日至7日，门头沟区派出30余名运动员在天通苑体育馆参加第十八届北京市民羽毛球挑战赛。经过比赛，门头沟区运动员获团体第三名，第五名。此次比赛由北京市社会体育管理中心、昌平区体育局主办，北京市羽毛球运动协会、北京睿智翔云广告有限公司承办。

（连　昊）

【参加市第十六届运动会比赛】　8月18日至19日，门头沟区派出1支代表队参加在北京国际温泉体育中心举办的北京市第十六届运动会健身气功比赛（群众组）。经济健身气功八段锦、气舞2个项目的比赛。8月20日至21日，门头沟区代表队共17人参加在北京市朝阳体育馆举办的北京市第十六届运动会群众组毽球比赛，共有来自北京市14个区县的75支队伍、290名运动员参加，比赛共设6个小项，分别设置青年组和成年组，涵盖毽球和平踢毽球两类项目。8月20日，门头沟区率2支代表队在弘赫国际体育中心参加北京市第十六届运动会篮球比赛（群众组）的5v5和3的比赛。9月13日，门头沟区派出24人代表队参加在国家奥林匹克体育中心体育馆举办的北京市第十六届运动会（群众组）羽毛球比赛。经过比赛，门头沟区运动员获男女混合双打第六名。9月17日，门头沟区派出29名运动员参加在丰台区园博园内举办的北京市第十六届运动会群众项目半程马拉松赛。此届运动会由北京市人民政府主办，北京市体育局，北京市体育总会，北京市教育委员会联合承办。马拉松项目共有来自东城区、西城区、海淀区等15个区的601名选手报名参加。此次比赛由北京市人民政府主办，北京市体育局、北京市体育总会、北京市教育委员会承办。

（连　昊）

【门头沟区第三届三对三篮球比赛】　9月16日至18日，北京市首届“社区杯”篮球联赛三人篮球赛选拔赛暨2022年门头沟区第三届三对三篮球比赛在滨河世纪广场公园篮球场举办。比赛有由区体育局、区体育总会主办，区社会体育服务中心、区篮球运动协会承办。共有来自区内

38 支代表队 150 余名教练员运动员参加。经过 3 天共 72 场比赛，“可以啊”获男子青少年组冠军，绿岛京西逐梦一队获男子青年组冠军，绿岛京西逐梦一队获男子壮年组冠军，“北京荣鑫体育”获男子中老年组冠军，绿岛京西逐梦一队获女子青年组冠军，“青春无悔”获女子中老年组冠军。

（连　昊）

【参加市第十六届“和谐杯”乒乓球比赛】　9 月 17 日，门头沟区派出 3 支代表队参加在弘赫国际体育中心举办的北京市第十六届“和谐杯”乒乓球比赛总决赛，经过比赛，获团体二等奖和三等奖。此次比赛由市体育局、市委社会工委市民政局、市直机关工委、市教委、市总工会、市残联共同主办。经过选拔，各区体育行政部门、市直机关、市总工会、市教委、市残联、市乒协、大学生体协等单位共推荐 113 支代表队参加总决赛。

（连　昊）

【第十六届市运会上夺6金】　年内，在北京市第十六届运动会（竞技组）田径女子丙组 400 米决赛项目中门头沟区李禾田以 59 秒 08 分获冠军。8 月 11 日，在北京市第十六届运动会举重比赛中门头沟代表团获 5 枚金牌、5 枚银牌、4 枚铜牌。其中，罗雨泽在男子乙组 49 公斤级、杨荞菲在女子乙组 71 公斤级、齐文煜在女子乙组 76+ 公斤级、杨仕豪在男子乙组 81 公斤级、王士源男子乙组 96+ 公斤级中夺得冠军

（连　昊）

群众体育

【冰雪嘉年华体验项目进社区系列活动】　1 月 25 日，2022 年门头沟区“一区一品”冰雪嘉年华冰雪体验项目进社区系列活动在斋堂镇文化广场举办。此次活动由北京奥运城市发展基金会、区体育局、区斋堂镇人民政府，区体育总会和区新时代文明实践中心主办。区社会体育服务中心、北京林奥体育文化有限公司承办。活动包括旱地冰球、旱雪滑道、旱地冰壶、旱地冰蹴鞠、VR 模拟滑雪体验等，并发放冬奥、冰雪知识等宣传手册，来自斋堂镇的 300 余名居民参与体验活动。

（连　昊）

【青少年业余围棋比赛举办】　2 月 19 日、20 日，2022 年门头沟区青少年业余围棋比赛开赛。此次业余围棋比赛由区体育局主办，共有 400 余名青少年儿童参加 2 级、3 级、4 级 3 个级别比赛，全部完成晋级。

（连　昊）

【青少年网络象棋赛举办】　五一期间，门头沟区青少年网络象棋赛举办。此次比赛由区体育局、区体育总会主办，区社会体育服务中心、区象棋运动协会承办。来自全区中小学生共 52 人参与比赛。经过线上比赛，东喃获小学 A 组第一名、萧蕴鹏获小学 B 组第一名、刘忻航获小学 C 组第一名、陈鹏旭获幼儿组第一名。

（连　昊）

【科学健身大讲堂举办】　6 月 15 日，门头沟区科学健身大讲堂在区体育局会议室线上直播的方式举办。邀请中国田径协会运动健康专家讲解如何预防运动损伤，运动体态控制，运动损伤后的康复锻炼等科学健身的知识。以提高群众健身意识、增强人民体质、促进全民健身与全民健康深度融合。大讲堂由区体育局主办、区社会体育服务中心承办。

（连　昊）

【参加第四届北京毽球交流大会】　7 月 30 日，门头沟区率 5 支代表队 30 人参加在北京弘赫国际体育运动中心举办的北京毽球交流大会。经过比赛，门头沟区女子毽球队获第五名。此次比赛由北京市社会体育管理中心、通州区体育局主办，北京市毽绳运动协会、通州区社会体育事务中心承办，共有来自北京、山西、河北等地的 72 支队伍、400 余名运动员参赛。

（连　昊）

【参加《国家体育锻炼标准》测试赛】　8 月 5 日，门头沟区率百人代表队参加在北京天坛体育场举办的 2022 年北京市《国家体育锻炼标准》测试赛。门头沟区选手在赛场中展现门头沟区人民健康向上的风采。此次活动由北京市社会体育管理中心和东城区体育局共同主办，来自全市 16 个区和地区的 1600 余人参与比赛。比赛设置 8 个测试项目：30 秒单摇跳绳、800 米跑（女子）、1000 米跑（男子）、立定跳远、十字象限跳、坐位体前屈、25 米 ×4 往返跑、仰卧起坐（女子）、俯卧撑（男子）、绕杆跑，测试内容全面涵盖速度、力量、耐力、

灵敏度等指标。

（连　昊）

【秋季青少年围棋级位赛】 8月6日、7日，区体育局主办、区围棋协会承办的“2022年秋季青少年围棋段级位赛”，共300余人参加。

（连　昊）

【门头沟区全民健身日主题系列活动】 8月7日，门头沟区在永定河文化公园开展“运动健身 重在参与”2022年门头沟区全民健身日主题系列活动，由区体育局主办，区社会体育服务中心承办。此系列活动分为徒步、足球、羽毛球、围棋4个项目、6处地点，主题系列活动同时开展。

（连　昊）

【参加市第四届第九套广播体操展示大赛】 8月12日，门头沟区率2支代表队在地坛体育馆参加北京市第四届第九套广播体操展示大赛。经过比赛，获1个二等奖，1个三等奖。此次比赛由北京市社会体育管理中心、北京市直属机关工会、北京市职工体育协会、东城区体育局主办。东城区社会体育管理中心、东城区体育活动中心承办。

（连　昊）

【参加北京市第十一届拔河比赛总决赛】 8月13日，门头沟区代表队在地坛体育馆参加北京市第十一届拔河比赛总决赛中，门头沟区代表队混合组取得优异成绩。此次比赛共设男子组、女子组、混合组3个组别。由北京市社会体育管理中心、北京市职工体育服务中心、东城区体育局主办。

（连　昊）

【参加市社会体育指导员交流展示大赛】 8月17日，门头沟区率代表队在天通苑体育馆参加2022年北京市社会体育指导员交流展示大赛，任全华获大赛主题演讲比赛一等奖。此次比赛由北京市社会体育管理中心、北京市体育总会秘书处、昌平区体育局主办。北京市社会体育指导员协会、北京市柔力球运动协会、北京市健身气功协会、北京市武术运动协会承办。来自各区、北京经济技术开发区、燕山地区及有关单位的80支健身团队800余名社会体育指导员报名参赛。

（连　昊）

【参加北京市农民跳绳比赛】 9月17日，门头沟区派出14名运动员参加在京体体育中心（北京温泉酒店）举办的北京市农民跳绳比赛。经过比赛，获女子30秒单摇跳第一名，女子4×30秒单摇接力第二名，混合4×30秒单摇接力第二名，团体总分第二名。此次活动由北京市社会体育管理中心、北京市农民体育协会主办，北京动力体育文化有限公司承办，比赛分为个人和团体两大项目。

（连　昊）

社会建设

3月5日，门头沟区举办新时代文明实践中心“爱满京城”学雷锋志愿服务主题宣传实践活动（区文明促进中心　供图）

3 月 8 日，门头沟区开展主要交通路口不文明交通秩序整治专项行动高潮日活动（《京西时报》 供图）

3 月 21 日，门头沟区在 12 个主要交通路口开展不文明交通秩序整治专项行动。图为公共文明引导员在桥东街与新桥大街交叉路口引导市民文明出行（《京西时报》 供图）

◆| 5月，门头沟区“流动务工人员之家”为外卖骑手、快递小哥免费服务（区人力社保资源局　供图）

◆| 9月19日，东辛房街道石门营六区召开关于“单元门、残疾人坡道修复”问题协商会（东辛房街道办事处　供图）

【概况】 2022年，区委社会工委、区民政局将新冠肺炎疫情防控和各项工作“两手抓，两不误”，聚焦社会建设与民生保障的热点、难点、关键点，充分发挥民政在构建和谐社会中的基础作用、兜底保障作用，重点工作进展顺利，各项业务协调发展，多项工作取得新突破。

（王冠一）

【社会组织工作】 年内，区委社会工委、区民政局共完成社会组织行政审批38件；登记在册的区级社会组织174家，其中民办非企业单位108家、社会团体66家。开展行政检查201件。144家社会组织参加2022年度年检，年检率91%。开展区级社会团体分支（代表）机构专项整治行动、区级社会服务机构非营利监管专项行动，未发现违法违规社会组织。持续开展校外培训机构的双减“营改非”登记任务，完成2家培训机构的变更事宜和3家不符合政策的机构注销审批。“僵尸型”社会组织专项整治行动，对2家新增“僵尸型”社会组织进行约谈，正在办理注销登记手续。开展2022年度行业协会商会乱收费专项清理整治“回头看”工作，全区行业协会商会减免收费10万元，缓缴收费35.9万元。并经业务主管单位认定，没有强制或变相强制入会并收取会费、收费行为在业务范围内，收费项目和收费标准符合相关规定。

（王冠一）

【社会组织党建工作】 年内，区委社会工委、区民政局加强社会组织党建工作规范化水平。社会组织中的党组织135个，拥有党员516名，党的组织覆盖率71.8%，党的工作覆盖率100%。年内，开展社会组织党组织书记党建工作述职评议考核工作。在社会组织年检期间同步开展社会组织党建情况调查工作，全面摸排社会组织党建工作情况，规范社会组织党建信息填报，进一步提高社会组织党建工作规范化水平。

（张宇洁）

【行政区划工作】 年内，区委社会工委、区民政局完成与河北省涿鹿县、涞水县和怀来县三县省界和市内与丰台区、石景山区、房山区、昌平区及海淀区5个区界线联检工作，实地查看行政区域界线走向及其两侧地貌、地物、界线标志物的变化情况，及时将区划检查工作情况录机存档，加强区划信息化管理建设，不断提高区划管理信息化管理和服务水平。

（李 萌）

【见义勇为工作】 年内，区委社会工委、区民政局走访慰问见义勇为人员61人，发放慰问金8.85万元；发放见义勇为人员伤残补助金1.7625万余元；组织见义勇为人员疗养1批次，累计参加24人次。

（赵 霞）

【协管员队伍管理体制改革】 年内，区委社会工委、区民政局稳步推进协管员队伍管理体制改革。推动城市协管员队伍下沉整合，协管员岗位从11721个统筹精简至6640个，精简率达43.3%；依托市级统筹的城市协管员信息管理平台，对城市协管员信息进行采集，加强编号管理，统一工作标识，提升城市协管员规范化管理水平；指导各镇街根据预算安排，严格控制在区委编办核定的协管员指标数额内，自行组织招聘工作，及时补充城市协管员力量；研究解决城市协管员改革过程中的困难问题，推进全区协管员队伍的规范管理，不断提升基层治理能力和水平。

（张宇洁）

【社会组织日常管理】 年内，区委社会工委、区民政局落实社会组织疫苗接种情况报告制度，累计接种1300人，接种率100%。指导各街镇开展社区社会组织备案工作，备案2718个。选派专人到区“双减”工作专班集中办公，完成5家培训机构从营利性重新登记为非营利机构的指导工作。

（宋梓萌）

【引导社会组织开展东西部协作帮扶】 年内，区委社会工委、区民政局引导15家社会组织对武川县5个村开展东西部协作帮扶。通过采购土豆、捐赠服装、垃圾箱、学生文具用品等形式进行帮扶，折合资金12万余元。

（曹斌斌）

【多措并举加强基层政权建设】 年内，区委社会工委、区民政局多措并举加强基层政权建设。以接诉即办“每月一题”为契机，指导永定镇开展5个新成立社区选举工作，选举产生35名社区居委会成员，充实基层人员力量；开展民主日活动，发挥居民自治和居民参与机制，在全区开展2次民主日活动，营造干净和谐基层治理环境；开展村务监督委员会专项整改工作，推动发挥民主监督作用。制定《门头沟区村务监督委员会专项整改方案》，充分发挥监督作用的新型农村基层自治组织体系，推动村级民主监督法制化、制度化、规范化。督促指导各镇、村认真履行好村务监督工作职能，推动形成以村党组织为领导核心、村民会议或村民代表会议为决策机构、村民委员会为管理执行机构，村务监督委员会充分发挥监督作用的新型农村基层自治组织体系，推动村级民主监督法制化、制度化、规范化。

（彭艳飞）

精神文明建设

【概况】 2022年，区创城办坚持把文明城区创建作为提升城市治理体系和治理能力现代化的重要载体，始终秉持全民创建、为民创建、文明创建、一体创建、全域创建理念，持续深入推进创城各项工作任务。以“门头沟热心人”“创城＋热线＋网格”等系列品牌活动为依托，深挖各类新闻线索，充分利用《创城快报》、“文明门头沟”政务微信微博、文明网等平台，持续宣传报道创城先进典型，树立正确导向。充分发挥“新媒体＋”效应，广渠道提升市民对文明创建工作的知晓率、参与率和满意度。以培育和践行社会主义核心价值观为主线，做好全区600组“讲文明树新风”公益广告宣传栏、56组精神文明宣传栏、700个文明提示牌、52组景观小品的日常维护和内容更新。组织党员干部在全区44个点位早晚高峰常态开展文明交通引导，参与人数19360人次，全区69个单位党员干部每周两次开展路段包干常态巡查。

未成年人思想道德建设稳步推进，联合区教委印发《门头沟区2022年未成年人思想道德建设工作实施方案》。组织召开2022年门头沟区未成年人思想道德建设工作测评迎检工作会，制定印发《2022年门头沟区迎接首都文明办未成年人思想道德建设工作测评方案》。完成《文明行为促进条例进校园》《门头沟区乡村学校少年宫建设情况调研总结》《清明祭英烈未成年人网上祭扫活动总结》等材料撰写、作品征集、组织报送等工作。其中，5个优秀童谣朗诵获奖（1个一等奖、1个二等奖、2个三等奖、1个教师优秀辅导奖）。《“一起云支教携手创未来”帮扶活动》在首都未成年人思想道德建设创新案例评选中获优秀提名奖。

（张　冲）

【“冬奥有我”文明实践主题活动开展】 1月29日，门头沟区文明促进中心（简称区文明促进中心）开展“冬奥有我”文明实践主题活动，区新时代文明实践中心联合北京奥运城市发展基金会、区体育局、斋堂镇人民政府、区体育总会共同举办“冰雪嘉年华”冰雪体验项目活动；组织全区13个新时代文明实践所、296个新时代文明实践站观看“冰雪聚热爱”主题宣传片、讲解冬奥会比赛知识。

（张　冲）

【“比学赶超”擂台赛】 3月4日，门头沟区召开2022年精神文明建设工作暨背街小巷环境精细化整治提升部署会暨2022年创建全国文明城区第一次“比学赶超”擂台赛。首都文明办创建活动指导处处长，金晖、喻华锋等区四套班子相关领导，中铁北京工程局集团有限公司、京煤集团、歌华、联通门头沟分公司、国家电网等驻区企业相关领导出席，全区各单位、各镇街负责人员分别在主会场和分会场参会。传达中央、北京市相关会议精神，通报先进典型，对2021年精神文明建设工作和背街小巷环境精细化整治提升工作进行总结，部署2022年工作任务，通报1—2月创城“比学赶超”擂台赛考核成绩和2月文明社区文明农村综合考评结果，相关单位做大会发言。4月13日，门头沟区召开2022年创建全国文明城区第二次“比学赶超”擂台赛。6月17日，门头沟区召开创建全国文明城区“比学赶超”擂台赛。全年共召开创城“比学赶超”擂台赛4次，共督办142187项问题，每月按照文明社区综合考核结果核算社区奖励资金，共核算发放奖励资金1357.0724万元。收到首都文明办问题清单19份，问题468件，网络舆情问题9条，按要求完成整改。

（张　冲）

【志愿服务月启动仪式举办】 3月5日，举办“爱满京城”学雷锋志愿服务主题宣传实践活动暨志愿服务月启动仪式。现场发布“五光十色”志愿服务品牌，通过“五光十色”的志愿服务模式，提升基层群众的幸福感和满意度。区委宣传部（文明办）、团区委、区委党校、区教委、区卫生健康委、区委社会工委、区民政局、区文化和旅游局、区司法局、区体育局、区科协、区文明促进中心及区公共文明引导大队等20余支志愿服务队参加活动并进行交流展示。

（张 冲）

【创城材料网上申报工作阶段专题会】 3月18日，门头沟区召开创建全国文明城区材料网上申报工作阶段专题会暨培训会，通报1月、2月材料申报工作情况。首都文明办长期聘用专家进行培训。

（张 冲）

【2022年未成年人思想道德建设工作会】 4月28日，门头沟区召开2022年未成年人思想道德建设工作会。总结门头沟区2021年未成年人思想道德建设工作，部署2022年门头沟区未成年人思想道德建设工作。区人大督导组、区纪委监督组、区委宣传部等单位在主会场和分会场参加会议。

（张 冲）

【创建全国文明城区动员部署大会】 7月12日，门头沟区召开创建全国文明城区动员部署大会，部署《2022年门头沟区创城迎检冲刺实施方案》和创城迎检工作。区城市管理委、公安门头沟分局交通支队、永定镇、龙泉镇、大峪街道、城子街道、东辛房街道分别进行大会发言。

（张 冲）

【新时代文明实践志愿服务平台操作培训会】 9月23日，新时代文明实践中心对全区各新时代文明实践所站开展新时代文明实践志愿服务平台操作培训会，讲解新时代文明实践中心平台系统操作流程和注意事项，现场以个别社区新时代文明实践站为例进行建立组织、服务列表和发布清单等操作，使大家能够更直观的熟悉平台相关操作，此次培训会由各所级管理员及其所属辖区内站级实践员、志愿服务队伍管理员共300余人参加，为不断提升各所、站“点-派-接-评”志愿服务工作水平夯实基础

（张 冲）

【2022年创城迎检专题部署会】 10月10日，门头沟区召开2022年创城迎检专题部署会，部署实地测评迎检工作和材料网上申报工作。大峪街道、城子街道、东辛房街道等单位表态发言。

（张 冲）

【文明实践活动】 10月18日，区新时代文明实践中心开展庆祝党的二十大胜利召开文明实践活动。全区13个实践所、296个实践站组织收听收看中国共产党第二十次全国代表大会，并开展学习讨论。开设“学‘习’时间 到 奋进新征程”活动专栏，引导、带动47个所级和基地管理员、592个区级和村居级实践员、300余支服务中队及分队志愿者读原著、学原文、悟原理、知原义。各新时代文明实践所、站开展“喜迎二十大 童心向党”党史学习、“喜迎二十大 强国有我”读书活动、“红心向党 强国有我”硬笔书法、绘画展览等文明实践活动近百场。

（张 冲）

【“文明养犬在行动”文明典型评选】 年内，在2022年首都“文明养犬在行动”文明典型评选中，门头沟区张素华家庭、邵京德家庭、王利家家庭、吴小秀家庭、刘建东家庭、孙继青家庭、李长清家庭、刘迎华家庭等8个家庭被评为“文明养犬家庭”，大台玉皇庙社区、龙泉水闸西路社区、潭柘寺檀香家园社区、雁翅镇太子墓村、市场街社区等5个社区被评为“文明养犬示范社区”，罗翠平、王慧、王瑜佳、张雪晨、刘书琴、动物疫病预防控制中心、区农业综合执法大队、文明养犬自治组织等8个宣传员（团体）被评为“文明养犬宣传员（宣传团体）”。

（张 冲）

【首都学雷锋志愿服务先进典型评选】 年内，在2022年首都学雷锋志愿服务“五个100”先进典型评选中，门头沟区高晓颖、卢秀华、李秀丽、杨兰芝等4人被评为“首都最美志愿者”，门头沟区京西惠人帮志愿服务队、门头沟区京西山水清山志愿服务队、门头沟区夕阳爱心志愿服务队等3支队伍被评为“首都最佳志愿服务组织”，门头沟区保护母亲河我们在行动志愿服务项目、门头沟区保护古道清山公益项目、门头沟区东辛房街道石门营七区“一米阳光”志愿服务项目等3个项目被评为“首都最佳志愿服务项目”，大台街道大台社区、大台街道玉皇庙社区、大峪街道双峪社区、大峪街道德露苑社区、王平镇色树坟社区、龙泉镇东南街社区、龙泉镇中门寺南坡一区社区等7个社区被评为“最美志愿服务社区”，永定镇梧桐苑社区“高晓颖家庭”、王平镇惠和新苑社区“金少杰家庭”、大峪街道德露苑社区“孙云鹏家庭”、东辛房街道石门营五区“于清泉家庭”、

军庄镇灰峪村“张桂云家庭”、大峪街道增东社区“张文明家庭”等6个家庭被评为“首都最美志愿服务家庭”。

（张　冲）

【“创城+热线+网格”联动机制实施方案制定】 年内，区文明促进中心牵头制定《门头沟区“创城+热线+网格”联动机制实施方案》，形成创城+热线+网格联动工作模式，做到向前一步，未诉先办。积极解决民生问题，相关部门共享诉求22万件，经筛选严重影响创城指标问题284项，全部解决。

（张　冲）

【创城测评体系网上申报工作】 年内，区文明促进中心编制《门头沟区创建全国文明城区测评体系网上申报操作指导手册（2022年版）》，制定工作时间表、任务分解单8类154份，以月促季、以季促年，明确目标，责任到单位。将2022版全国文明城区测评体系72项测评内容197个指标216项网上申报具体要求，细化分解68家单位，其中说明报告110项、图片资料56项、正式发文6项、数据表格2项、部分评价42项。组织集中培训3次，复盘分析2次，专题调度14次。完成2次北京市全指标大考测评，2次测评累计提交248份说明报告，12份正式发文，4份数据表格，934张图片资料。

（张　冲）

【未成年人思想道德建设工作测评迎检】 年内，区文明促进中心组织召开2022年门头沟区未成年人思想道德建设工作测评迎检工作会，制定印发《2022年门头沟区迎接首都文明办未成年人思想道德建设工作测评方案》。在网上材料申报工作方面，将2022版未成年人思想道德建设测评体系55个指标79项网上申报具体要求，细化分解14家单位，其中说明报告47项、图片资料14项、规范文件12项、数据表格6项。对接各责任单位按照时间节点报送有关创未的各项申报材料，做好收集、整理、审核与反馈工作。完成5轮次材料审核评审，丰富报告工作措施和图片内容。完成9月首度文明办关于未成年人思想道德建设的模拟测评，校核、报送73张图片资料、47篇说明报告、12份规范文件、6张数据表格。

（张　冲）

【线上线下发挥“新媒体+”效应】 年内，区文明促进中心充分发挥“新媒体+”效应，广渠道提升市民对文明创建工作的知晓率、参与率和满意度。“两微一抖”策划制作“十一七天乐，文明轰趴局”“门头沟区创城‘世界杯’开赛”等主题推文；开设“庆祝二十大 创城我来答”“党的二十大答题”等答题活动专栏，积极号召全区市民群众参与答题活动。“庆祝二十大 创城我来答”答题活动共22987人次参与，累计新增粉丝4031人。持续开展网络精神文明创建系列活动，开设“强国复兴有我”“我们的节日”“爱满京城学雷锋五光十色志愿行”等专题专栏14个，2022年，网站浏览量达16万次，其中，“我们的节日·清明节”通过网络鲜花鞠躬形式单日互动超1.4万人次；引导驾驶员签订线上“文明交通承诺书”1000余份，营造全方位、立体式的宣传矩阵。

（张　冲）

社区建设与管理

【社区志愿服务队伍建设】 年内，全区实名注册社区志愿者36215人，全区志愿者数73660人，占全区常住人口数的18.89%，有时长记录的社区志愿者人数22191人；2022年度社区志愿服务项目共175个，其中区级项目1个，其余174个志愿服务项目由6个街镇60个社区开展。175个项目参与服务人数9595人（注册人员的参与率26.5%），服务时长700651.5小时；全区社区志愿服务队伍685个；审核通过在中国志愿服务网申请成立的志愿服务队伍4支，审核有问题需要修改队伍1支。开展2022年门头沟区志愿服务人才建设能力提升培训项目，以线上线下结合的方式对全区130余名志愿者骨干进行培训。组织7个镇街26个社区参与区委宣传部关于开展组织推荐2022年宣传推选首都学雷锋志愿服务“五个100”先进典型活动。

（彭艳飞）

【社区党建】 年内，区委社会工委、区民政局制定《2022年社区党建工作要点》，提出加强政治建设、完善体制机制等方面要求，部署3大项12小项工作任务；在龙泉镇龙泉务社区和大台街道落坡岭社区创建2个“北京市社区书记工作室”，建强社区党组织领导社区治理的前沿阵地；开展社区党组织书记述职评议考核，全区11个镇街126个社区完成述职，87个社区党组织及书记的评议考核结果为“好”，基层党组织全面进步、全面过硬。

（彭艳飞）

【社工规范化管理】 年内，区委社会工委、区民政局印发《门头沟区社区工作者管理细则》《门头沟区关于进一步规范社区工作者工资待遇实施细则》，对社区工作者规范化管理。门头沟区社工编制1488人，其中在岗1389人。对全区在岗社工进行体检；及时落实退离居委会老积极分子“两节”慰问及生活补贴标准调整；完成“首都优秀社工”“首都最美志愿服务社区”推荐；举办社区党组织书记、社区工作者职业能力提升培训班；结合社区服务站空岗情况，完成社区工作者45人（含军嫂5人）招录工作，通过资格联审后，指导街镇安排办理体检等入职手续。制定区级优才计划，确定城子街道的3名社工为第三批“优才计划”培训对象。通过脱产培训、全流程督导、岗位实训、专业督导等环节，加大优秀社区社会工作专业人才的培养力度。

（张宇洁）

【社区创建项目】 年内，区委社会工委、区民政局投入市级项目资金200万余元，开展楼门院治理示范点、基层议事协商示范点、“老旧小区”服务管理试点、社区服务空间开放式建设示范点、“社区之家”示范点、生活垃圾分类社区动员发动试点社区等7个创建项目，涵盖12个镇街40个点位。

（马晓峻）

【社会心理服务站点建设】 年内，区委社会工委、区民政局新建1个区级社会心理服务指导中心及5个镇级社会心理服务中心（潭柘寺镇、军庄镇、雁翅镇、斋堂镇、清水镇），实现街镇社会心理服务中心100%全覆盖。各社会心理服务站点根据疫情防控要求，结合中心工作和重要节点，采取线上+线下、请进来+走出去的方式开展系列宣教服务活动。开展13场“冬奥+心理”主题月活动，全区养老服务机构282名员工参加的“情牵夕阳 从‘心’出发”心理健康知识线上讲座，邀请市局专家开展“打开心理动力‘扳机’”——线上心理疏导培训等。截至2022年年底，各站点累计开展“从心出发”为主题的系列活动300余场、参与活动人数1万余人。

（马晓峻）

【社区垃圾分类工作】 年内，区委社会工委、区民政局制定《2022年门头沟区生活垃圾分类社区工作组实施方案》，为打造“绿水青山门头沟”提供有力支撑。发挥党建引领作用，常态化开展精准宣传发动和桶前值守。督促9个镇街社区负责人落实早晚两时段桶站值守巡视制度；统筹小区在职党员、在校学生、志愿者等多类人员，因地制宜明确实施范围及值守时间，建立月度值守表并滚动安排值守计划，全面落实周末全天值守和家庭轮值工作，全面提升居民自主分类水平。评定2022年门头沟区第一批生活垃圾分类示范小区。在永定镇永和新苑南区创建1个生活垃圾分类社区动员发动试点社区（小区）建设。

（鲁　琪）

【创城社区综合治理】 年内，区委社会工委、区民政局制发《2022年创建全国文明城区社区综合治理工作组工作方案》等方案，建立健全“1+5”工作机制。全面开展环境综合整治和电动自行车未上牌照治理等创城一月一主题专项行动，动员镇街、社区和社会组织、志愿者、在职党员积极参与行动，累计126个社区、27家社会组织、2879名在职党员等近万人参与。规范设置社区管理公示牌，全区126个全部安装社区管理公示牌。

（鲁　琪）

社会生活

3月2日，北京市门头沟区红十字会第七次会员代表大会召开（区融媒体中心　供图）

1月27日，区医保局开展疫情防控突发事件应急演练（区医保局 供图）

2月22日，因恰逢壬寅年正月廿二，亦是星期二，区婚姻登记中心预约结婚登记的新人数量达到平时的4倍。图为新婚夫妇领证后合影（《京西时报》 供图）

7 月 28 日，“军民鱼水 情洒京西”建军节文艺展演暨军地联谊会在驻区某部队举办（《京西时报》 供图）

9 月 7 日，区残联温馨家园开展“喜迎二十大 民法进家园”法律科普宣传活动（区残疾人联合会 供图）

◆| 9月20日，首届门头沟区“绿水青山杯”职业技能大赛举办（区人力资源社会保障局　供图）

◆| 9月29日，门头沟区2022年重阳节文化活动在区影剧院拉开序幕（区融媒体中心　供图）

人民生活

【概况】 2022年，全区“七有”（幼有所育、学有所教、劳有所得、病有所医、老有所养、住有所居、弱有所扶）、“五性”（便利性、宜居性、安全性、公正性、多样性）总评价指数进入90序列，排名上升至全市第七；服务供给领域指数位居全市第二。全区居民人均可支配收入61323元，同比增长3.3%，继续在远郊区领跑。人均消费支出33854元，同比下降4.4%。其中，城镇居民人均可支配收入65981元，同比增长3.2%，城镇居民人均消费支出35667元，同比下降4.9%。

（付向东）

【全区居民人均可支配收入同比增长3.3%】 年内，全区居民人均可支配收入61323元，同比增长3.3%。其中，工资性收入35830元，同比增加4.6%。经营性净收入259元，同比下降32.8%。财产净收入9005元，同比增长2.8%。转移净收入16230元，同比增长1.9%。养老金或离退休金17744元，同比增长5.0%。

（付向东）

【全区居民人均消费同比下降4.4%】 年内，全区居民人均消费支出33854元，同比下降4.4%。其中，食品烟酒8352元，同比下降1.2%。衣着1648元，同比下降7.9%。居住12234元，同比下降4.6%。生活用品及服务1448元，同比下降17.4%。交通和通信3712元，同比增长6.1%。教育、文化和娱乐1739元，同比下降17.8%。医疗保健4049元，同比下降5.6%。其他用品和服务672元，同比增长0.4%。

（付向东）

【城镇居民人均可支配收入同比增长3.2%】 年内，城镇居民人均可支配收入61981元，同比增长3.2%。其中，工资性收入38484元，同比增加4.6%。经营性净收入226元，同比下降36.3%。财产净收入10247元，同比增长2.5%。转移净收入17025元，同比增长1.4%。养老金或离退休金19351元，同比增长5.6%。

（付向东）

【城镇居民人均消费支出同比下降4.9%】 年内，城镇居民人均消费支出33854元，同比下降4.4%。其中，食品烟酒8762元，同比下降1.8%。衣着1773元，同比下降7.8%。居住12610元，同比下降5.5%。生活用品及服务1570元，同比下降18.7%。交通和通信4033元，同比增长47.2%。教育、文化和娱乐1930元，同比下降17.5%。医疗保健4236元，同比下降6.6%。其他用品和服务753元，同比增长1.2%。

（付向东）

人力资源

【概况】 2022年，门头沟区人力资源和社会保障局（简称区人力资源社会保障局）推出援企稳岗、稳保就业23条，落实两山理论守护人全域培训计划，创建就业帮帮团，实施促进高校毕业生就业“五个一”举措，助力7600余人次实现就业，推动1058名农村劳动力实现就业参保，提升1万余人次就业技能，完成3.6万余人次社会化考试任务；劳动人事争议案件调解率70.69%，接诉即办单月成绩10次在全市人社系统排名第一。创新八项经办模式，推出“这事这么办”等系列微课堂，充分释放政策红利，拨付补贴资金2.4亿元，缓缴社保费1.1亿余元，惠及企业1223家次、群众3.37万余人次。

（王　彤）

【兑现未休年休假工资报酬】 6月，全区首次启动未休年休假工资报酬兑现工作。区人力资源社会保障局聚焦“政策解读、备案环节、统计分析”，实现工作部署与政策解读同步到位、工作落实与情况分析同步到位。同时，研究起草《门头沟区兑现未休年休假工资报酬实施方案》，进一步规范全区未休年休假工资报酬兑现工作。

（王　彤）

【职业伤害保障试点】 7月1日起，区人力资源社会保障局启动新就业形态就业人员职业伤害保障试点工作。截至2022年年底，门头沟区共完成职业伤害确认12人。

（王　彤）

【首届“绿水青山杯”职业技能大赛举办】 9月27日，首届门头沟区“绿水青山杯”职业技能大赛成果展示发布会暨京西精品旅游研究中心成立仪式在妙峰山镇谷山村召开。此次职业技能大赛以展小院技能风采、促美丽乡村振兴为主题，分为培训、比赛、成果展示3个阶段进行。前期，经过大师级授课团队的赛前培训指导，从近百名选手中，评选出中式面点、中式烹饪、客房服务、应急救护4个赛项的一、二、三等奖。成果展示发布会上，推出十佳门头沟“小院当家菜”“小院特有面”“小院下午茶”和“门头沟小院美食地图”，选树10名俊鸟归巢·乡村文旅达人榜样人物。发布会现场设置民宿文化展示区，提供沉浸式的技能展示和互动体验。

（王 彤）

【援企稳岗、稳保就业23条】 年内，区人力资源社会保障局在新冠肺炎疫情期间推出“援企稳岗、稳保就业23条”。抓好援企稳岗，稳住市场主体。坚持需求导向走访摸排、坚持目标导向扩大宣传、坚持结果导向优化服务、坚持问题导向跟踪问效。抓实服务举措，提升就业质量。强化产业拉动就业、强化挖潜扩大就业、强化培训推动就业、强化创业带动就业、强化平台精准就业、强化联动共促就业。抓细重点群体，兜牢民生底线。聚焦高校毕业生政策引领、聚焦高校毕业生精细服务、聚焦农村劳动力就业参保、聚焦困难失业人员分类帮扶、聚焦新业态群体权益保障、聚焦农民工劳务协作。抓早预警监测，防范化解风险。健全失业风险监测提早预警、深化劳动关系协调提早化解、突出欠薪源头治理提早处置、创新监管方式优化营商环境。抓牢体制机制，推动工作落实。“条”“块”联动形成合力、“面”上推动提升能力、以“点”带“线”多维发力。

（王 彤）

【储备人才培训】 年内，区人力资源社会保障局强化与北京经济管理职业学院的招生培养合作，储备民宿经营、旅游管理等大专学历人才155人。全链条开展储备人才培训，打造“招-培-评-就”一体化模式，推进就业培训有效衔接，助力劳动力高质量就业。

（王 彤）

【创业带动就业】 年内，区人力资源社会保障局印发《关于印发〈门头沟区创业带动就业补贴实施细则（试行）〉的通知》，规范补贴申请程序。年内，全区新增参保单位1523家，带动就业岗位数量5183个，成功申请创业担保贷款52笔，共9859万元。

（王 彤）

【就业促进政策落实】 年内，门头沟区落实促进就业政策18项，补贴个人2.36万人次，补贴企业595家次，补贴资金2.4亿元，有力支持企业发展，帮扶城乡劳动力实现就业，维护就业形势的稳定。

（王 彤）

【创业孵化示范基地建设】 年内，“利德衡绿创空间孵化器”被认定为北京市创业孵化示范基地，“智源创芯硬科技孵化器”被认定为门头沟区创业孵化示范基地。

（王 彤）

【“就业帮帮团”特色服务品牌创建】 年内，区人力资源社会保障局打造“就业帮帮团”特色服务品牌，开展“焦点访谈讲政策”“直播带岗促就业”“实地走访解难题”“视频微课话流程”等系列活动，提供全方位公共就业服务。共开展直播带岗和政策宣讲24场，推送岗位5974个，促进3538人成功就业。

（王 彤）

【退休人员社会化管理与服务】 年内，门头沟区共有5.39万名社会化管理退休人员，其中国有企业2.51万人，非国有企业2.88万人。区人力资源社会保障局将2.7万册退休人员人事档案纳入集中库房管理。加强社会化管理服务专员队伍建设，共聘用26名社会化管理服务专员；组织社会化管理退休人员参加迎接党的二十大宣传教育系列活动、“京颐杯”书法绘画摄影展系列活动、“牵手双奥·活力京颐”全民健身系列活动等，参加人数累计1.6万人次；审核通过809名社会化管理退休人员享受清洁能源分户自采暖补贴。

（王 彤）

【“这事这么办”系列微课堂】 年内，区人力资源社会保障局围绕人力社保业务内容，推出“这事儿这么办”系列微课堂，根据群众办事咨询的高频问题、热点事项确定每期主题，采用动画短视频、场景式短视频、真人情景短视频、直播讲政策等多种形式进行政策解读，充分释放人社政策红利。

（王 彤）

【援企纾困小分队成立】 年内，区人力资源社会保障局成立“援企纾困小分队”，主要领导带队到中关村门头沟园，发放“政策服务包”，了解企业的困难，现场解决企业的问题，精准服务“专精特新”企业，被人社部就业司采纳、列入部领导专报。

（王 彤）

【首创“务工人员之家”关爱日】 年内，区人力资源社会保障局在建立区级“务工人员之家”的基础上，扩展服务网络，打造“务工人员之家”城子分站，在全市首创活动机制，将每个月的最后一天定为“务工人员之家”关爱日。3月31日，组织开展门头沟区“务工人员特别‘家’体验活动”，活动现场设置理发、义诊、按摩、心理咨询等服务项目，邀请快递、外卖、环卫等各行业务工人员来体验特别“家”温暖。活动新闻登上微博热搜榜，话题阅读量达到1.3亿次，相关视频播放达到123万次。

（王 彤）

【“流动务工人员之家”建设】 年内，区人力资源社会保障局首创推出“流动务工人员之家”服务模式，在疫情暂停餐饮堂食期间，分别在商超卖场、餐饮商区设置“小哥能量加油站”，在快递、外卖站点设置“小哥能量自助补给站”，为外卖骑手、快递小哥等新业态劳动者提供补给、防疫物资、政策咨询等服务。

（王 彤）

【培育首家全国和谐劳动关系示范企业】 年内，区人力资源社会保障局实施“六个一”培育助推计划，培育6家创建和谐劳动关系企业均验收达标，合格率100%。培育江泰保险经纪股份有限公司成为门头沟区首家全国和谐劳动关系创建示范企业。

（王 彤）

【社会保险基金监督】 年内，区人力资源社会保障局完成北京市社会保险基金管理提升年行动、就业资金专项审计等重点工作。共自主设计申请预警指标743个，追回社保基金748.74万元。

（王 彤）

【阶段性社会保险费缓缴政策落实】 年内，区人力资源社会保障局依托“门头沟人力社保”微信公众号发布相关信息7期，联合区税务局开展缓缴政策专场直播2场，同步门头沟融媒微信平台推送宣传缓缴政策，累计阅读量达1.5万人次。全区共有628家经营困难企业申请并享受2022年阶段性缓缴政策，缓缴金额达1.17亿元。

（王 彤）

【社保业务“不见面”经办】 年内，区人力资源社会保障局积极采用邮箱办理、语音陪办等方式协助社保业务“不见面”经办。灵活设立AB轮岗制，明确业务经办流程，负责业务经办全流程，保障到访人员“应办尽办”。

（王 彤）

【8项经办服务模式推出】 年内，区人力资源社会保障局推出8项经办服务模式，即打包服务集成办、高频事项加速办、就近服务方便办、常规事项线上办、异地业务高效办、急难问题专人办、诉求业务限时办、特殊群体上门办，满足企业、群众的多元化、多样化办事需求。

（王 彤）

【事业单位管理职员等级晋升】 年内，区人力资源社会保障局稳妥推进乡镇街道所属事业单位管理岗位职员等级晋升工作。完成套转529人，晋升备案23人。

（王 彤）

【事业单位公开招聘】 年内，区人力资源社会保障局组织开展首次大规模事业单位公开招聘“云笔试”，升级改造后的人事考试招聘系统正式上线运行。全年共招聘事业单位工作人员250人。其中接收符合政府安置条件的退役士兵6人；接收退役大学生士兵4人。

（王 彤）

【博士后创新实践基地设立】 年内，区人力资源社会保障局聚焦中关村门头沟园高新技术企业和专精特新企业，成功帮助遨博（北京）智能科技股份有限公司、北京东西分析有限公司、国家卫生健康委职业安全卫生研究中心3家单位获批设立北京市博士后创新实践基地。

（王 彤）

【年度考核奖励】 年内，区人力资源社会保障局完成全区7544名事业单位工作人员和机关工勤人员的年度考核工作，共评出嘉奖1496人，记功105人。

（王 彤）

【选派19名专业技术人才助力乡村振兴】 年内，区人力资源社会保障局选派19名专业技术人才到内蒙古自治区呼和浩特市武川县开展援助工作，助力西部乡村振兴。

（王 彤）

【机关事业单位工资规范调整】 年内，区人力资源社会保障局完成全区区属机关事业单位工作人员基本工资标准调整、机关单位工作人员冲销临时性补贴、离休人员补贴调整及增加离休干部离休费等3项工资规范调整工作。

（王　彤）

【清理规范事业单位津贴补贴】　年内，区人力资源社会保障局与区财政局严格按照“先清理再规范”的原则，开展全区事业单位自查清理津贴补贴工作，9月28日将相关报告分别上报市人力资源社会保障局、市财政局。同时，依规稳妥落实全区义务教育教师和卫生健康委所属事业单位工作人员岗位绩效调整、补发和临时性补贴冲销工作，9月28日、12月30日补发到位。

（王　彤）

社会保障

【概况】　2022年，区人力资源社会保障局城镇登记失业人员就业率66.12%，城镇登记失业率2.88%，充分就业社区（村）比例77.3%；创新推出信用监管举措，为1023名劳动者追欠工资959.86万元；全区社保基金（包括企业养老、失业、工伤、机关事业养老、职业年金、城乡居民养老）累计收入41.24亿元，社保基金累计支出58.77亿元。

年内，门头沟区医疗保障局（简称区医保局）完成全区基本医疗保险参保人数32.13万人，其中城镇职工生育保险参保人数15.72万人，医疗保险基金收入（含城镇职工生育保险）17.37亿元，同比增长3.61%；享受医疗保险待遇333.2万人次，同比增长18.96%。医疗保险基金支出（含城镇职工生育保险）20.33亿元，同比增长6.7%。城乡社会救助对象医疗救助5887人次，救助资金支出1297.11万元，医保基金运行呈稳健可控态势。聚焦企业群众的高频经办事项，梳理惠企政策，分批次、分类别组织召开辖区内百人以上规模企业专场培训会，就企业新参保、增减员、异地就医备案、在职转退休、生育津贴申领、破产申报等常用业务进行系统培训。年内，区医保局参与新冠肺炎疫情防控值守、垃圾分类宣讲、疫苗接种宣传、创城攻坚、重大活动服务保障等志愿服务活动共800余人次；全年累计收到服务对象赠送锦旗2幅、表扬信3封。切实履行“维护基金安全、守护群众健康”的职责使命。

（公　俐）

【新冠肺炎疫情防控突发事件应急演练】　1月27日，区医保局开展新冠肺炎疫情防控突发事件应急演练，由区医保局党组书记、局长担任总指挥，启动应急现场处置，统一调度协调；同时，疫情报告组、疫情处置组、宣传舆论组、后勤保障组、现场考核组全部第一时间到位。从“事件接报、指挥分派、现场处置、部门配合、汇总上报”等各环节，分2个场景进行实战模拟。

（张慧娟）

【《医疗保障政策汇编》编写及发放】　1月，区医保局对2021年医疗保障政策进行系统梳理、分类归纳形成《2021年门头沟区医疗保障局医疗保障政策汇编》。《医疗保障政策汇编》分为两册，上册共分为基金监管、医保政策、医疗服务价格及药品采购和目录库调整四大类共33份文件，对外发放，为医保医师、镇街便民服务中心工作人员提供政策依据；下册共分为基金监管、医保政策、医疗服务价格及药品采购、目录库调整和工作流程五大类共67份文件，内部参考，为经办审核及日常工作提供政策支持。

（范文硕）

【定点医疗机构管理】　3月，区医保局主要领导任领导小组组长，会同区市场监管局、区卫生健康委等部门联合检查。根据定点医药机构高值医用耗材实际使用情况，结合医保申报数据，聚焦重点领域、重点问题，及时纠正处理违法违规行为，及时汇总专项整治进展情况，进行全面总结，对发现的问题认真剖析，分析原因，找准症结，举一反三，堵塞漏洞，完善管理措施，从源头落实有效治理，切实保障医保基金安全。年内，开展“织密基金监管网 共筑医保防护线”集中宣传月活动，对77起典型案例进行曝光，以宣传折页印发，进村居、进医院宣讲等形式，延续打击欺诈骗保高压态势，全力守护群众看病就医的“钱袋子”

（黄凌月）

【城乡居民医保基金运行专题研讨会】　3月21日，区医保局组织召开第12次城乡居民医保基金运行专题研讨会。质控信息部就门头沟区城乡居民医保基金运行的相关考核指标进行细化分析，并研判运行趋势。区医保局领导强调，门诊就诊率、住院率、住院次均费用等指标数据持续走高，医保管理还需持续加压，精准施策，确保城乡居民医保基金平稳运行。

（孙华丽）

【城乡居民医保等问题开展座谈】 3月22日，区医保中心主任带队，到区医院开展座谈，就城乡居民医保基金控费、城镇职工基本医疗保险国家医疗保障疾病诊断相关分组（CHS-DRG）实际付费情况、住院病例审核拒付、医疗保险政策、临床与医保协同发展等问题与医院临床科室交流，并对科室提出的问题进行现场答疑。区医院主管院长、医保办主任、临床科室负责人参加此次座谈。

（何 鑫）

【医保基金重点领域专项整治工作启动】 3月，区医保中心组织定点医药机构完成医保基金重点领域自查自纠工作。辖区定点医药机构依据门头沟区医保基金重点领域专项整治的工作要求，针对违反物价规定收费、超医保支付范围申报等45项问题开展自查自纠。

（范文硕）

【医疗保障工作会召开】 4月7日，区医保局以现场及视频直播形式召开2022年区医疗保障工作会议。系统回顾2021年全区医疗保障工作成绩，安排部署2022年重点工作任务。区医保局党组书记、局长作工作汇报，副区长出席会议并作重点讲话。区医保局领导班子成员、中层干部、区纪委区监委第十三联合派驻纪检组组长、区卫生健康委主要领导及主管领导、区财政局、区教委、区市场监管局、区民政局、区人力资源社会保障局、公安门头沟分局主管领导、各镇、街道主管领导、区社保所所长、各定点医疗机构院长、主管院长、区医保办主任等150余人参加。

（张慧娟）

【住院病历外审新途径开辟】 4月8日，区医保局利用海纳远程会诊平台的视频对话、文件传输等功能，对接辖区内定点医疗机构，及时完成区医院、中医院、妇幼保健院、门矿医院等4家定点医疗机构住院病历外审工作。同时，通过网络平台使用，加强与辖区定点医疗机构沟通，减轻定点医疗机构工作量，更加高效便捷服务于辖区定点医疗机构。

（徐亚涛）

【医保业务大讲堂第一讲】 4月8日，区医保局党组书记、局长开启医保业务大讲堂第一讲《北京市医疗保障体系》，从医疗保险发展史、医疗救助发展史和商业保险的补充介入三方面讲授，并在培训后答疑。

（黄凌月）

【“4.15国家安全教育日”系列宣传活动】 4月15日，区医保局以主题党日的形式，开展“4.15国家安全教育日”系列宣传活动。青年党员就“国家安全教育日的由来、国家安全的内涵、《中华人民共和国国家安全法》、中央国家安全委员会”进行集中宣讲。同时，组织开展保密知识培训及主题故事讲述，“织密基金监管网 共筑医保防护线”集中宣传月等活动，从信息安全、基金安全等多维度织密安全防护网，牢固树立底线思维，牢记肩负使命职责，共同构筑守卫国家安全的坚固防线。

（张慧娟）

【新《信访工作条例》培训会举办】 4月22日，区医保局举办新《信访工作条例》（以下简称《条例》）培训会，对《条例》进行讲解并指出：信访工作是汇聚和反映民意，维护人民权益和强化人民对公权力部门监督的重要渠道，具有重要意义和作用。局长从增强学习《条例》的自觉性和主动性、总结工作规律，把握工作特点两方面对落实好《条例》提出工作要求。

（张 欣）

【医保管理考核方案及典型案例培训会】 4月26日，区医保局制定《门头沟区定点医疗机构医保管理考核方案（试行）》，并举办线上培训会。对区医保管理考核方案的考核范围及形式、考核方法、评分原则及考核内容进行系统讲解与培训；对《医疗保障基金使用监督管理条例》和打击欺诈骗保典型案例进行讲解。此次培训会区内50家定点医疗机构的主管院长、医保办主任及相关科室负责人参加。

（范文硕）

【政务服务标准化培训工作会举办】 4月28日，区医保局举办政务服务标准化培训工作会。局综合业务部负责人对办事平台、办事流程、办事指南、网站信息等内容进行讲解，并就政务服务事项办理的关键环节和关注点予以重点指导。区医保中心经办窗口各部门负责人、相关科室工作人员参加培训。

（胡 彦）

【多措并举保障新医保平台上线运行】 5月10日至11日，区医保局为保障新医保平台上线运行，多措并举积极推进相关工作落实。针对定点医疗机构存在的耗材非标异常数据，督促定点医疗机构加快整改落实；开展应急演练，并按时间节点进行系统升级，保障医疗保障信息平台院端结算功能切换工作顺利推进；制定门头沟区信息平台院端结算功能切换工作方案，成立领导小组，按照全市统一部署要求进行应急值守，指导、促进定点医疗机构开展相关工作，保障高效、统一、安全、实用的新医保信息平台尽早落地应用。

（孙华丽）

【国务院大督查及异地就医政策培训会】 5月11日，区医保局综合业务部召开国务院大督查、异地就医政策培训会。部署国务院大督查各项注意事项，窗口人员到岗时间，仪容仪表等问题。培训异地就医政策的十二类问题的统一回复口径，对“一号通”解答及回复和接收岗提出要求。

（王新杰）

【首例线上视频调查工作】 5月19日，区人力资源社会保障局工伤保险科2名工作人员通过微信视频连线境外受伤职工，调查受伤经过，开创门头沟区工伤认定线上调查先河。

（王　彤）

【京西健康驿站】 6月17日，京西健康驿站举行揭牌仪式，市委常委、宣传部部长，区委书记金晖，区委副书记、区长喻华锋出席仪式，并共同为驿站揭牌。驿站的投入使用，将进一步提升门头沟区的新冠肺炎疫情防控能力。仪式结束后，市、区领导对驿站的新冠肺炎疫情防控工作开展调研，听取京西健康驿站运转情况汇报，实地查看、详细了解隔离点内部管理、医疗力量配备、房间配套设施、防疫措施落实、活服务保障情况。年内，京西健康驿站集中隔离人员管理工作，连续运行206天。京西健康驿站的黄码驿站作为集中隔离医学观察点，累计接收新冠肺炎密接、次密接和中高风险人员3238人，处理阳性病例168人，成为阻断疫情传播蔓延的重要防线。11月27日红码驿站作为方舱医院，累计接收并治愈感染者829人，成为守护生命健康的诺亚方舟。

（钱佳欣）

【医疗保障新增定点医药机构部署工作】 6月22日，区医保中心精心部署开展辖区医疗保障新增定点医药机构工作。成立新增工作领导小组，区医保局局长任组长。此次新增工作由区医保局牵头，区市场监管局及区卫生健康委员会共同参与，协同推进，保障新增工作运转高效。取消区级函询和专家评审程序。新增材料申报及审核“全程网上办”。在新增工作中，各有关工作人员要严格落实工作标准、程序，严格执行廉洁自律的各项规定，确保新增工作公平、公正、公开。

（范文硕）

【区医保基金绩效评价项目启动会】 6月28日，区医保局召开门头沟区医保基金绩效评价项目启动会，课题承担方就门头沟区医保基金绩效评价项目实施的背景、研究内容、工作思路和后续安排进行总体介绍，并与各单位就项目思路、各项安排进行讨论。项目启动后，课题承担方通过对医保基金使用情况结合区域病种分析、医院运营开展使用效果分析，为下一步医院内部建立合理控费和成本管控措施以及财政、医保部门建立联合干预机制提供建议。区财政局、区卫生健康委、区社会保险事业管理中心及5家二级及以上定点医疗机构相关领导参加会议。

（孙华丽）

【优化营商环境】 7月，区医保局制定医保经办服务规范、经办人员纪律规范、经办人员值班制度，严格执行经办首问负责制、“一次性”告知制，特殊人员全程陪办制。全面梳理政务服务清单，明确业务受理条件，办理材料、办理流程、办理时限、办理地点、监督投诉方式等，形成《企业办事指南》，并且不断更新、细化规则，优化医保经办服务流程。对政务服务事项所需证明材料和手续进行常态化清理，实现医保收缴、手工报销等经办材料不断“瘦身”，做到精准化便民利民，增加企业、群众对营商服务水平提升的获得感。

（郑银霞）

【首例工伤认定委托调查核实案件】 8月10日，区人力资源社会保障局接受河北省定州市人力社保局委托，协助完成一例工伤死亡调查工作，是全市首例接受委托调查核实案件。

（王　彤）

【医保结算环境安全升级自测工作】 8月26日，区医保局开展医保结算环境安全升级自测工作，细化时间节点，下发工作通知，积极协调首信公司，组织定点医药机构申领测试卡，及时开展相关医保业务测试；对于定点医药机构升级自测过程中存在的问题，及时对接北京市医疗保障局及首信公司，协调解决相关问题，全区各定点医药机构按时、完成升级自测工作。

（孙华丽）

【政策宣讲进基层活动】 8月，区医保局到镇街便民服务中心做好业务指导与培训工作，聚焦咨询新政策的高频热点问题，针对医保存折支取、个人账户定向使用等问题编写业务指导手册；走进镇便民服务中心，围绕门诊共济改革的优势、个人账户定向使用”两个方面，紧扣老百姓关切点，开展培训活动，用通俗易懂的语言讲政策，解疑惑，让基层医保工作者坐得下，听得进；通过实操指导，现场答疑的方式让基层医保工作者弄得懂，记得牢。基层医保工作者们纷纷表示政策宣讲听得懂，接地气，有收获。

（郑银霞）

【强化个人账户定向使用经办服务工作】 9月1日，北京市启动个人账户定向使用工作，区医保局从3个方面强化个人账户定向使用经办服务工作。加强医保窗口管理。主管领导加强大厅巡查，了解办事群众有关个人账户的关注内容；科室负责人现场办公，迅速回应解决问题；主要领导现场体验，办理个人账户密码修改和个人账户明细查询业务，体验经办服务过程。开展基层督导工作。区医保局主管领导带队，到镇街便民服务中心开展现场督导，以办事人员的身份申请办理个人账户密码修改、个人账户明细查询业务，咨询网上办理途径等内容，进一步强化基层经办业务流程。强化1号通电话咨询。拨打区级医保大厅及镇街便民服务热线，查看电话接通情况；咨询个人账户资金如何使用问题，规范接线人员政策解答，加强现场业务指导督察工作，为办事群众提供方便、快捷、优质的政务服务。

（张慧娟）

【政务服务综合窗口人员能力规范培训会】 9月15日，区医保局组织召开政务服务综合窗口人员能力规范培训会。从明确岗位职责、遵守职务要求、强化制度保障三方面提出综合窗口是为民服务的“主阵地”、是政府服务的“最前沿”，学习落实《能力规范》可以提升政务服务综合窗口人员能力，也是增强群众的幸福感、满足感的重要抓手。

（高海娟）

【扩大定点药店及慢特病直接结算范围】 9月，区医保局在原有7家医保定点零售药店基础上，又将新申请的8家零售药店纳入医保定点范围，以满足群众就近购药需求，使用医保个人账户实时结算相关费用。大力推进异地门诊慢特病直接结算试点工作，定点药店和直接结算范围的扩大，切实解决群众在家门口看病买药的实际需求。

（黄凌月）

【医疗救助资金提前发放】 9月，区医保局通过压减环节、优化流程，改变事前医疗救助“压年报销”的传统报销模式，在集中报销2021年度事前医疗救助基础上，提前拨付2022年第一、二季度事前医疗救助费用。其中，2021年度享受医疗事前救助177人次，救助金额104.62万元，同比分别增长13.47%、4.8%。2022年第一、二季度事前医疗救助共77人次，救助金额34.56万元。事前医疗救助资金的及时拨付，救助金额的大幅提升，切实有效缓解特殊困难群体的经济压力和生活困难。

（董　秀）

【京西健康驿站抽调人员业务培训】 10月18日至19日，门头沟区组织召开京西健康驿站抽调人员动员培训会。区委常委、统战部部长从全区新冠肺炎疫情防控形势、京西健康驿站定位、抽调人员成长成才等方面，与全体培训人员进行交流，并就做好驿站工作提出五项要求；京西健康驿站行政点长、区医保局党组书记、局长从京西健康驿站集中隔离管理工作领导小组及工作专班组建及轮换方案介绍，京西健康驿站管理、医疗、后勤团队介绍进行经验分享；区医保局驻点点长、区医保中心主任从隔离舱布局及隔离人员入住情况、“三区两通道”、一办七组分工职责、驿站保密纪律要求等进行专项培训。区医保局、区园林绿化局、区科信局驻点点长以及全区40余名抽调干部参加培训

（孙华丽）

【工伤职工医嘱共享验收】 11月1日至2日，区人力资源社会保障局对辖区内8家工伤定点医院进行现场验收，各医院均达到医嘱信息共享验收标准，在全市率先完成验收工作任务。

（王　彤）

【城乡居民医保集中参保经办培训会】 11月3日，区医保局组织召开2023年度北京市城乡居民基本医疗保险集中参保经办工作培训会，启动门头沟区城乡居民医保集中参保工作。培训会采取线上+线下相结合的方式进行，区医保局、区税务局、区教委以及13所街镇便民服务中心、各中小校相关工作人员共80余人参加会议。

（郑银霞）

【北京普惠健康保推广扩面工作启动】 11月，门头沟区正式启动北京普惠健康保投保工作。区医保局与承包的保险公司积极对接，并组织召开工作推进会。印发普惠健康保宣传材料，在民生大厅、校园、定点医疗机构、镇街便民服务中心摆放易拉宝、张贴海报、发放折页，同时对教育部门、部分机关单位、基层单位及村居宣传推广，并通过区医保局微信公众号转发“医保北京”投保宣传文章，对辖区内参保企业群发参保短信息等方式宣传。协助推进参保工作，增强群众对北京普惠健康保的认识，提高产品知晓率和公信力，使北京普惠健康保成为真正“放心、安心”的“惠民”保险。

（董　秀）

【医保基金的监督管理】 年内，区医保局牵头制定《亡故参保人员医疗保障待遇监督管理制度》，并与区疾病预防控制中心、区社保中心构建共享联席协作机制，切实做好死亡信息数据交换、比对核实、追缴退回、死亡人员减少登记等工作，切实把好参保人员亡故后发生的不合理基金支出关口，减少医保基金流失。全年共追回死亡后违规使用医保基金13.42万元。

（李宝盟）

【城乡居民大病医疗保险报销】 年内，区医保局完成2021年度城乡居民大病医疗保险报销1175人次，支付医保基金980.71万元；对2021年度享受城镇职工大病医疗保障350人次、365.70万元予以及时审核拨付，切实缓解群众的经济压力，有效防止因病返贫等现象的发生。

（高海娟）

【49家定点医疗机构医疗服务目录】 年内，区医保局完成辖区全部49家定点医疗机构医疗服务价格及药品服务目录、药品集中带量采购中标目录库的动态调整和实时跟进督导；实施辅助生殖类价格项目、体表出生缺陷类整形治疗技术以及其他实行市场调节价的项目纳入政府定价管理范围，并部分纳入医保报销。

（黄凌月）

【23项医疗保障政务服务事项网上通办】 年内，区医保局深化“放管服”改革，“异地就医快速备案”等23项医疗保障政务服务事项全部实现网上通办，共审批网上异地就医备案4200余人。

（张慧娟）

【城乡劳动力就业】 年内，区人力资源社会保障局以“稳就业、保就业”为主线，落实“红黄绿”三色指标预警监测通报制度，实施“周分析、月调度、季评价、年述职”机制，打好“资金+政策+服务+培训”组合拳，帮助7600余人次实现就业，城镇登记失业人员就业率66.12%，创历年新高，城镇登记失业率2.88%，创历年最低，充分就业社区（村）比例77.3%，实现历史新突破。

（王　彤）

【根治欠薪】 年内，区人力资源社会保障局出台涉农领域拖欠工资类诉求分类处理指导意见、建设施工领域分类分级监管试点工作方案，创新推出信用监管举措，严管高风险建设项目按比例预付人工费，共进行劳动用工检查1494家次，涉及劳动者3.7万人次，办结违反劳动保障法律法规案件235件，为1023名劳动者追欠工资959.86万元，作出行政处罚11件，涉及罚款25.5万元。

（王　彤）

【劳动人事争议调解仲裁】 年内，区人力资源社会保障局出台劳动人事争议调解组织工作管理办法、基层劳动人事争议调解补贴工作实施方案，接待劳动人事争议仲裁申请2107件，其中立案1188件，不予受理64件，案外调解855件，结案率94.53%，调解成功率70.69%，选树区总工会调解中心成为门头沟区首家市级金牌调解组织。

（王　彤）

【养老保险退休审批】 年内，区人力资源社会保障局审批企业职工退休3053人，补缴基本养老保险费审批54人；向外省邮寄《参保人员人事档案及视同缴费年限核查认定申请表》163人；北京市及外埠人员延期缴费资格确认208人；审核企业职工基本养老保险遗属待遇视同工龄146人；办理养老保险个人账户补填34人；企业年金备案3家。审核机关事业单位退休人员档案281份，审批机关事业单位职工退休242人。

（王　彤）

【工伤保险工作】　年内，区人力资源社会保障局认定工伤577人，其中因工死亡21人，职业病148人。完成工伤康复申请确认6人。完成工伤职工异地就医审批10人。全年共审核持卡结算住院费用14020份，实时结算门诊费用1020047人次，手工审核363份，支出报销款5.35亿元。

（王　彤）

【劳动能力鉴定】　年内，区人力资源社会保障局开展劳动能力鉴定723人次，其中职业病鉴定351人次，因病鉴定69人次，配置辅助器具45人次，外伤鉴定258人次。

（王　彤）

【失业保险跨省转移】　年内，区人力资源社会保障局通过国家社会保险公共服务平台线上申请转移失业保险关系，共办理失业保险关系跨省转移22人，其中失业保险关系跨省转出17人，失业保险关系跨省转入5人。

（王　彤）

【社保基金收支情况】　年内，门头沟区社保基金（包括企业养老、失业、工伤、机关事业养老、职业年金、城乡居民养老）累计收入41.24亿元，社保基金累计支出58.77亿元。

（王　彤）

【社会保险待遇标准调整】　年内，门头沟区城乡居民养老保险缴费标准最低为年缴费1000元，最高为年缴费9000元。年内，上调城乡居民基本养老保险和老年保障福利养老金标准人均40元/月。调整后，城乡居民基本养老保险基础养老金最低领取标准为887元/人/月，老年保障福利养老金最低领取标准为802元/人/月。机关事业养老保险待遇标准调整共涉及区内机关事业养老保险7641人，共调整157.99万元，发放全区机关事业单位涉及的334名人员一次性退休补贴2555.62万元。对全区1067家单位符合2022年养老金调整方案的6.09万余名企业退休人员（含退休、退职、退养）进行养老金调整工作，并于7月15日将当月和补发的养老金发放至个人账户。完成第一批次和第二批次机关事业单位“中人”养老保险待遇补差工作，涉及共1111人。

（王　彤）

【养老保险缴费补贴】　年内，门头沟区符合享受城乡居民基本养老保险缴费补贴的参保人员共6795人，享受补贴42.21万元。符合享受城乡居民基本养老保险补贴的困难人员共2494人，享受补贴192.75万元。其中，残疾人2069人，补贴金额171.45万元；低保特困425人，补贴金额21.3万元。

（王　彤）

【社会保险待遇支付】　年内，门头沟区企业养老支付1384家单位，全区实有离、退休人员6.31万人，支付养老金累计82.18万人次，30.52亿元，死亡人员遗属待遇支付8670人，4.78亿元；个人账户清算831人，2328.17万元。机关事业单位养老保险累计支付10.14万人次、7.72亿元。工伤保险支付一次性伤残补助金313人、2820.18万元，伤残津贴累计支付2.28万人次、1.25亿元，丧葬补助金120人、540.45万元，供养亲属抚恤金累计支付2.88万人次、8582.98万元，一次性工亡补助金20人、1839.23万元。

（王　彤）

【社会保险转移接续】　年内，区人力资源社会保障局接受养老保险转入申请1349笔，转入完结1414笔，累计异转收入39.07万元；转出申请2257笔，转出完结2282笔，累计异转支出80.09万元。年内，安置到门头沟区的退役军人69人，办结社保关系转移接续64人。

（王　彤）

【社会保险基金监管】　年内，区人力资源社会保障局开展社保经办业务日常监督检查共118661笔，检查提出问题278条、建议7条，对整改问题进行“回头看”134笔。牵头开展数据核查，《2021年需整改项目清单》核查1448人，“社保基金管理提升年”交叉互查、调研核查15人，2022年度养老保险待遇领取人员疑点数据核查55人，《社会保险稽核通知书》核查3人，与区医保局、区民政局、区疾病预防控制中心疑似死亡人员比对数据核查23人，2022年度服刑人员违规领取养老保险待遇问题核查12人，企业职工基本养老保险基金疑点数据核查4593人，工伤保险重复领取待遇疑点数据核查92人。

（王　彤）

【社保稽核】　年内，区人力资源社会保障局受理举报投诉案件154件，补缴办结案件101件，个人投诉累计补缴五项社会保险

368 人次，累计补缴 542.89 万元。移交法院申请强制执行社会保险个人投诉案件 18 件。对参保单位因各种原因无法取得联系，不能为本单位参保人员办理社会保险相应手续的情况展开实地核查，共 23 家参保企业涉及全市各个区县，均向收缴部反馈实地核查结果并移交相关证据。催缴欠缴社会保险费单位 2189 家，还欠清缴 654.85 万元。全力以赴解决群众诉求，处理接诉即办案件 104 件。与区市场监管局联合检查 800 家单位，完成全年“双随机、一公开”任务。对涉及门头沟区服刑人员违规领取待遇的 8 个人以入户协商、视频帮教、面对面约谈等方式强力开展追讨工作。

（王　彤）

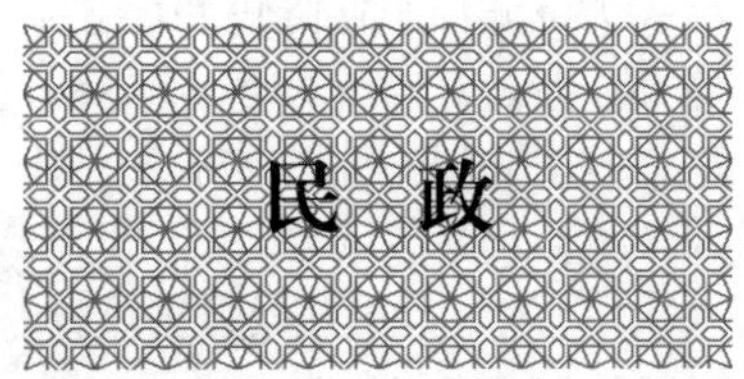

民　政

【概况】　2022 年，区委社会工委、区民政局推进“物业 + 养老服务”工作，制定《门头沟区开展“物业服务 + 养老服务“工作实施细则（试行）》对工作内容、政策补贴、监管措施等进行规范；积极动员部署养老机构续保安责险，全区 10 家养老机构投保平安保险公司安责险，保费 4.15611 万元，投保床位 1447 张。开展养老机构及养老驿站星级评定工作，实现全区养老机构和养老驿站应评尽评。审批城乡低保 4932 次、9529 人次，撤销 3991 户次、9668 人次。组织开展职业技能提升培训，强化和提升在职护理员们及老年社会工作者的专业技术水准，增强责任感、使命感。门头沟区婚姻登记服务中心共办理婚姻登记业务 3511 件，同比下降 8.14%。离婚登记 726 对，同比下降 4.35%。

（王冠一）

【“两节”慰问】　“两节”期间，区委社会工委、区民政局对全区 54 类人员实施送温暖、保和谐、促稳定走访慰问活动，资金总额 1216.95 万元。其中，中央资金 47.1 万元，市级资金 393.04 万元，区级资金 776.81 万元。

（杨景新）

【清明祭扫接待】　截至 4 月 10 日，全区累计接待祭扫群众 242574 人，接待祭扫车辆 74035 台，累计代为祭扫 473 家，防控劝返 231 人。其中区内 3 家殡葬服务单位累计接待祭扫群众共 149462 人、代为祭扫 473 次。期间未发生安全事故和群众投诉。

（张晓明）

【第四届社区邻里节举办】　9 月 17 日，区委社会工委、区民政局联合 18 家单位举办“幸福社区‘家’年华”—门头沟区第四届“社区邻里节”主会场活动，设置“京西红色情—乐悠悠”“创城文明行—笑呵呵”“邻里互助情—喜洋洋”“生态文明城—美滋滋”四大版块。各相关镇街、社区陆续开展分会场系列活动。

（马晓峻）

【城乡低保】　年内，区委社会工委、区民政局审批城乡低保 4932 次、9529 人次，撤销 3991 户次、9668 人次。截至年底，城乡低保对象 3701 户、7061 人，城市低保对象 2751 户、5335 人，农村低保对象 950 户、1726 人，同比减少 59 户，减少 39 人。支出低保金 107040082.4 元。同比增加 7736596.42 元。

（李文博）

【社会福利工作】　年内，区委社会工委、区民政局持续开展养老机构及养老驿站星级评定工作，实现全区养老机构和养老驿站应评尽评。累计为 126,973 人次的 80 岁以上老年人发放高龄津贴 1899.26 万元，为 18,509 人次的困难家庭老年人发放服务补贴 410.53 万元，为 118,513 人次的重度失能老年人发放护理补贴 6793.92 万元。为入住福利机构的困境家庭人员发放 2022 年度补贴 425.77 万元。全年发放残疾人两补 3284.24 万元，其中生活补贴 2714.5 万元，护理补贴 569.74 万元。在春节和重阳节“两节”期间对负责承担城乡特困人员集中供养的养老机构发放节日慰问金 10.55 万元。为养老驿站发放 2022 年 1 月至 7 月运营补贴 3748015 元；为养老机构发放 2022 年 1 月至 6 月运营补贴 1818250 元，发放 2022 年应对疫情提高社会办养老机构床位运营补贴 862450 元。

（张芳莹　李若晨　李文博）

【征地超转人员服务管理】　年内，区委社会工委、区民政局共接收超转人员 2 人，上缴区财政接收资金 133.17 万元；全年累计下拨市区两级超转人员生活补助费 1.22 亿元，其中市管 955.3 万元、区管 1.13 亿元；上缴市财政局社保专户医疗待遇资金 7196.2 万元。截至 2022 年年底，门头沟区共有超转人员 3450 人，其中市管 240 人，区管 3210 人。

（胡　苏）

【职业技能提升培训】 年内，区委社会工委、区民政局组织2022年职业技能提升培训，参训人员为养老护理员150人及20名老年社会工作者。通过培训，强化和提升在职护理员们及老年社会工作者的专业技术水准，增强责任感、使命感。

（刘 迪）

【10家养老机构续保安责险】 年内，区委社会工委、区民政局积极动员部署，要求养老机构续保安责险。全区10家养老机构投保平安保险公司安责险，保费4.15611万元，投保床位1447张。续保后，机构会继续得到相应的安全监管技术支撑，一旦发生生产安全事故，依照保险条款，将获得人员伤亡补偿金、事故救援费、医疗抢救费、仲裁或诉讼等费用赔偿，为机构提供事故预防和赔偿保障机制。

（刘 迪）

【老年餐桌建设】 年内，区委社会工委、区民政局制定《门头沟区养老助餐服务管理办法（试行）》，对老年餐桌的建设标准、服务补贴进行规范。年内，共建成7个老年餐桌，并实行统一备案、安装POS机，同时为养老助餐点悬挂民政部门设计的统一标识。完成发改委“疏整促”系统中7家老年餐桌的数据录入工作，并进行相关验收工作。

（刘 迪）

【养老驿站建设】 年内，区委社会工委、区民政局完成7家养老服务驿站建设和备案，其中4家农村幸福晚年驿站、3家社区养老服务驿站，逐步完善全区驿站建设布局，为辖区村居民提供呼叫、助餐、日间照料、健康指导、文化娱乐、心理慰籍等服务。

（刘 迪）

【“物业+养老服务”工作】 年内，区委社会工委、区民政局推进“物业+养老服务”工作，制定《门头沟区开展”物业服务+养老服务“工作实施细则（试行）》，对工作内容、政策补贴、监管措施等进行规范；完成1家“物业+养老服务”驿站的建设，在驿站为老年人提供养老服务工作的同时，提供有效的居家物业服务和养老助餐服务。

（刘 迪）

【养老家庭照护床位方案制定】 年内，区委社会工委、区民政局制定《门头沟区养老家庭照护床位服务管理实施细则（试行）》，对养老家庭照护床位及适老化改造的内容明确规定，同时对养老家庭照护床位的申请、评估、实施等流程进行规范。

（刘 迪）

【临时救助工作】 年内，区委社会工委、区民政局安排临时救助资金1444793.41元，帮助282户、591人因病、因灾及子女就学等原因造成生活暂时困难的家庭渡过难关。安排34.9万元作为各街镇救急难资金进行下拨。落实“四免一关怀”政策，一次性给区疾病预防控制中心拨付艾滋病患者临时救助款215280元。

（李文博）

【慈善劝募救助】 年内，区慈善协会共接收善款576.36万元，开展慈善项目47个，发放救助金459.79万元，救助困难群众11105人。有捐赠站点43个，接收衣物8012件。

（孙 跃）

【“情暖中秋 关爱老人”活动】 年内，全市首个加入中华慈善总会“幸福家园”工程的区级慈善协会，与“京西乐跑”团队开展“情暖中秋 关爱老人”活动，为龙泉务村348名70岁以上的老人筹集10万元购买慰问品，7576名市民参与。

（孙 跃）

【2家慈善工作站创建】 年内，门头沟区创建2家慈善工作站，募集款物10万余元，惠及辖区近万人次。

（孙 跃）

【“耆乐融融”慈善项目】 年内，慈济慈善基金会“耆乐融融”慈善项目累计安排社工310余人次，开展入户访视、免费理发、义诊等服务，惠及老人350余人次。

（孙 跃）

【流浪乞讨人员救助】 年内，区接济救助事务中心共开展救助巡视283天，出动车辆357台次，工作人员1132人次；临时救助流浪乞讨人员67人次，街头救助流浪乞讨人员2人次，其中精神障碍人员5人、重症人员3人；长期滞留人员26人托养至衡水市第七人民医院。

（李 震）

【婚姻登记】 年内，门头沟区婚姻登记服务中心共办理婚姻登记业务3511件，同比下降8.14%。其中结婚登记1847对（涉外4对），同比上升7.26%；离婚登记726对，同比下降4.35%；补领婚姻登记证 637 对（涉外 1 对），同比下降 28.83%；查档 300 人；出具证明 1 对；小客车核验 2655 人次；接待咨询电话及人员 35592 人次。

（高琳琳）

【丧葬服务惠民便民】 年内，区委社会工委、区民政局继续开展“零百千万”工程。销售骨灰盒总量 788 个，百元以下骨灰盒 113 个，占销售总量的 14.3%；殡仪服务量 8298 次，千元以下服务量 3571 次，占服务总量的 43%。认真落实城乡无丧葬补贴政策，对符合条件的 124 份丧葬补贴给予审批，下拨补贴资金 62 万元。

（张晓明）

【地退人员权益保障】 年内，区委社会工委、区民政局共发放地退人员资工资 306 万元，过节费 16.4 万元，慰问金 2.28 万元，防暑费 0.4 万元，采暖补贴费 6.895 万元，遗属生活补助 1.16 万元。

（孙海凤）

【新冠肺炎疫情防控集中隔离点启用】 年内，区委社会工委、区民政局牵头的区集中隔离工作组办公室陆续启用新冠肺炎疫情防控集中隔离点 15 个（含直航入境隔离点 2 个），累计接收集中隔离人员 13042 名，直航进京人员 3427 名，处理阳性病例 292 例，疟疾 2 例。区慈善协会投入善款 61.17 万元为街镇和各隔离点一线防疫人员购置防疫物资。同时广泛发动社会力量向基层一线防疫人员捐赠物资 17.08 万件、累计价值 103.33 万元。

（焦思扬）

民族宗教事务

【概况】 2022 年，门头沟区民族宗教工作坚持以中央、市委关于民族宗教工作系列重大决策部署为遵循，广泛开展民族团结进步创建活动，认真抓好宗教专项治理工作，持续做好为民宗服务工作，促进全区民族宗教领域和谐稳定。

年内，区民宗侨办组织全区相关部门及镇街民族工作干部、民族宗教界代表人士培训共 500 余人次。推进铸牢共同体意识教育基地建设，投资 6 万余元，建设区清真寺和 2 处区民族团结教育基地。加强清真企业日常监管，清真企业管理更加规范，全区 40 余家清真企业的广告牌匾全部去除阿文标识。依法查处非法宗教组织及活动，宗教专项整治成果显著。注重管理教育培养，宗教活动场所自我管理水平不断提升。协助区天主教爱国会完成第五届换届选举工作。保障白瀑寺方丈升座仪式安全有序完成。突出新冠肺炎疫情防控工作重点，做好宗教场所“双暂停”。指导宗教场所认真做好开放期间的新冠肺炎疫情防控工作，确保宗教领域疫情“零感染”。

（彭志丹）

【潭柘寺、戒台寺管理体制机制改革】 年内，区委、区人民政府决定对潭柘寺、戒台寺（以下简称潭戒两寺）管理体制机制进行改革。将潭戒两寺监管、资产管理等工作划归区委统战部（区民宗侨办），将相关附属设施委托给北京京西山水公司管理运营，形成“政府监管 + 宗教自治 + 企业运营”的管理模式。制定《门头沟区潭柘寺、戒台寺管理办法（暂行）》（以下简称办法），明确由区民族宗教事务中心委托北京京西山水文化旅游投资控股有限公司管理运营潭戒两寺，对委托管理运营的内容、范围进行界定。《办法》还明确各相关部门职责，要求建立健全有关联席会议制度等保障机制和措施，确保潭戒两寺管理工作规范有序。

（彭志丹）

【区民族宗教事务中心成立】 年内，门头沟区委批准成立区民族宗教事务中心，该中心为区委统战部下属的正科级全额事业单位，其主要职能是承担全区民族宗教领域相关事务性工作。

（彭志丹）

退役军人事务

【概况】 2022 年，门头沟区退役军人事务局（简称区退役军人局）持续推进双拥共建、优抚褒扬、接收安置、就业创业和权益维护等重点工作，确保退役军人服务保障工作向高站位、深层次和精准化推进，不断展现新作为、取得新成效，实现全区退役军人事务工作稳步发展。年内，“首都老兵”应急救援志愿服务队门头沟分队获评“北京榜样 · 最美退役军人”称号，其事迹在北京日报、学习强国平台、京津冀之声等媒体平台刊载，李瀑、孙云鹏和王树忠 3 名退役军人被评为“门头沟榜样”。

（梁晓冬）

【文艺汇演活动】 春节前夕，区退役军人局组织38名干部开展大拜年活动及文艺汇演，节目包括诗朗诵《我骄傲，我是中国人》、舞蹈《一起向未来》、三句半《2022再启航》和快板《说说我们军休所》等内容，凝聚干部干劲，促进工作提升，营造团结和谐的机关氛围。

（梁晓冬）

【春节和八一走访慰问】 春节和八一前夕，区退役军人局普遍慰问困难退役军人及其他服务对象2623人次，发放物品、慰问金共158.17万元；走访慰问军队离退休干部和无军籍职工336人次，发放慰问金、慰问品等17.55万元；代表区人民政府对市局和驻区部队进行走访，寄送慰问信48封，表达对驻区部队诚挚的祝福。“八一”前夕，区四套班子主要领导分别带队对驻区部队进行走访慰问，购置慰问品投入资金212万余元。

（安胜梅 曹 原）

【优抚对象医疗免缴工作持续开展】 2月，区退役军人局完成门头沟区150名享受定期抚恤补助优抚对象的医疗免缴工作；做好2022年度医疗免缴数据核查比对及增减员情况上报工作。

（安胜梅）

【“首都老兵”助力冬奥服务保障活动】 2月，区退役军人局机关干部4人积极参与助力北京冬奥会服务保障活动；围绕助力北京冬奥会，各级“首都老兵”京西志愿服务队开展新冠肺炎疫情防控、环境整治、扫雪铲冰等各类志愿服务600余场次，3000余人次参与。

（梁晓冬 郭辉强）

【双拥工作领导小组会】 3月1日，门头沟区召开2022年双拥工作领导小组会，听取2021年双拥工作汇报，调整区双拥工作领导小组成员名单。审议通过2022年工作要点以及双拥工作折子工程。

（曹 原）

【学雷锋志愿服务日军事共建活动】 3月5日，区退役军人局在驻区部队广泛开展学雷锋志愿服务日军地共建活动，共发放2000份“学雷锋”便民服务袋及防疫物品。

（曹 原）

【疫情防控封闭管理工作】 3月13日至8月18日、10月31日至12月31日，区光荣院实行疫情一级响应防控措施，全院封闭式管理。

（高海英）

【“2022·奋进·网上祭英烈”活动】 3月，在门头沟区开展“2022·奋进·网上祭英烈”主题宣传教育活动。各级烈士纪念设施现场祭扫共3000人，群体性祭扫纪念活动150余场。敬献花篮50个，擦拭墓碑200余座，敬献鲜花5000余支。制定《网上祭扫寄哀思 缅怀先烈传薪火》网上祭扫倡议书，中华英烈网等平台点击量达2万余人次，并印发文明祭扫宣传手册500余份。

（安胜梅）

【优抚对象供暖补贴及时足额发放】 3月，区退役军人局开展优抚对象供暖补贴工作，为169名优抚对象发放供暖补助，共31万余元。

（安胜梅）

【助力退役老兵寻找党组织关系】 3月，区退役军人局联合市退役军人局、龙泉镇退役军人服务站克服村办企业档案遗失等多重困难，助力退役老兵柴志瑞的党组织关系重新建立起来，使老兵多年补缴党费的梦想得偿所愿。

（郭辉强）

【主动公开机构基础信息】 3月，区退役军人局在百度地图、高德地图等互联网平台主动公开门头沟区310个退役军人服务中心（站）办公地址、办公电话、办公时间等基础信息，为退役军人提供便利的服务保障。

（彭 赢）

【建档立卡和优待证制发工作】 4月，区退役军人局面向全区符合条件的退役军人及其他优抚对象分批次、分阶段开展优待证申领、制发工作，将优待证工作纳入到全区综合考评的全国双拥模范城创建工作中，牵头制定《门头沟区退役军人及其他优抚对象建档立卡和优待证制发工作方案》，在全区召开退役军人及其他优抚对象建档立卡和优待证制发工作动员部署会，成立门头沟区退役军人及其他优抚对象建档立卡和优待证制发工作领导小组。制定《致广大退役军人及其他优抚对象的一封信》，共发放宣传折页1.2万余份、张贴宣传海报500余份，定期通报各镇街试点工作开展情况，并举行优待证发放仪式。年内，区优待证受理率排全市第三，完成建档立卡信息录入8922人，发放优待证7778张。

（安胜梅 彭 嬴）

【零散烈士墓修建工作】 4月，区退役军人局持续开展零散烈士墓修建工作。全年共修建完成6处，为纪念革命先烈提供祭奠的场所。

（安胜梅）

【退役军人红色宣讲】 5月，区退役军人局开展“全国老兵宣讲团”遴选活动，门头沟区王宗桃入选全国老兵宣讲团首聘成员，付尚华入选北京市老兵宣讲团首聘成员，王树忠等4人入选北京市老兵宣讲团信息库。6月，联合区委宣传部、大峪街道组织红色宣讲团成员到大峪街道开展“传承红色基因 永葆军人本色”宣讲活动。7月，联合区委教工委、大峪街道，创新宣讲形式开展“音乐讲党史”主题宣讲活动，激励广大退役军人从党史学习中汲取精神营养和奋进之力。同月，组织红色宣讲团成员参加“同心筑梦喜迎二十大 鱼水情深共庆建军节”庆“八一”拥军慰问活动。

（华晓厦）

【烈士纪念碑修缮工作】 6月，区退役军人局完成韩祥海烈士纪念碑、天桥浮战斗革命烈士碑、珠窝革命烈士纪念碑等12处烈士纪念碑的修缮工作，为社会各界开展纪念活动，提供庄严肃穆的活动场所。

（安胜梅）

【现役军人子女教育优待工作落实】 6月，区退役军人局积极落实现役军人子女教育优待工作。协调区教委妥善解决16名驻区部队官兵子女入园、入学问题。

（曹 原）

【烈士纪念设施管理保护专项行动】 7月，区退役军人局开展烈士纪念设施管理保护专项行动，全面提升烈士纪念设施管理保护水平。9月，全区195处烈士纪念设施全部与属地政府签订委托管理协议书，并校核完成了烈士纪念设施坐标、维度等多项信息录入烈士纪念褒扬系统。积极争取区财政支持，对具有一定规模的21处烈士纪念全部设立保护标志。

（安胜梅）

【“八一”双拥活动月】 “八一”期间，全区各单位开展“八一”双拥活动月共建慰问活动。举办全区庆“八一”双拥文艺汇演，广泛开展送书画进军营、送演出进军营、送义诊进军营等“六进军营”特色拥军活动50余场次。

（曹 原）

【“兵支书”教育培养工作】 8月，区退役军人局联合区委组织部、区农业农村局、区文化和旅游局组织全区13个镇街“兵支书”“兵委员”共60余人到驻区部队、马栏村红色教育基地开展“重温军旅情 启航新征程”培养“兵支书”主题实践活动，带领“兵支书”重温部队生活，感悟革命军人的初心与使命，传承和发扬革命老区精神，积累带领村民致富的经验，创新新农村建设发展理念。

（郭辉强）

【烈士信息进一步完善】 8月，区退役军人局通过与烈士家属沟通，翻阅历史档案资料等多种方法对门头沟区880余名烈士信息逐一进行核查，逐步补充完善各项信息，完成烈士英名录系统的录入工作，为加强烈士纪念褒扬工作提供信息保障。

（安胜梅）

【门头沟区军休老年大学开班】 9月1日，门头沟区军休老年大学开班仪式在门头沟区军休所举办。国家二级心理咨询师、生涯教育高级指导师以“保持积极心态，成就幸福人生”为主题讲授第一课。

（梁晓冬）

【“军嫂大课堂”开设】 9月15日，区退役军人局开设“军嫂大课堂”，设立就业择业辅导、婚恋家庭指导、法律援助服务、生活技能培训等多个板块服务，开展实地研学、岗前适应性培训等活动，面向军人军属开设亲子教育、康复、烹饪等10余门线上免费技能培训课程，服务军属500余人次。

（曹 原）

【烈士纪念日活动】 9月，区退役军人局印发《关于开展9.3抗日战争暨世界反法西斯战争胜利纪念日活动的通知》及《门头沟区9.30烈士纪念日公祭活动方案》，组织全区广泛开展9.3抗战胜利日纪念活动及9.30烈士纪念日公祭活动。9月30日，组织区四套班子领导和驻区部队官兵、区3名烈属、优抚对象等各界代表100余人参加9.30烈士纪念日公祭活动。

（安胜梅）

【党史知识答题活动】 9月22

日，区退役军人局组织开展“喜迎二十大，中秋健康行”暨党史知识答题活动。活动采取党史知识答题＋健康行的方式，进一步检验广大干部的学习成果，弘扬“军”字队伍精神，形成推动做好退役军人工作的强大动力。

（梁晓冬）

【抗美援朝70周年纪念章申请发放】 11月，区退役军人局联合区人力资源社会保障局，为抗美援朝老战士申请并发放抗美援朝70周年纪念章。年内，累计发放抗美援朝70周年纪念章54枚。

（朱　政）

【南京大屠杀死难者国家公祭日活动】 12月13日，区退役军人局开展“铭记历史，勿忘国耻”南京大屠杀死难者国家公祭日活动，以默哀、宣讲的形式来祭奠在惨案中死难的同胞和革命先烈，增强现代人对国家遭受战争灾难历史的记忆。

（梁晓冬）

【优抚对象年度确认工作】 12月，门头沟区831名享受国家抚恤补助待遇的优抚对象年度确认工作率先完成，门头沟区再次成为全市首个确认率100%的区。

（安胜梅）

【各项优抚对象资金及时足额发放】 年内，区退役军人局新增60岁农村籍退役士兵15名，残疾军人12人、伤残人民警察7名。为伤残军人发放伤残抚恤金共2228人次，496.83万元；发放伤残护理费共146人次，54.32万元；发放在乡残疾军人定期补助共180人次，39.48万元；为三属、复员军人、参战参试人员、带病回乡退伍军人等重点优抚对象发放定期抚恤补助共631人次，160.15万元；为烈士子女发放生活补助金共763人次，154.57万元；为60周岁以上农村籍退役士兵发放生活补助金共6100人次，163.84万元；为7名农村烈属发放优待金0.36万元；完成5月至9月价格临时补贴发放工作，惠及优抚对象4047人次，累计支出资金13.92万元；为符合条件的优抚对象进行医疗减免，共报销药费78人次，18.89万元；为6名一级至六级在乡伤残军人办理补充医疗保险、生育险、工伤险，共支出7.78万余元；为享受丧葬补助费的优抚对象发放资金7.29万元；为168名义务兵发放优待金并对169名义务兵进行优待金补差，共支出940.18万元。

（安胜梅）

【军队离退休干部休养】 年内，军队离退休干部休养所接收安置军队退休干部18人，跨省调整服务管理关系1人，累计接收军队离退休干部189人，现有123人；累计接收军队无军籍职工90人，现有60人；发放军休干部离退休费1921.17万元，发无军籍职工退休费518.3万元。

（梁晓冬）

【“红色之声”系列活动】 年内，区退役军人局开展“京西老兵红色之声——学党史 讲奉献 续写军旅荣光”系列活动，面向驻区部队现役军人和全区退役军人广泛征集红色主题的诗歌、散文，定期编辑并于网络平台进行发布的方式开展红色宣传，截至12月底，累计发布19期。

（华晓厦）

【为立功受奖现役军人发放奖励金】 年内，区退役军人局为35名立功受奖现役军人送喜报并发放奖励金3万元，其中三等功获得者3人，优秀士兵获得者32人。

（曹　原）

【关爱基金救助】 年内，区退役军人局使用关爱基金，帮扶救助困难退役军人2人，发放救助金2.6万元。

（朱　政）

【国防教育主题活动】 年内，区退役军人局组织国防教育主题活动6次，其中实地参观学习5次，线上学习1次。

（杨　洋）

【政策法规大讲堂】 年内，区退役军人局组织“政策法规大讲堂”12次，主要针对新出台法规和各科室相关业务进行学习。

（梁晓冬）

【社工招考随军家属专岗招聘】 年内，区退役军人局在全区社工招考中为随军家属设立专属招聘岗位，共拿出5个名额定向招录随军家属，为军人解决后顾之忧。

（曹　原）

【新时代马克思主义读书会】 年内，区退役军人局开展军休干部和自主择业军转干部马克思主义读书会6次，组织学习党的二十大会议精神等政治思想学习。

（梁晓冬　华晓厦）

【退役军人就业帮扶】 年内，区退役军人局联合区人力资源社会保障局举办退役军人线上专场招聘会及各类专项招聘活动17场，为退役军人提供就业岗位2000余个。

（郭辉强）

【退役军人志愿服务】 年内，区退役军人局围绕全国文明城区创建、新冠肺炎疫情防控、应急救援等重点任务，各级“首都老兵”京西志愿服务队共开展活动1800余场，7000余人次参加。“首都老兵”京西志愿服务队获评“2021年北京市新时代文明实践创新案例”。队伍事迹在北京市退役军人事务局官方公众号、“首都老兵”官方微博等平台宣传。

（郭辉强）

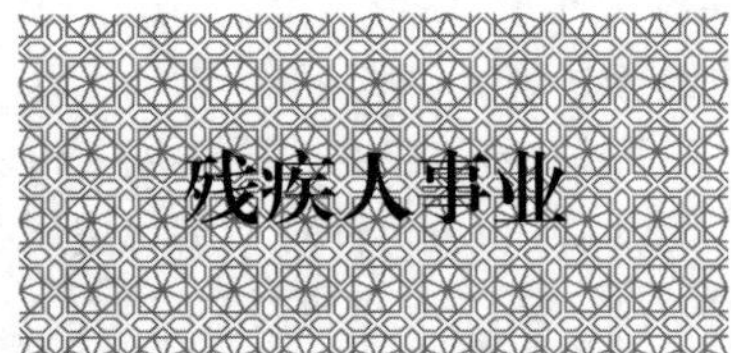

残疾人事业

【概况】 2022年，门头沟区残疾人联合会（简称区残联）按照残疾人事业发展的决策部署，稳步推进各项工作。年内，打造机关“红手杖”特色党建实践品牌，引导机关干部准确把握形势任务，新冠肺炎疫情防控到基层、下社区，45名干部自发签订疫情防控志愿服务请愿书，累计下沉基层1500余人次。开创“接诉即办”“三创建”“三上门”活动，提高诉求响应率、满意率、解决率。深度融合党建与业务工作，开展“机关进社区、党员进网格”活动，推动369个点位、19栋楼75个单元楼道无障碍扶手项目得到解决。抓牢残疾人社会保障政策的落实，为16周岁～59周岁14879人次重度无业残疾人发放居家养老助残券148.79万元。元旦春节期间共走访慰问2689户残疾人家庭，慰问资金220.1万元。优化残疾人就业服务工作，给予212家招用741名残疾人的用人单位878.08万元的岗位补贴；66家招用135名残疾人的用人单位25.3万元的社会保险补贴；为5248人次发放自主创业就业社会保险补贴619万元；为8名残疾人提供一次性趸交保险40万元；为3名自主创业就业残疾人给予10万元创业补贴。全方位做好残疾人精准康复服务工作，为938名接受康复训练的残疾人补贴费用191.92万元；为120名残疾儿童补贴康复训练费用300余万元；开展居家康复培训3000人次；线上＋线下评估适配40余次，服务800余人次。通过电话、上门等形式指导帮助4366人申请辅助器具34397件，补贴资金213.22万元。

（郭金辉）

【“人人参与 阳光助残”助残志愿服务】 1月19日，区残联“人人参与 阳光助残”志愿服务队分别到永爱残疾儿童康复中心和尚润德成人康复服务机构开展“助力创城 干净迎春 平安过节”志愿服务。

（郭金辉）

【重度残疾孤儿实现就业】 2月22日，区残联与第三方人力资源公司中国国际技术智力合作有限公司外企服务分公司的帮助区儿童福利院1名重度残疾孤儿与企业签定就业协议。

（郭金辉）

【残疾人手工编织活动】 3月1日，区残联温馨家园开展“巧手编织中国梦 共创美丽双奥城”雪容融制作直播活动，80余名残疾人线上线下参与活动。

（郭金辉）

【“全国爱耳日”活动】 3月1日，区残联在王平镇残疾人温馨家园举办“关爱听力健康，聆听精彩未来”主题志愿服务活动。除主会场外，还通过直播间平台进行宣传。线上线下近百人参加活动。

（郭金辉）

【“唐氏综合症日”主题活动】 3月21日，区残联温馨家园组织开展“无唐健康 无限未来”唐氏综合症日主题活动。残疾人通过线上直播间学习唐氏综合症特点及预防措施。200人参与直播观看。

（郭金辉）

【开展辅具评估工作】 3月28日至4月6日，区残联聘请有辅具评估资质的北京京煤集团总医院门矿医院为130余名残疾人开展辅具评估工作。

（郭金辉）

【服务机构安全督导检查】 4月14日，区残联对全区残疾人儿童康复服务定点机构和成年残疾人康复服务备案机构进行防疫安全、用水用电安全、消防安全等方面的督导检查。

（郭金辉）

【10家招用残疾人企业获表彰】 5月12日，区残联开展助残日主题“促进残疾人就业 保障残疾人权益”宣传活动。表彰近两年来招用残疾人劳动力达到企业人数10%以上的10家用人

单位，给予“按比例安排残疾人就业优秀单位”的称号。

（郭金辉）

【残疾人五谷画手工活动】 5月24日，区残联温馨家园举办“以画为援 共抗疫情”五谷画非遗手工主题线上活动。区残联温馨家园的学员与残疾儿童康复机构的残疾儿童共同参加此次活动。

（郭金辉）

【“爱眼日”主题讲座】 5月31日，区残联温馨家园通过直播的形式开展爱眼日主题讲座。活动辐射全区13个街镇的残友们，近百余人线上参与。

（郭金辉）

【“端午节”主题活动】 6月1日，区残联开展以“端午粽飘香，巧手做香囊”为主题的线上志愿服务活动。此次活动吸引残疾人和残疾儿童少年共100余人参与其中。

（郭金辉）

【残疾人手机摄影培训】 6月10日，区残联温馨家园开展“定格身边的美 拍出多彩世界”手机摄影云端培训分享活动，辖区内百余名残疾人及志愿者参与此次活动。

（郭金辉）

【残疾人庆祝建党101周年系列活动】 7月1日，区残联以“红色领航同心抗疫 凝聚合力喜迎二十大”主题，先后开展“手语唱红歌 同心永向党”残疾人手语唱红歌、“喜迎二十大 永远跟党走”线上诗歌朗诵会、追寻百年足迹《读懂中国共产党》主题阅读讲座以及听红色故事云“游”红色圣地等系列志愿服务活动。

（郭金辉）

【2022年残工委工作会召开】 7月21日，门头沟区召开2022年残工委工作会，采取线上线下相结合的方式进行。审议通过《北京市门头沟区人民政府残疾人工作委员会工作规则》《北京市门头沟区人民政府残疾人工作委员会成员单位职责分工》《门头沟区残疾人工作委员会工作报告》以及《门头沟区残疾人工作委员会无障碍环境建设工作方案》等文件精神。区残工委主任、区委常委、副区长，各残工委成员单位主要负责人，镇街残联主管领导和理事长参加会议。

（郭金辉）

【无障碍通讯产品体验】 7月21日，区残联与联通门头沟分公司联合举办“学党史我为群众办实事——畅听无障碍，助残献爱心”活动。面向听障人士进行无障碍通讯产品体验。

（郭金辉）

【为康复人员送服务活动】 7月25日，区残联开展“为康复人员送政策、送服务”志愿服务活动，为正在京煤集团总医院门矿医院康复科的康复人员提供残疾人证办理、无障碍环境建设、辅具评估、残疾人就业等上门志愿服务以及现场帮助。

（郭金辉）

【残疾人传统文化作品征集展】 7月29日，区残联开展“喜迎二十大 奋进新时代”传统文化作品征集展，此次活动共征集作品80余份。

（郭金辉）

【手语播报系统正式上线运行】 8月1日，区残联投入资金25万元，联合区融媒体中心在电视台新闻栏目增设无障碍环境建设人工智能（AI）手语播报系统正式上线运行。AI手语播报系统致力构建无障碍传播的媒介环境，实现公共服务领域的无障碍交流与沟通。

（郭金辉）

【残疾人康复需求调查服务】 8月10日，区残联会同镇残联和村组干部到妙峰山镇陇驾庄村、担礼村，东辛房街道西山社区等地开展残疾人康复需求调研工作。共为290名残疾人做康复需求调查，现场为242名残疾人申请购买辅助器具。

（郭金辉）

【残疾人预防诈骗法治讲座】 8月19日，区残联联合区司法局在龙泉镇温馨家园开展残疾人预防诈骗法治讲座，30余人参加讲座。

（郭金辉）

【对口帮扶村调研活动】 8月25日，区残联到雁翅镇山神庙村开展走访调研活动。区残联党组书记与镇、村负责人进行对接，深入了解村集体经济收入情况和残疾人生活情况，并结合农村劳动力少、产业发展可延续性不强、村集体经济收入单一等具体问题进行交流研讨。

（郭金辉）

【残疾预防知识宣传教育活动】 8月25日，区残联“红手杖”志愿服务队到潭柘寺镇残疾人温馨家园开展“普及残疾预防知识，建设健康中国”主题宣传教育活动，50余名社区居民及残疾人参加活动。

（郭金辉）

【承办残疾人职业技能竞赛初赛】 8月31日，区残联承办北京市第十届残疾人职业技能竞赛门头沟赛区插花初赛，来自门头沟、房山、石景山区的16名选手参加。门头沟区王淑鹏（听力一级）、贾兴华（听力三级）2名选手分别以第一名和第四名的成绩进入决赛。

（郭金辉）

【残疾人法制宣传活动】 9月6日，区残联联合区司法局开展“喜迎二十大，民法进家园”法律科普宣传服务，40余名残疾人参加活动。

（郭金辉）

【第七届主席团第三次全体会议召开】 9月17日，区残联通过视频会议的形式组织召开第七届主席团第三次全体会议。对第七届主席团委员进行调整，调整后委员53名，其中残疾人及其亲属36名，占委员总数的67%，符合《中国残疾人联合会章程》规定。随后选举杨建海为第七届主席团主席，区政府办副主任、区委组织部副部长、区残联党组书记为主席团副主席。选举区残联执行理事会理事长1名。区委常委、副区长，区残联第七届主席团全体委员、区残联党组书记等参加会议。

（郭金辉）

【残疾人就业政策宣讲活动】 9月22日，区残联联合多部门通过线上直播的形式进行残疾人专场政策宣讲+直播带岗活动，区残联、区人社局、区税务局三部门就各自业务范畴详细讲解残疾人就业保障金及社保补贴、岗位补贴等相关惠残政策，鼓励、吸引企业广泛招用残疾人。同时邀请4家爱心企业为残疾人带来50余个就业岗位，浏览量达1094人次，获赞1558人次。

（郭金辉）

【国庆节残疾人文艺演出活动】 9月26日，区残联温馨家园举办“喜迎二十大，奋进新征程”国庆节残疾人文艺演出活动，50余名残疾人参与活动。

（郭金辉）

【“世界精神卫生日”心理宣传讲座活动】 10月10日，区残联温馨家园开展“世界精神卫生日”心理宣传讲座活动。提升残疾人对精神卫生的认知，进一步预防和减轻精神障碍患者对社会、家庭和自身造成的危害，帮助其社会功能重建，促进心理健康。

（郭金辉）

【“全国消防日”安全知识讲座】 11月9日，区残联开展“全国消防日”残疾人消防安全知识讲座，30余名残疾人参加活动。

（郭金辉）

【“国家宪法日”法律宣传讲座】 12月4日，区残联温馨家园开展“国家宪法日法律宣传讲座”活动，组织残疾人在线直播观看法制短片、邀请律师进行线上法律宣传讲座，80余名残疾人参加线上活动。

（郭金辉）

【残疾人线上插花培训】 12月7日，区残联温馨家园开展线上残疾人插花培训活动，60余名残疾人参与活动。

（郭金辉）

红十字会事业

【概况】 2022年，门头沟区红十字会机关（简称区红十字会）围绕全区中心工作和自身职责定位，持续开展救护培训、应急救援建设、赈济救助等工作，认真履职，尽职尽责，积极发挥党和政府在人道救助领域联系群众的桥梁和纽带作用，完成各项任务，为“绿水青山门头沟”的建设贡献力量。在北京市红十字会、北京市人力资源和社会保障局开展的第二届北京市“人道奖”评选表彰工作中，区红十字会、区直机关工委、大峪街道办事处、斋堂镇人民政府等4个单位获先进集体，4名红十字工作者获先进个人。

（赵建军）

【区红十字会第七次会员代表大会召开】 3月2日，区红十字会第七次会员代表大会召开，审议通过题为《发挥特色优势 融入绿色发展格局 奋力谱写新时代红十字事业高质量发展新篇章》的工作报告和《门头沟区“十四五”时期红十字事业发展规划》。选举产生第七届理事会和第一届监事会，并召开七届一次理事会和一届一次监事会议。北京市红十字会党组书记、常务副会长和门头沟区委书记金晖出席大会并讲话。区人大常委会主任，区政协主席，北京市红十字会党组成员、副监事长，区委常委、区委办主任等市区领导出席会议。来自社会各界120名红十字会员代表参加大会。8月26日，组织召开七届二次理事会，完成常务副会长的改选工作。

（马文娟）

【学雷锋纪念日活动】 3月8日，区红十字会组织志愿者走上街头，开展学雷锋志愿服务活动。活动分为2项：在葡东公园内捡拾垃圾纸屑，清理狗屎和杂物，美化社区环境。在公园开展应急救护、心肺复苏演示、AED的使用培训宣传；发放红十字法律法规、急救知识、献血及造血干细胞宣传材，为过往老年群众测量血压。

（张　炼）

【艾滋病防治】 年内，区十字会采取线上与线下相结合方式开展“艾滋病知识防治宣传工作”。3月30日，聘请防治艾滋病专家在高家园社区开展《艾滋病防治知识讲座》，有30余名群众参加培训。全年对10名家庭困难的艾滋患者进行每人1000元的慰问。

（张　炼）

【为4个基层社区服务站配备防疫物资】 4月，区红十字会针对新冠肺炎疫情突发反复情况，紧急筹集资金为峪园、德露苑、黄土台、西杨坨4个基层社区服务站及志愿服务队配备防疫物资，如一次性口罩、医用手套、酒精、消毒棉片等，助力基层疫情防控。

（张　炼）

【应急拉练活动】 4月23日、5月16日、7月17日，红十字百灵应急志愿服务队在定都峰、妙峰山玫瑰谷、永定河沿线开展应急拉练活动。拉练活动以体能训练、户外无线电架设、山地搜救和创伤紧急处置、伤员转运为主要内容。通过演练，提高队伍户外救援、协同作战能力。

（马文娟）

【志愿服务队伍开展工作】 年内，由12名救护培训师资人员组成的志愿服务队伍，对景区红十字救护站内的急救药品、防疫物资、环境卫生等进行检查维护，并携带AED设备，在站点开展应急值守。同时，依托救护站，开展心肺复苏和AED设备使用方法普及培训。并结合“5.8”世界红十字日，开展宣传活动，为游客提供无偿献血、造血干细胞捐献等政策的咨询和解答，推广中国红十字会与腾讯公益平台联合打造的“博爱送温暖”众筹项目。“五一”期间，共开展募捐项目推广、无偿献血、造血干细胞宣传和急救知识技能普及累计达500余人次，开展创伤包扎处置3人次，提供应急医疗服务1人次。

（张　炼）

【无偿献血 拯救生命】 6月14日是第19个世界献血日，活动宣传口号是：“献血是一种团结，加入我们，拯救生命”。区红十字会组织志愿者在戒台寺公园、永定镇幸福广场举办2场宣传活动，共发放无偿献血、造血干细胞捐献知识等宣传材料200余份。通过宣传，倡议广大志愿者继续发扬“人道、博爱、奉献”的红十字精神和“奉献、友爱、互助、进步”的志愿服务精神，积极参与无偿献血、捐献造血干细胞。

（张　炼）

【白内障复明项目】 7月15日，区红十字会为关爱老年人视力健康，加强对社区老年白内障患者的关心和救助力度，携手京煤集团“白内障复明项目”在大峪街道滨河社区举办。“白内障复明”项目是区红十字会携手京煤集团总医院自2019年以来开展的公益项目。截至2022年共筛查2740人，手术365例。

（张　炼）

【应急救援演练】 7月26日，区红十字会针对夏季景区高发的游客意外伤害、中暑、人员走失等突发事件，组织门红蓝天救援队在斋堂镇爨柏景区开展应急演练，救援队11名队员演练山地搜救、创伤包扎、心肺复苏、伤员转运等科目，景区工作人员、游客80余人现场观摩。9月27日，在斋堂镇双龙峡景区开展水域救援演练，11名队员演练水上船艇救援和溺水人员心肺复苏、紧急转运等科目。景区工作人员、游客30余人现场观摩。

（马文娟）

【向灵溪景区捐助自动除颤仪设备】 8月31日，北京心田应急促进中心通过区红十字会向灵溪风景区捐助1台AED自动体外除颤仪设备，并为景区30名工作人员进行应急救护技能和AED使用方法培训，进一步提高景区应对突发情况的能力，为游客增添一份生命保障。

（马文娟）

【市民应急救护知识普及和宣传】 8月至10月，北京心田应急救护培训基地在全区各公园组织开展“人人学急救、你行我也行”主题市民应急救护知识普及活动 40 场，900 名群众现场学习急救技能，3000 余群众现场观摩学习。

（马文娟）

【助老慰问工作】 9 月 30 日，区红十字会通过区民政局对全区 16 位“百岁老人”进行慰问，每人发放慰问金 1000 元。

（马文娟）

【应急救护培训进企业】 9 月 30 日，区红十字会会同区工商联举办“凝心聚力迎盛会 急救知识进企业”主题活动，来自区工商联系统 20 家会员企业的负责人、安全员、一线员工通过线上培训学习急救技能和 AED 设备的使用方法。

（马文娟）

【应急救护培训】 年内，区红十字会结合除颤仪（AED）等急救设备的配装工作，对区内中小学校在校师生、公安系统一线民警、志愿者、社区群众中开展培训，共举办培训班 90 期，培训急救员 3103 人，普及应急知识 4109 人次。6 月至 10 月，开展应急救护技能网络直播课程 120 期，线上普及宣传应急救护知识，浏览量累计逾百万人次。

（马文娟）

【人道救助工作】 年内，区红十会开展“红十字博爱送万家”元旦春节期间送温暖活动，拨付慰问金 61.3 万元，对全区 551 户因病致贫、因病返贫的困难家庭进行走访和慰问。募集救助款 58.65 万元，对辖区内 105 户因大病或事故、火灾等自然灾害和突发事件，导致基本生活出现困难的家庭和个人进行救助。通过中国红十字总会彩票公益金项目和门头沟区红十字会少儿大病救助项目，对全区 8 名患白血病、先天性心脏病等重大疾病儿童进行救助，全年实现救助金额 19.8 万元，解决群众临时生活困难。

（马文娟）

【应急救护师资队伍建设】 年内，区红十字会加强应急救护师资队伍建设，完善师资培训考核、复训年检、签约管理。推荐参加总会、市会初任师资培训 2 批 5 人；组织开展应急救护师资考核 2 批次 25 人，11 人通过评审取得初级训练师证书。组织参加总会、市会师资复训 3 期，6 人通过复训年检。

（马文娟）

【应急志愿服务队伍建设】 年内，区红十字会所属红十字百灵应急志愿服务队、门红蓝天救援队 2 支队伍，围绕文明城区创建、新冠疫情防控、会议活动服务保障等，参与环境卫生整治、公共场所消杀、区“两会”服务保障、应急宣传等活动 15 次。

（马文娟）

【应急服务站点建设】 年内，区红十字会利用“五一”“十一”“中秋”等节假日开展志愿服务活动，选派应急救护师资、红十字志愿者到潭柘寺景区红十字救护站开展开展急救知识宣传、站点应急值守等工作。全年，开展应急知识普及 710 人次，游客创伤紧急处置 13 人。

（马文娟）

【“博爱在京城”捐款及定向支出】 年内，门头沟区“博爱在京城”捐款共募集资金 103.83 万元。通过红十字会对口支援内蒙古武川县 30 万元资金。新冠肺炎疫情防控投入资金 44.93 万元；直接投入物资价值 17.15 万元。

（张　炼）

人物 荣誉

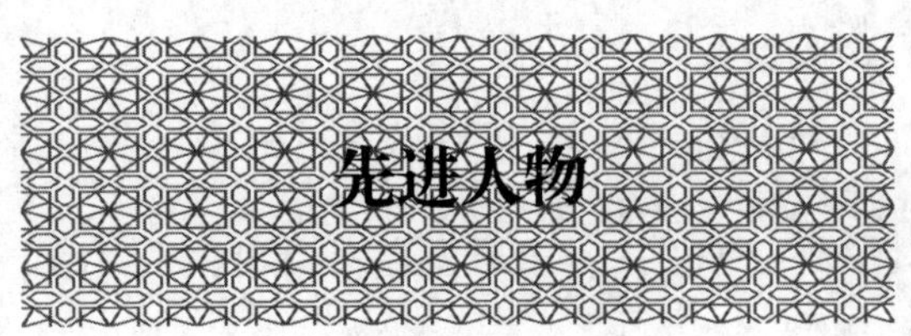

先进人物

第十三届全国五好家庭

杨　逸家庭

全国最美家庭
（2022 年）

王金贺家庭

全国维护妇女儿童权益先进个人

翟　颖

全国青少年普法先进工作者
（2022 年）

孙　维

全国青少年普法先进辅导员
（2022 年）

温　婧

京津冀最美绿色家庭
（2022 年）

武雅娟家庭

首都劳动奖章
（2022 年度，4 人）

刘亚丽　毛守奎　李克俊　杨素芳

首都精神文明建设奖
（2022 年）

栗　蕊

首都巾帼最美奋斗者
（2022 年，2 人）

王　霞　寇红艳

首都最美志愿者
（2022 年，4 人）

高晓颖　卢秀华　李秀丽　杨兰芝

首都最美家庭
（2022 年，13 个家庭）

李建华家庭　林晓峰家庭　孟　婕家庭
邢玉梅家庭　吕　娜家庭　王立珍家庭
武雅娟家庭　王宗桃家庭　曹桂香家庭
刁栾茵家庭　杨　畅家庭　杨　逸家庭
王金贺家庭

“最美军嫂”
（2022 年，6 人）

董梦荟　周云霞　李苗苗　黄　佳　阎军玲
浦　洁

首都最美志愿服务家庭
（2022 年，6 个家庭）

高晓颖家庭　金少杰家庭　孙云鹏家庭
于清泉家庭　张桂云家庭　张文明家庭

首都绿化美化先进个人名单
（2022 年，18 人）

刘　婜　王萌萌　刘　彪　刘益铭　李宝锁
尹　虎　橱景林　桥　威　金　晶　赵明腾
胡　伟　高瑞文　岳春国　于　彤　王新峰
郝元隆　李剑韬　李恩杰

北京市“人民满意的公务员”
（2022 年）

王占恒

北京市农村工作先进个人
（2017-2021 年，4 人）

邢卫兵　陈　燕　王　磊　杨晓东

第一届门头沟区最美“两山”理论守护人
（10 人）

刘亚丽　罗金宝　宋海林　于广云　邢卫兵
尚显兰　张温阳　杨兆辉　赵　辉　杨　军

门头沟区最美家庭
（2022 年，200 个家庭）

大峪街道

张荫霞　董志旗　叶　敏　郭　浩　杜元田
王秀兰　李　宁　王宗桃　李艳辉　刘　莘
韩香荣　刘露露

城子街道

师永花　金淑娈　杨春平　马文香　李红芬
赵秀玉　韩进忠　王秀红　李占军　吴淑芹
王　卓　张玉萍　代秀荣　魏书文　王淑艳
董　华　刘河京　陈来顺　张桂香　贾佩英
岳春生　李贞宜　刘桂云　贾淑兰　高玉英
陈青松　张素然　邵天菊　刘　硕　李翠莲
张春梅　杨　凯　周志勇　马德彦　王艳梅
曹永果　李俊明

东辛房街道

刘忠明　王　茜　杨玉玲　张文海　杨寿民
安花芝　宋静超　赵玉梅　张邱阳　杜春香

大台街道

高玉书　毛淑萍

潭柘寺镇

马文芝　肖亚男　王妍茹　贺明娥　高桂英
李建苹　王洪霞　韩景凤　艾天蕊　孟祥华
杜　亭

永定镇

李国萍　周　玉　王　艳　方　然　朱学芳
姜玉玲　王丽娟　高素文　霍忠明　李占京
董国猛　付永兰　王文忠　李俊燕　赵新雨
安永辅　王　瑜　赵晶晶　尚士红　李尚怡
刘　捷　高淑敏　高建芬　杨淑云　石少俊

龙泉镇

隗功红　郭淑贞　柳梦莜　宋佩蓉　李长霞
陈　梅　王海燕　马桂荣　石海霞　陈　雪
付德荣　李　丹　孙秀梅　崔二荣　陈雪超
侯冬海　吕秀姣　王亚茹　田秀娟　赵亚军
安　靖　王　莉

妙峰山镇

王振凤　王玉江　张文兴

军庄镇

林雪花　张　慧　周　宇

王平镇

王立珍　李淑君　于亚静　傅银艳　李素梅
杜　娜

雁翅镇

曹宏武　杨在起　王兴建

斋堂镇

李万莲　杨淑莲　索　辉　刘　阳　张凤香

清水镇

杜文乐　郑秀福　王腾刚　张进霞　张进万
张立娟　任全芳　艾立娜　赵　敏

区教委

吕　娜　王　玉　陈　鲲　高　霞　梁秀敏
师成君　吴媛媛　王卫华　尹丹丹　张　帑
赵　颖　白岩松　唐国静　王亚辉　彭洁帆
李　程　骆　萌　肖进超　唐玉建　葛雪臻
马　旭　于金燕　王晓涵　张海燕　谭梦凡
王永丽

区卫生健康委

刘秀婕　李亚楠　邢玉梅　董立超　刘　瑞

区市场监管局

王瑞瑞　尚　然　李艳霞　马　晗　王　宇

百花山管理处

郭江慧　苏子庭　赵　菁　曹满婷　夏竹青

区委宣传部

孟献霞　刘进国　李秀丽

区人民检察院

陈　立　郭　琦　孟　婕

区生态环境局

刁栾茵

区科信局

武雅娟

区税务局

许红艳

区经管站

杨　璇

区消防救援支队

宋佳兴

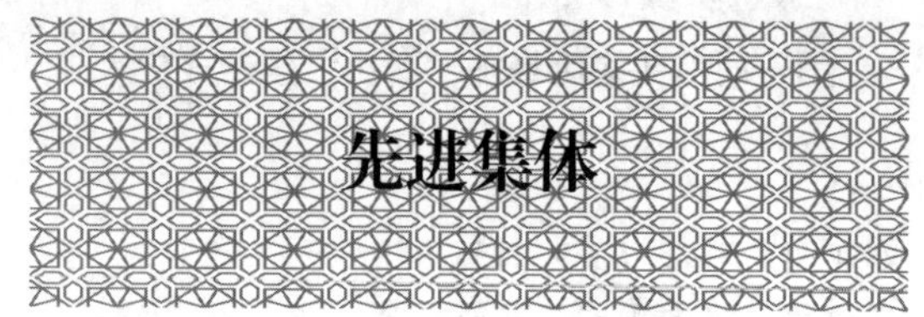

先进集体

“国家森林城市”“中国天然氧吧”

门头沟区

全国工人先锋号
（2022 年）

门头沟区人民检察院第五检察部

全国文明单位
（2022 年）

国网北京市电力公司门头沟供电公司

全国巾帼文明岗
（2022 年，2 家）

门头沟区人民法院民事审判一庭
门头沟区疾病预防控制中心

全国维护妇女儿童权益先进集体
（2022 年）

门头沟区司法局

全国“人民满意的公务员集体”
（2022 年）

大台街道办事处

全国乡村旅游重点镇（乡）
（第二批）

斋堂镇

全国乡村旅游重点村
（第四批）

妙峰山镇炭厂村

全国青少年普法先进集体
（2022 年）

门头沟区法律援助中心

全国示范性老年友好型社区（村）
（2022 年）

斋堂镇马栏村
王平镇西王平村

全国和谐劳动关系创建示范企业
（2022 年）

江泰保险经纪股份有限公司

全国综合减灾示范社区
（2022 年）

大峪街道滨河西区社区

全国甲级民宿

一瓢客栈

全国“为群众办实事示范法院”
（2022 年）

门头沟区人民法院

首都劳动奖状
（2022 年）

门头沟区市场监督管理局

首都最佳志愿服务组织
（2022 年，3 家）

门头沟区京西惠人帮志愿服务队
门头沟区京西山水清山志愿服务队
门头沟区夕阳爱心志愿服务队

首都最美志愿服务社区
（2022 年，5 家）

大台街道大台社区
大台街道玉皇庙社区
大峪街道双峪社区
大峪街道德露苑社区
王平镇色树坟社区
龙泉镇东南街社区
龙泉镇中门寺南坡一区社区

首都全民义务植树先进单位
（2022 年，6 家）

门头沟区人民检察院政治部
门头沟区税务局
门头沟区永定镇人民政府
门头沟区军庄镇人民政府
门头沟区王平镇人民政府
门头沟区大峪街道办事处

首都绿化美化先进集体
（2022 年，4 家）

门头沟区园林绿化局
门头沟区生态环境局
北京市规划和自然资源委员会门头沟分局
门头沟区清水镇林业工作站

首都绿化美化花园式社区、单位名单
（2022 年，6 家）

门头沟区大峪街道德露苑社区
门头沟区永定镇迎晖南苑社区
门头沟区龙泉镇中门寺南坡一区社区
门头沟区龙泉镇西山艺境社区高家园东街 1 号院（东院）
门头沟区大峪第一小学
武警北京市总队执勤第六支队四中队

首都森林村庄名单
（2022 年，4 家）

潭柘寺贾沟村
军庄镇军庄村
王平镇南港村
妙峰山镇丁家滩村

北京市工人先锋号
（2022 年）

北京市公安局门头沟分局永定派出所

北京市青年文明号
（2022 年）

斋堂人民法院

北京市农村工作先进镇、村
（2017-2021 年，10 家）

雁翅镇
潭柘寺镇赵家台村
永定镇何各庄村
龙泉镇大峪村
军庄镇军庄村
妙峰山镇炭厂村
王平镇东王平村
雁翅镇田庄村
斋堂镇马栏村
清水镇下清水村

北京市抓党建促乡村振兴示范村
（2022 年，2 家）

妙峰山镇炭厂村
雁翅镇田庄村

北京市综合减灾示范社区
（2022 年，2 家）

大峪街道丽湾西园
大峪街道向阳东里社区

北京市美丽休闲乡村
（2022 年，4 家）

王平镇韭园村　　清水镇西达摩村
妙峰山涧沟村　　斋堂镇柏峪村

北京市红色旅游景区（点）
（2022 年，9 家）

平西情报联络站
京西山区中共第一党支部旧址
斋堂镇马栏村
冀热察挺进军司令部旧址陈列馆
龙门涧憩英园景区
安家庄红色教育基地
斋堂镇川底下村
神泉峡景区

第四届北京市模范法院

门头沟区人民法院

北京市法院先进集体

门头沟区人民法院立案庭（诉讼服务中心）

门头沟区青年文明号
（2022—2023 年）

门头沟区人民法院民事审判一庭
国网北京市电力公司门头沟供电公司自动化信息通信运维室

第一批门头沟区“两山”理论实践样板
（8 家）

清水镇洪水口村
清水镇梁家庄村
斋堂镇白虎头村
妙峰山镇炭厂村
雁翅镇田庄村
王平镇韭园村
斋堂镇火村
雁翅镇淤白村

街道 镇

3月10日，西城区天桥街道与门头沟区大台街道举办“手拉手”线上招聘会（大台街道办事处 供图）

2月10日，第十届军庄镇政府第六次会议召开（军庄镇政府 供图）

3月4日，清水镇“两会”及北京冬残奥会开、闭幕式服务保障调度会召开（清水镇政府 供图）

3月25日，东辛房街道2022年党建工作会召开（东辛房街道办事处 供图）

◆| 3月30日，王平镇第五届人民代表大会第二次会议召开（王平镇政府 供图）

◆| 3月，城子街道广场社区在小区门口外5米内安装防撞墩解决乱停车问题（《京西时报》 供图）

◆| 5月，妙峰山镇担礼村针对排洪沟影响南地200余名村民出行诉求，在排洪沟上横架一座钢桥（《京西时报》 供图）

6月，永定镇政府“吹哨”区园林绿化局等有关部门解决石龙西路两侧便道树胶滴落问题（《京西时报》供图）

6月，斋堂镇牛战村村民在玫瑰加工厂操作车间内摘取玫瑰花瓣（《京西时报》供图）

7月11日，龙泉镇三家店村第十二届永定河民俗文化节举办（龙泉镇政府　供图）

◆| 7月22日，大峪街道创城全要素模拟测评结果通报暨创城迎检推进会召开（大峪街道办事处　供图）

◆| 9月27日，雁翅镇举办2022年旅游文化节（雁翅镇政府　供图）

◆| 9月28日，潭柘寺镇政协委员之家揭牌（潭柘寺镇政府　供图）

大峪街道

【概况】　2022年，大峪街道位于门头沟区中心地带，辖区面积4.4平方千米，东以永定河为界，西至增产路南街与东辛房街道办事处为邻，北以河滩排洪沟为界与城子办事处相连，南至葡萄嘴山梁与永定镇相邻。辖区共33个社区居委会，居民常住总人口8.7万余人。辖区内有机关、事业单位280余家、生产经营单位813家。年内，地方级收入21817.90万元、区级收入12288.47万元，完成预算支出16483.72万元，新招引企业共413家，新注册321家。年内，聚焦街道智能治理，推进97个智慧平安小区建设。持续开展安全生产隐患排查治理，深入推进电动自行车安全隐患专项整治，筑牢全域安全防线。年内，实施惠民工程40余项。推进揭网建绿和背街小巷精细治理，强化垃圾分类和飞线整治，优化城市环境。年内，大峪街道被评为“北京市节水型单位”、镇街级“文明政务大厅”称号。

（马晓晴）

【“迎新年 防诈骗”线上法治讲座】　1月5日，大峪街道联合区人民法院执行局通过腾讯会议连线方式，开展“迎新年 防诈骗”线上法治讲座。执行局法官就提供“养老服务”、投资“养老项目”、销售“养老产品”、宣称“以房养老”4种养老诈骗常见的类型进行讲解。同时，还为在座的居民朋友深入、透彻的分析“免费体验”“夸大功效”等购买“保健品”常见的12个套路陷阱，并以案普法从近期发生的热门案例进行法律层面解读，提醒居民在生活中遇到一些常见的诈骗字眼时，要学会理性思考运用法律武器保护自己。辖区33个社区居民收看。

（谭文雅）

【节前安全检查】　1月29日，大峪街道党政主要领导带队，联合区消防救援支队、大峪派出所、区市场监管局对辖区社区，底商楼宇大厦进行安全检查。重点检查消防隐患问题及消防设施和消防器材，现场发现的隐患问题要求负责人立即进行整改。

（贾子阳）

【“两节”慰问活动】　1月，大峪街道开展“两节”慰问活动，共慰问失业人员、退休人员、低保人员、特困人员1137人，发放慰问金65.55元。

（孙　波）

【烟花爆竹禁放值守】　1月，大峪街道全域为烟花爆竹禁放区，在“除夕”“初五”“十五”等重点时段，采取多种措施确保不发生因燃放烟花爆竹引发火灾事故。街道领导班子分别带队到辖区主干道、公园、加油站等重点部位检查，督促责任人、责任单位落实管控措施；街道包居干部下沉到社区，全程监督指导社区禁放工作；各社区网格员，党员志愿者、楼组长、物业全面出动，在社区网格内巡查，及时制止违规燃放行为；对口委办局支援干部划定责任区域，巡查辖区主要路段。

（贾子阳）

【禁毒宣传活动】　2月13日，大峪街道平安办禁毒社工到承泽苑社区商铺一条街，开展禁毒宣传活动，禁毒社工向沿街商铺从业人员发放禁毒宣传彩页，详细讲解毒品的种类和如何辨别新型毒品等知识，加强从业人员识毒能力。2月28日，大峪街道平安办禁毒社工到葡山公园开展禁毒宣传活动。禁毒社工通过发放禁毒手册的形式，给群众讲解毒品的危害及防范毒品的知识，告知群众要有警觉戒备意识，提高对诱惑的警惕性，对涉毒行为采取零容忍的态度。4月26日，增东社区工作者在社区内开展禁种铲毒宣传活。呼吁居民发现身边有贩毒、吸毒现象，立即联系社区或者拨打110报警自觉抵制毒品，树立禁毒人人有责的意识。6月24日，大峪街道平安办联合临镜苑社区在新冠肺炎病毒核酸检测点开展禁毒宣传活动。街道工作人员和社区工作人员向来往做核酸检测的群众进行禁毒知识、防疫知识讲解，针对群众辨别毒品的能力弱，对毒品的危害性和吸毒的违法性缺少认知，容易受到毒品侵袭等特点，并结合实际为群众讲解《中华人民共和国禁毒法》《禁毒条例》《北京禁毒条例》等禁毒知识，让群众了解毒品对身体的危害。

（杨清禹）

【市场防疫专项检查】　3月15日，大峪街道开展市场新冠肺炎防疫专项检查，实地查看熙旺大厦，物美大卖场，7号院等场所的疫情防控情况，对企业的市场防疫工作提出要求。

（董梅丹）

【国家安全宣传活动】　4月13

日，大峪街道在临镜苑社区开展国家安全宣传活动，街道工作人员与社区工作者一道向社区居民发放宣传手册和小礼品，并向居民普及社会安全、文化安全、国土安全等方面的法律法规和相关知识。

（杨清禹）

【打击整治养老诈骗专项行动】 4月至10月，大峪街道制定《大峪街道打击整治养老诈骗专项行动实施方案》，成立工作专班，全面排查辖区内是否有针对老年人的投资理财、健康保健、保健品销售、老年旅游的营业机构，并积极开展宣传活动。

（杨清禹）

【防范非法集资宣传月活动】 6月，大峪街道以“守住钱袋子·护好幸福家”为主题，宣传《防范和处置非法集资条例》、金融知识，并利用电子屏、微信群等播放防范非法集资的公益广告，防范非法集资宣传标语，典型案件等内容向居民宣传非法集资的危害。

（杨清禹）

【反邪教展板巡回宣传活动】 6月至9月，大峪街道平安办在33个社区开展反邪教展板巡回展出活动，倡导群众崇尚科学拒绝邪教，增强群众对反邪教工作的认识、理解和支持意识。大峪街道利用反邪教“净土工程”奖励经费，为部分社区安装10块反邪教宣传专栏，进一步做大做强街道反邪教宣传阵地。

（李 娜）

【社区政务服务规范化建设工作方案制定】 7月，大峪街道制定《大峪街道社区政务服务规范化建设工作方案》，明确社区政务服务应统一服务场所、统一事项标准、一门集中进驻、统一“一窗”工作模、强化人员管理、落实基本制度。并在11月底前，实现社区政务服务规范化建设全覆盖，让数据多跑路、群众少跑腿。

（孙 波）

【安全生产专项整治“百日行动”检查】 8月12日，大峪街道联合区消防救援支队、大峪市场所．大峪派出所对七号院、龙坡社区平房区开展安全生产自建房安全检查，平安办、综合行政执法队相关社区物业页责人陪同检查。

（贾子阳）

【中秋节前安全检查】 9月18日，大峪街道到辖区重点平房区域进行安全检查，区消防救援支队、大峪派出所、大峪市场所、大峪街道平安办、综合行政执法队、相关产权单位负责人和产权人参加检查。对平房院内的经营单位消防安全、安全生产、流动人口和出租屋管理等进行检查，同时对消火栓、消防器材、安全出口及疏散通道进行查看，现场发现的隐患问题要求负责人立即整改。

（贾子阳）

【禁毒宣传进车站活动】 10月14日，大峪街道平安办到辖区公交车站，向过往群众详细介绍毒品种类、毒品危害等知识以及如何提高防毒、拒毒的能力等。

（杨清禹）

【城镇低保管理工作】 12月，大峪街道享受低保待遇家庭470户、878人，月支出低保金额118.7万元；全年累计发放5466户次、10279人次、1353.5万元。特困供养人员现管理21户、22人，月支出4.3万元。

（孙 波）

【违法群租房整治】 年内，大峪街道共挂账整治违法群租房11处，涉及7个社区，违法出租房屋45间，面积1330余平方米，拆除隔断墙11面，疏解外来流动人员25人，约谈房屋中介公司3家15人次。

（杨清禹）

【燃气安全专项检查】 年内，大峪街道开展燃气安全专项排查整治工作，检查燃气使用单位175家次，发现安全隐患21处，全部完成整改。

（贾子阳）

【医疗救助及报销】 年内，大峪街道低保医疗救助共537人次，95.2万元；退养、老积极分子报销医药费552人次、206.5万元；“一老一小”报销医药费378人次、98万元；退休人员医药费报销109人次，38.5万元；报销医药费1576人次，438.2万元。

（孙 波）

【住房保障工作】 年内，大峪街道新申请住房件数383件，其中保障性住房申请成功160件，公租补贴申请成功11件，市场补贴申请成功212件。变更申请件数453件，其中保障房变更完成210件，公租房补贴变更完成55件，市场租房补贴变更完成188件。终止件数366件，其中保障房终止214件，公租补贴终止63件，市场租房补贴89件。复审人数2389人，其中保障房复审人数1195人。公租补贴复审人数293人，市场租房补贴复审人数901人。新签市场补合同254人，公租补合同143人。

（孙　波）

【就业和社会保障工作】　年内，大峪街道完成城镇登记失业人员就业人数941人，就业率达63.8%。12月末实有登记失业人员控制人数544人，比年终指标登记失业人数580人超额完成36人。空岗信息采集数2202个，完成指标的183.5%。全年求职登记人数完成1084人。充分就业社区村指标比例为70%，实际完成比例72.7%。走访跟踪服务用人单位72户，完成率102.9%，采集空岗信息2202个，完成率183.5%；技能提升行动培训443人次，完成率147.6%。

（孙　波）

城子街道

【概况】　城子街道位于门头沟区人民政府北侧2千米处，背倚九龙山，面朝永定河，南北以河滩桥和水闸桥为界，西至东龙门，东与石景山区五里坨接壤。辖区面积3.5平方千米，辖区常住人口4.8万人（含流动人口1.6万人）。下辖20个社区，4家市属单位，22家区属单位，学校等教育机构13所。2022年，完成地方级收入15368万元，同比增长25.2%；完成区级收入7874万元，同比增长29.4%。完成财政收入11707.45万元，同比增长13.1%；完成财政支出15081.73万元，同比增长44.8%。

（李灵芝）

【创城工作】　1月14日，城子街道桥东社区举办“井”上添花文明实践活动，社区居民及小朋友40余人，涂鸦绘画井盖40个；龙门一区居委会组织社区党员、环保志愿者进行创建文明城区卫生大扫除活动。有51名居民参与活动，共清理小广告50余处，捡拾白色垃圾16袋，清理堆物堆料5车，清理雨篦子内垃圾20处，擦拭宣传栏24处；综合行政执法队联合平安办公室及街道市场监管所等部门开展联合检查。重点检查各单位的136家商户门前三包环境秩序、疫情防控、垃圾分类及安全生产等多项内容并要求强化安全思想，细化落实疫情防控、门前三包、食品安全、工地大气污染防治等多项工作要求，强化消毒、佩戴口罩等常态化疫情防控措施。年内，城子街道共开展新时代文明实践志愿服务978次，每周持续开展“领航星期五”等志愿活动共计137次，刊发街道《创城快报》28期。

（李灵芝）

【垃圾分类主题宣传活动】　2月3日，城子街道龙门四区、五区开展以“绿色环保迎元宵 垃圾分类我先行”为主题的宣传活动。元宵猜灯谜活动将垃圾分类的相关知识融合进灯谜，鼓励大家要增强环保意识，倡导共同参与爱护环境，带头做好垃圾分类。

（李灵芝）

【接诉即办工作】　3月，城子街道对龙门新区5个社区91栋楼，245个单元，7322户门外及楼道堆物堆料及乱停自行车问题申请纳入主动治理项目，对户门外、楼道堆物堆料及乱停自行车问题进行全面清理。其中，清理楼道堆物堆料1650余处、清理垃圾杂物53车、规范码放自行车830余辆，对865处电表箱、消防栓、信箱内进行无死角清理。年内，城子街道完成4个社区17栋住宅楼老旧小区的楼顶及屋面防水，解决房屋外檐及屋内漏雨等问题，有效提升辖区百姓满意度及居住舒适度；完成龙门新区5个社区12个小区的42部电梯维修，保障居民安全；完成龙门新区12个小区49栋住宅楼开展外墙修复、檐沟更换等处理，解决漏雨问题；完成辖区20处电动自行车存放设施建设，消除消防安全隐患。年内，城子街道共承办12345政府服务热线诉求8042件，“三率”综合成绩96.14，其中响应率99.87%，解决率95.53%，满意率95.58%。共处理9600余件城市管理网格内案件。办理“未诉先办”类案件96件，随手拍案件51件。

（李灵芝）

【施工工地春季开复工宣传周活动】　3月16日至25日，城子综合行政执法队在辖区范围内集中开展施工工地春季开复工宣传周活动。执法队员围绕施工噪声扰民、施工扬尘、渣土运输泄漏遗撒和随意倾倒建筑垃圾等问题，在辖区12个在建工地开展春季开复工集中宣传活动，要求各工地积极做好春季工地的抑尘管控工作，针对春季多风的季节性特点，做好大风天气的裸地围挡巡查修缮工作。

（李灵芝）

【政务开放日活动】 3月23日，城子街道开展以“医疗保障打通最后一公里”为主题的政务服务开放日活动，邀请区医保局工作人员社区居民走进便民服务大厅，现场讲解医疗保障相关政策，解答群众疑惑。

（李灵芝）

【全民国家安全教育日宣传教育活动】 4月15日，城子街道召开全民国家安全教育宣传部署会1次，各社区积极开展“4.15”全民国家安全日教育宣传活动20次，张贴宣传海报450张。

（李灵芝）

【国际禁毒日宣传活动】 6月26日，城子街道召开“6.26”国际禁毒日专项部署会，结合街道禁毒工作实际要求各社区开展禁毒宣传活动。利用办事处一层大厅多媒体屏幕循环播放禁毒宣传视频，同时通过线上“城子党群之家”微信公众号转发区禁毒办“致全区人民的一封信”视频，各社区领导再转发到各个社区居民群观看视频。

（李灵芝）

【绿色置换活动】 8月18日，城子街道在市场街社区开展绿色置换活动。配合车棚改造工作，通过积分兑换、现场兑换的形式，用日常生活用品兑换居民存放在楼道里面的堆物堆料、废旧自行车，共建宜居家园。

（李灵芝）

【社会化退休人员活动】 9月5日，城子街道开展以“心理解压，动手动脑”为主题的社会化开放日活动，邀请辖区内社会化退休人员亲自动手，制作手工工艺品。

（李灵芝）

【红色皮影戏演出】 9月28日，城子街道邀请北京龙在天皮影剧团在街道文化活动中心开展红色皮影戏演出活动，演出包含《尽美少年》《小兵张嘎》《金色的鱼钩》3个剧目，机关党员、积极分子、社区专职党务70余人参加。

（李灵芝）

【市场主体扫码测温夜查】 11月17日，城子街道综合行政执法队联合平安办及市场监管所等部门，开展辖区市场主体扫码测温夜查工作。此次行动共出动检查人员5人次，检查市场经营主体11家次，发现未按照要求落实新冠肺炎各项常态化防控措施的经营主体2家次。

（李灵芝）

【网格巡查除隐患】 年内，城子街道矿桥东街在网格每日巡查中发现九龙东苑五地块大门口处偶尔有汽车、电动车等临停车辆，存在安全隐患。社区书记主动作为，通过街道“两委”班子协商，决定购置安装水泥隔离墩解决安全隐患。9月22日，社区干部及时告知车主挪车。小区门口设置12个隔离墩，保障4栋楼500余户居民的出行安全，消除安全隐患。

（李灵芝）

【充电难题解决】 年内，城子街道新建39个车棚及改建既有车棚，协调铁塔公司在辖区内安装29个电动自行车充电点位，可提供780个充电端口，缓解居民充电难的问题。

（李灵芝）

【社区社会组织队伍建设】 年内，城子街道成立培育孵化专项团队，特设联络员、信息采集员，指导社区完成社区社会组织备案、运营；新增社区社会组织109个，填写整理109份社区社会组织备案申请表，内容包含组织名称、活动时间、活动人数、活动地点、负责人基本情况、组织内职务、组织类别、资金来源、活动内容、申请理由。

（李灵芝）

【开展PAI课程体系】 年内，城子街道定制PAI课程体系（Psychology——心理，Ability——能力，Innovation——创新），主要纳入心理建设、能力提升、创新探索方面的内容。面向城子街道20个社区的社区工作者、社区社会组织骨干、志愿者和入驻孵化园的各社会组织，以社区为单位，每个社区应至少完成15次打卡，参与培训课程。

（李灵芝）

【2家驿站开门服务】 年内，城子街道东街社区养老服务驿站以及广场社区养老服务驿站完成验收对外开放，为全面提升基层养老服务工作水准，让社区老年人拥有更多的获得感、幸福感、安全感提供更专业服务载体。

（李灵芝）

【温馨家园创新托管运营模式】 年内，城子街道积极推动辖区温馨家园创新托管运营模式，整体托管、购买服务、民非运营，在区残联指导下完成第三方托管协议签订，共建人文温馨家园，造福辖区残障人士。

（李灵芝）

【新冠肺炎疫情防控】 年内，城子街道处理大数据派单 28820 余人次；累计重点人员管控 14803 人，其中追阳 3089 人，密接 2532 人，居家医学观察 2852 户 5215 人，居家健康监测 1875 户 3967 人；封控小区及楼门涉及 6000 户，15000 余人；55 个小区 69 个卡口，累计发动值守人数 14000 余人次。新冠肺炎疫苗接种工作，累计宣传动员 680 人次，入户动员 523 人次，电话动员 2969 人次。同时与门矿医院合作，对 60 岁及以上行动不便的老年人，提供流动和上门服务；做好重点人群的服务保障工作，指导各社区建立 13 类重点人群、分级分类重点人群、独居人群台账，为辖区重点人群发放预防中药 878 人份，配发 696 余个指甲式的血氧仪。

（李灵芝）

东辛房街道

【概况】 东辛房街道原为传统采煤区，2001 年门头沟煤矿关闭，东辛房地区煤业成为历史。自 2009 年开始，门头沟区启动采空棚户区改造工程，东辛房街道除北涧沟、西山等少数保留楼房区外，其它社区全部实现拆迁。2015 年 7 月，东辛房街道迁移至石门营新址办公，辖区分为石门营新区和东辛房老区两部分，共 9 个社区，常住人口 16727 户 41070 人。新区包括石门营新区一区社区、石门营新区二区社区、石门营新区四区社区、石门营新区五区社区、石门营新区六区社区，石门营新区七区社区 6 个社区，辖区面积 0.9 平方千米。共有 129 座拆迁安置房，可容纳 1.5 万户，4 万余人居住，现居住 1.4 万户，3.3 万余人。老区包括圈门、西山、北涧沟 3 个社区。位于门城地区西部，东与大峪街道为邻，南至南山坡，西至拉拉湖，北至九龙山，面积 9.866 平方千米，有 70 座老旧小楼，现有户籍人口 12721 户 32793 人，常住人口 2600 余户，7600 余人。

2022 年，东辛房街道完成税收区级收入 3872 万元，地方级收入 7964 万元。年内，东辛房街道获 2022 年度门头沟区门城地区环境建设管理第一名，成功创建“市级垃圾分类示范小区”1 个，“区级垃圾分类小区”2 个；获 2022 年度区级垃圾分类门城地区综合评比排名第一名；被评为 2022 年度北京市控烟示范单位、北京市卫生街道、门头沟区交通安全先进单位；东辛房街道综合行政执法队获 2022 年度“学党史、担使命、强作风”专项行动表现突出单位；石门营新区七区党建品牌“一米阳光”精细服务项目入选中央文明办新时代文明实践优秀案例；石门营五区成功创建全国村（社区）示范型退役军人服务站，五区被评为北京市民主法治示范社区。

（李 立）

【执法工作】 1 月，东辛房街道对辖区内施工工地、三类场所等新冠肺炎疫情防控、垃圾分类、燃气管道、占道经营执法检查，共录入检查单疫情防控 217 起；街面环境秩序 348 起；燃气安全 83 起；生活垃圾分类 122 起。2 月 25 日，联合派出所、居委会、物业对 A4 小区居民养犬、遗弃犬粪、楼道堆物进行宣传教育，做到文明养犬，爱护环境，共录入检查单疫情防控 193 起；街面环境秩序 387 起；燃气安全 87 起；生活垃圾分类 215 起。3 月 30 日，联合区应急局、市规划自然资源委门头沟分局、区消防救援支队联合检查鑫华源工地新冠肺炎疫情防控、临建审批、消防安全工作，共录入检查单疫情防控 252 起；街面环境秩序 421 起；燃气安全 141 起；生活垃圾分类 151 起。4 月 22 日，联合街道社保所、区生态环境、区住房城乡建设委、区城市管理委和西山社区居委会召开施工扰民协调会，现场发放《北京市环境噪声污染防治办法》2000 余份，共录入检查单疫情防控 265 起；街面环境秩序 59 起；燃气安全 12 起；生活垃圾分类 122 起。5 月，开展五一期间保障工作，共录入检查单疫情防控 263 起；街面环境秩序 43 起；燃气安全 3 起；生活垃圾分类 63 起。6 月，东辛房街道综合行政执法队联合区城市指挥中心、区直属队和永定城管执法队在卧龙岗桥下检查运输渣土车辆，暂扣不符合规定建筑渣土运输车 2 辆，共录入检查单疫情防控 403 起；街面环境秩序 10 起；燃气安全 5 起；生活垃圾分类 36 起。7 月开展“畅夏清风”百日专项执法活动；7 月 10 日，联合东辛房派出所清理占道经营，共录入检查单疫情防控 309 起；街面环境秩序 1 起；燃气安全 4 起；生活垃圾分类 44 起。8 月，东辛房街道综合行政执法队联合东辛房派出所开展“畅夏清风”重点点位“并肩行动”联合执法行动，共录入检查单疫情防控 263 起；街面环境秩序 1 起；燃气安全 3 起；生活垃圾分类 31 起。9 月 28 日，联合街道平安建设办公室、食药监、区消防救援支队检查沁心园养老照料中心疫情防控、燃气安全等工作。9月，共录入检查单疫情防控271起；街面环境秩序8起；燃气安全5起；生活垃圾分类42起。10月1日，开展国庆期间环境保障工作；10月15日，开展党的二十大期间环境保障工作，月内共录入检查单疫情防控336起；街面环境秩序38起；燃气安全17起；生活垃圾分类53起。11月，开展采暖季供热专项执法，共录入检查单疫情防控387起；街面环境秩序12起；燃气安全5起；生活垃圾分类30起。12月7日，联合区水务局、中建一局、军友物业共同协商解决疫情防控工作；12月，共录入检查单疫情防控364起；街面环境秩序8起；燃气安全1起；生活垃圾分类28起。

（师欣冉）

【平安建设】 1月，东辛房街道组织开展2022年冬奥安保维稳工作部署，重大活动期间牵头设立了社会面防控、矛盾纠纷排查化解、城市运行安全等8个指挥部，结合辖区实际完善6大项，35小项工作责任清单，与此同时结合各项专项工作街道与辖区各社区居委会、各物业公司等重点单位签订工作责任书30余份，要求各相关单位迅速落实动员部署，积极完善辖区各类基础台账，明确各类安保维稳隐患，建立化解管控方案，确保各项工作落到实处。及春节期间烟花爆竹禁放工作，平安办制作烟花爆竹禁放提示灯牌10个，设立9处烟花爆竹回收点，共回收烟花爆竹127.6公斤，志愿者手持卡1400个，对辖区1.5万户居民开展“敲门入户行动”，逐户签订安全承诺告知书1.5万份，发放“迎冬奥、助创城安全提示卡”1.5万张，在辖区192栋楼房，500余个单元门张贴烟花爆竹禁放公告，落实重点看护点位39处、易燃放点位10处在重点路口、易燃放区域放置烟花爆竹禁放提示牌30块。2月，开展2022年冬奥安保维稳，平安办发动各社区组织志愿者按照冬奥社会面防控点位做好值守工作，在辖区明确37个固定点位以及9支流动巡视队伍，确保各社区全方位有巡逻值守人员。辖区192栋楼房，81个高层共安排500余名志愿者实施“一楼一哨”管控措施，确保及时发现并消除各类维稳隐患，筑牢辖区安全稳定防线。3月，对辖区商业综合体、学校幼儿园为主的重点单位开展反恐检查，对各物业、企业进行全面消防安全检查，部署防汛工作通过隐患排查确定圈门355号院排洪沟、355号院-5号房屋后山坡、北涧沟排洪沟、西山印工地深基坑4处隐患点。建立危旧房屋台账15处涉及15户、31人，研究制定危险户转移预案，逐户明确转移地点、转移责任人。4月，全面开展安全生产大检查工作摸排辖区共有各类生产经营、企事业单位237家，其中经营性单位200家、建筑工地1家、中小学幼儿园7所、物业公司10家、其他单位19家，确保辖区各类单位底数清、情况明，楼内快递整治工作，推进智慧社区建设工作，对辖区待建的8个社区18个院原有设备进行实地走访工作，完善设计方案，围绕“4.15”全民国家安全教育日组织辖区社区开展国家安全、反恐怖宣传活动，共9场，400余名机关、社区干部及辖区居民参与，组织社区开展4.15国家安全宣传教育。5月，开展充电桩建设工作，部署防汛工作防汛期间设立后勤保障、应急处突等4个保障组，层层分解任务、细化责任分工，与此同时结合各项专项工作与辖区各社区居委会、各物业公司等重点单位签订工作责任书30余份，要求各相关单位结合工作要求迅速落实动员部署，积极完善辖区各类基础台账，确保各项工作落到实处，群租房整治专项工作。6月，开展安全生产月提升居民安全生产意识、防范非法集资月开展线上宣传及网上答题活动，受众300余人提升居民防范非法集资意识、禁毒宣传月提升居民禁毒意识、《信访工作条例》提升居民依法信访意识、反邪巡展完成9个社区反邪知识展板巡展活动，覆盖率100%、联合石门营四区居委会及燕京都物业公司开展反恐演练1场提升居民反邪教意识、反恐演练提升居民反恐防暴安全意识等宣传培训工作，宣传累计30余场次。7月，开展微型消防站创建，对辖区工地、楼内经营场所、自建房进行专项安全检查，开展联合检查20余次，确保及时发现并处理各类安全隐患，组织9个社区灾害信息员及分管扫黑除恶的社区干部开展线上培训。8月，平安办对辖区内消防器材设施进行全面检查保障消防安全，组织各社区开展治安大讲堂培训7场提升居民安全意识，深入推进社会治安案件治理工作发挥属地作用，落实自建房排查落实属地责任，对辖区商业综合体、学校幼儿园为主的重点单位开展反恐检查检查5次，出动检查人员12人次消除反恐隐患，组织各社区开展智慧平安小区信息采集工作，截至9月底，完成采集40846人，采集率96.35%推进智慧社区建设，开展多部门联合宣传效果显著。9 月，组织新区和老区分别开展平安建设主题巡展双管齐下，推进智慧平安社区建设稳步提升，组织开展灭火器年检更换工作整体推进，组织开展反恐应急演练巩固效果。10 月，组织各社区开展消防安全演练，寒衣节防火，联合区消防救援支队检查辖区工地消防安全和安全生产工作，消防安全工作形势持续向好。11 月，对辖区商业综合体进行消防演练检查，保证演练取得实效。12 月，做好冬季防火、防煤气中毒及疫情防控工作，为辖区 41 户瓶装液化石油气使用用户检查更换软管及减压阀。

（石　乐）

【社会化退休人员工作】 2 月，东辛房街道两节慰问社会化退休困难人员 112 人。年内，组织退休人员九九重阳节徒步大会 200 人，组织退休人员创城知识竞赛总决赛活动 27 人，歌咏比赛 53 人，书画摄影活动 23 人。社会化退休人员扑克牌、象棋比赛 220 人，同心护家园慰问活动 165 人，“牵手双奥·活力京颐”舞 29 人，文艺汇演节目上报 7 人。多次代表门头沟区劳服中心参加北京市劳动服务管理中心举办的各类主题社会化管理退休人员文艺汇演出，如“牵手双奥·活力京颐”广场舞、“京颐汇红歌·时代最强音”革命歌曲合唱、“京颐寄深情·共筑中国梦”舞蹈汇演、经典文化“太平鼓”等系列活动。书画摄影获区级二等奖 2 名，三等奖 1 名，优秀奖 6 名，获市级优秀奖 1 名。

（宋　鑫）

【普法宣传】 3 月，东辛房街道在社区开展“三八妇女节”法律维权讲座、依法保护消费者合法权益活动，重点宣传《中华人民共和国妇女权益保障法》《中华人民共和国消费者权益保护法》等法律知识，邀请包居律师到现场解答居民法律咨询，张贴宣传海报、发放宣传手册，受教育群众达 300 余人。9 月 1 日，在开学初始面向东辛房小学的全体学生开展法治教育第一课活动，主要宣讲《中华人民共和国未成年人保护法》等内容，受教育学生 400 余人。12 月，在宪法宣传周期间向各个社区开展法治知识竞赛活动，以宪法知识点为主要竞赛内容，街道 9 个社区 200 余人参加。

（吴颖超）

【社区示范点建设】 4 月 24 日，东辛房街道石门营新区四区开展楼门院治理示范点建设，通过楼门议事协商，打造特色楼门；改善楼门环境，建立长效管理机制以解决楼门院环境治理等问题，巩固治理成果不反弹，形成共建共治共享氛围。开展社区创新项目建设，坚持党建引领，由基层社区党组织书记牵头，小区物业、居民小组及其他组织参与，“协商共治＋多元参与”的模式，提出“‘人车分流’保平安，众智协商促和谐”的社区创新项目，构筑和谐社区协商民主治理机制，助力人车分流项目的不断落实和推进；石门营新区六区开展基层议事协商示范点建设，对社区居委会会议室议事厅物理空间提升，共同讨论通过 6 个议题项目，持续开展“月月有协商、人人会协商”活动，形成社区协商典型案例，为辖区各社区协商工作的开展提供可行性参考，促进社区和谐稳定，夯实社会治理的基础。

（王　靓）

【临时党支部工作】 5 月，东辛房街道成立石门营新区六区新冠肺炎疫情防控工作临时党支部。由街道工委副书记任临时党支部书记，武装部长任副书记，紧急抽调 12 名机关和社区干部，指定 1 名科级干部任第一书记，统筹区下沉干部等各方管控力量，每日调度研判，做好居民分类封控管控和舆论宣传，统筹调度和保障防疫物资，逐楼逐户发放抗原自测盒共 1.05 万个，安排志愿者为有需要的居民提供上门帮助，切实当好群众的贴心人和主心骨。

（王秀君）

【“手拉手”活动就业活动】 9 月 23 日，东辛房街道联合八角街道开展“手拉手”活动，为两区的求职人员提供跨区就业选择，拓宽两区失业人员就业渠道，为 26 名求职人员提供就业服务。9 月底，举办失业人员插花技能培训班。

（宋　鑫）

【新冠肺炎疫情防控】 11 月，东辛房街道成立由机关、社区党员、积极分子、志愿者等 75 人组成的东辛房街道核酸采样机动队，积极发挥党员、积极分子先锋模范作用，联合门矿医院开展 3 批次核酸采样全面培训。疫情期间，为机关、社区工作人员开展核酸自采工作 2000 余次。截至 12 月 31 日，东辛房街道新冠肺火疫苗接种共 35628 人，接种率 112.83%。加强免疫接种 25424 人，加强免疫完成率 81.26%，二针脱漏率 1.54%。年内，累计转运密接850人。累计封控高风险密区133个、封控确诊病例小区1个，涉及居民1.3万余人次。累计开展封控楼门、封控小区新冠肺炎病毒核酸检测80余次。累计上门检测3万余人次。辖区设置8个社会化核酸检测点位，社会点位常态化核酸检测60.2万人次。

（王秀君　贾洪卫）

【环境建设工作】　年内，东辛房街道全面开展“环境大排查、大整治”“喊你来遛弯热心人”“清除野菜杂草”等专项行动25余次，出动人员2000余人次，清理垃圾杂物40车次，擦拭公共设施2000余件。开展日常环境类活动和整治行动100余次，整改市区两级台账1200余个，更新安装总街巷长公示牌17处以及街巷长公示牌5处，安装“四公示，一台账”公示牌84张，指导悬挂资料400余份（门前三包责任书、垃圾分类清运协议、商户联盟自治公约、商户承诺书，门前三包检查记录本）。获门头沟区门城地区环境建设管理第一名。

（陈志强）

【接诉即办】　年内，东辛房街道共受理群众诉求6715件，全年市中心考核平均三率分别为响应率99.73%、解决率94.88%、满意率95.49%，综合成绩平均得分为95.78分，市平均排名第281名，区平均排名第11名，全年最好成绩146名。完成石门营新区住宅楼散水修复项目300万元、单元门头消防连廊等点位防水修缮项目200万元、公共地面修复项目100万元等民生工程；针对推动从接诉即办被动响应，向未诉先办主动治理转变，完成石门营新区住宅楼雨水管道修复主动治理项目申报、结项等相关工作；针对集中诉求、敏感诉求、突发事件及时进行对接，新冠肺炎病毒核酸检测结果时效300余件、石门营新区房屋修缮200余件、电梯维护200余件、小区封控100余件等群体诉求进行提前预警，涉及重大会议、活动期间14件扬言诉求及时进行维稳处置。

（陈　昕）

大台街道

【概况】　大台街道下辖9个社区，户籍人口6999人，常住人口3728人。面积80.9平方千米，是全市面积最大的街道，也是唯一的山区街道、矿区街道、林区街道；下辖基层党委2个，党总支4个，党支部7个，党员653人。

2022年，大台街道贯彻门头沟区“生态立区、文化兴区、科技强区”发展战略，在抓党建、保民生、谋发展上持续发力，开启“京西矿谷·新生大台”的美好新篇章。年内，大台街道获中共中央、国务院颁发的全国“人民满意的公务员集体”称号；“接诉即办”成绩在市级343个镇街综合排名中位列全市第6名，区级13个镇街综合排名第一；千军台社区被评为市级垃圾分类示范小区；黄土台社区被评为区级垃圾分类示范小区。

（杨晋子）

【就业促进】　3月10日，大台街道便民服务中心携手西城区公服中心、天桥街道、西城区退役军人事务局，联合举办直播带岗招聘会，提供17家企业，200余个岗位，共观看直播1000余人次。年内，大台街道城镇登记失业人员173人，街道组织开展线上招聘会5场，共提供就业岗位2291个，为求职人员提供职业指导、技能培训、合同签订、社会保障等方面的咨询服务，并组织失业人员进行技能培训130人次，完成城镇登记失业人员就业106人，就业率为62%。

（杨晋子）

【新冠肺炎疫情防控】　3月28日，大台街道在灰地社区开展新冠肺炎疫情防控应急演练活动，全程实景模拟突发新冠肺炎确诊病例疫情快速响应处置流程。11月25日，大台街道组织全体机关干部举行疫情防控工作请战仪式。年内，大台街道完善大台街道网格化图册及台账，细化社区“四级”网格51个，明确网格员198人，确保“一社一图一册”，绘好地区“自画像”，形成管理“明白账”。街道工委在新冠肺炎疫情防控重要阶段开展“人民满意的集体、让党放心的社区”创建活动。通过定期召开疫情防控工作会、开展疫情防控政策培训会、党政主要领导实地调研检查、包居领导及干部下沉社区参与疫情防控各工作环节等形式，坚决筑牢疫情防控坚固堡垒。年内，大台街道下辖9个社区获评北京市无疫社区，成为全区首批无疫社区。大台街道全力推进老年人新冠肺炎病毒疫苗接种，组织开展老年人疫苗接种专家现场评估会2场，大台街道60岁~79岁老年人第一针接种率全区第一，80岁及以上老年人第三针接种率排名全区第一。

（杨晋子）

【防汛工作】 6月23日，大台街道在京西林场训练场举行民兵训练暨防汛抢险综合演练活动，100余人参加。街道连续三年结合“民兵点验＋防汛演练”形式，开展无人机勘察、沙袋堆垒、帐篷搭建、医疗救护、群众转移等全要素防汛应急演练，有效提高街道民兵队伍和应急救援队伍遇汛遇急快速抢险的实战经验和能力水平。年内，大台街道联合有关单位2次，处置滑坡、基础设施损毁等应急工程10余处，投入90余万元，完成实施水毁修复工程—河道部分大台街道段项目。共设立17处转移安置点，全面配足避险场所用水、食品、救生衣、防疫物品等物资，充分储备沙袋、防汛围挡、救生装备、手摇报警器等防汛物资。汛期期间，启动应急响应13次，累计转移583人次。

（杨晋子）

【夏秋征兵宣传】 8月20日，大台街道武装部开展夏秋季征兵宣传工作，共发放宣传资料100余份、拥军布袋200个、拥军折扇500把，接受居民群众咨询300余人次。

（杨晋子）

【残疾人联合会换届选举】 9月29日，大台街道残疾人联合会第五次代表大会在大台街道四层会议室召开，39名正式代表出席会议。选举街道残联第五届主席团主席1名、街道残联第五届执行理事会理事长1名以及出席区残疾人联合会第八次代表大会的7名代表。

（杨晋子）

【2个市级项目建设】 年内，大台街道完成大台街道议事协商示范点和落坡岭社区书记工作室两个市级项目建设。“听讲干评享”五群工作法和“五户联治”工作法入选北京市优秀党支部工作法。年内，大台街道完成大台街道议事协商示范点和落坡岭社区书记工作室2个市级项目建设，开展议事项目2个、开展社区干部集中培训1次、接待日活动16次。“听讲干评享”五群工作法和“五户联治”工作法经北京市委组织部评选，入选北京市优秀党支部工作法。

（杨晋子）

【庄户乡情村室陈列室】 年内，大台街道完成庄户乡情村室陈列室布展。增加展品50份，涉及千军台庄户幡会，幡旗，乐器，旧时生活用具，年代特色物件等。

（杨晋子）

【烈士墓祭扫活动】 年内，大台街道通过开展烈士墓祭扫活动、云端祭扫、新媒体平台宣传等形式，大力弘扬英烈精神，累计参与祭扫300人次。

（杨晋子）

【街道文化活动中心独立建设一期项目】 年内，大台街道街道文化活动中心院内北面房屋和东面房屋进行必要翻新改造，将其打造成文化中心图书室、培训教室和多功能厅3个功能区域，面积达到230平方米。

（杨晋子）

【传统村落集中连片保护利用示范工作】 年内，大台街道争取中央、市级资金支持，推进实施门头沟区传统村落集中连片保护利用示范工作——千军台项目。项目包括维修升级幡会文化非遗保护与体验中心、维修卫生服务设施。

（杨晋子）

【采煤千年献北京纪录片的拍摄录制】 年内，大台街道配合中央广播电视总台完成《跟着书本去旅行》大美京西——采煤千年献北京纪录片的拍摄录制。拍摄内容主要从关闭所有煤矿，面对新的区域职能，门头沟区将如何进行生态修复以及职能转变，门头沟一线四矿如何实施产业转型，生态修复的壮举。展现一线四矿旧貌换新颜的蓬勃发展，门头沟地区的人民为北京建设所付出的一段可歌可泣的采煤奋斗史。

（杨晋子）

【对口支援帮扶】 年内，大台街道与武川县西乌兰不浪镇政府签订帮扶协议，拨付扶贫资金5万元；大台街道落坡岭社区与什八台村委会签订帮扶协议，慰问当地困难群众5000元。

（杨晋子）

【创建全国文明城区】 年内，大台街道实施硬件提升项目，对大台、黄土台等社区的老旧楼房楼道进行集中粉刷、翻新，统一安装社区公示牌、党员公示牌，并常态化开展创城高潮日、爱国卫生运动等整治提升活动。大台街道在2022年全区创城擂台赛非建成区行列稳居第一，各社区考核优秀率100%。

（杨晋子）

【招商引资】 年内，大台街道新注册企业404家，完成地方级税收收入7184万元，完成区级财税收入3559万元，全年各属地收入预期目标完成情况排名第二。

（杨晋子）

【慰问帮扶】 年内，大台街道总工会开展春节慰问、送温暖、新冠肺炎疫情防控慰问等各类活动慰问1374人次，发放慰问品金额共计31.10475万元；1名困难职工脱困，并为2名困难职工申报金秋助学，助学金额2.64万元。为184名职工投保住院医疗保险及综合B1保险49364元。温暖基金上报1人，资助金额3050元；为23名职工办理住院理赔及津贴理赔33640.65元；为5人申报在职意外保险理赔6400元；为1人申报重大疾病保险理赔2万元；为1人申报非工伤意外理赔保险理赔200元。申报区级慰问在职意外人员2人，慰问金额600元；大台街道慰问职工及家属住院13人，慰问金额4799.80元。街道团工委对40名在库困境青少年开展帮扶活动，

【团工委换届选举】 年内，大台街道完成完成团工委换届选举，选举团工委书记1名，团工委副书记1名，团工委委员7名。

（杨晋子）

【妇联换届选举】 年内，大台街道完成妇联换届选举，选举主席1名，专职副主席1名，兼职副主席2名，执委31名。

（杨晋子）

【行政执法】 年内，大台街道综合行政执法队实施行政处罚89起，罚款金额2.75万元，其中大气污染防治类罚款2.35万元，占比85.5%，生活垃圾分类违法行为处罚46起，均为个人违法，予以书面警告；街道行政执法检查1474起，违法行为实施检查率100%。

（杨晋子）

【治违工作】 年内，大台街道综合行政执法队完成27处拆除地块的销账工作，均为存量违建，占地面积为1044.02平方米，建筑面积为1034.6平方米，无新生违建。

（杨晋子）

【食品药品监管】 年内，大台街道开展生产经营单位专项检查共486户次，出动972人次486车次，未发现问题。年内，共出动执法人员230人次，124车次，检查124户次，未发现问题。完成食品流通环节快速检测20批次，餐饮服务环节快速检测20批次，保健品经营环节快速检测2批次，药品使用环节抽检5批次，完成全年任务量。

（杨晋子）

【信访接待】 年内，大台街道处理市区信访办公系统交办件5件次33批次33人次。

（杨晋子）

【人民调解】 年内，大台街道建立社区大额合同法治审核制度，充分发挥社区法律顾问律师作用。调解纠纷96件，涉及金额70.35万元，形成口头协议92件，书面协议4件，上报调解案例4件，报请调解员案件补贴1370元。首次以线上会议形式开展养老诈骗法治讲座，共开展各类法治宣传活动35次。落坡岭社区完成市级民主法治示范社区创建。街道司法所获“北京市司法行政系统先进集体”称号，基层法治示范建设更坚实。

（杨晋子）

【消防工作】 年内，大台街道开展“11·9”消防宣传月活动，并组织京西林场扑火队和大台消防救援站开展联合消防演练活动。为辖区消防重点人配备灭火毯、灭火器160套。实施消防行政处罚2家2起，罚款7000元，责令停止使用1家。社区自防自救力量完成率100%，居民自建出租房屋消防隐患整治专项行动任务通过系统验收及星级评定。

（杨晋子）

【烟花爆竹禁燃禁放】 年内，大台街道开展禁止燃放烟花爆竹集中宣传2次，开展3轮可燃物清理专项行动，街道社区成立10支巡查队，出动巡查520余人次。

（杨晋子）

【安全生产】 年内，大台街道完成安全生产检查201家次，检查覆盖率、完成率及隐患核销率100%；在安全生产专项整治三年行动信息系统中，上账隐患21项，销账21项，销账率100%。

（杨晋子）

【救助保障】 年内，大台街道325名残疾人享受“两项”补贴政策，76名残疾人享受助残券，408名高龄老年人、343名失能老年人、36名困难老年人享受老年人津贴补贴；为104名残疾人办理购买辅助器具，为89名就业年龄段失业残疾人办理养老保险补贴，为15名残疾人办理自主创业保险补贴；“两节”期间发放慰问金5.7万元，慰问品60份，惠及127户困难家庭；为13户困难家庭和1名“两劳”释放人员发放

救急难项目资金 2.5 万元。

（杨晋子）

【河长巡查】 年内，大台街道出动 9500 余人次、420 车次，清理垃圾、渣土约 3290 方，水面漂浮物约 80 方，劝阻上冰、钓鱼人员约 450 人次，“北京河长”APP 累计巡河 2350 余千米，巡河 1290 人次，发现并完成整改 120 余处问题。

（杨晋子）

【林长制工作】 年内，大台街道开展 12 次创森主题宣传活动，发放宣传资料 1500 余份，组织社区及辖区物业公司等单位开展小区绿地养护工作，累计开展疏枝剪枝工作 5 次。

（杨晋子）

潭柘寺镇

【概况】 潭柘寺镇下辖 12 个行政村、3 个社区，镇域面积 80 平方千米，林木覆盖率 63.78%。2022 年年底户籍人口 14045 人，其中非农业 9487 人，农业 4558 人。常住人口 11010 人，其中常住人口中，少数民族 282 人。财政收入 11169 万元，支出 11169 万元。农户所得总额 28808.3 万元，同比增加 1548.8 万元，同比增长 5.68%，年人均劳动所得 25180 元，同比增长 1364 元，同比增长 5.73%。村集体经济总收入 2270.1 万元，同比减少 721.8 万元。全镇拥有 2 个 AAAA 级景区和 1 个 AAA 级景区，还有天门山、孔雀庵、广慧寺等自然景点和文化古迹遍布镇内。年内，潭柘寺镇召开 29 次政府办公会。

【基层党组织书记述职承诺大会】 2 月 22 日，潭柘寺镇召开 2021 年度基层党组织书记述职承诺大会。17 个村、社区、机关和非公党组织书记进行述职承诺，全面总结 2021 年工作，并进行民主测评。

（张　华）

【双拥工作】 3 月 4 日，潭柘寺镇与驻区部队开展“学雷锋传承红色基因 促双拥弘扬时代新风”志愿服务活动，为辖区居民营造干净、整洁的生活环境。8 月 18 日，镇青年干部与驻区部队官兵开展园艺进军营活动，进行插花、盆栽设计，形成共建共享、互促共赢的双拥工作新格局。

（张　华）

【第八届人民代表大会第二次会议】 3 月 22 日，潭柘寺镇第八届人民代表大会第二次会议召开，审议通过《潭柘寺镇政府工作报告》，选举镇长 1 名。全镇 49 名人大代表出席大会参加会议。

（张　华）

【党建工作会】 4 月 8 日，潭柘寺镇召开 2022 年党建工作会，总结 2021 年党建工作，综合部署全镇 2022 年党建、统战、老干部、宣传思想文化和政法工作。

（张　华）

【共青团工作】 4 月，共青团潭柘寺镇第十四届代表大会第二次会召开，选举 6 名优秀团员青年参与共青团北京市门头沟区第十五次代表大会。4 月 26 日，组织“柘”青年志愿服务队及机关 30 余名青年干部开展“以绿为笔，共绘生态画卷”主题团日活动。

（张　华）

【防汛应急工作】 汛期期间，潭柘寺镇严格落实 24 小时值班制度，针对平原村、草甸水村涉及险户转移人员 11 户、24 人，明确转移的方式、地点、路线、所需时间、安全注意事项、责任人、联系方式等，切实加强转移群众的物资保障。紧盯汛情险情重要点位和薄弱环节，开展拉网式排查 253 次，302 人次、干部下沉村（社区）15 次，212 人次、包村干部驻村 15 次，186 人次。

（张　华）

【残联换届选举】 10 月 11 日，潭柘寺镇残疾人联合会第五次代表大会召开，选举潭柘寺镇新一届残联主席团、执行理事会成员和出席区残联第八次代表大会代表。

（张　华）

【社区邻里节活动】 10 月，潭柘新区一社区和潭柘新区二社区组织开展社区邻里节活动，包含量血压，测血糖，口腔检查，心理咨询，理发，磨刀，清洗老花镜，垃圾分类游戏互动宣传，手机贴膜、配钥匙、中医号脉等服务项目，邻里节活动活动服务群众 1000 余人。

（张　华）

【接诉即办】 年内，潭柘寺镇累计受理群众诉求 4762 件，办结率 100%，解决率、满意率均在 90% 以上。先后 6 次排名进入全市前 100 名；南村党支部被评为北京市接诉即办先进集体；排水沟改造、潭柘新区接通市政水、天然气进村入户等工作被北京电视台、北京交通广播电台、北京日报等多家市区媒体宣传报道。相关信息被北京日报、北京青年报、千龙网等多家市级媒体宣传报道、采用32篇，国家级媒体采用1篇。

（张 华）

【安全生产检查】 年内，潭柘寺镇为做好北京冬奥会、国庆节、重大会议等重点时期安全服务保障工作，深入企业排查和提出隐患整改意见，累计检查单位770家次，发现安全隐患298项，下发整改书178份。

（张 华）

【党风廉政监督检查工作】 年内，潭柘寺镇纪委全年累计开展节日督察7次，集中警示提醒7次，发送廉政短信700余条，实地排查走访9次，以严的主基调不断强化正风肃纪，锲而不舍落实中央八项规定精神。同时，整合各村（社区）纪检委员监督力量，紧盯接诉即办、新冠肺炎疫情防控、民生保障等重要领域开展监督检查70余次。

（张 华）

【优抚工作】 年内，潭柘寺镇为部分80岁以上退役军人开通入户办理服务，助力打通退役军人服务保障“最后一公里”。受理退役军人优待证申请386人；其他优抚对象优待证申请2人。

（张 华）

【垃圾分类】 年内，潭柘寺镇共接收市、区两级环境台账60批次，687处。同步开展自查工作，建立“社区周边、主次干道、背街小巷环境卫生整治自查台账”动态排查上账、逐个清理销账，清理上账问题851处，并持续更新整治。潭柘寺镇公厕全部完善“一厕一码”。

（张 华）

【美丽乡村建设】 年内，潭柘寺镇完成赵家台、王坡、贾沟、草甸水、阳坡元、桑峪、平原等7个村的美丽乡村建设，并完成验收。经市级专家评审，南辛房村美丽休闲乡村项目，桑峪村休闲农业园区项目成功入选市级项目库。

（张 华）

【平安建设】 年内，潭柘寺镇组织群防群治力量做好2022年节假日、北京冬奥会、冬残奥会、全国“两会”等重大会议期间安保维稳工作。累计启动一级超常防控50天，二级加强防控90天，三级常规防控225天，各村群防群治力量累计上岗2万人次，上岗时长合计13万小时，未发生重大安全问题。建立“镇-村”两级日会商机制，确保有突发情况第一时间通知到相关领导处置解决。

（张 华）

【新冠肺炎疫情防控】 年内，潭柘寺镇系统录入各类管控人员9361人，完成对应人员的联络确认、核酸检测、承诺书签署、健康监测和居家观察等各项管控工作。5月3日起，开展新冠肺炎病毒核酸常态化检测工作，设置2个固定点位和1组流动入村，方便辖区居民核酸检测。

（张 华）

【法治宣传教育】 年内，潭柘寺镇司法所组织法治宣传教育活动共25次，被“北京普法”“京司观澜”等市级普法公众号及“门头沟普法”“魅力潭柘”“门头沟新闻”“门头沟融媒”“京西杂谈”“京西时报”等媒体共采登34次，采登率位列各镇街之首。组织各村居开展普法宣传系列活动14次。

（张 华）

【集体林厂管理】 年内，潭柘寺集体林场，践行“绿水青山就是金山银山”的生态理念，培育健康、稳定、高效的森林生态系统。主要开展封山育林、抚育经营、发展林下经济、生物多样性保护等工作，管护总面积共136.6公顷。

（张 华）

【民宿旅游】 年内，潭柘寺镇建设民宿39家，61个院落，232间客房，最多可接待524人。“墨托”“潭柘书舍””柘里私汤田园”等精品民宿落地。全年接待2.37万人，收入1581.64万元。“一瓢客栈”上榜全国甲级民宿。5月，悉昙酒店营业，拥有17个院落，38间客房。酒店全年接待约0.43万人，收入1664.02万元。11月，开展第三届太平鼓展演活动3场，分别在定都峰、潭柘新区文化广场、慢闪公园举行，全镇70余名太平鼓演员参加。12月，镇域内八奇洞景区、慢闪公园、紫旸山庄、潭柘厚院等4家单位入选2022北京网红打卡地。12月，“门头沟小院的悠闲时光”入选首批北京首批微度假目的地品牌。

（张 华）

【定向安置房二期工程】 年内，潭柘寺镇启动定向安置房二期工程，实施主体为北京市基础设施投资有限公司门头沟投资管理分公司，安置对象为潭柘寺镇E、F地块（鲁家滩村）土地一级开发项目涉及的被拆迁村民。

（张　华）

【创城工作】 年内，潭柘寺镇召开创城擂台赛3次，专题会7次，推进会6次、培训会2次，警示约谈1次。通过月度通报、季度讲评等方式，全镇文明农村和文明社区综合考评成绩持续提升，第四季度潭柘寺镇总成绩在全区非建成区排名第一名，连续3个季度位列全区前三，其中有5个月全镇7个村庄全部进入优秀等次。

（张　华）

永定镇

【概况】 永定镇东至永定河，南至大灰厂路，西至定都阁，北至峪中路，所辖村24个、社区24个、筹备组8个、工作组5个，总面积65.473平方千米。2022年，户籍人口数41353人，其中农业人口5880人，非农人口数35473人。常住人口106112人，汉族102570，少数民族3542。区级财政收入累计完成92523万元，占全年区级财政收入任务79899万元的115.8%，同比22588万元增加69934万元，增幅309.6%；地方级财政收入累计完成114203万元，完成全年地方级财政收入任务100001万元的114.2%，同比37895万元增加76308万元，增幅201.4%。新招引企业共54家（新注册44家，迁入10家）形成区级收入117.22万元，占区级任务指标1000万的11.7%。年内，永定镇领导集中走访企业240家，同期增长269%。新增迁入服务包企业3家，镇区内服务包企业11家，同比增长37.5%。多次召开调度会，加强与潭柘寺税务所、住总骏洋公司的沟通对接，及时掌握项目进度，确保税款及时足额上缴。北京住总骏洋置业有限公司于6月20日完成81469.35万元土地增值税入库，为永定镇完成2022年全年预期目标奠定坚实基础。成功挽留工商迁出企业北京瑞吉诚机电设备安装有限公司并纳入2022年重大贡献奖励范围，并获赠锦旗。永定镇获2022年度消防工作先进单位。

（王佩玉）

【2022年度回迁村物业费收缴工作】 1月25日，永定镇2022年度回迁村物业费收缴工作结束，共15个村（石厂村、何各庄村、白庄子村、东辛称村、小园村、岢罗坨村、石佛村、秋坡村、桥户营村、艾洼村、曹各庄村、贵石村、四道桥村、坝房子村、卫星队村），6820套房屋，收缴6619套，收缴率97.05%，同比增长0.6%。

（王佩玉）

【村和社区党组织书记述职承诺大会】 1月26日，永定镇召开2021年度村和社区党组织书记抓基层党建述职承诺大会，部分村居党组织书记进行现场述职，与会领导分别进行点评。镇党委书记对2022年党建工作进行部署。

（王佩玉）

【新冠肺炎防疫工作】 1月27日，永定镇开展全员新冠肺炎病毒核酸检测，镇域内5万余人参与核酸筛查，结果均为阴性。2月15日，召开永定镇疫情防控重点人员排查培训会，培训内容重点为大数据派单人员落位管控工作、居家隔离人员服务保障工作要求等，全镇96名一线工作人员参加会议。3月5日，部署“两会”期间辖区值守工作，加强各社区（村）卡口值守人员力量，全镇共156名机关干部下沉村居支援工作。4月1日，做好宣传引导工作，张贴宣传品300余件。5月2日，启动第三轮区域核酸检测，共10万余人参加，结果均为阴性。6月16日，组织各村居、筹备组召开新冠肺炎疫情防控疫苗接种工作调度会，部署60岁及以上人员疫苗接种任务。7月15日，率先在2镇3街中完成60岁及以上人群第一针疫苗接种任务，80岁及以上人群第一针疫苗接种率达到全区第一。7月6日，召开新冠肺炎疫情防控工作推进会，全镇共103名工作人员参会。8月5日，调度全镇卡口值守及重点人员管控工作，要求各村居统筹组做好疫情防控、创城攻坚和接诉即办工作，发动机关干部、“两委”干部、社区党员、积极分子、志愿者等人员力量200余人下沉到各村居支援工作。10月7日，全力做好返岗返校核酸检测服务保障工作，镇防疫专班积极协调第三方检测公司对辖区内28个核酸检测点位做好延时准备工作并延长至晚8点，下沉干部到核酸检测点位进行值守。10月11日，召开永定镇散装散建疫情防控工作会。镇防疫专班、镇相关工作人员参加会议。12月27日，召开永定镇疫情防控工作培训会及疫苗接种工作推进会，部署年内疫情防控工作安排以及下一阶段疫苗接种工作任务，156名工作人员参加会议。

（王佩玉）

【“福满京城 春贺神州”文艺汇演活动】 1月28日，永定镇贵石村联合曹二社区开展“福满京城 春贺神州”文艺汇演。汇演曲目《欢庆秧歌》《欢乐中国年》《为了谁》《祝你平安》《好人一生平安》《一起向未来》《红船向未来》《让我听懂你的声音》《蓝色天梦》《鼓响太平》等歌曲、舞蹈。

（王佩玉）

【法治宣传主题活动】 1月，永定镇司法所围绕“喜迎冬奥”法治宣传主题活动，推进“法律十进”，走进军营、村居、学校、企业等场所，通过线上、线下等方式，普及冬奥相关的法律法规知识，同时普及反邪教、反诈、烟花爆竹、创城、自行车充电等相关法律法规知识；现场发放虎年日历等宣传资料千余份。

（王佩玉）

【党风廉政建设工作部署会】 2月23日，永定镇召开2022年全面从严治党大会暨党风廉政建设工作部署会，100余人参会。传达习近平总书记在十九届中央纪委六次全会上重要讲话精神和市纪委十二届七次全会、区纪委十三届二次全会精神，部署永定镇2022年党风廉政建设工作。

（王佩玉）

【雨篦子清掏工作】 2月24日，永定镇在辖区各村开展雨篦子清掏工作，清掏雨篦子3783个，清理污染物30.43立方，推进2022年“清管行动”专项行动。

（王佩玉）

【乱占耕地建房问题巡查】 2月28日，永定镇开展辖区内乱占耕地建房问题巡查工作，对坝房子村等10个村居下达2022年农村乱占耕地工作任务。现场核查疑似问题点位15个，发现其中7个不涉及乱占耕地问题，上报区规自分局剔除。8个涉及乱占耕地点位包括1个住宅类，7个非住宅类。

（王佩玉）

【“三云两迎”社区和补选社区选举工作】 3月15日，正式启动“三云两迎”（云梦嘉苑、云翔嘉苑、云泽嘉苑、迎晖南苑、迎晖北苑）社区和补选社区选举工作。4月20日，完成云梦嘉苑、云翔嘉苑、云泽嘉苑、迎晖南苑、迎晖北苑5个社区居民委员会选举和永安社区、永兴社区、曹各庄新三区、小园二区补选工作。9个社区登记参加正式投票选举的选民共1744人，实际参加正式投票选举的选民共1647人，参选率为94.44%，其中迎晖南苑社区参选率100%。

（王佩玉）

【创城工作】 3月21日，永定镇龙湖天街商贸综合体创城示范区工作部署会召开。要求龙湖天街周边地区采取打造示范、树立样板、典型引领的方式，以点带面，以龙湖天街商贸综合体为圆点，辐射周边地区，打造门头沟区城市商贸综合体创城示范区，全力深化全国文明城区创建工作。6月，安装1.4万余块社区公示牌，并结合防疫需要制作并发放村居及商户疫情防控、创城公开栏700套，更换镇政府创城展板及镇石龙西路两侧、景观大道西侧、西北环线两侧、西苑路南段两侧等主次干道创城公益广告312套。6月29日，召开规范落实商户“四公示一台账”工作推进会。7月21日，召开创城问卷调查专题培训会及新时代文明实践专题培训会。7月31日，召开创城实地检查指标培训会。11月，为辖区内24各老旧及回迁社区发放2200个四色垃圾桶，强化静态指标的落实。为12个社区制作安装19个关于“社会主义核心价值观”的公益广告景观小品，营造出“抬头可见、举足即观”的浓厚氛围，助力创建全国文明城区。年内，制定并下发《永定镇创建全国文明城区2022年“决战冲刺三十天”工作方案》，调整完善2022年度永定镇创建全国文明城区组织机构及职责。年内，开展7次创城周例会，针对辖区内文明城区创建实地检查情况进行通报并对问卷调查工作进行培训；利用区级支持创城建设资金解决永安社区、侯庄子村、曹各庄新二区社区等15个村社区，34个硬件设施问题，共修复路面1.08万余平方米，修复墙面4600余平方米，建设自行车棚5个，修复破损台阶百余处，更换单元门10个，更换消防铜带防火门26个。

（王佩玉）

【电动车专项整治工作】 3月23日，永定镇在卧龙岗村范围内开展电动自行车消防专项整治行动，制定《永定镇卧龙岗村电动自行车消防安全专项整治工作方案》。

（王佩玉）

【拥军优抚工作】 3月30日，

永定镇召开退役军人及其他优抚对象建档立卡和优待证制发工作部署会。4月13日至14日，民生保障办公室向2021年度在部队立功受奖4名的优秀士兵现役军人家属，每人发放500元慰问金及喜报，共2000元。7月28日，向全镇3名无军籍职工送上“八一”建军节慰问品和政府对他们的关心、关爱及节日的祝福。7月29日，到驻区部队进行慰问，向部队官兵致以节日的问候，并送去慰问品。年内，永定镇共为1446名退伍军人、转业干部、烈士遗属完成建档立卡和优待证申请工作，并发放优待证1228张。

（王佩玉）

【地质灾害隐患点巡查】 4月6日，开展辖区内地质灾害隐患点巡查工作，安排年度内地质灾害防治工作。6月27日，开展永定镇2022年度地质灾害隐患点巡查工作，对现存的8处地质灾害隐患点进行现场巡查，部署防灾任务。巡查检查未发现新增隐患点位或隐患进一步发展情况，卧龙岗村地灾隐患防治工程建设中。

（王佩玉）

【滞留户清理腾退安置工作】 4月，永定镇开展3751项目清理滞留户拔钉子行动，通过协议拆除、帮助拆除、以拆违促拆迁等方式，推进56户滞留户的腾退工作，完成2万余平方米滞留户所属地上物的拆除工作，加快推进3751项目地块建设。年内，所涉及南区社区、北区社区、万佛堂村等3个村居滞留户所属地上物全部拆除完毕，所有安置房地块、市政道路、近期拟上市地块全部具备开工条件，永定镇3751地块棚户区改造及环境整治项目滞留户实现基本清零。年内，拆迁办就职能范畴共办理接诉即办工作量高达741件次，涉及腾退、回迁、遗留问题、“办证难”、新冠肺炎疫情防控和所包村居南区社区、北区社区、万佛堂村的全面工作。年内，拆迁办组织并摸排梳理涉及房产证办理白庄子村、东辛称村、贵石村、卫星队村、四道桥村、艾洼村、坝房子村、桥户营村、何各庄村和曹各庄村10个村的相关信息，共涉及2689户，4958套回迁安置房房产证办理推进工作。

（王佩玉）

【防震减灾科普宣传工作会】 5月11日，永定镇召开2022年防震减灾科普宣传工作会，以“减轻灾害风险 守护美好家园”为主题，传达《门头沟区2022年地质灾害应急预案》工作要求，部署2022年度地灾防治工作。共10人参会。

（王佩玉）

【环境秩序整治行动】 5月28日，永定镇联合区城管执法局、区交通支队、潭柘寺镇、王平镇开展潭王路沿线环境秩序整治行动，检查人员沿潭王路全路段进行巡查，共发现27起游人聚集野外用餐、搭帐篷等行为（其中潭王路永定段17起），全部劝导离开，随即开展环境卫生清理。同时，整治临时乱停车，张贴停车告知单40余份。此次联合整治行动，出动11车44人。年内，巡查保障景观大道、戒台寺沿线、潭王路沿线，潭王路劝离无照17起，露营9起，戒台寺劝离乱停车75辆。年内，戒台寺保障，引导入园客流量8731人次、3409车次。年内，巡查108国道辅线，纠正违规停车5起。

（王佩玉）

【防汛工作部署会召开】 5月31日，永定镇2022年防汛工作部署会召开，印发《永定镇2022年防汛工作要点》《永定镇2022年防汛抢险应急方案》《永定镇应对极端降雨专项工作方案》，并与各村居、物业公司、建筑工地签订防汛责任书。

（王佩玉）

【接诉即办网上调研活动】 6月，永定镇“家站”开展接诉即办网上调研活动，参加代表46人，参加群众83人。在上悦嘉园联络站开展社区内部联系选民和群众活动，参加代表线上63人，线下2人，并收集到问题一个：即“疫情期间孩子在家上网课扰民”，通过镇、社区工作者及人大代表的共同努力，问题得到了解决；意见和建议一条：即关于守护疫情期间社区两委、志愿者的建议，报送区人大。

（王佩玉）

【社区内部联系选民和群众活动】 6月，永定镇在上悦嘉园联络站开展社区内部联系选民和群众活动，参加代表线上63人，线下2人，并收集到问题1个，即“疫情期间孩子在家上网课扰民”。通过镇、社区工作者及人大代表的共同努力，问题得到解决。意见和建议1条，即关于守护疫情期间社区“两委”、志愿者的建议，并报送区人大。

（王佩玉）

【社区垃圾分类工作督导检查】 7月11日，永定镇市民诉求处置中心（永定镇综治中心）

联合城管执法队到永和新苑北区社区、石门营新三区社区、西峰家园社区等社区督导检查垃圾分类工作，重点检查小区公示牌内容、桶站及硬件设施建设、桶站周边环境、大件装修体系建设管理情况及各品类垃圾收运合同签订情况等。7月16日，到西峰家园社区、梧桐苑社区等社区督导检查创城及垃圾分类工作，重点对社区公益广告宣传、社区环境、社区设施、社区管理、社区公共服务等内容逐一对标检查，并提出整改意见。9月22日，市民诉求处置中心联合镇平安建设办公室一同到再生资源回收中转站进行安全生产检查，对检查发现的周边环境卫生脏乱、灭火器超压、再生资源品类码放超高等问题，责成回收企业牢固树立"首都安全无小事"工作理念，立即落实整改。年内，永定镇检查社区生活垃圾分类30人次，发现有桶冒满、混装、桶不整洁等问题，警告个人3起、责令物业整改5起。永定镇市民诉求处置中心的主要职责是承担涉及辖区的各类政务服务热线交办事件的统一接收、按责转办、督办落实、统一答复工作。负责对区城市管理指挥中心下达的城市管理任务和村（社区）上报的案件进行应急响应、分流处置、监督解决，督促镇相关部门、企业、村（社区）办理案件并及时反馈。负责区城市管理指挥中心镇分平台的日常值守、运行和监控工作，以及数据统计和分析工作。负责组织辖区协管员发现、收集辖区的城市管理和社会管理问题。承担辖区村镇建设、基础设施维护、环境整治等相关辅助性工作。承担社会治安综合治理、流动人口服务管理、接信接访等相关辅助性、服务性工作。

（王佩玉）

【干部任期、离任审计工作会】　7月12日，永定镇2022年干部任期、离任审计工作会召开，参会人员15人。区经管站副站长、区经管站审计科科长对永定镇2023干部任期、离任审计工作审计情况进行沟通；区经管站领导介绍永定镇2022年度审计工作的情况；大华事务所的专业人员依次反映各村在审计过程中发现的具体问题；副镇长、区经管站、三资中心负责人回应各村问题的整改方向，并表示将努力整改出现的问题；对镇各村审计结论做总结。此次干部任期离任审计上岸村、桥户营村、卫星队村、卧龙岗村、贵石村、西辛称村、小园村、曹各庄村共8个村，目标是理清审计过程中出现的问题，听取专业人士整改建议，敲定各村审计正式报告。

（王佩玉）

【青少年古诗词鉴赏文化活动】　7月29日，在曹二社区图书馆内开展"喜迎二十大 书香伴成长"青少年古诗词鉴赏文化活动，共29人参与。"赏析，鉴古诗词之美"为主题的文化活动通过不同主题让青少年由浅入深地阅读、思考、理解、品鉴古诗词，进一步感受中华优秀传统文化的魅力。老师带领青少年赏析《惠州一绝》《水调歌头》；通过联想记忆法背诵《墨梅》；集体朗诵《惠崇春江晚景》；采用多媒体形式直观地向大家展示陶器、甲骨、青铜器等载体。活动现场，老师为青少年讲解诗词的起源，介绍诗人及他们的诗歌作品。

（王佩玉）

【"民主法治示范村居"创建活动】　8月1日，永定镇司法所开展"民主法治示范村居"创建活动，在市司法局派第三方走进村居检查档案、实地考察等进行评分后，永定镇小园村、白庄子村、侯庄子村、何各庄村、京西嘉苑社区、嘉园社区6个村居全部创建成功。

（王佩玉）

【乱停车综合治理行动】　8月1日至2日，永定镇联合区城市管理委、北京市交通委员会门头沟公路分局、区交通支队，开展乱停车综合治理行动，对长安天街周边、华萃西山周边、上园路沿线、曹各庄路、泰安路等道路违停车辆进行综合治理。此次联合执法共张贴告知书35份，现场清理临时停车35辆、清理僵尸车1辆，区交通支队劝离临时违停车辆3辆、张贴送达违章停车告知单5份、依法处罚5起。

（王佩玉）

【新聘任监察联络员培训会】　8月4日，永定镇召开"三云两迎"新聘任监察联络员培训会，介绍监察联络员设立的背景及意义，围绕监察联络员监督的主要内容、依规履职享有的权利、应当履行的义务、解聘规则、工作制度、中心工作落实情况监督检查要求等进行逐条解读，并分析社区在监督工作方面存在的问题及短板，为新任职的5位监察联络员更好发挥监督作用奠定基础。

（王佩玉）

【送法进万家嘉年华专题讲座】　8月16日，永定镇邀请北京双法律师事务所律师，在冯村广场开展"助力创城 喜迎

二十大 送法进万家嘉年华”专题讲座活动，200余人参加。律师结合典型案例，重点讲解《中华人民共和国民法典》婚姻家庭编和继承编、新颁布的《中华人民共和国噪声污染防治法》以及农村宅基地、新冠肺炎疫情防控相关的法律法规，并认真解答群众提出的问题，为群众发放普法宣传手册。

（王佩玉）

【15名区人大代表年中活动】 8月，永定镇在镇人大代表之家组织15名区代表进行年中活动，提出加快实施中关村门头沟园提升专项行动，加大力度满足驻区重点高科技企业发展要求，保障科技强区发展战略有效推进落实和建立完善针对重点企业骨干人才的服务保障机制，为门头沟建设人才高地以及企业聚智引才创造有利条件2条建议。

（王佩玉）

【燃气安全联合检查】 9月6日，永定镇联合华油燃气公司对冯村商业街餐饮单位开展燃气安全联合检查。检查发现，个别餐饮单位存在无防爆风机、灶具无熄火保护装置、未填写燃气自检表、燃气规章制度未上墙、燃气软管不符合安全标准等问题，现场督促整改。同时，与区市场监管局永定所联动，开展2次新冠肺炎疫情防控联合检查。

（王佩玉）

【人行便道路面塌陷问题未诉先办】 9月13日，针对巡查发现的镇政府东侧冯雅路人行便道路面塌陷问题未诉先办，永定镇联合区城市管理委、门城投资公司进行现场勘察整治。现场立即采取应急措施，在塌陷路面周边放置阻车锥桶、拉设警戒线。9月14日，完成塌陷路面修缮工程。

（王佩玉）

【自建房安全隐患管控整治】 9月19日，永定镇启动自建房安全隐患管控整治工作，对排查发现的26栋存在一般隐患房屋开展现场巡检，建立隐患房屋台账、巡查记录，通过工程措施修缮、张贴房屋隐患告知书、加强日常巡查等方式落实隐患房屋管控措施。11月4日，启动非经营性自建房安全隐患整治工作，围绕辖区内893个非经营性自建房点位进行现场排查。12月13日，开展自建房安全专项整治工作总结回顾，整理第一阶段经营性自建房整治成果台账数据。

（王佩玉）

【预防煤气中毒工作部署会】 10月13日，永定镇组织召开预防煤气中毒工作部署会，各村居、物业公司负责任人参加会议，制定并下发《永定镇2022至2023年度预防煤气中毒工作实施方案》、预防煤气中毒检查工作规定、预防煤气中毒安全承诺书、预防煤气中毒工作检查表、预防煤气中毒工作隐患整改通知书，与各村居签订预防煤气中毒安全责任书。

（王佩玉）

【3751C地块检查】 10月25日，永定镇执法人员检查3751C地块内万佛堂河道治理项目、棚户区改造项目、雅居乐项目施工工地扬尘管控措施落实情况。针对万佛堂河道治理项目施工现场洒水工作不及时问题，执法人责令施工单位加大洒水降尘频次，确保工作落实到位，施工单位立即增加洒水车辆加大洒水力度。针对雅居乐项目施工现场暂未开工的裸露地面苫盖绿网破损问题，执法人员责令施工单位立即安排人员对破损的绿网立即进行更换，确保裸露地面苫盖严密。

（王佩玉）

【市场领域新冠肺炎疫情防控检查】 11月17日，永定镇与区市场监管局永定所组成联合检查组，开展市场领域新冠肺炎疫情防控夜间大检查，对辖区内商场、超市、餐馆等人员密集场所开展防疫夜查，重点对市场主体是否严格落实扫码测温；是否按要求对场所开展消杀、通风并记录；从业人员是否按照要求佩戴口罩等各项常态化疫情防控措施落实情况进行检查。共检查市场主体13家，发现1家单位存在通风消杀记录不完整的问题，现场督促整改并公示。11月，疫情防控累计检查社会单位395家次，发现问题单位15家（其中“三类场所”11家，“七小”4家），均已督促整改并公示；开展国庆假期进返京人员排查，累计摸排市场领域、施工项目相关人员32人，逐一登记相关信息。年内，发现店外经营、街头游商问题6起，督促整改到位，处罚2起。

（王佩玉）

【政府办公会议】 年内，永定镇共召开政府办公会议29次。根据区创城工作领导小组办公室工作要求，为有效推进“创城”迎检工作落实落细，针对性解决创建全国文明城区实地测评重点难点问题，持续提升社区硬件设施条件。永定镇启动2022年门头沟区创建全国文明城区实地测评重点难点问题，项目主要包括修复破损路面、楼梯见新、修复门洞、修复透水砖、修复楼梯脱落墙皮等内容，涉及永安社区、永兴嘉园社区、西峰家园社区等15个社区。

（王佩玉）

【“三资”检查工作】 年内，永定镇完成2022年“三资”检查工作，区监管检查小组对西辛称、秋坡等13个村进行检查。7月至8月，区监管检查小组对镇内小园村、艾洼村、石门营村、桥户营村、卫星队村、秋坡村、曹各庄村、上岸村、岢罗坨村、贵石村、西辛称村、石佛村、卧龙岗村13个村2021年度“三资”管理情况进行检查。检查中发现财务管理、合同管理和资产管理方面存在一些问题和不足，进行整改。

（王佩玉）

【村“两委”报酬年度审计】 年内，永定镇村“两委”报酬年度审计，村级应收专项补助资金313.5万元，实收310.5万元，实际享受人数共139人。“两委”人员绩效补助应收48万元，实收48万元，享受补助人数20人。正常离任书记补助8.9万元，共13人。

（王佩玉）

【烟花爆竹工作禁止燃放】 年内，永定镇制定《永定镇全年禁止燃放烟花爆竹工作实施方案》，明确禁放看护点位182个，其中基本点位127个，重点点位18个，易放点位37个。组织发动镇257名机关干部、1372名村居和筹备组工作人员、1904名志愿者、400名保安员及下沉支援的委办局人员311人。

（王佩玉）

【统计工作】 年内，永定镇开展门头沟区年度人口抽样调查，组织50名调查员，在26个村居（含2个国家调查点）完成入户调查1963户。开展《住户收支与生活状况调查》样本轮换工作（5年周期），组织指导员2人、调查员16人，在京西嘉园社区、冯村等8个村居，共入户摸底970户，最终确定调查户数80户。

（王佩玉）

【人大代表培训活动】 年内，永定镇在镇一层大会议室组织代表进行代表履职培训活动。此次培训共有19位代表及1名联络员参加。由区人大常委会主任张维刚进行开班动员讲话。邀请市党校原副校长结合宪法讲解十九届六中全会精神，市人大理论制度研究会原副会长开展学习《代表法》专题讲座。讲座结束后听取《门头沟分区规划（国土空间规划）（2017年-2035年）》。年内，永定镇组织代表系统学习“为什么要学习好十九届六中全会精神”、《代表法》专题讲座。此次培训19位区代表参加培训。会后，代表交培训总结。

（王佩玉）

【信访工作】 年内，永定镇共有25件重点矛盾，其中区级11件，镇级重点14件；重点人员48人（其中涉拆45人，非涉拆3人）。年内，重复信访共22人，结案21人。年内，到镇来访148批次，525人次，到市、区上访126人次；初访信件55人次；网信件47人次，纸信10件次，到国家局和市局接访50余人次。

（王佩玉）

【便民服务工作】 年内，永定镇与永定派出所和9名退返知青及其家属核实情况，退返知青参考名单共9人，永定派出所核实到其中3名知青现户籍系永定镇辖区户籍人口，其余6名知青现户籍非永定镇辖区户籍人口。年内，在人力资源市场信息系统内发布岗位招聘信息3450余次，涉及招聘岗位人数2596个，为1323名求职人员做求职登记，成功参保422人，录入系统进行岗位推荐，累计推荐3200余次。服务跟踪建档企业40家，跟踪次数92次，发布空岗个数1318次。年内，失业人员就业958人，居民645人，单位就业313人，登记失业人数541人。安置公益性岗位就业人员30人。年内，新增低保家庭10户。新增保障房资格家庭39户。新增社会化退休人员840人。

（王佩玉）

【林业工作】 年内，永定镇填写树木伐移审批表报区园林绿化局审批办结申报6件：一般性采伐3件，共121株，岢罗坨村枯死树木采伐清理，采伐椿树1株，刺槐2株，国槐1株。冯村嘉园社区危险树木采伐清理，采伐松树1株。永定集体林场由于病源树清理，采伐椿树116株。工程性采伐移植3件，采伐1195株，移植82株。年内，2022年度平原生态林林分结构调整，永定集体林场东辛称地块、王村地块分别采伐侧柏160株、864株。永定镇MC00-0605-0001、0003等地块R2二类居住用地配建保障性租赁住房项目工程，共采伐杨树、榆树等共 89 株。年内，冯村、何各庄地区 3751-C 地块棚户区改造及环境整治项目市政配套工程道路工程，共采伐刺槐、臭椿、榆树共 82 株，共移植侧柏、皂角、榆树共 82 株。年内，全镇共设置美国白蛾监测点位 56 个，涉及 36 个村居和单位，共 35 名林业有害生物防治负责人进行日常监测和汇报。通过巡查，29 个村居发现美国白蛾及其网幕，受害树木 330 余株，清理美国白蛾成虫 25166 只。共出动专业人员 36 人次，出动车辆 12 车次，对镇域内 29 个社区 53 个居民（院）、1 所小学、镇政府进行药物喷雾防治，共使用甲维·高氯氟杀虫剂 600 瓶 120 升。年内，平原生态林养护 83 公顷、矿山修复项目林木养护 11 公顷、留白增绿项目养护 3 公顷。年内，健康经营林木抚育项目永定镇涉及北岭南区 33 个小班，总面积 452 公顷，为二级经营作业区。抚育措施为定株、补植、人工促进天然更新、补播、扩堰、剩余物处理，建设作业步道 6009 米。现处于施工阶段。年内，“揭网见绿”永定镇共涉及 15 个村 88 个地块，共计 109 公顷。10 月 11 日开标，完成对接。年内，林业站对全镇创建森林城市工作进行宣传和部署，全镇共宣传组织 9 次创建森林城市主题活动，报送信息 9 条。发放宣传材料 5000 余份。

（王佩玉）

【工会工作】 年内，永定镇总工会为 30 家基层单位投保、续保，金额 132373 元，涵盖职工 618 人，其中 17 家为新增单位；职工互助保险报销共 56 人次，报销金额累计 59750.99 元；核实前二季度二次报销 8198 人，报销金额共 144294.98 元，切实让职工群众感受到工会的温暖。年内，工资集体协商签订 92 家企业，其中独立合同签订 38 家，覆盖职工 1009 人；小企业联合合同签订 54 家，覆盖职工 321 人。年内，完成机关会员续保、蛋糕券发放、春节慰问、十一慰问、生病住院及直系亲属去世慰问 903 人次，金额 276179.5 元。年内，完善辖区内社工相关待遇，收缴会费 15965.8 元。

（王佩玉）

【结对帮贫】 年内，永定镇冯村与内蒙古自治区呼和浩特市武川县二份子乡开展结对帮扶工作，冯村提供帮扶资金 2 万元，解决南苏计村内环境卫生清理困难的问题，完善村内基础设施，购买垃圾桶。年内，通过从北京灵山绿产商贸有限公司集中采购方式，巩固深化帮扶工作成效，社会资金消费帮扶累计完成采购金额 50.71 万元，其中冯村采购 36.21 万元，卧龙岗村采购 14.5 万元，完成 50 万元任务指标的 101.42%。

（王佩玉）

龙泉镇

【概况】 龙泉镇位于门城中心区，东与石景山区接壤，南接永定镇、潭柘寺镇，西临王平镇，北与军庄镇、妙峰山镇相连，辖区内与大峪街道、城子街道交错。龙泉镇（龙泉地区办事处）镇域面积 49 平方千米；辖 17 个行政村、16 个社区居委会。2022 年，常住人口 54303 人，其中农业人口 4600 人、非农业人口 49703 人。税收总收入 10604 万元，同比增长 -73.8%；人均劳动所得 35172 元，同比增加 1455 元；农村集体经济总收入 65297.2 万元，同比增长 2.9%；全镇实现财政收入 23631 万元，财政支出 23631 万元。龙泉镇积极推进“煤改清洁能源”工程，持续深化接诉即办工作，解决历史遗留问题。坚定新冠肺炎疫情常态化防控不动摇，加快推动新冠肺炎疫苗接种工作。民主法治建设全面推进，作风建设持续加强，农村集体经济健康发展，棚改及开发安置进展顺利，基础设施建设全面提升，生态环境治理深入有效，文明城区创建持续推进，社会保障体系日益健全，社会管理工作创新提升，社会服务品质不断优化，文化体育事业蓬勃发展，社会整体环境和谐稳定。年内，龙泉镇人民政府获“北京市第七次全国人口普查先进集体”。

（田　媛）

【“燃情冰雪 志愿冬奥”知识竞答】 1 月 29 日，龙泉镇龙门新区二区社区组织开展“燃情冰雪 志愿冬奥”知识竞答活动，竞赛涉及问题包括奥林匹克常识、冬奥会知识、志愿者服务常识和观赛礼仪知识等与冬奥会和体育运动相关的内容。

（田　媛）

【渣土运输车专项夜查】 1 月，龙泉镇党委委员、副镇长带领镇综合行政执法、环保、环境等部门，与区派龙泉务工作专班一同，联合开展渣土运输车专项夜查工作，加大区域内运输车辆不符合规定等违法行为执法检查力度，严格落实各项污染防治措施。共立案查处运输车辆不符合规定5起、处罚金额1万元。

（卢环嫡）

【新冠病毒疫苗接种】　1月，龙泉镇各村居开展新冠病毒疫苗接种动员宣传工作，开展敲门行动，逐户询问接种情况，动态更新人员台账，并有针对性的进行宣传动员，尤其是60岁以上的老年人群体，努力做到应接尽接。2月8日，龙泉镇继续强化新冠病毒疫苗接种，尤其是60岁以上老年人群体接种工作，落实“四精”措施，筑牢免疫屏障、阻断疫情传播。3月1日，中门寺南坡二区动员98岁老人接种新冠病毒疫苗。4月，高家园新区社区通过发布通知、走访入户等线上线下相结合的方式，进行宣传动员、推出暖心服务，鼓励辖区80岁以上老年人积极接种新冠疫苗，全力抢抓80岁及以上老人疫苗接种进度。7月，龙泉镇强化推进疫苗接种、尤其是老年人群体疫苗接种工作，采取“新打法”努力提高易感人群接种率，坚决筑牢地区免疫屏障。龙泉务社区第一时间组织两委班子成员召开“疫苗接种”专题会，针对“不适宜接种”群体老人，具体分析每个人的具体情况，一人一方案，落实部署入户时间表，深入做好老人及家属的动员工作。

（田　媛）

【猜灯谜活动】　2月15日，龙泉镇中门寺南坡二区社区组织辖区居民开展“助力冬奥·乐享元宵佳节”猜灯谜活动，灯谜内容涵盖冬奥体育项目、传统文化、法律知识等方面，除字谜、词语迷之外，还有成语迷等，兼具娱乐性和知识性。

（田　媛）

【“学雷锋”主题活动】　3月5日，龙泉镇东南街社区、西山艺境社区、龙门新区二区等3家“首都文明单位”称号社区开展“学雷锋”主题活动，通过义务理发活动的形式，用实际行动弘扬新时代文明风尚，在活动现场的居民们排队取号，理发师为居民们设计满意的发型，为争创首都文明城区助力。

（田　媛）

【“迎三八知识竞答”活动】　3月8日，龙泉镇西山艺境社区发挥新时代文明实践站平台作用，在环路小广场开展“迎三八知识竞答”活动，200余位居民到场参与活动。社区工作人员准备300余道题目，内容涉及新冠肺炎疫苗接种、垃圾分类、生活常识等，同时还准备小奖品，竞答采用自由分组学习的形式开展。

（田　媛）

【未诉先办】　3月8日，龙泉镇中北街社区网格员在动员60岁以上老年人新冠病毒疫苗接种宣传入户工作中，发现北街锅翻称胡同下水出现堵塞现象，影响40余户居民正常生活，社区居委会与瑞龙祥物业一同制定疏通方案、完成修复施工。3月11日，龙泉镇三家店三分社网格员在日常巡查工作中发现，西老店78号附近有一处下水井上的水泥盖板破损，造成路面出现坑洼，给村民出行造成不便，同时也存在着一定的安全隐患，村里立即会同辖区瑞龙祥物业公司，进行现场勘查，制定计划立即着手处理。7月27日，城子村蓝龙小区楼房突发断电，城子村立即启动应急程序，开启紧急抢修，同时，以点带面、举一反三，再次对整单元进行全面隐患排查，更换线路，从彻底上解决断电问题。

（卢环嫡）

【放心消费主题宣传活动】　3月15日，龙泉镇多部门联合在三家店兴顺市场、永辉超市同步举办以“放心消费 诚信先行”“共促消费公平”为主题的宣传活动。通过搭建咨询台接受咨询、现场解答疑难问题、悬挂宣传横幅、发放宣传资料等多种方式，向群众宣传消费者权益保护、文明创建、环境卫生、垃圾分类等知识，引导群众树立正确的法治观念，增强群众的自我保护意识和维权意识，共有240余位居民参与其中，发放宣传各类宣传折页600余份、宣传品600余份。

（田　媛）

【“铭记历史 致敬英烈”红色教育活动】　3月29日，龙泉镇琉璃渠地区村、居联合开展“铭记历史 致敬英烈”红色教育活动，重温入党誓词，向修建丰沙线牺牲烈士纪念碑敬献花篮，缅怀修建丰沙线牺牲烈士，弘扬社会主义核心价值观。

（田　媛）

【第十届人民代表大会第二次会议召开】　3月17日，龙泉镇召开第十届人民代表大会第二次会议，审议通过《龙泉镇2021财政预算执行情况和2022财政预算（草案）》报告。

（田　媛）

【消防工作】　3月24日，龙泉

镇中门家园社区、瑞龙祥物业公司与区消防救援支队、辖区派出所、镇安全科等部门联合开展春季消防演习活动，50余名社区居民参与此次活动。活动中，区消防救援支队工作人员为广大居民和工作人员们讲解了消防知识和消防器材使用细则，并现场演示灭火器的正确使用、灭火注意事项。5月，龙泉镇开展消防安全环境整治执法行动，重点针对餐饮行业存在的消防安全隐患进行排查，并要求全镇餐饮经营单位严格规范餐饮经营单位消防安全管理责任，强化安全意识，在3日内依规自行清理自家后厨排烟管道，留存清理记录、工作照片和视频备查。6月2日，梨园社区居委会联合辖区瑞龙祥物业公司，结合新冠肺炎疫情防控形式，针对隔离封控区域开展消防安全培训暨隐患排查行动，行动中，社区干部和物业公司负责人先后进行动员，提示隔离区消防安全工作重点，聘请专业安全员对隔离防控区内的7名保安人员和负责外围保障的13名工作人员进行消防安全业务培训，并对封控区的配电箱、架空线路进行排查，逐户到封控区各户隔离人员门前，开展敲门行动，为各家张贴消防安全宣传材料，并提示居民们注意用火、用气安全。7月7日，峪新社区两委干部、工作人员，针对坡头新村出租房屋、经营门店开展消防安全宣传、排查行动，提示居民在家中注意用火、用气安全，不要超负荷用电、电动自行车禁止入户充电、不要入户存放等安全常识，并将电动自行车不进楼、不入户等温馨提示宣传、张贴到每户。10月10日，到梨园社区，开展自建出租房屋安全隐患治理夜查行动，执法人员严格按照“四清、三停、四建设”出租房治理工作标准，对出租院落进行走访排查，遇有隐患问题当即要求进行整改，并予以相应处理，坚决消除存在隐患，源头治理杜绝危险情况发生。当晚共出动10余名执法人员和工作人员，检查出租院落20余处，宣传教育承租人60余人，发放整改告知书15份，查封重大风险隐患出租房屋1间，清理违规停放电动自行车6辆，清退违规使用液化气罐8罐。

（卢环嫡）

【垃圾分类宣传活动】 4月12日，龙泉镇中门家园社区在社区小广场开展“创意生活 文明分类”主题垃圾分类宣传活动，社区干部向参与活动的100余人宣传、讲解生活垃圾分类的意义、标准、方法、好处及垃圾处置不当的影响与危害，鼓励社区居民们将生活垃圾中的可回收物进行细化分类，按照标准进行投放。

（田　媛）

【法治宣传活动】 4月15日，龙泉镇琉璃渠地区开展《4·15国家安全日》主题法治宣传活动，通过咨询解答、发放宣传资料的方式，向辖区居民宣传国家安全法，普及法律知识、增强法律意识，共发放普法宣传折页、宣传品共150余份。

（田　媛）

【保护母亲河2022净滩行动宣传服务活动】 4月21日，龙泉镇综合行政执法队联合区控烟志愿服务队在京浪岛公园开展“‘河’我一起，保护母亲河2022净滩行动”宣传服务活动，16名志愿者们统一着门头沟热心人志愿者服装，围绕公园和永定河沿岸道路认真捡拾碎纸屑、塑料袋、烟头等生活垃圾，对各个卫生死角进行清理，执法人员积极向公园内游客宣传爱护环境卫生，严禁露天烧烤、乱扔垃圾等环境提示，教育引导广大群众保护环境卫生，践行生态文明理念，养成良好卫生习惯。

（田　媛）

【景观河道环境联合检查】 5月20日至23日，龙泉镇开展景观河道垂钓执法整治行动，执法队共出动人员36人次车辆16辆次，成功劝离垂钓者72人次。5月23日，龙泉执法队联合区水务局针对永定河周边水环境进行联合检查，处罚非法钓鱼违法行为10起。

（卢环嫡）

【防汛工作】 7月2日至4日，门头沟区出现持续降雨，气象部门连发防汛蓝色预警，龙泉镇地区降雨总量达到90.3毫米，为全区之最。全镇上下机关干部、物业人员、镇林场工作人员、村居“两委”干部等，连夜组织人员第一时间为辖区内居民解决积水、漏雨等问题，走访排查消除安全隐患，确保百姓生命财产安全，平稳顺利度过强降雨考验。

（卢环嫡）

【创城迎检】 7月19日，龙泉镇东南街社区新时代文明实践站发起并组织开展“推进垃圾分类 助力创城迎检”主题宣传活动。8月11日，区委常委、宣传部部长带队到龙泉镇梨园社区、倚山嘉园社区开展创城工作检查，对检查中发现的非机动车车线模糊、楼道杂物乱堆乱放、随处晾晒衣物等问题现场提出整改意见。8月15日，区人大常委会副主任，区人大常委会城建环保办公室主任、副主任一行到龙泉务村、琉璃渠村，对区创城办检查中发现的问题进行督促整改。

（卢环嫡）

【社区环境整治行动】 7月20日，龙泉镇综合行政执法队、平安建设办公室与社区居委会、物业公司共同开展执法、整治行动，对高家园东街1号院2号楼2单元存在较为突出的楼道乱堆乱放杂物现象进行集中治理。7月30日，西前街社区新时代文明实践站组织开展“整治环境 消灭蚊蝇 创城攻坚 爱卫同行”主题活动，有效降低蚊蝇密度，抑制病菌滋生，保障群众身体健康。8月1日，大峪花园社区新时代文明实践站持续组织开展以“清理小广告和堆物堆料”为主题的楼道专项整治行动。9月29日，龙泉镇综合行政执法队与西山艺境社区居委会、金地物业公司对辖区高家园东街1号院开展环境整治行动，对院外侵占公共区域私自种地种花等或堆放杂物等行为进行彻底整治。

（卢环嫡）

【诚信主题宣传活动】 7月21日，龙泉镇各村居广泛开展诚信主题宣传活动，引导居民争做“做诚信人、办诚信事、心口如一、言行一致”的表率，通过为居民发放“门头沟区诚实守信从我做起”倡议书和文明宣传手册，向居民宣传道德诚信有关知识，社区党委书记结合传统文化、当前形势和身边人事，为居民们进行宣讲，使大家认识到诚信在立身做人、团结社会、治理国家等方面的重要意义。

（田　媛）

【重诚守信、广宣早接双主题宣传活动】 7月27日，龙泉镇西前街社区在辖区防疫卡口开展“重诚守信 垒牢公民道德基石”“广宣早接 共筑群体免疫屏障”双主题宣传活动，通过悬挂横幅、张贴海报、发放诚信宣传用品、诚信倡议书、老年人接种新冠疫苗一封信及宣传折页的形式，宣扬践行诚信，营造老年人新冠肺炎疫苗接种攻坚氛围，倡议“老年新冠更要防 疫苗接种来护航”。

（田　媛）

【便民服务活动】 8月9日，城子村与龙泉镇总工会联合举办便民服务活动，在蓝龙小区便民服务站设立专场，面向社区广大村居民提供义务的测量血压、中医按摩、修脚、义务理发等项目服务。

（田　媛）

【“全民健身日徒步走”主题文化活动】 8月8日，龙泉镇龙泉务社区新时代文明实践站组织开展“全民健身日徒步走”主题文化活动，社区党员、居民代表、志愿者、退役军人、共青团员、残疾人代表等60余人参加活动。活动以“更好传承和弘扬中华民族健康生活”为宗旨理念，以全民健身日为节点，动员居民参与徒步走活动。

（卢环嫡）

【月饼制作活动】 9月6日，龙泉镇梨园社区分上、下午场，以“中秋佳节喜相逢 小家大家齐欢庆”和“浓情中秋 爱满社区”为主题，举办2场月饼制作活动，社区居民100余人参加活动。

（卢环嫡）

【“庆中秋 关爱老年人 法治在身边”宣传活动】 9月9日，龙泉镇城子村联合区法院走进辖区乐益家养老驿站，开展助力创城“庆中秋 关爱老年人 法治在身边”主题宣传活动，讲师选取贴近民众生活的真实事例，从养老诈骗的常见类型、骗术涉及的常见陷阱等入手，深入浅出地举例说明老年人容易上当受骗的情形，以案普法。同时，城子村“两委”班子成员与养老驿站负责人向老年朋友免费发放月饼及新鲜出炉的爱心馒头。

（田　媛）

【“巾帼心向党 喜迎二十大”宣传教育活动】 9月23日，龙泉镇水闸西路社区携手区妇联开展“巾帼心向党 喜迎二十大”群众性宣传教育活动，全国妇联系统劳动模范、水闸西路社区党委书记刘晶等3位妇女代表以宣讲的形式，将榜样力量、正能量传播到群众身边，号召居民们积极在日常工作生活中传承弘扬爱国、榜样、巾帼志愿者精神，争当新时代“先行者”。

（田　媛）

【“消防安全月”主题活动】 11月8日，龙泉镇梨园社区邀请区消防救援支队工作人员和辖区派出所民警到社区，共同组织居民和商户开展“消防安全月”主题活动，区消防救援支队工作人员结合地区实际情况和火情案例，向大家宣讲消防安全知识和逃生自救常识，专业消防工作人员对居民们和经营商户进行初期火情的扑救实操培训，提升应急处置能力，掌握自救互救技能。

（田　媛）

【煤改清洁能源工程】　年内，龙泉镇启动实施琉璃渠、赵家洼两村的“煤改清洁能源”改造工程。琉璃渠村808户住户、赵家洼村105户住户实现峰谷电价，琉璃渠村565户住户、赵家洼村61户住户改造实现煤改清洁能源设备安装。

（卢环嫡）

【心理服务站心理培训工作】　年内，龙泉镇社会心理服务中心开展服务活动共32场次。其中对儿童、社区干部、志愿者、居民进行线上直播课24场，团体辅导4场次，一对一心理咨询个案4人次,12345投诉对接会4场。共计受益人群832人次。

（卢环嫡）

【拆除违法建设】　年内，龙泉镇拆除持续治理类项目13处，涉及琉璃渠丑儿岭、樱桃园，三家店村，新河小区等地，拆除面积901.41平方米。

（卢环嫡）

【街巷长、小巷管家管理工作】　年内，龙泉镇“街巷长”累计巡访4000余小时，处理各类事件850件，其中随手解决事项560件。龙泉镇“小巷管家”累计巡访5100小时，共处理各类事件980件，其中随手解决事项460件。

（卢环嫡）

【农村人居环境专项整治】　年内，龙泉镇共召开人居环境整治推进会议12次，开展镇域内人居环境巡查督导180余次，主管领导巡查40余次，为推进农村人居环境整治提供组织保障。

（卢环嫡）

【北京冬奥会、“两会”期间安保工作】　年内，龙泉镇安全工作部检查队联合各执法部门对辖区内共620余家生产经营单位，出动256人次，围绕危险化学品、非煤矿山、消防安全、交通运输、城市建设、城市运行、地下空间、工业园区等功能区、危险废弃物等9个专项，检查620家经营单位，企业覆盖率100%。建立问题隐患清单，逐一明确整改责任单位和整改要求，推动建立从根本上消除隐患的制度措施，全面落实重大隐患及时上账任务。

（卢环嫡）

【“百日攻坚”行动】　年内，龙泉镇成立喜迎二十大“百日攻坚”专项工作领导小组。对全镇各行业领域和重点场所、关键环节开展风险隐患摸排，针对重点难点问题，加大专项整治攻坚力度，切实消除一批重大安全问题，共出动1200余人次，检查620家经营单位，检查摸排出租房屋3657户，6611间。集中约谈房主、经营单位负责人32人；召开房主培训会47场，累计培训房主2300余人次。拆除违规出租违法建设多处、影响疏散逃生防护栏134处，清理液化气罐183个，违规停放电动车220辆、电池121个，可燃物15吨，违规大功率电器244个，劝离占用消防车通道110辆，清退200余人，查封2处，停租5户出租房屋，关停10家经营单位，拆除违规出租的村民自留地违章建设8处、600平方米。

（卢环嫡）

【社区环境综合整治】　年内，龙泉镇联合民政局开展社区环境综合整治行动，持续提升辖区16个社区环境治理，发现问题点位200余处，处理垃圾30余吨，清理小广告150余处，清理大件垃圾100余件，同时为了精细化治理工作水平，各社区制作并张贴“社区管理公示牌”1000余块。

（卢环嫡）

【城乡文明环境提升工作】　年内，龙泉镇对南坡二区社区增设2个车棚372平方米；南坡一区社区增设1个车棚400平方米；倚山嘉园社区增设2个车棚113平方米；水闸西路社区的邮局楼增设1个车棚105平方米；梨园社区增设3个车棚240平方米；龙门新区二区社区增设1个车棚约50平方米，同时修缮社区内13栋楼楼道内墙面600余平方米；中门家园社区改造化粪池及附近100余平方米道路，修复2号楼7-9层外墙墙砖脱落面积60余平方米，新建1个车棚100余平方米。对三家店一分社古街进行提升改造，对琉璃渠村待建小型公园2395平方米场地周边环境进行治理，琉璃渠村前街铁道边路面500余平方米及130米污水管道进行改造提升，依托创建文明城区全面改善人居环境。

（卢环嫡）

【综合执法工作】　年内，龙泉镇综合行政执法队有序完成各项执法工作，完成新冠肺炎疫情防控、全国“两会”、清明、五一、国庆、党的二十大等重大活动和节日期间的环境秩序执法保障任务。共立案处罚违法行为397起，罚款95.02万元。

（卢环嫡）

军庄镇

【概况】　军庄镇位于门头沟区人民政府东北部10千米处，北与海淀区接壤，南与石景山毗邻，西与龙泉镇相连。镇域面积34.03平方千米，辖8个行政村、3个社区。2022年，常住总人口15477人，总户数6859户，户籍人口13461人，户籍户数7524户，其中农业户数1751户，农业户籍人口2661人，非农业户数5773户，非农业户籍人口1.08万人。军庄镇结合生态涵养区功能定位，围绕加快推进重点镇建设和城镇化进程的战略目标，完成各项指标，农村集体经济总收入2495.3万元，农村经济第三产业仍是主导产业，全镇农民人均所得实现22946元，同比增加1104元，增长5.1%。

（王亚男）

【全员核酸检测工作】　1月30日，军庄镇组织召开镇域全员核酸检测工作部署会，就疫情防控最新要求以及镇域全员核酸检测工作等进行部署。军庄镇成立核酸采样检测指挥部，研究制定全镇全员核酸检测工作方案。核酸采样检测工作组分为：联系协调组、核酸检测采样现场协调组、维稳保障组、后勤保障和环境消杀组、现场采样指挥组。分别在8个村、3个社区设置采样点，开展全员核酸检测。

（王亚男）

【第十届军庄镇人民政府第一次全体（扩大）会】　2月20日，第十届军庄镇人民政府第一次全体（扩大）会召开，学习区长喻华锋在门头沟区第十七届人民政府第一次全体（扩大）会上的讲话以及区委书记金晖在区政府全体会上的讲话精神，就近期工作重点进行部署。

（王亚男）

【2021年度“一报告两评议”工作会】　3月6日，军庄镇召开2021年度“一报告两评议”工作会暨村居书记述职大会，通报军庄镇2021年度党史学习教育专题民主生活会召开情况，各基层党组织负责人进行现场述职。

（王亚男）

【退役军人志愿服务活动】　4月3日，军庄镇民生保障办公室联合东山村开展“退役军人志愿服务 助力苗圃种植”活动。积极组织20余名退役军人志愿服务者参与东山村梨树苗圃种植活动，共种植树苗2000株。

（王亚男）

【第十届人民代表大会第二次会议】　4月12日，军庄镇第十届人民代表大会第二次会议预备会议通过审查军庄镇2021年预算执行情况和2022年预算草案的报告；门头沟区军庄镇国土空间规划（2020年—2035年）草案；听取副镇长2022年履职承诺报告。

（王亚男）

【节前安全生产和疫情防控大检查】　9月11日，军庄镇领导到西杨坨大集、燃气站等重点点位检查疫情防控、消防安全、微型消防站建设、安全生产等工作开展情况，现场听取相关工作情况汇报。检查过程中，针对存在的问题进行现场督导，要求负责人及时组织人员加快清理整治，并强化宣传监管，形成齐抓共管的良好氛围，巩固提升整治成果。

（王亚男）

【煤改电设备销售市场执法检查】　9月25日，军庄镇煤改电专班联合镇市场监督管理所和综合行政执法队开展煤改电设备销售市场执法检查。到西杨坨村、孟悟村、东山村等村口对展销售卖煤改电设备的厂商进行集中检查。重点查看各厂家的营业执照、各种设备的质量检测报告、能效标识是否符合国家标准，展位的摆放是否规范，购买安装协议是否保障消费者的合法权益等。特别是针对厂商销售人员入户收取村民有效证件及宣传折页、易拉宝等宣传品存在误导性等不符合规范的行为进行整治，现场没收不符合宣传规范的易拉宝8份，宣传折页50余份。

（王亚男）

【战略合作座谈会召开】　11月6日，军庄镇与国网北京门头沟供电公司召开战略合作座谈会，镇领导介绍军庄镇基本情况。门头沟供电公司领导介绍地区电网相关情况。双方签订战略合作协议。

（王亚男）

雁翅镇

【概况】　雁翅镇位地处门头沟区中部，下辖23个行政村，1个社区居委会，镇域面积263.22平方千米。2022年，雁翅镇围绕“滨河水岸休闲小镇”的发展定位，坚持红色党建引领绿色发展，传承红色基因、践行生态富民，顶住疫情冲击和经济下行双重压力，全力推动“绿水青山就是金山银山”发展理念在雁翅形成生动实践。实现全镇农村经济总收入39464万元，较去年同期增长3.5%；农民人均可支配收入20813元，同比增长6.1%。全年共招商368家企业，通过企业纳税形成地方级收入9376万元；区级收入4598万元。年内，全镇共举办各类公共文化活动175项，覆盖1474人次，其中线上活动61项，覆盖617人次；线下活动114项，覆盖857人次。区级“星火工程”演出任务完成69场，公益电影放映任务完成1100场。2022年度雁翅镇累计降雨量393.47毫米，汛期内降雨量350.3毫米，同比减少40%，全镇安稳度汛，未发生安全事故。雁翅镇获“北京市卫生镇称号”。

（宋一凡）

【基层党组织书记述职承诺报告会召开】 2月，雁翅镇召开2021年基层党组织书记述职承诺报告会，全镇共30个基层书记述职，镇党委全面了解掌握各基层党组织书记2021年履职情况和2022年工作思路。

（宋一凡）

【第十届人民代表大会第二次会议】 3月25日，雁翅镇召开第十届人民代表大会第二次会议，应出席代表49人，实出席47人。审议通过《雁翅镇2021年预算执行情况和2022年预算（草案）报告》，表决通过人事任免相关事项。10月27日，雁翅镇召开第十届人民代表大会第三次会议，应出席代表48人，实出席47人。表决通过人事任免相关事项。

（宋一凡）

【森林防火】 3月，雁翅镇召开森林防火工作会议全面部署清明节期间森林防火工作，要求镇机关干部全部到所包村，协助指导各村做好防火工作，各包村组、村（居），单位要尽职尽责，全面做好火源管控，对重点地段、主要路口、沟口要明确责任领导和人员，做到定人、定岗、定责，做到路口、沟口有登记、点位有看守、区域有巡护，坚决杜绝一切火种进山。4月，镇上岗机关干部、森林防火检查队、协管员等650余人，每日对主要路段沟口、重点祭扫区、坟头等易发生火情的重点区域严防死守。10月25日，组织开展雁翅镇2022-2023年度森林防火工作部署会，要求各部门、各村居要提高思想认识，切实增强做好森林防火工作的责任感和紧迫感；要层层压实责任，确保各项工作落实到位，要完善应急预案、强化值班值守，切实做到山有人管、林有人护、火有人防、责有人担；要强化宣传教育，营造浓厚森林防火宣传氛围，要充分利用会议、广播等多种方式进行森林防火宣传教育，坚决杜绝焚烧秸秆等情况的发生。11月9日，在青白口村村委会组织防火宣传活动，发放宣传手册300余份。

（宋一凡）

【生活垃圾分类】 4月22日，雁翅镇在田庄村开展《北京市生活垃圾管理条例》实施两周年宣传活动，共发放各类宣传资料200余份。5月9日，雁翅镇开展垃圾分类进村宣传活动，工作人员向村民宣传如何分类厨余垃圾、可回收垃圾和有害垃圾。年内，雁翅镇将大村地区建成可腐化生活垃圾处理站搬迁至原9123厂投资99万元进行升级改造。

（宋一凡）

【防汛工作】 4月，雁翅镇下发《关于提前做好应对2022汛期准备工作的通知》，通知要求各村要再次组织村两委成员对村内的险房险户、低洼院落、危旧墙体、地质灾害隐患点进行认真细致的排查和解决，建立隐患台账，对影响行洪沟道内的物体及时清理。6月1日，组织召开全镇各村及驻镇单位、企业的防汛工作动员会。要求各村、各单位建立地质灾害隐患点、野山野沟等重点点位的工作台账，做到点位清、情况明，确保重点点位有人守；要对重点部位开展安全隐患排查，发现问题立即整改到位；要抓紧做好防汛抢险物资的补充和储备，确保物资数量充足、品种齐全，做到有备无患；国道109新线高速工区、山峡段工程要加强施工工地的管理；险村搬迁村要及时清理施工渣土，严禁堆放在行洪通道上；要开展防汛减灾宣传，提高群众避险意识和自救互救能力；各驻镇单位要全力服务保障全镇的防汛工作。领导班子成员、各科室负责人、各村居两委人员及相关驻镇单位负责人参会。6月10日，组织召开防汛桌面推演，要求各村居、各单位完成防汛演习。6月，镇党委书记、镇长带队逐村进行防汛安全检查，要求各村要加强值守，提前部署、安排转移地点，加强雨量的监测，疏通、清理行洪沟道，提前将水库、塘坝的水位降至安全位置。

（宋一凡）

【新冠肺炎疫情防控】　4月，雁翅镇制定《雁翅镇关于突发新冠肺炎确诊病例快速响应处置工作预案》，作为雁翅镇突发新冠肺炎确诊病例快速响应处置工作依据，并根据工作预案开展实地及桌面推演。5月，修订完善《雁翅镇新型冠状病毒肺炎疫情防控工作领导小组及工作机构》。11月，建立《雁翅镇涉疫风险人员8小时快速处置机制》《雁翅镇8指“涉疫”风险人员应急处置流程图》，进行3次桌面推演，实战排查“十混一”89管139人；建立74名核酸检测志愿突击队，为24个常态化核酸采样点、2.5万人次提供服务。12月，建立3个重点人群服务保障工作群，组建322人镇、村服务保障团队，为镇域内347名重点人群、146名独居人群等特殊群体提供生活、就医服务保障。年内，共处理大数据派单14520人，建立《雁翅镇落实居家人员“足不出户”巡视台账》；60岁～-79岁老年人新冠疫苗第1剂接种率111.49%，第2剂接种率97.55%，第3剂接种率94.67%。80岁及以上老年人新冠疫苗第1剂接种率59.8%，第2剂接种率91.62%，第3剂接种率62.80%，为548名60岁以上接种人员购买疫苗接种保险；成为全区最后一个出现阳性病例的镇街。

（宋一凡）

【五月红歌合唱比赛】　5月，雁翅镇开展“喜迎二十大，永远跟党走，奋斗新征程”雁翅镇五月红歌合唱比赛工作，活动发布后有17个村居报名参赛。由于新冠肺炎疫情原因，合唱比赛的最终展演未能举办，在9月举办的乡村大舞台展演中，特选取4个村居的合唱节目进行展示。

（宋一凡）

【党委书记讲党课活动】　6月，雁翅镇举行“光荣在党50年”纪念章颁发暨党委书记讲党课活动，党委书记带头重温入党誓词，现场为10名老党员颁发纪念章和政治生日纪念卡、线下为11名老党员颁发纪念章。

（宋一凡）

【第十四届淤白文化节】　8月，雁翅镇举办第十四届淤白文化节，此次文化节以消夏展演的形式在白瀑云景举办。此届文化节将传统文化与现代旅游娱乐相结合，内容包括非遗戏曲蹦蹦戏展演、特色文化展示、美食体验、乐队表演等内容，深化文旅融合，全面展示淤白村特有的文化资源。

（宋一凡）

【永久基本农田落地实施工作】　8月，雁翅镇划定永久基本农田139公顷，涉及大村、房良、杨村、青白口、黄土贵5个村，45个地块。9月，启动永久基本农田落地实施工作，10月底在全区率先完成139公顷地上物清理腾退既定目标任务，完成的任务量约占全区总任务的45%。

（宋一凡）

【第二届雁翅镇旅游文化节】　9月27日，雁翅镇举办“山水画廊、自在雁翅”第二届旅游文化节，进一步强化“雁翅优选”区域公共品牌符号，打响地区文化品牌。此次旅游文化节活动作为北京西山永定河文化节暨首届京西山水嘉年华文旅消费季活动的重要板块，从生态雁翅、文化雁翅和科技雁翅3个篇章全面阐释镇域旅游发展成果，用历史、文化、现代的线路进行串联，讲述生态与产业链转化的发展模式，传承和弘扬优秀传统文化。并以此次旅游文化节为契机，特别推出2条旅游线路。活动现场吉祥物“雁小优”带领大家一同品尝来自“雁翅优选”的特色农产品，进一步提升雁翅镇文旅产业的凝聚力和号召力，续写“两山”理论守护人的雁翅新篇章。

（宋一凡）

【第十届群众文化展演暨乡村大舞台活动】　9月，雁翅镇举办“京西古韵 红雁颂歌”第十届群众文化展演暨乡村大舞台活动，首次采取线下演出、线上观看的形式。活动共有16个村居参与，在128个节目中，择优挑选28个节目进行展示。

（宋一凡）

【地质灾害防治】　10月，雁翅镇启动11处地灾防治及1处废弃矿山修复项目。完成坡面整治工程、张口帘式防护网5300平方米、浆砌石挡墙、削坡工程、护面墙工程、截水沟工程、浮石清理工程、主动柔性防护网工程、土石方工程、绿化工程及养护工作。年内，完成下马岭村2处地灾治理项目100%，付家台村、雁翅村2处地灾治理项目80%，下马岭村、高台村2处地灾治理项目70%，苇子水村、松树村、山神庙村5处地灾治理项目33.4%。

（宋一凡）

【政府办公会】　年内，雁翅镇共召开政府办公会26次，政府专题会6次。

（宋一凡）

【摄影大赛】 年内，雁翅镇配合区文化和旅游局组织举办“心跳雁翅”摄影大赛，分为4条摄影线路，分为专业组和业余组，通过为期2个月的报名评选，共80余副作品参赛，最终评选出人文、生态、人物及业余组各一、二、三等奖最佳摄影作品。

（宋一凡）

【打造“雁翅优选”线上小程序】 年内，雁翅镇配套打造“雁翅优选”线上小程序，陆续开通网络直播带货，及线上线下结合方式，打开产品销售渠道。推广“雁翅-行”视频号和抖音官方账号、小红书和大众点评，发布视频68个，点击率30万、粉丝新增1100、点赞量达6400，不断扩大雁翅镇地区影响力。

（宋一凡）

【党风廉政建设】 年内，雁翅镇制定《2022年度雁翅镇深化落实全面从严治党主体责任清单》14份，召开党风廉政建设专题会议2次。纪委书记约谈科室及村负责人12人次，集体约谈3次，疫情防控专项约谈5次。围绕冬奥会及冬残奥会服务保障、疫情防控、文明城区创建、接诉即办、防火防汛、人居环境、服务窗口、109国道建设专项、重大活动服务保障等开展监督检查356次，围绕持续纠治“四风”开展车辆管理、工会、财政、后勤、餐厅、党建等重点岗位监督检查12次，参与监督党委会55次、政府办公会26次。持续深化接诉即办专项监督，强化民生领域问题专项整治，主动筛查“接诉即办”工单335件，过问疑惑工单28件。开展疫情防控现场检查105次，累计检查（含复查）核酸检测点、七小门店、村居卡口、公共场所等点位480余个，下发工作提醒函8份，梳理问题建议56条，向区纪委区监委机关、镇党委报送工作专报、工作信息、数据台账等材料312份。全年接区纪委转件17件，了结2件，立案5件，给予党员警告处分4人，严重警告1人，开除党籍2人，全年共形成谈话笔录、询问笔录167份，办结问题线索83件。镇纪委接待来访人员和电话来访13人次，反映村干部5人次，按相关程序业务科室协查3次，按程序转区纪委区监委机关信访室2人次。

（宋一凡）

【妇女创新创业】 年内，雁翅镇妇联推进2022年农村妇女创新创业项目申报，北京大村富民农业专业合作社申报雁翅镇大村果园提升改造项目，提高6公顷矮化富士苹果和6公顷传统国光苹果果品质量，安排长期就业妇女5人，临时就业20余人，其中长期就业人员年均收入达1万元，临时就业年均收入达5000元。推进2022年农村妇女创新创业项目申报，房良村股份经济合作社申报雁翅镇房良村特色农业日光温室大棚提升项目，建设特色农业龙井、水果、蔬菜、食用菌日光温室大棚2栋，项目总面积2379.35平方米，其中日光温室大棚占地面积为1008平方米，实现冬季反季节种植及销售菌类及蔬菜，解决妇女劳动力就业11人，年人均收入1万元。

（宋一凡）

【双拥工作】 年内，雁翅镇完成镇级示范型退役军人服务站创建工作，村级示范型退役军人服务站2个，办理退役军人优待证226个，招录1名退役军人；为4名符合条件的退役军人申请60岁农籍老兵待遇。

（宋一凡）

【安全生产】 年内，雁翅镇与24个村居以及学校、敬老院、卫生院、加油站、液化气站等99家生产经营单位签订安全责任书，督促企业严格落实安全生产主体责任，按照市、区安全生产专项整治三年行动工作要求。完成上账隐患30项，整改隐患30项，2022年安责险试点任务15家，完成参保、续保17家。共检查生产经营单位494家次，发现隐患183项，立即整改101项，限期整改82项，全部整改到位。镇级采取不定期巡查、联合区打非督导组联合检查等多种形式，共开展打击私挖盗采巡查检查58次，杜绝私挖盗采情况发生。年内，投入资金276万余元，建设完成田庄沟域人口疏散地域建设项目。

（宋一凡）

【信访工作】 年内，雁翅镇开展社会矛盾纠纷排查调处8次，接待群众来访106件，网上信访信息系统32件，区长信箱6件。

（宋一凡）

【创建全国文明城区】 年内，雁翅镇召开创城迎检动员誓师大会、创城迎检工作部署会、举办创城指标体系和材料申报专题培训会2次；严格落实“周拉练检查和日巡查”工作要求，建立“日巡、周查、督查、会商研判”等工作机制，累计拉练检查15次，下沉机关干部300余人次；按照

"月月有活动、一周一主题"原则，以"小切口"为突破点，为全镇24个村（居）更换褪色、破损文明标语宣传海报240余张；为镇域民宿小院设置节约用电、请勿吸烟等文明引导指示牌300余处；为镇域商户设置三公示一台账展板32处；增设农村景观小品6处；增设候车亭5处；增设疫情防控提示通告牌25处。坚持问题导向，强弱项补短板，针对检查和自查问题，严格按照整改标准及时整改，清理各类垃圾18余吨，创城公共空间硬件设施提升20处。

（宋一凡）

【环保工作】　年内，雁翅镇制定《雁翅镇污染防治攻坚战2022年行动计划》《关于进一步强化提升道路扬尘治理工作实施细则》《关于进一步强化提升裸地扬尘治理工作实施细则》，更新《雁翅镇餐饮业大气污染防治工作台账》《雁翅镇扬尘管控工作台账》，建立《雁翅镇国道109新线高速公路工程扬尘精细化管控方案》。申报河南台村、泗家水村、为"绿水青山就是金山银山"实践创新基地。重点关注4处大气粗颗粒物监测站点以及5个高密度监测网络点位，加强扬尘监管力度，建立裸地台账、减排清单，有效应对12次重污染天气。在国道109新线高速公路工程工区附近及镇主干道上开展清扫作业，全程50余千米，累计清除道路灰尘4吨。

（宋一凡）

【环境整治】　年内，雁翅镇制定《雁翅镇城乡环境建设管理工作方案》，研究全年重点村、国道及沿线、政府驻地和景区周边环境整治工作。在"两节"期间、清明节、五一、十一等节假日、新冠肺炎疫情防疫、109国道环境检查等活动节日环境清扫行动10余次，累计出动人员780余人次、动用车辆30余次，日常清理各类垃圾80余吨。成立由27人组成的镇级环卫队伍负责镇域内所有公路的保洁工作、并聘用第三方公司对24个村居的垃圾清运、87座公厕日常保洁维护工作。共处理垃圾分类台账92处、区环境督办单台账312处，市首环办台账35处、区人居环境台账1562处、市人居环境台账112处、小卫星核实台账36处、创城环境台账1123处，全部清理完成并及时向上级单位反馈。与镇域内单位、商户签订"门前三包"责任书31份，检查门前三包经营秩序750家次，罚款2起、150元，清理整治店外经营等问题40余家次。

（宋一凡）

【违法建设工作】　年内，雁翅镇2022年市级消减任务3861.43平方米，完成拆除违法建设面积3861.89平方米，腾退土地面积4288.9平方米，完成2022年市级违法建设拆除任务。

（宋一凡）

【执法工作】　年内，雁翅执法队共出动执法人员800余人次，执法车辆440余台次，联合派出所、交通、市场所、平安建设办等相关部门开展联合执法行动50余次，立案处罚各类违法行为140起，共罚款251160元。其中，市容环境类12起，罚款4350元；大气污染防治类17起；罚款222150元；燃气安全类4起，罚款1300元；园林绿化类6起，罚款360元；垃圾分类101起，98起为警告，处罚3起，罚款2.3万元。行政告诫违法相对人20余家、送达行政法律文书90余份，规范"门前三包"行为60余起，责令改正环境卫生脏乱80余处，责令相关单位清理乱堆渣土、堆物堆料50余处，制止和处理露天烧烤和焚烧行为40余起，拆除广告牌匾、条幅30余块。

（宋一凡）

【山区农民搬迁改造工作】　年内，雁翅镇涉及山区农民搬迁改造共大村、淤白村、跃进村、芹峪村、高台村5个村。截至年底，大村村居改造主体完工435户，淤白村主体完工104户，高台村主体完工34户，芹峪村主体完工67户，跃进村主体完工22户。新增的有太子墓村、青白口村、杨村、山神庙村、泗家水村、松树村6个村，完成6个村村级搬迁改造方案。

（宋一凡）

【精品民宿旅游】　年内，雁翅镇有12个村庄发展民宿产业，累计投资8010余万元，建成10个独立的精品民宿品牌，在营业民宿品牌9个、院落52间、客房137间、床位264张，在建民宿7处，有意向签约民宿1处。全年接待11916人次，实现民宿经营收入601.9万元。推动南石洋大峡谷景区开放运营，接待游客3.5万余人次，经营收入230万元；白瀑云景田园综合体累计收入100余万元；制定出台《雁翅镇精品民宿发展工作实施方案》，推动"门头沟小院"评星定级工作，槐井石舍、南台花开获5星级门头沟小院，红雁谷、土店儿获评4星级门头沟小院，适寝、青山下、白瀑云景获评3星级门头沟小院。

组织精品民宿、民俗旅游户及景区开展2022年京郊旅游百千万工程线上培训。

（宋一凡）

【走访慰问】 年内，雁翅镇慰问残疾人182人，慰问资金12.1万元；慰问社会救助对象392户，慰问资金27.75万元；“两节”期间慰问18户，慰问资金1.8万元；红十字会慰问35户，慰问资金3.5万元；慰问退离老积极分子1人，慰问资金1000元；慰问现役军人6人，慰问资金3000元；慰问持证烈属6人，慰问资金6000元。

（宋一凡）

【街乡吹哨 部门报到】 年内，雁翅镇吹哨报到7次，解决珠窝村非法一日游，国道109新线高速六工区农民工讨薪，雁翅东路砂石料场污染环境、非法经营、运输车辆超限超载、非法占用林地等雁翅镇难以解决的难题。

（宋一凡）

【接诉即办】 年内，雁翅镇共收到各类群众诉求2740件，办结2740件，响应率100%，解决率82.76%，满意率85.51%，市级排名第31名，区级排名第2名，乡镇排名第1名。

（宋一凡）

【概况】 斋堂镇位于门头沟区西部深山区，距北京市城区81千米，距区人民政府65千米，109国道贯穿全镇。镇域面积约392.4平方千米，下辖30个村（居），全镇共有基层党组织42个，其中农村党支部29个，党总支2个，机关、社区单位党支部6个，非公企业党支部1个，公益性社会组织组织党支部4个，党员1892人。2022年，实现集体经济总收入5944.9万元；农民所得总额为29287.9万元，同比增长6.1%；集体经济组织成员6301户12980人，人均所得实现22564元，同比增长6.6%。年内，实现农村家庭经营性净收入6078.4万元，主要收入来自于第三产业，其中交通运输净收入1526.5万元；批发零售净收入675.5万元；住宿餐饮净收入1061.8万元；服务业等净收入2309.5万元。报酬性收入14963万元，同比有所增长，主要由于家庭成员在家庭以外靠付出体力或脑力劳动获取的收入及疫情期间相关公益岗位用人用工。财产性收入2869.5万元，主要是林权补偿款和房屋出租等财产性收入增加。转移性收入5377万元，同比有所增长，主要由于政府的各项补贴增加。城乡居民养老保险、无保障老人生活补贴等镇内共有劳动力6573人，就业劳动力人数6147人，其中常年外出务工劳动力2719人。从事家庭经营性：第一产业共有322人，第二产业65人，第三产业367人；从事本地务工劳动力：第一产业424人，第二产业35人，第三产业1655人；从事外出务工劳动力：第一产业77人，第二产业23人，第三产业3179人。待业426人。年内，征兵5人。1人被推选为2021年度全国退役军人服务中心（站）“百名优秀主任（站长）”。5户人家被评为门头沟区最美家庭，斋堂镇被北京市体育局、北京市农业农村局命名为“2022年北京市体育特色乡镇”，斋堂镇获2022年“北京市体育特色乡镇”称号。

（谭　众　于雪晴　刘秋阳）

【“多元化山地快速救援体系”首次行动】 1月3日，斋堂镇值班工作人员接到救助电话，启动山地救援应急响应预案，即成立救援工作指挥小组，立即通报斋堂消防救援站出警救援，指挥镇、村值班干部参与救援，并调度“门头沟区红十字救援队斋堂服务站”值班班组协同救援。“门头沟红十字救援队斋堂服务站”首次执行山地户外搜救任务，也是斋堂镇全力构建山地综合救援体系以来的首次快速联合行动，从接到救助电话、现场集结、定位搜救到成功救助全程无缝衔接，实现“快速响应、迅速救援”，经过2个小时的合力救援，受困者被成功救援转运至山下，后送往医院。

（周　涛）

【燃气使用安全知识培训】 1月14日，斋堂镇政府联合液化气公司开展燃气使用安全知识培训。老师向各村安全员介绍燃气使用不当的危害性，并通过真实案例告知社区居民要警钟长鸣，防患于未然。会后各村安全员到居民家中进行现场指导，镇政府工作人员向各村发放温暖三号贴纸及禁燃一封信，通过会后安全员入户宣讲禁燃，检查煤气中毒，并检查瓶装液化石油气安全。

（刘　浩）

【美丽乡村建设】 1月24日，斋堂镇召开美丽乡村建设工作推进会。经斋堂镇党委会（扩大）会议研究决定，全镇28个村（吕家村因为搬迁问题未实施）参照“村级公益事业建设一事一议财政奖补项目”程序自主实施，即由村委会作为主体组织施工建设。依据“相对集中、便于管理”的原则，将28个村分为斋堂片、军响片、沿河城片3个片区，分别安排专人管理、监理公司监督，确保施工保质保量。截至12月31日，斋堂镇26个村完成美丽乡村建设工作。灵水村由于原整村改造项目所做的三线入地及基础设施改造工程还未验收，无法开展美丽乡村建设任务；西斋堂村暂未完工。

（张　鑫）

【衍纸画系列课程教学】　1月26日，斋堂镇文化中心开展第二次“衍展缤纷”衍纸画课，30余人参加，课上使用团扇与衍纸画相结合的新式制作方法。以团扇为底搭配衍纸画技艺，惟妙惟肖地做出冬奥各种竞技项目。

（贺　伟）

【2021年度工作总结表彰大会】　1月29日，斋堂镇召开2021年度工作总结表彰大会，表彰获斋堂镇2021年先进集体。马栏村、沿河城村、张家村、柏峪村、高铺村为党建引领发展先进村；灵水村、新兴村、东胡林村、杨家村、桑峪村为民主管理先进村；白虎头村、牛战村、法城村、沿河口村、火村为产业发展先进村；黄岭西村、龙门口村、青龙涧村、王龙口村、林子台村为美丽乡村先进村。

（周　涛）

【精品民宿发展工作】　1月29日，斋堂镇组织召开精品民宿发展推进会。成立精品民宿发展工作领导小组，纳入13家职能部门，明确设计规划、用地保障、招商引资、宣传推介等13项职责，建立精品民宿发展专班。由镇主要领导组织召开领导小组会6次，召开全镇精品民宿发展推进会1次，制定《斋堂镇促进精品民宿发展实施方案》。以“一村一品、百花齐放”为总格局，制定“十四五”期间“门头沟小院+”田园综合体打造计划，结合现有文旅资源、村情村貌、位置交通等因素，将对29个村开展3阶段5批次进行建设。全面摸排现有农宅基本情况，组织镇村干部入户开展3轮摸排并建立详细台账。明确民宿精品化、集群化、个性化发展理念，整合新一轮山区农民搬迁、农村人居环境整治、危房改造、农村垃圾污水处理等项目和资金，加快完善基础配套设施和公共服务设施。统筹完成6个传统村落保护规划，召开柏峪村和白虎头村“一村一策”精品民宿设计规划专题研究会2次，明确水库、生态步道、剧场等配套文旅设施项目清单内容3条。

（刘盼盼）

【村（社区）党组织书记述职承诺大会】　2月24日，斋堂镇召开2021年度村（社区）党组织书记述职承诺大会，镇领导班子成员，包村科室负责人、各村居第一书记、“两委”干部、党建助理员等参加会议。各村（居）党组织书记依次公开述职、承诺。

（周　涛）

【普法宣法活动】　2月24日，斋堂镇司法所在镇温馨家园开展“阳光助残、普法宣法大课堂”普法宣传活动。来自亚太律师事务所的律师通过经典案例，将婚姻家庭中常见的离婚、财产分割、子女抚养、共同财产等纠纷进行法律解读，引导残障人士及其家属通过法律途径维护自身合法权益。

（任全权）

【第八届代表大会第五次会议召开】　2月24日，斋堂镇召开中共斋堂镇第八届代表大会第五次会议，镇领导作斋堂镇工作报告，要求认真总结2020年各项工作，部署2021年重点任务，动员全镇各级党组织和广大党员干部，在“十四五”开局之年的重要时间节点，传承红色革命精神，高举绿色发展旗帜，奋力谱写斋堂古村落文旅休闲名镇建设新篇章。

（刘盼盼）

【第九届人民代表大会第八次会议召开】　2月25日，斋堂镇第九届人民代表大会第八次会议召开，镇领导作五年政府工作报告，并对接“十四五”规划，提出地区生产总值增长5%以上，农民人均收入稳步增长，生态环境质量进一步改善的经济社会发展主要预期目标。

（刘盼盼）

【三八妇女节主题志愿服务活动】　3月8日，斋堂镇组织各村女性“两委”班子成员、党员、志愿者120余人，开展提升村容村貌志愿服务活动，共整理花箱80余座，清理绿化带2千米、公示栏6块、垃圾桶150余处，到残疾人温馨家园和独居老人家中清扫庭院和室内约30户次，同时开展疫苗接种宣传100余人次。

（张瑞华）

【第十届人民代表大会第二次会议

召开】 3月10日，斋堂镇第十届人民代表大会第二次会议召开。48名镇人大代表参加会议，镇领导班子成员、村党支部书记、主任、各科室负责人列席会议，镇领导作政府专项工作承诺报告和《关于斋堂镇2021年财政预算执行情况和2022年财政预算（草案）的报告》；各代表团组织分团讨论，审议讨论财政报告、政府专项工作报告；讨论主席团提名镇长候选人名单；表决通过财政报告、政府专项工作报告并选举镇长。

（杨 琨）

【国道109新线高速公路工程】 3月17日，斋堂镇召开"七个一"专题推进会，对照检查并签订13份"个人廉洁承诺书"。将"七个一"纳入到机关党支部活动学习要点和科室工作总结要点，要求全镇120名党员干部对照自查，提高意识。围绕工程沿线日常服务保障，由镇国道109新线高速公路专班、"接诉即办"专班、镇纪委等部门联合，通过创建沿线工区月例会制度，通报上级要求，梳理工作风险点，明确业务规范。针对所涉及8个村党支部和8个包村科室，由镇纪委下发《斋堂镇关于国道109新线高速公路重大工程专项监督工作方案》，召开专项监督工作部署会，围绕"七个一"要求，进一步细化监督重点。

（刘盼盼）

【驻村第一书记、选调生座谈会】 3月17日，在镇政府三层会议室召开驻村干部座谈会，共16名第一书记、选调生参加座谈。各驻村第一书记、选调生围绕门头沟区发展方向斋堂镇定位及本村发展思路，进行交流发言，针对各村农村发展过程中存在的困境及问题提出由针对性、实操性、建设性的农村发展建议。

（周 涛）

【"一警六员"消防培训 共筑平安防火墙】 3月21日，斋堂镇开展走进斋堂镇消防救援站"一警六员"实操实训工作，参训人员统一签到、统一扫健康宝、全程佩戴口罩。在培训现场，消防救援人员结合生产单位火灾发生的特点，通过一系列火灾典型案例，详细介绍遇到火灾后应怎样准确及时报警、怎样正确使用灭火器、消火栓、水枪等消防设施，怎样快速组织人员疏散、逃生自救等方法，让参与培训人员零距离接触消防、体验消防；增强各村居及驻镇单位人员消防安全意识和应急处置能力，提升抵御火灾的能力。

（张 齐）

【第六届"三月三"民俗文化节活动】 3月29日，由区文化和旅游局、斋堂镇人民政府、区文学艺术界联合会主办，北京市永定河文化研究会协办，斋堂镇桑峪村村民委员会、北京光韵文化有限公司承办的"桑峪桑蚕·中华国粹"斋堂镇桑峪村第六届"三月三"民俗文化节在桑峪村举办，由东斋堂小车会进行暖场活动，以文艺演出的形式推动桑峪桑蚕文化，结合丝绸之路特点进行专场演出活动。

（贺 伟）

【第二届清明节诗歌朗诵会】 4月1日，由区委宣传部指导，区文化和旅游局、区文联、区退役军人局、斋堂镇人民政府联合主办，北京市宛平抗日烈士纪念园管理服务中心、北京光韵文化承办，区融媒体中心支持的"英烈千古，国运昌隆"门头沟区第二届清明节诗歌朗诵会，在宛平抗日革命烈士纪念园举行，在宛平抗日烈士纪念园内开展祭扫革命先烈活动，以及诗歌朗诵会的形式对镇域青少年、群众等进行爱国主义教育。

（周 涛）

【"4·15全民国家安全教育日"活动】 4月15日是第七个全民国家安全教育日，斋堂镇平安办、司法所，区规自分局第四规划国土所等联合开展以"树牢总体国家安全观，感悟新时代国家安全成就"为主题的全民国家安全教育日宣传活动。通过张贴海报、摆放印有"4·15全民国家安全教育日"字样的展示牌等方式，营造良好的"沉浸式"宣教氛围。通过向群众发放提前印制好的宣传手册，累计100余人现场参与，发放宣传品200余份。

（张 齐）

【"党的青年运动史"专题学习会】 4月21日，斋堂镇团委组织召开专题学习会，围绕"党的青年运动史"进行专题学习。团员青年主要围绕"党的青年运动史"进行专题学习，对照习近平总书记对新时代团员青年的嘱托，感悟永远听党话、跟党走的初心使命，分享奋进新征程的实践方向，对照先进典型事迹和团员先进性评价标准，查找自身不足，明确改进方向。专题学习会后，斋堂镇团委联合斋堂水库管理所组织开展"'河'我一起保护母亲河"的主题活动。镇共青团员们与水库管理所的年轻干部一起捡拾河滩的垃圾。

（周　涛）

【2022年党建工作大会】　4月26日，斋堂镇召开2022年党建工作大会，部署斋堂镇2022年政法、组织和统战工作要点；斋堂镇2022年宣传工作、创城工作要点；新冠肺炎疫情防控工作。镇领导班子、包村科室负责人、各村居书记、市派区派第一书记参加会议。

（周　涛）

【联合整治行动开展】　6月25日，斋堂镇利用吹哨报到机制，联合区交通局，区文化和旅游局，北京市交通委员会门头沟公路分局、公安门头沟分局交通支队、斋堂镇经济办、综合行政执法队、巡查队及柏峪村，针对乱象进行专项整治行动，对非法从事旅行社车辆进行查处、引导公众正确选择景区游玩。

（王佳豪）

【“光荣在党50年”纪念章颁发仪式】　6月30日，斋堂镇举办“光荣在党50年”纪念章集中颁发仪式，全镇共30名党龄达到50年老党员获纪念章，其中19名老党员代表参加集中颁发仪式。

（周　涛）

【“门头沟小院”斋堂镇App平台上线】　6月30日，斋堂镇党委通过招商引资等多种途径，建设营业精品民宿12家，形成规模化精品民宿产业，年总营业额达1300万余元，带动本地就业岗位130余个，为村民总受150万余元，实现精品民宿推动地区经济发展的同时，成为老百姓增加收入的重要途径。

（刘盼盼）

【2022年乡村振兴“西胡林论坛”举办】　7月15日，2022年乡村振兴“西胡林论坛”在斋堂镇西胡林村举办。论坛以“文化创新引领乡村振兴”为主题，市、区、镇领导、西胡林村干部、西胡林村老书记、主任及退休干部等参加。活动结合西胡林特色生态文化，开展乡村振兴文化论坛，聘请农业科学类、生态环境方面、农业农村经济发展等专业人才，进行乡村振兴各项问题解惑，推动乡村振兴文化特色。2人被聘任为“西胡林村乡村振兴顾问”；9人被聘为“西胡林村乡村振兴指导员”。

（贺　伟）

【防汛安全排查工作】　7月16日，斋堂镇进入深山区汛期暴雨多发期，为避免出现险情，对镇内灵水、双龙峡、爨柏、沿河城、马栏5个重点景区和黄草梁、珍珠湖2个自然风景区全面封闭戒严，13家精品民宿商户和百余家旅游民宿户暂停营业，依托包村制度，发挥疫情卡口值守制度全镇20名机关干部和270名村两委干部严阵以待，实现“本村人员妥善安置、外来人员及时劝离”。保障人身安全。

（刘盼盼）

【民兵大点验活动】　7月21日，斋堂镇武装部组织开展2022年基干民兵整组点验工作。镇武装部组织由党政机关、各村居、各单位的首都基层民兵队伍，参与到民兵点验中，以“花名册点验”“现场核查”“人员报到”等形式，确保民兵到岗到位。

（韩　萌）

【推广党建引领基层治理模式启动大会】　7月29日，斋堂镇召开推广党建引领基层治理“红五法”模式启动大会。镇领导班子成员、包村负责人、村居党支部书记、第一书记、乡村振兴协理员参加会议。定于全镇30个村（居）全面推广党建引领基层治理“红五法”模式。主要包括以下5个方面：组建入户走访“红色先锋”、制定“红色民约”、推动精细管理“红色网格”、规范流程监督“红色议事”、打造先进模范“红色标兵”。对《斋堂镇党建引领基层治理“红五法”工作指导意见》《斋堂镇党建引领基层治理“三老议事会”执行办法》《斋堂镇村民代表会议议事决策办法（试行）》《斋堂镇村民代表会议决议情况表》进行重点解读。

（周　涛）

【2022门头沟区七夕汉服游园活动】　8月4日，由区委宣传部、团区委、区文化和旅游局、区公共文化中心、斋堂镇人民政府主办，北京永定河文化研究会协办的“七夕山月满·古村鹊桥缘”，2022年门头沟区七夕汉服游园会活动，在川底下村举行。活动以汉服游园的形式呈现，参与的情侣、单身男女均可免费领取汉服，穿越时空体验七夕传统佳节。

（周　涛）

【三农发展产业创新研讨会】　8月22日，斋堂镇在白虎头村举办三农发展产业创新研讨会，邀请到北京农科院专家进行现场讲座，北京市农林科学院专家介绍特色农业种植项目。

（赵文学）

【西胡林村农耕文化节】 8月22日，斋堂镇人民政府主办“山水农耕·金秋玉米”2022年西胡林村农耕文化节在西胡林村文化广场举行。通过举办玉米农耕文化节，搭建一个山区农产品推介展销平台。结合西胡林特色生态农耕文化，开展以农耕文化为主的特色农耕文艺演出，并且根据西胡林农耕特色经济进行农产品售卖以及进行互动体验。

（贺 伟）

【2022年旅游嘉年华启动仪式】 8月23日，斋堂镇举行2022年旅游嘉年华启动仪式暨斋堂旅游联盟成立大会。为推动文商旅农体融和发展，斋堂镇积极开展旅游嘉年华活动，筹备建设斋堂镇旅游联盟，搭建旅游发展活动场景和服务平台，加快推进“斋堂古村落文旅休闲名镇”建设，促进乡村振兴。推动斋堂镇文商旅农林体融合发展，整合辖区旅游资源，搭建旅游发展活动场景和服务平台，斋堂镇成立旅游联盟，下设景区、民宿、产品、餐饮4个二级联盟，打造古韵斋堂、宿悦斋堂、尚品斋堂、至味斋堂4个品牌，每个品牌都有自己的LOGO，同时确定爨来爨往文创公司2019年设计的“爨小宝”作为斋堂镇旅游卡通形象。

（刘婷玮 赵文学）

【2022红色斋堂文化旅游节】 8月23日，由区文化和旅游局、斋堂镇人民政府主办的“永远跟党走，奋进新征程”2022红色斋堂文化旅游节，在斋堂镇综合文化活动中心举办。将红色斋堂与红色文化融为一体，传承红色基因把红色资源优势转化成地区发展动力，开展进行红色文化专场演出，并且进行红色文化的专场讲座。

（贺 伟）

【首届铭记“九一八”诗歌朗诵会活动】 9月18日，斋堂镇马栏村举办红色马栏·首届铭记“九一八”诗歌朗诵会活动。活动在马栏村小剧场举办，由区政协、区委宣传部、区文学艺术界联合会、中共斋堂镇委员会、斋堂镇人民政府共同指导，由百度集团、北京电视台卫视频道、区作家协会、门头沟区音协朗诵专委会合力支持。并为马栏村“北京市党员教育培训现场教学点”“中国诗歌之乡 - 北京诗歌之乡 - 马栏创作基地”“门头沟区作家协会 - 马栏创作基地”进行揭牌，随后开展诗歌朗诵会。

（贺 伟）

【中共斋堂镇第九次党代会召开】 9月23日，斋堂镇召开第九次党代会，出席党员代表大会的代表113名，列席人员23名，共4个代表组。选举产生中共斋堂镇第九届委员会委员9名，第九届纪律检查委员会委员5名，选举产生代表斋堂镇出席中国共产党北京市门头沟区第十三次代表大会的代表14名。

（齐治岩）

【柏峪燕歌戏文化艺术节】 9月26日至27日，由区委宣传部、区文化和旅游局指导，中共斋堂镇党委、镇人民政府主办的“长城脚下历史回声”2022柏峪燕歌戏文化艺术节在斋堂镇柏峪村举办。在柏峪村内进行戏曲文艺演出专场，并且根据柏峪特色文化，进行古长城军旅特色沉浸式体验，结合斋堂镇旅游联盟进行花车展示，特色产品售卖。

（贺 伟）

【“京畿长城”国家风景道线路体验】 9月30日，市文化和旅游局、市文物局在斋堂镇沿河城村共同主办“京畿长城”国家风景道线路体验暨媒体采风活动。由斋堂镇党委书记宣传委员参加采风启动会，共同打开“长城之门”，随后一路沿“京畿长城”国家风景道主线行驶，经“京拉线”“南雁路”“温南路”G6辅路，到达昌平区居庸关长城景区。

（周 涛）

【重阳节活动】 10月4日，斋堂镇小城镇社区到斋堂镇敬老院，为老人们送去米、面、油等生活物资并开展志愿服务活动。西斋堂六合班剧团组织10余名演职员工到斋堂镇敬老院演出。北京侨客隆超市有限公司到斋堂镇敬老院，无偿捐赠价值3500元米、面、油、方便面等物资。

（周 涛）

【生态产品价值实现路径专家论证会】 10月7日，中国科学院地理研究所、北京九鼎辉煌旅游发展研究院联合专家调研组先后到西胡林村有机玉米基地、传统村落核心区、村西大平台和村南胡林谷等地，考察西胡林村的有机玉米种植、秋播大白菜种植等生态产品开发实践探索情况。专家调研组与西胡林村“两委”在斋堂镇文化中心召开2022年西胡林村生态产品价值实现机制推进座谈会，汇报西胡林村生态产品简介及价值实现路径。专家进行点评并进行可行性论证。专家组一致认为，西胡林村探索的生态产品价值实现路径具有较强的操作性。

（周　涛）

【残联换届选举工作】 10月21日，斋堂镇召开残疾人联合会第五次代表换届选举大会，审议通过《斋堂镇残疾人联合会第五次代表大会代表产生情况说明》《斋堂镇残疾人联合会工作报告》，大会总监票人、监票人、计票人名单及《斋堂镇残疾人联合会主席团委员候选人产生情况说明》。

（韩　萌）

【冬季防火督导检查行动】 10月23日，斋堂镇开展冬季消防安全知识入户宣传，进一步强化村民消防安全意识，排除安全隐患，确保安全过冬。以“寒衣节”理性追思、文明祭扫为重点，依托村居大喇叭、法治讲座、入户宣传和防火检查站卡口等加大日常宣传教育，形成“口口相传”社会氛围。斋堂镇林业站牵头组建防火督导组负责每日督查，30个村居分别组建防火巡查队进行山间巡查，建立29个防火检查站并落实“一站一岗”制度。

（岳春国）

【智慧化政务服务平台建成】 11月5日，斋堂镇构建“智慧+”多元平台全力推进政务服务水平提升，正式启用政务协同办公软件，依托G6政务协同管理软件，推出以协同办公、业务应用、数据报表等四大板块为核心的斋堂镇OA政务系统，包括议题申报、资金审批、工程台账、考核督办等20余个日常业务项目，形成“一站式”政务平台。完成干部信息录入并配套手机版APP“移动政务”，实现“便携式+可视化”线上审批模式。

（李　阔）

【《向前一步》栏目组为农村供暖解难题】 11月12日，北京电视台《向前一步》栏目组到斋堂镇杨家峪村，以山区农村供暖为专题拍摄节目，就其中产生的相关问题进行答疑解惑、化解分歧，力求达到群众满意、达成共识，将好事办好、实事办实。

（周　涛）

【第十届人民代表大会第一次会议召开】 11月16日，斋堂镇组织召开第十届人民代表大会第一次会议，出席会议的镇人大代表共54名，列席人员42名，共3个代表组。选举产生斋堂镇第十届人大主席1名，斋堂镇人民政府镇长1名，斋堂镇人民政府副镇长5名。

（齐治岩）

【斋堂镇档案数字化工作启动】 11月30日，斋堂镇启动档案数字化工作，以推动档案管理规范管理、无纸存储、电子查阅为目标，同区档案局、区保密局联系配合，通过梳理全镇二十年以内实体文书档案，采取数字化扫描、精准化分类、加密型存储综合系统平台，全面推进档案“电子化”管理，推动档案查阅效率提升90%以上。文书档案规范7余万页。

（刘盼盼）

【新冠肺炎防疫工作】 12月15日，斋堂镇全面持续推进60岁以上人群新冠病毒疫苗接种工作，加快构筑全民免疫屏障。斋堂镇60岁及以上老人接种基数为2843人，为最大限度构建老年人健康屏障，斋堂镇深入摸排辖区内老年人身体状况，根据疫苗接种情况建立动态管控台账，随时掌握疫苗接种人员的接种情况和接种时间，并对接斋堂医院，为老年人开辟绿色通道。特别是对于行动不便的老年人，医务人员上门服务为老年人接种疫苗。斋堂镇60岁以上人群中，2724人完成疫苗接种，接种率95.81%。12月27日，西胡林村党支部开展防疫“爱心敲门送温暖”活动。西胡林村党支部及时将“防疫暖心包”送到22户弱势群众家中，“防疫暖心包”包括莲花清瘟胶囊2盒、盐酸氨溴索片1盒、抗原试剂2盒、治咳川贝枇杷1盒等急需的防疫物资，让“低保”“五保”等弱势群众和困难老人安心面对当前疫情形势。年内，斋堂镇召开防疫工作部署会，成立农村疫情防控工作领导小组，组织包村干部、村党支部书记共60人召开专题工作会，明确“四方责任”，建立“线上+线下”人员摸排机制，协调村支委、挂牌户党员、网格员等160人开展“敲门行动”，结合大数据平台，摸排人员动态信息1300余条。强化党员干部责任意识，明确68名外地机关干部全部在京过年，春节期间随时进入备战状态。组织123名机关干部轮流驻村值守，建立“7*24”值守制度，共组织1000余人次参与卡口值守。建立常态化监督机制，镇主要领导带队到市界检查疫情防控3次、到白虎头进京检查站检查5次，组织4个相关部门成立巡查小组，不定期抽查各村卡口“扫码登记制”落实情况30次，抽查合格率为100%。出台《斋堂镇农村聚集性活动管控工作方案》，开展春节节前宣传活动，张贴发放宣传单500余份，倡导村民不串门不聚集不扎堆。提出“以演代战，战之必胜”实战演练总要求，召开6场专题筹备和方案推演会，制定《村级响应流程示意图》《演练工作任务分解书》等13项具体执行文件。内容涵盖全员新冠肺炎病毒核酸检测、疫苗接种、镇村两级应急响应3个方面，共选择各村卡口、民宿、工区宿舍、政府办公楼共35个模拟点，参演对象覆盖镇村干部、常住村民、民宿户、景区游客、商户、工区工人900余人，保存影像资料35份，发放宣传材料1000余份。

（韩 萌 周 涛）

【东胡林遗址传承保护项目对接会】 12月30日，斋堂镇东胡林村举行“保护东胡林人遗址文化、传承农耕文明”为主题的项目对接会。专家组到东胡林人遗址、黍子及玉米种植园、有辙驿站、村庄街巷、109国道周边等实地调研，参照农业及文旅开发项目方案逐一看地形、量地块、审内容、提问题，随后围绕“深挖农耕文化、打造美丽休闲园区”在东胡林村委会开展座谈。

（周 涛）

【红旅品牌效应持续深化】 年内，斋堂镇持续深化“红色马栏”红旅品牌效应。依托马栏村旧址回收机制，统一改造提升12处挺进军司令部旧址，打造“红色书屋”“红色民宿”等多个红旅特色品牌。保护式修缮大食堂、山坡“红五星”等设施，新增抗战物件105件。成立“红色马栏”IP宣传工作组，利用“京西门头沟”“红色马栏”等公众号，发布原创文章20余篇，浏览量达3000余人次。与西城区退役军人事务局合作开展“退伍不褪色 红旗照我心”系列活动，共建退役军人党建学习重点单位。

（刘盼盼）

【集体林场新模式带动乡村振兴发展】 年内，斋堂镇集体林场新模式带动乡村振兴发展，推进8个村集体林转接交付，提高深山地区林业用地利用率，全镇绿植覆盖率已达47.25%；通过整体规划，现设立2个厂区，划片43处管护地块，管护面积达205公顷；依托全域旅游政策，围绕景区、国道等旅游重点区域，整备37公顷观光林地，推进森林观光旅游产业建设，计划开通3条“乐享斋堂”系列“绿享”主题自驾游观光线路，形成乡村旅游发展新热点；同国土资源等部门紧密配合，对斋堂镇林地建设分布进行科学规划，实现退耕还林48公顷，留白增绿5公顷；通过卫星航拍、现场测绘等形式，为集体林场精细化管护工作提供数据支撑，确保林地精准化管理；在传统“人防”基础上，引入无人机巡查、夜间监控等先进管护设备，配齐100余套单人机械设备和防护用具，聘请林业专家顾问进行管护人员专业能力素质培训，全面提高林地管护效率；积极发挥集体林场本地就业优势，带动100余个乡村就业岗位，占比达95.23%，人均年创收达4万元，引发回乡回村就业新潮流；同时发挥集体林场宣传效应和辐射作用，以村居座谈会、宣讲会形式，加强对“两山”理论和环境保护宣传，覆盖全镇30个村居7000余名常住人口；依托学生暑期社会实践、群众观摩学习活动，建设2个“绿水青山新乡村”学习实践点，产生良好的社会宣传效应。

（刘盼盼）

【精品民宿数字化服务平台】 年内，斋堂镇所打造的精品民宿数字化服务平台——“门头沟小院”斋堂篇，上线4个月以来，总下载量2万余次，其中安卓平台（包括华为、小米、VIVO、OPPO、百度）下载量10605次，苹果平台下载量8910，APP新闻点击量近万次，小院或民宿点击量6000次，民宿预定成功订单3单，接到投资意向洽谈咨询20余次。

（刘盼盼）

清水镇

【概况】 清水镇总面积339平方千米，耕地面积207.54公顷，园地1457.74公顷，林地面积26756.73公顷，草地面积2706.71公顷；辖32个行政村，户籍户数7107户，户籍人口11581人，其中常住户3467户，常住人口5881人；基层党支部39个，党员1457人。2022年，全镇经济总收入6.26亿元，同比增长6.97%，村民人均收入23255元，同比增长6.42%；财政税收收入完成3824万元，同比增长159万元，增幅4.3%。完成国家公益林项目3574亩，实施李家庄、洪水峪等11个村留白增绿项目6公顷。整改森林资源督查疑似问题图斑22块，清理林下可燃物50公顷，开展病虫害防治200余公顷。累计巡河2211人次5430千米，整改台账241处，投资320万元实施汛后水毁项目，镇域水环境质量考核顺利达标，河道环境显著提升。镇域内 PM2.5 累计浓度、TSP 累计浓度两项指标均位列全区首位。聚焦国道 109 新线高速工区等重点部位开展精细化治理，动态更新扬尘管控专项台账 11 处，总面积 3 万余平方米，推动辖区环境空气质量持续改善。隐北野奢、百花山社获评五星民宿，全镇累计建成精品民宿 103 套。面对新冠肺炎疫情冲击，全镇民宿产业逆势而上，2022 年精品民宿接待游客 3.96 万人，营业收入 2075.15 万元，同比增长 56.64%。

（张倩影）

【第八届人民代表大会召开】 3 月 23 日，清水镇第八届人民代表大会第二次会议召开，应出席代表 53 人，实出席代表 47 人。审议和批准财政报告和《门头沟区清水镇国土空间规划（草案）》。7 月 12 日。清水镇召开第八届人民代表大会第三次会议，应出席代表 52 人，实出席代表 46 人，选举镇人大主席 1 名。

（廖　敏）

【美丽乡村植树增绿志愿活动】 4 月 26 日，清水镇团委联合江水河村开展“筑绿色生态屏障·做‘两山’理论守护人”——2022 年美丽乡村植树增绿志愿活动。团青干部们与江水河村民们共同种下北美红枫、金叶银杏等高海拔耐寒树种 100 株。

（张倩影）

【消除集体经济薄弱村工作专题会】 5 月 25 日，清水镇召开消除集体经济薄弱村工作专题会，镇党政主要领导及领导班子成员与村党支部书记一对一会诊，消薄措施再聚焦再精准。

（张倩影）

【安全生产月宣传活动】 6 月 15 日，清水镇联合国道 109 新线高速工区，开展 2022 年安全生产月宣传活动。通过安全知识“课堂”，重点讲解安全生产、施工现场知识、常见安全标识牌以及注意事项，现场为职工发放宣传材料，设立 4 块宣传展板，详细解读新修改《中华人民共和国安全生产法》，带领大家深入学习最新准则，全面增强国道 109 新线高速工区职工的安全意识和防范能力。

（张倩影）

【海峡两岸社团交流节】 8 月 25 日，清水镇在黄安坨村百花山社民宿举办 2022 年海峡两岸社团交流节暨京台民宿云端赋能发展交流活动。活动以“让民宿更美好”为主题，来自海峡两岸的民宿发展协会负责人、民宿企业主以及高校民宿专家学者 80 余人通过视频连线的方式，就“疫情之下，如何推动海峡两岸民宿产业发展与交流”进行研讨，分享成功经验，探讨发展路径，促进两岸民宿业健康成长。

（廖　敏）

【发放“爱心防疫包”“防疫暖心包”】 12 月 22 日、26 日，清水镇民生保障办公室分两批次为“五保户”等特殊困难群体发放“爱心防疫包”94 份，“爱心防疫包”包含连花清瘟胶囊、盐酸氨溴索片、解热消炎胶囊、新型冠状病毒抗原检测试剂、乙醇消毒液等。为 32 个村发放“防疫暖心包”。清水镇防疫办以村为单位，共计发放抗原检测试剂 1500 个，一次性口罩 300 个，N95 口罩 500 个，84 消毒液 6 桶，手用消毒液 151 瓶，满足各村抗疫物资需求。

（张倩影）

【政府办公会】 年内，清水镇共召开 50 期政府办公会，内容涉及民生保障、应急救援、规划建设、环境保护、精神文明及经济发展等方面。政府办公会针对各项具体工作进行安排部署，并落实党委的指示精神。

（张倩影）

【人居环境建设】 年内，清水镇制定《清水镇 2022 年环境建设工作方案及考评制度》，进一步完善人居环境长效管护机制。累计投入美丽乡村基础设施管护资金 1279 万元，累计清理卫生死角 1400 余处、乱堆乱放 550 余处。组织开展行政执法检查 179 次，限期书面约谈 19 起，处罚 7 起，罚款 1.5 万元。发挥镇、村、专业保洁力量三支队伍的主观能动性，坚持严督办、快约谈、速整改，推动环境工作更实、更细。区级人居环境综合考评中清水镇进入区级前 20 名共 53 村次，西达摩村被评为 2022 年北京市美丽休闲乡村。

（张倩影）

【文化阵地建设】 年内，清水镇投资 200 余万元完成台上村、塔河村文化室内部装修及镇级文化中心提升改造。举办“紫气东来·山水京西”2022 年北京西山永定河文化节暨首届京西山水嘉年华之清水镇第二届旅游文化节，发布单曲《清水谣》，文化影响力有效增强。依托“农耕饮食文化节”“文化进小院”等活动，累计开展各类文体活动 73 场。

（张倩影）

【国土空间规划编制】 年内，清水镇国土空间规划编制工作通过区政府专题会审议，报市级部门联审。制定《清水镇宅基地及建房管理办法》，受理宅基地建房申请 45 件，审批完成 11 件。台上村宅基地确权试点工作完成测绘，待区政府会审议后实施。32 个村村庄规划简本编制获批，张家庄、燕家台传统村落保护规划稳步推进。

（张倩影）

【国道 109 新线高速及检查站项目】 年内，国道 109 新线高速及检查站工程项目部与清水镇签订 4 个村 4 个地块占地补偿协议 6 份、坟冢补偿协议 102 份，下发补偿资金 686.53 万元，全力保障国道 109 新线高速及检查站项目稳步推进。

（张倩影）

【110 千伏输变电工程】 年内，110 千伏输变电工程下发征地补偿金 118.42 万元、地上物补偿金 41.56 万元，完成强电项目迁改和 3 座塔基地上物清澄评估工作，为清水镇 32 个村全面实现煤改电奠定坚实基础。

（张倩影）

【安全饮水工作】 年内，清水镇完成达摩庄、上达摩等 4 个村和镇政府“四村一单位”卫生许可证办理，30 个村安装智能水表 5044 块，群众节水意识大幅提升。

（张倩影）

【消防、燃气安全专项整治行动】 年内，清水镇协调河北省 3 个邻镇建立应急联动机制。持续开展消防、燃气安全专项整治行动，重点抓好国道 109 新线高速建设、在建工程、民宿等领域和薄弱环节的安全隐患排查，发现安全隐患 147 处，下达责改指令书 147 份。累计开展交通安全劝导不文明行为 3300 余次。组建村级 128 人消防自防自救队伍，新建微型消防站 3 座。

（张倩影）

【协同运营无纸化办公项目】 年内，清水镇推进“数字机关”建设，投资 49.5 万元实施“协同运营无纸化办公项目”，实现与各村的互联互通，打造统一的办公入口、信息入口、审批入口、资源入口和数据入口。

（张倩影）

【新冠肺炎疫情防控】 年内，清水镇成立八指清水镇分指，设置风险区域管控组、疫情风险分析专班、预流调专班、后勤保障组，增设转运隔离组、核酸采样组，明确应急处置流程，细化人员任务分工，确保责任到岗到人。同时，全面落实疫情防控常态化下各项环境治理举措，发动党员群众广泛开展人居环境大整治，积极开展环境卫生大消杀、大清理、大扫除。开展“防疫有我 爱卫同行”等主题志愿服务百余次，累计参与 4000 余人，开展公共区域全面消杀，累计消杀 4000 余处。健全完善 65 岁以上老年人健康档案，开展上门疫苗接种、特殊人群看病就医等公共卫生服务。

（张倩影）

【创建全国文明城区】 年内，清水镇制定《清水镇 2022 年精神文明建设暨全国文明城区创建工作方案》《清水镇 2022 年“星级文明户”选树实施方案》，开展专项治理行动 13 次，整改创城台账 1941 处，新增宣传栏 98 个、景观小品 9 个、新版道德模范 32 套、悬挂宣传海报 128 处、施划停车位 1466 个、补种绿植 102 棵，创城氛围愈加浓厚。

（张倩影）

【接诉即办】 年内，清水镇在 32 个村设立专职网格员，推进接诉接办工作向“未诉先办”转换，推动“无诉求村”创建。共办理诉求 3207 件，黄塔村被评为北京市接诉即办工作先进集体。

（张倩影）

【精品特色农业】 年内，清水镇在胜利村、田寺村等 4 个村新发展种植高山芦笋 5 公顷，在李家庄建设芦笋初加工配套设施，高山芦笋、核桃等 8 种农产品取得有机认证，绿色精品特色农产品品牌逐步形成。充分利用“京西特色农产品”销售群、“京华乡韵”农产品推介会等平台，拓宽精品特色农产品销售渠道。双塘涧村、塔河村等 7 个村共采收五味子鲜品 6.5 万斤，销售收入 34.3 万元，下清水村、田寺村等村高山芦笋销售 9 万余元。

（张倩影）

【民生保障】 年内，清水镇基本医疗保险、养老保险分别参保 5362 人、2426 人，组织召开 4 场线上招聘会，完成招工 135 人，求职登记 400 人，超额完成年度就业保障任务。制定《清水镇保障农民工工资支付管理办法（试行）》，督促镇域施工项目缴纳保证金 341 万元，切实保障农民工利益。充分发挥民生兜底作用，城乡困难人员医疗救助786人，发放医疗救助金178.17万元，办理慈善救助16户，发放救助资金16.2万元，新申请保障性住房94户，危房改造、抗震节能审批通过9户，办理户口迁入、电表安装等手续745件次，慰问优抚对象129人，年度征兵5人，完成任务指标。

（张倩影）

【精品民宿】 年内，清水镇持续擦亮“门头沟小院”精品民宿品牌，创新“非遗+民宿”发展路径，推进全国首例“口技小院”改造，以4条主要沟域为核心的“四沟多点”精品民宿产业布局逐步形成，隐北野奢、百花山社获评“五星民宿”，全镇累计建成精品民宿103套。面对新冠肺炎疫情冲击，全镇民宿产业逆势而上，精品民宿接待游客3.96万人，营业收入2075.15万元，同比增长56.64%。

（张倩影）

【行政执法】 年内，清水镇累计出动执法人员1240余人次，执法车辆350余辆次，检查相对主体1456次，检查单录入数量3319个，立案102起（其中一般程序案卷50起、简易程序52起），处罚款金额18.26万元。

（张倩影）

【消减违法建设】 年内，清水镇消减存量违法建设11处4756平方米，完成率102.16%，超额完成年度任务。配合国土卫片执法137宗，推进土地卫片整改落实，全力巩固“基本无违法建设镇”创建成果。

（张倩影）

【河长制工作】 年内，清水镇级河长每月至少一次，村级河长每周至少一次，北京河长APP巡河任务完成率100%，累计巡河2211人次，5430.289千米。清水镇河长办累计巡查147次。收到市、区第三方整改台账249处，其中市台账8处，区台账241处。全部整改完毕，清理建筑垃圾、建筑材料约120余立方米，生活垃圾约25立方米。

（张倩影）

妙峰山镇

【概况】 妙峰山镇地处门头沟区浅山区，距离门城地区10千米，是连接门头沟深浅山区的纽带，永定河、109国道穿镇而过；镇域面积112平方千米，占全区总面积的7.7%；辖17个行政村，人口6276户10620人，其中农业人口5817人，占全镇人口的54.7%；2022年，妙峰山镇实现农村经济总收入33957.4万元，人均所得19628元，同比增加1154元；企业个数14个。其中，镇办4个，村办10个："三果一花"即大樱桃、大盖柿、京白梨、玫瑰花是妙峰山镇的特色农产品。炭厂村入选2022年中国美丽休闲乡村、全国乡村旅游重点村、北京市农村先进集体，涧沟村入选2022年北京市美丽休闲乡村名单，“妙峰山玫瑰”“炸咯吱”入选“北京优农”品牌目录。

（梁美琪）

【旅游接待】 元旦期间，妙峰山镇接待游客9850人，实现旅游收入66万元。春节期间，接待游客10.2万人，实现旅游收入247.62万元。“五一”期间共接待游客24524人次，旅游综合收入114.3万元。端午假日期间，共接待游客10147余人次，实现旅游综合收入69万元。中秋节假日期间，共接待游客1.4万余人次，实现旅游综合收入81万元。“十一”假期期间，接待游客29119人次，实现旅游收入166.49万元。年内，妙峰山镇举办“2022京西山水嘉年华”系列活动之一的妙峰山庙会非遗文化月活动，“樱您而来，醉美妙峰”妙峰山镇樱桃采摘文化节，京西山水嘉年华“探秘寻宝”徒步游古道文化活动，徒步大会等多项特色活动。

（梁美琪）

【安全生产部署会】 1月，妙峰山镇召开“防风险、除隐患、减灾害、保安全”安全防范百日专项行动工作专题会和妙峰山镇2022年冬奥会和冬残奥会消防安保暨今冬明春社会面火灾防控工作专题会，对镇域内景区、加油站、国道109新线高速公路各工区等40余家单位进行全方位检查，严格落实“一周一查、全域覆盖、常态长效”工作机制，确保冬奥会期间安全平稳有序。6月8日，召开2022年“安全生产月”工作部署会。8月3日，召开妙峰山镇安全生产整治“百日行动”工作部署会，检查施工工地、景区、加油站等单位26家次，发现安全隐患5处并责令整改，开展“防风险、除隐患、保平安”消防安全隐患集中排查专线行动。9月28日，召开妙峰山镇十一期间安全生产工作部署会，检查旅游景区、建筑施工、民宿、餐饮单位等20余家，现场整改22处，责令限期整改4处。10月9日，召开妙峰山镇进一步深化安全生产整治“百日行动”全面开展“防风险，除隐患，喜迎二十大”攻坚工作部署会和妙峰山镇“喜迎二十大 全力保平安”消防安全攻坚行动工作部署会。12月，召开妙峰山镇岁末年初安全生产隐患专项整治和督导检查工作部署会。

（梁美琪）

【大气治理】 1月至3月，妙峰山镇成立联合检查督导组，对冬奥会、冬残奥会期间空气质量保障工作开展督促检查和执法检查，出动执法检查人员800余人次、执法车辆200余台次，检查工业企业24家次，施工工地232家次，运输车辆20余辆，制止“三烧”行为10余次，完善裸露渣土绿网苫盖1万余平方米。5月25日，成立联合执法检查组，出动执法人员10余人、执法车辆3台次，检查大气监测站点4个，工业企业1家，施工工地5处，排查户外广告6处，规范“门前三包”3起，完善裸露土方苫盖约500平方米。10月12日，成立联合执法检查组，共出动执法人员180人次、执法车辆60台次，排查户外广告18处，规范“门前三包”12起，检查工业企业6家次，施工工地30家次，运输车辆10余辆。11月6日，成立联合执法检查组，共出动执法人员276人次、执法车辆69台次，排查户外广告25处，规范“门前三包”18起，检查工业企业12家次，施工工地36家次，规范施工工地绿网防尘覆盖10余处，面积1000余平方米。

（梁美琪）

【第六届代表大会第一次会议】 2月17日，中国共产党妙峰山镇第六届代表大会第一次会议召开，通报镇第六届党代表变化情况，做妙峰山镇2021年度科级干部选拔任用工作专题报告，开展2021年度处级领导班子和领导干部年终民主测评及干部选拔任用工作“一报告两评议”。3月30日，妙峰山镇第六届人民代表大会第二次会议召开。51名代表出席会议，听取并审议妙峰山镇政府工作报告、政府预决算报告。选举选妙峰山镇镇长1名。

（梁美琪）

【普法宣传】 3月4日，妙峰山镇司法所在水峪嘴村委会组织志愿法律服务活动，邀请律师讲课、现场答疑、法律咨询、法治文登等多种形式开展活动，受教育人数50余人。发放宣传材料120余份。3月15日，开展“3.15”主题宣传活动，受教育人数50人，发放法治宣传资料150余份。3月16日，开展“3.15”消费者维权法律服务活动，受教育人数30余人。7月22日，到斜河涧村开展法治宣传活动。8月9日，到陈家庄村开展习近平法治思想讲座，受教育人数50人。8月10日，联合王平法庭到炭厂村开展“法律明白人”培训工作。

（梁美琪）

【创建全国文明城区】 3月5日，妙峰山镇18支“红绿灯”文明引导队开展学雷锋纪念日志愿服务活动。活动现场有中医义诊、法律咨询、诚信宣传、新冠肺炎疫苗接种宣传等服务项目，现场共14名志愿者、50余名村民参加；各村开展环境卫生大扫除志愿服务活动，对大街小巷、民房民居、健身广场等进行清理，共300余人次参加。3月，开展“聚力创城 你我同行”“志愿服务我先行”等文明实践活动400余次，发放新冠肺炎疫苗接种等主题宣传折页5000余份、更新海报100张，各新时代文明实践站组织开展清洁志愿服务活动，清扫主要街道、河道300余米。5月，开展防灾减灾日主题宣传活动和“落实安全责任，推动安全发展”主题宣教活动，邀请红十字会训练中心人员为镇机关干部开展急救知识培训，现场40余人参加活动。6月17日，妙峰山镇2022年创建全国文明城区工作培训会和妙峰山镇2022年文明镇、文明村、文明户创建工作部署会召开，对创城指标、疑难杂症解决等进行培训。6月27日，妙峰山镇“强国复兴有我”文艺展演活动举办，通过歌曲、朗诵等多种艺术形式歌颂党和祖国，20余名机关干部参加活动。7月22日，开展“反对浪费 崇尚节约”文明宣传活动，号召镇机关干部积极践行垃圾分类、反对餐饮浪费。8月22日，开展《习近平谈治国理政》第四卷内容理论宣讲活动，以第3专题“始终坚持人民至上”为主题，为镇机关干部从习近平新时代中国特色社会主义思想的核心内容、基本内涵、历史背景、时代意义等方面进行解读。9月8日，开展妙峰山镇“学‘四史’悟初心 振兴发展赢未来”主题教育，以“四史”为主线，重点学习中国共产党艰苦卓绝的伟大奋斗史、新中国成立后翻天覆地的建设史、改革开放艰苦创业的光辉史和社会主义砥砺奋进史。10月10日，开展“践行绿色节约理念 乐享文明健康生活”主题交流活动，志愿者通过组织村民集中观看崇尚节约宣传短视频、参与知识答题、学习倡议书等形式，动员村民共同做勤俭节约的宣传者、倡导者和实践者。11月15日，开展“听党话、感党恩、跟党走”主题教育，由党员代表讲解“两个确立”的重要性和发展历程，围绕“两个确立”的具体内涵，深刻剖析“两个确立”的决定性意义。

（梁美琪）

【“遇见绿色经济”读书会活动】 4月15日，妙峰书屋捐书仪式暨“遇见绿色经济”读书会活动开展，门头沟区知联会向妙峰书屋捐赠包含名著、小说、散文集等各类健康向上的书籍200余本。

（梁美琪）

【“四月书香 妙峰诗韵”诗文朗读活动】 4月23日，妙峰山镇举办“四月书香 妙峰诗韵”诗文朗读活动。活动中举行《妙峰诗韵》新书发布仪式，区作协、区文联、妙峰山镇干部等朗读区作协和北京诗社诗人们创作的作品。

（梁美琪）

【安全生产整治宣传活动】 5月12日，妙峰山镇联合区地震局，组织辖区各单位、各村通过悬挂宣传横幅、发放宣传材料、观看视频等方式开展活动，引导广大村民提高防灾减灾意识和能力。活动期间共发放宣传材料200余份。6月16日，通过开展现场咨询、知识讲座、发放宣传资料、应急演练等方式，多角度、全方位推动安全生产工作相关知识精神进企业、进学校、进农村、进家庭、进公共场所。10月，对109工区、工业企业、加油站等20余家重点单位进行全覆盖、多轮次安全指导检查，发现问题6处，现场督促整改4处。11月9日，开展消防安全日宣传活动，联合区级相关部门和重点单位开展消防安全讲座宣传和消防演练。

（梁美琪）

【端午节特色文化活动】 6月3日，妙峰山镇举办“浓情粽意 感谢有你”端午节特色文化活动，将非遗文化、特色产品与传统文化相结合，以咯吱、樱桃、玫瑰等具有妙峰山特色的优质农产品为原料，精心制作“五谷粽”“樱桃粽”“玫瑰粽”等，并将粽子送给坚守在新冠肺炎疫情防控一线的工作人员。

（梁美琪）

【双拥慰问】 7月，妙峰山镇走访慰问驻镇部队3家、现役军人家属15户，发放慰问品200余份价值4.2万元；慰问82名优抚对象，发放慰问金4.1万元。“八一”慰问3只部队，15名现役军人家属，为他们发放米面油，价值4.2万元；慰问82名优抚对象，每人500元现金打卡，4.1万元。

（梁美琪）

【文化交流活动】 8月2日，妙峰山举办“爱满京城 情系幸福”七夕文化交流活动，志愿者向村民介绍丰富的七夕民俗、北京传统文化知识。9月9日，举办“传承文明 团圆中秋”文化交流活动，工作人员为大家讲述中秋节的文化内涵。了解中秋节的起源、节俗以及承载的故乡情与家国情。9月30日，举办“喜迎国庆 情系重阳”文化活动，老人给孩子讲述传统家风故事、讲述他们眼中生活的变化，孩子们用画笔绘画自己眼中的祖国。

（梁美琪）

【森林防火】 年内，妙峰山镇领导带队检查护林防火37次，开展宣传2次，发放护林防火宣传品300份；定做二号灭火工具（胶皮打）500个，宣传警示牌10块，防火袖标500个；镇林业站每日出动巡查人员对镇内主要沟域进行巡查。

（梁美琪）

【接诉即办】 年内，妙峰山镇受理案件总量5005件，“三率”完成情况为：响应率100%，解决率为83.18%，满意率为85.48%。接诉即办成绩市排名192名，同比上升115个名次；全区排名由第12名上升至第7名。

（梁美琪）

【招商引资】 年内，妙峰山镇完成新招引企业329家，引进京外企业3家，区级财政收入完成5548万元，完成任务目标7243万元的76.6%；地方级收入完成9454万元，完成任务目标12510万元的75.6%。完成线索企业落地38家，其中登记入区注册的18家。

（梁美琪）

【新冠肺炎疫情防控】 年内，妙峰山镇设置新冠肺炎病毒核酸检测点18个，累计采集83万余人次。摸排各类人群5.1万余人次，精准核查1.5余人次，落控密接270余人次、次密710余人次及高风险等各类人员共3700余人次。完成第一针疫苗接种9214剂，接种率110.89%，第二针接种8741剂，接种率105.20%；

加强针接种7402剂，接种率90.91%。

（梁美琪）

【环境整治】 年内，妙峰山镇召开《2022年首度城市环境建设管理考核评价实施细则培训会》，梳理考核指标，部署环境建设工作，完成市、区级台账509处，其中区级台账458处，市级台账51处，小卫星台账10处。3月，以环境卫生大排查、大整治工作为契机，根据“门大线”辐射范围，梳理并下发沿线村环境问题台账48处，整改完毕。10月，委托专业队伍，带领管线公司施工单位持续对全镇各村、重点区域及道路沿线的空中缆线进行集中整治，共整治5600余米，300余个点位。

（梁美琪）

【防汛工作】 年内，妙峰山镇完善镇村《防汛预案》和《苇甸沟水库防汛预案》，制定《妙峰山镇极端强降雨天气工作方案》，定期培训镇、村两级抢险队伍，组织防汛演练3次、桌面推演2次，防汛相关培训会议5次，完成防汛物资储备及物资检修，开展河沟、水库塘坝、地灾点、109工地、景区景点、民俗等重点隐患排查工作，清理全镇雨篦子、专用雨水管涵1800米，排水沟5000米，入河口4处。

（梁美琪）

【人口服务】 年内，妙峰山镇户籍人口一孩生育申请审核通过25例，二孩生育申请审核通过20例，三孩2例；受理户籍人口《独生子女父母光荣证》申请4例；受理流动人口流入信息采集、生育服务登记审核5例；完成1人申请一次性经济帮助；完成奖励扶助申请及家庭档案建档66户；完成特别扶助申请及家庭档案建档1户，完成特扶人员家庭医生签约，签约率100%，双联联系人关联率100%。

（梁美琪）

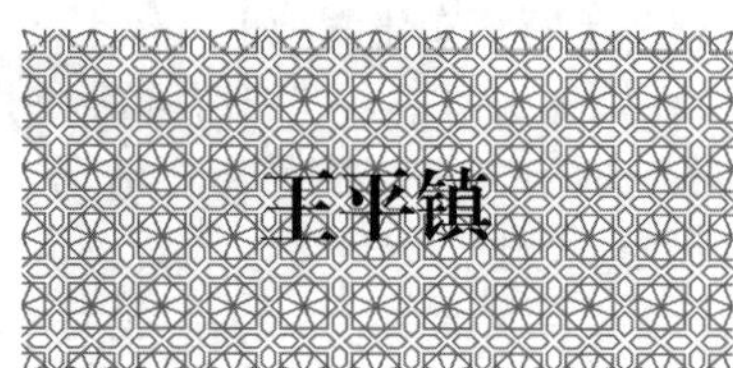

王平镇

【概况】 王平镇东侧和北侧紧邻妙峰山镇，东南与龙泉镇相接，南与永定镇北岭地区相连，西与大台街道办事处、雁翅镇毗连；东南距区人民政府10千米，距北京市中心35千米；辖16个行政村、4个社区居民委员会；地域总面积46.6平方千米，人口8704人，全部为非农业人口。2022年，王平镇持续加强生态环境建设，引领生态示范试点，探索形成的经验作为北京市唯一案例纳入国家发改委《生态产品价值实现全国案例集》；乡村产业振兴势头强劲，餐饮民宿综合体建设取得突破，启动“一线四矿”王平矿地中海酒店项目，完成清凉界旅游景区基础设施提升；特色品牌打造初见成效，举办王平镇第三届农民丰收节，首次引进冬季冰雪项目，安家庄村获评“北京市红色旅游景区”称号；坚持规划引领发展，完成编制《王平镇国土空间规划》，同步完成村庄规划简本编制；持续优化营商环境，吕家坡村矿山修复项目级优化营商环境成为门头沟区改革试点案例，“创城”和农村人居环境评比屡获佳绩，名列前茅；深化“接诉即办”工作，累计7次进入全市月度排名前100名；深切关注民生，增设充电桩25处，充电点位210个，完成王平镇户外运动环路及配套设施工程，推动北京市公共文化服务体系示范区创建，色树坟社区多功能网球场建设项目，全年效能评估位列全区第一、全市第四；全力应对新冠肺炎疫情挑战，累计下沉机关干部3000余人次，动员防疫志愿服务力量1.8万余人次，协调各级医护力量800余人次；完善两级财源建设，完成财政预算支出1.4亿元，完成固定资产投资1016.0万元。

（王　蕊）

【学雷锋志愿服务活动】 3月7日，王平镇团委、城乡建设办公室、王平中学、新桥路中学在王平镇“一线四矿”景区铁路沿线开展“小手拉大手”学雷锋志愿服务活动，以“讲奉献争第一”的门头沟精神，当好“两山”理论守护人，打造“绿水青山门头沟”城市名片。

（王　蕊）

【第五届人民代表大会第二次会议】 3月30日，王平镇第五届人民代表大会第二次会议召开，大会作出《王平镇2021年预算执行情况和2022年预算（草案）》报告，并分组进行讨论，选举王平镇镇长1名。镇领导班子成员、49名镇人大代表以及各村居书记（主任）参加会议。

（王　蕊）

【端午节线上活动】 6月3日，王平镇文化中心开展“和满京城 奋进九州”2022年端午节网络文化线上进社区活动，各村居手工爱好者320余人在线共同参与缝制香包。

（王　蕊）

【第二届传统民俗祈福节】　6月6日，安家村以独特方式开启第二届6.6祈福节，向村民发放精美午餐和水果，送上最美好的祝福，进一步“推进移风易俗，培育文明乡风”。

（王　蕊）

【党章纪念颁发仪式举行】　6月29日，王平镇举行庆祝中国共产党成立101周年暨“光荣在党50年”纪念章颁发仪式。镇领导班子成员、授章老党员代表、抗疫先进单位代表和先进个人、相关村居书记及工作人员参加活动。吴锡田、宋进普、郭振兰等10名老党员被授予勋章。

（王　蕊）

【民兵集中点验活动】　7月14日，王平镇武装部组织开展2022年有线通信保障连及王平镇应急排民兵联合点验，镇武装部长宣读民兵出入队命令，并按照点验程序，依次开展列队点名、集体宣誓、官兵相识、队列训练等活动。同时新入队民兵代表进行表态发言。此次点验活动，全面检验民兵队伍建设情况，进一步提高民兵政治素质和战备意识。

（王　蕊）

【第二次村（社区）民主日活动】　7月28日，王平镇召开2022年第二次村（社区）民主日活动部署会，全镇16个村、4个社区均按时组织召开民主日活动。包村居干部第一时间到所包村（社区），全程指导、参与，共同分析矛盾隐患点，加强分析研判，各村（居）全面细致梳理此次民主日活动的全过程，做好民主日活动相关档案材料归档工作，并针对村（居）民群众反映的问题进行分类研究。

（王　蕊）

【第三届农民丰收节】　9月17日，王平镇古道创意大集暨2022年王平镇第三届农民丰收节在韭园村开幕，镇领导班子成员及相关科室工作人员参加活动。首届古道创意大集总占地面积3公顷，共有80余个摊位，5类特色主题活动，可以一站式体验门头沟特色全域范围内文旅特色产品，包括京西白蜜、清水豆腐、韭园酱菜等农产品，同时，琉璃制品、麦秸画等非遗项目。

（王　蕊）

【清凉界景区开业】　9月24日，王平镇安家庄清凉界景区正式开业，景区以京西第一叠瀑与冬季天然冰瀑而著称。清凉界景区地处安家庄境内南岸，坐落于北京母亲河永定河、国道109新线高速、丰沙线铁路交汇处，属纯户外生态体验区，以最著名的“京西第一叠瀑”38米落差的夏季顺流直下叠瀑、冬季冰瀑、四季不断流而最著称，景区内设有特色文创商品展卖区、亲子互动体验娱乐项目区，菜园农耕栽种采摘体验区、红色精品民宿客栈区、红色斗争精神抗战遗址教学区、大型户外文旅商展演展示区等。市区各级领导出席开业仪式。

（王　蕊）

【第五次残疾人联合代表大会】　10月27日，王平镇召开残疾人联合会第五次代表大会。镇领导及40名残疾人代表参加。选举产生王平镇残疾人联合会第五届主席团委员、主席团主席、副主席、执行理事会及出席区残联第八次代表大会代表和区残联主席团委员候选人。

（王　蕊）

【第五届人代会代表补选完成】　10月28日，王平镇组织开展机关选区和西苑社区选区补选王平镇第五届人民代表大会代表工作。此次补选工作以采取无记名投票方式进行等额选举，镇党委书记、镇长以全票当选为王平镇第五届人民代表大会代表。

（王　蕊）

【王平镇政府工作会】　年内，王平镇共召开37次政府工作会，主要研究王平镇永定河山峡段综合治理，疫情落实与防控，矿山生态修复，清凉界旅游文化项目，创城，环境治理，“十百千万”美丽乡村畅游行，智慧平安小区建设，国道109新线高速建设项目等。

（王　蕊）

【新冠肺炎疫情防控】　年内，王平镇加强对常态化疫情防控的监督检查，全力推动疫苗接种工作，加大对地区各项防疫措施落实情况的监督检查，多次召开60岁以上人群新冠病毒疫苗接种工作推进会，加快构筑全民免疫屏障，疫情攻艰时期设立多个核酸检测点。在疫情防控检查常态化的基础上进一步加大执法检查力度，共出动执法人员30余人次，检查属地单位80余家次，发现并指导整改问题6处。年中，做好重点区域核酸检测工作及60年以上老年人疫苗接种工作，与辖区内爱心企业捐助携手共抗疫情。应对疫情期间，按照第九版防控方案、二十条优化措施等政策，以片区管理和专业小组“条块”相结合的“33458”速响应处置工作机制开展工作。累计发动下沉机关干部3000余人次，发动防疫志愿服务力量1.8万余人次，协调属地派出所出动核酸检测勤务力量150余人次。

（王　蕊）

【创建全国文明城区】　年内，王平镇充分发挥文化活动中心基础阵地作用，共举办137场活动，放映公益电影480场次，组织“星火工程”文艺演出28场。完成灵活就业参保307人，求职登记330人次，帮助失业人员进行政策咨询150人次。实施就业创业服务攻坚季行动，开展6次网上招聘，技能提升培训109人。年内，完成2个村居区级垃圾分类示范村（社区）建设，1个市级垃圾分类示范村（社区）创建工作。提升改造商业街公园，新建150米花墙，栽种花卉2000余株。

（王　蕊）

【接诉即办】　年内，王平镇建立接诉即办“4+3+2+2”工作机制，新增《王平镇关于对村（社区）接诉即办、“热线＋网格”工作年度考评实施办法》与《2022年王平镇接诉即办工作奖励办法》，全面激发村居干劲。共受理市民反映各类诉求2459件，累计6次进入北京市接诉即办考核排名前100名，其中在10月考核期取得北京市接诉即办考核排名第1名。

（王　蕊）

【安全生产大检查】　年内，王平镇开展安全生产大检查系列活动，与各村居及主要单位召开2次打击非法私挖盗采专题会议，在人员配备和职责分工方面确定2项新政策，出动巡查人员1000余人次，车辆300辆次，领导带队巡查10余次，突击夜查5次，联合检查4次。扎实做好森林防火工作，共检查460次，出动检查人员960人次，出动车次460次，发现隐患3起，整改3起，清理林下可燃物66公顷。完成智慧平安小区建设，新增人车抓拍摄像机36处，智能车道道闸5处，智能门禁系统11处，实现“人、车”的管理立体化、可视化和可控化。

（王　蕊）

2023 BEI JING MEN TOU GOU NIAN JIAN
北京门头沟年鉴

统计资料

表五　自然概况（2019—2022年）

项　目	单　位	2019	2020	2021	2022
土地面积					
辖区面积	平方公里	1447.85	1447.85	1447.85	1447.85
户籍人口					
户籍户数	户	122536	123080	124557	125718
户籍人口	人	254102	254737	257440	259413
农业人口	人	42478	41423	40754	40372
非农业人口	人	211624	213314	216686	219041
户籍人口自然增长率	‰	6.41	-6.8	-4.3	2.4
降水量及气温					
全年降水量	毫米	405.7	522.2	1184.8	530.5
全年平均气温	℃	13.8	13.5	13.4	13.3

资料来源：北京市规划和自然资源委员会门头沟分局、门头沟区公安分局、门头沟区气象局。

表六　行政区划（2022年）

项　目	辖区面积（平方公里）	村民委员会（个）	社区居委会（个）
合　计	**1447.85**	**178**	**122**
大峪办事处	5.25		33
城子办事处	2.21		20
东辛房办事处	10.83		9
大台办事处	80.88		9
潭柘寺镇	79.83	12	3
永定镇	65.47	24	23
龙泉镇	30.29	17	16
军庄镇	34.04	8	3
妙峰山镇	112.62	17	
王平镇	45.92	16	4
雁翅镇	263.20	23	1
斋堂镇	382.17	29	1
清水镇	335.14	32	

资料来源：北京市规划和自然资源委员会门头沟分局、门头沟区民政局。

表七　常住人口（2006—2022 年）

单位：万人

年　份	常住人口	
		常住外来人口
2006	27.9	4.2
2007	28.2	4.4
2008	28.7	4.8
2009	28.8	4.6
2010	29.0	4.7
2011	29.6	5.2
2012	30.4	5.7
2013	31.1	6.3
2014	31.8	6.3
2015	32.2	6.2
2016	32.8	7.5
2017	34.2	7.9
2018	35.7	8.8
2019	37.3	10.2
2020	39.3	11.5
2021	39.6	11.6
2022	39.6	11.5

注：2020年数据为第七次全国人口普查数据；2011—2019年常住人口、常住外来人口数据已根据普查结果进行了修订。

表八　户籍人口（2000—2022年）

单位：万人

年　份	户籍人口
2000	23.4
2001	23.4
2002	23.5
2003	23.6
2004	23.7
2005	23.8
2006	23.9
2007	24.0
2008	24.1
2009	24.4
2010	24.6
2011	24.7
2012	24.8
2013	24.9
2014	24.9
2015	24.9
2016	25.1
2017	24.9
2018	25.1
2019	25.4
2020	25.5
2021	25.7
2022	25.9

资料来源：门头沟区公安分局。

表九 国民经济主要指标

项　目	单　位	2022	2021	增长速度（%）
人口与就业				
人口				
年末全区常住人口	万人	39.6	39.6	——
就业				
全部法人单位从业人员	人	80561	88585	−9.1
城镇登记失业率	%	2.9	2.5	——
宏观经济				
国民经济核算				
地区生产总值	万元	2721774	2671460	1.9
第一产业	万元	15931	17311	−8.0
第二产业	万元	731926	717747	2.0
第三产业	万元	1973917	1936402	1.9
固定资产投资				
全社会固定资产投资	万元	——	——	6.7
#房地产开发投资	万元	——	——	11.6
财政				
公共财政预算收入	万元	319657	310158	3.1
公共财政预算支出	万元	953748	1006983	−5.3

注：1.资料来源：门头沟区人力社保局、门头沟区财政局。

2.地区生产总值为初步核算数，增长速度为现价增速。

表九　国民经济主要指标

续表

项　目	单　位	2022	2021	增长速度（%）
产业				
农村经济				
农林牧渔业总产值	万元	34367.8	37326	−7.9
农村经济总收入	万元	113583.4	113910.8	−0.3
工业				
规模以上工业企业总产值	万元	571612	548365	4.2
商业				
社会消费品零售额	万元	1087995	1130043	−3.7
对外经济贸易				
新批“三资”企业	个	17	23	−26.1
实际利用外资	万美元	2919	7613	−61.7
金融保险				
金融机构存款余额（人民币）	万元	9529741	8474254	12.5
#个人存款	万元	6104369	5207534	17.2
金融机构贷款余额（人民币）	万元	2961038	2774661	6.7
保险业务收入	万元	32837	33978	−3.4

资料来源：：门头沟区农村合作经济经营管理站、门头沟区商务局、中国人民保险公司门头沟支公司、中国人寿保险公司门头沟支公司。

表九 国民经济主要指标

续表

项目	单位	2022	2021	增长速度（%）
教育、文化、科技、卫生				
教育				
中、小学在校生	人	22824	21885	4.3
中、小学专任教师	人	2430	2029	19.8
文化				
公共图书馆总藏书	万册	133.4	131.5	1.4
科技				
科技经费支出	万元	5613.7	4611.7	21.7
卫生				
卫生机构病床数	张	2990	3082	-3.0
卫生机构技术人员数	人	4073	4022	1.3
生活与环境				
生活				
城镇居民人均可支配收入	元	65981	63940	3.2
全部法人单位从业人员平均工资	元	122804	112893	8.8
能源消费				
全社会用电量	万千瓦时	163039.4	150892.7	8.0
环境				
城市绿化覆盖率	%	51.53	50.7	1.6
城市污水实际处理量	万立方米	1746	1569.4	11.3

资料来源：门头沟区人力社保局、门头沟区财政局、门头沟区教委、门头沟区公共文化中心、门头沟区卫生健康委、门头沟区园林绿化局、门头沟区水务局。

表十 地区生产总值

单位：万元

项目	2022年	2021年	增长%（现价）	增长%（不变价）
地区生产总值	**2721774**	**2671460**	**1.9**	**1.0**
按产业分：				
第一产业	15931	17311	−8.0	−4.5
第二产业	731926	717747	2.0	0.3
第三产业	1973917	1936402	1.9	1.2
按行业分：				
农、林、牧、渔业	16204	17532	−7.6	−4.3
工业	402117	406343	−1.0	−2.9
建筑业	333928	315524	5.8	4.5
批发和零售业	188332	191753	−1.8	−2.4
交通运输、仓储和邮政业	17561	16494	6.5	4.1
住宿和餐饮业	74698	81060	−7.8	−8.2
信息传输、软件和信息技术服务业	75512	84402	−10.5	−10.8
金融业	244208	221365	10.3	10.0
房地产业	369349	365235	1.1	0.3
租赁与商务服务业	59932	53544	11.9	10.9
科学研究和技术服务业	122312	125429	−2.5	−3.3
水利、环境和公共设施管理业	36758	37947	−3.1	−3.4
居民服务、修理和其他服务业	43300	40482	7.0	4.6
教育	173128	168944	2.5	1.2
卫生和社会工作	149395	142739	4.7	4.2
文化、体育和娱乐业	38832	50232	−22.7	−23.4
公共管理、社会保障和社会组织	376208	352435	6.7	6.2

注：1.产业划分依据国家统计局2018年制定的《三次产业划分规定》（国统字〔2012〕108号），行业划分执行《国民经济行业分类》（GB/T4754—2017）。

2.2022年地区生产总值为初步核算数。

附 录

中共北京市门头沟区委部分文件目录

中共北京市门头沟区委文件

京门发〔2022〕8号	中共北京市门头沟区委关于加强新时代检察工作服务"绿水青山门头沟”高质量发展的意见
京门发〔2022〕9号	中共北京市门头沟区委 北京市门头沟区人民政府印发《门头沟区关于新时代加强和改进思想政治工作的实施方案》的通知
京门发〔2022〕10号	中共北京市门头沟区委印发《关于进一步深化落实区级领导班子成员直接服务基层工作机制的实施意见》的通知
京门发〔2022〕11号	中共北京市门头沟区委北京市门头沟区人民政府关于废止和宣布失效一批涉计划生育规范性文件的决定
京门发〔2022〕12号	中共北京市门头沟区委北京市门头沟区人民政府关于印发《门头沟区法治政府建设实施方案（2022-2025年）》的通知
京门发〔2022〕13号	中共北京市门头沟区委印发《关于认真学习宣传贯彻党的二十大精神的实施意见》的通知
京门发〔2022〕14号	中共北京市门头沟区委关于印发《中共北京市门头沟区委常委会加强政治建设的规定》的通知
京门发〔2022〕15号	中共北京市门头沟区委关于印发《北京市门头沟区党务公开实施办法（试行）》的通知

中共北京市门头沟区委办公室文件

京门办发〔2022〕6号	中共北京市门头沟区委办公室关于印发2022年区级领导重点调研课题和重点关注调研课题的通知
京门办发〔2022〕8号	中共北京市门头沟区委办公室 北京市门头沟区人民政府办公室关于印发《门头沟区加快建设数字经济标杆城市的实施方案》的通知
京门办发〔2022〕9号	中共北京市门头沟区委办公室 北京市门头沟区人民政府办公室关于印发《北京市门头沟区“十四五”时期档案史志事业发展规划》的通知
京门办发〔2022〕10号	中共北京市门头沟区委办公室 北京市门头沟区人民政府办公室关于印发《北京市门头沟区生物多样性保护行动计划（2022年-2035年）》的通知
京门办发〔2022〕11号	中共北京市门头沟区委办公室印发《关于加强和改进新时代门头沟区政协工作的实施意见》的通知
京门办发〔2022〕12号	关于巩固全区政法队伍教育整顿成果推进全面从严管党治警的实施方案
京门办发〔2022〕13号	中共北京市门头沟区委办公室 北京市门头沟区人民政府办公室印发《门头沟区关于进一步规范“四议 审两公开”“三务公开”制度运行的实施意见》的通知
京门办发〔2022〕14号	中共北京市门头沟区委办公室 北京市门头沟区人民政府办公室印发《门头沟区贯彻落实〈北京市关于更加有效发挥统计监督职能作用的实施意见〉工作方案》的通知
京门办发〔2022〕15号	中共北京市门头沟区委办公室 北京市门头沟区人民政府办公室关于印发《门头沟区社区工作者管理细则》的通知

京门办发〔2022〕16 号　中共北京市门头沟区委办公室 北京市门头沟区人民政府办公室关于印发《门头沟区城市更新行动计划（2021-2025 年）》的通知

京门办发〔2022〕17 号　中共北京市门头沟区委办公室 北京市门头沟区人民政府办公室关于印发《门头沟分区规划实施三年行动计划（2023 年 -2025 年）》的通知

北京市门头沟区人民政府主要文件目录

北京市门头沟区人民政府文件

门政发〔2022〕4 号　关于印发《门头沟区突发事件总体应急预案（2022 年修订）》的通知

门政发〔2022〕7 号　关于印发《北京市门头沟区“十四五”时期生态环境保护规划》的通知

门政发〔2022〕8 号　关于印发《2022 年北京市门头沟区人民政府重大行政决策事项目录》的通知

门政发〔2022〕15 号　关于印发《北京市门头沟区传统村落集中连片保护利用规划》的通知

门政发〔2022〕17 号　北京市门头沟区人民政府关于印发《北京市门头沟区“十四五”时期休闲农业发展规划》的通知

门政发〔2022〕19 号　关于印发《门头沟区加快推进气象事业高质量发展工作方案》的通知

门政发〔2022〕26 号　北京市门头沟区人民政府关于公布门头沟区第八批区级非物质文化遗产代表性项目名录的通告

门政发〔2022〕27 号　北京市门头沟区人民政府关于印发门头沟区储备粮管理办法的通知

门政发〔2022〕28 号　北京市门头沟区人民政府关于废止部分行政规范性文件的通知

北京市门头沟区人民政府办公室文件

门政办发〔2022〕1 号　关于印发门头沟区深入打好污染防治攻坚战 2022 年行动计划的通知

门政办发〔2022〕2 号　关于印发门头沟区人民政府工作规则的通知

门政办发〔2022〕5 号　印发北京市门头沟区人民政府办公室关于印发“门头沟小院”精品民宿扶持办法的通知

门政办发〔2022〕8 号　关于印发《2022 年北京市门头沟区人民政府重大行政决策事项目录》的通知

门政办发〔2022〕11 号　门头沟区加强极端天气风险防范应对工作的若干措施

组织机构负责人名单
（截至 2022 年底）

中共北京市门头沟区委员会

区委书记　金　晖
区委副书记　喻华锋　陆晓光（12 月免）
区委常委　王建华　庆兆珅　张翠萍　李森林　王　涛　杨建海　曾铁军　曹子扬
区委办公室主任　曹子扬
区委保密委员会办公室主任、区国家保密局局长　孙　强
区委组织部部长　王建华
区委组织部分管日常工作的副部长（正处级）　王培兰（3 月免）
区委组织部副部长（正处职）　王　杨（3 月任）
区委宣传部部长　张翠萍
区委宣传部分管日常工作的副部长（正处级）　宋爱民（8 月免）
区委网信办主任　笪　艳
区委统战部部长、区社会主义学院院长　王　涛
区委统战部分管日常工作的副部长（正处级）　马占军（11 月免）
区委政法委书记、区委党校（区行政学院、区社会主义学院）校长（院长）　陆晓光
区委研究室主任　夏名君（1 月免）　辛永全（2 月任）
区委编办主任　周博华
区直机关工委书记　曹子扬
区直机关工委分管日常工作的副书记（正处级）　刘素芬
区委老干部局局长　张慧琦
区委综合考评办主任　聂淑芳（11 月免）　仇燕军（11 月任）
区委巡察办主任　张书军
区委党校（区行政学院、区社会主义学院）常务副校长（常务副院长）　耿新民（7 月免）　姜春山（7 月任）

北京市门头沟区人民代表大会常务委员会

区人大常委会主任　张维刚
区人大常委会副主任　李　伟　韩兴无　王培兰　杜春涛　张　焱（不驻会）
区人大常委会办公室主任　孙隆盛
区人大常委会研究室主任　尹晓君
区人大常委会代表联络室主任　李国庆（11 月免）　张　伟（11 月免）
区人大常委会法制办公室主任　史雅琳
区人大常委会教科文卫办公室主任　陈　英
区人大常委会财政经济办公室主任　刘握龙
区人大常委会城建环保办公室主任　张学明
区人大常委会农村办公室主任　孙砚章

北京市门头沟区人民政府

区长 喻华锋
副区长 庆兆珅 杨建海 朱 峰 马 强 陈军胜 颉换成 朱凯
区政府办主任 朱 凯（2月免） 赵金亮（2月任）
区发展改革委主任 韩瑞昌
区教委主任 陈江锋（4月免）
区科技和信息化局局长 李世春（2月免） 阎丽春（2月任）
区民政局局长 亓建军（9月免） 薛凤敏（9月任）
区司法局局长 李 健（11月免） 苑芳洁（11月任）
区财政局局长 王培训
区人力资源和社会保障局局长 贾莉莉
市规划自然资源委门头沟分局局长 贾 骥
区生态环境局局长 冷 飞（8月免） 张 伟（8月任）
区住房城乡建设委主任 张 冉
区城市管理委主任 占永谦
区交通局局长 李红忠
区农业农村局局长 李文凯
区水务局局长 韩瑞昌（2月免） 周 杨（2月任）
区商务局局长 杨少培
区卫生健康委主任 陈立栋（9月免） 亓建军（9月任）
区审计局局长 王培训（1月免） 白晓芳（1月任）
区国资委主任 舒伯文
区应急局局长 刘振林
区体育局局长 刘树军（9月免） 娄相峰（9月任）
区统计局局长 谢晓东
区园林绿化局局长 周玉勤
区市场监管局局长 张立新
区人防办主任 张雅利（11月免）
区退役军人局局长 张进香
区信访办主任 夏淑强
区政务服务局局长 阎丽春（2月免） 聂淑芳（11月任）
区医保局局长 薛凤敏（9月免） 陈立栋（9月任）
中关村科技园门头沟园管委会主任 辛永全（2月免） 李世春（2月任）
区档案史志馆馆长 张慧军
区经管站站长 赵明文
区地震局局长 乔 韬

中国人民政治协商会议北京市门头沟区委员会

区政协主席 刘贵明
区政协副主席 杜斌英 贾卫东 苗建军 顾慈阳（不驻会） 郑华军（不驻会） 孙建新（不驻会）
区政协秘书长 付军利
区政协办公室主任 杜 军
区政协研究室主任 李玉国
区政协专委会工作一室主任 陈晓红
区政协专委会工作二室主任 伏建伟
区政协专委会工作三室主任 安久亮
区政协专委会工作四室主任 彭天和
区政协专委会工作五室主任 郑华军（4月免） 段铁军（4月任）
区政协专委会工作六室主任 连玉华

中共北京市门头沟区纪律检查委员会

区纪委书记 曾铁军
区纪委副书记 孙东宇 廖慧兰 李海龙

北京市门头沟区监察委员会

区监委主任 曾铁军

区监委副主任 孙东宇（3月任） 廖慧兰 李海龙

政法、军事

区人民法院院长 亓 纪

区人民检察院检察长 闫俊瑛

公安门头沟分局局长 朱 峰

区人民武装部部长 王道岷

群众团体

区总工会主席 李 伟

团区委书记 蔡丽君（3月）

区妇联主席 梁增霞

区科协主席 顾慈阳

区残联理事长 刘甫通

区工商联主席 孙建新

区红十字会常务副会长 段铁军（4月免） 朱 利（4月任）

区文联常务副主席 彭天和（4月免） 郑华军（4月任）

镇、街道

潭柘寺镇党委书记 杨武平

潭柘寺镇镇长 李岿然（2月免） 叶荣德（3月任）

永定镇党委（地区工委）书记 周 杨（2月免） 高建光（2月任）

永定镇（地区办事处）镇长（主任） 宗文利

龙泉镇党委（地区工委）书记 杜春涛（7月免） 崔兴珠（7月任）

龙泉镇（地区办事处）镇长（主任） 刘 学

军庄镇党委书记 高建光（2月免） 陈连军（2月任）

军庄镇镇长 林克江（9月免）

妙峰山镇党委书记 姜春山（7月免） 王 垚（7月任）

妙峰山镇镇长 陈连军（2月免） 曹 伟（3月任）

王平镇党委（地区工委）书记 王 垚（7月免） 宋爱民（8月任）

王平镇（地区办事处）镇长（主任） 沈若萌（3月任）

雁翅镇党委书记 孙东宇（2月免） 李岿然（2月任）

雁翅镇镇长 白晓芳（1月免） 李 栋（1月任）

斋堂镇党委书记 晋卫华

斋堂镇镇长 韩小胜（1月任）

清水镇党委书记 崔兴珠（7月免） 杨雪飞（7月任）

清水镇镇长 杨雪飞（7月免）

东辛房街道工委书记 张学明（2月免） 刘 东（2月任）

东辛房街道办事处主任 苑芳洁（11月免） 杨进生（11月任）

大峪街道工委书记 闫 强

大峪街道办事处主任 史伟崇

城子街道工委书记 金 涛（11月免） 张雅利（11月任）

城子街道办事处主任 于 彤

大台街道工委书记 冯 涛

大台街道办事处主任 赵金亮（2月免） 高仁海（3月任）

事业单位

区机关事务管理服务中心主任　张晓明
区环卫中心主任　李　超
北京百花山管理处主任
刘　东（2月免）
北京百花山管理处常务副主任
杨　宏（3月任）
区融媒体中心主任　苏燕平
区投资促进服务中心主任　王元真
区房屋征收事务中心主任　董国红（3月任）
区重大建设项目协调服务中心主任
张　冉（1月免）
陈志明（1月任）
区文明促进中心主任　晏　强
区城市管理指挥中心主任　黄　景

区管重要企业

北京京西鑫融投资管理有限公司党支部书记、董事长
刘　春（9月免）
林克江（9月任）
北京石龙经济开发区投资开发有限公司党总支书记、董事长
刘　春（9月免）
林克江（9月任）
北京京门国有资产经营有限公司党委书记、董事长　衣丰飞
北京京门国有资产经营有限公司党委副书记、总经理　陶鹏典
北京京门商业投资发展有限公司党委书记、董事长　宋建筑（9月免）
刘　春（9月任）
北京市门头沟区供销社党委书记、主任
张卫东
北京京西山水文化旅游投资控股有限公司党总支书记、董事长　王　冰
北京京西山水文化旅游投资控股有限公司党总支副书记、总经理　徐　帅（8月免）
马　骐（8月任）
北京京西门城基础设施投资建设有限公司党总支书记、董事长　张中亭
北京京西生态资源管理有限公司董事长
徐　帅（7月任）

索引

说 明

1. 本索引采取主题索引，也称内容分析索引法编制。主题词以《北京门头沟年鉴（2023）》正文中出现的专业名词或名词词组、机构名等为主。

2. 索引的文字部分称为标目，标目之后的数字为其在正文中出现的页码，数字后的英文字母（a、b、c）表示正文中的栏别（从左至右）。部分标目后面有若干个页码，则表示该标目在这些页码分别出现。

3. 本索引按汉语拼音音序排列，汉字打头的标目按首字母的音序音调依次排列，首字相同时，则以第二字排序，依此类推；以阿拉伯数字打头的主题词，排在最前面；以英文字母打头的主题词，列于其次。

4. 特载、专文、附录栏目内容不在索引范围内。

5. 表格索引、图片索引按正文出现的先后顺序进行排序。

数字索引

标点符号索引

汉语拼音索引

A

B

C

D

E

F

G

H

J

K

L

M

N

P

Q

R

S

T

W

X

Y

Z

表格索引

图片索引